河湖长制相关法律法规汇编

河湖地方法规

水利部河湖保护中心 编

中国水利水电出版社
www.waterpub.com.cn
·北京·

图书在版编目（CIP）数据

河湖长制相关法律法规汇编. 河湖地方法规 / 水利部河湖保护中心编. -- 北京：中国水利水电出版社，2023.8
　　ISBN 978-7-5226-0556-2

Ⅰ. ①河… Ⅱ. ①水… Ⅲ. ①河道整治－水法－汇编－中国 Ⅳ. ①D922.669

中国版本图书馆CIP数据核字（2022）第058283号

书　名	河湖长制相关法律法规汇编 **河湖地方法规** HEHU DIFANG FAGUI
作　者	水利部河湖保护中心　编
出版发行	中国水利水电出版社 （北京市海淀区玉渊潭南路1号D座　100038） 网址：www.waterpub.com.cn E-mail：sales@mwr.gov.cn 电话：（010）68545888（营销中心）
经　售	北京科水图书销售有限公司 电话：（010）68545874、63202643 全国各地新华书店和相关出版物销售网点
排　版	中国水利水电出版社微机排版中心
印　刷	清淞永业（天津）印刷有限公司
规　格	170mm×240mm　16开本　156印张（总）　2632千字（总）
版　次	2023年8月第1版　2023年8月第1次印刷
印　数	0001—1000册
总定价	598.00元（全四册）

凡购买我社图书，如有缺页、倒页、脱页的，本社营销中心负责调换

版权所有·侵权必究

编辑人员名单

主　　编：蒋牧宸

副 主 编：李春明　杨元月　吴　健

执行主编：谢智龙

参编人员：彭聪聪　刘中伟　张　攀　宋海波
　　　　　冯晓波　常　跃　朱　锐　覃俊凯
　　　　　李　鑫　徐　伟　王　玉　郑和祥
　　　　　李晓林

前　言

党中央、国务院高度重视河湖管理保护工作,特别是2016年全面推行河长制以来,中央和地方出台了一系列法律法规、政策文件。为促进河湖管理保护制度化、规范化,同时方便各级河长、湖长和广大河湖管理人员更好地学习贯彻河湖法律法规和政策文件,水利部河湖保护中心组织编辑了《河湖长制相关法律法规汇编》。

《河湖长制相关法律法规汇编》分为《河湖法规》《河湖地方法规》《河湖政策文件》及《三峡库区及中下游影响区河湖法规文件》。共收录涉及河湖管理保护的法律20部、法规117部、司法解释5件、部门规章45件,规范性文件100件。

由于时间仓促,本书在编辑过程中可能存在错漏之处,敬请读者批评指正。

水利部河湖保护中心

二〇二三年八月

目 录

前言

北 京 市

1. 北京市河湖保护管理条例 …………………………………………………… 3
2. 北京市实施《中华人民共和国水法》办法 ………………………………… 13
3. 北京市实施《中华人民共和国防洪法》办法 ……………………………… 22

天 津 市

1. 天津市河道管理条例 ………………………………………………………… 33
2. 天津市实施《中华人民共和国水法》办法 ………………………………… 42

河 北 省

1. 河北省河湖保护和治理条例 ………………………………………………… 53
2. 河北省实施《中华人民共和国水法》办法 ………………………………… 65
3. 河北省实施《中华人民共和国防洪法》办法 ……………………………… 75

山 西 省

1. 山西省河道管理条例 ………………………………………………………… 87

内 蒙 古 自 治 区

1. 内蒙古自治区实施《中华人民共和国水法》办法 ………………………… 95
2. 内蒙古自治区实施《中华人民共和国防洪法》办法 ……………………… 103

辽 宁 省

1. 辽宁省河道管理条例 ………………………………………………………… 113
2. 辽宁省河长湖长制条例 ……………………………………………………… 120

3. 辽宁省实施《中华人民共和国水法》办法 …………………………… 125
4. 辽宁省实施《中华人民共和国防洪法》办法 ………………………… 132

吉 林 省

1. 吉林省河道管理条例 ……………………………………………………… 143
2. 吉林省河湖长制条例 ……………………………………………………… 152
3. 吉林省实施《中华人民共和国水法》办法 …………………………… 159

黑 龙 江 省

1. 黑龙江省河道管理条例 …………………………………………………… 171
2. 黑龙江省人民政府办公厅关于印发黑龙江省河道采砂管理办法
   的通知 ………………………………………………………………………… 178
3. 黑龙江省实施《中华人民共和国水法》条例 ………………………… 186
4. 黑龙江省实施《中华人民共和国防洪法》条例 ……………………… 197

上 海 市

1. 上海市河道管理条例 ……………………………………………………… 209

江 苏 省

1. 江苏省河道管理条例 ……………………………………………………… 219
2. 江苏省湖泊保护条例 ……………………………………………………… 230
3. 江苏省长江河道采砂管理实施办法 …………………………………… 235
4. 江苏省水域保护办法 ……………………………………………………… 241

浙 江 省

1. 浙江省河道管理条例 ……………………………………………………… 249
2. 浙江省河长制规定 ………………………………………………………… 259
3. 浙江省综合治水工作规定 ………………………………………………… 263
4. 浙江省水域保护办法 ……………………………………………………… 271

安 徽 省

1. 安徽省湖泊管理保护条例 ………………………………………………… 279

2. 安徽省河道采砂管理办法 …………………………………………… 288
3. 安徽省实施《中华人民共和国水法》办法 ………………………… 296
4. 安徽省实施《中华人民共和国防洪法》办法 ……………………… 306
5. 安徽省实施《中华人民共和国河道管理条例》办法 ……………… 317
6. 安徽省《长江河道采砂管理条例》实施办法 ……………………… 326

福 建 省

1. 福建省河道保护管理条例 …………………………………………… 333
2. 福建省河道采砂管理办法 …………………………………………… 343
3. 福建省河长制规定 …………………………………………………… 349

江 西 省

1. 江西省河道管理条例 ………………………………………………… 355
2. 江西省湖泊保护条例 ………………………………………………… 364
3. 江西省河道采砂管理条例 …………………………………………… 373
4. 江西省实施河长制湖长制条例 ……………………………………… 385
5. 江西省实施《中华人民共和国防洪法》办法 ……………………… 392

山 东 省

1. 山东省黄河河道管理条例 …………………………………………… 407
2. 山东省湖泊保护条例 ………………………………………………… 415
3. 山东省水资源条例（节选） ………………………………………… 422
4. 山东省实施《中华人民共和国防洪法》办法 ……………………… 430
5. 山东省实施《中华人民共和国河道管理条例》办法 ……………… 439

河 南 省

1. 河南省河道采砂管理办法 …………………………………………… 447
2. 河南省实施《中华人民共和国水法》办法 ………………………… 453
3. 河南省实施《中华人民共和国防洪法》办法 ……………………… 462
4. 河南省《河道管理条例》实施办法 ………………………………… 471
5. 河南省黄河河道管理办法 …………………………………………… 479

湖 北 省

1. 湖北省河湖长制工作规定 …… 489
2. 湖北省湖泊保护条例 …… 498
3. 湖北省河道采砂管理条例 …… 510
4. 湖北省河道管理实施办法 …… 520
5. 湖北省长江河道采砂管理实施办法 …… 528
6. 湖北省实施《中华人民共和国水法》办法 …… 533
7. 湖北省实施《中华人民共和国防洪法》办法 …… 541

湖 南 省

1. 湖南省河道采砂管理条例 …… 553
2. 湖南省实施《中华人民共和国水法》办法 …… 562
3. 湖南省实施《中华人民共和国防洪法》办法 …… 569
4. 湖南省实施《中华人民共和国河道管理条例》办法 …… 575

广 东 省

1. 广东省河道管理条例 …… 583
2. 广东省河道采砂管理条例 …… 592
3. 深圳经济特区河道管理条例 …… 603
4. 广东省实施《中华人民共和国水法》办法 …… 611

广 西 壮 族 自 治 区

1. 广西壮族自治区河道采砂管理条例 …… 627
2. 广西壮族自治区河道管理规定 …… 635
3. 广西壮族自治区实施《中华人民共和国水法》办法 …… 643
4. 广西壮族自治区实施《中华人民共和国防洪法》办法 …… 650

海 南 省

1. 海南省河道采砂管理规定 …… 659
2. 海南省河长制湖长制规定 …… 665

3. 海南经济特区水条例 669

重 庆 市

1. 重庆市河道管理条例 683
2. 重庆市河长制条例 691
3. 重庆市河道采砂管理办法 698

四 川 省

1. 四川省河道采砂管理条例 707
2. 四川省河湖长制条例 714
3. 四川省河道管理实施办法 723
4. 四川省《中华人民共和国水法》实施办法 729
5. 四川省《中华人民共和国防洪法》实施办法 737

贵 州 省

1. 贵州省河道条例 745
2. 贵州省实施《中华人民共和国水法》办法 755
3. 贵州省防洪条例 762

云 南 省

1. 云南省实施《中华人民共和国水法》办法 773

西 藏 自 治 区

1. 西藏自治区实施《中华人民共和国水法》办法 783
2. 西藏自治区实施《中华人民共和国防洪法》办法 792

陕 西 省

1. 陕西省河道管理条例 799
2. 陕西省河道采砂管理办法 807
3. 陕西省实施《中华人民共和国水法》办法 814
4. 陕西省实施《中华人民共和国防洪法》办法 825

甘 肃 省

1. 甘肃省河道管理条例 …………………………………………………… 835
2. 甘肃省实施《中华人民共和国水法》办法 …………………………… 843
3. 甘肃省实施《中华人民共和国防洪法》办法 ………………………… 855

青 海 省

1. 青海省实施河长制湖长制条例 ………………………………………… 867
2. 青海省实施《中华人民共和国水法》办法 …………………………… 872
3. 青海省河道管理实施办法 ……………………………………………… 880

宁 夏 回 族 自 治 区

1. 宁夏回族自治区河湖管理保护条例 …………………………………… 889
2. 宁夏回族自治区实施《中华人民共和国水法》办法 ………………… 893

新 疆 维 吾 尔 自 治 区

1. 新疆维吾尔自治区河道管理条例 ……………………………………… 907
2. 新疆维吾尔自治区实施《中华人民共和国水法》办法 ……………… 913
3. 新疆维吾尔自治区实施《中华人民共和国防洪法》办法 …………… 921

北京市

北京市河湖保护管理条例

(2012年7月27日北京市第十三届人民代表大会常务委员会第三十四次会议通过　根据2016年11月25日北京市第十四届人民代表大会常务委员会第三十一次会议通过的《关于修改部分地方性法规的决定》修正　根据2019年7月26日北京市第十五届人民代表大会常务委员会第十四次会议通过的《关于修改〈北京市河湖保护管理条例〉〈北京市农业机械化促进条例〉等十一部地方性法规的决定》修正)

第一章　总　　则

第一条　为加强河湖保护和管理，保持河湖水域面积，改善水生态和水环境，保障河湖防洪、供水功能，维护河湖健康，促进经济社会全面、协调、可持续发展，根据有关法律、法规，制定本条例。

第二条　本条例适用于本市行政区域内的河流、湖泊、水库、塘坝、人工水道工程设施及其水体（以下统称河湖）的保护和管理。

第三条　河湖保护管理坚持统一规划、综合治理、科学管理、保护优先、合理利用的原则。

河湖的规划、建设、治理应当维护古都风貌，与首都城乡整体环境相协调。

第四条　市和区人民政府应当加强对河湖保护管理工作的组织领导，将河湖保护管理纳入国民经济和社会发展规划，保证河湖公共基础设施建设所需资金和管护经费；并建立健全水生态保护的补偿制度。

第五条　在国家有关部门的指导下，本市与相关省市建立健全河湖保护管理协作机制，加强河湖保护管理的统筹协调。

第六条　市、区、乡镇、街道建立河长制，分级分段组织领导本行政区域内河流、湖泊的水资源保护、水域岸线管理、水污染防治、水环境治理等工作。

本市河湖保护管理工作实行目标责任制和考核评价制度，上级人民政府应当加强对下级人民政府河湖保护管理工作落实情况的监督。

市人民政府应当根据本市河湖保护管理目标制定考核评价指标，纳入对市人民政府有关部门和区人民政府及其负责人考核评价的内容。

第七条 本市河湖保护管理实行流域管理和行政区域管理相结合的管理体制。

市水行政主管部门对全市河湖保护管理工作实施统一监督管理。

市水行政主管部门在永定河、北运河、潮白河等跨区重要水系设置流域管理机构，在管辖范围内依照国家和本市的规定履行监督管理及行政执法职责，统筹协调流域内的河湖保护管理工作。

区水行政主管部门按照管辖权限，对本行政区域内河湖保护管理工作实施统一监督管理。

乡、镇人民政府应当按照管辖权限，建立健全管理机构或者确定管理人员，落实河湖管护责任。街道办事处按照管辖权限做好河湖保护管理的有关工作。

第八条 水行政主管部门组织编制河湖治理、养护、保护管理标准、规范和规程，建立河湖保护监督管理体系，对工程设施的运行情况进行监督检查，完善监测预警管理制度，组织水文机构对河湖水量、水质定期进行监测，加强执法队伍建设，规范执法行为，履行河湖保护管理的执法职责。

市和区发展改革、财政、生态环境、规划自然资源、城市管理、园林绿化、农业农村、市场监督管理、公安、城市管理综合执法、文物、文化旅游、教育等有关部门按照各自职责做好河湖保护的相关工作。

第九条 公园、能源、电力、旅游、院校等单位管理的湖泊，由其负责建立健全管理制度，确定管理人员，落实河湖管护责任，并报水行政主管部门备案。

第十条 本市鼓励和支持河湖保护管理领域科学技术的研究和应用，提高河湖保护管理的精细化、智能化水平。

本市各级人民政府及有关部门和新闻媒体应当加强河湖保护宣传教育，增强公民河湖环境保护的意识，引导公众和村、社区以及其他社会组织参与河湖保护管理的有关活动。

对保护河湖水环境、水工程、水文化做出突出贡献的单位和个人，由人民政府或者水行政主管部门给予表彰或者奖励。

第二章 规划编制与管理

第十一条 市水行政主管部门负责编制全市河湖治理及保护管理规划，

报市人民政府批准。

市水行政主管部门会同相关部门按照全市河湖治理及保护管理规划以及相关要求，编制永定河、北运河、潮白河等跨区重要水系的流域治理及保护管理规划，报市人民政府或者其授权的部门批准。经批准的流域治理及保护管理规划，由流域管理机构实施监督、管理。

区水行政主管部门应当依据全市河湖治理及保护管理规划和所处水系的流域治理及保护管理规划，按照管辖权限组织编制本区河湖治理及保护管理规划，经市水行政主管部门审查后，报区人民政府批准，并报市水行政主管部门备案。

乡、镇人民政府可以按照管辖权限组织编制本乡、镇河湖治理及保护管理规划，报区水行政主管部门批准。

第十二条 河湖治理及保护管理规划应当包括河湖现状分析，防洪标准及除涝、排水要求，河湖开发利用原则、水功能区划及水质保护目标，河湖治理及保护管理任务、措施和实施方案，限制或者禁止开发、利用的项目等内容。

第十三条 河湖治理及保护管理规划应当结合城乡发展的需要，坚持以人为本、人水和谐的理念，兴利与除害相结合，统筹协调上下游、左右岸、干支流和有关地区之间的利益，兼顾水资源保护、水生态恢复、水文化保护及合理利用，充分发挥河湖综合效益。

第十四条 河湖治理及保护管理规划应当符合北京城市总体规划和海河流域综合规划，并与国民经济和社会发展规划、土地利用总体规划及环境保护、水资源、防洪排水和水土保持等规划相协调。

有关部门编制各类专业规划涉及河湖的，应当征求水行政主管部门的意见。

第十五条 河湖治理及保护管理规划是河湖保护、开发、利用和管理的依据。编制区域发展规划、新城和重点发展区规划以及重大建设项目布局，应当符合全市河湖治理及保护管理规划和流域治理及保护管理规划。

经批准的河湖治理及保护管理规划应当向社会公开，严格执行；确需修改的，必须经原批准机关批准。

市和区人民政府应当对河湖治理及保护管理规划的实施情况进行检查。

任何单位和个人不得违反河湖治理及保护管理规划从事开发、利用活动。

第十六条　建设水工程，依照《中华人民共和国水法》及相关法律、法规的规定执行。

第三章　河湖工程保护与管理

第十七条　本市各级人民政府应当按照河湖治理及保护管理规划要求划定河湖管理范围和保护范围。

水库、塘坝、人工水道和其他水工程及附属的土地、山场属于该工程的管理范围。有堤防的河流（含湖泊），其管理范围为两岸堤防之间的水域、沙洲、滩地（含可耕地）、行洪区、岸边堤防及护堤地；无堤防的河流（含湖泊），其管理范围根据设计洪水位或者参照历史最高洪水位确定。

在河湖管理范围的周围，根据河湖重要程度、保护河湖功能的需要，确定河湖保护范围的具体边界。

第十八条　市和区管理河湖的管理范围、保护范围，由水行政主管部门按照管辖权限提出方案，征求相关部门意见后，报同级人民政府批准。

乡、镇管理河湖的管理范围、保护范围，由乡、镇人民政府提出具体方案，经所在区水行政主管部门审核，报区人民政府批准。

河湖的管理范围、保护范围划定后，应当向社会公告，并标图立界。

第十九条　在河湖管理范围内，禁止下列行为：

（一）在河道、渠道、湖泊、水库和其他水工程管理范围内采砂；

（二）建设妨碍行洪的建筑物、构筑物；

（三）倾倒垃圾和渣土、堆放非防汛物资；

（四）在行洪河道内种植有碍行洪的林木和高秆作物；

（五）损毁堤防、护岸、闸坝等水工程建筑物、构筑物及防汛、水工水文监测和测量、河岸地质监测、通讯、照明、滨河道路以及其他附属设备与设施，损毁护堤护岸林木；

（六）在堤防和护堤地，从事放牧、葬坟、晒粮、开渠、打井、挖窖、取土、存放物料、开办集市贸易、开采地下资源、进行考古发掘等活动；

（七）围堤或者修建阻水渠道、阻水道路；

（八）非管理人员开启、关闭河湖工程设备与设施；

（九）行驶履带车辆、超过限载标准的车辆；

（十）其他影响河势稳定、危害水工程河岸堤防安全和妨碍河道行洪的行为。

第二十条 在河湖管理范围、保护范围内进行下列活动的，必须报经有管辖权的水行政主管部门批准；涉及其他部门的，按照有关规定执行：

（一）填湖、填河造地、明河改暗河；

（二）围河、挖筑鱼塘、挖坑开槽、勘探，或者设立线杆、线塔、无线通信塔、标识；

（三）设置固定停车场所；

（四）修路，或者修建园林小品、管理房及其附属设施，或者建设临时性建筑物、构筑物；

（五）爆破、打井、挖窖、挖取沙土、堆放物料；

（六）开采地下资源、进行考古发掘。

在堤防和护堤地以外的河道、湖泊和其他水工程管理范围内，在不影响河势稳定或者防洪安全的情况下，经过批准可以取土、开采地下资源、进行考古发掘等活动。永定河、潮白河、北运河等市管河道、湖泊和其他水工程由市水行政主管部门或者其授权的河道管理单位审批，其他河道、湖泊和水工程由区水行政主管部门审批。

河道改线、开挖人工湖泊，必须报经有管辖权的水行政主管部门批准。

第二十一条 在河湖上新建、扩建以及改建开发水利、防治水害、整治河湖的各类工程和在河湖管理范围、保护范围内修建桥梁、道路、管道、缆线、闸房、码头、渡口、取水、排水等工程设施及其附属设施需要临河、跨河、穿堤、破堤、筑坝、围堰的，建设单位应当向有管辖权的水行政主管部门提出申请，报送工程建设方案。水行政主管部门应当在收到申请之日起30个工作日内作出同意或者不同意的决定，不同意的应当说明理由。

经批准的建设项目开工前，建设单位应当与河湖管理机构签订管理协议；工程竣工后，应当报水行政主管部门验收。验收不合格的，不得投入使用。

第二十二条 本市建立健全建设项目占用河湖工程设施和水域等补偿制度。

在河湖管理范围、保护范围内，经批准的建设项目占用水利设施和水域，或者对原有河湖工程设施和水域有不利影响的，建设主体应当采取相应的补救措施，依法承担经济补偿责任。补偿费专项用于河湖保护工作。具体办法由市水行政主管部门会同发展改革、财政等有关部门制定。

第二十三条 河湖管理范围、保护范围内依法修建的非河湖工程建筑物及其他设施，其产权单位或者管理单位应当定期检查、维护，确保运行安全。

水行政主管部门应当加强日常监督检查，对不符合河湖保护管理标准规范的，责令及时改正。

第二十四条 水行政主管部门应当会同文物、规划自然资源等有关部门制定具有重要历史文化价值的河道、水域及桥、闸等水工建筑物、构筑物和遗址保护名录，明确保护范围和标准，建立相关档案；对河湖非物质文化遗产进行挖掘、整理，保护和弘扬河湖文化。

任何单位和个人不得毁坏、拆除列入保护名录中的水工建筑物、构筑物或者遗址。

第四章　河湖水环境保护与管理

第二十五条 本市各级人民政府应当按照河湖治理及保护管理规划开展河湖综合治理和水网建设，修复水体生态功能，提高水体自然净化能力，涵养和保护水资源。

第二十六条 市水行政主管部门会同有关部门按照河湖治理及保护管理规划确定本市重点河段和重点湖泊生态环境用水量，提出具体生态环境用水保障方案并组织实施。

河湖生态环境用水应当充分利用雨水和再生水。

第二十七条 向河湖排水的，入河水体水质应当达到规定的排放标准，并实行雨水、污水分流。

任何单位或者个人不得直接或者间接向河湖排放未经处理或者经处理未达到规定标准的污水，不得向路边雨水口、雨水管线及其附属设施排放或者倾倒污水、污物和其他有毒、有害物质。

第二十八条 需要在河湖管理范围内新建、改建或者扩大排水口的，应当经有管辖权的水行政主管部门审查批准。

排水管网覆盖范围地区，不得设置排污口。

第二十九条 本市建立河湖断面考核制度，严格落实流域统一管理下的河湖保护属地管理责任。

水行政主管部门和生态环境部门应当运用信息化手段对河湖水质实施动态监测，定期公布水质监测结果。

第三十条 市和区水行政主管部门应当会同生态环境部门按照保护饮用水源安全和人身安全的要求，依法划定并公布禁止游泳、滑冰等水上活动的水域，设置警示标志；在未禁止游泳、滑冰等水上活动的水域，活动人员或组织者应当采取安全防护措施。

新、改、扩建河湖工程时，河湖管理机构应当在陡岸、直墙等危险地段设置必要的安全防护设施。

第三十一条 利用河湖开办旅游项目或者从事其他利用活动的，应当符合水功能区划要求，保证河湖工程、行洪、河湖生态环境、水体、水质的安全，不得使用以柴油、汽油为动力的游船。

利用河湖进行开发利用活动，法律、行政法规设立了行政许可的，必须报有管辖权的水行政主管部门批准；涉及其他部门的，按照有关规定执行。

第三十二条 在河湖管理范围、保护范围内从事种植业的，区、乡镇人民政府应当推广测土配方施肥、精准施药、病虫害生物防治等农业生产技术，减少农药、化肥使用量，发展绿色生态农业，有效控制农业面源污染。

在河流两岸和湖泊、水库、塘坝周边从事规模畜禽养殖的，应当符合全市畜牧业发展规划，并对畜禽粪便、废物进行无害化处理，实行污水达标排放，保证水源质量。

区、乡镇人民政府应当加强对河湖流域水产养殖的管理，合理确定水产养殖规模和布局，推广循环水养殖、不投饵养殖等生态养殖技术，限制围网养殖，减少水产养殖污染。

第三十三条 河湖管理范围、保护范围内的环境卫生管理，按照本市环境卫生责任制执行。

各责任单位应当落实河湖环境卫生责任，城市管理部门负责监督管理。

第三十四条 河湖管理范围和保护范围内在确保防洪安全的前提下，应当进行绿化，建设滨河绿化带、绿色步道和亲水健身休闲设施。

河湖沿岸的绿化、岸坡及河底防护应当按照河湖功能、生态和环保景观

要求及绿化技术标准,进行统一规划、设计。

河湖管理范围的绿化及其管理维护由河湖管理机构负责;河湖保护范围的绿化及其管理维护分别由园林绿化、公路、水行政主管部门负责;林木的抚育、更新和维护依照有关法律、法规的规定执行。

第三十五条 河湖管理机构应当依法制定河湖突发事件应急预案,并定期演练。

河湖发生突发事件时,河湖管理机构应当启动应急预案,迅速到达事故现场进行处置,采取有效措施,防止损失扩大;可能影响公共安全的,应当及时告知受影响的单位和公众,同时向水行政主管部门报告。

第三十六条 水行政主管部门和流域管理机构应当建立和完善河湖违法行为举报制度,向社会公布受理举报的途径和方式,并为举报人保密。

水行政主管部门和流域管理机构收到举报应当登记、及时核实处理,并定期公布处理结果。

第五章 法 律 责 任

第三十七条 违反本条例第二十七条、第三十条规定的,依照水、防洪、水污染防治、水土保持等法律、法规的有关规定进行处罚。

第三十八条 违反本条例第十九条规定,由水行政主管部门责令停止违法行为,排除阻碍或者采取其他补救措施,有第(一)项规定行为的,处1万元以上5万元以下罚款;有其他项规定行为的,可以处5万元以下罚款,有违法所得的,没收违法所得。

第三十九条 违反本条例第二十条规定,未经水行政主管部门批准,擅自在河湖管理范围、保护范围内从事以下活动的,由水行政主管部门按照管辖权限责令停止违法行为,限期补办行政许可手续,并按以下规定予以处罚;逾期未能取得行政许可手续的,责令限期恢复原状,赔偿损失或者采取补救措施。逾期不恢复原状的,按程序依法强制清除,所需费用由当事人承担:

(一)围河、挖筑鱼塘、挖坑开槽、勘探或者设立线杆、线塔、无线通信塔、标识,或者建设临时性建筑物、构筑物的,处1万元以上5万元以下的罚款;

(二) 设置固定停车场所的,处5万元以下的罚款;

(三) 修路,或者修建园林小品、管理房及其附属设施的,处1万元以上10万元以下的罚款;

(四) 取土、开采地下资源、进行考古发掘的,可以处1万元以上5万元以下的罚款;

(五) 河道改线、开挖人工湖泊的,处1万元以上5万元以下的罚款;

(六) 爆破、打井、挖窖、挖取沙土、堆放物料的,依照水、防洪、水污染防治、水土保持等法律、法规的有关规定进行处罚。

第四十条 违反本条例第二十一条规定,建设单位的工程建设方案未经水行政主管部门同意擅自开工的,由水行政主管部门责令停止违法行为,限期补办有关手续;逾期不补办或者补办未被批准的,责令限期拆除违法建筑物、构筑物,恢复原状;逾期不拆除、不恢复原状的,强制拆除,所需费用由违法单位或者个人负担,并处1万元以上10万元以下的罚款。

建设单位未按照经批准的工程建设方案修建工程设施,影响河势稳定、危害河岸堤防安全和其他妨碍河道行洪,但尚可采取补救措施的,责令限期采取补救措施;逾期不采取补救措施或者未达到要求的,由水行政主管部门责令停止违法行为,限期拆除违法建筑物、构筑物,恢复原状;逾期不拆除、不恢复原状的,强制拆除,所需费用由违法单位或者个人负担,并处1万元以上10万元以下的罚款。

第四十一条 违反本条例第二十三条规定,非河湖工程及相关设施不符合河湖保护管理标准规范,且产权单位或者管理单位未按规定及时改正的,由水行政主管部门按照管辖权限责令限期改正或者采取补救措施,可以处1万元以上10万元以下的罚款。

第四十二条 违反本条例第二十四条规定,毁坏或者拆除保护名录中的河道、水域和水工建筑物、构筑物、遗址的,由水行政主管部门按照管辖权限责令其停止违法行为,限期恢复原状,处10万元以上50万元以下的罚款。

第四十三条 违反本条例第二十八条第一款规定,未经水行政主管部门批准,擅自在河湖管理范围内新建、改建或者扩大排水口的,由水行政主管部门按照管辖权限责令停止违法行为,限期恢复原状,处5万元以上10万元以下的罚款。

第四十四条 违反本条例第三十一条第一款规定,开展水上旅游项目或者其他利用活动时使用以柴油、汽油为动力的游船的，由水行政主管部门按照管辖权限责令停止违法行为，限期改正，处 8000 元以上 8 万元以下的罚款；造成损失的，依法赔偿损失或者采取补救措施。

违反本条例第三十一条第二款规定，未经批准擅自进行开发利用活动的，由水行政主管部门按照管辖权限责令停止违法行为，限期改正，处 2 万元以上 10 万元以下的罚款。

第四十五条　水行政主管部门的执法人员在依法行使监督检查职责时，发现被检查单位或者个人有违反本条例第十九条、第二十条、第二十一条、第二十四条、第二十八条规定违法情形且拒不停止违法行为的，经水行政主管部门批准，可以查封、扣押实施违法行为的工具及机械设备等。

第四十六条　水行政主管部门和其他有关部门不履行河湖保护管理职责，造成严重后果的，由同级人民政府追究该行政主管部门主要负责人的行政责任。

在河湖保护管理工作中，公务人员滥用职权、徇私舞弊、玩忽职守的，由其所在单位或者上级主管部门给予行政处分；构成犯罪的，依法追究刑事责任。

第六章　附　　则

第四十七条　本条例自 2012 年 10 月 1 日起施行。1999 年 6 月 24 日北京市第十一届人民代表大会常务委员会第十一次会议通过的《北京市城市河湖保护管理条例》同时废止。

北京市实施《中华人民共和国水法》办法

(2004年5月27日北京市第十二届人民代表大会常务委员会第十二次会议通过 根据2019年7月26日北京市第十五届人民代表大会常务委员会第十四次会议通过的《关于修改〈北京市河湖保护管理条例〉〈北京市农业机械化促进条例〉等十一部地方性法规的决定》修正)

第一章 总 则

第一条 为了实施《中华人民共和国水法》(以下简称《水法》),结合本市实际情况,制定本办法。

第二条 在本市行政区域内开发、利用、节约、保护、管理水资源,应当遵守《水法》和本办法。

第三条 根据节约水资源、促进首都发展的要求,城市总体规划、国民经济和社会发展计划应当与水资源条件相适应,实现经济、社会、人口、资源、环境的协调、可持续发展。

第四条 本市严格保护水资源,实行城乡全面规划、统一管理,地表水、地下水和再生水统一调度,优化水资源配置;坚持开源、节流、保护并重,厉行节约用水,建设节水型社会。

第五条 各级人民政府应当将水资源开发、利用、节约、保护和管理工作纳入国民经济和社会发展计划,增加资金投入,建立长期稳定的投入机制。

第六条 市水行政主管部门负责本市行政区域内水资源的统一管理和监督工作。

区水行政主管部门按照规定的权限负责本行政区域内水资源的统一管理和监督工作。

市和区有关部门按照职责分工,负责本行政区域内水资源开发、利用、节约和保护的有关工作。

第七条 充分发挥市场对水资源配置和水价形成的基础性作用,促进节约用水,提高水资源利用效率。

第八条 鼓励和支持开发、利用、节约、保护、管理水资源的先进科学技术的研究、推广和应用。

在开发、利用、节约、保护、管理水资源等方面成绩显著的单位和个人，由市和区人民政府给予奖励。

第二章 水 资 源 规 划

第九条 市水行政主管部门应当会同有关部门和区人民政府依据国家的流域综合规划编制本市区域综合规划，报市人民政府或者其授权的部门批准，并报国务院水行政主管部门备案。

区的区域综合规划，由各区水行政主管部门会同有关部门依据本市区域综合规划编制，报同级人民政府或者其授权的部门批准，并报市水行政主管部门备案。

市水行政主管部门对备案的区区域综合规划进行审查，不符合全市区域综合规划的，报市人民政府纠正。

第十条 水资源保护、供水、排水、节约用水、污水处理、再生水利用、雨水利用、灌溉等专业规划由市和区水行政主管部门编制，征求有关部门意见后，报同级人民政府批准。

渔业、防沙治沙等其他专业规划由有关主管部门编制，征求水行政主管部门和其他相关部门意见后，报同级人民政府批准。

第十一条 经批准的规划应当向社会公开。

水资源开发、利用、节约、保护以及城镇建设、经济开发区建设和其他重大建设项目的开发建设，必须符合流域综合规划和区域综合规划。

第十二条 建设水工程，必须符合流域综合规划。

在永定河、潮白河、北运河（含温榆河）和拒马河等跨省、市河流上建设水工程，未取得海河流域管理机构或者市水行政主管部门按照管辖权限签署的符合流域综合规划要求的规划同意书的，建设单位不得开工建设。

在跨区的河流上建设水工程，未取得市水行政主管部门签署的符合流域综合规划要求的规划同意书的，建设单位不得开工建设；在其他河流上建设水工程，未取得区水行政主管部门签署的符合流域综合规划要求的规划同意书的，建设单位不得开工建设。

水工程建设涉及防洪的,依照防洪法律法规的有关规定执行;涉及其他地区和行业的,建设单位应当事先征求有关地区和部门的意见。

第三章 水资源开发利用

第十三条 本市应当合理开发、利用地表水和地下水,充分利用雨水和再生水,优先保障城乡居民生活用水,统筹兼顾生态环境、工业、农业用水。

第十四条 市和区人民政府应当采取有效措施,对建设耗水量大的工业、农业和服务业项目加以限制。限制的项目名录由市人民政府公布。

第十五条 严格控制开采地下水。

地下水开发、利用应当遵循总量控制、分层取水、采补平衡的原则,防止超量开采造成地面沉降、塌陷等地质环境灾害。

第十六条 市水行政主管部门应当会同有关部门按照区域或者自然地质单元,定期进行地下水分区评价,划分严重超采区、超采区和未超采区,报市人民政府批准后公布。

第十七条 开凿机井应当经水行政主管部门批准。

凿井工程竣工后,机井使用单位应当将凿井工程的有关技术资料报水行政主管部门备案。

第十八条 下列地区禁止开凿机井:

(一)地下水严重超采区;

(二)集中供水管网覆盖范围地区。

第十九条 下列地区严格限制开凿机井:

(一)地下水超采区;

(二)水厂核心区以外的水源保护区;

(三)水工程保护区;

(四)风景旅游区、文物保护区。

第二十条 严格限制开采基岩水。确需开采基岩水的,应当经市水行政主管部门批准,并实行限量开采。

第二十一条 开采矿泉水、地热水实行特许经营。矿泉水、地热水的开采应当依照法律、法规规定,实行限量开采。

第二十二条 鼓励、支持单位和个人因地制宜，采取雨水收集、入渗、储存等措施开发、利用雨水资源。

新建、改建、扩建建设项目，应当符合雨水收集利用设施的设计标准和规范。

第二十三条 规划市区，卫星城和郊区区人民政府所在地的城镇地区应当规划建设污水集中处理设施和再生水输配水管线。

再生水输配水管线覆盖范围外的地区新建、改建、扩建的建设项目，可回收水量较大的，应当建设再生水利用设施，与建设工程同时设计、同时施工、同时投入使用。具体办法由市人民政府制定。

第二十四条 鼓励投资建设污水集中处理设施、再生水输配水管线和再生水利用设施。

单位和个人投资建设污水集中处理设施、再生水输配水管线和再生水利用设施的，享受有关优惠政策。

第二十五条 本办法第二十三条第二款规定应当建设再生水利用设施的，使用单位应当加强维护管理、正常使用。发生故障的，应当及时组织排除故障；确需停止使用的，应当及时报告水行政主管部门。

第二十六条 鼓励使用再生水；使用再生水的，享受优惠价格。

第二十七条 本市加强人工影响天气的科学研究和技术应用工作，运用科学技术措施对局部大气进行人工影响，增加水资源量。

第四章 水资源和水域的保护

第二十八条 各级人民政府应当采取有效措施，保护植被和湿地，建设生态公益林，防治水土流失和水体污染，涵养和保护水资源。

第二十九条 河流、湖泊、水库、渠道的水体实行分类管理。

跨省、市的河流、湖泊、水库、渠道的水功能区划，按照国家规定执行。市管水库和跨区的河流、湖泊、水库、渠道的水功能区划，由市生态环境部门会同市水行政主管部门、其他有关部门和有关区人民政府编制，报市人民政府批准，并报国务院生态环境部门和水行政主管部门备案。

前款规定以外的其他河流、湖泊、水库、渠道的水功能区划，由区生态环境部门会同同级水行政主管部门和其他有关部门拟定，报区人民政府批准，并报市生态环境部门和市水行政主管部门备案。

第三十条　各级人民政府应当按照有关法律、法规的规定，采取有效措施，加强对密云水库、怀柔水库、官厅水库及其上游、京密引水渠和其他饮用水水源地的保护管理，保证饮用水安全。

第三十一条　禁止在饮用水水源保护区内设置排污口。

向本市确定的风景观赏功能河道、排水功能河道排水的，水质必须达到国家规定的排放标准。

第三十二条　水行政主管部门应当会同生态环境部门按照水功能区对水质的要求和水体的自然净化能力，核定水域的纳污能力，提出该水域的限制排污总量意见。

第三十三条　水行政主管部门应当会同生态环境部门做好河流、湖泊、水库、渠道的水量水质监测，发现重点污染物排放总量超过控制指标或者水功能区水质未达到水域使用功能对水质的要求的，应当及时报请有关人民政府采取治理措施。

水量水质监测结果应当按照有关规定向社会公开。

第三十四条　各级人民政府应当按照北京城市总体规划，建设市政基础设施，完善排水设施和污水处理设施，实现雨水、污水分流。

第三十五条　在河流、湖泊新建、改建或者扩大排污口的，由生态环境部门负责对建设项目的环境影响报告书进行审批。

已经实现截污的原有入河排污口，排污单位应当在规定的期限内封堵。

第五章　水资源配置

第三十六条　市发展改革部门和市水行政主管部门负责全市水资源的宏观调配。

市和区的水中长期供求规划由水行政主管部门依照《水法》的规定制订。

第三十七条　水行政主管部门制订本行政区域的年度水量分配方案、调度计划以及水资源紧缺情况下的水量调度预案，报同级人民政府批准后执行。

第三十八条　市发展改革部门会同市水行政主管部门，根据用水定额、经济技术条件以及水量分配方案确定的可供本行政区域使用的水量，制定年度用水计划,对全市的年度用水实行总量控制。

第三十九条 区水行政主管部门根据年度用水计划和有关行业用水定额,核定本行政区域内用水单位的年度用水指标。

特大用水单位和有特殊需要的用水单位的年度用水指标,由市水行政主管部门核定。

第四十条 直接从河流、湖泊或者地下取用水资源的单位和个人,应当依法向水行政主管部门申请领取取水许可证,缴纳水资源费,取得取水权。法律、行政法规另有规定的,从其规定。

新建、改建、扩建建设项目的建设单位申请取水许可,应当进行水资源论证。

第四十一条 取水应当计量,按量收取水资源费。

直接取用地表水或者地下水的用水单位,应当在取水口安装经市场监督管理部门检验合格的计量设施。无计量设施的,水行政主管部门应当责令限期安装,并自取水之日起,按照工程设计取水能力或者取水设备额定流量全时程运行计算取水量。

第四十二条 水资源费由水行政主管部门统一征收,上缴财政,用于水资源的开发、利用、节约、保护及相关科学技术的研究。

第六章 节 约 用 水

第四十三条 各级人民政府应当建立健全节约用水责任制,开展节约用水宣传教育,推行节约用水措施,推广节水新技术、新工艺,培育和发展节水产业,发展节水型工业、农业和服务业。

第四十四条 水行政主管部门负责本行政区域内的节约用水管理工作。未设置水行政主管部门的区,应当有专门机构负责本行政区域内的节约用水管理工作。

市和区人民政府有关部门应当做好本部门、本行业节约用水的工作。

乡、镇人民政府和街道办事处应当做好本辖区内节约用水的工作。

第四十五条 单位和个人有节约用水义务。

用水单位应当加强用水管理,建立健全节约用水责任制;加强对单位人员节约用水的宣传;落实节约用水措施,使用符合节约用水要求的工艺、设备、器具。

居民应当增强节约用水意识、使用节水型器具，提高水的利用效率。

第四十六条　用水实行总量控制和定额管理相结合的制度。

市人民政府有关行业主管部门制订本行业的用水定额，报市水行政主管部门和市市场监督管理部门审核同意后，由市人民政府公布。

第四十七条　新建、改建、扩建建设项目，应当制订节约用水措施方案，配套建设节水设施。节水设施应当与主体工程同时设计、同时施工、同时投入使用。

第四十八条　已建成的建设项目，用水设施、设备及器具不符合节约用水要求的，应当进行技术改造。

第四十九条　各级人民政府应当引导农业生产者合理调整作物种植结构，采用先进的节水技术和节水灌溉方式，提高农业用水效率。

第五十条　工业用水应当采取节约用水措施，提高水的重复利用率，降低用水单耗。生产用水超过用水定额的，不予增加用水指标。

第五十一条　服务业用水单位应当制订并落实节约用水措施，耗水量大的，应当按照规定安装并使用循环用水设施。

再生水输配水管线覆盖地区内的洗车企业，应当使用再生水。

第五十二条　园林绿化、环境卫生用水应当采用节水技术，充分利用再生水，收集利用雨水。

第五十三条　供水企业和自建供水设施的单位应当加强对供水设施的检修与维护，降低管网漏失率。供水设施出现故障后，相关单位应当及时抢修。

第五十四条　工程施工、园林绿化、环境卫生等需要临时用水的，应当向水行政主管部门申请临时用水指标；在再生水输配水管线覆盖范围内的，应当使用再生水。

第五十五条　用水应当按照国家和本市有关规定安装水计量设施并保证其正常使用，实行计量收费，不得实行包费制。

用水实行分类计量收费和超定额累进加价制度。

第七章　法　律　责　任

第五十六条　水行政主管部门或者其他有关部门以及水工程管理单位及

其工作人员,有下列情形之一,构成犯罪的,对负有责任的主管人员和其他责任人员依法追究刑事责任;尚不够刑事处罚的,依法给予行政处分:

(一)对不符合法定条件的单位或者个人核发许可证、签署审查同意见的;

(二)不按照水量分配方案分配水量或者不服从水量统一调度的;

(三)不按照国家有关规定收取水资源费的;

(四)不按照规定核定用水指标,滥用职权的;

(五)不履行监督职责,或者发现违法行为不予查处,造成严重后果的;

(六)其他徇私舞弊、玩忽职守、滥用职权的行为。

第五十七条 违反本办法第十七条规定,未经批准开凿机井的,或者未依照批准的取水许可规定条件取水的,由水行政主管部门责令停止违法行为,限期补办手续,并处2万元以上6万元以下的罚款;逾期不补办手续的,责令封井。

第五十八条 违反本办法第十八条规定,在禁止开凿机井的地区开凿机井的,由水行政主管部门责令停止违法行为,限期封井,并处7万元以上10万元以下的罚款。

第五十九条 违反本办法第十九条规定,未经批准在严格限制开凿机井的地区开凿机井的,或者未依照批准的取水许可规定条件取水的,由水行政主管部门责令停止违法行为,限期封井,并处5万元以上8万元以下的罚款。

第六十条 违反本办法第二十条规定,未经批准开采基岩水的,或者未依照批准的取水许可规定条件取水的,由水行政主管部门责令停止违法行为,并处6万元以上10万元以下的罚款。

第六十一条 违反本办法第二十三条第二款、第四十七条规定,建设项目未建设再生水利用设施、节水设施的,或者设施没有达到规定要求的,由水行政主管部门责令停止违法行为,限期改正,并处5万元以上10万元以下的罚款;逾期未改的,不予核定用水指标;已建成的设施不正常使用的,核减相应的用水指标。

第六十二条 违反本办法第四十五条第二款规定,用水单位浪费用水的,由水行政主管部门或者其他有关部门责令限期改正;逾期不改的,水行政主管部门可以核减相应的用水指标。

第六十三条 违反本办法第五十一条规定,耗水量大的用水单位未安装、使用循环用水设施或者洗车企业未按规定使用再生水的,由水行政主管部门责令限期改正,并处1万元的罚款;逾期未改的,责令供水单位停止供水。

第六十四条 违反本办法第五十四条规定,未取得临时用水指标用水的,责令停止违法行为,限期补办手续,并处5万元以下的罚款。

第六十五条 违反本办法第五十五条规定,未按照国家和本市有关规定安装水计量设施、用水实行包费制的,由水行政主管部门责令责任单位改正,并按照每包费一户200元以上500元以下的标准处以罚款。

第八章 附 则

第六十六条 本办法自2004年10月1日起施行。1991年9月14日北京市第九届人民代表大会常务委员会第二十九次会议通过的《北京市城市节约用水条例》、1991年11月9日北京市第九届人民代表大会常务委员会第三十次会议通过的《北京市水资源管理条例》、1992年5月29日北京市人民政府第12号令发布的《〈北京市水资源管理条例〉罚款处罚办法》、1992年10月20日北京市人民政府第15号令发布的《北京市农村节约用水管理规定》同时废止。

北京市实施《中华人民共和国防洪法》办法

（2001年5月18日北京市第十一届人民代表大会常务委员会第二十六次会议通过 根据2018年3月30日北京市第十五届人民代表大会常务委员会第三次会议通过的《关于修改〈北京市大气污染防治条例〉等七部地方性法规的决定》修正 根据2019年7月26日北京市第十五届人民代表大会常务委员会第十四次会议通过的《关于修改〈北京市河湖保护管理条例〉〈北京市农业机械化促进条例〉等十一部地方性法规的决定》修正）

第一章 总 则

第一条 为了实施《中华人民共和国防洪法》（以下简称《防洪法》），结合本市实际情况，制定本办法。

第二条 本市防洪工作实行全面规划、统筹兼顾、预防为主、综合治理、局部利益服从全局利益和防汛与抗旱相结合的原则，兴利除害，确保首都安全。

第三条 本市应当加强永定河、潮白河、北运河等主要排洪河道、大中型水库、泥石流易发区和规划市区等重点区域的防洪工作，防御、减轻洪涝灾害，维护人民的生命和财产安全，保障社会主义现代化建设顺利进行。

第四条 各级人民政府应当加强对防洪工作的统一领导，组织有关部门、单位，动员社会力量，开展全民防洪教育，普及防洪知识，提高水患意识，依靠科技进步，有计划地治理河流、湖泊，建设防洪工程，并加强防洪工程的维护和管理，建立并完善防洪体系和水文、气象、通信、预警以及洪涝灾害监测系统，巩固和提高防洪能力，确保安全。

根据防洪规划，防洪工程设施建设项目纳入年度国民经济和社会发展计划，所需费用纳入市和区财政预算。

第五条 市和区水行政主管部门在本级人民政府的领导下，负责本行政区域内防洪的组织、协调、监督、指导等日常工作。

住房城乡建设、规划自然资源、城市管理等部门和其他有关部门按照各自的职责分工，负责有关的防洪工作。

第六条 任何单位和个人都有保护防洪工程设施和依法参加防汛抗洪的义务，并有权劝阻和检举破坏防洪工程设施的行为。

在防洪工作中做出突出贡献的单位和个人，由各级人民政府或者有关部门给予表彰和奖励。

第二章 防 洪 规 划

第七条 市和区人民政府应当依据国民经济和社会发展计划，按照城市防洪的要求编制防洪规划。防洪规划是防治洪涝灾害、河流和湖泊治理、防洪工程设施建设以及城市基础设施建设的基本依据。

全市防洪规划应当服从海河流域防洪规划。区防洪规划应当服从所在流域防洪规划和全市防洪规划。河流、湖泊防洪规划应当服从所在流域防洪规划。

防洪规划的规划期限由市人民政府确定。

防洪规划纳入城市总体规划。

第八条 防洪规划应当规定防洪标准，确定防护对象、治理目标和任务、防洪措施和实施方案；划定蓄滞洪区和防洪保护区的范围，规定蓄滞洪区的使用原则；制定易涝地区除涝措施，完善排涝系统；对山洪可能诱发山体滑坡、崩塌和泥石流地区以及其他山洪易发区，还应当划定重点防治区，制定防治措施。

第九条 全市防洪规划由市水行政主管部门会同有关部门编制，报市人民政府批准，并报国务院水行政主管部门备案。

东城区、西城区、朝阳区、海淀区、丰台区、石景山区、通州区的防洪规划由市水行政主管部门会同市规划自然资源部门和其他有关部门统一编制，报市人民政府批准。其他区防洪规划由本级水行政主管部门会同有关部门编制，报本级人民政府批准，并报市水行政主管部门备案。

第十条 永定河防洪规划按照国务院批准的方案执行，其他河道的防洪规划按照下列规定编制和批准：

（一）潮白河、北运河（含温榆河）、拒马河、沟泖河防洪规划由市水行政主管部门组织有关部门协同海河流域管理机构编制，经市人民政府审查提出意见后，报国务院水行政主管部门批准；

（二）凉水河、通惠河、清河以及其他跨区河道防洪规划由市水行政主管部门组织有关区水行政主管部门编制，征求有关区人民政府意见后，报市人民政府批准；

（三）除第（一）项、第（二）项规定以外的其他河道的防洪规划由河道所在地的区水行政主管部门会同有关部门编制，报本级人民政府批准，并报市水行政主管部门备案。

第十一条　依法划定的防洪规划保留区，由市或者区人民政府公告，明确界限，并设立标志。

前款规划保留区内，不得建设与防洪无关的建设项目；在特殊情况下，建设项目确需占用前款规划保留区内的土地的，应当按照国家规定的基本建设程序报请批准，并征求有关水行政主管部门的意见。

第三章　防洪工程设施建设与管理

第十二条　防洪应当蓄泄兼施，充分发挥水库、湖泊、洼淀和沟道截流工程的调蓄洪水功能；加强河道防护，定期疏浚河道，保持行洪畅通。

防洪应当保护、扩大林草植被，加强水土保持，充分利用砂石坑回补地下水。规划市区应当扩大河湖水面，建设低草坪、渗水地面，完善渗井系统，涵养水源，削减洪峰。

第十三条　各级人民政府及其水行政主管部门应当按照防洪规划，疏浚河流、湖泊，加固堤防，加强水库、闸坝等防洪工程设施建设和维护，巩固和提高防洪能力。

市和区人民政府应当加强对城市排涝管网、泵站的建设和管理，提高规划市区和其他城镇地区的排涝能力。

第十四条　防洪工程设施建设必须按照设防标准和技术规范、规程进行设计、施工、监理和验收，确保防洪工程设施的质量。其中规划市区防洪工程建设应当注重环境美化，维护古都风貌。

防洪工程设施竣工后，必须经水行政主管部门验收，确认符合防洪安全和运行管理标准的，方可投入使用。

防洪工程设施勘察、设计、施工、监理单位，必须具备相应的资质等级。

水行政主管部门应当对已投入使用的防洪工程设施，定期进行安全鉴定，对于不符合防洪安全要求的，应当改建、重建或者采取补救措施。

第十五条 永定河的规划治导线按照国务院水行政主管部门批准的方案执行。

跨区河道的规划治导线由市水行政主管部门组织河道所在地的区水行政主管部门拟定，征求有关区人民政府意见后，报市人民政府批准。

第十六条 永定河、潮白河、北运河等市管河道实行河道管理机构统一管理与河流所在地的区水行政主管部门分段管理相结合；其他市管河流、渠道、水库、湖泊由市水行政主管部门授权的河道管理单位负责监督管理。

前款规定以外的其他河流、湖泊由其所在地的区水行政主管部门负责监督管理。

第十七条 市或者区人民政府应当按照管理权限对河道、湖泊和水库、闸坝等防洪工程设施划定管理范围和保护范围。

第十八条 在河道、湖泊管理范围内，禁止从事《北京市河湖保护管理条例》第十九条、第二十条所规定的影响河势稳定、危害河岸堤防安全和妨碍河道行洪的行为。

第十九条 在水库、闸坝管理和保护范围内以及河道、湖泊保护范围内，禁止进行爆破、打井、采石、取土等危害防洪工程设施安全的活动。

第二十条 对壅水、阻水严重的桥梁、引道、码头和其他跨河工程设施，根据该河道的防洪标准，有关水行政主管部门可以报请人民政府责令建设单位限期改建或者拆除。

新建、改建、扩建跨河、穿河、临河、穿堤的桥梁、码头、道路、渡口、管道、缆线和取水、排水等工程设施，按照《防洪法》第二十七条的规定执行。

第二十一条 各级人民政府要加强水库大坝、河湖堤防的安全管理。

管理单位应当对大坝、堤防、闸桥和其他水工程设施进行安全监测和检查，保证工程安全运行。

堤路结合的大坝、堤防、闸桥限制超重车辆通行，非堤路结合的大坝、堤防、闸桥禁止机动车辆通行，主管部门应当设立标志，但法律、法规另有规定的除外。

第二十二条 未达到设计防洪标准、抗震设防要求或者有严重质量缺陷的病险水库,应当采取除险、加固措施,限期消除隐患或者重建。

病险水库应当限制蓄水或者停止蓄水。

第二十三条 本市应当加强城镇地区排水系统建设,保障排水畅通。

实行河道、湖泊排水总量控制制度。新建小区和其他新建、改建、扩建的建设项目,建设单位应当采取滞洪、蓄洪措施,严格控制入河排水量。

第二十四条 各级人民政府应当加强水土保持工作,采取综合治理措施,对泥石流易发区、矿山采空区和山洪可能诱发山体滑坡、崩塌区进行治理,加强监管。

禁止在上述地区进行除水土保持以外的一切开发建设活动。

第二十五条 蓄滞洪区应当按照防洪规划划定并报请市人民政府按照国务院规定的权限批准后予以公告。蓄滞洪区所在地的人民政府应当采取措施控制蓄滞洪区内人口的增长;制定防洪避险转移方案;组织有关部门对蓄滞洪区内的单位和居民进行防洪教育和避险演习;组织蓄滞洪区内的单位和居民积极参加防洪工作;因地制宜地采取防洪避险措施。

禁止在蓄滞洪区分洪口门 300 米范围内建设妨碍行洪的建筑物和构筑物。违反规定的,由水行政主管部门责令限期拆除,恢复原状。

在蓄滞洪区内建设大型建设项目,其审批程序按照《防洪法》第三十三条的规定执行。

第二十六条 各级人民政府应当组织水行政主管部门和有关部门对河道堤防、闸坝、水库、跨河设施、市政排水、危旧房屋、人防工程和其他地下建筑物以及山洪、泥石流易发区等重点部位,进行定期检查和监督;发现隐患,有关责任单位应当及时采取措施予以排除。

第二十七条 对居住在行洪河道内、水库淹没区内以及山洪、泥石流易发区内的居民,当地人民政府应当按照防洪规划有计划地组织外迁。市和区人民政府应当对外迁居民妥善安置。

第二十八条 任何单位和个人不得破坏、移动、侵占、擅自使用水文监测站的站房、测验设施、标志、场地、道路、缆线、自动测报系统等水文设施以及防汛通信设施和雨情、水情自动采集设施;确需移动或者占用上述设施的,建设单位应当征得市水行政主管部门同意,并负责恢复上述设施的原有功能，承担相应的费用。

任何单位和个人不得干扰防汛通信和雨情、水情采集专用频率。

第四章 防 汛 抗 洪

第二十九条 防汛抗洪工作实行各级人民政府行政首长负责制，统一指挥、分级分部门负责。

第三十条 市和区人民政府设立防汛指挥机构，负责领导、组织和统一指挥本行政区域内的防汛抗洪工作。

第三十一条 市人民政府防汛指挥机构由市有关部门、北京卫戍区、武警北京总队等单位负责人组成，市长担任指挥，其办事机构设在市应急管理部门。

永定河、潮白河、北运河和大中型水库应当设立防汛机构，负责所管辖范围内的防汛抗洪工作。

第三十二条 区人民政府防汛指挥机构由区有关部门、当地驻军、人民武装部等单位负责人组成，区长担任指挥，其办事机构设在区应急管理部门。

乡、镇人民政府和街道办事处应当设立防汛机构，在上级防汛指挥机构的领导下，负责本行政区域内的防汛抗洪工作。

第三十三条 本市的防汛期为每年6月1日至9月15日。特殊情况下，市防汛指挥机构可以宣布提前或者延长防汛期。

当河道水情接近设计洪水位、历史最高洪水位，水库水位接近设计洪水位以及防洪工程设施发生重大险情时，市或者区防汛指挥机构可以宣布进入紧急防汛期。

第三十四条 永定河防御洪水方案按照国务院批准的方案执行，其他河道、水库、湖泊防御洪水方案按下列规定编制和批准：

（一）潮白河、北运河（含温榆河）以及其他跨省、市河道防御洪水方案由市水行政主管部门协同海河流域管理机构编制，经市人民政府审查提出意见后，报国务院水行政主管部门批准；

（二）密云水库、官厅水库防御洪水方案由市水行政主管部门编制，报市人民政府批准，并报国务院水行政主管部门备案；

（三）怀柔水库、十三陵水库、城市河湖以及其他市管水库、河道防御洪水方案由各管理单位编制，报市水行政主管部门批准；

（四）除第（二）项、第（三）项规定以外的其他大、中型水库防御洪水方案由所在地的区水行政主管部门和有关部门编制，报本级人民政府批准，并报市水行政主管部门备案；

（五）除第（一）项、第（二）项、第（三）项、第（四）项规定以外的其他河道、小型水库防御洪水方案由所在地的区水行政主管部门编制，报本级人民政府批准。

第三十五条　在汛期，水库、闸坝和其他水工程设施的运用，必须服从有关防汛指挥机构的调度、指挥和监督。永定河防汛调度按照国家防汛指挥机构的命令执行；市管河道、水库以及跨区河道防汛调度命令由市防汛指挥机构下达；其他河道、水库防汛调度命令由所在地的区防汛指挥机构下达。水行政主管部门应当加强水库、闸坝和其他水工程设施的运营管护，确保正常运行。

在汛期，水库不得擅自在汛期限制水位以上蓄水，其汛期限制水位以上防洪库容的运用，必须服从防汛指挥机构的调度、指挥和监督。

第三十六条　对河道、湖泊范围内阻碍行洪的障碍物，按照谁设障、谁清除的原则，由市或者区防汛指挥机构责令限期清除；逾期不清除的，由有关防汛指挥机构组织强行清除，清除费用由设障者承担。

第三十七条　在汛期，公安、交通等有关部门应当保障防汛指挥和抢险救灾车辆优先通行，并按特种车辆对待。

防汛指挥和抢险救灾车辆标志由市公安交通管理部门印制，市防汛指挥机构统一核发。

第三十八条　各级人民政府应当组织有关部门和企业、事业单位做好防汛抗洪物资的储备。市和区防汛指挥机构储备的防汛抗洪物资，所需资金和储备费用由本级财政负担；企业、事业单位自备的防汛抗洪物资，所需资金和储备费用由企业、事业单位自行负担。

在紧急情况下，储备的防汛抗洪物资应当服从上级防汛指挥机构的统一调度，调用的物资在汛期结束后应当及时归还；造成损坏或者无法归还的，按照有关规定给予适当补偿或者作其他处理。

第三十九条　住房城乡建设、规划自然资源、城市管理等部门应当加强

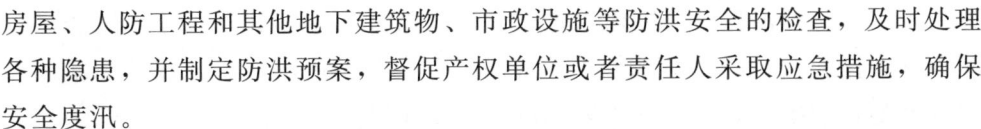

房屋、人防工程和其他地下建筑物、市政设施等防洪安全的检查，及时处理各种隐患，并制定防洪预案，督促产权单位或者责任人采取应急措施，确保安全度汛。

第四十条 市和区人民政府应当加强非工程防洪措施建设，按照国家规定建立以信息采集、通讯、计算机网络和决策支持为主要内容的防汛指挥系统。

第四十一条 在汛期，气象、水文、电信、运输、电力、物资、商业、公安等有关单位应当按照各自的职责，优先为防汛抗洪服务。

第五章 保 障 措 施

第四十二条 各级人民政府应当保证实施防洪规划和防洪年度计划所需资金。

市和区人民政府应当在每年财政预算中安排资金，主要用于下列支出：

（一）防洪工程设施建设、维护和改造；

（二）水文测报、通信设施、生物措施等非防洪工程设施的建设、维护、改造和修复；

（三）水毁工程修复；

（四）抗洪抢险经费；

（五）防汛工作经费；

（六）储备防汛物资。

防洪资金必须专款专用，严格审计监督。

第四十三条 受洪水威胁地区的企业、事业单位，应当自筹资金，建设必要的防洪自保工程。

各级人民政府应当支持单位和个人按照防洪规划，采取自办、联办等多种形式，建设、修建水利工程和营造护堤、护岸林。

第六章 法 律 责 任

第四十四条 违反本办法，依照《防洪法》和本办法追究法律责任。

第四十五条 违反本办法第十九条规定，在水库、闸坝管理和保护范围内以及河道、湖泊保护范围内，进行爆破、打井、采石、取土等危害防洪工程设施安全的活动的，由水行政主管部门责令停止违法行为，恢复原状或者采取其他补救措施，可以处1万元以上5万元以下罚款。

第四十六条　违反本办法第二十一条第三款规定，在堤路结合的大坝、堤防、闸桥行驶超重车辆，在非堤路结合的大坝、堤防、闸桥行驶机动车辆的，由水行政主管部门处以200元以下罚款。

第四十七条　国家工作人员违反《防洪法》和本办法，依照《防洪法》第六十四条规定，构成犯罪的，依法追究刑事责任；尚不构成犯罪的，给予行政处分。

第七章　附　　则

第四十八条　本办法自2001年6月1日起施行。

天津市

天津市河道管理条例

(1998年1月7日天津市第十二届人民代表大会常务委员会第三十九次会议通过 根据2005年3月24日天津市第十四届人民代表大会常务委员会第十九次会议《关于修改〈天津市河道管理条例〉的决定》第一次修正 2011年7月6日天津市第十五届人民代表大会常务委员会第二十五次会议修订 根据2012年5月9日天津市第十五届人民代表大会常务委员会第三十二次会议《关于修改部分地方性法规的决定》第二次修正 根据2018年9月29日天津市第十七届人民代表大会常务委员会第五次会议《关于修改部分地方性法规的决定》第三次修正 根据2018年12月14日天津市第十七届人民代表大会常务委员会第七次会议《关于修改〈天津市植物保护条例〉等三十二部地方性法规的决定》第四次修正)

第一章 总 则

第一条 为了加强河道管理,保障防洪、排涝和供水安全,改善城乡水环境和生态,发挥河道的综合效益,根据国家有关法律、法规的规定,结合本市实际情况,制定本条例。

第二条 本条例适用于本市行政区域内河道(包括湖泊、水库、人工水道)的整治、保护、利用和其他相关管理活动。

河道内的航道,同时适用国家和本市有关航道管理的规定。

第三条 本市对河道实行统一规划、综合治理、积极保护、合理利用的原则。

第四条 市和区人民政府应当加强对河道管理工作的领导,并将其纳入国民经济和社会发展规划,所需资金纳入本级财政预算。

河道防汛和清障工作,严格执行各级人民政府行政首长负责制。

第五条 市水行政主管部门是本市河道行政主管部门,对本市河道实施统一监督管理,并负责行洪河道、城市供排水河道和有关水库(以下统称市管河道)的管理。

区水行政主管部门是区河道行政主管部门,在市水行政主管部门的业务

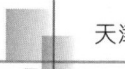

指导下，负责本行政区域内市管河道以外河道的管理。

规划和自然资源、生态环境、城市管理、农业农村、文化和旅游、航道等有关管理部门按照各自职责做好相关工作。

第六条 河道的修建、维护、管理实行统一管理、分级负责。

河道的确定和分级管理，由市水行政主管部门提出方案，经市人民政府批准后向社会公布。

第七条 任何单位和个人都有保护河道安全、维护河道水环境和参加防汛抢险的义务；都有劝阻、制止和举报危害河道安全、破坏河道水环境行为的权利。

第二章 河道整治与建设

第八条 河道专业规划由市和区水行政主管部门会同有关部门组织编制，经本级人民政府批准后，纳入本级城乡规划。

其他各类专业规划涉及河道的，应当与河道专业规划相协调。

编制详细规划涉及河道的，应当事先征求水行政主管部门意见。

第九条 河道的整治与建设应当服从流域规划、区域规划和城乡规划，符合国家和本市规定的防洪、排涝、通航、供水标准以及其他有关技术要求。

河道的整治与建设应当满足河道基本功能的要求，实施水环境生态综合整治，以实现河道通畅、水清岸绿的目标。

河道整治与建设应当考虑生态的完整性，注重保护、恢复河道及周边的生态环境和历史人文景观。

河道整治与建设选用的材料应当符合国家标准。

第十条 河道的整治与建设，由水行政主管部门负责组织实施。

水行政主管部门应当根据河道专业规划和河道实际状况，制定河道整治与建设的年度计划；对影响防洪安全、水质和环境景观的河道应当列入当年年度计划，安排整治。

第十一条 水行政主管部门进行河道整治涉及航道的，应当兼顾航运需要，并事先征求航道行政管理部门的意见。

航道行政管理部门进行航道整治，应当符合防洪和供水安全要求，并事先征求水行政主管部门的意见。

第十二条 河道清淤和加固堤防取土等河道整治需要占用的土地,由市和区人民政府按照国家和本市的有关规定调剂解决。

因整治河道增加的土地,属于国家所有,任何单位和个人不得随意占用。

清淤等河道整治的弃土,由水行政主管部门负责管理、使用和处置,主要用于河道整治与建设,免交相关费用。

第三章 河 道 保 护

第十三条 河道管理应当设定管理范围,并根据堤防的重要程度、堤基地质条件等实际情况设定保护范围。

河道管理范围为岸线之间的水域、沙洲、滩地(包括可耕地)、行洪区,堤防护岸、护堤地及河道入海口。

河道保护范围是与河道管理范围相连的堤防安全保护区。

第十四条 水库的管理范围和保护范围,由市和区人民政府另行规定。

第十五条 水库以外其他河道管理范围的护堤地,按照下列规定划定:

(一)海河、永定新河、独流减河、子牙新河、潮白新河为河堤外坡脚以外各三十米;

(二)州河、沟河(含引沟入潮)、还乡河(含故道和分洪道)、蓟运河、青龙湾减河(含引青入潮)、永定河、北运河、金钟河、子牙河、南运河(独流减河以上)、大清河、中亭河(左堤)为河堤外坡脚以外各二十五米;

(三)北京排污河、马厂减河(独流减河以上)、新开河为河堤外坡脚以外各二十米;

(四)市管河道以外的河道为河堤外坡脚以外各十米。

中心城区和滨海新区建成区内的行洪河道不宜设护堤地的,在河道两侧各设不小于十五米宽的防汛抢险通道,视为护堤地。外环河以公路侧、对岸外侧以上河口外缘为准向外延伸十五米,视为护堤地。

第十六条 河道入海口的划定,纵向由挡潮闸起,无挡潮闸的由河道入海口的海岸线起,向海侧延伸至拦门沙的外缘;横向由河道入海口的中心线起,向两侧各延伸一千五百米至四千米。

第十七条 在河道管理范围内禁止下列行为：

（一）损毁堤防、护岸、闸坝、截渗沟等水工程建筑物和防汛设施，损毁测量设施、警示标志、安全监控等附属设施；

（二）占用、封堵防汛抢险通道；

（三）在堤防和护堤地内采砂、采石、取土、挖筑池塘；

（四）设置阻水渔具或者其他障碍物；

（五）倾倒、弃置矿渣、石渣、煤灰、泥土、垃圾等废弃物；

（六）载重量三吨以上的非防汛抢险车辆在未铺设路面的堤顶通行；

（七）非水库管理船只在水库大坝坝前五百米范围内滞留；

（八）水闸、橡胶坝引排水期间，船只和人员在其管理范围内滞留；

（九）在河道内直接利用水体进行实验；

（十）法律、法规禁止的其他行为。

第十八条 在市管河道以外的区界河或者跨区河道管理范围内，修建排水、阻水、引水、蓄水工程以及河道整治工程，应当经有关各方达成一致。

第十九条 水库以外其他河道的保护范围按照下列规定划定：

（一）本条例第十五条第一款第一项规定的河道，为护堤地以外三十米；

（二）本条例第十五条第一款第二项规定的河道，为护堤地以外二十米；

（三）本条例第十五条第一款第三项规定的河道，为护堤地以外十五米。

市管河道以外的河道、中心城区和滨海新区建成区内的行洪河道、外环河不设保护范围。

第二十条 在河道保护范围内，禁止打井、钻探、爆破、挖筑池塘、采石、取土等危害堤防安全的活动。

第二十一条 山区河道易于发生山体滑坡、崩岸、泥石流等灾害的河段，水行政主管部门应当会同地质等管理部门加强监测。

禁止在前款规定河段从事开山、采石、采矿、开荒等危及山体稳定的活动。

第二十二条 禁止擅自填堵河道。

确因建设需要填堵河道的，建设单位应当委托具有相应资质的水利规划设计单位进行论证，并按照下列权限审批：

（一）市管河道经市水行政主管部门审核同意后，报市人民政府批准；

（二）市管河道以外的河道经所在区水行政主管部门审核同意后，报所在区人民政府批准。

填堵河道需要实施水系调整的，所需费用由建设单位承担。

第二十三条 涉河建设工程、河道整治、提升改造河道景观等建设项目，应当严格按照国家规定的标准设计和施工，不得降低堤防高度和防洪标准。

第二十四条 河道管理范围内已修建的涵闸、泵站、码头和埋设的管道、缆线等设施，设施管理单位应当定期检查和维护，并服从水行政主管部门的安全管理；不符合堤防安全要求的，设施管理单位应当改建或者采取补救措施。

第二十五条 单位和个人对河道的水体、堤防、护岸和其他水工程设施等造成损害或者造成河道淤积的，应当负责修复、清淤或者承担修复、清淤费用。

第二十六条 水行政主管部门应当加强河流的故道、旧堤、原有工程设施的管理。河流的故道、旧堤、原有工程设施，不得填堵、占用或者拆毁；确需填堵、占用、拆除的，应当报市水行政主管部门批准。

第二十七条 护堤护岸林木由河道管理单位组织营造和管理，其他任何单位和个人不得擅自营造和砍伐，不得破坏。

护堤护岸林木抚育和更新性质的采伐，由市水行政主管部门按照市林业行政管理部门的委托审核发放采伐许可证。

城市建成区内行洪河道护堤护岸林木的营造和管理，按照城市园林绿化管理的规定执行。

第二十八条 壅水、阻水严重的桥梁、引道、码头和其他跨河工程设施须依法改建或者拆除的，产权单位或者设施管理单位应当在规定的期限内改建或者拆除。

第二十九条 水行政主管部门应当严格控制在河道上新建、改建、扩建排水口门或者设置临时排水泵点的审批。

向河道排水应当服从防汛统一调度和水行政主管部门的监督管理。排水口门的产权单位或者管理单位应当加强对排水口门的管理，按照国家和本市有关规定排水，不得污染河道水体。

第四章　河　道　利　用

第三十条 河道管理范围内新建、改建、扩建建设项目，建设单位应当按照河道管理权限，将工程建设方案报水行政主管部门审查同意后，按照规定程序履行其他审批手续。

建设项目涉及防洪安全的，报审时应附具洪水影响评价报告。

建设项目性质、规模、地点需要变更的，建设单位应当事先向原审查同意的水行政主管部门重新办理审查手续。

第三十一条　建设项目经批准后，建设单位应当将施工安排告知水行政主管部门，并与水行政主管部门签订确保河道功能正常发挥和保障防洪、供水安全的责任书。

建设单位安排施工时，应当按照规定的位置和界限进行。

建设项目施工期间，水行政主管部门应当派员到现场监督检查，建设单位应予配合。

第三十二条　工程施工影响堤防安全和河道行洪、排灌等功能正常发挥的，建设单位应当采取补救措施或者停止施工。

工程竣工后，建设单位应当将工程竣工报告、质检报告、竣工图报送水行政主管部门；工程施工现场应当按照责任书的要求进行清理，未按照责任书要求清理的，交纳清理费用。

第三十三条　城市、村镇建设和发展不得占用河道管理范围内土地。城市、村镇建设规划的临河界限为河道管理范围的外缘线。城市、村镇建设规划涉及河道管理范围的，应当事先征求水行政主管部门的意见。

本条例施行前占用河道堤防的建筑物，应当逐步迁出。

第三十四条　河道岸线的利用和建设，应当服从河道专业规划和航道整治规划。规划行政管理部门审批涉及河道岸线开发利用规划，立项审批行政管理部门审批利用河道岸线的建设项目，应当事先征求水行政主管部门的意见。

河道岸线的界限为：有河堤的，以河堤外坡脚为准；无河堤的，以护岸为准；既无河堤又无护岸的，以天然河岸为准。

第三十五条　在河道管理范围内进行下列活动，应当经水行政主管部门同意；依照法律、法规规定还需经其他行政管理部门审批的，应当依法办理有关手续：

（一）在滩地内钻探、开采地下资源、进行考古发掘；

（二）在河道内固定船只、修建水上设施。

从事前款规定的行为，应当按照准许的范围和作业方式进行，并接受水行政主管部门的检查监督。

第三十六条 在河道管理范围内兴建建设项目临时占用或者利用河道、堤防、滩地、闸桥的，应当与水行政主管部门协商一致，并给予适当补偿。

第五章 法 律 责 任

第三十七条 有下列行为之一的，由水行政主管部门责令停止违法行为，采取补救措施，可以处一万元以上三万元以下罚款，有违法所得的，没收违法所得；情节严重的，处三万元以上五万元以下罚款：

（一）占用、封堵防汛抢险通道；

（二）载重量三吨以上的非防汛抢险车辆在未铺设路面的堤顶通行；

（三）在河道内直接利用水体进行实验。

第三十八条 有下列行为之一的，由水行政主管部门责令停止违法行为，采取补救措施，可以处五千元以上五万元以下罚款；造成损坏的，依法承担民事责任；应当给予治安管理处罚的，依照治安管理处罚法的规定处罚；构成犯罪的，依法追究刑事责任。

（一）损毁堤防、护岸、闸坝、截渗沟等水工程建筑物、水工程设施；

（二）在堤防和护堤地内采砂、采石、取土、挖筑池塘；

（三）损毁防汛设施、测量设施、警示标志、安全监控等附属设施；

（四）在河道保护范围内从事打井、钻探、爆破、挖筑池塘、采石、取土等危害堤防安全的活动。

第三十九条 在易于发生山体滑坡、崩岸、泥石流等灾害的山区河道从事开山、采石、采矿、开荒等危及山体稳定活动的，由水行政主管部门责令停止违法行为，没收违法所得，对个人处一千元以上一万元以下罚款，对单位处二万元以上二十万元以下罚款。

第四十条 在河道管理范围内有下列行为之一的，由水行政主管部门责令改正，给予警告，并对个人处二百元以上五百元以下罚款，对单位处一万元以上三万元以下罚款：

（一）设置阻水渔具或者其他障碍物；

（二）非水库管理船只在水库大坝坝前五百米范围内滞留；

（三）水闸、橡胶坝引排水期间，船只和有关人员在其管理范围内滞留。

第四十一条 有下列行为之一的，由水行政主管部门责令限期改正、采取补救措施外，可以并处警告、一万元以上五万元以下罚款、没收违法所得；对有关责任人员，由其所在单位或者上级主管机关给予行政处分；构成犯罪的，依法追究刑事责任：

（一）涉河建设工程、河道整治、提升改造河道景观等建设项目擅自降低堤防高度或者防洪标准；

（二）河道管理范围内已建的涵闸、泵站、码头和埋设的管道、缆线等设施不符合堤防安全要求，拒不改建或者拒不采取补救措施；

（三）未经批准填堵、占用、拆毁河流故道、旧堤、原有工程设施；

（四）未经批准在河道内固定船只、修建水上设施；

（五）未经批准或者未按照水行政主管部门的规定在滩地内钻探、开采地下资源、进行考古发掘。

第四十二条 壅水、阻水严重的桥梁、引道、码头和其他跨河工程设施的产权单位或者管理单位未在规定期限内改建或拆除的，由水行政主管部门责令限期改建或者拆除，逾期不拆除的强行拆除，所需费用由违法单位或者个人承担，并处一万元以上十万元以下罚款。

第四十三条 擅自营造、砍伐或者破坏护堤护岸林木的，由水行政主管部门责令停止违法行为、采取补救措施，可以并处警告、没收违法所得；处一千元以上五千元以下罚款；情节严重的，处五千元以上二万元以下罚款；对有关责任人员，由其所在单位或者上级主管机关给予行政处分；构成犯罪的，依法追究刑事责任。

第四十四条 建设项目性质、规模、地点变更，建设单位未重新办理手续的，由水行政主管部门责令停止违法行为，限期补办有关手续，处一万元以上十万元以下罚款。

建设项目经批准后，建设单位拒绝与水行政主管部门签订安全保障责任书或者未按照责任书要求清理施工现场的，或者工程竣工后，建设单位未将工程竣工报告、质检报告、竣工图报送水行政主管部门的，由水行政主管部门责令限期改正，处一万元以上三万元以下罚款。

第四十五条 未经批准在河道管理范围内修建围堤、阻水渠道、阻水道路的，由水行政主管部门责令停止违法行为、采取补救措施外，可以并处警告、没收非法所得；并处一万元以上三万元以下罚款；情节严重的，处三万元以上十万元以下罚款；对有关责任人员，由其所在单位或者上级主管机关给予行政处分；构成犯罪的，依法追究刑事责任。

第四十六条 在防汛抢险期间，除防汛抢险车辆以外的其他车辆在堤顶通行的，由水行政主管部门责令限期改正，处一千元以上一万元以下罚款；情节严重的，处一万元以上五万元以下罚款。

第四十七条 非管理人员操作河道上的涵闸闸门的，水行政主管部门除责令纠正违法行为、赔偿损失、采取补救措施外，可以并处警告、一千元以上一万元以下罚款；应当给予治安管理处罚的，依照治安管理处罚法的规定处罚；构成犯罪的，依法追究刑事责任。

第四十八条 有下列行为之一的，水行政主管部门除责令其纠正违法行为、采取补救措施外，可以并处警告、没收非法所得；并处一千元以上一万元以下罚款；情节严重的，处一万元以上五万元以下罚款；对有关责任人员，由其所在单位或者上级主管机关给予行政处分；构成犯罪的，依法追究刑事责任：

（一）在堤防、护堤地建房、放牧、开渠、打井、挖窖、葬坟、晒粮、存放物料、开采地下资源、进行考古发掘以及开展集市贸易活动的；

（二）汛期违反防汛指挥部防汛抢险指令的。

第四十九条 水行政主管部门的管理人员滥用职权、玩忽职守、徇私舞弊的，由其所在单位或者上级主管部门给予处分；构成犯罪的，依法追究刑事责任。

第六章　附　　则

第五十条 法律、行政法规对海河流域管理另有规定的，从其规定。

第五十一条 本条例自 2011 年 10 月 1 日起施行。1998 年 1 月 7 日天津市第十二届人民代表大会常务委员会第三十次会议通过、2005 年 3 月 24 日天津市第十四届人民代表大会常务委员会第十九次会议修正的《天津市河道管理条例》同时废止。

天津市实施《中华人民共和国水法》办法

（1994年1月26日天津市第十二届人民代表大会常务委员会第五次会议通过　2006年9月7日天津市第十四届人民代表大会常务委员会第三十一次会议修订　根据2018年11月21日天津市第十七届人民代表大会常务委员会第六次会议《关于修改〈天津市消费者权益保护条例〉等四部地方性法规的决定》第一次修正　根据2021年7月30日天津市第十七届人民代表大会常务委员会第二十八次会议《关于修改〈天津市节约用水条例〉等三部地方性法规的决定》第二次修正）

第一条　为合理开发、利用、节约和保护水资源，防治水害，发挥水资源综合效益，实现水资源的可持续利用，促进国民经济和社会发展，依据《中华人民共和国水法》，结合本市实际情况，制定本办法。

第二条　凡在本市行政区域内开发、利用、节约、保护、管理水资源，防治水害，应当遵守《中华人民共和国水法》和本办法。

第三条　开发、利用、节约、保护、管理水资源，应当坚持节水优先、空间均衡、系统治理、两手发力的治水思路，遵循统筹规划、科学配置、总量控制、高效利用，落实水资源刚性约束制度，建立健全政府主导、部门协同、市场调节、公众参与的机制。

第四条　市和区人民政府应当将水资源开发、利用、节约和保护工作纳入本行政区域国民经济和社会发展计划，采取有效措施，合理利用水资源，防止地面沉降和水体污染，保护生态环境。

第五条　市水行政主管部门负责全市水资源统一管理和监督工作。

区水行政主管部门按照规定的权限负责本行政区域内水资源管理和监督工作。

市和区其他有关部门按照职责分工，负责水资源开发、利用、节约和保护的有关工作。

第六条　市和区人民政府应当根据本地水资源条件，将淡化海水、再生水、雨（洪）水等纳入水资源配置，建立多种水源联合调度机制，统筹利用。

鼓励单位和个人投资开发利用海水、再生水、雨（洪）水，并依法保护其合法权益。

第七条 市和区水行政主管部门应当按照国家和本市的有关规定，会同有关部门编制本区域水资源综合规划，报本级人民政府批准，并报上一级水行政主管部门备案。

第八条 防洪、防潮、治涝、供水、灌溉、水力发电、水土保持、控制地面沉降的专业规划，海水、再生水、雨（洪）水开发利用的专业规划，河道、水库、湖泊、滩涂治理及利用河道、渠道排水的专业规划，由市和区水行政主管部门会同有关部门编制，报同级人民政府批准。

渔业、内河航运、水上旅游、水污染防治、地下水普查勘探等专业规划，由市和区人民政府有关部门编制，征求同级水行政主管部门意见后，报同级人民政府批准。

第九条 本市实行用水总量和用水强度控制制度。市水行政主管部门依据本市用水总量和用水强度控制指标，结合各区实际，制定各区用水总量和用水强度控制指标，报市人民政府批准后实施。

第十条 水资源开发、利用、配置应当遵循下列原则：

（一）兴利与除害相结合，兼顾上下游、左右岸和有关地区之间的利益，充分发挥水资源的综合效益，服从全市防洪、抗旱总体安排；

（二）优先满足城乡居民生活用水，统筹兼顾工业、农业、生态环境和其他用水需要；

（三）优先开发利用地表水，限制开采地下水，防止地面沉降；

（四）保护生态环境，防止水体污染；

（五）有条件的地区，应当使用海水、再生水和雨（洪）水。

第十一条 水工程建设，应当符合水资源综合规划和专业规划。新建、改建、扩建水工程，建设单位应当执行国家和本市有关水利工程建设的管理规定。

第十二条 市水利工程建设需要移民的，建设单位应当编制移民安置规划，经依法批准后，由有关区人民政府组织实施。安置移民所需经费列入工程建设投资计划。

第十三条 市水行政主管部门应当会同市生态环境主管部门拟订本市河道、湖泊、水库的水功能区划，报市人民政府批准。经批准的水功能区划应

当向社会公告。

水行政主管部门按照水功能区对水质的要求和水体的自然净化能力，核定该水域的纳污能力，并向生态环境主管部门提出该水域的限制排污总量意见。生态环境主管部门根据各排水口门所辖范围的具体情况，核定各排水口门污染物排放量，并通报水行政主管部门。

第十四条　禁止在城市供水河道、水库设置排污（水）口。

在其他河道、水库新建、改建、扩建排污（水）口的，建设单位应当向水行政主管部门提交设置论证报告和符合水利工程规范的设计文件及施工方案，水行政主管部门应当依法予以审查。

第十五条　生态环境主管部门和水行政主管部门应当加强排水口门水质的监督检测，对污染物排放量超过控制指标的，应当责令排水口门管理单位关闭口门、停止排放，并相互通告；发现重大污染水质事故的，应当立即报告人民政府。

排水口门管理单位应当按照核定的污染物排放量控制指标进行管理，并服从水行政主管部门的统一调度。

第十六条　市水行政主管部门应当会同有关部门，根据地面沉降和地下水分布、开采状况定期进行地下水分区评价，划定地下水禁采区、限采区，报市人民政府批准后公布。

第十七条　禁止跨含水组开采地下水。

揭露和穿透含水层的工程，应当采取分层止水和封孔措施，防止渗漏、串层。

第十八条　申请取水的单位和个人（以下简称申请人），应当依法向水行政主管部门提出申请。水行政主管部门应当在法定期限内决定批准或者不批准。决定批准的，应当同时签发取水申请批准文件。

取水申请经审批机关批准，申请人方可兴建取水工程或者设施。取水工程或者设施竣工后，申请人应当按照国务院水行政主管部门的规定，向取水审批机关报送取水工程或者设施试运行情况等相关材料；经验收合格的，由取水审批机关核发取水许可证。

直接利用已有的取水工程或者设施取水的，经取水审批机关审查合格，发给取水许可证。

第十九条　取水的单位和个人应当按照实际取水量和水资源费收费标准

缴纳水资源费。

水资源费的收费标准由市价格行政主管部门会同市财政部门、市水行政主管部门拟订，报市人民政府批准。

第二十条 新建、改建、扩建建设项目，需要直接从河道、地下取水的，办理取水许可申请时，应当提交建设项目水资源论证报告；取用公共自来水的，办理用水计划指标时，应当提交建设项目用水报告书。

第二十一条 市水行政主管部门应当根据本市地热水、矿泉水储藏情况和水资源状况及用水实际需要，会同市地质矿产行政主管部门确定年度地热水、矿泉水开采区域及限量。市水行政主管部门应当将地热水、矿泉水等地下水资源的使用情况定期向市人民政府报告。

取用已探明的地热水、矿泉水的单位和个人，应当依法向市水行政主管部门办理取水许可证；按照国家有关规定，凭取水许可证向市地质矿产行政主管部门办理采矿许可证，并按照市水行政主管部门确定的开采限量开采。

本市严格控制在非地热异常区开采地热水。

第二十二条 取用地下水（农村家庭生活和零星散养、圈养畜禽饮用等取用少量浅层地下水的除外）、建设地源热泵工程需要凿井的，应当符合以下条件：

（一）符合水资源开发利用规划；

（二）具有符合凿井技术规范的施工方案；

（三）具有土地使用权证明文件；

（四）凿井施工单位必须具有相应的技术等级。

建设地源热泵工程需要凿井的单位和个人，应当向水行政主管部门提出申请，经批准后方可施工。

第二十三条 利用地源热泵技术取用地下水的，抽灌水时应当保持采灌平衡并按照规定进行监测。

地下水抽出量大于灌入量的，井权人应当采取措施，达到采灌平衡。

第二十四条 达到设计使用年限或者出水量异常、水质恶化的取水井，井权人应当委托有关专业技术单位鉴定。

经鉴定失去使用价值的水井，井权人应当按照水利工程技术规范的要求进行封填。封填时应当通知水行政主管部门派人现场监督。

第二十五条 开采矿藏和建设地下工程，因疏干排水导致地下水水位下降、水源枯竭、地面沉降或者地面塌陷，采矿单位或者建设单位应当采取补救措施；对他人生活和生产造成损失的，依法给予补偿。

第二十六条　使用水工程供应的水，用水户应当与供水单位签订供用水合同，并缴纳水费。

供水单位应当为用水户安装经检定合格的计量设施，其计量结果作为结算水费的依据。

第二十七条　排灌站、排水闸涵等排水设施用于防洪、排涝等公益性排水的，其运行管理费用的筹集办法，由市人民政府制定。

第二十八条　水工程的管理和保护范围，按照规定的管理权限由市或者区水行政主管部门提出划定方案，报同级人民政府批准。对依法批准的水工程管理范围内的土地，土地行政主管部门应当依法予以确权，并办理土地使用证。

第二十九条　在河道、湖泊、渠道、水库、海挡、输水管线等水工程管理范围内，禁止下列行为：

（一）擅自砍伐防护林木、挖筑池塘；

（二）修建房屋、坟墓或者其他阻碍行洪、危害水工程安全的建（构）筑物；

（三）倾倒、堆放、掩埋工业、建筑废弃物和生活垃圾；

（四）种植阻碍行洪、排涝、输水的林木和高秆作物；

（五）在堤坝垦殖、铲草、放牧；

（六）从事其他影响水工程运行和危害水工程安全的活动。

第三十条　禁止在河道、渠道、水库中毒鱼、炸鱼、电鱼。

禁止在城市供水水库内从事集约化养殖和餐饮、娱乐、旅游等活动。

禁止在城市供水河道内从事养殖、捕捞作业。

在其他河道、渠道、水库内养殖、捕捞，不得影响行洪、排涝、灌溉，不得污染水体。

第三十一条　在非城市供水河道、渠道、水库等水工程设施及水体从事旅游、航运、体育、餐饮、娱乐等经营性活动的，应当符合水功能区划和防洪、堤岸维护及管理的要求，征得水工程设施管理单位的同意。

从事前款活动应当采取措施，防止污染水体和破坏周围环境。

第三十二条　水行政主管部门应当按照本市防洪规划、河道（水库）整治规划及河势现状等情况,编制河道采砂取土规划,确定年度采砂、采石、取土控制总量并划定禁采区,规定禁采期。

在本市河道、水库管理范围内采砂、采石、取土的,应当向水行政主管部门申请办理采砂许可证。

申请采砂、采石、取土的,应当符合下列条件:

(一)符合防洪整治规划和水利技术规范等相关规定;

(二)涉及第三人利益的,应当与第三人达成协议;

(三)有相应的设备、专业技术人员。

第三十三条 禁止围垦、填垫水库、湖泊、河道(含故旧河道)、渠道和坑塘洼淀。确需围垦、填垫的,按管理权限经水行政主管部门依法审核后,报同级人民政府批准。

第三十四条 禁止损坏或者毁坏堤防、护岸、防汛、水文监测、水文地质监测等工程设施及附属设备。

建设项目施工可能影响到前款工程设施及附属设备正常使用的,建设单位应当在开工三十日前征得工程设施管理单位同意,并采取相应的补救措施。造成工程设施损坏的,应当承担赔偿责任。

第三十五条 违反本办法规定,在城市供水河道、水库以外新建、改建、扩建排污(水)口未按照审查同意的设计文件和施工方案进行施工的,由水行政主管部门责令改正,并根据情节轻重处一万元以上十万元以下罚款。

第三十六条 违反本办法规定,污染物排放量超过控制指标,排水口门管理单位拒不关闭口门的,由生态环境主管部门或者水行政主管部门,处一万元以上十万元以下罚款。

第三十七条 违反本办法规定,跨含水组开采地下水的,由水行政主管部门责令限期封填,并处二万元以上五万元以下罚款。

违反本办法规定,揭露和穿透含水层的工程未采取分层止水和封孔措施的,由水行政主管部门责令限期采取补救措施;逾期不采取补救措施的,责令封填,并处二万元以上五万元以下罚款。

第三十八条 违反本办法规定,未办理取水许可擅自取水的,由水行政主管部门责令停止违法行为,限期采取补救措施,处五万元以上十万元以下的罚款。

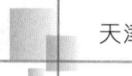

违反本办法规定，未按照批准的取水许可规定条件取水的，由水行政主管部门责令停止违法行为，限期采取补救措施，处二万元以上十万元以下罚款；情节严重的，吊销其取水许可证。

第三十九条 违反本办法规定，未经水行政主管部门批准擅自凿井的，由水行政主管部门责令停止违法行为，限期补办手续；逾期不补办或者补办未被批准的，责令限期封填，并处一万元以上五万元以下罚款。

违反本办法规定，建设凿井工程不符合规定条件的，由水行政主管部门责令限期改正，按照情节轻重，处一万元以上十万元以下罚款。

第四十条 违反本办法规定，利用地源热泵技术取用地下水不进行监测的，由水行政主管部门责令改正，并可处一千元以上一万元以下罚款。

违反本办法规定，利用地源热泵技术取用地下水未达到采灌平衡的，由水行政主管部门责令停止使用，采取补救措施，处二万元以上五万元以下罚款。

第四十一条 违反本办法规定，对达到设计使用年限或者出水量异常、水质恶化的取水井未作鉴定的，由水行政主管部门委托有关专业技术单位鉴定，鉴定费用由井权人承担。

违反本办法规定，经鉴定失去使用价值的井未封填或者未按照水利工程技术规范进行封填的，由水行政主管部门责令限期封填或者采取补救措施；逾期不封填或者不采取补救措施的，处一万元以上三万元以下罚款。

第四十二条 违反本办法规定，在河道、湖泊、渠道、水库、海挡、输水管线等水工程管理范围内，从事影响水工程运行和危害水工程安全活动的，由水行政主管部门责令停止违法行为，限期恢复原状或者采取补救措施，并处一万元以下罚款；情节严重的，并处一万元以上五万元以下罚款。

法律、法规对前款行为有处罚规定的，从其规定。

第四十三条 违反本办法规定，在城市供水水库、河道以外的水库、河道、渠道内从事养殖、捕捞等活动影响行洪、排涝的，由水行政主管部门责令停止违法行为，恢复原状，没收非法财物，并处一千元以上二万元以下罚款；情节严重的，并处二万元以上十万元以下罚款。

第四十四条 违反本办法规定，在河道、水库管理范围内采砂、采石、取土未办理许可证的，由水行政主管部门责令停止违法行为，没收违法所得和非法采砂机具，并处二万元以上五万元以下罚款；情节严重的，并处五万元以上十万元以下罚款。

违反本办法规定，未按照许可规定的要求采砂、采石、取土的，由水行政主管部门责令停止违法行为，没收违法所得，处二万元以上五万元以下罚款，并吊销采砂许可证。

第四十五条 违反本办法的行为，构成违反治安管理处罚法的，由公安机关依法给予处罚；构成犯罪的，依法追究刑事责任。

第四十六条 各级水行政主管部门和水工程管理单位的工作人员玩忽职守、滥用职权、徇私舞弊的，由其所在单位或者上级主管机关给予行政处分；对国家和人民利益造成重大损失构成犯罪的，由司法机关依法追究其刑事责任。

第四十七条 本办法所称取水工程或者设施，是指闸、坝、渠道、人工河道、虹吸管、水泵、水井以及水电站等。

第四十八条 本市城市供水河道、供水水库，经市人民政府确定后，由市水行政主管部门向社会公布。

第四十九条 本办法自2006年12月1日起施行。

河北省

河北省河湖保护和治理条例

(2020年1月11日河北省第十三届人民代表大会第三次会议通过)

第一章 总 则

第一条 为了加强河湖保护和治理，改善河湖生态环境，恢复河湖生态功能，推进生态文明建设，根据《中华人民共和国水法》《中华人民共和国水污染防治法》等有关法律、行政法规，结合本省实际，制定本条例。

第二条 本省行政区域内河湖保护和治理活动适用本条例。

本条例所称河湖是指河流、湖泊、水库、塘坝、人工水道工程设施及其水体。

第三条 河湖保护和治理应当坚持属地责任、规划先行，系统治理、修复功能，强化保护、合理利用的原则，加强河道整治工程建设，强化河湖资源保护，推进河湖生态修复，坚持蓄水、节水、引水、严控地下水开采等多措并举，逐步实现河湖贯通、水系相连、水清岸绿的水生态环境目标。

第四条 县级以上人民政府是河湖保护和治理的责任主体，应当将河湖保护和治理纳入国民经济和社会发展规划，统筹协调有关部门，制定河湖保护和治理的总体规划、实施方案和政策措施，建立部门责任清单，健全部门联动工作机制。

县级以上人民政府水行政主管部门负责本行政区域内河湖保护和治理的具体工作。城市规划区内的河湖保护和治理由设区的市、县级人民政府确定的部门负责。自然资源、生态环境、农业农村、发展改革、财政、交通运输、公安、司法行政、住房城乡建设、文化和旅游、应急管理、林业和草原、文物等有关部门应当依照各自职责，做好河湖保护和治理的相关工作。

乡镇人民政府、街道办事处应当做好本辖区内河湖保护和治理的相关工作。

河湖相关的国家公园、自然保护区、湿地保护区等保护管理机构应当按照职责做好管理范围内的河湖保护和治理的相关工作。

第五条 县级以上人民政府应当加大对河湖保护和治理的财政投入，统筹涉及河湖保护和治理资金，提高资金使用效益。

第六条　县级以上人民政府应当鼓励和支持社会资本参与河湖保护和治理，建立和完善多元投入机制，建立健全社会主体参与河湖整治、工程建设维护、生态环境保护等激励机制，加强河湖保护和治理。鼓励和倡导社会组织、个人等社会力量以慈善捐赠、志愿服务等方式开展河湖保护和治理公益活动。

第七条　县级以上人民政府及其有关部门应当鼓励和支持河湖保护和治理的科学研究和技术创新，完善河湖生态环境保护科技研发体系，推动科技成果转化。

第八条　各级人民政府及其有关部门、社会团体、学校、基层群众性自治组织应当采取多种方式，广泛宣传河湖保护和治理法律法规、相关知识和先进典型，增强全社会河湖保护意识，营造保护河湖的良好氛围。

新闻媒体应当开展河湖保护和治理法律法规和相关知识的宣传，对违法行为进行舆论监督。

第九条　任何单位和个人有义务保护河湖，因生产生活等活动造成环境污染和生态破坏应当依法承担责任，对违反河湖保护和治理法律法规的行为有权进行投诉、举报。

对在河湖保护和治理中做出显著成绩的单位和个人，按照有关规定给予表彰和奖励。

第二章　规　划　编　制

第十条　省人民政府水行政主管部门应当会同有关部门编制全省河湖保护和治理规划，报省人民政府批准并向社会公布。设区的市、县级人民政府水行政主管部门应当根据上一级人民政府的河湖保护和治理规划，编制本行政区域的规划和年度实施方案，报本级人民政府批准并向社会公布。

第十一条　编制河湖保护和治理规划应当进行全面调查和科学评估，通过论证、听证或者其他方式征求社会公众意见。规划应当符合国土空间规划要求，并与生态环境保护、水资源利用等规划相协调。

编制重点发展区规划以及谋划重大建设项目布局，应当与河湖保护和治理规划相衔接，与水资源环境承载能力相适应。

第十二条　河湖保护和治理规划应当包括河湖现状分析，水域岸线空间管控、防洪、供水、生态环境保护、水资源消耗总量和强度的总体要求，保护和治理目标、任务和措施以及责任主体，允许或者限制、禁止开发利用等内容。

第十三条　河湖保护和治理规划一经批准，应当严格执行，不得随意变更。确需变更的，应当按原报批程序批准，并向社会公布。

第十四条　本省实行河湖保护名录制度，加强水源地保护和重点河湖专项整治。

省人民政府水行政主管部门应当按照河湖保护和治理规划，会同有关部门制定河湖保护名录的编制标准。

县级以上人民政府水行政主管部门按照编制标准拟定本行政区域内的河湖保护名录，经上一级人民政府水行政主管部门审查，报本级人民政府批准并向社会公布。

第十五条　县级以上人民政府应当依法划定河湖管理范围，并向社会公示。

河湖管理范围划定应当与生态保护红线划定、自然保护区划定等相衔接，依法纳入国土空间规划内容，并作为编制河湖保护和治理规划的基本依据。

第十六条　县级以上人民政府应当依据国土空间规划和河湖水域岸线等管控规定，实行河湖岸线分区管理。科学划分河湖岸线保护区、保留区、控制利用区、开发利用区，明确分区管理保护要求，强化岸线用途管制和节约集约利用，严格控制开发利用强度，维护河湖岸线自然形态。

第三章　治理和修复

第十七条　县级以上人民政府应当按照河湖保护和治理规划开展河湖系统治理，坚持跨区域统筹、全流域全过程治理、各部门协同，尽快实现河湖生态系统的结构完整、功能修复。

第十八条　县级以上人民政府及其有关部门应当全面落实生态保护红线制度，严格审批涉及河湖的规划、土地、项目，依法查处并清理河湖管理范围内的违法违规建设项目。

城乡建设和发展不得占用河道滩地。城乡规划的临河界限，由县级以上人民政府水行政主管部门会同城乡规划等有关部门确定。

第十九条　县级以上人民政府及其有关部门应当对非法排污、设障、捕捞、养殖、采砂、采矿、围垦、侵占水域岸线等活动进行清理整治，防止水域污染、水土流失、河道淤积，维护堤防安全，保持河道通畅。

第二十条　县级以上人民政府应当加强对防洪工作的统一领导，加强防洪工程设施建设，依法对河道、湖泊范围内阻碍行洪的障碍物予以清除。在紧急防汛期，省防汛指挥机构有权对壅水、阻水严重的桥梁、引道、码头和其他跨河工程设施依法作出紧急处置。

第二十一条　省人民政府应当依法适时修订水环境质量标准和水污染物排放标准。对国家水环境质量标准和水污染物排放标准中已作规定的项目，可以制定严于国家标准的地方标准。

排放水污染物，不得超过国家或者本省规定的水污染物排放标准和重点水污染物排放总量控制指标。

第二十二条　设区的市、县级人民政府应当按照河湖水功能区划水质标准，依法确定水环境质量改善目标及期限，结合河湖水体纳污承载能力，采取综合措施，逐步改善入河湖水质。

县级以上人民政府及其有关部门应当严格落实排污许可证制度，加强对入河湖污染源的监管，依法关闭非法入河湖排污口。

县级以上人民政府及其有关部门应当采取控源截污、内源治理等方式，加强沿河环湖截污管道建设，开展河湖清淤疏浚，清捞垃圾和漂浮物，逐步消除不达标水体，恢复和增强河湖自我净化功能。

第二十三条　县级以上人民政府应当统筹兼顾农牧民生产生活和河湖生态保护需求，依法科学划定畜禽禁养区，有效防止畜禽养殖污染河湖水体。

县级以上人民政府农业农村、生态环境、林业和草原等有关部门应当指导农林生产者科学使用化肥、农药、地膜等投入品，控制面源污染。推广水产品生态种植、养殖技术，依法取缔网箱养殖，防止种植、养殖污染河湖水体。

第二十四条　设区的市、县级人民政府及其有关部门应当逐步提高城镇污水管网建设标准，实现雨污分流，加强城中村、老旧城区和城乡结合部的污水收集处理，提高污水再生利用率。

县级人民政府应当完善农村生活污水收集、处理设施建设，采取集中处理与分散治理相结合等方式，消除散乱排放，有效管控农村污水。

第二十五条 设区的市、县级、乡镇人民政府应当建立健全河湖保洁责任制，建立河湖保洁常态化巡查制度，完善沿河环湖区域生活垃圾和污水收集、转运、处理设施建设，鼓励通过政府购买服务的方式进行河湖保洁，及时清除河湖内的建筑垃圾、生活垃圾、矿渣等固体废弃物以及有害水生动植物。

村民委员会应当协助乡镇人民政府开展河湖清洁等活动，推动将维护河湖清洁纳入村规民约，及时发现、劝阻和报告向河湖倾倒垃圾等损害河湖环境的行为。

第二十六条 结合城市总体规划，因地制宜建设亲水生态岸线，加大黑臭水体治理力度，实现河湖环境整洁优美、水清岸绿。加强生活污水处理、生活垃圾无害化处理，综合整治农村水环境，推进美丽乡村建设。

鼓励各地结合水利工程的兴建和改造，建设水利风景区，改善水生态环境，拓展水利的社会服务功能。

第二十七条 县级以上人民政府应当建立健全河湖生态修复和保护机制，强化山水林田湖草系统治理，因地制宜实施河湖生态保护和修复工程，依法依规退耕还河（湖）、退耕还湿，加强水生生物资源养护，防止外来有害物种入侵，保护水生生物多样性。

第二十八条 县级以上人民政府及其有关部门应当有计划地采取综合整治和放养、种植有利于净化水体的生物等措施，加强河湖保护与修复，改善河湖水生态环境。

第二十九条 县级以上人民政府应当建立河湖生态补水长效机制，引足用好引江、引黄等外调水，合理配置水库水，鼓励使用非常规水，保障河湖基本生态流量（水量），逐步恢复河湖生态功能，为生物提供多样性生境。

利用引江、引黄、水库等水源补充生态用水的，各级财政应当按照支出责任保障相关经费。

第三十条 县级以上人民政府应当推进地下水超采综合治理，依法健全用水约束、地下水开采审批、地下水取用监测监管、税费调节等机制，严格限制开采地下水。

县级以上人民政府水行政主管部门应当采取有效措施加强河湖蓄水，统筹防洪安全与雨洪利用，通过水库增蓄、河道拦蓄、河系连通等，加强优化调度，提高河湖雨洪调蓄能力；实施清淤疏浚，建设蓄水工程，增加河湖蓄水空间，提高河湖补充地下水能力；改善湿地生态状况，提升地表水质，保护地下水质，逐步修复地下水生态环境。

第三十一条　各级人民政府及其有关部门应当采取预防保护、自然修复和综合治理等措施，加强水土流失预防监督和综合整治，建设生态清洁型小流域，维护河湖生态环境。

第三十二条　县级以上人民政府应当依托现有水利工程设施，推进河湖库渠等连通工程建设，结合恢复河湖水系自然生态环境和地下水超采综合治理，逐步实现水系连通，构建引得进、蓄得住、排得出、可调控的全省河湖水网体系，增强河湖水系抵御旱涝灾害和调蓄水资源的能力。

水系连通工程建设应当按照优化水资源配置的要求，探索冀中南地区结合引江中线、东线和引黄工程，构建漳卫南运河、子牙河、大清河以及白洋淀、衡水湖等水网体系；冀东北地区构建以滦河为主线，潘家口、大黑汀、桃林口等水库的多库联合调度的水网体系；冀西北地区构建以永定河（洋河、桑干河）为主线、外调水为补充的水网体系。

第三十三条　县级以上人民政府水行政主管部门应当按照河道管理权限，组织编制河道采砂与整治规划，经上一级水行政主管部门审查同意后报本级人民政府批准。

编制河道采砂与整治规划应当坚持采治结合、流域统筹，兼顾防洪安全、供水安全、通航安全、生态安全和重要基础设施安全，严格划定禁采区、可采区，明确禁采期。

第三十四条　县级以上人民政府应当严格落实河道采砂许可制度。采砂许可应当载明开采的地点、期限、范围、深度、开采总量、作业方式、河道整治等事项。未经许可，任何单位和个人不得从事河道采砂活动。

县级以上人民政府应当积极探索河道采砂与河道整治相结合管理机制，支持有河道整治技术和能力的采砂经营者按照河道采砂和整治责任相统一的要求实行规模化、集约化开采。

鼓励和推广机制砂的生产和应用，逐步减少河道采砂量，缓解河道采砂压力。

第四章 保护和监管

第三十五条 各级人民政府应当采取水源涵养、水土保持、生态修复、生态补水等措施,维持河湖的基本生态流量(水量),提高水体的自然净化能力,维护河湖生态平衡。

第三十六条 各级人民政府应当严格饮用水源保护,推进涵养区、源头区等水源地安全达标和规范化建设;采取封育保护、自然修复等措施,加强山地植被养护,扩大林草覆盖面积;组织开展沿河环湖水源涵养林、水土保持林、防风固沙林等生态水源保护工程建设,防止水土流失,涵养水源。

张家口市、承德市人民政府应当按照首都水源涵养功能区和京津冀生态环境支撑区建设要求,采取水土保持、地下水超采综合治理、多源引水、保护湿地等措施,提升水源涵养功能,改善河湖生态环境。

第三十七条 县级以上人民政府应当加强产业源头管控,调整优化不符合生态环境功能定位的产业布局、规模和结构,培育新兴产业,推动传统产业转型升级,促进沿河湖区域经济绿色低碳循环发展。

第三十八条 县级以上人民政府水行政主管部门应当健全完善节水制度和节水激励机制,严格取水审批,控制取水总量,提高用水效率,推广节约用水新技术、新工艺,推进形成节约水资源、保护水环境的绿色生产生活方式。

第三十九条 严格审批穿、跨、临河湖建筑物和设施建设,确需建设的重大项目和民生工程,应当符合国土空间规划和河湖水域岸线分区管理要求并科学论证,严格执行工程建设方案审查、环境影响评价等制度。

利用水域岸线空间从事旅游、运动娱乐项目、种植养殖等活动,应当符合河湖保护和治理规划和水域岸线空间管控要求,并依法报经批准。

第四十条 在跨行政区域的河道边界上下游十公里范围内和左右岸进行引水、阻水、蓄水、排水、河道整治等工程建设的,未经有关各方达成协议和共同上一级人民政府水行政主管部门批准,不得擅自改变河道水流的现状。

第四十一条 穿、跨、临河湖以及穿堤的桥梁、码头、道路、渡口、管道、缆线、取水、排水、监测等工程设施的建设单位、产权单位或者使用单位，应当对设施进行日常检查和维护，保证其正常运行，发现危害堤坝安全、影响河势稳定、妨碍行洪畅通等情况的，应当及时进行整改、消除安全隐患。

第四十二条　县级以上人民政府应当建立健全河湖生态补偿机制，明确具体补偿标准和办法。在河流源头区、集中式饮用水水源地、重要河流敏感河段和水生态修复治理区、水产种质资源保护区、水土流失重点预防区和重点治理区，以及其他作为重要饮用水源或者具有重要生态功能的河湖实行生态保护补偿。统筹协调上下游、左右岸、干支流和有关地区之间的利益，探索市场化多元补偿机制，推动流域河湖生态环境跨行政区域协同保护和治理。

第四十三条　在河湖管理范围内禁止下列行为：

（一）建设妨碍行洪的建筑物、构筑物，从事影响河势稳定、危害河岸堤防安全和其他妨碍河道行洪活动；

（二）在行洪河道内种植阻碍行洪的林木和高秆作物；

（三）破坏、侵占、毁损水库大坝、堤防、水闸、护岸、抽水站、排水渠系等防洪工程和水文、通信设施以及防汛备用器材、物料等物资；

（四）在水工程保护范围内从事影响水工程运行或者危害水工程安全的爆破、打井、采石、取土等活动；

（五）围湖造地或者擅自围垦河道；

（六）在饮用水水源保护区内设置排污口；

（七）违法向河湖排放、倾倒废水、废液、废渣和其他废弃物；

（八）其他依法禁止的行为。

第四十四条　县级以上人民政府应当加强对具有历史、艺术、科学价值的涉及河湖的工程建筑物、构筑物和遗址的保护，对涉及河湖的非物质文化遗产进行发掘和整理，推动河湖文化的保护、传承和利用。

第四十五条　大运河沿线设区的市、县级人民政府应当做好大运河文化保护传承利用、河道水系治理管护、生态保护修复等工作，实施文化遗产保护展示、河道水系资源条件改善、绿色生态廊道建设、文化旅游融合提升等工程，实现大运河沿线区域绿色发展、协调发展、高质量发展。

第四十六条　县级以上人民政府及其有关部门应当加强河湖保护信息化建设，整合监测技术和设备，优化监测站网布局，对河湖水质、水量、水生态、排污口、采砂以及河湖岸线情况进行监测和预警,建立监测信息共享机制,健全实时监测和分析评估制度,提高河湖保护监测能力。

第四十七条 县级以上人民政府应当建立健全水利、公安、自然资源、生态环境、交通运输等部门联合执法机制,整合相关执法力量,加强基层执法能力建设,建立部门会商、信息共享、案件移交等制度,定期开展河湖保护和治理联合执法行动,推进河湖生态环境保护综合行政执法,对违法现象严重的区域开展专项执法和集中整治,建立健全违法案件查处督办制度和行政执法与刑事司法衔接工作机制。

第四十八条 县级以上人民政府及其有关部门应当做好河湖防洪、供水、工程设施、水污染等突发事件的应急准备、应急处置和事后恢复。

第四十九条 省人民政府应当按照国家统一部署与北京市、天津市以及周边其他省、自治区建立联席会商、信息共享和联防共治机制,加强区域联动,协商河湖保护和治理重大事项,共同做好省际河湖保护和治理工作。

省人民政府及其水行政主管部门应当统筹指导市、县级人民政府建立河湖保护和治理区域协同机制,加强市际、县际协调联动,协商重大事项,共享监测信息,推进联合执法,落实属地责任。

第五十条 各级人民政府应当建立河湖保护和治理考核制度,将河湖保护和治理情况纳入生态文明建设目标评价考核内容。

上级人民政府应当对下级人民政府履行河湖保护和治理职责进行督导检查,对目标任务完成情况进行考核奖惩。

第五十一条 县级以上人民政府及其有关部门应当建立健全投诉举报制度,公布联系方式,方便社会公众监督。接到投诉、举报的单位应当对举报人的相关信息予以保密,并及时依法调查处理或者移交相关部门,对实名举报的应当反馈调查处理结果。

第五十二条 对破坏河湖生态环境和资源保护的行为,检察机关、法律规定的其他机关或者符合条件的社会组织,可以依法提起环境公益诉讼。

第五章 河(湖)长制

第五十三条 本省实行河(湖)长制,落实河湖管理保护属地责任,分级分段负责本行政区域内河湖的水资源保护、水域岸线管理、水污染防治、水环境治理等工作，构建责任明确、协调有序、制度健全、监管严格、保护有力的河湖管理保护机制。

第五十四条 本省建立省、设区的市、县、乡镇、村五级河（湖）长组织体系。乡镇以上设立总河（湖）长。

各级总河（湖）长、河（湖）长的设立和确定依照国家和本省的有关规定执行。

第五十五条 各级总河（湖）长对本行政区域内河湖管理保护负总责。对河湖水资源保护、水域岸线管理、水污染防治、水环境治理、水生态修复等工作进行安排部署，组织协调河湖执法监管和联防联控，督导检查本级河（湖）长、下级总河（湖）长以及相关责任部门履行职责。

乡镇以上河（湖）长对责任河湖管理保护工作负直接责任，负责检查督导下级河（湖）长和相关责任部门履行职责，依法组织对河湖违法侵占、采砂、堆放、倾倒、建设、排污等突出问题进行清理整治，协调处置涉河湖突发问题。

村级河（湖）长主要负责责任河湖巡查，开展河湖保护宣传，督促落实河湖保洁等工作。

第五十六条 省、设区的市、县（市、区）应当明确河（湖）长制工作机构，负责协助本级总河（湖）长、河（湖）长对下级河（湖）长和本级责任部门落实河（湖）长制工作任务进行指导、协调、督察和考核，并定期通报相关情况；对督察、考核中发现的突出问题进行督办，对整改不力的进行约谈，有关线索依法移送监察机关。

河（湖）长制责任部门应当按照分工履行职责，加强协调配合，健全联动机制，按照规定向河（湖）长制工作机构报告重大事项。

第五十七条 河（湖）长名单应当向社会公布，并设置河（湖）长公示牌，标明河（湖）长姓名、职务、职责、责任河湖概况、管理目标、监督电话等内容，接受社会监督。河（湖）长相关信息发生变更的，应当及时更新公示牌。

第五十八条 乡镇以上河（湖）长应当按照相关规定加强对责任河湖的巡查检查，对发现的问题，按照职责及时交办、协调处理。

村级河（湖）长对河湖巡查中发现的问题，及时劝阻制止并按照规定向上级河（湖）长报告。

河（湖）长制工作机构可以聘请公民参与河湖巡查工作。

第五十九条 省河（湖）长制工作机构应当会同省监察、公安、司法机关建立河（湖）长制责任追究、河（湖）警长、河湖环境保护协作等工作机制。

省、设区的市、县（市、区）每年应当组织开展河（湖）长制工作考核，考核内容纳入年度绩效考核评价体系，考核结果作为对其考核评价的重要依据，并向社会公开。

第六章 法 律 责 任

第六十条 国家机关及其工作人员违反本条例规定，有下列行为之一的，对负有责任的主管人员和其他直接责任人员依法给予处分；构成犯罪的，依法追究刑事责任：

（一）未编制或者擅自变更河湖保护和治理规划的；

（二）未制定河湖保护名录的；

（三）未划定河湖管理范围的；

（四）未履行监管职责的；

（五）应当依法公开信息而未公开的；

（六）对应当受理的投诉、举报不受理，或者对已受理的投诉、举报不调查、不处理的；

（七）其他玩忽职守、滥用职权、弄虚作假、徇私舞弊的。

第六十一条 违反本条例第三十四条规定，未经许可从事河道采砂活动的，由县级以上人民政府水行政主管部门责令停止违法行为，限期采取修复补救措施，没收违法所得，并处违法开采砂石价值二倍以上四倍以下的罚款；构成犯罪的，依法追究刑事责任。未按照许可规定从事河道采砂活动的，由县级以上人民政府水行政主管部门责令停止违法行为，限期采取修复补救措施，没收违法所得，并处违法开采砂石价值一倍以上三倍以下的罚款；逾期不采取修复补救措施的，由许可机关吊销河道采砂许可证。

第六十二条 违反本条例第四十一条规定，未对工程设施进行日常检查和维护的，由县级以上人民政府水行政主管部门责令限期改正，逾期不改正的，处五千元以上一万元以下的罚款。发现危害堤坝安全、影响河势稳定、

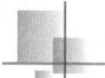

妨碍行洪畅通等情况，未及时进行整改、消除隐患的，由县级以上人民政府水行政主管部门责令限期改正，逾期不改正的，由水行政主管部门代为消除隐患，所需费用由违法单位或者个人承担，并处二万元以上五万元以下的罚款。

第六十三条 违反本条例规定的其他行为，依据有关法律法规的规定处罚。

第七章 附 则

第六十四条 本条例自 2020 年 3 月 22 日起施行。

河北省实施《中华人民共和国水法》办法

（2010年9月29日河北省第十一届人民代表大会常务委员会第十九次会议通过 根据2016年9月22日河北省第十二届人民代表大会常务委员会第二十三次会议《关于修改〈河北省实施《中华人民共和国水法》办法〉等十部法规的决定》第一次修正 根据2023年5月30日河北省第十四届人民代表大会常务委员会第三次会议《关于修改〈河北省地震安全性评价管理条例〉等七部法规的决定》第二次修正）

第一章 总 则

第一条 根据《中华人民共和国水法》等有关法律、法规的规定，结合本省实际，制定本办法。

第二条 在本省行政区域内开发、利用、节约、保护和管理水资源，防治水害，适用本办法。

本办法所称水资源，包括地表水和地下水。

第三条 县级以上人民政府水行政主管部门按照规定的权限，负责本行政区域内水资源的统一管理和监督工作。

经省人民政府批准设置的河系管理机构，在管辖范围内依法行使水资源管理和监督职责。

县级以上人民政府其他有关部门按照职责分工，负责本行政区域内水资源开发、利用、节约和保护的有关工作。

第四条 县级以上人民政府应当将水资源开发、利用、节约、保护和管理工作纳入本级国民经济和社会发展规划，增加资金投入，建立长期稳定的投入机制。

各级人民政府应当充分发挥市场对水资源配置和水价形成的调节作用。

第五条 各级人民政府应当严格管理水资源，实行用水总量控制，提高用水效率，建立水功能区限制纳污指标体系，保障水资源的可持续利用。

第六条 各级人民政府应当加强宣传教育，提高全社会保护水资源意识和节约用水意识。

第七条　鼓励研究节水技术，推广节水工艺、设备和产品，发展节水型工业、农业和服务业，建立节水型社会。

在开发、利用、节约、保护、管理水资源等方面成绩显著的单位和个人，由人民政府给予奖励。

第二章　水资源规划和开发利用

第八条　省人民政府应当根据全省经济社会发展需要和水资源状况，对开发、利用、节约、保护水资源和防治水害作出总体部署。

第九条　省人民政府水行政主管部门应当会同省有关部门和设区的市人民政府依据国家的流域综合规划编制全省区域综合规划，报省人民政府批准，并报国务院水行政主管部门备案。

设区的市区域综合规划，由设区的市人民政府水行政主管部门会同同级有关部门和县（市、区）人民政府依据全省区域综合规划编制，报本级人民政府批准，并报省人民政府水行政主管部门备案。

县（市、区）区域综合规划，由县级人民政府水行政主管部门会同同级有关部门依据全省、设区的市区域综合规划编制，报本级人民政府批准，并报上一级人民政府水行政主管部门备案。

第十条　开发、利用、节约、保护水资源和防治水害的专业规划，由县级以上人民政府有关部门编制，征求同级其他有关部门意见后，报本级人民政府批准。其中，防洪规划、水土保持规划的编制、批准，依照有关法律、法规执行。

第十一条　建设水工程必须符合流域综合规划。在河道、湖泊上建设水工程，未取得县级以上人民政府水行政主管部门按照管理权限签署的符合流域综合规划要求的规划同意书的，建设单位不得开工建设。

第十二条　各级人民政府应当严格控制开发、利用地下水，优先开发、利用地表水，合理配置、利用调入水。鼓励开发、利用再生水、矿坑水、微咸水、海水等水资源。

第十三条　各级人民政府应当支持对雨水的收集和利用，根据当地水资源状况，修建蓄水池、水窖等蓄水工程。

第十四条　县级以上人民政府及有关部门应当加强对空中云水资源的开

发利用，增加水资源量。

第十五条 鼓励各类投资者开发、利用水能资源。开发、利用水能资源应当服从有关专业规划。

建设水力发电站，应当保护生态环境、防治水土流失，兼顾防洪、供水、灌溉和渔业等方面的需要。

第十六条 任何单位和个人引水、截（蓄）水、排水，不得损害公共利益和他人的合法权益。

未经有关各方达成协议或者共同的上一级人民政府水行政主管部门批准，水事相邻的不同行政区域，不得单方面修建引水、截（蓄）水、排水等对边界河道和跨行政区域河道的水量、水质及防汛抗旱有影响的工程，不得单方面改变水的现状。

第三章　水资源、水域和水工程保护

第十七条 省人民政府水行政主管部门会同环境保护行政主管部门和其他有关部门拟定全省重点水域以及重点区域地下水的水功能区划，报省人民政府批准。

前款规定外的水域和区域地下水的水功能区划，由设区的市、县级人民政府水行政主管部门会同同级环境保护行政主管部门和其他有关部门拟定，报本级人民政府批准，并报上一级人民政府水行政主管部门和环境保护行政主管部门备案。

经批准的水功能区划，应当向社会公告。

第十八条 本省建立饮用水水源保护区制度。

县级以上人民政府应当加强水源、水环境的保护，并根据划定的饮用水水源保护区范围，采取措施，防止水源枯竭和水体污染，保证居民饮用水安全。

第十九条 县级以上人民政府及有关部门应当加强农村供水工程的建设与管理，有条件的地方实行农村集中供水，改善农村居民的饮用水条件。

第二十条 本省实行入河排污总量控制制度。

县级以上人民政府水行政主管部门应当按照水功能区对水质的要求和水体的自然净化能力，核定该水域的纳污能力，向环境保护行政主管部门提出该水域的限制排污总量意见，同时抄报同级人民政府和上一级人民政府水行政主管部门。

第二十一条 县级以上人民政府水行政主管部门应当对水功能区的水量、水质状况进行监测，发现重点污染物排放总量超过控制指标的，或者水功能区水质未达到水域使用功能对水质的要求的，应当及时报告本级人民政府采取治理措施，并向同级环境保护、城市供水行政主管部门通报。

水功能区的水量、水质监测结果应当按照有关规定向社会公开。

第二十二条 禁止在饮用水水源保护区设置排污口。

在河道、湖泊新建、改建或者扩大排污口，应当经过有管辖权的水行政主管部门同意，由环境保护行政主管部门负责对该建设项目的环境影响报告书进行审批。

第二十三条 省人民政府水行政主管部门应当会同有关部门定期开展区域地下水评价，根据地下水评价结果、供水水源情况，划定地下水超采区和严重超采区。在地下水严重超采区划定地下水禁止开采区或者限制开采区，报省人民政府批准后公布。

在地下水超采区，县级以上人民政府应当制订计划，严格控制开采地下水，限制取水量，并规划建设替代水源，采取措施增加地下水的有效补给。

在地下水禁止开采区内，不得开凿新的取水井。对已有的取水井，应当统一规划建设替代水源，调整取水布局，缩减取水量，逐步关闭取水井。

在地下水限制开采区内，一般不得开凿取水井。确需取用地下水的，水行政主管部门应当统筹安排，通过核减其他取水单位的地下水开采量和年度用水计划，进行合理配置。

第二十四条 在城市公共供水管网覆盖范围内，公共供水管网能够满足用水需要的，不得开凿新井取用地下水。对原经过批准取用地下水的，应当改接自来水，限期封闭原取水井。未按要求封闭取水井的，由县级以上人民政府水行政主管部门组织封闭，所需费用由原使用者承担。

第二十五条 经批准开采地下水的单位或者个人，应当按照批准的井点布局、取水层位开凿取水井。

任何施工单位不得为未取得取水申请批准文件的单位和个人开凿取水井。

第二十六条 开采矿藏或者建设地下工程需疏干排水的，采矿单位或者建设单位应当进行地下水评价预测，加强监测并采取措施，保护水资源不受污染和破坏。

因疏干排水导致地下水水位下降、水体污染、水源枯竭或者地面塌陷的，采矿单位或者建设单位应当及时采取补救措施；对他人生活和生产造成损失的，依法给予补偿。

第二十七条　开发、利用水资源和水域的活动以及向水体排污，应当符合经批准的水功能区划的要求。

第二十八条　在河道管理范围内采砂，应当依法向县级以上人民政府水行政主管部门申请河道采砂许可证。未经许可，任何单位和个人不得擅自在河道管理范围内采砂。

在河道管理范围内采砂，应当按照规定的开采地点、期限、范围、深度、方式作业。

第二十九条　禁止在河道、湖泊、水库、渠道内弃置垃圾、堆放阻碍行洪的物体和种植阻碍行洪的林木及高秆作物。

第三十条　在河道、水库大坝管理范围内建设桥梁、码头和其他拦水、跨水、临水建筑物、构筑物，铺设管道、缆线，应当符合国家规定的防洪标准和其他有关的技术要求，工程建设方案应当依照防洪法的规定报经有关水行政主管部门审查同意。

因建设前款工程设施，需要扩建、改建、拆除或者损坏原有水工程设施的，建设单位应当负担扩建、改建的费用和损失补偿。但是，原有工程设施属于违法工程的除外。

第三十一条　县级以上人民政府应当根据国家和本省有关规定，组织有关部门划定本行政区域内水工程的管理范围和保护范围，并设立标志。其中跨行政区域水工程的管理范围和保护范围，由共同的上一级人民政府划定。

新建、改建和扩建的水工程，在工程竣工验收前，县级以上人民政府应当依照前款规定划定管理范围和保护范围。

在水工程保护范围内，禁止从事影响水工程运行和危害水工程安全的爆破、打井、采石、取土、围堤、建房、葬坟等活动。

第四章　水资源配置

第三十二条　省人民政府发展和改革主管部门、水行政主管部门负责全省水资源的宏观调配。

省、跨设区的市水中长期供求规划，由省人民政府水行政主管部门会同同级有关部门制定，经省人民政府发展和改革主管部门审查批准后执行。设区的市、县（市、区）水中长期供求规划由本级人民政府水行政主管部门会同同级有关部门，依据上一级水中长期供求规划和本地区的实际情况制定，经本级人民政府发展和改革主管部门审查批准后执行。

第三十三条 县级以上人民政府水行政主管部门应当依据流域综合规划、区域综合规划和水中长期供求规划，制订径流调蓄计划和水量分配方案。

制订水量分配方案，应当充分考虑流域与行政区域水资源条件、供用水历史与现状、未来发展的供水能力与用水需求，妥善处理上下游、左右岸的用水关系，统筹兼顾地表水与地下水、常规水与非常规水、河道内与河道外用水，统筹安排生活、生产与生态环境用水。

第三十四条 省人民政府水行政主管部门应当加强对引黄、南水北调等调入水和本地水资源的合理配置、高效利用。

跨行政区域的水量分配方案以及调水方案，由共同的上一级人民政府水行政主管部门商有关人民政府制订，报本级人民政府批准后执行。

第三十五条 县级以上人民政府应当根据水资源条件、河流水系分布和工程布局特点，建立河道、湖泊、水库、渠道联动的水网体系。

第三十六条 用水实行总量控制和定额管理相结合的制度。

省人民政府有关行业主管部门应当制订本行政区域内行业用水定额，报同级水行政主管部门和质量技术监督行政主管部门审核同意后，由省人民政府公布。

县级以上人民政府发展和改革主管部门会同同级水行政主管部门，根据用水定额、经济技术条件以及水量分配方案确定的可供本行政区域使用的水量，制订年度用水计划，对本行政区域内的年度用水实行总量控制。

第三十七条 除法律、法规规定外，直接从河道、湖泊或者地下取用水资源的单位和个人，应当按照国家取水许可制度的规定，向县级以上人民政府水行政主管部门申请领取取水许可证。

取得取水许可证的单位和个人，应当按照批准的年度取水计划取水并缴纳水资源费。

第三十八条 依法取得取水权的单位和个人,通过调整产品和产业结构、改革工艺、节水等措施节约水资源的,在取水许可的有效期和取水限额内,经原审批机关批准,可以依法有偿转让其节约的水资源。

第五章 水资源节约使用

第三十九条 县级以上人民政府应当根据水资源供需变化、技术进步和经济社会发展水平,确定不同时期全社会节水目标,建立、完善节水制度和激励机制。

第四十条 各级人民政府应当逐年增加节约用水资金的投入,支持农业节水灌溉、节水设施技术改造、节水技术研究推广和再生水利用设施建设,鼓励社会各界采取多种形式投资节水工程建设。

第四十一条 县级以上人民政府应当建立节水技术、产品、信息发布平台,利用各种媒介为全社会节水提供服务,宣传节约用水政策和常识。

第四十二条 用水实行差别水价和超定额累进加价制度。

第四十三条 工业企业应当严格执行用水定额标准,定期开展水平衡测试,改进用水工艺,采取循环用水、一水多用、废水处理综合利用等措施,降低用水单耗,提高水的利用率。

第四十四条 各级人民政府应当加强农业节水工作,在考虑当地水资源承载能力的基础上,因地制宜推广节水灌溉技术,配套农艺、生物等节水技术,引导农业生产者合理调整作物种植结构,使用抗旱节水作物品种。

第四十五条 各级人民政府应当实行农业节水奖励政策,对定额内用水的根据节水量给予奖励。具体办法由省人民政府规定。

第四十六条 县级以上人民政府有关部门应当按照节水灌溉发展规划及节水灌溉技术规范的要求开展节水灌溉工程建设,并及时向同级水行政主管部门通报本部门节水灌溉发展情况。

第四十七条 各级人民政府应当及时宣传节水灌溉的补助政策,公示节水机械设备补贴范围,引导农业生产者自主参与节水灌溉工程项目申报、建设、管理,保障农业生产者在节水灌溉发展中的知情权、参与权和监督权。

第四十八条 县级以上人民政府及其有关部门应当采取有效措施,加强污水处理和再生水利用设施建设,鼓励和提倡企业使用再生水。新建供水设施的同时，应当建设相应的污水处理设施；已建成污水集中排放和处理设施的，应当逐步建设再生水利用系统。

第四十九条 服务业用水单位应当制定并落实节约用水措施，优先使用再生水，提高用水效率。耗水量大的，应当安装并使用循环用水设施。

第五十条 县级以上人民政府水行政主管部门应当会同有关部门加强对洗浴等高耗水服务行业用水情况的监督检查，对用水进行实时监控。

第五十一条 经营洗浴、洗车等高耗水的服务行业，应当采用符合国家规定的节水工艺，安装、使用节约用水设施、设备，根据用水定额制定并实施节水计划。不同性质的混合用水，应当分别安装计量设施。

经营洗浴、洗车等高耗水的服务行业，不得擅自改变用水性质、私接管道取水，严禁擅自拆改计量设施。

第五十二条 鼓励机关、事业、企业单位和居民生活用水使用节水型设备和器具，加强节水管理。对已使用非节水型产品的，使用单位和个人应当逐步更换或者进行节水技术改造。

第五十三条 县级以上人民政府应当严格控制使用地下水和其他水源地的水作为景观用水。

景观用水、园林绿化、环境卫生用水应当采用节水技术，优先利用再生水和雨水。园林绿化应当优先种植耐旱型花草树木，推广节水灌溉方式。

第五十四条 新建、改建、扩建建设项目应当制订节水措施方案，采用节水型工艺、设备和器具，配套建设节水设施。节水设施应当与主体工程同时设计、同时施工、同时投入使用。已建成的建设项目，用水设施、设备和器具不符合节水要求的，应当进行技术改造，逐步更换为节水型设施、设备和器具。

第五十五条 取用水应当安装合格的计量设备，按计量缴纳水费或者水资源费，禁止实行包费制。

工业企业的生产用水和生活用水应当分别计量，主要用水车间和用水设备应当单独安装计量设备；农业灌溉应当实行计量用水，暂时不具备安装计量设备条件的，应当采用替代计量方法进行计量；城镇生活用水应当分户安装计量设备。

禁止无计量设备取用水。用水单位和个人未按规定安装计量设备或者未及时更换已损坏的计量设备的，按照日最大取水能力计算用水量。

第六章　水事纠纷处理和执法监督检查

第五十六条　水事纠纷处理应当按照有利于社会稳定和经济发展、有利于水资源的可持续利用、有利于防洪安全的原则，公平合理地协商和处理。

第五十七条　发生可能引起群体性事件、涉及公众利益等重大水事纠纷时，纠纷各方所在地的水行政主管部门应当及时报告本级人民政府及有关部门，接到报告的人民政府应当组织有关部门采取措施予以处理。

第五十八条　县级以上人民政府水行政主管部门应当加强水政专职执法队伍建设，建立健全水政监督检查制度，实行行政执法责任制，规范水政执法行为，其设立的水政监察机构对违法行为依法进行查处。

水政监察人员在履行监督检查职责时，应当秉公执法，向被检查单位和个人出示行政执法证件。

上级水行政主管部门必要时可以直接监督检查下级水行政主管部门管辖的水事案件。

第五十九条　县级以上人民政府水行政主管部门应当向社会公布举报电话。

任何单位和个人有权向县级以上人民政府水行政主管部门举报和控告违反水法律、法规的行为，水行政主管部门应当及时查处。

第七章　法　律　责　任

第六十条　县级以上人民政府水行政主管部门、河系管理机构、水政监察机构及其工作人员，有下列行为之一的，对负有责任的主管人员和其他直接责任人员依法给予处分；构成犯罪的，依法追究刑事责任：

（一）不按照规定执行水资源规划的；

（二）不依法核发许可证、签署水工程建设规划同意书的；

（三）拒不执行水量分配方案的；

（四）不按照规定收取水资源费的；

（五）不履行监督检查职责或者发现违法行为不予查处，造成严重后果的；

（六）其他玩忽职守、滥用职权、徇私舞弊的行为。

第六十一条 未经批准开凿取水井取水的，由县级以上人民政府水行政主管部门按照下列规定予以罚款，对已开凿的取水井责令限期封闭；逾期不封闭的，由县级以上人民政府水行政主管部门组织封闭，所需费用由原使用者承担，法律、法规规定不需要申请领取取水许可证的除外：

（一）在地下水禁止开采区开凿取水井取水的，处五万元以上十万元以下的罚款；

（二）在地下水限制开采区开凿取水井取水的，处三万元以上八万元以下的罚款；

（三）在其他区域开凿取水井取水的，处二万元以上五万元以下的罚款。

第六十二条 违反本办法第二十五条第二款规定的，由县级以上人民政府水行政主管部门处一万元以上三万元以下的罚款。

第六十三条 违反本办法第二十八条第一款规定的，由县级以上人民政府水行政主管部门责令停止违法行为，限期恢复原状，有违法所得的，没收违法所得，并处违法所得一倍以上三倍以下的罚款，最高不得超过十万元；没有违法所得的，并处二千元以上一万元以下的罚款；构成犯罪的，依法追究刑事责任。

违反本办法第二十八条第二款规定的，由县级以上人民政府水行政主管部门责令停止违法行为，限期恢复原状，有违法所得的，没收违法所得，并处违法所得一倍以上三倍以下的罚款，最高不得超过五万元；没有违法所得的，并处二千元以上一万元以下的罚款；逾期不改正的，吊销河道采砂许可证。

第六十四条 违反本办法第五十一条第二款规定的，由县级以上人民政府水行政主管部门责令停止违法行为，限期改正，没收违法所得，并处二万元以上十万元以下的罚款。

第六十五条 违反本办法第十六条第一款、第二十二条、第二十九条、第三十条、第三十一条第三款、第三十七条、第五十四条规定的，依照《中华人民共和国水法》的有关规定给予处罚。

第八章 附　　则

第六十六条 本办法自2011年1月1日起施行。

河北省实施《中华人民共和国防洪法》办法

(2000年9月27日河北省第九届人民代表大会常务委员会第十七次会议通过　根据2010年7月30日河北省第十一届人民代表大会常务委员会第十七次会议《关于修改部分法规的决定》修正　2017年9月28日河北省第十二届人民代表大会常务委员会第三十二次会议第二次修正)

第一章　总　则

第一条　根据《中华人民共和国防洪法》(以下简称《防洪法》)的规定,结合本省实际,制定本办法。

第二条　在本省行政区域内从事防洪以及与防洪有关的活动,必须遵守本办法。

第三条　县级以上人民政府水行政主管部门负责本行政区域内防洪的组织、协调、监督、指导等日常工作;其他有关部门按照各自的职责,负责有关的防洪工作。

经省人民政府或者其主管部门批准设置的河系管理机构、水文机构和水利工程管理单位,在所管辖的范围内,行使法律、法规规定的或者省人民政府水行政主管部门授权的防洪协调和监督管理职责。

第四条　防洪工作坚持全面规划、综合治理、预防为主、蓄泄结合、顾全大局、确保重点的原则。在保证安全的前提下,科学调蓄、充分利用雨水资源。

第五条　防洪排水工程设施建设,应当纳入国民经济和社会发展规划,并同蓄水防旱和改善生态环境统筹兼顾,与经济发展和城乡建设同步实施。

第六条　任何单位和个人都有保护防洪工程设施和依法参加防汛抗洪的义务,并有权检举破坏防洪工程设施的行为。

第二章　防洪规划

第七条　河流防洪规划和区域防洪规划必须符合国务院批准的海河流域

综合规划,并与当地的区域综合规划和土地利用总体规划相一致。

第八条 编制防洪规划应当遵守下列规定:

(一)永定河、大清河、漳卫南运河、北运河、潮白河、蓟运河等跨省、直辖市河系的防洪规划,依照防洪法第十条的规定编制、批准;

(二)滦河、子牙河、黑龙港河等河系和防潮海堤的防洪规划,由省人民政府水行政主管部门会同有关部门、设区市人民政府编制,报省人民政府批准,向国务院水行政主管部门备案;

(三)跨设区市的河流和省管理的河道、淀泊的防洪规划,由河系管理机构组织有关设区市人民政府水行政主管部门编制,经有关设区市人民政府审查,报省人民政府水行政主管部门批准;

(四)跨县(市、区)河流的防洪规划,由设区市人民政府水行政主管部门会同有关部门和县(市、区)人民政府编制,经有关县(市、区)人民政府审查,报设区市人民政府批准,向省人民政府水行政主管部门备案;

(五)城市防洪规划,由城市人民政府组织水行政主管部门、建设行政主管部门和其他有关部门编制,经上一级人民政府水行政主管部门会同建设行政主管部门审核后,由城市人民政府批准,并纳入城市总体规划。

第九条 滦河、子牙新河入海口的整治规划,由省人民政府水行政主管部门会同效能、国土资源管理部门、河系管理机构和有关设区市人民政府制定;其他河流入海河口的整治规划,按照分级管理的权限,由设区市、县(市、区)人民政府水行政主管部门会同有关部门制定。

第十条 洪泛区、蓄滞洪区、防洪保护区的范围,由省人民政府水行政主管部门会同国土资源管理等有关部门在防洪规划或者防御洪水方案中划定,经省人民政府批准后予以公告。

第十一条 在防洪规划保留区内,不得建设与防洪无关的工程设施。国家工矿建设项目确需占用规划保留区内的土地,属本办法第八条第(一)、(二)、(三)项规定的河流的,必须先征得省人民政府水行政主管部门的同意;属本办法第八条第(四)项规定的河流的,必须先征得设区市人民政府水行政主管部门的同意,方能按基本建设程序报批。现已建在规划保留区内的厂房、仓库等与防洪无关的设施,由县级以上人民政府责令产权单位限期迁出。

第十二条 在河道、淀泊上建防洪工程和其他水工程、水电站等,应当符合防洪规划要求,水库应当按照防洪规划的要求留足防洪库容。

前款规定的防洪工程和其他水工程、水电站未取得有关水行政主管部门签署的符合防洪规划要求的规划同意书的,建设单位不得开工建设。

防洪规划同意书的内容和要求,由省人民政府水行政主管部门依照国家规定制定。

第十三条 根据防洪规划进行河道整治需要征收、征用土地的,由建设单位有关征收、征用手续。征收、征用土地的补偿费用,依照国家和本省有关规定的下限执行。

第三章 治 理 与 防 护

第十四条 各级人民政府应当组织有关部门,动员社会力量,依靠科技进步,加强防洪设施的建设和管护。按照批准的防洪规划制定各类防洪工程和防洪非工程措施的建设计划,并纳入国民经济和社会发展计划,资金投入列入年度财政预算。

对严重影响防洪、排水的河段和病险水库、闸坝等工程设施,应当优先安排资金进行整治、加固或者重建。

第十五条 防洪工作坚持工程措施与生物措施、管理措施相结合,山、水、林、田、路综合治理。山区应当利用林草、梯田、谷坊、塘坝等水土保持工程截蓄雨水;平原应当利用河渠、坑塘、洼淀引蓄洪水。做到蓄、泄、滞、引、补结合,对防洪、除涝、抗旱和补充地下水、增加地表水、改善生态环境统筹安排。

第十六条 各级人民政府应当鼓励单位和个人按照防洪规划,采取民办、联办或者民办公助等多种形式,修建防洪排水工程,营造水土保持林、工程防护林和水源涵养林。

第十七条 城市人民政府应当按照防洪规划,加强对流经市区的行洪、排水河渠的治理以及防洪堤和排涝管网、泵站等防洪排水工程设施的建设和管理,并根据市区范围扩大和地面硬化程度变化的实际,进行相应的改建、扩建,增加城区水面和绿地面积,提高城市防御洪水和内涝的能力。

第十八条 河流的规划治导线按照河流防洪规划的编制权限拟定。省管理的河道和跨设区市河流的治导线,由有关河系管理机构拟定,报省人民政府水行政主管部门批准；其他河流的规划治导线，由设区市或者县（市、区）人民政府水行政主管部门拟定，报上一级人民政府水行政主管部门批准。

第十九条 河道、淀泊和水库、闸坝等防洪工程的管理范围，由县级以上人民政府组织水利、民政、国土资源管理等有关部门依照国家和省人民政府的有关规定划定。

河道入海河口的管理范围，宽度按照历史最高洪水位或者设计洪水位出口宽度的二至三倍划定，长度延伸不得超过最低潮位线。

第二十条 实施《防洪法》第二十七条规定的跨河、穿河、穿堤、临河的工程设施建设方案，应当报经有管辖权的人民政府水行政主管部门审查同意。申报审查的工程建设方案必须附具下列文件：

（一）项目申请书；

（二）建设项目所依据的文件；

（三）涉及河道与防洪部分的初步建设方案；

（四）建设项目需要占用的河道、淀泊、水库管理范围内的土地，跨越河道、淀泊、水库空间或者穿越河床的位置和界限；

（五）建设项目对河势变化、堤防安全、河道行洪、河水水质的影响及拟采取的补救措施。

工程建设方案未经有管辖权的人民政府水行政主管部门根据防洪要求审查同意的，建设单位不得开工建设。

第二十一条 在河道、淀泊、水库管理范围内，禁止下列活动：

（一）修建围堤、挑水坝、卡水桥涵、阻水路、阻水渠等妨碍行洪的建筑物、构筑物；

（二）倾倒垃圾、渣土等废弃物；

（三）设置阻碍行洪的渔具；

（四）进行围淀造地、围垦河道以及爆破、打井等影响河势稳定、危害堤坝安全的活动。

第二十二条 对壅水、阻水严重，或者因河道整治需要改建、拆除本办法第二十一条规定的工程设施的，由有关人民政府水行政主管部门商河系管理机构提出处置方案，报有管辖权的县级以上人民政府责令建设单位限期改建或者拆除。

第四章　防洪区和防洪工程设施的管理

第二十三条　各级人民政府应当依照国家和省人民政府的有关规定，加强蓄滞洪区的安全建设和管理，实行行政首长负责制。

蓄滞洪区所在地各级人民政府和村民（居民）委员会应当加强防洪楼（房）、避水台、围村埝、安全撤退道路和通讯预警、预报等防洪避险工程设施的建设。

在蓄滞洪区内新建、改建和扩建生产、生活、办公用房和学校、医院等公共设施，必须符合防洪标准，避开洪水流路。

第二十四条　各级人民政府应当对为确保大局，根据防御洪水方案启用的蓄滞洪区内的居民给予政策、技术、资金、物资等方面的扶持、补偿和救助。

省人民政府应当制定对蓄滞洪区的扶持、救助方法，并依据国务院《蓄滞洪区运用补偿暂行办法》的规定，合理补偿蓄滞洪区内居民因蓄滞洪水遭受的损失。

第二十五条　在洪泛区、蓄滞洪区内严格控制非防洪建设项目。必须建设的，建设单位应当附具洪水影响评价报告。洪水影响评价报告未经有管辖权的人民政府水行政主管部门审查批准的，建设单位不得开工建设。

洪水影响评价报告的内容和要求，由省人民政府水行政主管部门依照国家规定制定。

第二十六条　对居住在行洪河道内和水库淹没范围的居民，县、乡级人民政府应当按照防洪规划有计划地组织迁移；暂未迁出的，应当按照防御洪水方案，做好就地避险和安全转移的准备工作。

第二十七条　水文测站的水文设施，任何单位和个人不得破坏、侵占、毁损或者擅自使用。因进行工程建设确需移动或者占用水文设施的，建设单位应当征得省水文机构同意，并负责恢复水文设施的原有功能，承担相应费用。

第二十八条　各级人民政府应当组织水行政主管部门和有关部门加强防洪工程设施的定期检查和监督管理。对查出的病险水库、险闸、险堤等防洪隐患和片林、苇丛、引道等行洪障碍，有关人民政府应当确定处置措施，限期消除隐患和清除障碍。

第二十九条　采用承包、租赁、股份制及股份合作制等方式经营的与防洪有关的水利工程，其经营者必须保证工程设施的安全运行和防洪、排水等原设计功能，接受有管辖权的人民政府水行政主管部门的监督，服从防汛指挥机构的防洪调度。

第五章　防　汛　抗　洪

第三十条　防汛抗洪工作实行行政首长负责制，统一指挥，分级分部门负责。行政首长的防洪职责是：

（一）组织实施本地区的防洪规划，加快防洪工程设施建设；

（二）组织制定本地区的防御洪水方案，部署汛前检查和清障除险，做好安全度汛的准备工作；

（三）协调解决防汛抗洪资金、物资和部门之间的有关问题；

（四）执行上级的防汛调度命令，组织实施对特大洪水的处置措施和抗洪抢险工作，及时转移安置受灾人员；

（五）组织开展灾后救助，恢复生产，重建家园，保持社会稳定。

第三十一条　县级以上人民政府设立防汛指挥机构，指挥本地区的防汛抗洪工作。防汛指挥机构的主要职责是：

（一）在上级防汛指挥机构和本级人民政府的领导下，指挥本地区的防汛抗洪工作；

（二）负责实施本地区的汛前检查、清障和应急度汛工程建设，督促有关部门及时处理影响防洪安全的问题；

（三）负责发布本地区的汛情通报，宣布进入紧急防汛期；

（四）执行经批准的防御洪水方案和上级的防汛调度命令；

（五）协调解决防洪、排水的有关问题；

（六）组织、建设、指导、调动防汛抢险队伍；

（七）负责防汛、抢险、水毁工程修复、防汛指挥调度系统建设资金的安排，以及防汛抗洪物资的计划、购置、管理和调度；

（八）负责洪涝灾情和防洪效益的统计、分析、核查及总结上报；

（九）本级人民政府和上级防汛指挥机构赋予的其他职责。

第三十二条 防御洪水方案应当依照下列规定制定：

（一）永定河、大清河、漳卫南运河、北运河、潮白河、蓟运河等跨省、直辖市河流的防御洪水方案，由有关设区市人民政府会同河系管理机构依照国务院和国家防汛指挥机构下达的洪水调度方案制定，经省防汛指挥机构批准，报国家防汛指挥机构备案；

（二）滦河、子牙河等跨设区市河流和省管理的大型水库的防御洪水方案，由河系管理机构会同有关设区市防汛指挥机构依照省防汛指挥机构下达的汛期调度运用计划制定，经本级人民政府批准，向省防汛指挥机构备案；

（三）跨县（市、区）河流和设区市、县（市、区）管理的大、中型水库的防御洪水方案，由有关设区市、县（市、区）防汛指挥机构依照省防汛指挥机构下达的调度运用计划制定，报本级人民政府批准，向上一级防汛指挥机构备案；

（四）城市的防御洪水方案，由城市防汛指挥机构制定，报本级人民政府批准，向上一级防汛指挥机构备案。

第三十三条 防御洪水方案经批准后，有关地区、部门和单位必须执行。上游地区不得擅自增大下泄流量；下游地区不得设障阻水或者缩小河道断面。

第三十四条 本省汛期为每年的 6 月 1 日至 9 月 30 日；正常年份主汛期为 7 月 10 日至 8 月 10 日。

当主要河道的水情接近防洪保证水位或者安全流量，大型和重要中型水库、淀泊的水位接近设计洪水位，或者主要防洪工程设施发生重大险情时，有关设区市、县（市、区）防汛指挥机构可以宣布进入紧急防汛期，并向省防汛指挥机构报告。

第三十五条 在紧急防汛期内，通信部门应当保障防汛通信的优先畅通。有机动通信能力的部门应当为抗洪抢险指挥提供通信应急保障。防汛通信频率不得侵犯；对侵犯防汛通信频率的，由有关部门依法处理，及时排除干扰。

第三十六条 在汛期内，水库、闸坝和其他水工程设施的运用，必须执行经批准的汛期调度运用计划。水库不得擅自在汛期限制水位以上蓄水。根据实际情况确需调整汛期限制水位的，由水库管理单位提出申请，经批准后方能实施。小型水库由设区市防汛指挥机构批准，大中型水库由省防汛指挥机构批准。

根据洪水预报，水库水位将超过汛期限制水位需要泄洪时，由主管防汛指挥机构下达洪水调度命令，并提前通知库区和下游地区人民政府，做好安全防护和避险转移准备。

第三十七条 河流、淀泊的水位或者流量达到规定的分洪标准，或者为保障防洪重点区域和设施的安全需要启用蓄滞洪区时，永定河泛区、小清河分洪区、文安洼、贾口洼、东淀、大名泛区等蓄滞洪区，按照国家防汛指挥机构批准的防御洪水方案执行；宁晋泊、大陆泽、献县泛区、白洋淀、永年洼、兰沟洼、盛庄子洼等蓄滞洪区，按照省防汛指挥机构批准的防御洪水方案执行。

第三十八条 在抗洪抢险中，由各级人民政府和防汛指挥机构统一调用的物资、设备、交通运输工具等，在汛期结束后应当及时归还；消耗、毁损无法归还的，由有管辖权的人民政府组织有关部门和受益地区依照国家和本省的有关规定给予适当补偿。因防汛紧急措施取土占地、砍伐林木的，在汛后由当地人民政府及时组织复垦和补种。

第三十九条 在汛期内，防汛指挥车辆和抢险救灾车辆优先通行，并免交道路、桥梁、隧道的机动车辆通行费。防汛指挥车辆和抢险救灾车辆的通行标志，由省防汛指挥机构制发。

第六章 保 障 措 施

第四十条 防洪费用按照政府投入同受益者合理承担相结合、以政府投入为主的原则筹集。各级人民政府应当保证实施防洪规划和防洪工程、水毁工程修复年度计划所需的资金。

各级财政部门每年应当从预算内资金、水利建设基金等专项资金中安排资金，重点用于抗洪抢险、水毁工程设施修复和防洪、防潮、排水工程设施的建设、维护，防汛抢险物资的储备、管理，通信、水文测报以及生物防护等防洪非工程措施的建设和维护，并保证防洪建设资金、配套资金及时到位。

城市防洪工程设施的建设和维护所需资金，由城市人民政府负担。

第四十一条 县级以上人民政府和有关部门应当根据国务院和省人民政

府的规定筹集水利建设基金。

在河道工程受益范围内的生产经营性企事业单位、个体工商户以及从事种植、养殖业生产的单位和个人应当依照国务院和省人民政府的规定缴纳河道工程修建维护管理费。

第四十二条 受洪水威胁地区的企业、事业单位应当自筹资金，在人民政府水行政主管部门指导下修建必要的防洪自保工程；汛期要服从当地防汛指挥机构的统一领导，并做好本单位的防洪自保工作。

第四十三条 防汛抢险物资实行招标采购、分级储备、分级管理、统一调度、有偿使用的原则。

各级防汛指挥机构必须储备一定数量的防汛抢险物资；有重点防洪任务的单位和个人应当储备必要的防汛抢险工具、物料。

防汛抢险所需主要物资的储备、管理、调运、使用和结算，依照省人民政府有关部门的规定执行。

第四十四条 防洪、救灾资金和物资，必须专款专用、专物专用，加强审计监督，防止截留、挤占或者挪用。

第七章　法　律　责　任

第四十五条 违反本办法第二十条的规定，未经人民政府水行政主管部门对其工程建设方案审查同意或者未按照审查批准的位置、界限施工，在河道、湖泊管理范围内从事工程设施建设活动的，责令停止违法行为，补办审查同意或者审查批准手续；工程设施建设严重影响防洪的，责令限期拆除，逾期不拆除的，强行拆除，所需费用由建设单位承担；影响行洪但尚可采取补救措施的，责令限期采取补救措施，可以处一万元以上三万元以下的罚款；情节严重的，处三万元以上十万元以下的罚款。

第四十六条 违反本办法第二十一条规定的，责令停止违法行为，排除阻碍或者采取其他补救措施，可以处五万元以下的罚款。

违反本办法第二十五条第一款规定，在洪泛区、蓄滞洪区内建设非防洪建设项目，未编制洪水影响评价报告或者洪水影响评价报告未经审查批准开工建设的，责令限期改正；逾期不改正的，处五万元以下的罚款。

第四十七条 违反办法第二十七条规定，破坏、侵占、毁损或者擅自使用水文测站的水文设施的,责令停止违法行为,采取补救措施,可以处五万元以下的罚款;造成损坏的,依法承担民事责任;应当给予治安管理处罚的,依照治安管理处罚法的规定处罚;构成犯罪的,依法追究刑事责任。

第四十八条 本办法第四十五条、第四十六条、第四十七条规定的行政处罚和行政措施,由县级以上人民政府水行政主管部门决定,或者由省人民政府水行政主管部门直属的有公共事务管理职能的组织,依照其管理范围决定。

第四十九条 违反本办法规定,有下列行为之一,不构成犯罪的,依照《中华人民共和国治安管理处罚法》的规定给予处罚;构成犯罪的,依法追究刑事责任:

(一)阻碍、威胁防汛指挥机构、水行政主管部门或者河系管理机构的工作人员依法执行公务,造成不良后果的;

(二)故意谎报险情,制造混乱的;

(三)哄抢抗洪抢险物资的。

第五十条 防汛指挥机构、水行政主管部门及其他有关部门的国家工作人员违反本办法规定,有下列行为之一,不构成犯罪的,由其所在单位或者上级主管机关给予行政处分;构成犯罪的,依法追究刑事责任:

(一)违反防洪规划或者防御洪水方案,严格影响防洪的;

(二)拒不执行汛期调度运用计划、蓄滞洪区运用方案和抗洪抢险指令的;

(三)违法批准建设严重影响行洪的建筑物、构筑物的;

(四)对查出的防洪隐患和行洪障碍不采取处置措施,造成严重后果的;

(五)截留、挤占、挪用防洪资金和物资的;

(六)在抗洪抢险紧要关头临阵脱逃,造成恶劣影响的;

(七)滥用职权,玩忽职守,徇私舞弊,致使防汛抗洪工作遭受重大损失的;

(八)为局部利益损害大局利益,导致或者加重毗邻地区洪灾损失的。

第八章 附 则

第五十一条 本办法具体应用中的问题,由省人民政府水行政主管部门负责解释。

第五十二条 本办法自2001年1月1日起施行。

山西省

山西省河道管理条例

(1994年7月21日山西省第八届人民代表大会常务委员会第十次会议通过)

第一章 总 则

第一条 为加强河道管理，促进河道整治，保障防洪安全，发挥河道的综合效益，根据《中华人民共和国水法》和《中华人民共和国河道管理条例》，结合本省实际情况，制定本条例。

第二条 本条例适用于本省境内的河道（包括湖泊、人工水道、行洪区、蓄洪区、滞洪区）。一切单位和个人均应遵守本条例。

对黄河的管理，依照国家有关规定执行。

第三条 省人民政府水行政主管部门是全省河道的主管机关，各地（市）、县（市、区）的水行政主管部门是该行政区域的河道主管机关（以下简称河道主管机关）。河道主管机关的职责是：

（一）宣传和组织实施有关河道管理的法律、法规；

（二）组织编制和实施河道整治、开发利用规划和建设计划；

（三）组织编制和实施河道清障和汛期调度运用计划；

（四）维护河道运行秩序，调处河道水事纠纷；

（五）维护管理河道工程；

（六）开展河道水质监测工作，协同环境保护部门对河道水污染防治实施监督管理。

在主要河流或重点河段，根据需要设置河道管理机构或配备管理人员。河道管理机构在当地人民政府的领导下，组建河道堤防群众管理组织。

第四条 河道管理实行统一管理与分级管理、专业管理与群众管理相结合的原则，并建立区段管理责任制。汾河、桑干河、滹沱河、漳河、沁河等省内大河或其主要河段，其他跨地（市）河流的重要河段，地（市）之间的边界河道，由省河道主管机关实施管理；跨县（市、区）河流的重要河段，县（市、区）之间的边界河道，由所在地（市）河道主管机关实施管理；其

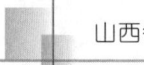

他河道由县（市、区）的河道主管机关实施管理。

第五条 一切单位和个人都有保护河道堤防安全和参加防汛抢险的义务。对在河道维护、整治和防汛抢险中做出显著成绩的单位和个人，由县级以上人民政府给予表彰奖励。

第二章 整治与建设

第六条 河道的整治与建设应当服从流域综合规划，坚持除害兴利的原则，兼顾上下游、左右岸和地区之间的利益，符合国家规定的防洪标准和其他有关技术要求，保证堤防安全、河势稳定和行洪通畅。

对无堤防的河道、河床高于两岸的悬河，应根据行洪实际，逐步筑堤、疏浚和整治。

城市规划区内河道的整治与建设，由河道主管部门会同城建部门确定，并与城市建设总体规划相协调。

第七条 在河道管理范围内新建、改建、扩建的所有建设项目，包括开发水利、防治水害、整治河道的各类工程和跨河、穿河、穿堤、临河的桥梁、道路、渡口、管道、缆线、取水口等建筑物及设施，建设单位必须将工程建设方案和有关文件，按照管理权限，报送县级以上河道主管机关审查同意后，方可按照基本建设程序履行审批手续。

建设项目批准后，建设单位应当将施工安排告知河道主管机关或河道管理机构，并接受其监督。

第八条 在河道管理范围内已建的渡口、管道、缆线、取水口等工程设施，河道主管机关应当定期检查，对不符合工程安全要求的，责成建设单位或使用单位在限期内改建。

在河道管理范围内已建的厂房、仓库、工业和民用建筑以及其他公共设施，由河道主管机关提出限期搬迁、拆除方案，报县级以上人民政府批准后实施。

第九条 城镇和村庄的建设与发展不得任意占用河道滩地。城镇和村庄规划的临河界限，由河道主管机关会同城镇规划等有关部门共同确定。

第三章 管理与保护

第十条 有堤防的河道，其管理范围为两岸堤防之间的水域、沙洲、滩地（包括可耕地）、行洪区、两岸堤防及护堤地；无堤防的河道，其管理范围根据历史最高洪水位或设计防洪水位确定。

河道的具体管理范围，由县级以上人民政府划定。

河道管理范围内的土地属国家所有，由河道主管机关统一管理。

第十一条 汾河、桑干河、滹沱河、漳河、沁河等省内大河的护堤地宽度为：

背水坡脚向外水平延伸十米至二十米；其他河流的护堤地宽度为：背水坡脚向外水平延伸五米至十米。

第十二条 在河道管理范围内，禁止从事下列活动：

（一）修建厂房、仓库、工业和民用建筑以及其他公共设施；

（二）修建阻水的围堤、道路、渠道；

（三）种植高秆作物、芦苇和树木（堤防防护林除外）；

（四）弃置矿渣、石渣、煤灰、泥土、垃圾等阻碍行洪的物体。

在堤防和护堤地，禁止打井、挖窑、葬坟和存放物料。

第十三条 在河道管理范围内进行下列活动，必须报经河道主管机关批准，涉及其他管理部门的，依据有关法律、法规规定办理：

（一）采砂、采石、取土、淘金等；

（二）爆破、钻探、挖筑鱼塘；

（三）修建挑坝或者其他工程设施；

（四）开采地下资源及进行考古发掘；

（五）截水、阻水、排水。

第十四条 禁止损毁堤防、护岸、闸坝等水工程建筑物和防汛设施、水文监测和测量设施、河岸地质监测设施以及通信照明等设施。

第十五条 河道主管机关应做好管理工作，任何单位和个人不得干扰河道主管机关的正常工作；非河道管理人员不得操作河道上的涵闸闸门。

第十六条 河道的故道、旧堤及原有工程设施，未经县级以上河道主管机关批准，不得填堵、占用、拆毁。

河道管理范围内滩地的开发利用，由县级以上河道主管机关会同土地管理部门共同制定规划，报同级地方人民政府批准后实施。

第十七条 河道管理范围内营造护堤护岸林木，由河道主管机关统一规划、组织实施和管理。

本条例施行前营造的护堤护岸林木，所有权不变。需更新间伐护堤护岸林木的，应征得河道主管机关的同意，并按《中华人民共和国森林法》的有关规定办理审批手续。

第十八条 禁止围湖造田；禁止围垦河流。湖泊、河流的开发利用规划必须经县级以上河道主管机关审查批准。

第十九条 禁止向河道排放污染水体的物质，禁止在河道内清洗装贮过油类或者有毒污染物的车辆、容器。污水经过处理达到国家规定标准的，方可向河道排放。排污口的设置和改建，排污单位向环境保护部门申报之前，必须征得河道主管机关的同意。

第四章 防汛与清障

第二十条 河道的防汛和清障工作，实行各级人民政府行政首长负责制。

第二十一条 河道管理范围内的阻水障碍物，按照"谁设障，谁清除"的原则，由河道主管机关提出清障计划和实施方案报同级防汛指挥部，由同级防汛指挥部责令设障者在规定的期限内清除。逾期不清除的，由防汛指挥部组织强行清除，并由设障者承担全部费用。

第二十二条 壅水、阻水严重的桥梁和其他跨河工程设施，根据国家规定的防洪标准，由河道主管机关提出处理意见并报经同级人民政府批准，责成建设单位在规定的期限内改建或拆除。影响汛期防洪安全的，必须服从防汛指挥部的紧急处理决定。

第五章 管理费用

第二十三条 河道堤防的防汛岁修费，按照分级管理的原则，由省财政列入年度财政预算；各地（市）、县（市、区）根据实际情况列入当地年度财政预算。

第二十四条 受河道工程和防洪排涝工程设施保护的生产经营性单位和个人，应按规定缴纳河道工程维护管理费，具体办法由省人民政府另行规定。

第二十五条 在河道管理范围内采砂、采石、取土、淘金等,必须持有许可证,并按《山西省河道采砂收费管理实施细则》的规定向河道主管机关缴纳管理费。

第二十六条 河道主管机关收取的各项费用,用于河道堤防工程的维护、管理和设施的更新改造,结余资金可以连年结转使用,任何部门不得截取和挪用。

第二十七条 县级以上地方人民政府可以在汛期组织河道两岸的城镇和村庄、堤防保护区域内的单位和个人义务出工,对河道堤防工程进行维护和加固。

第六章 罚 则

第二十八条 违反本条例第十二条、第十七条第二款和第十八条规定的,由县级以上河道主管机关责令其纠正违法行为和采取补救措施,可以并处警告、没收非法所得或者二千元以下罚款;对有关责任人员,由其所在单位或者上级主管机关给予行政处分;构成犯罪的,依法追究刑事责任。

第二十九条 违反本条例第十三条规定的,由县级以上河道主管机关责令其纠正违法行为和采取补救措施,可以并处警告、没收非法所得或者三千元以下罚款;对有关责任人员,由其所在单位或上级主管机关给予行政处分;构成犯罪的,依法追究刑事责任。

第三十条 违反本条例第十四条、第十五条规定的,由县级以上河道主管机关责令其纠正违法行为、采取补救措施和赔偿损失,可以并处警告或者五千元以下罚款;违反治安管理规定的,按照《中华人民共和国治安管理处罚条例》的规定处罚;构成犯罪的,依法追究刑事责任。

第三十一条 当事人对行政处罚决定不服的,可以在接到处罚通知之日起十五日内,向作出处罚决定的机关的上一级机关申请复议,对复议决定不服的,可以在接到复议决定之日起十五日内,向人民法院起诉。当事人也可以在接到处罚通知之日起十五日内,直接向人民法院起诉。当事人逾期不申请复议或者不向人民法院起诉又不履行处罚决定的,由作出处罚决定的机关申请人民法院强制执行。

对治安管理处罚不服的,按照《中华人民共和国治安管理处罚条例》的规定办理。

第三十二条 河道主管机关和管理机构的工作人员玩忽职守、滥用职权、徇私舞弊的,由其所在单位或上级主管部门给予行政处分;情节严重构成犯罪的,依法追究刑事责任。

第七章　附　　则

第三十三条 本条例具体应用中的问题由山西省人民政府水行政主管部门负责解释。

第三十四条 本条例自一九九四年十月一日起施行。

内蒙古自治区

内蒙古自治区实施《中华人民共和国水法》办法

（1991年4月20日内蒙古自治区第七届人民代表大会常务委员会第二十次会议通过 2004年5月27日内蒙古自治区第十届人民代表大会常务委员会第九次会议修订 根据2022年9月28日内蒙古自治区第十三届人民代表大会常务委员会第三十七次会议《关于修改〈内蒙古自治区动物防疫条例〉等4件地方性法规的决定》修正）

第一章 总 则

第一条 根据《中华人民共和国水法》，结合自治区实际，制定本办法。

第二条 在自治区行政区域内开发、利用、节约、保护和管理水资源，防治水害，适用本办法。

本办法所称水资源，包括地表水和地下水。

第三条 水资源属于国家所有。农村牧区集体经济组织的水塘和由农村牧区集体经济组织修建管理的水库中的水，归各该农村牧区集体经济组织使用。

自治区对水资源依法实行取水许可制度和有偿使用制度。但是，农村牧区集体经济组织及其成员使用本集体经济组织的水塘、水库中的水的除外。

第四条 自治区实行水资源刚性约束制度，坚持以水定城，以水定地，以水定人，以水定产，推进水资源可持续利用。

旗县级以上人民政府应当加强水资源开发、利用、节约、保护和水污染防治工作，将其纳入本级国民经济和社会发展规划，涉及国土空间、生态保护、工农业发展等相关规划的编制、重大建设项目的布局应当与本地区水资源条件以及节约保护和防洪要求相适应。旗县级以上人民政府应当加大水利基础设施建设资金投入，加强防治水土流失和水资源保护，发展节水工业、农业和服务业，建立节水型社会。

任何单位和个人都有保护水资源和节约用水的义务。

第五条 自治区人民政府水行政主管部门负责自治区行政区域内水资源的统一管理和监督工作。

旗县级以上人民政府水行政主管部门按照规定权限，负责本行政区域内水资源统一管理和监督工作。

旗县级以上人民政府有关部门按照职责分工，负责本行政区域内水资源开发、利用、节约和保护的有关工作。

第二章　水资源规划与配置

第六条 开发、利用、节约、保护水资源和防治水害，应当进行水资源综合科学考察和调查评价，按照流域、区域统一制定规划。流域、区域规划包括综合规划和专业规划。

综合规划按下列规定进行编制：

（一）黄河、辽河、嫩江内蒙古段重要一级支流及自治区重要湖泊的综合规划，由自治区人民政府水行政主管部门会同同级有关部门和有关人民政府编制，报自治区人民政府批准，并报国务院水行政主管部门备案；

（二）自治区内跨行政区域的流域、区域综合规划，由共同的上一级人民政府水行政主管部门会同同级有关部门和江河、湖泊所在地的人民政府编制，报本级人民政府批准，并报负责编制规划的上一级水行政主管部门备案；

（三）其他江河、湖泊的流域、区域综合规划，由江河、湖泊所在地的旗县级人民政府水行政主管部门会同同级有关部门编制，报本级人民政府批准，并报上一级水行政主管部门备案。

专业规划的编制，由旗县级以上人民政府确定的部门按照有关法律、行政法规规定执行。

第七条 自治区人民政府发展和改革行政主管部门和水行政主管部门负责全区水资源的宏观调配。

旗县级以上人民政府水行政主管部门应当会同有关部门依据上一级水中长期供求规划和本地区的实际情况，制订本行政区域的水中长期供求规划，经本级人民政府发展和改革行政主管部门审查批准后执行。

第八条 旗县级以上人民政府水行政主管部门应当依据流域、区域规划和水中长期供求规划以及本地区水的供求现状编制水量分配方案和旱情紧急情况下的水量调度预案，报本级人民政府批准。

自治区范围内跨行政区域河流水量分配方案和旱情紧急情况下的水量调度预案由共同的上一级人民政府水行政主管部门征求有关地区和部门的意见后编制，报本级人民政府批准。

水量分配方案涉及的用水总量不得超过上一级水量分配方案确定的区域用水总量。

经批准的水量分配方案确需修改或者调整的，应当按照方案制定程序经原批准机关批准。

有调蓄功能的水工程，应当按照水量分配方案和年度水量调度计划进行蓄水和泄水。

第三章　水资源开发利用与管理

第九条　开发、利用水资源，应当首先满足城乡居民生活用水，并兼顾农牧业、工业、生态环境用水的需要。

在干旱和半干旱地区开发、利用水资源，应当充分考虑生态环境用水需要，鼓励对雨水进行收集、开发、利用。

各级人民政府应当加强污水集中处理，鼓励使用再生水，实现污水处理再利用。

第十条　各级人民政府应当采取措施，加强农村牧区人畜饮水及城镇供水工程的建设与管理，保证工程质量，提高经营管理水平，改善城乡居民的饮用水条件，提供安全、洁净的生活饮用水。

第十一条　牧区开发、利用水资源，应当优先满足人畜饮水，兼顾饲草料基地用水，促进生产方式的转变和生态环境的改善，增强水资源可持续利用的能力。

牧区水利建设资金按照国家和自治区扶持与受益者合理承担相结合的方式筹集。各级人民政府及其有关部门应当加强牧区水利建设，保证建设资金足额落实。

第十二条　直接从江河、湖泊或者地下取用水资源的单位和个人，应当申请领取取水许可证，并按照国家和自治区有关规定缴纳水资源税。但是，家庭生活和零星散养、圈养畜禽饮用等少量取水的除外。

取水许可证实行分级管理，具体办法由自治区人民政府制定。

第十三条 直接从江河、湖泊或者地下取用水资源并需申请取水许可证的新建、改建、扩建的建设项目，建设单位应当依法进行建设项目水资源论证。建设项目水资源论证报告书是办理取水许可的技术依据。

涉及水资源论证等事项的涉水区域评估，按照国家和自治区有关规定执行。

第十四条 取用水单位和个人应当按照取水许可证规定的水量、地点和用途取用水，水行政主管部门检查取用水情况时，应当如实提供取用水量测定数据等有关资料。取用水单位和个人需要变更取水许可事项的，必须按照有关规定重新办理取水许可申请，经原审批机关批准。

第十五条 鼓励获得取水权的单位和个人，通过调整产业、产品结构和改革工艺等节水措施节约水资源，并依法逐步进行水的使用权有偿转让。

第四章 水资源、水域和水工程保护

第十六条 开发利用地表水，应当维持江河的合理流量和湖泊、水库的合理水位，维护水体的自然净化能力，防止对生态环境造成破坏。

第十七条 自治区实行地下水取用水总量控制和水位控制制度。开采地下水应当符合地下水保护与利用规划和年度计划中确定的可开采总量并满足地下水污染防治要求。造成地下水超采、地面沉降、水体污染的，应当承担治理责任。

第十八条 开采矿藏或者建设地下工程必须疏干排水的，建设或者生产单位应当采取回灌补源及回收利用措施。因疏干排水导致地下水位下降、水源枯竭或者地面塌陷，给他人生活和生产造成损失的，由建设或者生产单位依法给予补偿。

第十九条 需要取水的地热能开发利用项目的单位，应当依法办理取水许可证和采矿许可证，并按照确定的开采限量和节水方案开采。

第二十条 各级人民政府应当加强江河源头保护，涵养水源，防治水土流失，改善生态环境。

禁止在江河、湖泊、水库、渠道等水域管理范围内弃倒垃圾和其他污染水源的物品。

第二十一条 对生活饮用水地下水源应当加强保护,饮用水水源保护区由自治区人民政府依法划定,在饮用水水源保护区内禁止设置排污口。

在江河、湖泊、水库、渠道新建、改建或者扩大排污口,应当经有管辖权的行政主管部门同意。

第二十二条 各级人民政府及有关部门和单位应当加强污水处理工程建设。工业污水、城乡居民生活污水、畜禽养殖和农副产品加工单位产生的污水应当按照有关法律、法规进行处理,并达标排放。

污水排放至河道、湖泊、水库、渠道等水域管理范围内的,不得超过国家或者自治区规定的水污染物排放标准和重点水污染物排放总量控制指标。

第二十三条 旗县级以上人民政府应当按照国家规定将水质监测结果向社会公布。

旗县级以上人民政府相关行政主管部门应当按照水功能区对水质的要求和水体的自然净化能力,核定该水域的纳污能力,提出该水域的限制排污总量意见。

旗县级以上人民政府应当组织相关行政主管部门加强水资源信息系统建设和水资源的动态监测工作,定期发布水资源信息。

第二十四条 利用水域从事旅游开发的,应当符合水功能区划和水环境保护功能区划的要求,不得污染水体和影响行洪安全。

第二十五条 旗县级以上人民政府应当加强水工程的管理保护,按照自治区有关规定划定水工程的管理和保护范围。

在河道管理范围内进行工程建设,应当依照有关规定报经水行政主管部门审查同意。

单位和个人有保护水工程的义务,不得侵占、毁坏水工程及堤防、护岸等有关设施。不得从事影响水工程运行和危害水工程安全的活动。

第五章 节 约 用 水

第二十六条 旗县级以上人民政府水行政主管部门负责拟定节水政策,编制节水规划,会同有关部门制定节水有关标准,组织、指导和监督节约用水工作。

第二十七条 旗县级以上人民政府水行政主管部门应当会同有关部门编制本行政区域的节水规划,报本级人民政府批准,并报上一级水行政主管部门或者流域管理机构备案。

第二十八条 自治区对用水实行总量控制和定额管理相结合的制度。

旗县级以上人民政府发展和改革部门应当会同同级水行政主管部门,根据用水定额、经济技术条件以及水量分配方案,制定年度用水计划,并报上一级水行政主管部门备案,对本行政区域内的年度用水实行总量控制。

自治区行业用水定额应当符合国家有关技术标准和技术通则要求,用水定额根据节水技术的推广应用和产业结构、产品结构的调整,由自治区人民政府适时修订。

第二十九条 用水应当计量,并按照批准的用水计划用水。

用水实行计量收费和超定额累进加价制度。

第三十条 在公共供水管网覆盖范围内,禁止批准新建自备水源。对原有的自备水源应当加强节水监督管理,并逐步压减地下水取水量。

供水企业、用水单位应当对供水和用水设施、设备、器具进行定期维修、保养,加强供水管网的管理与技术改造,防止输水过程中的漏失。

供水经营管理单位应当定期向用水户公开用水量和用水价。

第三十一条 各级人民政府应当通过工程措施和非工程措施,发展节水型农业,提高水的利用效率和效益。

工业企业应当通过节水技术改造,发展节水型工业。在水资源短缺的地区,严格限制引进高耗水、高污染的工业项目及设备。

全面推广节水设施、设备,用水量达到规模以上的服务业实行计划用水。城市生态景观、园林绿化、消防、工业生产、环境卫生、车辆冲洗和建筑施工等行业,应当优先使用再生水,提升再生水利用水平。

第三十二条 新建、改建、扩建建设项目应当制定节水措施方案,配套建设节水设施。节水设施应当与主体工程同时设计、同时施工、同时验收使用。

已经建成的建设项目,未配套节水设施的,应当限期进行节水设施的配套建设;逐步更换改造城镇公共与民用建筑已安装使用的不符合节水标准的用水器具、设备。

第三十三条 规划建设城市生活污水集中排放和处理设施时,应当同时安排污水处理回用设施的建设。

第六章 水事纠纷处理与执法监督检查

第三十四条 各级人民政府及有关部门应当采取措施，预防和制止水事纠纷。

旗县级以上人民政府或者其授权的部门在处理水事纠纷时，依法采取临时处置措施，有关各方或者当事人必须服从。

在水事纠纷解决前，当事人不得单方面改变现状。

第三十五条 旗县级以上人民政府水行政主管部门应当建立水政监察制度，配备必要的执法装备和人员，依法实施监督检查。

第三十六条 有关单位和个人对水政监察人员的监督检查工作应当给予配合，不得拒绝或者阻碍水政监察人员依法执行职务。

水政监察人员在履行监督检查职责时，应当出示有关执法证件，依照法定程序执法。

第三十七条 旗县级以上人民政府或者上级水行政主管部门发现本级或者下级水行政主管部门在监督检查工作中有违法或者失职行为的，应当责令其限期改正。

第七章 法 律 责 任

第三十八条 违反本办法规定的行为，《中华人民共和国水法》等国家有关法律、法规已经作出具体处罚规定的，从其规定。

第三十九条 水行政主管部门或者其他有关部门以及水工程管理单位及其工作人员，违反本办法有关规定，有下列行为之一的，由有关部门按管理权限对直接负责的主管人员和其他直接责任人员依法给予处分；构成犯罪的，依法追究刑事责任：

（一）对不符合法定条件的单位或者个人核发许可证、签署审查同意见的；

（二）对符合法定条件的取水申请单位和个人，未在规定期限内办理许可审批手续的；

（三）不按照规定收取水资源税的；

（四）拒不执行水量分配方案和水量调度预案的；

（五）不按照径流调蓄计划或者水量分配方案蓄水或者泄水的；

（六）不履行监督检查职责或者发现违法行为不予查处，造成严重后果的；

（七）利用职务便利收取他人财物或者其他好处的。

第八章　附　　则

第四十条　本办法自 2004 年 8 月 1 日起施行。

内蒙古自治区实施
《中华人民共和国防洪法》办法

（1999年11月29日内蒙古自治区第九届人民代表大会常务委员会第十二次会议通过 根据2010年3月25日内蒙古自治区第十一届人民代表大会常务委员会第十三次会议《关于修改部分地方性法规的决定（一）》第一次修正 根据2012年3月31日内蒙古自治区第十一届人民代表大会常务委员会第二十八次会议《关于修改部分地方性法规的决定（五）》第二次修正）

第一章 总 则

第一条 根据《中华人民共和国防洪法》（以下简称《防洪法》）和有关法律、法规，结合我区实际，制定本办法。

第二条 本办法所称防洪是指防御和减轻洪涝、冰凌灾害的各项活动。

第三条 防洪工作按照流域或者区域实行统一规划、分级实施和流域管理与行政区域管理相结合的制度。

第四条 各级人民政府应当将防洪工作纳入国民经济与社会发展计划，按照全面规划、统筹兼顾、预防为主、综合治理的原则，对防洪工作实行统一领导。

各级人民政府应当加强防洪宣传，普及防洪知识，提高全社会的防洪意识。

第五条 旗县级以上人民政府水行政主管部门在本级人民政府的领导下，负责本行政区域内防洪的组织、协调、监督、指导等日常工作；其他有关部门在本级人民政府的领导下，按照各自职责，负责有关的防洪工作。

第六条 任何单位和个人都有保护防洪工程设施和依法参加防汛抗洪的义务，并有权制止和检举破坏防洪工程设施的行为。

对在防洪工程建设和防汛抗洪中做出显著成绩的单位和个人，各级人民政府应当给予表彰和奖励。

第二章 防 洪 规 划

第七条 防洪规划按照以下程序编制和批准：

黄河、辽河、嫩江内蒙古段和跨省区江河、河段防洪规划的编制，按照防洪法第十条第一款规定执行。

黄河、辽河、嫩江内蒙古段重要一级支流及自治区重要湖泊、水库的防洪规划，由自治区水行政主管部门会同有关部门和地区编制，报自治区人民政府批准，并报国务院水行政主管部门备案。

跨行政区域河流的防洪规划，由其共同的上一级人民政府水行政主管部门会同江河、河段所在地的人民政府水行政主管部门和有关部门编制，分别经江河、河段所在地的人民政府审查提出意见后，报同级人民政府批准。

其他河流的防洪规划，由河流所在地的旗县级人民政府水行政主管部门会同有关部门编制，报本级人民政府批准，并报上一级水行政主管部门备案。

旗县级以上人民政府应当安排专项经费，按期完成防洪规划的编制。全区重点河流、湖泊、水库的防洪规划编制的期限由自治区水行政主管部门确定。

第八条 受凌汛威胁地区的旗县级以上人民政府，应当把防御凌汛纳入本地区的防洪规划，加强江河堤防护岸、穿堤建筑物和护堤林等防御凌汛工程体系建设，确保建筑物、构筑物符合防凌的需要。

第九条 山洪多发地区的旗县级以上人民政府，应当组织水行政主管部门和有关部门划定重点防治区，采取生态建设和工程防护措施，治理隐患，并加强水文、气象观测、预警、预报，制定和落实避险方案。

在山洪重点防治区内不得兴建城市、村镇、居民点以及工厂、矿山、铁路、公路干线和其他建设项目；必须兴建时，应当征得当地水行政主管部门的同意；已经建在受山洪威胁地区的，必须采取防御措施。

第十条 经批准的防洪规划，各级人民政府应当组织有关部门和地区分级、分步实施，确保完成。跨行政区域的防洪规划，由其共同的上一级人民政府组织实施。

第十一条 防洪规划确定的河道整治用地、规划建设的堤防用地及扩大或者开辟的人工排洪道用地,应当依照防洪法第十六条划定为规划保留区,并予以公告。

规划保留区内,不得建设与防洪无关的工矿工程设施和其他建设项目及扩展居民区;国家工矿建设项目确需占用规划保留区内土地的,应当按照国家规定的基本建设程序报请批准,并征求有关水行政主管部门的意见,经确认不妨碍防洪规划的实施后,方可依法办理土地征占用手续。

对妨碍防洪规划实施的规划保留区内现有工矿工程设施及村屯,由旗县级以上人民政府按照管理权限有计划地组织外迁。

第三章 治理、防护与管理

第十二条 防治洪水应当蓄泄兼施,标本兼治,工程与生物措施并用。

各级人民政府应当组织水行政主管部门和有关部门有计划地开展流域林草植被建设,在山区、沙区积极实行退耕还林还草,加强流域特别是水土流失严重的中上游地区水土保持综合治理。

第十三条 旗县级以上人民政府水行政主管部门应当会同其他有关部门根据防洪规划制定河道整治、涝区治理、病险水库和水利枢纽除险加固、河流控制性工程和城市防洪排涝设施建设及水土保持治理的年度计划,报本级人民政府批准后组织实施。对严重影响防洪排涝的河段及工程,应当制定应急措施,报本级人民政府批准后,及时安排资金进行整治。

第十四条 整治河道和修建堤防工程,应当按照规划治导线实施。江河、河段规划治导线的拟定与批准,按照本办法第七条规定的防洪规划编制与批准权限执行。

第十五条 河道管理按照水系统一管理和分级管理相结合的原则实施。

黄河、辽河、嫩江内蒙古段干流,在上级有关部门的统一领导下,由自治区水行政主管部门依法实施管理;黄河、辽河、嫩江的重要一级支流由河流所在地的盟市水行政主管部门负责管理;其他河流由河流所在地的旗县级水行政主管部门负责管理。

跨盟市河流的重要河段,由自治区水行政主管部门负责管理,跨旗县河流的重要河段,由所在盟市水行政主管部门负责管理。

自治区水行政主管部门管理的江河、河段,可以授权盟市水行政主管部门管理。

第十六条 河道、湖泊及水利工程的管理范围由旗县级以上人民政府按照国家和自治区的有关规定划定，并予以公告。

第十七条 在河道管理范围内采砂、淘金、取土必须服从河道整治规划，保障行洪安全，按照《中华人民共和国河道管理条例》有关规定办理许可证，并依法交纳管理费。

第十八条 禁止围垦河道、库区及蓄滞洪区。在防洪法实施前已围垦的，必须服从防洪需要，围垦的土地不得作为承包地，因防洪造成损失的，不予补偿。

第十九条 占用河道、湖泊管理范围内的土地，建设跨河、穿河、穿堤、临河的桥梁、码头、道路、渡口、管道、缆线、取水、排水等工程设施，应当按照水行政主管部门批准的位置和界线安排施工；工程设施竣工后，建设单位应当及时清理现场，恢复原状，保证行洪安全畅通。

第二十条 黄河、辽河、嫩江内蒙古段沿河地区为自治区重点防洪区。按照自治区防洪规划要求，由自治区人民政府水行政主管部门划定重点防洪对象，报自治区人民政府批准，并予以公告。

盟市、旗县应当结合本地区实际，确定重点防洪地区和对象。

第二十一条 防洪工程建设项目的勘察、设计、施工、监理及重要设备、材料的采购，应当依法实行公开招标、投标。

防洪工程实行项目建设单位负责，监理单位监控，施工单位保证，设计单位配合，人民政府统一监督的质量管理体制。

各级人民政府水行政主管部门要加强对防洪工程设施质量的监督管理，防洪工程建设项目的设计、建设、施工、监理单位应当建立健全内部质量管理制度，保证防洪工程的建设质量。

第二十二条 各级人民政府应当组织水行政主管部门和有关部门加强防洪设施的定期检查和监督管理。对病险水库、险闸、险堤，水行政主管部门和有关部门应当组织进行除险加固，有关人民政府应当优先安排所需资金。

第四章 防 汛 抗 洪

第二十三条 防汛抗洪工作实行政府行政首长负责制，统一指挥、分级分部门负责。

各级人民政府应当将防汛抗洪任务逐级落实到有关部门、单位和个人。对重点险工险段、险库险闸及与防汛抗洪有关的水利工程，要具体明确各有关领导的责任，并报上一级防汛指挥机构备案。

第二十四条 旗县级以上人民政府设立防汛指挥机构，负责领导、组织、指挥本行政区域的防汛抗洪工作，在本级水行政主管部门设立常设防汛办事机构，具体负责防汛指挥的日常工作。

同一流域内的有关地区要建立防洪协调制度，根据洪涝规律和上下游、左右岸的关系，共同采取措施，互相配合，形成流域联合防洪体系。

第二十五条 各级防汛指挥机构的主要职责：

（一）在上级防汛指挥机构和本级人民政府的领导下，统一指挥本地区的防汛抗洪工作，协调处理有关问题；

（二）部署和组织本地区的防汛检查和各项准备工作，督促检查水毁工程修复，依法清除阻水障碍及处理影响安全度汛的有关问题；

（三）制定和组织实施防御洪水方案及防洪工程汛期调度运用计划，贯彻执行上级防汛调度指令；

（四）及时掌握汛情信息，组织指挥抗洪抢险，负责发布本地区的汛情、灾情通告；

（五）负责防汛经费和物资的计划、管理和调度，以及防汛抢险队伍的组织、调配；

（六）开展防汛宣传教育，组织抢险技术培训和演练。

第二十六条 在汛期，气象、水文、城建、交通运输、邮电通讯、电力、民政、卫生防疫、新闻宣传、公安、石油、物资等部门应当在本级防汛指挥机构的统一指挥下，做好各自职责范围内的防汛抗洪工作。

第二十七条 旗县级以上人民政府根据流域综合规划、防洪工程实际情况和国家规定的防洪标准，制定防御洪水方案和防洪工程的汛期调度运用计划，其制定和批准权限按下列规定执行：

（一）属国家规定由国家防汛指挥机构和流域管理机构制定的防御洪水方案，按照《防洪法》第四十条规定执行。

（二）跨行政区域江河的防御洪水方案，由其共同的上一级人民政府防汛指挥机构会同有关地方人民政府制定，报共同的上一级人民政府批准。

（三）其他江河的防御洪水方案，由江河所在地旗县级人民政府防汛指挥机构制定，报同级人民政府批准。

（四）红山水库和三盛公水利枢纽的防御洪水方案，由自治区人民政府防汛指挥机构制定，报自治区人民政府批准；其他水库及水利枢纽的防御洪水方案，按照分级管理权限由旗县级以上防汛指挥机构制定，报同级人民政府批准。

第二十八条　各级人民政府应当组织有关部门做好防汛物资的储备工作，在险情多发地段，应当按工程建设用料加倍储备抢险物资。受洪水威胁的单位要储备必要的防汛抢险物资。

第二十九条　自治区汛期分为洪汛期和凌汛期。洪汛期为每年的六月中旬至九月中旬，凌汛期为每年十一月中旬至翌年四月中旬。旗县级以上人民政府防汛指挥机构可以根据汛情宣布提前或者延长本行政区域的防汛期，并报上一级人民政府防汛指挥机构。

第三十条　各级人民政府防汛指挥机构、水行政主管部门或者授权的水文机构负责向社会发布水文预报和汛情公告，其他部门和单位不得发布。

气象部门和水文部门及水利工程管理单位，应当建立并完善洪涝、冰凌灾害监测、预报系统，及时准确地向防汛指挥机构提供雨情、水情、凌情预报和工作情况等信息。

第三十一条　在紧急防汛期，防汛指挥机构行使《防洪法》第四十五条规定的物资调用权和紧急处置权时，有关单位和个人必须服从。

第三十二条　在汛期，防汛指挥车辆和抢险救灾车辆免交过路（桥）费。防汛车辆标志按行政区域由防汛指挥机构制发，通行证由交通部门统一办理。

第三十三条　各级人民政府应当加强水行政执法队伍建设。各级水政监察组织受水行政主管部门的委托，负责所辖区域内的防洪执法监督管理。

第三十四条　河道、湖泊、库区管理范围内阻碍行洪的建筑物、构筑物和林木、高秆作物等，按照谁设障、谁清除的原则，由旗县级以上人民政府防汛指挥机构责令限期清除；逾期不清除的，由防汛指挥机构组织有关部门强行清除，所需费用由设障者承担；涉及两个以上行政区域的阻水障碍物，由上一级人民政府防汛指挥机构组织清除。

第三十五条　与防洪有关的水利工程采取承包、租赁、股份制或股份合作制等方式经营的，应当明确防汛责任。经营者必须服从水行政主管部门的监督管理和防汛调度，保证工程的安全运行和防洪排涝等功能的正常发挥。

第三十六条　中国人民解放军、警察部队和民兵在自治区执行防汛抗洪任务时，各级人民政府和防汛指挥机构应当为其提供便利条件，做好有关的后勤保障工作。

第五章　保　障　措　施

第三十七条　防洪资金按照政府投入为主同受益者合理承担相结合的原则，多层次、多渠道筹集。

各级人民政府应当将河道、湖泊治理和防洪工程设施的建设、维护列为基本建设的重点，纳入财政预算，并随着经济发展，逐步提高财政投入水平。

城市防洪工程设施建设和维护所需资金，由城市人民政府筹集，并优先予以保证。

旗县级以上人民政府应当设立水利建设基金，用于防洪工程和水利工程的建设与维护。具体办法由自治区人民政府规定。

依照防洪法和国务院有关规定，在防洪保护区范围内，征收河道工程修建维护管理费。具体征收使用管理办法由自治区人民政府规定。

第三十八条　防洪资金的使用范围：

（一）防洪工程设施建设、维护和修复；

（二）防洪的水文测报及通信、电力、气象设施等的建设、维护和修复；

（三）遭受洪涝灾害地区的抗洪抢险和水毁工程的修复；

（四）防汛工作经费；

（五）储备防汛物资。

第三十九条　各级财政、计划和水利部门要加强防洪资金的管理，保证防洪工程设施建设维护资金及时到位和配套资金的足额落实。

防洪资金必须专款专用，不得截留、挪用。审计机关要严格审计监督。

第六章　法　律　责　任

第四十条　违反本办法第十四条、第十八条、第十九条规定的，按照防洪法的有关规定追究法律责任。

第四十一条 因设计、建设、施工、监理单位的违法行为造成防洪工程质量事故的,按照《中华人民共和国建筑法》的有关规定给予行政处罚;构成犯罪的,依法追究其刑事责任。

第四十二条 截留、挪用防洪、救灾资金和物资,尚不构成犯罪的,给予行政处分;构成犯罪的,依法追究刑事责任。

第四十三条 本办法规定的行政处罚和行政措施,由旗县级以上人民政府或者水行政主管部门决定。应当给予治安处罚的,按照《中华人民共和国治安管理处罚法》的规定执行。

第四十四条 国家工作人员在防洪工作中,滥用职权,玩忽职守,徇私舞弊,严重影响防洪或者造成人身和财产重大损失的;拒不执行防御洪水方案、防汛抢险指令或者蓄滞洪方案、汛期调度运用计划等防汛调度方案的,不构成犯罪的,给予行政处分;构成犯罪的,依法追究刑事责任。

第七章 附 则

第四十五条 本办法自公布之日起施行。

辽宁省

辽宁省河道管理条例

（2012年11月29日辽宁省第十一届人民代表大会常务委员会第三十三次会议通过　根据2017年7月27日辽宁省第十二届人民代表大会常务委员会第三十五次会议《关于修改〈辽宁省机动车污染防治条例〉等部分地方性法规的决定》第一次修正　根据2017年9月28日辽宁省第十二届人民代表大会常务委员会第三十六次会议《关于修改〈辽宁省档案条例〉等6件地方性法规的决定》第二次修正　根据2020年3月30日辽宁省第十三届人民代表大会常务委员会第十七次会议《关于修改〈辽宁省出版管理规定〉等27件地方性法规的决定》第三次修正）

第一章　总　　则

第一条　为了加强河道管理，保障防洪和供水安全，保护河道生态环境，发挥河道综合效益，根据《中华人民共和国水法》《中华人民共和国防洪法》《中华人民共和国河道管理条例》等有关法律、法规，结合本省实际，制定本条例。

第二条　本条例适用于本省行政区域河道（包括湖泊、人工水道、行洪区、蓄洪区、滞洪区）的整治、维护、利用和其他相关管理活动。

第三条　省、市、县（含县级市、区，下同）人民政府应当将河道管理纳入本级国民经济和社会发展规划，将河道管理工作所需经费纳入财政预算。

第四条　省、市、县水行政主管部门负责本行政区域的河道管理工作。

发展改革、财政、公安、自然资源、林业草原、农业农村、交通运输、生态环境、住房城乡建设等部门在各自的职责范围内，做好河道管理相关工作。

乡（镇）人民政府应当配合有关部门做好河道管理工作。

第五条　河道整治规划、采砂规划编制以及涉及的行政许可审批，按照下列规定执行：

（一）流域面积五千平方公里以上河流主要河段及市际间界河（含对两

个或者两个以上市影响较大的跨市河流），由省水行政主管部门负责；

（二）流域面积五千平方公里以上河流非主要河段、流域面积一千平方公里以上五千平方公里以下河流主要河段及县际间界河（含对两个或者两个以上县影响较大的跨县河流），由市水行政主管部门负责；

（三）流域面积一千平方公里以上五千平方公里以下河流非主要河段、流域面积一千平方公里以下河流，由县水行政主管部门负责；

（四）鸭绿江、跨省河流（含省、自治区间的界河）按照国家有关规定执行。

第二章　河道整治与维护

第六条　河道整治包括构筑堤防、护岸、清淤疏浚和闸坝、泵站等水工程措施，以及恢复改善河道生态环境所采取的堤防绿化、水土保持、河道流量调度、湿地保护、排污通道和排污口清淤治理等生态工程措施。

第七条　河道整治规划应当服从流域综合规划，符合国家规定的防洪标准、通航标准和其他有关技术要求，并与土地利用总体规划相衔接，与水资源保护、水土保持、供水等专业规划相协调。

河道整治规划应当包括防洪标准、工程管理、环境评价、河道生态等内容。

第八条　省、市、县水行政主管部门按照河道管理权限组织编制的河道整治规划，经征求有关部门意见后，报同级人民政府批准，并向上一级水行政主管部门备案。

涉及航道的河道整治规划应当征求交通运输主管部门意见。

河道整治规划需要修改的，应当报原批准机关批准。

第九条　水行政主管部门应当会同有关部门根据河道整治规划，制定河道整治年度计划，报同级人民政府批准后组织实施。

第十条　有堤防的河道管理范围为两岸堤防之间的水域、沙洲、滩地（包括可耕地）、行洪区、两岸堤防及护堤地；无堤防的河道管理范围根据历史最高洪水位或者设计洪水位确定。

河道的具体管理范围，由县以上人民政府划定，并设立标志，向社会公告。

第十一条 流域面积五千平方公里以上河流堤防护堤地迎水面一般不得少于五十米,背水面一般不得少于二十米。其他河流堤防护堤地范围,由市、县人民政府按照河道管理权限确定。

第十二条 河道管理范围内的土地,由县以上人民政府依法确认所有权和使用权。

堤防及其护堤地、河道管理范围内水工程及其管理范围用地,在依法履行土地征收手续后,由县以上人民政府按照有关规定核发土地使用权证。

河道整治需要占用的土地,由县以上人民政府按照有关规定,依法划拨或者调剂。

第十三条 堤顶或者戗台兼做公路的,应当经上一级水行政主管部门批准。堤身、堤顶和戗台公路的管理和维护办法,由省水行政主管部门商省交通运输主管部门制定。

跨越堤顶的各种道路,应当填筑坡道,严禁扒堤通过和降低工程标准。

第十四条 水行政主管部门应当加强对河道堤防、护岸以及闸坝等水工程的安全检查和维修养护,及时消除隐患,保障运行安全。

对河道内水工程造成损坏或者造成河道淤积的,由责任单位或者个人负责修复、清淤。

疏浚河道应当按照要求堆放清理出来的砂石、淤泥,禁止阻碍河道行洪。

第十五条 在河道内修建拦河闸坝工程,应当按照河道管理权限报上一级水行政主管部门组织论证、审查批准。拦河闸坝工程应当符合防洪标准,建设保证河道合理生态流量的设施,并按照批准的调度方案运行。

因河道内的水量不足,可能对生活、生产和生态环境带来影响时,应当进行紧急情况下的水量调度。水量调度方案由有河道管理权限的水行政主管部门提出,报本级人民政府批准后实施。

第十六条 护堤林、护岸林由河道管理单位组织营造。营造防风固沙林的,应当符合河道整治规划。

护堤林、护岸林需要更新或者间伐的,应依法办理采伐许可手续,并按照规定进行补种。

第十七条 堤坡可以种植草皮、灌木,禁止种植乔木和耕种作物。已有的乔木,应当限期由林木所有者连根清除,并填土夯实,恢复堤防设计标准。

第三章 河 道 采 砂

第十八条 河道采砂应当遵循保障防洪、供水安全，谁采砂谁恢复，保护河道生态环境的原则。制定河道采砂规划应当符合流域综合规划、区域综合规划、防洪规划以及河道整治规划的相关要求。

第十九条 省水行政主管部门按照河道管理权限组织编制的河道采砂规划，应当报省人民政府批准；市、县水行政主管部门按照河道管理权限组织编制的河道采砂规划，应当逐级报省水行政主管部门批准。

涉及航道的河道采砂规划应当征求交通运输主管部门意见。

修改河道采砂规划，应当报原批准机关批准。

第二十条 河道采砂实行年度计划制度。采砂年度计划由市、县水行政主管部门按照采砂规划进行编制，逐级报省水行政主管部门批准。

未列入采砂年度计划的河流（河段），禁止一切经营性采砂行为。

第二十一条 水行政主管部门应当按照河道采砂规划和本地实际情况，确定河道采砂禁采区及禁采期。

下列区域为河道采砂禁采区：

（一）堤防、护岸、涵闸、拦河工程、饮用水源、水文观测及取水、排水等工程设施的保护范围；

（二）跨河、穿河、跨堤、穿堤、临河的铁路、公路、桥梁、码头、管道、缆线等工程设施的河道内保护范围；

（三）河道险工、险段等保护范围；

（四）省水行政主管部门确定的其他区域。

第二十二条 因防洪、河势改变、水工程设施出现险情、发生地质灾害、水生态环境遭到破坏等情形不宜采砂的，水行政主管部门可以确定临时禁采期，并可以要求采砂权人将采砂作业机具撤离。

禁采区、禁采期、临时禁采期应当向社会公告。

第二十三条 河道采砂权的出让应当通过招标、拍卖、挂牌等交易方式进行。招标、拍卖、挂牌由市水行政主管部门统一组织实施。

河道采砂权出让期限不得超过三年。取得河道采砂权的单位和个人应当缴纳河道采砂权出让价款。

第二十四条 水行政主管部门按照河道管理权限，对取得河道采砂权的单位或者个人发放河道采砂许可证。河道采砂许可期限不得超出河道采砂权出让期限。

河道采砂许可证由省水行政主管部门统一印制。禁止伪造、涂改、出租、出借或者私自转让河道采砂许可证。

第二十五条 采砂权人应当在采砂场所设立公告牌，标明采砂许可证号和采砂范围、数量、期限及监督举报电话等内容，并设置警示标志。

第二十六条 采砂权人应当按照规定的开采范围、数量、期限、深度、方式、弃料处理等要求进行作业，服从防洪调度，保证行洪安全。因采砂造成塌岸、坑槽、植被毁坏或者弃料堆积河床的，采砂权人应当及时恢复或者清理。

第四章 涉河建设

第二十七条 禁止在河道管理范围内建设妨碍行洪的建筑物、构筑物以及从事影响河势稳定、危害河岸堤防安全和其他妨碍河道行洪的活动。

确需在河道管理范围内新建、扩建、改建跨河、穿河、穿堤、临河的桥梁、码头、道路、渡口、管道、缆线等涉河建设项目的，建设单位必须按照河道管理权限，将工程建设方案报送河道主管机关审查同意。未经河道主管机关审查同意的，建设单位不得开工建设。

第二十八条 任何单位和个人不得擅自变更涉河建设项目的规模、地点、性质、用途等。确需变更的，应当报原审批机关批准。

第二十九条 涉河建设项目施工期间，水行政主管部门应当派员到现场监督检查，建设单位应当予配合。建设项目施工影响和降低防洪工程的功能和标准的，建设单位应当按照水行政主管部门的要求及时恢复或者采取相应措施，确保防洪安全。

建设单位需跨汛期施工的，应当编制工程度汛方案，经水行政主管部门审查后，报当地防汛指挥机构备案。

涉河建设项目竣工验收前，建设单位应当及时清除施工废弃物及相关阻水障碍物，恢复河道原有行洪标准。

第三十条 涉河建设项目需要缴纳占河费的，应当按照有关规定向水行

政主管部门缴纳。

第三十一条 涉河建设项目需要在河道内修建临时便道便桥、筑坝围堰等施工设施形成阻水障碍，以及需要破堤施工的，建设单位应当在开工前向水行政主管部门缴纳河道恢复保证金，具体办法由省人民政府另行制定。

河道恢复保证金实行专户储存，不得挪用。

第五章 法 律 责 任

第三十二条 违反本条例规定，有下列行为之一的，由水行政主管部门责令停止违法行为，没收违法所得，可以扣押采砂作业机具，并处五万元以上十万元以下罚款；情节严重的，并处十万元以上二十万元以下罚款；构成犯罪的，依法追究刑事责任：

（一）未办理河道采砂许可证进行采砂的；

（二）在禁采区、禁采期、临时禁采期采砂的。

第三十三条 违反本条例规定，有下列行为之一的，由水行政主管部门责令停止违法行为，没收违法所得，并处一万元以上五万元以下罚款；情节严重的，并处五万元以上十万元以下罚款，吊销河道采砂许可证；构成犯罪的，依法追究刑事责任：

（一）超出采砂许可规定的范围、数量、深度开采的；

（二）改变采砂作业方式的；

（三）未按要求堆放砂石和平整弃料的。

第三十四条 违反本条例规定，伪造、涂改、出租、出借或者私自转让河道采砂许可证的，由水行政主管部门没收违法所得，并处一万元以上五万元以下罚款，收缴伪造、涂改、出租、出借或者私自转让的河道采砂许可证；构成犯罪的，依法追究刑事责任。

第三十五条 违反本条例规定，有下列行为之一的，由水行政主管部门责令限期清除或者恢复；逾期不清除或者恢复的，由水行政主管部门代为组织清除或者恢复，所需费用由违法者承担：

（一）对河道内水工程造成损坏或者造成河道淤积，未及时修复、清淤的；

（二）在堤坡种植乔木和耕种作物的；

（三）建设单位未及时清除施工废弃物及相关阻水障碍物，恢复河道原有行洪标准的。

第三十六条 违反本条例规定的其他行为，《中华人民共和国水法》《中华人民共和国防洪法》《中华人民共和国河道管理条例》及其他法律、法规已有处罚规定的，从其规定。

第三十七条 水行政主管部门和其他行政部门工作人员有下列情形之一的，由所在单位或者上级主管机关依法给予行政处分；构成犯罪的，依法追究刑事责任：

（一）未依法履行监督管理职责的；

（二）发现违法行为不依法予以查处，造成严重后果的；

（三）未依法实施行政许可的；

（四）不按照规定收取规费，或者截留、挤占、挪用规费的；

（五）其他滥用职权、徇私舞弊、玩忽职守行为。

第六章　附　　则

第三十八条 本条例自 2013 年 2 月 1 日起施行。1984 年 6 月 9 日辽宁省第六届人民代表大会常务委员会第八次会议通过的《辽宁省河道管理条例》同时废止。

辽宁省河长湖长制条例

(2019 年 7 月 30 日辽宁省第十三届人民代表大会常务委员会第十二次会议通过)

第一条 为了落实河长湖长制,加强河湖管理、保护和治理,推进生态文明建设,根据《中华人民共和国水污染防治法》等有关法律、法规,结合本省实际,制定本条例。

第二条 在本省行政区域内实施河长湖长制适用本条例。

第三条 本条例所称河长湖长制,是指在各级行政区域设立总河长、总湖长(以下统称"总河长"),在河流、湖泊、水库、水电站设立河长、湖长、库长、站长(以下统称"河长"),由其领导、组织、协调本行政区域或者责任区的河湖管理、保护和治理工作的制度。

第四条 省、市、县(含县级市、区,下同)、乡(含镇,下同)人民政府以及街道办事处是河长湖长制工作的责任主体。

发展改革、住房城乡建设、农业农村、自然资源、交通运输、公安、财政、生态环境、水利、林业和草原等部门,按照各自职责做好河长湖长制相关工作。

第五条 省、市、县人民政府应当将河长湖长制工作专项经费纳入年度财政预算,保障河长湖长制实施。

第六条 省、市、县人民政府应当明确河长制办公室及其工作职责,配备工作人员。河长制办公室作为本行政区域河长湖长制工作的办事机构,协助本级总河长、河长处理日常工作。

河长制办公室履行下列职责:

(一)负责河长湖长制工作的组织协调、调度督导、检查考核和宣传培训;

(二)协调跨行政区域河湖的河长湖长制工作;

(三)完成本级总河长、河长交办事项及公众举报投诉事项的分办、督办工作;

(四)对本级总河长、河长在河湖巡查中发现的问题,督促河长制办公室成员单位及时查处；

（五）对下级河长制办公室进行工作指导；

（六）法律、法规和国家规定的其他职责。

河长制办公室成员单位由省、市、县人民政府根据需要确定，成员单位主要负责人为本单位落实河长湖长制工作的责任人。

第七条 建立省、市、县、乡、村（含居民委员会，下同）五级河长湖长制体系：

（一）按照行政区域全覆盖的原则，设立省、市、县、乡四级总河长，可以根据工作需要设立副总河长，配合总河长工作；

（二）按照流域与区域相结合的原则，设立省、市、县、乡、村五级河长；

（三）按照管理权限与区域相结合的原则，设立水库库长、水电站站长，由所在河流河长兼任。

总河长、河长的具体设立和调整，按照国家和省有关规定执行。

第八条 河长制办公室应当将本级总河长、河长名单向社会公布。乡、村河长名单由县河长制办公室公布。

河长制办公室应当组织有关部门在河湖岸边显著位置设立河长公示牌，将河湖信息、河长信息、举报投诉电话进行公示并及时更新。

第九条 省、市、县公安机关应当明确河湖警长制办公室及其工作职责，加强河湖治安管理和行政执法保障，严厉打击涉河湖违法犯罪行为。

河湖警长制办公室履行下列职责：

（一）负责河湖警长制工作的组织协调、调度督导、检查考核和宣传培训；

（二）完成本级总警长、警长交办的事项；

（三）联系同级河长制办公室并配合其开展工作；

（四）法律、法规和国家规定的其他职责。

第十条 省、市、县总河长履行下列职责：

（一）领导本行政区域河长湖长制工作，协调解决河湖管理、保护和治理的重大问题；

（二）督促本级河长、政府有关部门和下级总河长履行职责；

（三）签发总河长令；

（四）法律、法规和国家规定的其他职责。

乡级总河长负责本行政区域河长湖长制工作，协调解决河湖管理、保护和治理的具体问题，督促乡、村河长履行职责。

第十一条 省、市、县河长履行下列职责：

（一）落实上级总河长、河长和本级总河长部署的工作，协调解决河湖管理、保护和治理的重大问题；

（二）组织编制、实施本责任区河湖管理、保护和治理规划、方案等；

（三）督促下级河长履行职责；

（四）法律、法规和国家规定的其他职责。

第十二条 乡河长履行下列职责：

（一）落实上级总河长、河长和本级总河长交办的事项；

（二）协调解决本责任区河湖管理、保护和治理的具体问题；

（三）落实河湖管理保护工作任务，对需要由上级政府及有关部门解决的问题及时报告；

（四）开展责任河湖巡查，对发现的问题或者相关违法行为，及时处理或者制止，不能处理或者制止无效的，按照规定履行报告职责；

（五）法律、法规和国家规定的其他职责。

第十三条 村河长履行下列职责：

（一）落实上级总河长、河长交办的事项；

（二）在村（居）民中开展河湖保护宣传，组织订立河湖保护的村规民约；

（三）督促落实责任河湖日常保洁和堤岸日常维护等工作；

（四）对发现的违法行为进行劝阻和制止，并及时上报；

（五）法律、法规和国家规定的其他职责。

第十四条 总河长、河长应当定期开展巡河，对发现的问题及时处理并如实记载：

（一）省级总河长每年不少于一次，市、县级总河长每半年不少于一次，乡级总河长每季度不少于一次；

（二）省级河长每半年不少于一次，市、县级河长每季度不少于一次，乡级河长每月不少于一次，村级河长每周不少于一次。

第十五条 总河长、乡级以上河长应当根据需要召开会议，研究推进实

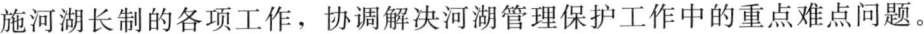

施河湖长制的各项工作,协调解决河湖管理保护工作中的重点难点问题。

河长制办公室应当根据需要召开会议,协调推进具体工作事项。

第十六条 省、市、县人民政府应当根据河湖管理权限,组织相关部门按照一河一策、一湖一策的原则编制本行政区河湖管理、保护和治理规划、方案,履行相关审批程序后组织实施;组织对本行政区域河湖情况进行调查,划定河湖管理保护范围,并设立界碑、界桩。

第十七条 省、市、县人民政府应当建立河湖巡查保洁机制,通过政府购买服务等方式,聘用河湖巡查员、保洁员,负责河湖的日常巡查和保洁;建设全省河长湖长制管理信息系统,运用现代信息技术手段加强监管、巡查、处置和考核;建立河湖保护联合执法机制,完善行政执法信息共享和工作通报制度。

第十八条 省、市、县、乡人民政府及有关部门应当加强工矿企业污染治理、城镇生活污水处理、畜禽养殖治理、乡村垃圾治理等,从源头防止河湖污染。

河长制办公室应当组织编制本级政府有关部门在河湖管理、保护和治理中的任务清单,并督促落实。

第十九条 省、市、县、乡人民政府应当加强河湖保护宣传教育和舆论引导,提高全社会对河湖保护工作的责任意识参与意识;聘请社会公众担任河湖监督员,鼓励和引导企业、公众担任志愿河长,参与河湖保护。

第二十条 任何单位和个人都有保护河湖的义务,并有权就发现的河湖保护问题向河长制办公室及有关部门投诉举报。

河长制办公室及有关部门应当建立投诉举报制度,向社会公开举报电话、网址、通信地址等,对投诉举报依法处理并及时反馈。

第二十一条 省、市、县人民政府应当定期对本级河长制办公室成员单位及有关部门开展河湖管理、保护和治理工作进行督促检查。对工作不力的,予以通报批评;对河湖保护做出贡献的单位和个人,给予表彰。

第二十二条 省、市、县人民政府应当建立河长湖长制工作考核机制,对河长湖长制工作进行全面考核,并将考核结果作为领导干部综合考核评价以及自然资源资产离任审计的重要依据。

第二十三条 对未履行职责或者履行职责不力的,总河长应当约谈本级河长、河长制办公室成员单位及有关部门主要责任人、下级总河长;河长应当及时约谈本级有关部门主要责任人、下级河长；河长制办公室负责人可以约谈下级河长制办公室负责人。

第二十四条 乡级以上河长有下列行为之一的，给予通报批评；造成严重后果的，根据情节轻重，依法给予相应处分：

（一）未按照规定履行职责，导致水质恶化、水环境和水生态遭受破坏的；

（二）未按规定进行河湖巡查，或者对巡查发现的问题未按规定及时处理的。

村河长有前款规定行为之一的，按照其与乡镇人民政府、街道办事处的约定承担相应责任。

第二十五条 省、市、县人民政府有关部门、河长制办公室以及乡镇人民政府、街道办事处有下列行为之一的，对其直接负责的主管人员和其他直接责任人员给予通报批评，造成严重后果的，根据情节轻重，依法给予相应处分：

（一）未履行或者未按照要求履行河湖管理、保护和治理职责的；

（二）未按照总河长、河长要求依法履行处理或者查处职责的；

（三）未对约谈提出的问题进行整改的。

第二十六条 本条例自2019年10月1日施行。

辽宁省实施《中华人民共和国水法》办法

（1994年5月26日辽宁省第八届人民代表大会常务委员会第八次会议通过　根据1997年11月29日辽宁省第八届人民代表大会常务委员会第三十一次会议关于修改《辽宁省实施〈中华人民共和国水法〉办法》的决定第一次修正　根据2004年6月30日辽宁省第十届人民代表大会常务委员会第十二次会议关于修改《辽宁省实施〈中华人民共和国水法〉办法》的决定第二次修正　根据2006年1月13日辽宁省第十届人民代表大会常务委员会第二十三次会议关于修改《辽宁省实施〈中华人民共和国水法〉办法》的决定第三次修正　根据2010年7月30日辽宁省第十一届人民代表大会常务委员会第十八次会议《关于修改部分地方性法规的决定》第四次修正　根据2011年11月24日辽宁省第十一届人民代表大会常务委员会第二十六次会议《关于修改部分地方性法规的决定》第五次修正　根据2017年9月28日辽宁省第十二届人民代表大会常务委员会第三十六次会议《关于修改〈辽宁省档案条例〉等6件地方性法规的决定》第六次修正　根据2020年3月30日辽宁省第十三届人民代表大会常务委员会第十七次会议《关于修改〈辽宁省出版管理规定〉等27件地方性法规的决定》第七次修正）

第一章　总　　则

第一条　根据《中华人民共和国水法》（以下简称《水法》），结合我省实际情况，制定本办法。

第二条　凡在我省境内开发、利用、保护、管理水资源，防治水害，必须遵守《水法》和本办法。

第三条　水利是国民经济的基础产业和基础设施。各级人民政府应当按照兴利与除害并重、开发利用与保护管理并重的原则，加强水利的建设和管理。

第四条　县（含县级市、区，下同）以上人民政府水行政主管部门负责本行政区域内水资源的统一管理、保护和防治水害工作，其主要职责是：

（一）贯彻并监督执行《水法》和有关法律、法规、规章及方针、政策；

（二）会同有关部门对水资源进行调查评价和综合科学考察，编制水资源开发利用、保护和防治水害的综合规划；

（三）会同有关部门制定本行政区域内水长期供求计划和水量分配方案；

（四）组织实施取水许可制度和水资源费征收管理制度；

（五）统一管理城乡水资源，对水资源进行统一调配；

（六）负责乡镇供水；

（七）管理节约用水工作；

（八）依据本级人民政府授权，处理水事纠纷；

（九）负责江河、水库的水质监测和调查评价工作，协同生态环境主管部门对水污染防治实施监督管理；

（十）依照法律、法规的规定应当履行的其他职责。

第五条　各级水行政主管部门应当建立水政监察制度。水行政主管部门的水政监察人员，依法对水事活动进行监督管理。

第六条　各级人民政府其他有关部门应当按照政府职责分工，协同水行政主管部门负责有关的水资源管理、保护和防治水害工作。

第二章　开　发　利　用

第七条　全省水资源的综合考察和调查评价，由省水行政主管部门会同有关部门统一进行。

第八条　省管和其他跨市的江河，除国家确定的重要江河外，其流域或者区域的综合规划，由省水行政主管部门会同有关部门和有关市人民政府编制，报省人民政府批准。其他江河流域或者区域的综合规划，由市或者县水行政主管部门会同有关部门和有关地区编制，报本级人民政府批准，并报上一级水行政主管部门备案。

第九条　开发利用水资源和防治水害，必须符合综合规划和专业规划。

修订综合规划和专业规划，应当经原批准机关审核批准。修订后的综合规划应当报上一级水行政主管部门备案。

第十条　各级人民政府在制定城市、工业、农业发展规划时，必须以水资源评价作为重要依据。

在水资源不足地区，应当限制城市发展规模，限制耗水量大和对水体污染严重的工业和农业的发展,逐步建立节水型工业和农业。

有条件利用海水的工业,应当充分利用海水资源。

第十一条 在河道、渠道上修建闸坝、桥梁、码头和其他拦河、拦渠、跨河、穿河、穿堤、跨渠、临河、临渠建筑物,铺设跨河、跨渠管道、电缆等设施,建设单位必须按照管理权限,将工程建设方案报送河道主管机关审查同意。未经河道主管机关审查同意的,建设单位不得开工建设。

第十二条 国家兴建的防洪、排涝、农田灌溉等工程所需资金,除国家安排部分投资外,按照"谁受益,谁负担"的原则,由受益单位和个人合理分担。

农村集体经济组织兴建的防洪、排涝、农田灌溉等工程所需资金,应当根据量力而行的原则,按照受益的大小,由受益单位和个人合理分担。

第三章 水、水域和水工程保护

第十三条 各单位应当加强水污染的防治工作,保护和改善水质。向河道、水库、渠道等水工程内排污、设置或者扩大排污口,排污单位在向生态环境主管部门申报之前,应当征得水行政主管部门的同意。

第十四条 在水库周围和河流两岸从事采矿和其他生产建设活动的单位和个人,必须采取有效措施,防止污染水体和损坏水工程。

第十五条 县以上人民政府的水行政主管部门有权对管辖范围内排污单位进行现场检查。被检查的单位必须如实反映情况,提供必要的资料。对超标排污,严重影响水体用途的,水行政主管部门有权制止。

第十六条 开发利用地下水,应当保持采补平衡。对超采的地区,应当采取回灌措施,严格控制取水量。

第十七条 对下列水工程及设施,应当按照经批准的设计,由县以上人民政府划定管理和保护范围:

(一)提水、引水、泄水、挡水建筑物和水电站;

(二)水库;

(三)河道、渠道、堤防;

(四)水文监测设施;

(五)生活饮用水水源地;

（六）其他水工程及设施。

水工程及设施的管理和保护范围划定后，由工程及设施的权属单位管理，并建立管理和保护制度。

第十八条　在水工程及设施的管理和保护范围内不得修建影响工程运行、行洪和危害工程安全的建筑物。

第十九条　禁止实施下列行为：

（一）毁坏或者侵占水文、水工程及其通讯、照明、电力、观测、交通等设施；

（二）在河道内修建套堤；

（三）在水库坝坡、河堤、渠堤上建房、放牧；

（四）在水库、河道、水塘、水渠及其他水域中洗刷有毒有害物品和炸鱼、毒鱼；

（五）在已经或者能够引起海水倒灌的地段开发地下水；

（六）在堤防、水源工程、渠道保护范围内爆破、打井、采石、采矿、取土、建窑、埋坟、挖筑鱼塘虾池等；

（七）在生活饮用水水源地管理和保护范围内排放废水，弃置垃圾；

（八）非水工程管理人员操作水工程上的有关设施；

（九）在河道、水塘内或者在水工程及设施的管理和保护范围内弃置垃圾、煤灰、矿渣等；

（十）其他危害水工程安全的行为。

第四章　用　水　管　理

第二十条　全省和跨市的水长期供求计划，由省水行政主管部门会同有关部门制定，报省发展改革部门审批。市和跨县的水长期供求计划，分别由市、县水行政主管部门会同有关部门依据上一级水长期供求计划，结合本地区实际情况制定，报同级发展改革部门审批。

第二十一条　本行政区域内的水量分配方案，由当地水行政主管部门制定，报本级人民政府批准后执行。跨市、县的水量分配方案，由省、市水行政主管部门征求有关市、县人民政府意见后制定，报本级人民政府批准后执行。

第二十二条　直接从江河、湖泊和地下取水的单位和个人，除家庭生活、畜禽饮用取水和其他少量取水不需要申请取水许可外，必须按照国务院和省人民政府的规定申请办理取水许可证。

第二十三条　开发利用水资源，按照下列规定实行分级审批：

（一）在省管河流干流上取水或者日平均取地下水1万立方米以上（含本数，下同）的，由省水行政主管部门审批；

（二）在市管河流上取地表水或者日平均取地下水1万立方米以下至3000立方米以上的，由市水行政主管部门审批。在省管河流的一级支流上日平均取地表水5000立方米以上的，在征得省水行政主管部门同意后，由市水行政主管部门审批；

（三）在县管河流上取地表水或者日平均取地下水3000立方米以下的，由县水行政主管部门审批；

（四）跨市、县取地表水和地下水的，由上一级水行政主管部门审批。需要取用城市规划区内地下水的，应当经住房城乡建设主管部门审核同意并签署意见后由水行政主管部门审批。

第二十四条　水费的计收和管理，按照国务院和省人民政府的规定执行。

水资源费的征收管理，按照国务院的规定执行。在国务院未作出规定之前，按照省人民政府规定执行。

第二十五条　实行计划用水，厉行节约用水。

供水单位应当编制供水计划，按计划供水。

工业用水应当实行定额管理，推广使用节水新工艺、新技术，控制污水排放，提高污水处理率和水的重复利用率。

农业用水应当采取节水灌溉方式和工程措施，推广节水的耕作制度，提高灌溉水的有效利用率。

城镇生活用水应当安装水表，提倡使用节水器具。

第五章　水　害　防　治

第二十六条　各级人民政府应当采取有力措施，做好防汛抗旱工作。防汛与抗旱工作实行首长负责制，统一领导，分级分部门管理。

第二十七条　县以上人民政府防汛抗旱指挥机构及有关部门、单位应当及时监测和预报汛情、旱情。

第二十八条　汛情紧急或者旱情严重时，各部门、各单位必须服从防汛抗旱指挥机构的防汛抗旱指令，防汛抗旱指挥机构可以在其管辖范围内，随时调动人力、物力、财力参加抗洪抢险和统一调配水量。

第二十九条　省管江河防御洪水方案，由省防汛抗旱指挥机构制定，报省人民政府批准。

第三十条　防汛抗旱指挥机构下达的蓄洪、分洪、滞洪的命令，有关单位和个人必须执行。

第六章　奖 励 与 处 罚

第三十一条　有下列成绩之一的单位和个人，由人民政府或者水行政主管部门给予表彰和奖励：

（一）模范执行《水法》及本办法，制止违法行为事迹突出的；

（二）开发、保护和管理水资源，节约用水成绩显著的；

（三）在水害防治工作中成绩显著的；

（四）在水资源开发、利用、保护科学研究方面贡献突出的。

第三十二条　在河道、水塘内或者水工程及设施管理和保护范围内弃置垃圾、煤灰、矿渣等，由水行政主管部门责令停止违法行为，限期清除障碍，可以并处每立方米5至10元罚款。

第三十三条　未办理取水许可证，擅自直接从江河、湖泊和地下取水的，由县以上水行政主管部门责令停止取水。

第三十四条　使用供水工程供应的水，拒不交纳水利工程水费的，由供水工程管理单位责令限期交纳。逾期不交的，供水工程管理单位有权限制供水，直至停止供水。

直接从江河、湖泊和地下取水，拒不交纳水资源费的，由征收水资源费的行政部门责令限期交纳。逾期不交的，水行政主管部门可以申请人民法院强制执行。

第三十五条　违反本办法其他规定的，按照《水法》《河道管理条例》《水污染防治法》及其实施细则等有关法律、法规处罚。

第三十六条　违反本办法规定，造成经济损失的，应当赔偿损失；构成治安管理处罚的，由公安机关依法给予处罚；构成犯罪的，依法追究刑事责任。

第三十七条　阻碍水工程管理单位的工作人员履行职责和水政监察人员依法执行职务，构成治安管理处罚的，由公安机关依法给予处罚；构成犯罪的，依法追究刑事责任。

第三十八条　罚款应当使用财政部门统一印制的罚没票据。罚款一律上交同级财政。

第三十九条　水行政主管部门或者其他主管部门以及水工程管理单位的工作人员玩忽职守、滥用职权、徇私舞弊的，由其所在单位或者上级主管机关给予行政处分；对公共财产、国家和人民利益造成重大损失的，依照刑法规定追究刑事责任。

第七章　附　　则

第四十条　本办法应用中的具体问题，由省水利厅负责解释。

第四十一条　本办法自公布之日起施行。

辽宁省实施《中华人民共和国防洪法》办法

（1999年1月28日辽宁省第九届人民代表大会常务委员会第七次会议通过　根据2004年6月30日辽宁省第十届人民代表大会常务委员会第十二次会议关于修改《辽宁省实施〈中华人民共和国防洪法〉办法》的决定第一次修正　根据2006年1月13日辽宁省第十届人民代表大会常务委员会第二十三次会议关于修改《辽宁省实施〈中华人民共和国防洪法〉办法》的决定第二次修正　根据2007年5月25日辽宁省第十届人民代表大会常务委员会第三十一次会议关于修改《辽宁省实施〈中华人民共和国防洪法〉办法》的决定第三次修正　根据2011年11月24日辽宁省第十一届人民代表大会常务委员会第二十六次会议《关于修改部分地方性法规的决定》第四次修正　根据2014年9月26日辽宁省第十二届人民代表大会常务委员会第十二次会议《关于修改部分地方性法规的决定》第五次修正　根据2015年9月25日辽宁省第十二届人民代表大会常务委员会第二十一次会议《关于修改部分地方性法规的决定》第六次修正　根据2017年7月27日辽宁省第十二届人民代表大会常务委员会第三十五次会议《关于修改〈辽宁省机动车污染防治条例〉等部分地方性法规的决定》第七次修正）

第一章　总　　则

第一条　根据《中华人民共和国防洪法》（以下简称《防洪法》）和有关法律、法规，结合我省实际，制定本办法。

第二条　在我省行政区域内从事防洪以及与防洪有关的活动，必须遵守本办法。

第三条　省、市、县（含县级市、区，下同）水行政主管部门在本级人民政府领导下，负责本行政区域内防洪的组织、协调、监督、指导等日常工作；其他有关部门在本级人民政府领导下，按照各自职责，负责有关的防洪工作。

第四条　各级人民政府必须认真贯彻安全第一、常备不懈、以防为主、全力抢险的防洪方针，制定措施，实行行政首长负责制和分级分部门责任制。

第五条 任何单位和个人都有保护防洪工程设施和依法参加防汛抗洪的义务，并有权制止和检举破坏防洪工程设施的行为。

第二章 防 洪 规 划

第六条 国民经济的总体规划、城市规划及重大建设项目的布局，必须考虑防洪安全，必须有防洪除涝等方面的专项规划或者进行专项论证。

第七条 防洪规划按照下列规定制定：

（一）流域面积1000平方公里以下的小型河流，由县水行政主管部门会同有关部门编制，报县人民政府批准，并报市水行政主管部门备案；

（二）流域面积1000平方公里以上5000平方公里以下的中型河流，由市水行政主管部门会同有关部门和有关地区编制，报市人民政府批准，并报省水行政主管部门备案；

（三）流域面积5000平方公里以上的大型河流（不含鸭绿江、辽河），由省水行政主管部门会同有关部门和有关地区编制，报省人民政府批准，并报国务院水行政主管部门备案；

（四）跨市、跨县河流，分别由有关市或者县水行政主管部门会同有关部门编制，经有关市或者县人民政府审查提出意见后，报省或者市水行政主管部门批准；

（五）鸭绿江、辽河、跨省河流以及城市防洪规划，按照《防洪法》第十条规定制定。

县以上人民政府必须安排防洪规划工作经费，按计划完成防洪规划。

第八条 沿海地区的县以上人民政府，应当把防御风暴潮纳入本地区的防洪规划，加强海堤、防潮闸和沿海防护林等防御风暴潮工程体系建设，制定和落实相应的防台风预案。

第九条 县以上人民政府应当把山体滑坡、崩塌、泥石流的防治纳入区域性防洪规划，划定重点防治区，加强观测、预警、预报设施建设，制定和落实避险、逃险方案。

第十条 辽河入海河口的整治规划按照《防洪法》第十五条规定制定；大辽河、大凌河、鸭绿江和跨市界河的入海河口整治规划，由省水行政主管部门会同有关部门和地区制定；其他河流入海河口整治规划，由市或者县水行政主管部门会同有关部门制定。

在入海河口围海造地、开发滩涂或者从事其他活动，应当按照河口整治规划进行。

第十一条　江河规划治导线由县以上水行政主管部门按照第七条第一款规定权限拟定、报批。

第十二条　防洪规划保留区内不得建设与防洪无关的设施；国家工矿建设项目确需占用防洪规划保留区内土地的，按照《防洪法》第十六条第三款规定执行。

对防洪规划保留区内现有的工矿工程设施及村屯，当地人民政府应当制定外迁计划，并组织实施。

第十三条　按照防洪规划进行河道整治需要占用的土地，由土地行政主管部门按照国家和省的有关规定划拨或者调剂解决。

河道整治占用土地的补偿，按照国家和省有关规定的低限标准减半执行。

第三章　治理与防护

第十四条　防治江河洪水，应当蓄泄兼施，标本兼治。各级人民政府应当组织水行政主管部门和有关部门加固堤防和水库，疏浚河道，植树造林，封山育林，退耕还林，涵养水源，保持水土。

第十五条　县以上水行政主管部门和其他有关部门应当根据防洪规划，制定河道整治、涝区治理和城市排涝设施建设的年度计划，报本级人民政府批准后组织实施。对严重影响防洪排涝的河段及工程，应当制定应急措施，报本级人民政府批准后，优先安排资金进行整治。

第十六条　河道、水库管理范围由县以上水行政主管部门按照国家和省的规定划定，报本级人民政府批准。

河道入海口管理范围的划定，按照历史最高洪水位或者设计洪水位出口宽度的2至3倍执行；出口的划定，不得超过最低潮位线。

第十七条　在河道和水库管理范围内进行下列活动，必须报经县以上水行政主管部门批准，涉及其他部门的，并按照有关法律、法规的规定审批：

（一）新开河道、改变河势的；

（二）挖沙、采石、取土、淘金，翻动土体对河道有不利影响的；

（三）爆破、钻探、打井的；

（四）挖筑鱼池（塘）或者从事水产品养殖的；

（五）修建设施的；

（六）存放物资的；

（七）开垦土地、开采地下资源、进行考古发掘的。

前款所列行为发生在大型河流主要河段，或者发生在跨市河流且影响两个以上市防洪安全的，由省水行政主管部门批准；发生在大型河流非主要河段或者其他河流的，由市或者县水行政主管部门批准。大型河流主要河段，由省水行政主管部门确定并公布。

第十八条　在河道管理范围内，禁止下列活动：

（一）修建套堤、围堤、阻水渠道、阻水道路；

（二）弃置矿渣、石渣、煤灰、泥土、垃圾等；

（三）种植高秆农作物、芦苇、杞柳、荻柴和树木（不含护堤护岸林）；

（四）设置拦河渔具。

第十九条　对壅水、阻水严重或者为提高河道防洪标准进行河道整治需要改建、扩建或者拆除的跨河、穿河、临河、跨堤、穿堤、临堤等工程设施，由县以上水行政主管部门提出方案，报请本级人民政府责令工程建设单位限期改建、扩建或者拆除。逾期不改建、扩建或者拆除的，由县以上水行政主管部门依法采取处置措施，所需费用由工程产权单位承担。

第二十条　跨河、穿河、临河、跨堤、穿堤、临堤的桥梁、码头、道路、渡口、管道、缆线、取水、排水等工程设施的工程建设方案，应当符合防洪标准和其他有关技术要求，并按照第十七条第二款规定的审批权限报经有关水行政主管部门同意。

前款所列建设项目对防洪有影响的，建设单位应当将防洪工程设施的维修加固纳入建设项目计划，并与建设项目同步实施；所需经费，由建设单位承担。

第二十一条　护堤护岸林由河道管理机构组织营造和管理，其他单位和个人不得侵占、破坏或者非法砍伐。

第二十二条　经批准在河道管理范围内占用河道堤防等水利工程设施的

单位和个人，应当保证河道堤防等水利工程设施的原有功能；在行洪范围内占用水域、陆域的，应当向县以上水行政主管部门缴纳占河费。拒不缴纳的，责令停止占用。

因施工、排污造成河道淤积或者对河道堤防等水利工程设施造成损害的，由建设单位或者产权单位承担清淤和赔偿责任。

第四章　防洪区和防洪工程设施的管理

第二十三条　有防洪任务的县以上人民政府应当组织水行政主管部门、其他有关部门和地区在制定防洪规划或者防御洪水方案时划定洪泛区、蓄滞洪区和防洪保护区的范围，并报请省人民政府按照国务院规定的权限批准后予以公告。

第二十四条　蓄滞洪区所在地的县以上人民政府应当组织有关部门采取防洪避洪措施，编制并落实蓄滞洪区安全转移方案。

洪泛区、蓄滞洪区安全建设管理办法以及对蓄滞洪区的扶持和补偿救助办法，由省人民政府制定。

第二十五条　县以上人民政府应当组织水行政主管部门、其他有关部门和地区，按照国家和省的规定，划定防洪工程设施的管理和保护范围。

第二十六条　各级人民政府应当组织水行政主管部门和有关部门加强防洪工程设施的定期检查和监督管理。对病险水库、险闸、险堤，水行政主管部门和有关部门必须组织有关单位采取除险加固措施，限期消除危险或者重建，有关人民政府必须优先安排所需资金。

第五章　防　汛　抗　洪

第二十七条　县以上人民政府设立防汛指挥机构，指挥本地区的防汛抗洪工作，其办事机构为常设机构，设在同级水行政主管部门。水行政主管部门应当设专人负责防汛办事机构的日常工作。

第二十八条　防御洪水方案和洪水调度方案按下列规定报批：

（一）辽河干流、浑河、太子河、绕阳河、大辽河、大凌河的防御洪水方案和省管大型水库的洪水调度方案，由省防汛指挥机构拟定，报省人民政府批准；

（二）柳河、大洋河、浑江、艾河、清河、六股河、小凌河的主要河段和省辖市城市防御洪水方案以及其他大型水库洪水调度方案，由所在地的市防汛指挥机构拟定，报本级人民政府批准，并报省防汛指挥机构备案；

（三）鸭绿江和跨省江河的防御洪水方案，按照《防洪法》第四十条的规定执行；跨市江河的防御洪水方案，由所在地的市防汛指挥机构拟定，分别报所在地的市人民政府批准，并报省防汛指挥机构备案；跨县江河的防御洪水方案，由江河所在地的县防汛指挥机构拟定，分别报所在地的县人民政府批准，并报市防汛指挥机构备案；

（四）其他江河的防御洪水方案和水库的洪水调度方案，按照河道和水库分级管理权限由县以上防汛指挥机构拟定，报本级人民政府批准。

第二十九条　各级人民政府应当组织有关部门做好防汛物资的储备工作。防汛指挥机构必须储备一定数量的防汛物资；受洪水威胁的单位和个人必须储备必要的防汛抢险物料。

防汛抢险所需的主要物资，由计划主管部门在年度计划中予以安排。

第三十条　在紧急防汛期，防汛指挥机构具有《防洪法》第四十五条规定的物资调用权和紧急处置权。

第三十一条　在汛期，防汛指挥车辆和抢险救灾车辆免交过路（桥）费。防汛车辆标志按照行政区域由防汛指挥机构制发。

第三十二条　河道管理范围内已有的建筑设施和林木等阻水障碍物，按照谁设障、谁清除的原则，由有关水行政主管部门提出清障方案，并由防汛指挥机构责令限期清除；逾期不清除的，由防汛指挥机构组织强行清除，所需费用由设障者承担。

第三十三条　气象站、水文站、雨量站、海洋站及水利工程管理单位，应当建立并完善洪涝灾害监测、预报系统，及时准确地向防汛指挥机构提供雨情、水情、风暴潮预报和工程情况等信息。

第三十四条　与防洪有关的水利工程采取承包、租赁、股份制或者股份合作制等方式经营的，经营者必须服从水行政主管部门的统一管理和防汛调度，保证工程的安全运行和防汛、排水等原设计功能，并将防洪责任和违约责任纳入合同。

第六章 保 障 措 施

第三十五条 各级人民政府应当保证实施防洪规划和年度计划所需的资金。

财政、计划部门每年应当从预算内资金、水利专项资金、农业综合开发资金、以工补农资金等专项资金和贴息贷款中安排资金,主要用于下列事项:

(一)防洪工程设施建设、维护和修复;

(二)水文测报、通信设施、生物措施等防汛非工程设施的建设、维护和修复;

(三)遭受洪涝灾害地区的抗洪抢险和水毁工程的修复;

(四)防汛工作经费;

(五)储备防汛物资。

防洪资金必须专款专用,严格审计监督。

第三十六条 县以上人民政府和有关部门应当根据国务院和省人民政府的规定筹集水利建设基金。

各级财政部门应当保证防洪工程设施建设资金及时到位,确保配套资金的足额落实。

第三十七条 单位和个人应当按照国家和省的规定缴纳河道工程修建维护费。

第三十八条 鼓励单位和个人按照防洪除涝的总体规划,采取自办或联办等多种形式,兴修水利工程和营造护堤护岸林。

第三十九条 防洪工程建设必须严格履行基本建设程序,确保工程质量,不得非法转包。

第七章 法 律 责 任

第四十条 违反本办法第十条第二款规定,围海造地、开发滩涂或者从事其他活动的,责令停止违法行为,恢复原状或者采取其他补救措施,可以处1000元以上50000元以下罚款,既不恢复原状也不采取其他补救措施的,代为恢复原状或者采取其他补救措施，所需费用由违法者承担。

第四十一条　违反本办法第十七条有下列行为之一的，责令停止违法行为，没收非法所得，恢复原状或者采取其他补救措施，既不恢复原状也不采取其他补救措施的，代为恢复原状或者采取其他补救措施，所需费用由违法者承担，并可按照下列规定处以罚款：

（一）新开河道、改变河势的，处10000元以上100000元以下罚款；

（二）挖沙、采石、取土、淘金，翻动土体对河道有不利影响的，属于经营性的处10000元以上100000元以下罚款；属于非经营性的处5000元以下罚款；

（三）爆破、钻探、打井的，处50000元以下罚款；

（四）挖筑鱼池（塘）、从事水产品养殖、修建设施、存放物资的，处30000元以下罚款；

（五）开垦土地、开采地下资源、进行考古发掘的，处20000元以下罚款。

第四十二条　违反本办法第十八条规定，有下列行为之一的，责令停止违法行为，限期清除障碍，逾期不清除的，依法代为清除，所需费用由违法者承担，并可按照下列规定处以罚款：

（一）修建套堤、围堤、阻水渠道、阻水道路、弃置矿渣、石渣、煤灰、泥土、垃圾的，处5000元以上50000元以下罚款；

（二）种植高秆农作物、芦苇、杞柳、荻柴、树木、设置拦河渔具的，处1000元以上20000元以下罚款。

第四十三条　本办法规定的行政处罚和行政措施，由县以上水行政主管部门实施；涉及其他部门的，由其他部门按照有关法律、法规的规定实施。

第四十四条　第十条第一款和第十七条第二款有关市、县水行政主管部门的具体权限划分，由市人民政府确定。

第四十五条　防汛指挥机构、水行政主管部门或者其他主管部门以及防洪工程设施建设、管理单位的工作人员玩忽职守，滥用职权，徇私舞弊造成严重后果的，由其所在单位或者上级主管机关给予行政处分；构成犯罪的，依法追究刑事责任。

第八章　附　　则

第四十六条　本办法自公布之日起施行。

吉林省

吉林省河道管理条例

（1992年11月7日吉林省第七届人民代表大会常务委员会第三十一次会议通过　根据2001年1月12日吉林省第九届人民代表大会常务委员会第二十一次会议审议通过《吉林省人民政府关于提请废止5件地方性法规、取消27件地方性法规中60项行政管理项目的议案》修改　根据2017年3月24日吉林省第十二届人民代表大会常务委员会第三十三次会议《吉林省人民代表大会常务委员会关于修改和废止〈吉林省农业机械管理条例〉等21件地方性法规的决定》修改　根据2017年12月1日吉林省第十二届人民代表大会常务委员会第三十八次会议《吉林省人民代表大会常务委员会关于修改和废止〈吉林省森林管理条例〉等9部地方性法规的决定》修改　2021年5月27日吉林省第十三届人民代表大会常务委员会第二十八次会议修订）

第一章　总　　则

第一条　为加强河道管理，保障防洪安全，保护河道生态环境，发挥江河综合效益，根据《中华人民共和国水法》《中华人民共和国防洪法》《中华人民共和国河道管理条例》及有关法律、法规，结合本省实际，制定本条例。

第二条　本省范围内河道（包括湖泊、人工水道、行洪区、蓄洪区、滞洪区）的管理、保护和利用适用本条例。

河道内的航道，同时适用有关航道管理的法律、法规。

第三条　河道管理、保护与开发利用应当服从防洪的总体安排，坚持全面规划、保护优先、统筹兼顾、综合利用的原则。

第四条　省人民政府水行政主管部门是全省的河道主管机关。

县级以上人民政府水行政主管部门是该行政区域的河道主管机关。

县级以上人民政府公安、自然资源、生态环境、住房和城乡建设、交通运输、农业农村、应急管理、林业和草原等有关部门按照各自职责，做好河道管理的有关工作。

第五条　省人民政府水行政主管部门负责本省行政区域内河道管理的监

督、指导，组织协调跨地区边界河道的管理工作；各市、州、县（市、区）人民政府水行政主管部门按属地原则，分段、分片负责本行政区域内河道管理工作的具体组织实施。国家规定由流域管理机构负责的河道管理工作，依据国家有关规定执行。

第六条 县级以上人民政府应当加强对河道管理与保护的领导，按照河湖长制有关要求，建立健全部门联动综合治理保护长效机制，统筹推进水资源保护、水污染防治、水环境治理、水生态修复，维护河道健康和公共安全，提升河道综合功能。

第七条 县级以上人民政府应当将河道管理与保护纳入国民经济和社会发展规划，所需经费列入同级年度财政预算。

第八条 各级人民政府及县级以上人民政府水行政主管部门应当加强河道管理与保护的宣传教育，普及河道管理与保护的相关知识，引导公众自觉遵守河道管理的法律法规。

第九条 任何单位和个人对违反河道管理法律法规的行为可以进行举报。各级人民政府对在河道管理与保护中作出突出贡献的单位和个人，应当给予表彰或者奖励。

第二章　河道管理与保护

第十条 县级以上人民政府应当划定本行政区域内河道的管理范围。有堤防河段管理范围为背水侧护堤地边线之间的国土空间；无堤防河段管理范围可按该河段设计洪水位或者历史最高洪水位，结合实际确定。

第十一条 县级以上人民政府应当根据当地实际情况，按照下列标准划定护堤地：

主要江河堤防迎水面30米至50米，背水面5米至15米；其他河流堤防迎水面15米至30米，背水面5米至10米。

第十二条 县级以上人民政府水行政主管部门，应当根据流域综合规划、流域防洪规划和防洪标准、通航标准及其他有关技术要求，按河道管理权限编制河道治理保护规划，报同级人民政府批准并报上级人民政府水行政主管部门备案。

沿河城市在编制城市建设总体规划时，其城市河道治理保护专业规划应当由县级以上人民政府水行政主管部门依据流域、防洪和河道治理保护规划组织编制，并报上级人民政府水行政主管部门审查同意后方可纳入城市建设总体规划。

第十三条　在河道管理范围内，河道堤防（包括护坡工程、管理设施、界碑界桩、标识等）、护岸、闸坝等水利工程以及防汛通讯、照明、测量等设施以及护堤林和护岸林，应当严加保护，任何单位和个人不得损毁。

县级以上人民政府水行政主管部门应当组织河道管理人员定期对河道堤防进行巡查，及时消除人为和自然原因造成的隐患，修复片堤、滑坡等险段。

第十四条　在河道管理范围内，禁止下列行为：

（一）修建围堤、阻水渠道、阻水道路；

（二）种植树木和高秆农作物、芦苇、杞柳、荻柴（护堤护岸工程林木除外）；

（三）设置拦河渔具；

（四）弃置矿渣、石渣、煤灰、泥土、粪污、垃圾等；

（五）可能导致水体污染的行为。

第十五条　禁止在堤防和护堤地上开荒种地、开渠、钻探、打井、取土、采石、爆破、挖窖、建房（堤防管理房除外）、存放物料、放牧、葬坟、晒粮、挖筑鱼塘、开展集市贸易（城区堤路结合的堤防除外）、开采地下资源、进行考古发掘以及其他影响堤防安全的活动。

第十六条　在河道管理范围内（不包括堤防和护堤地）进行下列活动，应当报经县级以上人民政府水行政主管部门批准；涉及其他部门的，由县级以上人民政府水行政主管部门会同有关部门批准：

（一）采砂、取土、淘金、弃置砂石或者淤泥；

（二）爆破、钻探、挖筑鱼塘；

（三）在河道滩地存放物料、修建厂房和其他建筑设施；

（四）在河道滩地开采地下资源及进行考古发掘。

利用河道从事漂流或者其他文化、体育、旅游项目的，须采取有效的安全防护、环境保护措施，并经县级以上人民政府水行政主管部门同意。

第十七条　护堤护岸林木，由河道管理单位组织营造和管理，纳入林业资源档案，其他任何单位和个人不得侵占、砍伐或者破坏。

第十八条 护堤护岸林木不准皆伐。更新或者间伐时，林业和草原主管部门应当及时核发林木采伐许可证。因抗洪抢险急需砍伐林木的，所伐林木应当在汛后补办手续。

第十九条 禁止非管理人员操作河道上的涵闸闸门、排涝泵站等防洪除涝设施，任何单位或者个人不得干扰河道管理单位的正常工作。

第三章 河道开发与利用

第二十条 河道的开发与利用以及在河道管理范围内进行建设，应当服从河道的治理保护规划，保持河势稳定、生态安全和行洪、航运的通畅。

第二十一条 在河道管理范围内，水域和土地的利用应当符合江河行洪、输水和航运的要求；滩地的利用，应当由县级以上人民政府水行政主管部门会同自然资源、农业农村等有关部门制定规划，报县级以上人民政府批准后实施。

第二十二条 在进行河道整治时，涉及航道的，应当兼顾航运的需要，并事先征求交通运输主管部门对有关设计和规划的意见。

交通运输主管部门进行航道整治，应当符合防洪安全要求，并事先征求同级人民政府水行政主管部门的意见。

第二十三条 河道整治、堤防建设取土需要占用的土地，由当地人民政府解决。因整治河道所增加的土地属于国家所有，可以由县级以上人民政府用于移民安置和河道整治工程。

第二十四条 在河道上修建桥梁、码头和其他设施，应当按照国家规定的防洪标准所确定的河宽进行。

跨越河道的管道、线路的净空高度应当符合防洪要求。

第二十五条 修建开发水利、防治水害、整治河道的各类工程和跨河、穿河、穿堤、临河的桥梁、码头、道路、渡口、管道、缆线等建筑物及设施，建设单位必须按照河道管理权限，将工程建设方案报送县级以上人民政府水行政主管部门或者流域管理机构审查同意。未经县级以上人民政府水行政主管部门或者流域管理机构审查同意的，建设单位不得开工建设。

建设项目批准后，建设单位应当将施工安排告知县级以上人民政府水行政主管部门，并按照审查批准的位置、界限进行建设。

向河道的排污口的设置和扩大，排污单位在向生态环境主管部门申请之前，应当征得县级以上人民政府水行政主管部门或者流域管理机构的同意。

第二十六条 堤防上已修建的涵闸、泵站和埋设的穿堤管道、缆线等建筑物及设施，县级以上人民政府水行政主管部门应当定期检查，对不符合工程安全要求的，限期改建。

在堤防上新建前款所指建筑物及设施，工程建设单位应当服从县级以上人民政府水行政主管部门的安全管理。

第二十七条 利用堤顶或者戗台兼做道路的，应当采取有效措施确保堤防安全、交通安全。该堤段路面由交通运输或者有关部门修建和养护。

堤防或者戗台道路泥泞期间以及不做道路的堤防禁止车辆通行，但防汛抢险车辆除外。

跨越堤顶的各种道路，必须填筑引道。

第二十八条 界河（国际、省际界河除外）和跨行政区的河流，未经有关各方达成协议或者上级人民政府水行政主管部门批准，禁止单方面在河道内修建排水、阻水、引水、蓄水等工程以及河道整治工程。

给对岸或者上、下游造成危害的排水、阻水、引水、蓄水工程及河道整治工程，由原建设单位负责采取补救措施，不能采取补救措施的，应当限期拆除。

第四章 河 道 清 障

第二十九条 河道清障实行"谁设障，谁清除"的原则。

第三十条 河道清障工作实行人民政府行政首长负责制。对河道管理范围内的阻水障碍物，由县级以上人民政府水行政主管部门提出清障计划，由防汛抗旱指挥机构责令设障者在规定的期限内清除。逾期不清除的，可由防汛抗旱指挥机构组织强行清除，所需费用由设障者负担。

汛期影响防洪安全的，必须服从防汛抗旱指挥机构的紧急处理决定。

第三十一条 对壅水、阻水严重的桥梁、码头、道路、输水渠、拦河坝和其他跨河工程设施，根据河道的防洪标准，由县级以上人民政府水行政主管部门提出意见并报经同级人民政府批准，责成原建设单位在规定的期限内改建或者拆除。

对于阻水的桥梁，按规定防洪标准，桥前壅水高度 10 厘米以上 30 厘米以下的，加高壅水回水范围内的两岸堤防；桥前壅水高度 30 厘米以上的，由建设单位在规定的期限内改建。

第五章　河 道 采 砂 管 理

第三十二条　县级以上人民政府应当加强对河道采砂管理工作的领导，建立河道采砂管理工作协调机制，加强监管，调节砂石供应，协调处理河道采砂管理中的重大问题。

第三十三条　县级以上人民政府水行政主管部门应当坚持保护生态、有序开采、确保安全、兼顾景观的原则编制采砂规划，报上一级人民政府水行政主管部门审查同意后，由本级人民政府批准后实施。采砂规划需要修改的，应当按原批准程序批准。

第三十四条　在河道管理范围内采砂，影响河势稳定或者危及堤防安全的，有关县级以上人民政府水行政主管部门应当确定禁采区和禁采期，严格控制开采范围、开采机具数量和开采总量，并依法向社会公告。

第三十五条　禁止在禁采期、禁采区从事河道采砂活动。

第三十六条　县级以上人民政府水行政主管部门应当按照管理权限，依据河道采砂规划编制年度采砂计划，报同级人民政府批准后实施。

第三十七条　河道采砂实行许可制度。河道采砂应当依法取得县级以上人民政府水行政主管部门的许可。

第三十八条　使用船舶采砂的，应当提供船舶证书，由县级以上人民政府水行政主管部门对从事采砂的船舶进行登记。

第三十九条　未经许可，禁止任何单位和个人从事河道采砂活动。

第四十条　河道采砂许可证发放后，县级以上人民政府水行政主管部门应当予以公开。

第四十一条　河道采砂许可证分为正本和副本，副本悬挂在采砂现场或者采砂机具上指定的位置，正本留存备查。

第四十二条　禁止买卖、伪造、涂改、出借、出租或者以其他方式非法转让采砂许可证。

第四十三条　清淤疏浚、河道整治、航道整治、航道养护、吹填固基等活动涉及采砂的，应当依法进行。

因清淤疏浚、河道整治、航道整治、航道养护、吹填固基等活动产生的砂石，不得自行销售，由当地县级以上人民政府统一处置。

第四十四条　从事河道采砂的单位或者个人应当按照河道采砂许可规定的要求进行采砂作业，不得危害水工程安全和航运安全。

第四十五条　县级以上人民政府有关部门应当按照各自职责，加强对河道采砂及相关活动的监督管理。履行河道采砂监督管理职责时，有权采取下列措施：

（一）进入采砂生产、运输、存放场所进行调查、取证；

（二）要求采（运）砂单位和个人如实提供与河道采（运）砂有关的证明材料；

（三）责令采（运）砂单位和个人停止违法采（运）砂行为。

第四十六条　县级以上人民政府水行政主管部门可以运用卫星遥感、无人机、移动互联网、监控视频等方式，加强对河道采砂的管理和监督检查。

第四十七条　县级以上人民政府水行政主管部门应当建立河道采砂现场监管制度，强化现场巡查、检查，对危及河势、岸线稳定、生态环境以及破坏水工程设施的采砂行为，及时责令停止。

第六章　法　律　责　任

第四十八条　违反本条例第十三条规定，由县级以上人民政府水行政主管部门责令其纠正违法行为，恢复原状，并按照下列规定予以处罚：

（一）擅自移动、损毁界碑界桩、标识的，可以处一千元以上五千元以下罚款；

（二）损毁河道堤防（包括护坡工程、管理设施等）、护岸、闸坝等水利工程以及防汛通讯、照明、测量等设施的，可以处一万元以上五万元以下罚款。

滥伐、盗伐护堤护岸工程林木的，由县级以上林业和草原主管部门依据有关法律、法规进行处罚。

第四十九条　违反本条例第十四条规定，在河道管理范围内有下列行为之一的，由县级以上人民政府水行政主管部门责令其纠正违法行为，恢复原

状,并视情节和危害程度,可以处一万元以上五万元以下罚款:

(一)修建围堤、阻水渠道、阻水道路的;

(二)种植树木和高秆农作物、芦苇、杞柳、荻柴的(护堤护岸工程林木除外);

(三)设置拦河渔具的;

(四)弃置矿渣、石渣、煤灰、泥土、粪污、垃圾等的。

对可能导致水体污染的行为,依据水污染防治的法律、法规进行处罚。

第五十条 违反本条例第十五条规定,在堤防和护堤地上开荒种地、开渠、钻探、打井、取土、采石、爆破、挖窖、建房(堤防管理房除外)、存放物料、放牧、葬坟、晒粮、挖筑鱼塘、开展集市贸易(城区堤路结合的堤防除外)、开采地下资源、进行考古发掘以及其他影响堤防安全活动的,由县级以上人民政府水行政主管部门责令其纠正违法行为,恢复原状,采取补救措施,没收非法所得,赔偿损失,可以处一万元以上五万元以下罚款。

第五十一条 违反本条例第十六条规定,在河道管理范围内,未经批准弃置砂石或者淤泥;爆破、钻探、挖筑鱼塘;在河道滩地存放物料、修建厂房和其他建筑设施;在河道滩地开采地下资源及进行考古发掘;利用河道从事漂流或者其他文化、体育、旅游项目的,由县级以上人民政府水行政主管部门责令其纠正违法行为,恢复原状,采取补救措施,没收非法所得,赔偿损失,可以处一万元以上五万元以下罚款。

第五十二条 违反本条例第十九条规定,非管理人员操作河道上的涵闸闸门、排涝泵站等防洪除涝设施,干扰河道管理单位的正常工作的,经批评教育拒不改正的,县级以上人民政府水行政主管部门可以处一万元以上五万元以下罚款。

第五十三条 违反本条例第二十五条规定,修建开发水利、防治水害、整治河道的各类工程和跨河、穿河、穿堤、临河的桥梁、码头、道路、渡口、管道、缆线等建筑物及设施,未经对其工程建设方案审查同意,或者未按照审查批准的位置、界限进行建设的,由县级以上人民政府水行政主管部门责令其停止违法行为,补办审查同意手续;工程设施建设严重影响防洪的,责令其限期拆除,逾期不拆除的,强行拆除,所需费用由建设单位承担;影响行洪但尚可采取补救措施的,责令其限期采取补救措施,可以处一万元以上十万元以下罚款。

第五十四条 违反本条例第二十六条规定，堤防上修建涵闸、泵站和埋设的穿堤管道、缆线等建筑物及设施不符合工程安全要求的，由县级以上人民政府水行政主管部门责令其限期改正，逾期不改正的，强行拆除，所需费用由建设单位承担，可以处五万元以上十万元以下罚款。

第五十五条 有下列行为之一，由县级以上人民政府水行政主管部门依据职权，责令其停止违法行为，采取补救措施，查封、扣押相关设备，没收非法所得，并处以每立方米七十元至二百元罚款；违反治安管理处罚法的，由公安机关依法给予治安管理处罚；构成犯罪的，依照刑法的有关规定追究刑事责任；给他人造成损失的，依法承担赔偿责任：

（一）未经批准在河道管理范围内采砂、取土、淘金的；

（二）超过批准的范围、数量采砂的；

（三）在禁采期、禁采区进行采砂的；

（四）将因清淤疏浚、河道整治、航道整治、航道养护、吹填固基等活动产生的砂石，自行销售的。

第五十六条 违反本条例第四十一条规定，不按照要求悬挂河道采砂许可证的，由县级以上人民政府水行政主管部门责令其悬挂，拒不悬挂的，可以处三万元以下罚款。

第五十七条 违反本条例第四十二条规定，买卖、伪造、涂改、出借、出租或者以其他方式非法转让河道采砂许可证的，由县级以上人民政府水行政主管部门没收非法所得，吊销河道采砂许可证，并处五万元以上二十万元以下罚款。

第五十八条 县级以上人民政府水行政主管部门工作人员有滥用职权、玩忽职守、徇私舞弊等行为的，由其所在单位、主管部门、上级机关或者监察机关依法给予处理。

第七章 附 则

第五十九条 本条例自公布之日起实行。

吉林省河湖长制条例

(2019年3月28日吉林省第十三届人民代表大会常务委员会第十次会议通过)

第一章 总 则

第一条 为了加强河湖管理保护工作，落实河湖管理保护属地责任，健全河湖管理保护长效机制，落实绿色发展理念，推进生态文明建设，根据有关法律、法规和国家有关规定，结合本省实际，制定本条例。

第二条 本条例所称河湖长制，是指在相应河湖设立河长、湖长（以下统称河湖长），由河湖长对其责任河湖的水资源保护、水域岸线管理、水污染防治、水环境治理等管理保护工作予以组织领导、监督协调，督促或者建议政府及相关部门履行法定职责，解决其责任河湖管理保护存在问题的工作机制。

第三条 实施河湖长制应当坚持生态优先、绿色发展，分级负责、部门联动，问题导向、因地制宜，强化监督、依法追责的原则，构建责任明确、协调有序、监管严格、保护有力的河湖管理保护体系。

第四条 本省县级以上行政区域设立总河长，根据需要设立副总河长。

本省行政区域内所有河湖设立河湖长。流域面积20平方公里以上的河流、水面面积1平方公里以上的自然湖泊，以独立河湖为单位按行政区域分级分段设立河湖长；其他流域面积较小河流或者水面面积较小湖泊，根据管理保护需要，由市州、县（市、区）确定单独设立或者与其汇入河湖共同设立河湖长。

第五条 建立河湖管理保护的部门、区域协调联动机制，及时发现、制止和处理涉河湖违法违规行为，完善行政执法与刑事司法衔接机制。

第六条 推行河湖警长制，加强河湖治安管理和行政执法保障，严厉打击涉河湖违法犯罪行为。

第七条 建立全省河湖管理保护信息系统平台，实行河湖管理保护信息共享，受理河湖管理保护投诉、举报，推动利用遥感、航摄、视频监控等科技手段对河湖进行监控,提高河湖管理保护数字化水平。

第八条 县级以上人民政府应当将实施河湖长制工作专项经费纳入年度财政预算,保障河湖长制实施。

第九条 县级以上人民政府应当对在河湖管理保护中做出突出贡献的单位和个人,给予表彰或者奖励。

第十条 各级人民政府应当做好实施河湖长制工作的宣传教育和舆论引导工作,加强河湖管理保护相关法律、法规的宣传普及,营造全社会共同参与河湖保护的良好氛围。

拓展公众参与渠道,鼓励公民、法人或者其他组织自愿开展或者参与河湖保护工作,鼓励开展河湖保护志愿服务。

第二章 组织机构

第十一条 本省行政区域内建立省、市州、县(市、区)、乡(镇、街道)、村(居委会)五级河湖长组织体系。

松花江、嫩江、图们江、伊通河、饮马河、鸭绿江、辉发河、东辽河、拉林河、浑江十条主要江河及查干湖,设立省、市州、县、乡、村五级河湖长;其他跨市州及跨县(市、区)的河湖,设立市州、县、乡、村四级河湖长;不跨县(市、区)的河湖,设立县、乡、村三级河湖长。

作为行政区界的河湖,按照行政管辖范围,分别设立河湖长。

第十二条 各级总河长、副总河长、河湖长的确定依照国家和本省有关规定执行。

第十三条 省、市州、县(市、区)应当设置河长制办公室,负责协助本级总河长、副总河长、河湖长处理日常工作。

第十四条 县级以上人民政府根据需要,确定河湖长制成员单位,成员单位的主要负责人为本单位落实河湖长制工作的责任人。

第十五条 本省行政区域内河湖周边显著位置,应当设立河湖长公示牌,标明河湖长职责、每段河湖名称、起点、终点、管理保护边界或者面积,河湖长姓名及职务、联系方式、监督电话等内容。河湖长相关信息发生变更的,应当及时予以更新。

河湖长名单应通过本行政区域内主要媒体向社会公告,接受社会监督。

第三章 工 作 职 责

第十六条 总河长是本行政区域河湖管理保护的第一责任人,主要职责如下:

(一)负责全面领导本行政区域实施河湖长制工作,承担总督导、总调度职责;

(二)负责本行政区域实施河湖长制工作的组织领导、决策部署和监督检查;

(三)协调解决河湖管理保护中的重大问题;

(四)监督指导本级河湖长、河湖长制成员单位和下级总河长履行职责。

第十七条 省级河湖长主要职责如下:

(一)组织领导其责任河湖的管理保护工作,督促和协调解决其责任河湖管理保护中的重大问题;

(二)督促实施其责任河湖管理保护规划;

(三)明确跨行政区域河湖管理责任,协调上下游、左右岸实行联防联控;

(四)定期巡查其责任河湖;

(五)监督指导本级河湖长制成员单位和下级河湖长履行职责。

第十八条 市州、县级河湖长主要职责如下:

(一)组织领导其责任河湖的管理保护工作,组织对涉河湖违法违规问题开展清理整治,督促和协调解决其责任河湖管理保护中的问题;

(二)组织实施其责任河湖管理保护规划;

(三)明确本行政区域、跨行政区域河湖管理责任,组织建立部门、区域协调联动机制,定期会商、协调解决河湖管理保护中涉及跨县(市、区)、跨乡(镇、街道)的上下游、左右岸等问题;

(四)定期巡查其责任河湖;

(五)督促和协调本级河湖长制成员单位、下级河湖长及时解决和处理其责任河湖出现的问题、依法查处违法行为。

第十九条 乡级河湖长主要职责如下:

(一)督促和协调其责任河湖管理保护责任的落实,组织对涉河湖违法违规问题开展排查；

（二）对其责任河湖进行日常巡查，发现问题或者相关违法行为及时处理或者制止；需要上级河湖长、河湖长制成员单位解决和处理出现的问题、依法查处违法行为的，按照规定履行报告职责；

（三）加强与相关部门的联系，对相关部门河湖管理保护工作提出建议；

（四）对村级河湖长工作进行监督指导。

第二十条　村级河湖长主要职责如下：

（一）在村（居）民中开展河湖保护宣传；

（二）督促落实其责任河湖日常保洁、堤岸巡护、滩涂监管等工作；

（三）对其责任河湖进行日常巡查，制止相关违法行为；制止无效的，按照规定履行报告职责。

乡镇人民政府、街道办事处应当与村级河湖长约定前款规定的村级河湖长的职责、经费保障以及不履行职责承担的责任等事项。

第二十一条　在部署河湖管理保护工作以及处置涉河湖突发事件时，县级以上总河长、副总河长可以向同级河湖长、河湖长制成员单位以及下级总河长、河湖长下达总河长令，县级以上河湖长可以向同级河湖长制成员单位、下级河湖长下达河湖长令。

接到总河长令、河湖长令的总河长、河湖长以及相关单位应当立即执行，并将执行情况向下令的总河长、副总河长、河湖长报告。

第二十二条　河长制办公室主要职责如下：

（一）承担本行政区域实施河湖长制工作的组织协调、监督指导、检查考核等具体工作；

（二）具体负责组织编制并定期完善河湖管理保护规划；

（三）落实本级总河长、河湖长交办的事项，以及公众涉河湖举报事项的分办、交办、督办工作；

（四）协助河湖长协调处理跨行政区域河湖管理保护工作；

（五）受理下级河湖长对其责任河湖存在问题或者相关违法行为的报告，督促本级河湖长制成员单位及时处理或者查处；

（六）组织建立和应用河湖管理保护信息系统平台；

（七）为河湖长履行职责提供必要的技术支撑；

（八）开展本行政区域实施河湖长制的宣传工作；

（九）本级总河长、河湖长确定的其他事项。

第二十三条　河湖长制成员单位应当依据各自职责，协同推进实施河湖长制的各项工作。

第二十四条　实行河湖长制会议制度，研究推进实施河湖长制的各项工作，协调解决河湖管理保护工作中的重点难点问题。

第二十五条　县级以上人民政府可以聘请社会监督员，对本级人民政府、河湖长及河湖长制成员单位履行河湖管理保护职责的情况进行监督。

第四章　巡　查　监　管

第二十六条　各级河湖长应当按照规定的巡查周期和巡查事项，对其责任河湖进行巡查，对河湖管理保护工作进行督促和监督，并如实记载巡查情况。

第二十七条　县级以上河湖长在巡查中发现河湖管理保护存在问题或者相关违法行为，或者接到相应报告，应当督促本级相关河湖长制成员单位依法予以处理或者查处；属于上级河湖长制成员单位职责范围的，应当提请上级河湖长督促相关河湖长制成员单位依法予以处理或者查处。

第二十八条　乡级河湖长对巡查中发现河湖管理保护存在问题或者相关违法行为，应当督促和协调处理；督促和协调处理无效的，应当及时向县级河湖长或者河长制办公室报告。

第二十九条　村级河湖长在巡查中发现河湖管理保护存在问题或者相关违法行为，应当督促处理或者制止；督促处理或者制止无效的，应当及时向该河湖的乡级河湖长或者乡镇人民政府、街道办事处报告。

第三十条　县级以上河湖长、河长制办公室应当及时将处理、查处结果反馈报告问题的河湖长。

第三十一条　县级以上人民政府应当组织对本行政区域河湖水系进行调查，明确河湖管理范围，并向社会公告。河湖管理范围界线由县级人民政府划定。

第三十二条　县级以上河长制办公室应当根据工作需要，对下一级河湖长制工作落实情况、重点任务推进情况和事项处理情况、河湖管理保护突出问题解决进展情况等进行通报，并根据需要向本级总河长及相关河湖长报告。

第三十三条 有关河湖长制成员单位应当加强日常联合监管巡查，依法查处非法侵占河湖水域岸线、排污、采砂、捕捞、围垦、建设等行为。

第三十四条 公民、法人和其他组织发现河湖生态环境保护存在问题时，有权向该河湖的河湖长或者河长制办公室投诉、举报。河湖长或者河长制办公室接到投诉、举报后应当及时处理，并将处理结果及时反馈投诉人、举报人。

第五章 考核问责

第三十五条 市州、县（市、区）人民政府每年应当向本级人民代表大会常务委员会报告本行政区域年度实施河湖长制工作情况。

市州、县（市、区）每年应当按照相关规定向上级报告本行政区域上年度实施河湖长制工作情况。

第三十六条 按照分级管理的原则，上级行政区域对下一级行政区域实施河湖长制工作，实行差异化考核评价。

第三十七条 河湖长制考核以乡级以上行政区域为单位，对实施河湖长制工作情况进行全面考核。考核结果作为地方领导干部综合考核评价及自然资源资产离任审计的依据。

河长制办公室负责考核的组织协调工作，统计公布考核结果。河湖长制成员单位根据职责分工，承担相应的考核工作。

第三十八条 总河长可以对未履行职责或者履行职责不力的本级河湖长及河湖长制成员单位责任人、下级总河长进行约谈，提出限期整改要求。

河湖长可以对未履行职责或者履行职责不力的本级河湖长制成员单位责任人、下一级河湖长进行约谈，提出限期整改要求。

第三十九条 乡级以上河湖长有下列行为之一的，给予通报批评；造成严重后果的，根据情节轻重，依法给予相应处分：

（一）未按照规定履行职责，导致水质恶化、水环境和水生态遭受破坏的；

（二）未按照规定及时处理或者报告巡查发现的问题的；

（三）未按照规定及时处理投诉、举报的；

（四）其他怠于履行河湖长职责的行为。

村级河湖长有前款规定行为之一的，按照其与乡镇人民政府、街道办事处约定承担相应责任。

第四十条　河长制办公室、河湖长制成员单位有下列行为之一的，对相关责任人员给予通报批评；造成严重后果的，根据情节轻重，依法给予相应处分：

（一）未按照河湖长的要求履行处理、查处职责的；

（二）未落实约谈提出的整改要求的；

（三）未按照规定反馈处理、查处结果的；

（四）其他违反本条例相关规定的行为。

第六章　附　　则

第四十一条　本条例自颁布之日起施行。

吉林省实施《中华人民共和国水法》办法

（1993年7月13日吉林省第八届人民代表大会常务委员会第四次会议通过　根据1997年11月14日吉林省第八届人民代表大会常务委员会第三十四次会议《吉林省人民代表大会常务委员会关于修改〈吉林省实施《中华人民共和国水法》办法〉的决定》修改　根据2000年5月23日吉林省第九届人民代表大会常务委员会第十七次会议《吉林省实施〈中华人民共和国水法〉办法修正案》修改　根据2004年6月18日吉林省第十届人民代表大会常务委员会第十一次会议《吉林省人民代表大会常务委员会关于废止和修改部分地方性法规的决定》修改　2007年3月27日吉林省第十届人民代表大会常务委员会第三十三次会议修订　根据2019年5月30日吉林省第十三届人民代表大会常务委员会第十一次会议《吉林省人民代表大会常务委员会关于修改〈吉林省水文条例〉等10部地方性法规的决定》修改）

第一章　总　　则

第一条　为了科学管理、合理开发、利用、节约和保护水资源，防治水害，发挥水资源的综合效益，实现水资源的可持续利用，根据《中华人民共和国水法》，结合本省实际，制定本办法。

第二条　在本省行政区域内开发、利用、节约、保护、管理水资源，防治水害，适用本办法。

第三条　开发、利用、节约、保护水资源和防治水害，应当遵循全面规划、统筹兼顾、标本兼治、综合利用、讲求效益的原则，发挥水资源的多种功能，合理协调生活、生产经营和生态环境用水。

第四条　县级以上人民政府应当加强水利基础设施建设，并将其纳入本级国民经济和社会发展计划。

第五条　县级以上人民政府水行政主管部门按照规定的权限，负责本行政区域内水资源的统一管理和监督工作。

县级以上人民政府有关部门按照职责分工，负责本行政区域内水资源开发、利用、节约和保护的有关工作。

第六条 在开发、利用、节约、保护、管理水资源和防治水害等方面成绩显著的单位和个人,由人民政府给予表彰或者奖励。

第二章 水资源规划和开发利用

第七条 开发、利用、节约、保护水资源和防治水害,应当按照流域、区域统一制定规划。流域、区域规划按下列规定进行编制:

(一)吉林省境内的松花江干流区域综合规划和吉林省境内的鸭绿江、图们江的流域综合规划和区域综合规划由省人民政府水行政主管部门和发展改革行政主管部门会同有关部门、相关市(州)人民政府编制,经省人民政府审查后,报国务院水行政主管部门审核,依照国家有关规定履行审批手续;

(二)吉林省境内的嫩江、东辽河、西辽河、牡丹江、拉林河区域综合规划和第二松花江、洮儿河、霍林河、卡岔河、饮马河、伊通河、辉发河、浑江等跨市(州)的江河的流域综合规划和区域综合规划由省人民政府水行政主管部门和发展改革行政主管部门会同本级有关部门、相关市(州)人民政府编制,报省人民政府批准;

(三)省内其他江河流域综合规划和区域综合规划由所在地的市(州)、县(市、区)人民政府水行政主管部门会同本级发展改革行政主管部门编制,经上一级人民政府水行政主管部门和发展改革行政主管部门审核后,报本级人民政府批准;跨县(市、区)的江河流域综合规划,应当由共同的上一级人民政府水行政主管部门、发展改革行政主管部门组织编制,报本级人民政府批准。

第八条 治涝、灌溉、航运、供水、水力发电、防沙治沙、水资源保护、渔业、污水治理、节约用水、中水利用、雨(洪)水利用等专业规划由县级以上人民政府有关部门编制,征求其他相关部门意见后,报本级人民政府批准。

防洪规划、水土保持规划的编制、批准,依照国家和省有关规定执行。

第九条 全省和跨市(州)的水中长期供求规划,由省人民政府水行政主管部门会同有关部门制订,经省人民政府发展改革行政主管部门审查批准后执行。

市(州)、县(市、区)水中长期供求规划,由本级人民政府水行政主管部门会同有关部门依据全省水中长期供求规划和本地区的实际情况制订,经本级人民政府发展改革行政主管部门审查批准后执行。

第十条 各级人民政府应当根据当地水资源状况，加强地表水蓄水工程、外调地表水工程和地下水库工程建设，鼓励开发、利用中水、雨（洪）水等资源，加强湿地保护，采取措施改善湿地生态环境。

第十一条 开发水资源应当遵循先开发地表水资源、后开发地下水资源的原则。

第十二条 城市供水应当建设两个以上供水水源工程，保障城市供水安全。加强农村供水水源建设，逐步改善农村生活、生产供水条件。

第三章 水资源、水域和水工程的保护

第十三条 省人民政府应当划定饮用水水源保护区，加强饮用水水源管理，保证城乡居民饮用水安全。县级以上人民政府有关行政主管部门，应当按照各自职责，保护饮用水水质。

第十四条 禁止在饮用水水源保护区内设置排污口。

在江河、湖泊新建、改建、扩大排污口，应当经过有管辖权的水行政主管部门或者流域管理机构同意，由生态环境主管部门负责对该建设项目的环境影响报告书进行审批。

第十五条 省人民政府水行政主管部门应当开展地下水资源普查，经过科学论证后，编制地下水区划，划定地下水资源禁止开采区和限制开采区，报省人民政府批准后向社会公告。

第十六条 开采地下水资源，必须符合地下水区划。

在地下水资源禁止开采区内，不得新建、改建、扩建地下水取水工程；对已有的地下水取水工程，由当地水行政主管部门调整开采布局，逐步压减地下水开采量。

在地下水限制开采区内，对已有的地下水取水工程，由当地水行政主管部门逐步核减地下水开采量。

城市公共供水管网能够满足用水需要时，建设项目自备取水设施取用地下水的，不予审批；已经批准建设自备取水设施取用地下水的，应当根据当地地下水的开发利用情况，逐步核减地下水取水量；未经批准取用地下水的，应当予以取缔。

第十七条　直接取用地下水,必须实施分层开采,并采取有效措施,防止地下水串层污染。

对已经混层开采的地下水或者已经造成地下水串层污染的,当地人民政府应当组织有关单位和部门,加强观测,采取分层封井等有效措施,防治地下水串层污染。

第十八条　省人民政府水行政主管部门应当组织开展地下水资源动态监测站网建设。县级以上人民政府水行政主管部门应当对地下水资源水量水质实施长期动态监测,监测结果应当定期向上一级水行政主管部门报告。

第十九条　利用河道、水库从事养殖、旅游、餐饮、娱乐等活动的,必须符合水功能区划对水质管理的有关规定。

第二十条　河道采砂实行许可制度。在河道管理范围内采砂应当向砂场所在地县级以上人民政府水行政主管部门申请采砂许可证。图们江的河道采砂许可证由延边朝鲜族自治州人民政府水行政主管部门审批发放。

河道采砂许可证由省人民政府水行政主管部门统一印制。河道采砂应当按照国家和省有关规定缴纳河道采砂管理费。

申请采砂许可应当符合下列条件:

(一)符合河道及堤防安全要求;

(二)符合河道采砂规划;

(三)符合法律、法规、规章规定。

第二十一条　国有水工程管理和保护范围,由县级以上人民政府水行政主管部门征求相关行政管理部门意见后,依照下列标准划定,报同级人民政府批准后予以公告:

(一)大、中型水库主体工程周围500~1000米,小型水库主体工程周围100~500米,水库库区两侧至第一道分水岭,上游至房屋退赔线,水电站周边100~500米为管理和保护范围;

(二)大、中型水闸上下游河道各50~100米、左右边墩翼墙外20~50米;大、中型泵房及进出水池口外30~50米为管理和保护范围;

(三)3000公顷以上灌区和5000公顷以上涝区的干支渠的设计开挖边线或者堤脚外1~5米(环山渠道开挖边线外5~10米),渠道配套的建筑物边线外5~10米为管理和保护范围;

(四)其他涵、桥、闸、拦河工程、输水管线、泵站、机电井、3000公顷以下灌区和 5000 公顷以下涝区渠道工程，可以参照前三项规定划定管理和保护范围。

非国有水工程可以参照本条前款规定，由县级人民政府确定管理和保护范围。

第二十二条　水工程管理和保护范围与依法划定的其他保护范围发生冲突的，由有关行政主管部门提出意见，报本级人民政府决定。

第二十三条　水工程管理单位应当设立明显标志，明示水工程管理和保护范围及有关规定。

第四章　水资源配置和节约使用

第二十四条　县级以上人民政府水行政主管部门，应当商有关部门制定本行政区域内水量分配方案和旱情紧急情况下的水量调度预案，报本级人民政府批准。

跨市（州）水量分配方案和旱情紧急情况下的水量调度预案，由省人民政府水行政主管部门商有关市（州）人民政府制订，报省人民政府批准；跨县（市、区）水量分配方案和旱情紧急情况下的水量调度预案，由市（州）人民政府水行政主管部门商有关县级人民政府制订，报市（州）人民政府批准。

第二十五条　直接从江河、湖泊或者地下取用水资源，依法实行取水许可制度。

取水许可的具体实施按照国家和省有关规定执行。

第二十六条　直接从江河、湖泊、水库或者地下取用水资源的新建、改建、扩建的建设项目，取水许可申请人应当向水行政主管部门提交建设项目水资源论证报告书。

建设项目水资源论证报告书应当包括取水水源、用水合理性以及对生态与环境的影响等内容。

第二十七条　直接从江河、湖泊或者地下取用水资源，应当依法缴纳水资源费。

水资源费征收和使用管理，按照国家和省有关规定执行。

第二十八条　下列情形不需要申请领取取水许可证和缴纳水资源费：

（一）农村集体经济组织及其成员使用本集体经济组织的水塘、水库中的水的；

（二）自家生活取水的；

（三）家庭饲养畜禽少量取水的；

（四）为保障矿井等地下工程施工安全和生产安全必须进行临时应急取（排）水的；

（五）为消除对公共安全或者公共利益的危害临时应急取水的；

（六）为农业抗旱和维护生态与环境必须临时应急取水的；

（七）法律、法规规定的其他情形。

第二十九条　本办法第二十八条以外的取水单位和个人应当安装经检定合格的取水计量设施。

取水计量设施不能正常运行的，取水单位和个人应当立即向当地水行政主管部门和市场监督主管部门报告，并及时修复或者更换。

县级以上人民政府水行政主管部门和市场监督主管部门，应当对取水单位和个人安装的取水计量设施及计量情况进行检查。

第三十条　各级人民政府应当加强节约用水宣传教育工作，建立节约用水科学研究和技术推广体系，培育和发展节约用水产业，鼓励社会各界积极参与节水型社会建设。

县级以上人民政府应当增加节约用水的投入，对采取节约用水措施有力且成效显著的，给予适当补助和政策支持。具体办法由省人民政府制定。

第三十一条　县级以上人民政府水行政主管部门应当组织相关部门按照职责分工指导和监督计划用水、节约用水工作；组织有关部门编制本行政区域节约用水规划，报同级人民政府批准后组织实施。

第五章　监　督　检　查

第三十二条　县级以上人民政府水行政主管部门及其水政监督检查人员在履行监督检查职责时，应当主动向被检查单位或者个人出示执法证件，严格按照法定程序执法。

第三十三条　县级以上人民政府水行政主管部门及其水政监督检查人员在进行监督检查时，有权采取下列措施：

（一）进行现场检查、勘测；

（二）要求被检查单位或者个人提供与监督检查有关的情况和资料；

（三）要求被检查单位或者个人就有关问题作出说明；

（四）制止违法行为，关停违法设施；

（五）法律、法规规定的其他措施。

第三十四条　有关单位或者个人对水行政主管部门及其水政监督检查人员的监督检查工作应当给予配合，不得拒绝或者阻碍水政监督检查人员依法执行职务。

第六章　法　律　责　任

第三十五条　县级以上人民政府水行政主管部门或者其他有关部门以及水工程管理单位及其工作人员，有下列情形之一的，对负有责任的主管人员和其他直接责任人员依法给予处分；构成犯罪的，依法追究刑事责任：

（一）对符合法定条件的取水、河道采砂申请不予受理或者不在法定期限内批准的；

（二）对不符合法定条件的申请人签发取水、河道采砂申请批准文件或者发放取水、河道采砂许可证的；

（三）违反审批权限签发取水、河道采砂申请批准文件或者发放取水、河道采砂许可证的；

（四）未取得取水申请批准文件，擅自审批、核准建设项目的；

（五）在地下水资源禁止开采区批准新开采地下水资源的；

（六）城市公共供水管网能够满足用水需要时，批准建设项目自备取水设施取用地下水的；

（七）不按照规定征收水资源费，或者对不符合缓缴条件而批准缓缴水资源费的；

（八）侵占、截留、挪用水资源费、河道采砂管理费的；

（九）不履行监督职责，发现违法行为不予查处的；

（十）其他玩忽职守、滥用职权、徇私舞弊的。

第三十六条　违反本办法规定，未取得取水申请批准文件擅自建设取水工程或者设施的，由县级以上人民政府水行政主管部门责令停止违法行为，限期补办有关手续；逾期不补办或者补办未被批准的，责令限期拆除或者封闭其取水工程或者设施；逾期不拆除或者不封闭其取水工程或者设施的，由县级以上人民政府水行政主管部门组织拆除或者封闭，所需费用由违法行为人承担，可以按以下标准处罚：

（一）地下水日取水设计能力小于10立方米（含10立方米）的，地表水日取水设计能力小于100立方米（含100立方米）的，处以1000元罚款；

（二）地下水日取水设计能力10～100立方米（含100立方米）的，地表水日取水设计能力100～1000立方米（含1000立方米）的，处以5000元罚款；

（三）地下水日取水设计能力100～1000立方米（含1000立方米）的，地表水日取水设计能力1000～5000立方米（含5000立方米）的，处以10000元罚款；

（四）地下水日取水设计能力1000～5000立方米（含5000立方米）的，地表水日取水设计能力5000～10000立方米（含10000立方米）的，处以20000元罚款；

（五）地下水日取水设计能力5000～10000立方米（含10000立方米）的，地表水日取水设计能力10000～30000立方米（含30000立方米）的，处以30000元罚款；

（六）地下水日取水设计能力10000～30000立方米（含30000立方米）的，地表水日取水设计能力30000～50000立方米（含50000立方米）的，处以40000元罚款；

（七）地下水日取水设计能力30000立方米以上的，地表水日取水设计能力50000立方米以上的，处以50000元罚款。

第三十七条　伪造、涂改、冒用取水申请批准文件、取水许可证的，责令改正，没收违法所得和非法财物，并处以20000元以上50000元以下罚款；情节严重的，处以50000元以上100000元以下罚款；构成犯罪的，依法追究刑事责任。

第三十八条　违反本办法第二十九条规定，未安装计量设施的，由县级以上人民政府水行政主管部门责令限期安装，并按照日最大取水能力计算的取水量和水资源费征收标准计征水资源费，并按下列标准处罚；情节严重的，吊销取水许可证：

（一）地下水单井日取水量小于30立方米的（含30立方米），地表水日取水量小于1000立方米的（含1000立方米），处5000元罚款；

（二）地下水单井日取水量 30～100 立方米的（含 100 立方米），地表水日取水量 1000～3000 立方米的（含 3000 立方米），处 10000 元罚款；

（三）地下水单井日取水量 100～500 立方米的（含 500 立方米），地表水日取水量 3000～5000 立方米的（含 5000 立方米），处 15000 万元罚款；

（四）地下水单井日取水量 500 立方米以上的，地表水日取水量 5000 立方米以上的，处 20000 元罚款。

第三十九条 违反本办法第二十九条规定，计量设施不合格或者运行不正常的，由县级以上人民政府水行政主管部门责令限期更换或者修复；逾期不更换或者不修复的，由县级以上人民政府水行政主管部门按照日最大取水能力计算的取水量和水资源费征收标准计征水资源费，可以按下列标准处罚；情节严重的，吊销取水许可证：

（一）地下水单井日取水量小于 30 立方米的（含 30 立方米），地表水日取水量小于 1000 立方米的（含 1000 立方米），处 1000 元罚款；

（二）地下水单井日取水量 30～100 立方米的（含 100 立方米），地表水日取水量 1000～3000 立方米的（含 3000 立方米），处 3000 元罚款；

（三）地下水单井日取水量 100～500 立方米的（含 500 立方米），地表水日取水量 3000～5000 立方米的（含 5000 立方米），处 5000 元罚款；

（四）地下水单井日取水量 500 立方米以上的，地表水日取水量 5000 立方米以上的，处 10000 元罚款。

第四十条 违反本办法第三十四条规定，拒绝接受监督检查或者弄虚作假的，由县级以上人民政府水行政主管部门责令停止违法行为，限期改正，处 10000 元罚款；情节严重的，吊销取水许可证。

第四十一条 县级以上人民政府水行政主管部门及其水政监督检查人员在查处水事违法案件时，在证据可能灭失或者以后难以取得的情况下，经水行政主管部门负责人批准，先行登记保存，并应在 7 日内作出处理决定。

第七章 附　　则

第四十二条 本办法所称采砂是指在河道管理范围内的采挖砂、石，取土和淘金（包括淘取其他金属及非金属）。

第四十三条 本办法自 2007 年 5 月 1 日起施行。

黑龙江省

黑龙江省河道管理条例

（1984年11月6日黑龙江省第六届人民代表大会常务委员会第十次会议通过　根据1997年10月20日黑龙江省第八届人民代表大会常务委员会第三十次会议《关于修改〈黑龙江省河道管理条例〉的决定》第一次修正　根据2015年4月17日黑龙江省第十二届人民代表大会常务委员会第十九次会议《关于废止和修改〈黑龙江省文化市场管理条例〉等五十部地方性法规的决定》第二次修正　根据2018年4月26日黑龙江省第十三届人民代表大会常务委员会第三次会议《黑龙江省人民代表大会常务委员会关于废止和修改〈黑龙江省统计监督处罚条例〉等72部地方性法规的决定》第三次修正　根据2018年6月28日黑龙江省第十三届人民代表大会常务委员会第四次会议《黑龙江省人民代表大会常务委员会关于废止和修改〈黑龙江省农作物种子管理条例〉等63部地方性法规的决定》第四次修正）

第一章　总　　则

第一条　根据《中华人民共和国防汛法》和《中华人民共和国河道管理条例》等有关法律、法规，结合本省实际，制定本条例。

第二条　本条例适用于本省行政区内的河道（包括湖泊、人工水道、行洪区、蓄洪区、滞洪区）。

河道内的航道，同时适用航道管理法律、法规。

第三条　各级人民政府的水行政主管部门为河道主管部门，负责本条例的组织实施和监督执行；负责防洪调度、综合开发利用水资源；协调处理各部门在用河方面的矛盾及河道业务技术指导；会同航运、城建等部门编制江河流域规划、河道整治规划。

各级人民政府根据需要在水行政主管部门建立河道管理机构。

第四条　省水行政主管部门可根据情况，委托省有关部门实施河道管理。被委托部门应当接受省水行政主管部门指导和监督。有堤防、护岸管理任务的部门和单位，应设置相应的管理机构或专职人员。

第五条　河道水土资源除集体所有的土地外均属全民所有。保护河道水土资源及附属工程设施的完整，是全省人民的义务。

各单位和个人有权在法律规定范围内开发利用江河水土资源。单位和个人的兴利活动，必须服从江河流域规划、河道整治规划，要严格遵守本条例。

第二章 河 道 管 理

第六条 有堤防的河道，其管理范围为两岸堤防之间的水域、沙洲、滩地（包括可耕地）、行洪区，两岸堤防及护堤地。

无堤防的河道，其管理范围根据历史最高洪水位或者设计洪水位确定。河道的具体管理范围，由县级以上人民政府负责划定。

第七条 在河道管理范围内修建工程不得影响行洪、排涝及堤防安全，不得引起河势的不良变化，不得破坏通航条件，不得危及其他部门的兴利活动。在河道管理范围内新建、改建工程及河道整治工程，建设单位必须按照河道管理权限，将工程建设方案报送河道主管部门审查同意。未经河道主管部门审查同意的，建设单位不得开工建设。

省界和边境河流按规定程序由国家或省审定，穿越两个以上市（地）或跨县、场的河流由省审定，穿越两个以上县（含县级市，下同）并在同一市（地）范围内的河流由市（地）审定，河道长度不超出县境的河流由县审定，河道长度不超出牧场、渔场等范围的河流，由各自主管部门审定。

第八条 在河道管理范围内，不准擅自修筑丁坝、锁坝、围堤、泵站、码头、高渠、高路、厂房、民房等建筑物；不准擅自堆放物资、倾填矿渣、煤灰、残土、垃圾；除营造护堤护岸林外，不准种植高秆阻水植物；不准从事任何造成壅水、冲刷、淤积等不利影响的生产活动。

第九条 在河道管理范围内采砂、取土、淘金的单位和个人必须报经河道主管机关批准，按河道管理权限实行管理，由河道主管机关发放准采证。按照批准的范围和作业方式进行，并向河道主管机关缴纳管理费；涉及其他部门的，由河道主管机关会同有关部门批准。河道采砂管理费纳入财政预算管理，用于河道堤防工程的维修、工程设施的更新改造及管理单位的管理经费。收费具体标准和计收办法由省人民政府根据国家有关规定制定。禁止在下述区域内采掘砂石土料物：

(1) 堤防迎水面五十米以内，河床凹岸和堤防险工地段、河道整治工程一百米以内；

(2) 大、中、小铁路桥及防护工程上下游五百、三百、二百米以内，公路桥及引道、防护工程上下游二百米以内；

(3) 拦河闸坝、泵站上下游三百米以内；

(4) 水文测流断面上下游五百米至一千米以内；

(5) 可能因采砂而导致流势变化影响其他部门正常生产活动的区域。

第十条 经批准在河道管理范围内修建工程、堆放物料和采掘矿产、砂石，对防洪及其他单位用河造成影响或经济损失的，要支付采取补救措施所需全部费用。

第十一条 禁止在通航河流和渔业生产繁忙的江河内散放流送木材和无船舶牵引的木排。如有散排，放排单位要及时打捞。因流送木排使桥梁等工程施放受到破坏的，放排单位要给予赔偿。

第三章 工程及林草管理

第十二条 市、县人民政府要按照下列标准划定江河堤防护堤用地范围：黑龙江、松花江、嫩江、牡丹江、穆棱河、汤旺河、呼兰河、拉林河、绰尔河、雅鲁河等十条主要江河堤防和大型堤防迎水面不小于五十米，背水面不小于三十米。中、小河流堤防迎水面不小于三十米，背水面不小于二十米。凡已经市、县人民政府划定的护堤用地由河道、堤防管理部门管理使用。护堤地主要用于营造防浪林、防汛用材林及发展围堤经济。

其他单位和个人临时占用护堤地需经河道、堤防管理部门同意，损坏的树草应予补栽，并作价赔偿。

第十三条 在堤身和护堤地内禁止挖掘草皮、取土挖洞、开沟、打井、扒道口、建房、爆破、埋葬、堆放杂物、修建鱼池及从事其他危及工程安全的活动。十条主要江河堤防背水面三百米以内，其他江河堤防背水面一百米以内，不准擅自钻探、打深井和修筑地下工程。如必须钻探，应经河道、堤防主管部门批准，并由钻探部门负责进行安全处理。

第十四条 河道工程（堤防、护坡、护岸、大坝、涵闸）未经河道主管机关批准不得做公路、乡路，不得停靠船只或做码头。确需利用河道工程做公路、乡路的，利用堤防（坝）、护坡、护岸等工程和护堤地做码头或堆放物料的，须经有审批权的河道主管机关同意，同使用单位和个人对所利用工程负责养护维修，保持原有工程防洪标准，或者向河道主管机关缴纳工程养护费。收费具体标准和计收办法由省人民政府制定。对工程造成损坏由使用单位和个人负责赔偿。

在堤身泥泞期间，禁止车辆通行。防汛抢险车辆除外。

第十五条 修建穿堤工程，要做出工程设计和回填设计，按本条例第七条规定履行手续，并服从河道主管部门的安全管理。市、镇港区道路穿越堤防要修建确保防洪安全的永久性设施。

第十六条 护堤护岸林草由河道管理单位组织营造和管理，其他单位和个人不得侵占、砍伐或者破坏。河道管理单位对护堤护岸林木进行抚育和更新性质的采伐及用于防汛抢险的采伐，根据国家有关规定免交育林基金。

第十七条 河道整治工程和护岸林草及测量标志，工程、水文观测和通讯照明设施及护堤房等，任何单位和个人不准侵占、偷盗和破坏。不准在各类标志附近设置有碍观测的障碍物。

第十八条 河道堤防的防汛岁修费，按照分级管理的原则，由各级人民政府负担，列入各级财政预算。

第四章 防　　汛

第十九条 省、市、县人民政府及行政公署应设立防汛指挥部，其日常办事机构设在同级水行政主管部门，负责建立健全防汛组织，做好汛期的防洪工作。

第二十条 防汛工作要实行集中领导，统一指挥。下级防汛指挥部必须服从上级防汛指挥部的调度和决定，各部门和单位在汛期必须服从当地和上级防汛指挥部调度和决定。

在防汛紧急时期，防汛指挥部有权调动防汛抢险急需的物资、设备、器材、交通运输工具和劳动力。汛期，在河道作业的各部门的工作与防汛有矛盾时，必须服从防汛需要。

第二十一条 各级防御特大洪水措施方案由当地人民政府负责制定，报上级人民政府批准。在遭遇特大洪水时，任何单位和个人不准妨碍、阻挠蓄洪、分洪、滞洪命令的执行。对严重阻水的工程设施，经上级人民政府批准，防汛指挥部可以采取非常措施。

第二十二条 十条主要江河干堤的警戒水位和保证水位由省防汛指挥部审定。其他河流由行署、市人民政府防汛指挥部审定。

第二十三条 汛期水库的调度要按批准的调度计划执行。如遇特殊情况需要变更调度计划，要经原批准机关同意，其他部门和个人不准擅自改变。不安全的病、险水库要限制蓄水。废弃的水库不准擅自恢复利用。

第二十四条 气象、水文部门应及时预测预报雨情水情。邮电及其他有关部门应保证汛情联络畅通。物资部门应保证防汛抢险物资、器材供应。交通运输部门应保证防汛物资和人员的及时运送。

一切部门、单位和个人，都必须按时完成分担的防汛任务。

第二十五条 防汛抢险救灾的资金和物资器材，要严加管理，不准挪用。

第五章 奖励和惩罚

第二十六条 有下列事迹之一的单位和个人，由河道管理部门或报请人民政府给予奖励。

（一）模范执行本条例，或同违法行为作斗争有显著成绩的；

（二）在防汛抢险斗争中作出显著成绩的；

（三）对保护、开发和科学利用江河资源做出显著成绩的；

（四）积极搞好河道及附属工程设施管理，种植防护林草取得显著成绩的；

（五）广泛开展宣传教育工作，积极发动和组织受益单位和群众搞好河道、堤防管理取得显著成绩的。

第二十七条 违反本条例规定，有下列行为之一的，县级以上人民政府河道主管机关除责令其纠正违法行为、采取补救措施外，可以并处警告、罚款、没收非法所得；对有关责任人员，由其所在单位或者上级主管机关给予行政处分；构成犯罪的，依法追究刑事责任：

（一）在河道管理范围内弃置、堆放阻碍行洪物体的；种植阻碍行洪的林木或者高秆植物的；修建围堤、阻水渠道、阻水道路的；

（二）在堤防、护堤地建房、放牧、开渠、打井、挖窖、葬坟、晒粮、存放物料、开采地下资源、进行考古发掘以及开展集市贸易活动的；

（三）未经批准或者不按照国家规定的防洪标准、工程安全标准整治河道或者修建水工程建筑物和其他设施的；

（四）未经批准或者不按照河道主管机关的规定在河道管理范围内采砂、取土、淘金、弃置砂石或者淤泥、爆破、钻探、挖筑鱼塘的；

（五）未经批准在河道滩地存放物料、修建厂房或者其他建筑设施，以及开采地下资源或者进行考古发掘的；

（六）擅自砍伐护堤护岸林木的。

第二十八条　违反本条例规定，有下列行为之一的，县级以上人民政府河道主管机关除责令其纠正违法行为、赔偿损失、采取补救措施外，可以并处警告、罚款；应当给予治安管理处罚的，按照《中华人民共和国治安管理处罚法》的规定处罚；构成犯罪的，依法追究刑事责任：

（一）损毁堤防、护岸、闸坝、水工程建筑物，损毁防汛设施、水文监测和测量设施、河岸地质监测设施以及通信照明等设施的；

（二）在堤防安全保护区内进行打井、钻探、爆破、挖筑鱼塘、采石、取土等危害堤防安全的活动的；

（三）非管理人员操作河道上的涵闸闸门或者干扰河道管理单位正常工作的。

第二十九条　对拒不执行防汛调度和决定，挪用盗窃防汛救灾资金和物资器材，造成损失的单位和个人，视情节轻重给予行政处分或依法追究刑事责任。

第三十条　当事人对行政处罚决定不服的，可以依法申请行政复议或者提起诉讼。

第三十一条　法律、行政法规另有规定的，从其规定。

第六章　附　　则

第三十二条　本条例实施前已有的影响行洪、排涝、供水、过船、过鱼的障碍物，应本着"谁设障，谁清除"的原则，按河道管理部门的要求，由设障单位在限期内清除或改建。

现有穿堤工程不符合安全要求的由工程所属部门加固改建；废弃的由工程所属单位及时清除并回填加固。

第三十三条 在河道管理范围内兴建工程、开发资源、划定管理使用范围，涉及土地、草原、林木、水面所有权或使用权的变更，按国家和省有关规定办理。

第三十四条 本条例自 1985 年 1 月 1 日起施行。

黑龙江省人民政府办公厅关于印发黑龙江省河道采砂管理办法的通知

黑政办规〔2021〕13号

各市（地）、县（市）人民政府（行署），省政府各有关直属单位：

《黑龙江省河道采砂管理办法》已经省政府同意，现印发给你们，请认真贯彻执行。

黑龙江省人民政府办公厅
2021年5月9日

黑龙江省河道采砂管理办法

第一条 为加强河道采砂管理，保障防洪、通航、生态和江河沿岸基础设施安全以及社会稳定，根据《中华人民共和国水法》《中华人民共和国防洪法》《中华人民共和国航道法》《中华人民共和国河道管理条例》和《黑龙江省河道管理条例》等法律、法规，结合本省实际，制定本办法。

第二条 在本省行政区域内从事河道采砂及其管理活动，应当遵守本办法。

本办法所称采砂，是指在河道（包括湖泊、水库、人工水道、行蓄滞洪区等）管理范围内开采砂石的活动。

第三条 河道采砂管理实行人民政府行政首长负责制。县级以上人民政府应当加强对河道采砂管理工作的领导，建立长效管理机制和有效沟通的协调机制，依法处理好河道采砂管理中的重大问题。

第四条 省级人民政府水行政主管部门牵头，会同省级公安、自然资源、交通运输、海事等部门负责全省河道采砂管理和监督检查工作。县级以上人民政府水行政主管部门牵头，会同本级公安、自然资源、交通运输和海事等部门负责本行政区域内河道采砂管理和监督检查工作。河道采砂涉及的航道行政管理工作由省级交通运输管理部门负责。

县级以上人民政府公安部门负责河道采砂活动的治安秩序，依法打击河道采砂活动中的违法犯罪行为；县级以上人民政府交通运输行政主管部门负责通航河流水上运输管理工作；海事部门负责内河通航水域水上交通安全监督管理工作。

建立完善联合执法机制，有效实施《最高人民法院、最高人民检察院关于办理非法采矿、破坏性采矿刑事案件适用法律若干问题的解释》（法释〔2016〕25号），依法严厉打击非法采砂犯罪行为。

第五条 河道采砂管理实行统一规划和属地管理相结合的原则。

河道采砂规划由河流最高级河长所在地人民政府水行政主管部门负责组织编制。河道采砂管理由所在地市县级人民政府水行政主管部门会同有关部门负责，实行属地管理。

第六条 各级河长应当加强本行政区域内河道采砂管理的组织领导工作，牵头组织依法对非法采砂进行清理整治，将河道采砂管理纳入河长制管理考核内容。

县级以上人民政府应当对有采砂任务的河流逐级逐段落实河道采砂管理的河长、行政主管部门、现场监管和行政执法责任人，并由水行政主管部门负责向社会公告。

县级以上人民政府应当加强对河道采砂监督管理，保障河道采砂管理经费、交通工具等。

第七条 河道采砂实行规划制度。河道采砂规划应当根据防洪安全、河势稳定、通航安全、航道保护和生态环境要求编制，符合流域综合规划和防洪、河道整治、航道整治、航道等专业规划。

省级河长管理的河道采砂规划，由省级人民政府水行政主管部门组织编制，征求相关行政主管部门意见，经水利部松辽水利委员会同意，报省政府批准。市级河长管理的河道采砂规划，由市级人民政府水行政主管部门组织编制，征求相关行政主管部门意见后，经省级人民政府水行政主管部门审查同意，报市级人民政府批准，并报省级人民政府水行政主管部门备案。

其他河道的采砂规划，由县级人民政府水行政主管部门组织编制，征求相关行政主管部门意见后，经市级人民政府水行政主管部门审查同意，报县级人民政府批准，并报市级水行政主管部门备案。

河道采砂规划一经批准,必须严格执行。确需修改的,应当经原审查机关同意,并报原批准机关批准。

第八条 河道采砂规划应当包括以下内容:

(一)砂石储量、分布、砂质及补给分析。

(二)禁采区、可采区和保留区。

(三)禁采期和可采期。

(四)年度采砂控制总量和开采深度。

(五)采砂作业方式、采砂功率和可采区采砂机具设备控制数量。

(六)沿岸堆砂场地的控制数量和布局。

(七)弃料处理和现场清理要求。

(八)采砂影响分析。

(九)依法应当包括的其他内容。

第九条 河道下列区域为禁采区:

(一)河道防洪工程、整治工程、取排水工程、水库枢纽工程和水文监测设施的管理范围及安全保护范围。

(二)铁路、公路、桥梁、输气输油管道、水上水下电缆、输电线路、影响公共安全的水上水下构筑物或设施及其附属设施的安全保护范围。

(三)河道顶冲段、险工险段和规划保留区。

(四)自然保护地和饮用水水源保护区。

(五)有岩体滑坡、泥石流灾害的河段及植被良好的稳固滩地。

(六)主航道、影响通航安全的水域。

(七)航道、港口、码头、锚地、过驳作业区、交通管制区、航行条件受限制区域和禁航区。

(八)在国家水环境质量考核断面上游3000米、下游300米内。

(九)其他依法应当禁止采掘的区域。

第十条 下列时段为禁采期:

(一)江河、湖泊等达到或者超过警戒水位时。

(二)水库达到或者超过汛限水位时。

(三)蓄滞洪区启动运行期间。

(四)依法被禁止采砂的其他时段。

第十一条 县级以上人民政府水行政主管部门应当将河道采砂规划确定

的禁采区和禁采期予以公告，并设立明显的禁采区标志。

任何单位和个人不得在河道的禁采区、禁采期进行河道采砂活动。

第十二条 县级以上人民政府水行政主管部门根据水情、工情、汛情和河道、航道等情况的变化和管理需要，认为确需修改采砂规划的，应当按照原批准程序报批，并报上一级人民政府水行政主管部门备案。

第十三条 有采砂许可权限的县级以上人民政府水行政主管部门应当根据批准的河道采砂规划，拟定本行政区域内年度采砂实施方案，对可采区的采砂活动作出具体规定，报同级人民政府批准后组织实施。年度采砂实施方案应当包括以下内容：

（一）开采的地点、深度、范围和控制点坐标（附范围图）。

（二）采砂种类和砂质分析。

（三）开采的时间和作业方式。

（四）开采量（包括日采量、总采量）。

（五）采砂机具设备和运输设备的基本情况。

（六）采砂技术人员的基本情况。

（七）采砂运输方案。

（八）砂石堆放地点、弃料处理及采砂活动结束后现场清理、平整方案。

第十四条 河道采砂实行许可制度。按照"谁管理、谁许可"的原则，由市县级人民政府水行政主管部门进行许可，涉及其他部门的会同有关部门批准。

河道采砂许可采取招标、拍卖等公平竞争的方式进行，并按照国家有关规定进行公告。中标和拍卖所得成果不得转包、转让。招标、拍卖收入作为非税收入，实行收支两条线，全额纳入财政预算管理。

第十五条 河道采砂许可应当遵循公开、公平、公正的原则。采取招标、拍卖方式许可的，县级以上人民政府水行政主管部门应当按照规定向中标人、买受人发放河道采砂许可证，并书面告知从事河道采砂应当遵守的相关规定。

第十六条 申请从事河道采砂，应当符合下列条件：

（一）符合批准的河道采砂规划和年度采砂实施方案。

（二）有合法、有效的河道采砂营业执照。

（三）有符合规定的作业方式。

（四）有符合安全要求的河道采砂运输路线。

（五）有符合要求的采砂机具和运输设备及从业人员。

（六）无违法采砂记录。

（七）法律、法规和规章规定的其他条件。

第十七条 河道采砂申请人，应当向有采砂许可权限的县级以上人民政府水行政主管部门提出申请，由县级以上人民政府水行政主管部门根据批准的年度采砂实施方案审批发放河道采砂许可证，并报上一级人民政府水行政主管部门备案。涉及交通运输、自然资源、海事等有关部门的，审批发证前应当征求有管辖权的有关部门意见。申请时应当提交下列材料：

（一）河道采砂申请书。

（二）营业执照的复印件。

（三）采砂机具和运输设备及有关从业人员的相关证书。

（四）河道采砂与第三者有利害关系的，与第三者达成的协议或有关文件。

申请人提交上述复印件时，应当同时交验原件。河道采砂申请人应当对所提交资料的真实性负责，不得隐瞒有关情况或者提供虚假材料骗取河道采砂许可。

河道采砂申请书样本由省级人民政府水行政主管部门统一制作。

第十八条 因整修河道堤防进行吹填固基、整治疏浚河道或航道等公益性采砂和吹填造地采砂，应当编制采砂可行性论证报告，报经有管辖权的人民政府水行政主管部门批复同意。涉及航道、影响通航安全的，应当事先征求省级交通运输管理部门和海事管理机构意见。上述行为产生的砂石一般不得在市场经营销售，确需经营销售的，按经营性采砂管理，由市县级人民政府统一组织经营管理。

第十九条 县级以上人民政府水行政主管部门审批的采砂申请应当自受理之日起 7 个工作日内作出许可决定，并予以公告。县级以上人民政府水行政主管部门作出的许可决定应当报上一级人民政府水行政主管部门备案。对不符合条件，采砂申请不予批准的，应当在受理之日起 7 个工作日内作出不予许可决定，书面通知申请人，并说明理由，同时告知申请人享有依法申请行政复议或者提起行政诉讼的权利。

第二十条 河道采砂许可证实行一户（一船或一车）一证。正本悬挂在采砂机具设备指定位置，副本留存在采砂设备上备查。

第二十一条　河道采砂许可证由省级人民政府水行政主管部门统一监制。禁止伪造、涂改或者买卖、出租、出借或者以其他方式非法转让河道采砂许可证。

河道采砂许可期限为1年，不得跨年度许可。河道采砂许可证有效期满或者采砂总量达到采砂许可证规定的开采量时，河道采砂许可证自行失效，采砂单位或者个人应当终止采砂活动。

第二十二条　采砂作业必须遵守下列规定：

（一）按河道采砂许可证规定的开采地点、期限、范围、深度、作业方式采砂。

（二）在采砂区域设置警示标志。

（三）随采随运，及时清除或者复平砂石料和弃料堆体及采砂坑道，汛期不得在河床堆放砂石料。

（四）运输砂石的车辆按指定进出场路线行驶，禁止随意开道行车。

（五）不得损坏水利工程及设施、河道生物防护设施、水文监测设施、照明设施、通信电缆、宣传牌、界桩、里程桩、航道工程和设施、助（导）航设施及水上水下交通安全等管理设施。

（六）不得破坏环境、污染水体。

（七）采砂船舶应当遵守《中华人民共和国黑龙江水系航行规则》，不得影响其他船舶的正常航行。

（八）采砂活动结束后，及时对采砂现场进行清理、平整。

（九）有关法律、法规和规章的规定。

第二十三条　不同行政区域之间因河道采砂管辖发生的纠纷，应当协商处理；协商不成的，由共同的上一级人民政府裁决，有关各方必须遵照执行。

第二十四条　可采期内出现影响河势稳定、防洪安全或者通航安全等重大事件，县级以上人民政府水行政主管部门可设定临时禁采区和临时禁采期，暂停采砂活动，采砂单位或者个人应当停止河道采砂活动，并将采砂作业设备撤出河道管理范围。上述事件消除后，县级以上人民政府水行政主管部门应当及时告知采砂业主恢复采砂活动。

第二十五条　禁采期、临时禁采期、临时禁采区内和可采期内未取得河道采砂许可证的所有采砂设备及运输工具，应当按照县级以上人民政府指定地点停放。因从事其他生产经营活动等特殊情况，需要驶离停放地点的，应当拆除采砂设备。

第二十六条 县级以上人民政府水行政主管部门应当对取得河道采砂许可证的采砂船舶和机具制作台账并采取信息化定位管理。

无船名船号、船舶证书、船籍港的采（运）砂船舶不得在河道内航行和作业。

采砂船舶违反水上交通安全法律法规的，应当通报海事管理机构。

第二十七条 堆砂场应当设置在河道管理范围以外，确需设置在河道管理范围的，应符合岸线规划，按照有关法律法规的规定报经有管辖权的县级以上人民政府水行政主管部门批准，堆砂场设置在河道范围且河道属于通航水域的，批准前应当征求有管辖权的航道、海事等有关部门意见，并限定占地面积、高度和堆放时限等。

铁路、公路、水路等重要设施安全管理范围内及各类保护地内不得设置临时堆砂场。

许可期结束后，临时堆放的砂石、采砂机具必须全部运出河道管理范围，恢复原来地貌。

第二十八条 在河道采砂地点装运砂石的单位和个人，应当装运持有河道采砂许可证的单位或者个人开采的砂石。

第二十九条 县级以上人民政府水行政主管部门应当对采砂现场实行旁站式管理，建立河道采砂计量、监控、登记等制度，加强河道采砂现场的监督管理。积极推行河道砂石采运管理单制度，强化采、运、销全过程监管。

加强河道采砂管理信息化建设，河道采砂管理部门应当对采砂现场、临时堆砂场建立管理监控系统，利用卫星定位、影像监控等设备对采砂作业区、出入口等重点部位实行实时监控。

第三十条 县级以上人民政府水行政主管部门应当加强对河道采砂活动的监督检查，及时查处违法行为。

第三十一条 县级以上人民政府水行政主管部门应当会同公安、交通运输、市场监督管理、安全监管和海事等部门建立联合执法机制，定期进行执法巡查。发现违法行为，由有关部门根据各自的职责依法作出处理。

第三十二条 县级以上人民政府水行政主管部门和有关部门及其工作人

员履行河道采砂监督检查职责时，有权采取下列措施：

（一）进入采砂单位或者个人的生产场所进行检查、调查及现场勘察。

（二）要求采砂单位或者个人如实提供与河道采砂有关的资料。

（三）责令采砂单位或者个人停止违法采砂行为。

第三十三条 县级以上人民政府水行政主管部门应当建立河道采砂违法行为举报制度，公布举报电话。任何单位和个人发现违法河道采砂行为，有权向县级以上人民政府水行政主管部门举报，县级以上人民政府水行政主管部门及有关部门应当及时查处。

第三十四条 县级以上人民政府水行政主管部门应当建立河道采砂业主信誉制度，对河道采砂业主的采砂活动情况建立档案，作为河道采砂申请审查及日常监督管理的重要依据。

第三十五条 河道采砂涉及河道管理以外的其他事宜，按照国家有关规定办理。违反本办法规定的，依据《中华人民共和国水法》《中华人民共和国防洪法》《中华人民共和国航道法》《中华人民共和国河道管理条例》及其他法律法规处理。

第三十六条 本办法自印发之日起施行。《黑龙江省人民政府办公厅关于印发黑龙江省河道采砂管理办法的通知》（黑政办发〔2013〕11号）同时废止。

黑龙江省实施《中华人民共和国水法》条例

（2013年10月18日黑龙江省第十二届人民代表大会常务委员会第六次会议通过 根据2016年12月16日省十二届人大常委会第三十次会议《黑龙江省人民代表大会常务委员会关于废止和修改〈黑龙江省特种设备安全监察条例〉等44部地方性法规的决定》修正 根据2018年4月26日黑龙江省第十三届人民代表大会常务委员会第三次会议《黑龙江省人民代表大会常务委员会关于废止和修改〈黑龙江省统计监督处罚条例〉等72部地方性法规的决定》第二次修正）

第一章 总 则

第一条 为保障水资源的可持续利用，建设节水型社会，适应经济社会发展需要，根据《中华人民共和国水法》等有关法律、行政法规，结合本省实际，制定本条例。

第二条 在本省行政区域内开发、利用、节约、保护、管理水资源，适用本条例。

本条例所称水资源，包括地表水和地下水。

第三条 县级以上人民政府应当严格管理水资源，实行用水总量控制，提高用水效率，建立水功能区限制纳污指标体系，保障水资源的可持续利用。

第四条 县级以上人民政府应当将水资源开发、利用、节约、保护和管理工作纳入本级国民经济和社会发展规划，建立长期稳定的水利基础设施投入机制。

第五条 水资源实行流域管理与行政区域管理相结合的管理体制。

省水行政主管部门依法负责全省水资源的统一管理和监督工作，并组织实施本条例。

市、县级水行政主管部门按照规定的权限负责本行政区域内水资源的统一管理和监督工作。

县级以上发展和改革、农业、环保、国土资源、住建、航道等行政主管部门按照职责分工,负责水资源开发、利用、节约和保护的有关工作。

第六条 县级以上人民政府主要负责人对本行政区域水资源管理和保护工作负总责。省人民政府应当制定水资源管理考核办法,将水资源开发、利用、节约、保护的主要指标纳入地方经济社会发展综合评价体系,省人民政府对各市(地)的主要指标落实情况定期进行考核。

第七条 县级以上人民政府应当建立水政监察机制,健全水政监察队伍,加强对水事活动的监督检查,维护正常的水事秩序。

第八条 县级以上人民政府应当加强基本水情宣传教育,提高全社会珍惜、保护水资源意识和节约用水意识。

广播、电视、报刊、网络等媒体应当加强对珍惜、保护水资源和节约用水的宣传和舆论监督。

第九条 任何单位和个人都有依法保护水资源和节约用水的义务。

在开发、利用、节约、保护、管理水资源等方面成绩显著的单位和个人,由县级以上人民政府给予奖励。

第二章 水资源管理和开发利用

第十条 额木尔河、呼玛河、逊别拉河、讷谟尔河、乌裕尔河、通肯河、呼兰河、汤旺河、蚂蚁河、倭肯河、穆棱河、挠力河及其他跨市级行政区河流的流域综合规划,由省水行政主管部门会同省有关部门和有关市(地)人民政府(行署)编制,报省人民政府或者其授权的部门批准,并报国务院水行政主管部门备案。

前款规定以外的其他江河、湖泊的流域综合规划和区域综合规划,由市(地)、县(市、区)水行政主管部门按照管理权限,会同同级有关部门和有关地方人民政府编制,报本级人民政府或者其授权的部门批准,并报上一级水行政主管部门备案。

第十一条 建设水工程项目,应当保障生态用水需要,保证河道最小生态基流,符合流域综合规划和防洪规划,并按照国家有关规定实行水工程建设规划同意书制度。水工程项目可行性研究报告报请批准前,水行政主管部门应当按照管理权限,对水工程的建设是否符合流域综合规划和防洪规划进行审查。

建设水工程项目涉及其他地区和行业的，建设单位应当事先征求有关地区和部门的意见。

第十二条 在行政区域交界线两侧一定范围内，未经有关各方达成协议或者共同的上一级水行政主管部门批准，不得修建排水、阻水、取水和截（蓄）水等对边界河道和跨行政区域河道的水量、水质及防汛抗旱有影响的工程，不得单方面改变水的现状。

第十三条 省人民政府应当按照江河流域水量分配方案或者取用水总量控制指标，制定年度用水计划，对本省年度用水实行总量管理。

县级以上人民政府应当在总量控制的前提下，按照优先利用地表水、合理开发利用浅层地下水、严格限制开采深层承压水的原则取用水资源。应当制定优惠政策，鼓励使用再生水。

第十四条 全省、跨市（地）的水中长期供求规划，由省水行政主管部门会同有关部门制订，经省发展和改革部门审查批准后执行。

市、县级的水中长期供求规划，由市、县级水行政主管部门按照管理权限会同同级有关部门，依据上一级水中长期供求规划和本地区的实际情况制订，经本级发展和改革部门审查批准后执行。

第十五条 用水实行总量控制和定额管理相结合制度。省人民政府应当在本行政区域建立取用水总量控制指标体系，实行用水总量控制，并将国务院分配的用水总量控制指标分解到市、县级人民政府。

用水总量已经达到或者超过用水总量控制指标的地区，应当暂停审批建设项目新增取水；用水总量已经接近用水总量控制指标的地区，应当限制审批建设项目新增取水。

第十六条 省有关行业主管部门应当制订全省行业用水定额，报省水行政主管部门和省质量监督检验行政主管部门审核同意后，由省人民政府公布，并报国务院水行政主管部门和国务院质量监督检验行政主管部门备案。

用水定额应当根据节水技术的推广应用、产业结构和产品结构的调整适时修订。

第十七条 本省实行取水许可制度。直接从江河、湖泊或者地下取用水资源的单位和个人，应当依法向县级以上水行政主管部门申请领取取水许可证，并缴纳水资源费，取得取水权。

取水许可和水资源费征收使用，按照国家和省有关规定执行。

第十八条 有下列情形之一的，不需要申请领取取水许可证和缴纳水资源费：

（一）农村集体经济组织及其成员使用本集体经济组织的水塘、水库中的水的；

（二）家庭生活和零星散养、圈养畜禽饮用等少量取水，年取水量在1000立方米以下的；

（三）为保障矿井等地下工程施工安全和生产安全必须进行临时应急取（排）水的；

（四）为消除对公共安全或者公共利益的危害临时应急取水的；

（五）为农业抗旱和维护生态与环境必须临时应急取水的；

（六）法律、法规规定的其他情形。

前款第（三）项、第（四）项规定的取水，应当及时报有管辖权的县级以上水行政主管部门备案；第（五）项规定的取水，应当经有管辖权的县级以上水行政主管部门同意。临时应急取水结束后，应当停止取水。

第十九条 工业园区、经济技术开发区、高新技术产业开发区、生态园区等园区规划，农业灌溉、电力、石油石化、钢铁、煤炭、造纸、化工等高耗水行业的专项规划，应当进行水资源论证。

对于直接从江河、湖泊或者地下取水并需申请取水许可证的建设项目，应当向有管辖权的水行政主管部门提交水资源论证报告书。未进行水资源论证的，水行政主管部门不予批准取水许可申请，有关部门不得批准立项，建设单位不得擅自开工建设和投产使用。

第二十条 取得取水许可证开采地下水的单位或者个人，应当按照批准的井点布局、取水层位开凿取水井。

任何施工单位和个人不得为未取得取水许可证的单位和个人开凿取水井，本条例规定不需要申请取水许可证的除外。

第三章 水资源、水域和水工程的保护

第二十一条 跨市（地）的江河、湖泊以及省确定的重要江河、湖泊的水功能区划，由省水行政主管部门会同省环境保护行政主管部门和有关部门拟定，报省人民政府或者其授权的部门批准，并报国务院水行政主管部门和

国务院环境保护行政主管部门备案。

前款规定以外的其他江河、湖泊的水功能区划,由市(地)、县(市、区)水行政主管部门按照管理权限,会同同级环境保护行政主管部门和有关部门拟定,报本级人民政府或者其授权的部门批准,并报上一级水行政主管部门和环境保护行政主管部门备案。

经批准的水功能区划应当向社会公告,并在水功能区的边界设立标志。

第二十二条　本省实行入河排污总量控制制度。经批准的水功能区划是水资源开发、利用和保护的依据。任何单位和个人从事开发利用水资源的活动以及向水体排污,应当符合水功能区划对水质管理的有关规定。

各级人民政府应当将限制排污总量作为水污染防治和污染减排工作的依据,执行重点水污染物排放总量控制指标。

第二十三条　县级以上水行政主管部门应当对水功能区的水量、水质状况进行监测。发现重点污染物排放总量超过控制指标的,或者水功能区水质未达到水域使用功能要求的,应当及时报告本级人民政府采取治理措施,并向同级环境保护、城市供水行政主管部门通报。

各级人民政府应当对本行政区域监测站网实施监测予以保障,逐步建立和完善水环境监测体系。水功能区的水量、水质监测结果应当按照有关规定向社会公开。

第二十四条　本省实行饮用水水源保护区制度。饮用水水源保护区经省人民政府依法划定后,市、县人民政府应当设置明显标志,并予以公告。环境保护、水行政、卫生、住建、国土资源等有关行政主管部门应当依法加强饮用水水源保护区的保护和管理工作。

县级以上人民政府应当加强现有饮用水水源的保护以及备用水源的规划和建设,制定对城市供水管网进行维护和更新改造规划,加强城乡供水工程的建设和管理,防止饮用水水源枯竭和水体污染,提高供水质量,保障居民饮用水安全,逐步实行农村集中式供水。有关行政主管部门应当按照各自职责,保护饮用水水质,改善城乡居民饮用水条件。

第二十五条　在江河、湖泊新建、改建或者扩建排污口,应当经有管辖权的水行政主管部门同意,由环境保护行政主管部门对该建设项目的环境影响评价文件进行审批。

禁止在饮用水水源保护区内设置排污口。

禁止以任何形式向地下水排污。兴建地下工程设施或者进行地下勘探、采矿等活动的，应当采取防护性措施，防止地下水污染。人工回灌补给地下水的，不得恶化地下水水质。

第二十六条 实行地下水取用总量控制和水位控制制度。省水行政主管部门征求相关市、县人民政府意见后，应当划定地下水超采区和严重超采区。在严重超采区划定限制开采区或者禁止开采区，报省人民政府批准后向社会公布。

在城市公共供水管网覆盖范围内，严格控制新建自备水井，对原有的自备水井应当按照国家规定逐步提高水资源费征收标准，递减许可取水量直至限期关闭。

第二十七条 开采地下水资源，应当符合地下水区划管理要求。

在地下水超采区，应当控制开采地下水，削减地下水开采量，逐步实现开采与补给平衡，防止地面沉降、水源枯竭和水质恶化。县级以上地方人民政府应当采取措施，禁止农业、工业建设项目和服务业新增取用地下水。

在地下水限制开采区，原则上不得新增地下取水；确需新增取水的，经当地水行政主管部门审查同意后，由省水行政主管部门审批。

在地下水禁止开采区，严禁取用地下水；已有取水的，应当统一规划建设替代水源，关停原有取水设施。

第二十八条 在河道管理范围内采砂、取土，应当按照水系统一管理和分级管理相结合的原则，实行河道采砂许可制度。

在河道管理范围内采砂、取土的单位和个人，应当向有管辖权的水行政主管部门申请办理准采证。涉及其他部门的，由水行政主管部门会同有关部门批准。

县级以上水行政主管部门应当根据堤防安全和河势稳定的需要，按照河道管理权限划定禁采区和规定禁采期，并予以公告。

在禁采区、禁采期内，任何单位和个人不得从事采砂、取土活动。从事采砂、取土的单位和个人应当及时将机具和设备运出，以保障防洪和通航安全。

第二十九条 县级以上水行政主管部门应当按照国家和省有关规定，对管理的水工程划定管理范围和保护范围，并报经本级人民政府批准后予以公告。

第四章 水资源节约使用

第三十条 县级以上水行政主管部门负责本行政区域的节约用水工作,其他有关部门在各自职责范围内做好相关节约用水工作。

节约用水应当坚持统一规划、总量控制、合理调配、高效利用的原则。

县级以上人民政府应当支持节约用水技术和节水产品的研发、示范和推广。对再生水、矿井水、雨水利用等非常规水源的开发利用项目给予财政补贴。

第三十一条 用水实行计量收费和超定额累进加价制度,具体征收办法和标准按照省有关规定执行。

第三十二条 取用水单位和个人应当安装经法定计量检定机构检定合格的用水计量设施。用水计量设施发生故障的,应当及时修复或者更换,经检定合格后方可使用。

工业企业的生产用水和生活用水应当分别计量,主要用水车间和用水设备应当单独安装计量设施。

农业灌溉用水应当实行计量供水、计量收费。暂时不具备计量设施安装条件的,应当采用替代方式进行计量。

城市新建居民住宅应当分户安装计量设施;已建成的城市居民住宅未安装用水计量设施的,应当限期安装。

纳入计划用水管理的取用水单位,应当安装用水计量自动监测设备,接入水行政主管部门的水资源监控系统,并保证监测设备正常运行。

第三十三条 年用水量在30万立方米以上,纳入计划用水管理的取用水单位应当按照国家有关规定定期进行水平衡测试,水平衡测试应当符合国家规定的方法和规程,并由有管辖权的水行政主管部门组织验收核定。经测试发现不符合规定的,应当整改。

钢铁、造纸、啤酒、酒精、合成氨和医药等重点耗水行业用水户应当每两年进行一次水平衡测试。

第三十四条 县级以上人民政府应当加强农业节水工作,提高农业用水效率,引导农业生产者因地制宜调整产业结构,发展节水型农业。

县级以上人民政府应当合理安排和保障农业节水资金投入,兴建蓄水设施，扶持灌区、灌溉管道、渠道、排灌泵站等技术改造，明确农业节水灌溉工程产权和维护责任。

县级以上水行政主管部门应当会同有关部门制定节水灌溉规划，并依据规划加强农业灌溉管理工作，严重缺水的区域应当限制水田等高耗水农业发展。

农业灌溉应当采取管道或者渠道防渗方式进行输水，并采用管灌、喷灌、微灌、滴灌、控灌等高效节水灌溉方式，提高用水效率。已建成的农业用水设施不符合节水灌溉标准的，应当进行更新改造。禁止使用未经处理达标的污水灌溉农作物。

第三十五条　经营洗浴、洗车、滑雪场、高尔夫球场等高耗水服务业应当采用国家规定的节水工艺，采取节水措施，安装节水设施、器具。有条件的市、县人民政府应当采取措施，逐步引导洗车、滑雪场、高尔夫球场、城市园林绿化、市容环境卫生等行业用水户使用再生水。

鼓励机关、事业、企业单位和居民生活用水使用节水型设备和器具。已使用非节水型产品的，使用单位和个人逐步更换或者进行节水技术改造。

第三十六条　新建、改建、扩建建设项目，应当制订节水措施方案，配套建设节水设施。节水设施和水污染防治设施应当与主体工程同时设计、同时施工、同时投入使用。

第三十七条　建设单位应当安装、使用符合国家标准的节水型设备和产品。已安装使用的非节水型设备和产品，应当按照国家有关规定逐步更换。任何单位和个人不得生产、销售不符合节水强制标准的产品以及国家公布淘汰的非节水型设备和产品。

禁止生产、进口、销售列入淘汰目录的产品、设备，禁止使用列入淘汰目录的工艺。

第三十八条　供水企业和自建供水设施的单位应当加强供水设施的检修和维护，管网漏失率不得超过国家标准。

第三十九条　取用水单位和个人不得有下列行为：

（一）损毁和擅自改动计量设施、计量自动监测设备，损坏计量设施铅封；

（二）直接排放间接冷却水；

（三）窃取水资源；

（四）擅自改变水资源用途；

（五）未及时修复用水设施，造成水漏失；

（六）未及时关闭用水阀门，造成水流失。

第四十条 县级以上人民政府及有关部门应当采取措施，加快污水处理和再生水利用设施建设，鼓励使用再生水，提高污水再生利用率。

建设城镇生活污水集中排放和处理设施时，应当统筹规划、配套建设再生水输配管网。再生水输配管网覆盖区域内的工业企业，应当优先使用符合用水水质要求的再生水。新建的宾馆、学校、居民区、公共建筑等建设项目，应当配套建设再生水使用设施；已建成的，有条件使用再生水的地区应当逐步配套建设再生水使用设施。

第四十一条 因突发事件、干旱等情况造成居民用水短缺的，县以上人民政府可以根据当地水资源供需状况，启动用水应急预案，报上一级人民政府批准后实施。

第五章 法 律 责 任

第四十二条 违反本条例规定，在饮用水水源保护区内设置排污口的，由县级以上地方人民政府责令限期拆除，处二十万元以上五十万元以下的罚款；逾期不拆除的，强制拆除，所需费用由违法者承担，处五十万元以上一百万元以下的罚款，并可以责令停产整顿。

未经水行政主管部门或者流域管理机构审查同意，擅自在江河、湖泊新建、改建或者扩大排污口的，由县级以上水行政主管部门或者流域管理机构依据职权，责令停止违法行为，限期恢复原状，处五万元以上十万元以下的罚款；逾期不拆除的，强制拆除，所需费用由违法者承担，处二十万元以上五十万元以下的罚款。私设暗管或者有其他严重情节的，由县级以上人民政府责令停产整顿。

第四十三条 违反本条例规定，对未取得取水许可证擅自凿井取水的单位和个人，由县级以上水行政主管部门责令停止违法行为，限期采取补救措施，并处二万元以上五万元以下的罚款；为未取得取水许可证的单位和个人开凿取水井的施工单位，由县级以上水行政主管部门责令停止违法行为，没收违法所得，并处二千元罚款。

第四十四条 违反本条例规定,未经批准在地下水限制开采区新增取水的,由县级以上水行政主管部门责令停止违法行为,限期采取补救措施,并处三万元以上十万元以下的罚款;情节严重的,吊销其取水许可证。

违反本条例规定,在地下水禁止开采区取用地下水或者原有取水设施未按照水行政主管部门要求关停的,由县级以上水行政主管部门责令停止违法行为,限期拆除取水设施,并处五万元以上十万元以下的罚款。

第四十五条 违反本条例规定,有下列行为之一的,由县级以上水行政主管部门责令停止违法行为,没收非法所得,并处五万元以上十万元以下的罚款:

(一)未取得河道采砂许可证采砂的;

(二)在禁采区、禁采期内采砂的;

(三)未按照河道采砂许可证规定的范围和作业方式采砂的。

违反前款第(二)项、第(三)项规定,情节严重的,吊销河道采砂许可证。

第四十六条 违反本条例规定,经营高耗水服务业未采取节水工艺和安装节水设施、器具的,由县级以上水行政主管部门责令限期改正;逾期未改正的,处一万元以上二万元以下的罚款。

第四十七条 违反本条例规定,取用水单位有下列行为之一的,由县级以上水行政主管部门责令限期改正,并予以处罚:

(一)损毁和擅自改动计量自动监测设备的,处二万元以上五万元以下的罚款;

(二)直接排放间接冷却水的,处以直接排放总量水费的二倍罚款;

(三)窃取水资源的,补交水资源费,并处二万元以上十万元以下的罚款;

(四)擅自改变水资源用途的,处以售出总量或者改变用途后的用水总量水费的二倍罚款;

(五)未及时修复用水设施造成水漏失或者未及时关闭用水阀门造成水流失的,处一千元以上五千元以下的罚款。

第四十八条 水行政主管部门或者其他有关部门及其工作人员,有下列行为之一的,对负有责任的主管人员和其他直接责任人员,依法给予行政处分:

（一）不执行水资源规划的；

（二）违法核发许可证、签署审查意见的；

（三）不按照规定收取水资源费或者截留、挪用水资源费的；

（四）违反规定擅自供水的；

（五）不履行监督检查职责或者发现违法行为不予查处，造成严重后果的；

（六）利用职务上的便利收受财物或者其他好处的；

（七）有其他玩忽职守、滥用职权、徇私舞弊的行为。

第六章　附　　则

第四十九条　法律、行政法规另有规定的，从其规定。

江河、湖泊、河道的管理范围未有明确界定的，由县级以上人民政府依据国家有关法律、行政法规和本地实际情况确定具体管理范围和管理职责。

第五十条　本条例自2014年1月1日起施行。1991年10月30日黑龙江省第七届人民代表大会常务委员会第二十三次会议通过的《黑龙江省实施〈中华人民共和国水法〉办法》同时废止。

黑龙江省实施
《中华人民共和国防洪法》条例

（2000年8月18日经黑龙江省第九届人民代表大会常务委员会第18次会议通过　根据2010年8月13日黑龙江省第十一届人民代表大会常务委员会第十八次会议《关于修改〈黑龙江省实施《中华人民共和国水土保持法》办法〉等11部地方性法规的决定》第一次修正　根据2016年12月16日省十二届人大常委会第三十次会议《黑龙江省人民代表大会常务委员会关于废止和修改〈黑龙江省特种设备安全监察条例〉等44部地方性法规的决定》第二次修正　根据2018年4月26日黑龙江省第十三届人民代表大会常务委员会第三次会议《黑龙江省人民代表大会常务委员会关于废止和修改〈黑龙江省统计监督处罚条例〉等72部地方性法规的决定》第三次修正　根据2018年6月28日黑龙江省第十三届人民代表大会常务委员会第四次会议《黑龙江省人民代表大会常务委员会关于废止和修改〈黑龙江省农作物种子管理条例〉等63部地方性法规的决定》第四次修正）

第一章　总　　则

第一条　根据《中华人民共和国防洪法》，结合我省实际制定本条例。

第二条　本省辖区内从事防洪和一切与防洪有关的活动，应当遵守本条例。

第三条　防洪工作实行全面规划、统筹兼顾、预防为主、综合治理、局部利益服从全局利益的原则。

第四条　各级人民政府对本行政区内的防洪工作实行统一领导，全面负责。广泛宣传防洪法律、法规，提高全民水患意识，增强依法防洪的自觉性；组织协调有关部门完善水文、气象、通信、遥测遥控、预警及洪涝灾害监测系统；动员全社会力量，有计划地进行江河、湖泊治理；做好防汛抗洪和洪涝灾害后的恢复与救济工作；对在防洪工作中做出显著成绩的单位和个人给予表彰或奖励。

第五条 县级以上人民政府水行政主管部门在同级人民政府领导下,负责本行政区内防洪组织、协调、监督、指导等日常工作。有关单位在所在地县级以上人民政府领导下,按照各自的职责,负责有关防洪工作。

第二章 防 洪 规 划

第六条 防洪规划应当服从所在流域、区域的综合规划;区域防洪规划应当服从所在流域的流域防洪规划。防洪规划是江河、湖泊治理和防洪工程设施建设的基本依据。

松花江、嫩江干流防洪规划,依据流域综合规划,在流域管理机构的指导下,由省人民政府水行政主管部门负责组织编制,经国务院水行政主管部门审查提出意见后,报国务院批准。

黑龙江、乌苏里江、松阿察河、白棱河、瑚布图河、绥芬河、兴凯湖的国土防洪规划的拉林河、诺敏河、雅鲁河、绰尔河的防洪规划由省人民政府水行政主管部门组织编制,经省人民政府审查提出意见后,报国务院水行政主管部门批准。

额木尔河、呼玛河、逊别拉河、讷谟尔河、乌裕尔河、呼兰河、汤旺河、蚂蚁河、倭肯河、牡丹江、通肯河、穆棱河、挠力河的防洪规划由省人民政府水行政主管部门会同有关部门和市(行署,下同)、县(县级市、区,下同)人民政府编制,报省人民政府批准。

其他河流、湖泊的防洪规划,由有关市、县人民政府水行政主管部门会同有关部门编制,经同级人民政府批准后,报上一级人民政府水行政主管部门备案,其中跨县的由市人民政府水行政主管部门组织编制,经市人民政府批准,报省人民政府水行政主管部门备案;跨市的经省人民政府水行政主管部门审查提出意见后,报省人民政府批准。

哈尔滨、齐齐哈尔、牡丹江、佳木斯、大庆、伊春等国家确定的重点防洪城市的防洪规划,按照国务院规定的审批程序批准后,纳入城市总体规划。其中市级城市防洪规划由城市人民政府组织水行政主管部门和有关部门编制,经省人民政府水行政主管部门审查提出意见后,报省人民政府批准。县级城市防洪规划由县人民政府组织水行政主管部门和有关部门编制,经市人民政府水行政主管部门审查提出意见后,报市人民政府批准。修改防洪规划，应当报经原批准机关批准。

第七条 防洪规划确定的河道整治计划用地和规划建设的堤防用地范围内的土地，经土地管理部门和水行政主管部门会同有关地区核定，报经县级以上人民政府按照国务院规定的权限批准后，可以规定为规划保留区。经批准后划定的规划保留区，由当地人民政府明确界限，设立标示，并予以公告。

规划保留区内不得建设与防洪无关的工矿工程设施及其他建筑物；在特殊情况下，国家工矿建设项目确需占用规划保留区内的土地的，按照国家规定的基本建设程序报请批准，并征求有关人民政府水行政主管部门的意见。规划保留区内现有与防洪无关的工矿工程设施及其他建筑物，当地人民政府应当制定外迁计划并组织实施。

第三章 治理与防护

第八条 防洪洪水应当蓄泄兼施、标本兼治，有计划地进行堤防加固、水库除险和河道整治；实行封山育林，退耕还林，扩大林草植被，涵养水源，加强流域水土流失的综合治理。

第九条 县级以上人民政府水行政主管部门和其他有关部门应当根据防洪规划制定防洪设施建设的年度计划，报本级人民政府批准后组织实施。对应急度汛工程，应当制定应急措施，报同级人民政府批准后优先安排资金。

第十条 松花江、嫩江的规划治导线由流域管理机构拟定，报国务院水行政主管部门批准。

拉林河、诺敏河、雅鲁河、绰尔河的规划治导线由省人民政府水行政主管部门拟定，经省人民政府审查提出意见后，报国务院水行政主管部门批准。额木尔河、呼玛河、逊别拉河、讷谟尔河、乌裕尔河、呼兰河、汤旺河、蚂蚁河、倭肯河、牡丹江、通肯河、穆棱河、挠力河的规划治导线、由有关市人民政府水行政主管部门分别拟定，经同级人民政府审查提出意见后，报省人民政府水行政主管部门批准。

其他江河、河段规划治导线由有关市、县人民政府水行政主管部门拟定，报同级人民政府批准；其中跨县的由有关县人民政府水行政主管部门分别拟定，经同级人民政府审查提出意见后，报市人民政府水行政主管部门批

准；跨市的有关市人民政府水行政主管部门分别拟定，经同级人民政府审查提出意见后，报省人民政府水行政主管部门批准。

第十一条 防洪规划确定的河道整治计划用地、堤防建设用地及管理用地，由有关人民政府依照法律、法规的规定划拨或征用。

第十二条 建设跨河、穿河、穿堤、临河等工程设施及占用河滩地，实行占用河道审批管理制度；在江河、湖泊上建设防洪工程和其他水工程、水电站等，实行规划同意书制度。

第十三条 防洪工程建设，应当履行建设程序，依法实行项目法人负责制、招标投标制、工程质量监理制和合同管理制。

防洪工程建设，应当按照国家有关规定进行设计、施工、监理，确保工程符合国家质量标准；项目法人对工程质量负全面责任；设计、施工、监理单位按照合同和有关规定对各自承担的工作负责。

第十四条 对影响河道、湖泊和水库防洪安全的建筑物，经县级以上人民政府水行政主管部门认定后，必须限期改建或者拆除。

第四章 防洪区和防洪工程设施的管理

第十五条 防洪区是指洪水泛滥可能淹及的地区，分为洪泛区、蓄滞洪区和防洪保护区。

防洪区的范围由县级以上人民政府按照批准的防洪规划或者防御洪水方案划定，经上一级人民政府水行政主管部门审查提出意见，报省级以上人民政府按照国务院规定的权限批准后，由所在地人民政府进行公告。

第十六条 在洪泛区、蓄滞洪区内，应当严格控制非防洪建设项目。确需建设的，建设单位应当就建设项目对防洪可能产生的影响做出评价，编制洪水影响评价报告和水土保持方案大纲，提出防御洪水措施。建设项目可行性研究报告按国家规定的基本建设程序报请批准时，应当附具有关人民政府水行政主管部门审查批准的洪水影响评价报告；建设项目竣工或者投入使用前，其防洪设施应当经审查批准的人民政论水行政主管部门验收。对居住在经常使用的蓄滞洪区的居民，由所在地人民政府采取必要的安全保护措施，并有计划地组织外迁。

第十七条 省人民政府和有关市、县人民政府应当对蓄滞洪区予以扶持。直接受益于蓄滞洪区的地区和单位，对蓄滞洪区应当承担补偿、救助义务。对蓄滞洪区的扶持和补偿、救助办法由省人民政府按照国家的有关规定另行制定。

第十八条　防洪工程设施的管理范围和保护范围由县级以上人民政府依法划定，并报省人民政府水行政主管部门备案。

第十九条　防洪工程设施建设立项时应当明确管理体制和管理机构，按照谁主管，谁负责的原则，实行分级、分部门管理。

省人民政府水行政主管部门负责管理直属的防洪工程设施；市、县人民政府水行政主管部门负责管理本行政区域内的防洪工程设施。中直和省直其他有关部门负责管理本行业的防洪工程设施。

第二十条　县级以上人民政府水行政主管部门，应当加强水政监察，按照有关法律、法规的规定查处危害防洪工程设施的行为，确保防洪工程设施的安全与完好。

第五章　防　汛　抗　洪

第二十一条　防汛抗洪工程实行各级人民政府行政首长负责制，统一指挥，分级分部门负责。

各有关部门在同级人民政府的领导下，按照防洪责任制分工，负责有关的防汛抗洪工作。

第二十二条　县级以上人民政府设立由有关部门、当地驻军、人民武装部等负责人组成的防汛抗洪指挥机构，在上级防汛抗洪指挥机构和本级人民政府的领导下，指挥本行政区域内的防汛抗洪工作，其办事机构设在同级水行政主管部门。

在紧急防汛期，各级防汛指挥机构主要负责人应当坚实岗位，统管全局，科学调度；其他负责人亲临一线，遵章尽职。

第二十三条　在汛期，气象部门应当及时向各级防汛指挥机构提供有关天气预报和实时气象信息，灾害性天气预报应提前通知所在地防汛指挥机构；水文站、雨量站（点）应当及时向各级防汛指挥机构提供有关水文信息预报；交通、电信、公安等有关部门应当按照各自的职责，承担义务。

第二十四条　松花江、嫩江、拉林河、诺敏河、雅鲁河、绰尔河的防御洪水方案，由流域管理机构会同省人民政府制定，报国务院或者国务院授权的有关部门批准。

其他江河的防御洪水方案，由所在地县级以上人民政府负责制定，报上一级人民政府批准。

水库汛期防洪调度计划，由县级以上人民政府水行政主管部门或其他有关主管部门编制。大型、重点中型水库，经市人民政府水行政主管部门审查提出意见后，报省人民政府水行政主管部门批准；一般中型水库、重点小型水库报市人民政府水行政主管部门批准。

承担防洪任务的水电站汛期防洪调度计划，由水电站主管部门编制，经所在地市人民政府水行政主管部门批准，报省人民政府水行政主管部门备案。城市防御洪水方案，由所在地县级以上人民政府组织编制，报上一级人民政府水行政主管部门批准。国家另有规定的按其规定执行。

江河、城市防御洪水方案和水库及承担防洪任务的水电站汛期防洪调度计划，报省防汛指挥机构备案。

经批准的防御洪水方案和防洪调度计划，当地人民政府和有关部门必须执行。

第二十五条　本省汛期分为凌汛期和夏汛期，凌汛期为4月10日至5月15日，夏汛期为6月15日至9月20日。非常情况下，省人民政府防汛指挥机构可以宣布提前或延长防汛期。当江河、湖泊的水情接近保证水位或者安全流量，水库水位接近设计洪水位或者防洪工程设施发生重大险情时，有关县级以上人民政府防汛指挥机构可以宣布进入紧急汛期。

第二十六条　凌汛期前，有关市、县人民政府要根据气象、水文部门的预测预报，做好人员、财产转移预案，落实责任人，并有计划地对易受灾村屯进行外迁。

第二十七条　山洪、泥石流易发地区的市、县人民政府，应当组织有关部门对山体滑坡、崩塌和泥石流隐患进行全面调查，划定重点防治区，采取防治措施。

第二十八条　县级以上人民政府防汛指挥机构负责向社会发布汛情公告，其他任何单位和个人不得擅自发布。

第二十九条　在汛期，防汛指挥车辆和抢险救灾车辆免交过路（桥）费、停车费。防汛车辆标志牌由县级以上人民政府防汛指挥机构会同交通、公安等有关部门制发。

第三十条 在行洪河道内禁止设置阻水障碍物，已设置的按照谁设障、谁清除的原则，由防汛指挥机构责令限期拆除。

第三十一条 紧急防汛期，防汛指挥机构可以按照规定权限采取下列应急措施：

（一）决定陆地和水面效能管制；

（二）调用物资、设备、交通运输工具和人力；

（三）决定取土占地、砍伐林木、清除阻水障碍物等；

（四）对壅水、阻水严重的桥梁、码头和其他跨河工程设施作出紧急处置；

（五）需要采取的其他应急措施。

依照前款规定，在紧急防汛期所采取的应急措施，在汛期结束后，依照有关法律法规向有关部门补办手续、依法补偿或作其他处理。

第三十二条 根据汛情、险情，需要请求部队支援抗洪抢险的，由县级以上人民政府防汛指挥机构向省人民政府防汛指挥机构提出请求，由省人民政府负责协调。防汛出现紧急情况，市人民政府防汛指挥机构可直接请求当地驻军支援。有关市、县人民政府应当为参加抗洪抢险的部队提供必要的抗洪抢险用具和后勤保障。

第三十三条 洪涝灾害发生后，有关人民政府应及时、准确、全面核实上报灾情，并积极组织有关部门、单位做好灾区的的生活供给、卫生防疫、救灾物资供应、治安管理、学校复课、恢复生产、重建家园和水毁工程设施修复等工作。水毁防洪工程的修复应当优先列入有关部门的年度建设计划。

第六章 保障措施

第三十四条 防洪费用按照政府投入与受益者合理承担的原则筹集。

第三十五条 县级以上人民政府应当安排防洪规划工作经费，保证实施防洪规划和水毁防洪工程修复所需的资金，落实防汛工作、物料储备所需资金。

第三十六条 江河、湖泊治理及防洪工程设施建设和管理等所需资金，除中央投入外，按照事权和财权相统一的原则，由省、市、县人民政府统筹安排。城市防洪工程设施和其他防洪工程建设和维护、管理所需资金,由城市人民政府承担。

第三十七条 在汛前,县级以上人民政府和有关部门根据现有工程状况和当年汛情预测,做好防汛抢险物资准备。实行分级负担、分级储备、分级管理、分级使用的原则,下级储备的防汛抢险物资,应当服从上级防汛指挥机构的统筹调用。

第三十八条 县级以上人民政府应当保证防洪各项资金及时到位,确保配套资金足额落实。

第三十九条 任何单位和个人不得截留、挪用防洪救灾资金和物资。

各级人民政府审计机关应当加强对防洪、救灾资金使用情况的审计监督。

第七章 法 律 责 任

第四十条 违反本条例第十条、第十二条、第十六条第一款规定的,由县级以上人民政府水行政主管部门按照《中华人民共和国防洪法》有关规定处罚。

第四十一条 违反本条例第十四、第三十条规定的,由县级以上人民政府水行政主管部门处以1万元以上10万元以下罚款。对逾期不拆除或者改建的,由县级以上人民政府防汛指挥机构依法组织强行拆除,所需费用由设障者承担。

第四十二条 违反本条例第二十八条规定,擅自发布汛情公告的,由有关主管部门对责任人给予行政处分;造成严重后果的,追究责任人的刑事责任。

第四十三条 阻碍、威胁防汛指挥机构、水行政主管部门或者流域管理机构的工作人员依法执行职务,构成犯罪的,依法追究刑事责任;尚不构成犯罪,应当给予治安处罚的,依照《中华人民共和国治安管理处罚法》的规定处罚。

第四十四条 违反本条例第三十九规定,截留、挪用防洪、救灾资金和物资,构成犯罪的,依法追究刑事责任;尚不构成犯罪的,给予行政处分。

第四十五条 国家工作人员,有下列行为之一的,构成犯罪的,依法追究刑事责任；尚不构成犯罪的，给予行政处分：

（一）对防洪工程建设不实行项目法人负责制、招标投标制、工程质量监理制的；

（二）滥用职权，玩忽职守，徇私舞弊，致使防汛抗洪工作造成重大损失的；

（三）拒不执行防御洪水方案、防汛抢险指令或者蓄滞洪方案、措施、汛期调度运用计划等防汛调度方案的；

（四）违反本条例规定，导致或者加重毗邻地区或其他单位洪灾损失的。

第八章 附 则

第四十六条 法律、行政法规另有规定的，从其规定。

第四十七条 本条例自 2000 年 9 月 1 日起施行。

上海市

上海市河道管理条例

（1997年12月11日上海市第十届人民代表大会常务委员会第四十次会议通过 根据2003年10月10日上海市第十二届人民代表大会常务委员会第七次会议《关于修改〈上海市河道管理条例〉的决定》第一次修正 根据2006年6月22日上海市第十二届人民代表大会常务委员会第二十八次会议《关于修改〈上海市河道管理条例〉的决定》第二次修正 根据2010年9月17日上海市第十三届人民代表大会常务委员会第二十一次会议《关于修改本市部分地方性法规的决定》第三次修正 根据2011年12月22日上海市第十三届人民代表大会常务委员会第三十一次会议《关于修改本市部分地方性法规的决定》第四次修正 根据2016年2月23日上海市第十四届人民代表大会常务委员会第二十七次会议《关于修改〈上海市河道管理条例〉等7件地方性法规的决定》第五次修正 根据2017年11月23日上海市第十四届人民代表大会常务委员会第四十一次会议《关于修改本市部分地方性法规的决定》第六次修正 根据2018年11月22日上海市第十五届人民代表大会常务委员会第七次会议《关于修改本市部分地方性法规的决定》第七次修正 根据2018年12月20日上海市第十五届人民代表大会常务委员会第八次会议《关于修改〈上海市供水管理条例〉等9件地方性法规的决定》第八次修正 根据2021年10月28日上海市第十五届人民代表大会常务委员会第三十六次会议《关于修改本市部分地方性法规的决定》第九次修正 根据2022年10月28日上海市第十五届人民代表大会常务委员会第四十五次会议《关于修改〈上海市公共场所控制吸烟条例〉等5件地方性法规和废止〈上海市企业名称登记管理规定〉的决定》第十次修正）

第一章 总 则

第一条 为了加强河道管理，保障防汛安全，改善城乡水环境，发挥江河湖泊的综合效益，根据《中华人民共和国水法》、《中华人民共和国防洪法》、《中华人民共和国河道管理条例》等法律、法规，结合本市实际情况，制定本条例。

第二条 本条例适用于本市行政区域内的河道（包括湖泊洼淀、人工水道、河道沟汊）的整治、利用、保护及其相关的管理活动。

河道内的航道，同时适用国家和本市有关航道管理规定。

本市现有港区和规划港区内河段的管理，法律、法规另有规定的从其规定。

第三条 本市河道实行统一规划、综合整治、合理利用、积极保护的原则。

本市河道修建、维护和管理（以下统称河道整治）实行统一管理与分级负责相结合的原则。

本市河道整治费用，按照政府投入同受益者合理承担相结合的原则筹集。

第四条 本市各级人民政府应当加强对河道整治工作的领导，组织有关部门、单位，动员社会力量，有计划地进行河道整治，提高河道的防洪排涝能力，发挥河道的综合功能。

第五条 上海市水务局是本市河道的行政主管部门（以下简称市水行政主管部门），负责对本市河道的监督管理和指导，并对市管河道实施管理。市水行政主管部门所属的上海市水务行政执法总队（以下简称市水务执法总队）具体负责本市河道的监督检查工作，并按照本条例的规定实施行政处罚。

区水行政主管部门是同级人民政府河道行政主管部门，按照其职责权限，负责本行政区域内河道的管理。

乡（镇）人民政府和乡（镇）水利机构按照其职责权限，负责乡（镇）管河道的管理；街道办事处按照本条例规定，对所在区域内的河道行使日常监督管理，其业务接受上级河道行政主管部门的指导。

本市各有关行政管理部门应当按照各自的职责分工，协同实施本条例。

第六条 市管河道的确定，由市水行政主管部门会同有关部门提出方案，报市人民政府批准；区管河道和乡（镇）管河道的划分，由区河道行政主管部门会同有关部门提出方案，报区人民政府批准，并报市水行政主管部门备案。

根据河道管理需要，市水行政主管部门可以将市管河道委托区河道行政主管部门实施日常监督管理；区河道行政主管部门也可以将区管河道委托乡

（镇）人民政府或者街道办事处实施日常监督管理。委托管理部门应当负责落实委托管理项目所需的经费。

本市境内的长江河段以及其他跨省、市的重要河段、边界河道的管理分工，国家另有规定的从其规定。

第七条 有堤防（含防汛墙，下同）的河道管理范围为两岸堤防之间的全部水域、滩地，堤防、防汛通道或者护堤地；无堤防的河道管理范围按河道防洪规划所确定的设计洪水位划定。具体管理范围，由区以上人民政府划定。

第八条 市水行政主管部门、区河道行政主管部门应当依法加强河道监督管理，维护河道堤防等水工程安全，开展河道水质监测工作，协同环保行政管理部门对水污染防治实施监督管理。

乡（镇）人民政府和街道办事处应当加强对本区域内河道的日常检查和监督。

河道管理人员执行日常监督检查任务时，应当佩戴执法标志，持证执法。

第九条 任何单位和个人都有保护河道堤防等水工程安全、保护水环境和依法参加防汛抢险的义务，并有权制止和检举违反河道管理的行为。

第二章 河 道 整 治

第十条 本市河道专业规划应当符合流域水利规划、区域水利综合规划和城市总体规划的要求，符合国家和本市规定的防洪排涝标准以及其他有关技术规定。

本市利用河道的其他各类专业规划应当与河道专业规划相协调。

第十一条 本市河道专业规划由市水行政主管部门会同有关部门组织编制，经市规划资源管理部门综合平衡后，纳入本市城市总体规划。

市管河道以及中心城区内其他河道的规划，由市水行政主管部门会同有关部门负责编制，经市规划资源管理部门综合平衡，报市人民政府批准后实施；中心城区外的其他河道规划，由区河道行政主管部门会同有关部门负责编制，经区规划行政管理部门综合平衡，报区人民政府批准后实施，并报市水行政主管部门、市规划资源管理部门备案。

编制河道规划涉及航道的，河道行政主管部门应当事先征求航道行政管理部门的意见。

河道规划的修改或者调整，应当经原批准机关批准。

第十二条　编制详细规划涉及河道的，应当事先征求河道行政主管部门意见，并按照规划管理权限，报规划行政管理部门批准后实施。

第十三条　市管河道以及中心城区内其他河道规划控制线（简称河道蓝线）方案，由市水行政主管部门提出，经市规划资源管理部门批准后施行；中心城区外的其他河道蓝线方案，由区河道行政主管部门提出，经区规划行政管理部门批准后施行，报市水行政主管部门、市规划资源管理部门备案。

河道行政主管部门提出通航河道蓝线方案前，应当征求航道行政管理部门的意见。

第十四条　市水行政主管部门或者区河道行政主管部门应当根据河道专业规划，制定河道整治年度计划，报同级人民政府批准后组织实施。

乡（镇）人民政府应当对其所管理的河道制定年度整治计划，并组织实施。

对淤积严重、影响防洪排涝的河道，市水行政主管部门或者区河道行政主管部门应当制定河道整治应急方案，并优先安排整治工程。

第十五条　河道行政主管部门进行河道整治涉及航道的，应当兼顾航运需要，并事先征求航道行政管理部门的意见。

航道行政管理部门进行航道整治，应当符合防汛安全要求，并事先征求河道行政主管部门的意见。

在重要的渔业水域进行河道、航道整治，应当兼顾渔业发展需要，并事先征求渔业行政管理部门的意见。

第十六条　沿河新建、扩建、改建的建设项目，建设单位在建设项目立项或者申请建设许可时，应当将区域内河段的部分整治项目纳入建设项目计划并与建设项目同步实施。所需经费，专用岸段由建设单位负担；非专用岸段的经营性建设项目，由建设单位按收益情况合理负担。

第十七条　河道整治需要占用的土地，由土地行政管理部门按照国家和本市的有关规定调剂解决。

河道整治所增加的土地，按照城市规划和土地利用规划安排使用，其土地转让得益应当用于河道整治。

第三章 河道利用

第十八条 河道管理范围内的建设项目,建设单位应当按照河道管理权限,将工程建设方案报送市水行政主管部门或者区河道行政主管部门审核同意。未经市水行政主管部门或者区河道行政主管部门审核同意的,建设单位不得开工建设。

第十九条 经批准在河道管理范围内的建设项目施工前,建设单位应当按照河道管理权限,将施工方案报市水行政主管部门或者区河道行政主管部门审核,并在规定的界限内进行施工。

第二十条 河道管理范围内的建设项目,按照国家有关法律、法规,进行竣工验收,并应当服从市水行政主管部门或者区河道行政主管部门的安全管理。

第二十一条 需要利用河道堤顶或者平台兼做道路的,建设单位应当报市水行政主管部门或者区河道行政主管部门批准,并向土地行政管理部门办理有关手续;但在建设河道堤防时已经明确可以利用堤顶或者平台兼做道路的,不再审批。

第二十二条 利用河道、水闸等水工程实施引清调水,改善水环境的,应当按照引清调水方案统一调度。

引清调水方案由市水行政主管部门会同市有关部门制定。

第二十三条 经批准在河道管理范围内从事建设活动,占用河道堤防等水工程设施或者水域的,建设单位应当予以补偿;由于施工原因对河道堤防等水工程设施造成损害或者造成河道淤积的,建设单位应当承担赔偿或者清淤的责任。

第二十四条 河道管理范围内的土地确权,由土地行政管理部门按照国家和本市的有关规定予以办理。

第四章 河道保护

第二十五条 禁止擅自填堵河道。

确因建设需要填堵河道的,建设单位应当委托具有相应资质的水利规划设计单位进行规划论证,并报市人民政府批准。

填堵河道需要实施水系调整的,所需经费由建设单位承担。

经批准填堵河道的,建设单位在施工前,应当按照本条例第十九条的规定办理施工审核手续。

第二十六条 对壅水、阻水严重的桥梁、码头或者其他跨河工程设施,根据国家和本市规定的防洪标准,由河道行政主管部门报经同级人民政府批准后,责成产权单位限期整改或者拆除。汛期影响行洪排涝安全的,应当服从防汛指挥部的紧急处理决定。

第二十七条 河道管理范围内不得设置阻水障碍物。

对河道管理范围内的阻水障碍物,按照谁设障、谁清除的原则,由市水务执法总队或者区河道行政主管部门提出清障实施方案,责令设障者在规定的期限内清除;逾期不清除的,由市水行政主管部门或者区河道行政主管部门强制清除,所需费用由设障者承担。

第二十八条 跨汛期的工程施工,建设单位应当落实汛期安全措施。

第二十九条 在河道中运输、存放竹木或者进行水产养殖、捕捞作业,不得影响河道行洪、排涝、灌溉以及危及水工程的安全。

汛期影响河道行洪排涝安全的下列物体,市水行政主管部门或者区河道行政主管部门应当会同交通、公安等部门采取清除措施或者进行紧急处置:

(一)在河道中存放竹木、放置养殖捕捞设施以及其他漂流物的;

(二)船舶在河道内滞留的。

第三十条 在保证堤防安全需要限制航速的河段,河道行政主管部门应当会同航道行政管理部门设立限制航速标志。

第三十一条 水闸运行、通航、纳潮、排涝、引清调水时,应当保障防汛安全及区域内船舶的通航安全。

本市水闸管理办法,由市人民政府另行制定。

第三十二条 河道行政主管部门应当采取措施,加强河道堤防和河岸的水土保持工作,组织植树种草,防止水土流失、河道淤积。

护堤护岸林木、植被,由河道管理机构组织营造并负责维护和管理。

第三十三条 根据河道堤防的重要程度以及堤基土质条件,经市水行政主管部门或者区河道行政主管部门报同级人民政府批准后,可以在河道管理范围的相连地域划定堤防安全保护区。

在河道管理范围及堤防安全保护区内,未经市水行政主管部门或者区河道行政主管部门批准,不得从事下列活动:

(一)开采地下资源、进行考古发掘、堆放物料;

(二)设置渔簖、网箱及其他捕捞装置;

(三)爆破、取土、钻探、打桩、打井、挖筑鱼塘等影响河道堤防安全。

第三十四条 在河道管理范围内,不得从事下列活动:

(一)倾倒工业、农业、建筑等废弃物以及生活垃圾、粪便;

(二)清洗装贮过油类或者有毒有害污染物的车辆、容器;

(三)搭建房屋、棚舍等建筑物或者构筑物;

(四)损毁河道堤防等水工程设施;

(五)放牧、垦殖、砍伐盗伐护堤护岸林木;

(六)水上水下作业影响河势稳定、危及河道堤防安全;

(七)其他妨碍河道防洪排涝活动。

第五章 保 障 措 施

第三十五条 河道整治,应当纳入本市国民经济和社会发展计划。各级人民政府应当提高投入的总体水平。

第三十六条 各级人民政府应当按照河道规划所确定的分期目标,制定年度整治计划,所需经费应当在年度财政预算中专项安排。

第三十七条 各级人民政府按照国家有关规定设立的水利建设基金,应当主要用于防洪和河道整治。

第三十八条 本市按照法律规定征收河道工程修建维护管理费,具体征收、使用和管理办法由市人民政府另行制定。

第三十九条 各级人民政府应当根据国家的有关规定,安排一定比例的义务工和劳动积累工,对河道堤防工程进行修建和加固。

第四十条 任何单位和个人不得截留、挪用河道整治费用。

审计机关应当加强对河道整治费用征收和使用情况的审计监督。

第六章 法 律 责 任

第四十一条 违反本条例规定,擅自填堵河道的,由市水务执法总队或

者区河道行政主管部门责令其限期改正或者采取其他补救措施,并可处以一万元以上五万元以下的罚款。

第四十二条 违反本条例第十八条、第十九条规定,由市水务执法总队或者区河道行政主管部门责令其停止施工,限期改正或者采取其他补救措施,并可处以一千元以上五万元以下的罚款。

第四十三条 违反本条例第三十三条第二款规定,由市水务执法总队、区河道行政主管部门或者乡(镇)水利机构责令其停止违法行为,限期改正,并可处以一万元以下的罚款。

第四十四条 违反本条例第三十四条规定,由市水务执法总队、区河道行政主管部门或者乡(镇)水利机构责令其停止违法行为,限期改正,并可处以一万元以上五万元以下的罚款。

第四十五条 对下级河道行政主管部门或者组织作出的不适当决定,上级河道行政主管部门应当要求其改正或者予以撤销。

第四十六条 河道管理人员玩忽职守、滥用职权、徇私舞弊的,由其所在单位或者上级主管部门给予处分;构成犯罪的,依法追究刑事责任。

第四十七条 当事人对河道行政主管部门或者组织的具体行政行为不服的,可以依照《中华人民共和国行政复议法》或者《中华人民共和国行政诉讼法》的规定,申请复议或者提起诉讼。

当事人对具体行政行为在法定期限内不申请复议,不提起诉讼,又不履行的,作出具体行政行为的部门或者组织可以申请人民法院强制执行。

第七章 附 则

第四十八条 市人民政府应当根据本条例制定具体管理办法。

第四十九条 本条例的具体应用问题,由市水行政主管部门负责解释。

第五十条 本条例自1998年3月1日起施行。

江苏省

江苏省河道管理条例

(2017年9月24日江苏省第十二届人民代表大会常务委员会第三十二次会议通过 根据2021年9月29日江苏省第十三届人民代表大会常务委员会第二十五次会议《关于修改〈江苏省河道管理条例〉等二十九件地方性法规的决定》修正)

第一章 总 则

第一条 为了加强河道管理和保护,规范开发利用,保障防洪和供水安全,改善水生态环境,发挥河道的综合效益,根据《中华人民共和国水法》《中华人民共和国防洪法》《中华人民共和国河道管理条例》等法律、行政法规,结合本省实际,制定本条例。

第二条 本省行政区域内河道(包括湖泊、水库、人工水道、行洪区、蓄洪区、滞洪区)的管理、保护和利用,适用本条例。

第三条 河道管理实行全面规划、统筹兼顾、保护优先、综合治理、合理利用的原则,服从防洪的总体安排。

第四条 县级以上地方人民政府应当加强对河道管理工作的领导,建立健全河道管理单位,将河道管理纳入国民经济和社会发展规划,将河道建设、维修养护、管理运行所需经费纳入年度财政预算。

第五条 县级以上地方人民政府水行政主管部门是本行政区域内河道的主管部门。县级以上地方人民政府其他有关部门根据各自职责做好河道管理的有关工作。

经省人民政府批准设立的水利工程管理机构,履行法律、法规规定和省人民政府赋予的河道监督管理职责。

对本省行政区域内由流域管理机构直接管理的河道,流域管理机构按照国家规定履行河道管理职责。

第六条 乡镇人民政府、街道办事处应当按照规定的职责,加强日常巡查,制止违法行为,做好河道的维修养护和清淤疏浚、保洁等工作。

村民委员会、居民委员会可以依法制定村规民约或者居民公约,引导村民、居民自觉维护河道整洁，协助做好河道的清淤疏浚和保洁工作。

第七条 全面实行河长制，落实河道管理保护地方主体责任，建立健全部门联动综合治理长效机制，统筹推进水资源保护、水污染防治、水环境治理、水生态修复，维护河道健康生命和河道公共安全，提升河道综合功能。

第八条 地方各级人民政府及有关部门、新闻媒体应当加强河道管理和保护的宣传教育，普及河道管理和保护的相关知识，引导公众自觉遵守河道管理和保护的法律法规。

任何单位和个人有权对违反河道管理法律法规的行为进行制止和举报。对管理和保护河道作出突出贡献的单位和个人，由地方各级人民政府或者水行政主管部门给予奖励。

第二章 管理和保护

第九条 省、设区的市、县（市、区）、乡镇（街道）四级设立总河长，河道分级分段设立河长。总河长、河长名单向社会公布。

第十条 各级总河长是本行政区域内河长制的第一责任人，组织领导、协调解决河长制落实过程中的重大问题，组织督促检查、绩效考核和问责追究。

各级河长负责组织相应河道的管理、保护、治理等工作，开展河道巡查，协调、督促解决河道管理保护中的问题。

各相关部门按照分工履行职责，落实河长制有关工作。

第十一条 县级以上地方人民政府应当建立河长制考核评价制度和公众参与信息平台，并聘请有关专业组织、社会公众对河长的履职情况进行监督和评价。

第十二条 河道管理实行统一管理与分级管理相结合，下级管理服从上级管理的管理体制。对上级水行政主管部门管理的河道，下级水行政主管部门可以按照职责权限的规定，根据河道的统一规划和管理技术要求实施管理。

县级以上地方人民政府水行政主管部门应当按照河道分级管理权限制定河道管理名录，经本级人民政府批准后向社会公布。

第十三条 县级以上地方人民政府水行政主管部门应当做好本行政区域

内河道水系、水域状况、开发利用等基础情况调查工作，建立和完善河道档案，加强河道管理的信息化建设。

第十四条 县级以上地方人民政府水行政主管部门应当根据河道分级管理权限，按照防洪、水资源配置和保护的总体安排，会同发展改革、交通运输等部门编制河道保护规划，报本级人民政府批准后实施，并报上一级水行政主管部门备案。

河道保护规划应当包括河道管理范围、保护范围与管理保护措施，防洪治涝措施，蓄水、输水要求与措施，水功能区划、水质保护目标与管理保护措施，生态保护目标与保护措施，河道内重要基础设施保护措施，资源开发利用控制指标，饮用水源保护区和饮用水源准保护区的划分方案与管理保护措施以及岸线资源利用与保护、河道采砂管理，河道占用清退与清淤方案、河道管理方案等内容。

河道保护规划应当符合流域、区域综合规划和防洪、水资源等专业规划，与土地利用总体规划、城乡建设规划、环境保护规划、生态红线保护规划等规划相衔接。其他专业规划应当与河道保护规划相协调。

第十五条 县级以上地方人民政府应当设立河道水域和岸线资源的保护区、保留区、控制利用区和开发利用区，保证水域和岸线资源的有效保护与合理开发利用。

第十六条 县级以上地方人民政府应当加强对具有重要历史文化价值河道的保护，明确保护范围和标准，建立相关档案，对涉及河道的非物质文化遗产进行挖掘、整理，保护和弘扬河道文化。

第十七条 县级以上地方人民政府应当组织开展河道的划界工作，依法对本行政区域内的河道划定管理范围和保护范围，并向社会公布。

河道管理范围按照《江苏省水利工程管理条例》的规定划定。

河道管理范围内属于国家所有的土地，可以由河道管理单位使用，并依法办理不动产登记手续。其中，已经县级以上地方人民政府批准由其他单位或者个人使用的，可以继续由原单位或者个人使用。属于集体所有的土地，其所有权和使用权不变。土地的使用不得损害河道功能和影响河道安全。

第十八条 县级以上地方人民政府水行政主管部门应当设置河道管理范围的界桩和标识牌。标识牌应当载明河道名称、管理责任人、河道管理范围以及河道管理范围内禁止和限制的行为等事项。

任何单位和个人不得擅自移动、损毁、掩盖界桩和标识牌。

第十九条　修建河道工程，在工程设计中应当包括主体工程和观测、防汛、自动控制（监控）、水文、管理用房等各类管理基础设施和附属设施，明确工程管理范围。工程概算中应当包含上述工程设施的投资。在工程开工前应当依法办理用地手续，确定土地权属。工程竣工验收时，应当将上述工程一并验收，并将有关资料（包括不动产权属证书）移交工程管理单位。

第二十条　河道管理单位应当加强河道的安全检查和维修养护，消除安全隐患，保障安全运行。

县级以上地方人民政府水行政主管部门应当积极培育河道维修养护市场，规范市场秩序，逐步实行河道管理和维修养护分离，提高河道管护效能。

第二十一条　地方各级人民政府应当加强河道环境整治，限期消除黑、臭、脏河道，定期组织水生植物清理、漂浮物打捞、河道保洁等。

第二十二条　县级以上地方人民政府水行政主管部门应当对河道淤积情况定期监测，并根据监测情况制定清淤疏浚计划，报经本级人民政府批准后实施。

清淤疏浚计划应当明确清淤疏浚的范围和方式、责任主体、资金保障、淤泥处理等事项。

河道清淤不得损害河道水生态环境。淤泥利用应当经无害化处理，并符合环境保护的要求。

第二十三条　河道管理单位应当加强堤防及其护堤地绿化工作，防止水土流失，美化河道环境。

河道管理范围内护堤护岸林木不得擅自砍伐。采伐河道管理范围内水利防护林的，应当依法办理采伐许可手续，并按照规定更新补种。其他部门在河道管理范围内营造的林木，其日常管理和更新采伐应当满足河道行洪排涝、防汛抢险、工程安全和水土保持的需要。

第二十四条　在船舶航行可能危及堤岸安全的河段，应当限定航速。限定航速的标志，由交通运输主管部门与水行政主管部门商定后设置。

通行船舶应当遵守限定航速规定，不得超速行驶。

第二十五条　禁止擅自围垦河道。因江河治理需要围垦的，应当经过科学论证，并经省水行政主管部门同意后报省人民政府批准。

已经围河造地的,应当制定计划,明确时限,按照国家规定的防洪标准进行治理,退地还河。

第二十六条 禁止填堵、覆盖河道。

因城市建设确需填堵原有河道的沟汊、贮水湖塘洼淀和废除原有防洪围堤的,应当按照管理权限,报城市人民政府批准,并按照等效等量原则进行补偿,先行兴建替代工程或者采取其他补偿措施,所需费用由建设单位承担。

第二十七条 在河道管理范围内禁止下列活动:

(一)倾倒、排放、堆放、填埋矿渣、石渣、煤灰、泥土、泥浆、垃圾等废弃物;

(二)倾倒、排放油类、酸液、碱液等有毒有害物质;

(三)损坏堤防、护岸、闸坝等各类水工程建筑物及防汛、水文、通讯、供电、观测、自动控制等设施;

(四)在行洪、排涝、输水河道内设置影响行水的建筑物、构筑物、障碍物或者种植阻碍行洪的林木或者高秆作物;

(五)在堤防和护堤地建房、垦种、放牧、开渠、打井、挖窖、葬坟、晒粮、存放物料、开采地下资源、进行考古发掘以及开展集市贸易活动;

(六)其他侵占河道、危害防洪安全、影响河势稳定和破坏河道水环境的活动。

第二十八条 涵、闸、泵站、水电站应当设立安全警戒区。安全警戒区由水行政主管部门在工程管理范围内划定,并设立标志。禁止在涵、闸、泵站、水电站安全警戒区内从事渔业养殖、捕(钓)鱼、停泊船舶、建设水上设施。

禁止在行洪、排涝、输水的主要河道或者通道上设置鱼罾、鱼簖等捕鱼设施。

设区的市、县(市、区)人民政府农业农村主管部门应当会同同级水行政主管部门、交通运输行政主管部门制定河道内渔具管理办法,报同级人民政府批准后施行。

第二十九条 县级以上地方人民政府水行政主管部门应当建立河道巡查、督查制度,定期开展监督检查,查处违法行为。河道管理单位应当开展日常管理巡查,向水行政主管部门报告巡查中发现的重大问题。

第三章 开 发 利 用

第三十条 在河道管理范围内确需建设跨河、穿河、穿堤、临河的建筑物、构筑物等工程设施的，其工程建设方案以及工程位置和界限应当经县级以上地方人民政府水行政主管部门批准，但由流域管理机构审批的除外。

第三十一条 在河道管理范围内建设工程设施，应当符合防洪要求、河道保护规划和相关技术标准、技术规范，不得妨碍河道行洪输水、航运畅通，不得危害堤防安全、影响河势稳定。

修建前款规定的工程设施占用水域的，应当根据建设项目所占用的水域面积、容量及其对水域功能的不利影响，由建设单位或者个人建设等效替代水域工程。

经批准的工程设施的性质、规模、地点、用途确需变更的，建设单位或者个人应当向水行政主管部门重新办理审批手续。工程设施主体变更的，承接单位或者个人应当到水行政主管部门办理主体变更手续。

第三十二条 河道管理范围内的工程设施施工时，建设单位或者个人应当在开工前将施工方案报水行政主管部门备案，并严格按照施工方案进行施工，承担施工期间和施工范围内的防汛工作。施工围堰或者临时阻水设施影响防洪安全的，建设单位或者个人应当按照防汛指挥机构的紧急处理决定，限期清除或者采取其他紧急补救措施。施工结束后应当及时清理现场、清除施工围堰等设施，恢复河道原状。

对河道堤防等水工程设施造成损害或者造成河道淤积的，建设单位或者个人应当负责修复、清淤或者承担维修费用。

第三十三条 建设单位或者个人应当自取得水行政主管部门批准文件之日起三年内开工建设；逾期未开工建设的，原批准文件失效，水行政主管部门应当予以注销。

第三十四条 河道管理范围内经批准建设的工程设施，建设单位或者个人应当保持防汛通道（包括堤顶道路）畅通，不得阻断。本条例实施前已经阻断的，应当采取措施，恢复畅通。

第三十五条 除流域管理机构实施管理的外，从事下列活动，应当报县级以上地方人民政府水行政主管部门批准：

（一）在河道管理范围内爆破、钻探、挖筑、取土；

（二）在河道滩地存放物料或者进行生产经营活动；

（三）在河道滩地开采地下资源、考古发掘。

第三十六条　在河道管理范围内开展水上旅游、水上运动等活动，应当符合河道保护规划，不得影响河道防洪安全、行洪安全、工程安全和公共安全，不得污染河道水体。

第四章　采砂管理

第三十七条　河道采砂管理实行县级以上地方人民政府行政首长负责制。

确需开采利用河道砂石资源的，县级以上地方人民政府水行政主管部门应当根据河道分级管理权限和河道保护规划，会同自然资源、交通运输等部门编制河道采砂规划，报本级人民政府批准后实施。

第三十八条　县级以上地方人民政府应当加强对本行政区域内河道采砂管理工作的领导，建立河道采砂管理的督察、通报、考核、问责制度，健全和完善河道采砂管理联合执法机制，组织水利、交通运输、公安、自然资源、农业农村等有关部门查处非法采砂行为，及时处理河道采砂管理中的重大问题。

第三十九条　县级以上地方人民政府水行政主管部门负责河道采砂的管理和监督工作，根据河道采砂规划制订年度河道采砂计划，实施河道采砂许可，查处河道非法采砂行为。

县级以上地方人民政府交通运输主管部门依法查处无证无照或者证照不全的船舶从事采砂运砂作业，以及在航道和航道保护范围内非法采砂损害航道通航条件的违法行为。

县级以上地方人民政府公安机关负责依法查处河道采砂活动中的违反治安管理和犯罪行为。

县级以上地方人民政府农业农村主管部门依法查处因河道非法采砂破坏、损害水生生物资源的违法行为。

县级以上地方人民政府生态环境、自然资源等其他有关部门在各自职责范围内，依照相关法律、法规规定履行河道采砂监督管理职责。

第四十条　县级以上地方人民政府可以根据河道的水情、工情、汛情和管理需要，设定河道禁采区和设立禁采期，并予以公告。

下列区域应当划为禁采区：

（一）堤防及护堤地、河道整治工程、水库大坝、水文观测设施、水环境监测设施、涵闸以及取水、排水、水电站等工程及其附属设施安全保护范围；

（二）河道顶冲段、险工险段；

（三）桥梁、穿河电缆、管道、隧道等工程及其附属设施安全保护范围；

（四）饮用水水源保护区。

主汛期、超过警戒水位期间应当确定为禁采期。

第四十一条　河道采砂应当符合河道采砂规划。

在河道管理范围内采砂的单位或者个人，应当经县级以上地方人民政府水行政主管部门批准，并依法申领河道采砂许可证；涉及航道的，水行政主管部门应当征求交通运输主管部门的意见。

第四十二条　河道采砂实行一船（机）一证。河道采砂许可证有效期不得超过一个可采期。

从事采砂活动的单位和个人需要改变河道采砂许可证规定的事项和内容的，应当依法办理变更手续。

禁止伪造、涂改或者以买卖、出租、出借等方式转让河道采砂许可证。

第四十三条　因整治河道、航道进行采砂的，不受河道采砂规划限制。但河道采砂用于兴建河道、航道工程建筑物的，应当依法申领河道采砂许可证。

第四十四条　从事河道采砂的单位或者个人应当按照河道采砂许可证规定的要求进行采砂作业，不得危害水工程安全和航运安全。

第四十五条　采砂船舶、机具不得在禁采区内滞留；未取得河道采砂许可证的采砂船舶、机具不得在可采区内滞留。

取得河道采砂许可证件的采砂船舶、机具在禁采期内应当按照县级人民政府指定的地点停泊、停放；无正当理由，不得擅自离开指定地点。

第五章　法　律　责　任

第四十六条　县级以上地方人民政府水行政主管部门或者其他有关部门

及其工作人员有下列行为之一的,对直接负责的主管人员和其他直接责任人员依法给予处分;构成犯罪的,依法追究刑事责任。

（一）违法实施行政许可的;

（二）发现违法行为不依法查处的;

（三）不依法履行监督职责,造成严重后果的;

（四）玩忽职守、滥用职权、徇私舞弊的其他行为。

第四十七条 违反本条例第十八条第二款规定,擅自移动、损毁、掩盖界桩、标识牌的,由县级以上地方人民政府水行政主管部门责令停止违法行为,恢复原状,可以处以二百元以上二千元以下罚款。

第四十八条 违反本条例第二十六条第一款规定,填堵或者覆盖河道的,由县级以上地方人民政府水行政主管部门责令停止违法行为,限期恢复原状,处以五万元以上五十万元以下罚款;逾期未恢复原状的,代为恢复原状,所需费用由违法者承担;构成犯罪的,依法追究刑事责任。

违反本条例第二十六条第二款规定,擅自填堵原有河道的沟汊、贮水湖塘洼淀、废除原有防洪围堤,或者虽经批准但未按照等效等量原则进行补偿的,由城市人民政府责令停止违法行为,限期恢复原状或者采取其他补救措施;逾期未恢复原状或者采取其他补救措施的,代为恢复原状或者采取其他补救措施,所需费用由违法者承担。

第四十九条 违反本条例第二十七条第五项规定,在堤防或者护堤地建房的,由县级以上地方人民政府水行政主管部门责令停止违法行为,限期改正,处以二万元以上十万元以下罚款。

违反本条例第二十七条第五项规定,在堤防或者护堤地垦种、放牧、开渠、打井、挖窖、葬坟、晒粮、存放物料、开采地下资源、进行考古发掘以及开展集市贸易活动的,由县级以上地方人民政府水行政主管部门责令停止违法行为,限期改正或者采取其他补救措施,处以一万元以上五万元以下罚款;构成犯罪的,依法追究刑事责任。

第五十条 违反本条例第二十八条第一款规定,在涵、闸、泵站、水电站安全警戒区内捕（钓）鱼的,由县级以上地方人民政府水行政主管部门责令停止违法行为,可以处以二百元以上一千元以下罚款;从事渔业养殖或者停泊船舶、建设水上设施的,由县级以上地方人民政府水行政主管部门责令停止违法行为,限期拆除有关设施,可以处以一千元以上一万元以下罚款。

违反本条例第二十八第二款规定,设置鱼簖、鱼籪等捕鱼设施,影响行洪、排涝、输水的,由县级以上地方人民政府水行政主管部门责令停止违法行为,限期拆除;逾期不拆除的,依法强制拆除,可以处以二百元以上一千元以下罚款。

第五十一条　违反本条例第三十一条第二款规定,未建设等效替代水域工程,或者违反本条例第三十二条第一款规定,未按照防汛指挥机构的紧急处理决定处置施工围堰、临时阻水设施或者施工结束后未及时清理现场清除施工围堰等设施的,由县级以上地方人民政府水行政主管部门责令限期改正,处以一万元以上十万元以下罚款;逾期不改正的,由县级以上地方人民政府水行政主管部门代为实施,所需费用由违法单位和个人承担。

第五十二条　违反本条例第三十四条规定,阻断防汛通道的,由县级以上地方人民政府水行政主管部门责令限期改正;逾期不改正的,由县级以上地方人民政府水行政主管部门代为实施,所需费用由违法单位和个人承担,处以一万元以上五万元以下罚款。

第五十三条　有下列行为之一的,由县级以上地方人民政府水行政主管部门责令停止违法行为,限期改正或者采取其他补救措施,可以给予警告,处以一万元以上五万元以下罚款,没收违法所得;构成犯罪的,依法追究刑事责任:

(一)违反本条例第三十五条第一项规定,未经批准或者未按照批准的要求,在河道管理范围内爆破、钻探、挖筑、取土的;

(二)违反本条例第三十五条第二项规定,未经批准在河道滩地存放物料或者进行生产经营活动的;

(三)违反本条例第三十五条第三项规定,未经批准在河道滩地开采地下资源、进行考古发掘的。

第五十四条　违反本条例第四十一条规定,未经许可,或者违反本条例第四十二条第三款规定,使用伪造、涂改、买卖、出租、出借或者以其他方式转让的河道采砂许可证采砂的,由县级以上地方人民政府水行政主管部门责令停止违法行为,扣押其采砂船舶、机具或者其中的主要采砂设备等工具,可以处以五万元以上二十万元以下罚款,没收违法所得;情节严重,或者在禁采区、禁采期内采砂的,处以二十万元以上五十万元以下罚款,并没收其采砂船舶、机具等非法采砂工具和违法所得;构成犯罪的,依法追究刑事责任。

违反本条例第四十四条规定，未按照河道采砂许可证规定的要求进行采砂作业的，由县级以上地方人民政府水行政主管部门责令停止违法行为，没收违法所得，并处五万元以上十万元以下罚款；情节严重的，吊销河道采砂许可证。

运砂船舶、筛砂船舶在河道采砂地点装运和协助非法采砂船舶偷采砂石的，属于与非法采砂船舶共同实施非法采砂行为，按照本条第一款规定处理。

发生在长江流域范围的非法采砂行为，依照《中华人民共和国长江保护法》的有关规定予以处罚。

第五十五条　违反本条例第四十五条第一款规定，采砂船舶、机具在禁采区内滞留或者未取得河道采砂许可证在可采区内滞留的，由县级以上地方人民政府水行政主管部门责令驶离；拒不驶离的，予以扣押，拖离至指定地点，并可以处以三万元以上十万元以下罚款。

违反本条例第四十五条第二款规定，采砂船舶、机具在禁采期内未在指定地点停泊、停放或者无正当理由擅自离开指定地点的，由县级以上地方人民政府水行政主管部门处以一万元以上三万元以下罚款。

第六章　附　　则

第五十六条　本省已有地方性法规对违反采砂管理的行为以及河道管理范围内其他违法行为的行政处罚，与本条例不一致的，按照本条例执行。

经省人民政府批准设立的水利工程管理机构，在其管理职权范围内实施行政处罚。

第五十七条　本条例所称河道采砂是指在河道管理范围内采挖砂、石的活动。

第五十八条　本条例自2018年1月1日起施行。

江苏省湖泊保护条例

（2004年8月20日江苏省第十届人民代表大会常务委员会第十一次会议通过　根据2012年1月12日江苏省第十一届人民代表大会常务委员会第二十六次会议《关于修改〈江苏省湖泊保护条例〉的决定》第一次修正　根据2018年11月23日江苏省第十三届人民代表大会常务委员会第六次会议《关于修改〈江苏省湖泊保护条例〉等十八件地方性法规的决定》第二次修正　根据2021年9月29日江苏省第十三届人民代表大会常务委员会第二十五次会议《关于修改〈江苏省河道管理条例〉等二十九件地方性法规的决定》第三次修正）

第一条　为了加强湖泊保护，有效发挥湖泊功能，合理利用湖泊资源，维护湖泊生态环境，防治水害，根据《中华人民共和国水法》《中华人民共和国防洪法》《中华人民共和国环境保护法》等有关法律、行政法规，结合本省实际，制定本条例。

第二条　列入江苏省湖泊保护名录的湖泊的开发、利用、保护和管理，适用本条例。

省人民政府应当将面积在0.5平方公里以上的湖泊、城市市区内的湖泊、作为城市饮用水水源的湖泊列入江苏省湖泊保护名录，于本条例实施前确定并公布。

省人民政府可以根据本条例的实施情况，对湖泊保护名录作出调整，并予公告。

第三条　湖泊保护应当遵循统筹兼顾、科学利用、保护优先、协调发展的原则。

地方各级人民政府应当增加投入，采取有利于湖泊保护的经济技术政策和措施，加强湖泊资源保护，规范湖泊开发、利用活动，防止现有湖泊面积减少，提高湖泊行水蓄水能力，防止湖泊水质污染，改善湖泊生态环境。

第四条　地方各级人民政府及有关部门应当加强湖泊保护的科学研究，做好湖泊保护的宣传工作，增强公民的湖泊保护意识；对保护湖泊成绩显著的单位和个人给予表彰或者奖励。

第五条 县级以上地方人民政府水行政主管部门（以下简称县级以上水行政主管部门）是本行政区域内湖泊的主管机关，负责湖泊的管理和保护工作。

县级以上地方人民政府有关部门应当按照职责分工，做好湖泊的有关管理和保护工作。

沿湖乡镇人民政府、街道办事处应当根据湖泊保护的具体要求，做好相关工作。

第六条 本省境内的洪泽湖、太湖、骆马湖、微山湖、里下河腹部地区湖泊湖荡、白马湖、高邮湖、宝应湖、邵伯湖、滆湖、长荡湖、石臼湖、固城湖，除水利部流域管理机构直接管理的外，由省水行政主管部门管理。

其他湖泊由设区市、县（市、区，下同）水行政主管部门管理，城市市区内的湖泊按照现有管理权限进行管理。

跨行政区域的湖泊，由共同的上一级水行政主管部门或者其授权的水行政主管部门实施管理。

第七条 列入保护名录的湖泊，应当按照防洪和水资源配置的总体安排，分别编制湖泊保护规划。

湖泊保护规划的内容应当包括湖泊保护范围，禁止采砂、取土、采石的区域（以下简称湖泊禁采区），限制开发、利用的项目，防洪、除涝要求，水功能区划以及水质保护目标、措施，种植、养殖面积控制目标，退田（渔）还湖、退圩还湖方案，清淤措施等内容。

湖泊保护规划按照湖泊管理权限由县级以上水行政主管部门会同有关部门编制，报本级人民政府批准后实施。湖泊保护规划应当自本条例实施之日起一年内编制完成。水行政主管部门应当根据实际情况的变化对湖泊保护规划进行修订和调整，并报原批准机关批准。

湖泊保护规划是湖泊保护、开发、利用和管理的依据。任何单位和个人不得违反湖泊保护规划从事水产养殖、城镇建设、房地产开发、旅游资源开发等开发、利用活动。

第八条 湖泊保护范围为湖泊设计洪水位以下的区域，包括湖泊水体、湖盆、湖洲、湖滩、湖心岛屿、湖水出入口，湖堤及其护堤地，湖水出入的涵闸、泵站等工程设施。

县级以上水行政主管部门应当会同有关部门按照湖泊保护规划划定湖泊

的具体保护范围，设立保护标志。

第九条 湖泊禁采区由水行政主管部门会同交通运输、自然资源、农业农村等有关部门按照防洪和水资源保护要求，在科学论证的基础上划定，并予公告。

第十条 县级以上水行政主管部门应当制定湖泊水量调度方案，满足城乡居民生活用水，兼顾种植、养殖和工业用水，保障湖泊生态环境用水。

湖泊蓄水量不足的，应当采取措施补充水量。湖泊水位到达死水位以下的，不得擅自向湖外调水；确需向湖外调水的，应当由有管辖权的水行政主管部门报经本级人民政府同意。

第十一条 在湖泊保护范围内，禁止建设妨碍行洪的建筑物、构筑物。在城市市区内的湖泊保护范围内，禁止新建、扩建与防洪、改善水环境以及景观无关的建筑物、构筑物。

在湖泊保护范围内，依法获得批准进行工程项目建设或者设置其他设施的，不得有下列情形：

（一）缩小湖泊面积；

（二）影响湖泊的行水蓄水能力和其他工程设施的安全；

（三）影响水功能区划确定的水质保护目标；

（四）破坏湖泊的生态环境。

在湖泊保护范围内建设跨湖、穿湖、穿堤、临湖的工程设施的，按照《中华人民共和国防洪法》的规定履行报批手续。

第十二条 湖泊保护范围内禁止下列行为：

（一）排放未经处理或者处理未达标的工业废水；

（二）倾倒、填埋废弃物；

（三）在湖泊滩地和岸坡堆放、贮存固体废弃物和其他污染物。

对城市市区内的湖泊应当建设环湖截污管网，并纳入城市污水处理系统。湖泊保护范围内的城市生活污水应当进入城市截污管网进行处理。

第十三条 县级以上水行政主管部门应当会同农业农村等有关部门，按照湖泊保护规划和防洪要求，在湖泊内划定用于种植、养殖的水域，报本级人民政府批准。在城市市区内的湖泊内，禁止围网、围栏养殖。

农业农村部门应当根据划定的种植、养殖水域依法编制种植、养殖规划，确定具体的种植、养殖面积、种类、密度、方式和布局。

种植、养殖项目应当按照依法批准的种植、养殖规划实施,并服从湖泊蓄水调洪的需要。对在规划养殖面积之外的原有养殖项目,应当在规划批准之日起五年内分期分批停止实施,停止实施计划由县级以上地方人民政府制定。

第十四条 在湖泊保护范围内,开发旅游资源项目应当符合湖泊保护规划的要求,并依法报经批准。

经批准设置的各类旅游景观、水上运动、餐饮娱乐、度假休闲等设施,不得影响防洪安全,并应当与自然景观相协调。

第十五条 在湖泊禁采区内,禁止采砂、取土、采石。

在湖泊保护范围内采矿,在湖泊禁采区以外的区域采砂、取土、采石,应当依照有关法律、法规规定的程序办理审批手续,并按照批准的地点、期限、总量、方式和深度进行。

在湖泊禁采区以外的区域,采用围堰排水疏干方式结合清淤进行的取土工程,应当做好规划和论证工作,制定科学的清淤取土方案,防止破坏湖泊生态环境,并按照规定履行报批手续。施工过程中,应当保证安全,服从防洪的安排;施工结束后,应当及时平整湖底,拆除围堰,并进行相关的工程竣工验收工作。

第十六条 城镇建设和发展不得占用湖泊。城镇规划的临湖界限,由有管辖权的水行政主管部门会同自然资源部门确定。

第十七条 禁止在湖泊保护范围内圈圩养殖。禁止在湖泊保护范围内围湖造地,不得将湖滩、湖荡作为耕地总量占补平衡用地。

已经围垦或者圈圩养殖的,批准湖泊保护规划的人民政府应当按照防洪规划的要求和恢复湖泊生态条件的需要,制定实施退田(渔)还湖、退圩还湖方案的计划。湖泊所在地县级人民政府应当根据实施退田(渔)还湖、退圩还湖方案的计划确定补偿标准,明确有关部门和沿湖乡镇人民政府的责任和分工。实施退田(渔)还湖、退圩还湖计划所需的安置补偿资金应当列入本级政府预算,对经济欠发达地区,上级人民政府应当给予必要的财政支持。

已圈圩从事水产养殖的,不得在现有的基础上加高加宽圩堤,不得转作他用。

第十八条 地方各级人民政府应当采取措施保护和改善湖泊生态系统,

加强湖泊湿地保护。

县级以上地方人民政府应当组织水利、农业农村、生态环境、林业、住房城乡建设等有关部门在科学论证的基础上，有计划地种植有利于净化水体的植物，有计划地放养有利于净化水体的底栖动物和鱼类，并对各类水生植物的残体进行清除。

第十九条　地方各级人民政府应当采取措施，定期组织湖泊清淤，所需经费由地方各级人民政府根据财力情况统筹安排。湖泊清淤需要临时占用的土地由所在地市县人民政府安排。

人为造成湖泊淤积的，由致淤单位或者个人负责清淤；致淤单位或者个人不清淤的，由水行政主管部门组织清淤，所需费用由致淤单位或者个人承担。

为改善水环境进行的清淤应当选用环保型清淤机械设施。

第二十条　批准湖泊保护规划的人民政府应当对规划的实施情况进行检查，并向本级人民代表大会常务委员会报告。

第二十一条　行政机关及其工作人员有下列行为之一的，对直接负责的主管人员和其他直接责任人员依法给予处分；构成犯罪的，依法追究刑事责任：

（一）违反湖泊保护规划，批准开发、利用项目的；

（二）对围湖造地、圈圩养殖等违法行为不予查处的；

（三）违反规定的条件和程序实施行政许可，不履行监督职责的；

（四）其他玩忽职守、徇私舞弊、滥用职权的。

第二十二条　违反本条例规定的行为，由水利、自然资源、生态环境、住房城乡建设、交通运输、农业农村等有关部门依照相关法律、法规的规定进行处罚。

第二十三条　城市规划区内或者风景名胜区内的湖泊的管理，法律、法规另有规定的，从其规定。

第二十四条　本条例自 2005 年 3 月 1 日起施行。

江苏省长江河道采砂管理实施办法

(2004年8月13日江苏省人民政府令第25号发布 根据2012年2月26日江苏省人民政府令第81号第一次修订 根据2018年5月6日江苏省人民政府令第121号第二次修订 根据2022年5月1日江苏省人民政府令第156号第三次修订)

第一条 为了加强长江河道采砂管理,维护长江河势稳定,保障防洪和通航安全,根据《中华人民共和国防洪法》、国务院《长江河道采砂管理条例》,结合我省实际,制定本办法。

第二条 在长江江苏水域从事开采砂石(以下简称"长江采砂")及其管理活动的,应当遵守本办法。

本办法所称长江江苏水域包括本省境内长江干流河道、通江河道已建涵闸的闸下港堤之间水域、通江河道未建涵闸的从入长江的河口向上500－2000米的水域。

第三条 长江采砂必须严格按照国家的统一规划进行。任何单位和个人不得在禁采区、禁采期非法开采江砂。沿江各设区的市、县(市、区)人民政府应当加强对非法采砂活动的打击力度,切实保障长江的防洪和通航安全。

第四条 省人民政府水行政主管部门对长江采砂实行统一管理和监督检查,并做好有关组织、协调和指导工作。

沿江设区的市、县(市、区)人民政府水行政主管部门依照《长江河道采砂管理条例》和本办法的规定,具体负责本行政区域内长江采砂的管理和监督检查工作。

长江南京航道局负责长江航道管理工作,江苏海事局负责长江干流水域环境及水上交通安全的监督管理工作。县级以上地方人民政府交通行政主管部门负责长江通江河道交通安全的监督管理工作,公安部门负责长江水上治安管理工作,依法打击长江采砂活动中的犯罪行为。

第五条 长江采砂实行国家统一规划制度。省人民政府水行政主管部门根据国家制定的长江采砂规划和经审定的江砂开采可行性论证报告,拟订本省长江水域采砂规划实施方案，报省人民政府批准后公告，并报长江水利委员会、长江航务管理局备案。

沿江设区的市人民政府水行政主管部门按照省人民政府批准的长江采砂规划实施方案，制定本行政区域内长江采砂规划实施计划，经同级人民政府同意后，报省人民政府水行政主管部门批准组织实施。

第六条 国家批准的长江采砂规划确定的禁采区和禁采期由省人民政府予以公告。

省人民政府水行政主管部门可以根据本行政区域内长江的水情、工情、汛情、航道变迁、通航保障和管理等需要，按照保证河势稳定、防洪安全和江岸沿线工程设施正常使用的要求，在国家长江采砂规划确定的禁采区、禁采期外增加禁采范围、延长禁采期限，报省人民政府决定后公告。

因河道和航道整治、整修长江堤防吹填固基进行长江采砂的，不受长江采砂规划确定的禁采区、禁采期和采砂设备功率的限制。

第七条 长江采砂实行可行性论证报告制度。采砂可行性论证报告按可采区分区进行，由负责管理可采区的设区的市人民政府水行政主管部门委托具有技术能力的机构编制，经省人民政府水行政主管部门组织有关部门及相关专家审查后作为拟定长江水域采砂规划实施方案的依据。

有下列情形之一的，采砂可行性论证报告由申请采砂单位或者个人自行编制或者委托具有技术能力的机构编制：

（一）因整修长江堤防进行吹填固基或者整治长江河道采砂的；

（二）因整治长江航道采砂的；

（三）因吹填造地采砂的。

第八条 采砂可行性论证报告应当包括下列内容：

（一）采砂范围图、控制点坐标以及上一年汛后的水下地形图；

（二）采砂河段河势、河床演变分析；

（三）砂石来源、补给情况和年度开采总量的可行性分析；

（四）砂石堆放地点或者弃料处理方案的论证分析；

（五）采砂对河势及防洪影响的论证分析；

（六）采砂对通航安全影响的论证分析；

（七）采砂对水环境影响的论证分析；

（八）采砂对通讯、桥渡、饮排水口等水上水下临近建筑物和设施的安全方面影响的论证分析；

（九）论证的结论意见。

第九条 长江河道采砂实行许可制度，应当通过招标、拍卖等公平竞争方式确定开采人，由省人民政府水行政主管部门发放河道采砂许可证。

省际边界重点河段的采砂许可证由长江水利委员会发放。省际边界重点河段范围按照国务院水行政主管部门划定的范围执行。

第十条 从事长江采砂活动的单位和个人应当向采砂地点所在的设区的市或者县（市、区）人民政府水行政主管部门提出申请，并提交下列材料：

（一）申请人名称、地址、法人代表（负责人）、企业代码（身份证）、申请理由；

（二）采砂船船名、船号、船主姓名（名称）、采砂船舶和船员证书；

（三）开采性质、种类、地点和范围（附具范围图和控制点坐标）、时限、深度、开采量、采砂设备类型、采砂技术人员情况、作业方式、施工方案、弃料处理方式；

（四）采砂申请人与第三者有利害关系的，与第三者达成的协议或者有关文件。

第十一条 沿江设区的市或者县（市、区）人民政府水行政主管部门收到采砂申请后应当进行审查，有下列情形之一的，应当自收到采砂申请之日起5日内，一次性告知申请采砂的单位或者个人补正的全部内容：

（一）采砂申请书内容不全或者填注不明的；

（二）应当提交采砂可行性论证报告而没有提交，或者采砂可行性论证报告不符合要求的；

（三）无相关材料或者相关材料不符合要求的。

第十二条 对申请材料符合长江采砂规划、省长江水域采砂规划实施方案和其他条件的，沿江设区的市、县（市、区）人民政府水行政主管部门，应当自收到采砂申请之日起10日内签署意见后，报省人民政府水行政主管部门审批；属于省际边界重点河段的，省人民政府水行政主管部门自收到申请之日起15日内签署意见后转报长江水利委员会审批。

审批机关应当自收到采砂申请之日起30日内作出是否批准的决定；不予批准的，应当在作出不予批准决定之日起7日内书面通知申请人和有关水行政主管部门，并说明理由。

第十三条　因整修长江堤防进行吹填固基和整治长江河道采砂的,建设单位应当提交采砂许可申请和采砂可行性论证报告,并附具经审批同意的工程设计文件等相关资料,逐级报省人民政府水行政主管部门审查,并报长江水利委员会批准。

因整治长江航道采砂的,应当依法征求长江水利委员会或者省人民政府水行政主管部门意见,并提供航道整治采砂可行性论证报告、设计和审批文件以及其他有关材料。

因吹填造地从事采砂活动的单位和个人,应当依法申请河道采砂许可证。其中单项工程吹填造地采砂规模为10万吨以下的,逐级报省水行政主管部门审批发证;10万吨以上的,省人民政府水行政主管部门在审批前应当征求长江水利委员会的意见。

第十四条　采砂许可证实行一船一证,正本悬挂在采砂船舶指定位置,副本留存在采砂船舶上备查。

采砂许可证的有效期限不得超过1个可采期。河道采砂许可证的有效期届满,或者累计采砂量达到采砂许可证规定的采砂总量时,审批机关应当注销采砂许可证,并发布公告。

从事长江采砂活动的单位和个人如需要改变河道采砂许可证规定的事项内容,应当重新办理河道采砂许可证。

第十五条　不同行政区域之间因长江采砂发生的纠纷,应当协商处理;协商不成的,由共同的上一级人民政府裁决,有关各方必须遵照执行。

第十六条　从事长江采砂活动单位和个人应当持有与采砂有关的各类有效证件(书),采砂船舶应当在显著位置标明船名、船号,装置监测设备,单船采砂设备功率不超过1250千瓦,配备具有符合船舶运行、机械操作等要求的采砂技术人员。

从事长江采砂活动的单位和个人应当建立健全采砂采销台账,逐日填报采砂生产作业统计报表,在规定时段内按照河道采砂许可证的要求进行开采,并在采砂区域设立作业标志。采砂生产作业统计报表由省人民政府水行政主管部门依法统一制定。

批准的采砂作业区应当按国家有关规定设立明显标志。

第十七条　可采期内,由于出现影响长江河势稳定和防洪安全的自然灾害或者其他重大事件,需要暂停采砂活动的,水行政主管部门应当通知采砂单位和个人停止采砂活动，采砂单位和个人必须服从；上述事由消除后，水行政主管部门应当及时告知采砂单位和个人恢复采砂活动。

第十八条 沿江县级以上地方人民政府水行政主管部门应当加强长江河道采砂的管理和监督检查，被检查的采砂单位和个人、船主和作业人员应当如实提供情况。监督检查主要内容为：

（一）是否持有合法有效的河道采砂许可证或者有关批准文件；

（二）是否按照河道采砂许可证或者批准文件的规定进行采砂；

（三）是否按规定缴纳长江河道砂石资源费；

（四）是否按规定堆放砂石和清理砂石弃料；

（五）采砂船、运砂船是否按规定停放；

（六）应当监督检查的其他情况。

第十九条 下列行为属非法采砂：

（一）未办理河道采砂许可证，擅自在长江采砂的；

（二）虽持有河道采砂许可证，但在禁采区、禁采期采砂或者未按照采砂许可证规定的要求采砂的。

第二十条 沿江县级以上地方人民政府水行政主管部门应当加强水政监察和执法巡查，严厉打击长江非法采砂活动。在打击长江非法采砂中，涉及设区的市、县边界河段的有关水行政主管部门可以越界追击和查处，所在地的水行政主管部门应当予以配合；在省际边界重点河段发现非法采砂行为的，可以先采取必要的调查取证等临时措施，再移交长江水利委员会查处。

第二十一条 禁止采砂期内所有采砂船舶和可采期内未取得河道采砂许可证的采砂船舶，应当按照县级以上地方人民政府指定的水域停泊。因从事其他生产经营活动等特殊情况，需要驶离停泊地点的，由设区的市或者县（市、区）人民政府水行政主管部门批准，并拆除采砂设备；涉及长江省际边界重要河段的，在批准前应当事先征求长江水利委员会的意见。

禁采区内不得滞留采砂船舶。

第二十二条 在长江采砂地点装运砂石的单位和个人，应当装运持有河道采砂许可证的单位和个人开采的砂石。

第二十三条 沿江设区的市人民政府水行政主管部门应当组织对本行政区域内长江河道可采区的河床变化进行采前、采后监测，并将监测资料报省人民政府水行政主管部门核备。

对河床变化监测,应当由具有乙级以上水下测绘资质单位承担。

第二十四条 从事长江采砂活动的单位和个人应当向发放河道采砂许可证的机关缴纳长江河道砂石资源费,不再缴纳河道采砂管理费和矿产资源补偿费。

第二十五条 沿江县级以上地方人民政府水行政主管部门应当建立长江河道采砂监督举报制度,公布举报电话,对举报非法采砂行为属实的给予奖励。

第二十六条 违反本办法第十三条规定,未经批准在长江水域因吹填固基、整治河道采砂的,由县级以上地方人民政府水行政主管部门责令停止违法行为,并处1万元以上3万元以下的罚款。

第二十七条 违反本办法第十六条规定的,由县级以上人民政府水行政主管部门依据职权责令改正,可以处1万元以上3万元以下的罚款。

第二十八条 采砂单位和个人拒绝、阻碍国家机关及其工作人员依法执行职务,构成违反治安管理行为的,由公安机关依法给予治安管理处罚;构成犯罪的,依法追究刑事责任。

第二十九条 国家机关工作人员在长江采砂管理工作中滥用职权、玩忽职守、徇私舞弊,尚未构成犯罪的,依法给予处分;构成犯罪的,依法追究刑事责任。

第三十条 违反本办法规定,法律、法规已有处罚规定的,从其规定。

第三十一条 本办法自2004年10月1日起施行。

江苏省水域保护办法

(2020年6月9日经省人民政府第57次常务会议讨论通过)

第一条 为了加强水域保护,发挥水域的综合功能,改善水生态环境,保障和促进经济社会可持续发展,根据《中华人民共和国水法》《江苏省河道管理条例》等法律、法规,结合本省实际,制定本办法。

第二条 本省行政区域内水域的保护,适用本办法。在水域内涉及文物等其他保护内容的,按照有关法律、法规、规章执行。

本办法所称水域,是指江河(含入海水域)、湖泊、水库、塘坝、沟渠及其管理范围,不包括海域和在耕地上开挖的鱼塘及农田沟渠。入海水域范围为入海河道全部进入大海至河床已无明显的河槽之处。

第三条 水域保护实行保护优先、综合利用、严格控制、等效替代的原则。

第四条 县级以上地方人民政府应当加强水域保护工作,推动建立水域保护部门协作和区域协作机制,将水域保护所需经费纳入年度财政预算,并采取有效措施,确保本行政区域水域面积不减少、水域功能不衰退。因水环境治理等特殊情形确需调整本行政区域内水域面积的,应当报经省人民政府批准。

地方各级人民政府应当将本行政区域水域保护职责纳入各级河长履职内容。

街道办事处履行水域保护相关职责的,适用本办法关于乡镇人民政府的规定。

第五条 水行政主管部门负责本行政区域水域保护工作。

自然资源、生态环境、住房城乡建设、交通运输、农业农村、林业等有关部门按照各自职责,做好本行政区域水域保护的有关工作。

第六条 水域保护范围由县级以上地方人民政府组织有关部门根据保护需要依法划定,水域面积按照江河(含入海水域)、湖泊、水库、塘坝、沟渠的常水位、正常蓄水位确定。

第七条 下列水域应当划为重点保护水域:

（一）列入省人民政府批准的《江苏省骨干河道名录》《江苏省湖泊保护名录》中的河道、湖泊水域以及注册登记的水库水域；

（二）集中式饮用水水源地饮用水水源一级保护区、二级保护区和准保护区范围内的水域；

（三）水产种质资源保护区水域和自然保护区水域；

（四）清水通道维护区和重要湿地的水域；

（五）法律、法规、规章规定的其他重点保护水域。

水行政主管部门应当根据前款规定和河道分级管理权限，会同自然资源、生态环境、交通运输、农业农村、林业等有关部门确定本行政区域重点保护水域，报本级人民政府批准并向社会公布。公布的重点保护水域名录应当明确水域名称、位置、类型、面积、主要功能等内容，涉及水功能区内容应当符合《江苏省地表水（环境）功能区划》。

水域分级管理权限按照《江苏省河道管理条例》《江苏省水利工程管理条例》关于河道管理权限划分的规定执行。

第八条 水行政主管部门应当建立重点保护水域空间管控网络体系，建立网格化管理机制。

第九条 水行政主管部门应当会同自然资源、生态环境、交通运输、农业农村、林业等有关部门编制本行政区域水域保护专项规划，报本级人民政府批准后实施。水域保护专项规划应当包括水域保护范围、生态保护目标、水系连通措施及方案、水域内重要生态资源和基础设施保护措施、资源开发利用控制指标、水域占用清退方案、生态修复措施等内容。

水域保护专项规划应当以发展规划为依据，符合国土空间规划、流域综合规划等要求，与有关专项规划相协调，统筹推进水域功能管理、资源管控和生态保护。

有关部门编制涉及水域的其他规划，应当与水域保护专项规划相衔接。

第十条 设区的市、县（市、区）人民政府应当组织有关部门按照水生态环境保护规划和水域保护专项规划，制定本行政区域水域生态修复实施方案。实施方案应当包含生态补偿内容。

实施水域生态修复过程中，对公民、法人或者其他组织造成财产损失的，应当依法给予补偿。

第十一条 水行政主管部门应当会同有关部门对本行政区域的水域面

积、水文、利用状况等进行动态监测,建立健全水域监测体系,每两年开展一次水域调查评价,评估水域保护状况,向社会公布。相关调查监测成果按照有关规定实行部门共享。

省水行政主管部门负责组织流域性河道、省管湖泊及大中型水库的水域调查评价;其他河湖水库的水域调查评价按照管理权限,由设区的市、县(市、区)水行政主管部门负责。

第十二条 省水行政主管部门应当建立统一的水域信息管理系统,完善水域档案资料,提高水域保护科学水平。水行政主管部门应当组织开展水域开发利用项目普查登记,实行量化管理。水域相关信息发生变化的,应当及时进行调整。

第十三条 水行政主管部门和生态环境等有关部门应当定期组织实施水域生态清淤、水生植被构造等措施,削减内源污染,降低富营养化,提升水域自净能力。

第十四条 退圩还湖、退田(渔)还湖涉及耕地调整的,应当按照面积不减少、质量有提高的要求,在本县(市、区)范围内做好统筹安排;涉及永久基本农田的,按照有关要求报批,并在本县(市、区)范围内调整补划。

退圩还湖、退田(渔)还湖需要堆放弃土的,应当符合湖泊保护规划中退圩还湖、退田(渔)还湖方案的要求,并可以根据实际情况重新划定管理范围。

第十五条 水行政主管部门应当会同发展改革、自然资源、生态环境、交通运输、农业农村、林业等有关部门,根据国土空间规划和水域保护等专项规划加强水域及其岸线管理,明确水域开发利用相关要求,开展水域分区管理。水域分区方案报本级人民政府批准后实施。

第十六条 水行政主管部门应当会同发展改革、工业和信息化、交通运输等有关部门建立水域及其岸线资源总量管理、全面节约集约利用和违规退出制度,严格占用补偿和节约集约利用机制,限制高消耗低产出的水域岸线资源利用项目。

第十七条 建设项目占用水域,需要兴建等效替代水域工程的,应当在不降低原有水域汇水、排水、蓄水等标准的基础上,在原汇水、排水区域内或者根据实际情况在本县(市、区)范围内建设,具体按照《中华人民共和国水法》《江苏省河道管理条例》《江苏省建设项目占用水域管理办法》等法律、法规、规章规定执行。在水域内新建、改建、扩建建设项目，应当符合经批准的水域保护专项规划和相关河道保护要求。

第十八条 县级人民政府应当组织公安、生态环境、交通运输、水利、农业农村等有关部门对本行政区域水域内餐饮船、住家船、堆场等进行排查，对不符合水域保护规定的，应当制定水域占用清退方案，逐步将其清理出水域。已经取得养殖等相关许可手续的，依法予以补偿。

第十九条 各类开发区进行旧城区的改建、城市新区的开发和建设，确需填堵原有河道的沟叉、贮水湖塘洼淀和废除原有防洪围堤等水域的，有关管理机构应当根据水域开发利用相关要求编制区域水域调整方案，按照等效等量原则进行补偿。区域水域调整方案应当进行科学论证，符合本行政区域国土空间规划和水域保护专项规划要求，并依法报城市人民政府批准。因区域水域调整需要修改水域保护专项规划的，应当按照有关程序修改规划。

第二十条 县级以上地方人民政府及其有关部门应当做好水域保护的宣传工作，增强公民的水域保护意识，鼓励水域保护的科学研究。

第二十一条 县级以上地方人民政府应当将水域保护工作纳入河长制工作进行监测评价，并纳入领导干部自然资源资产离任审计范围。监测评价内容包括河长履职情况、管理成效、水域水质以及水域面积、水域功能变化等。

第二十二条 设区的市、县（市、区）人民政府应当对本行政区域水域保护情况进行检查，每年年底前向上一级人民政府报告。

第二十三条 公民、法人或者其他组织发现违法占用水域或者其他危害水域生态安全、水域功能等行为，有权向有关部门举报。对保护水域作出突出贡献的单位和个人，由地方各级人民政府或者水行政主管部门给予奖励。

第二十四条 省、设区的市水行政主管部门对水域保护工作不力的下级人民政府和有关部门，可以约谈其负责人，要求其说明情况、提出整改措施，督促落实，并向本行政区域内县级以上地方人民政府通报。

水行政主管部门遇到重大问题应当及时向本级人民政府和上级水行政主管部门报告。

第二十五条 水行政主管部门等有关部门在查处涉水行政违法案件过程中，发现涉嫌犯罪的，应当向公安机关移送。公安机关对于有关部门移送的涉嫌犯罪案件，应当按照国家和省相关规定接受、审查。

第二十六条 县级以上地方人民政府应当健全和完善水域保护联合执法机制，组织自然资源、生态环境、交通运输、水利、农业农村、林业等有关部门查处水域违法行为。

乡镇人民政府应当根据本地实际情况协助有关部门开展水域保护联合执法。有条件的地方经依法批准，可以相对集中水域保护行政处罚权，开展乡镇综合执法。

第二十七条 省水行政主管部门应当建立与长江三角洲区域相关省、市水行政主管部门的沟通协调机制，加强水域保护协作，构建长江三角洲区域信息共享、联勤联动的水域保护体系。

第二十八条 地方各级人民政府、有关部门和单位的工作人员在水域保护工作中玩忽职守、滥用职权、徇私舞弊，涉嫌犯罪的，提请有权机关依法追究刑事责任；尚未构成犯罪的，依法给予处分。

第二十九条 本办法下列用语的含义：

（一）清水通道维护区，指具有重要水源输送和水质保护功能的河流、运河及其两侧一定范围内予以保护的区域。

（二）重要湿地，指列入国家、省级、市级重要湿地名录，在调节气候、降解污染、涵养水源、调蓄洪水、保护生物多样性等方面具有重要生态功能的河流、湖泊、沼泽、沿海滩涂和水库等湿地生态系统。

（三）常水位，指在江河等的某一地点，经过长时期对水位的观测后得出的，在一年或者若干年中，有50%的水位等于或者超过该水位的高程值。正常蓄水位，指水库等在正常运用情况下，为满足兴利要求，在开始供水时应当达到的蓄水位。

第三十条 本办法自2020年8月1日起施行。

浙江省

浙江省河道管理条例

（2011年9月30日浙江省第十一届人民代表大会常务委员会第二十八次会议通过 根据2017年9月30日浙江省第十二届人民代表大会常务委员会第四十四次会议《关于修改〈浙江省水土保持条例〉等七件地方性法规的决定》第一次修正 根据2020年11月27日浙江省第十三届人民代表大会常务委员会第二十五次会议《关于修改〈浙江省水文管理条例〉等五件地方性法规的决定》第二次修正）

第一章 总 则

第一条 为了加强河道管理，保障防洪安全和排涝通畅，改善水生态环境，发挥河道的综合功能，根据《中华人民共和国水法》《中华人民共和国防洪法》《中华人民共和国河道管理条例》和其他有关法律、行政法规的规定，结合本省实际，制定本条例。

第二条 本条例适用于本省行政区域内河道（包括江河、溪流、湖泊、人工水道、行洪区，下同）的规划、建设、保护和管理等活动。

河道内的航道，同时适用有关航道管理的法律、法规。

第三条 河道管理应当服从防洪总体安排，全面规划，统筹兼顾，保护优先，综合治理，合理利用。

河道管理实行按流域统一管理与按区域分级管理相结合的体制。

第四条 县级以上人民政府应当加强对河道管理工作的领导，将河道管理纳入国民经济和社会发展规划及年度计划，加强河道管理机构和队伍建设，保障河道规划、建设、保护和管理所需经费。

第五条 县级以上人民政府水行政主管部门是本行政区域内河道的主管机关，负责本行政区域内河道的监督管理。水行政主管部门按照流域或者区域设立的河道管理机构，按照规定职责承担所辖河段的相关管理工作。

县级以上人民政府其他有关部门应当按照各自职责，做好河道管理的相关工作。

乡镇人民政府、街道办事处根据需要设立河道管理机构，配备相应管理人员，按照规定职责做好本区域内河道管理的相关工作。

第六条 村（居）民委员会应当协助做好本区域内河道的清淤疏浚和保洁工作。

村（居）民会议可以制定村规民约或者居民公约，引导村（居）民自觉维护河道整洁。

第七条 县级以上人民政府及其水行政主管部门和乡镇人民政府、街道办事处应当加强河道管理的宣传教育，普及河道保护的相关知识，引导公众自觉遵守河道管理的法律、法规和规章。

第二章 河道规划和建设

第八条 县级以上人民政府水行政主管部门应当做好本行政区域内河道水系、水域状况等基础调查工作，建立和完善河道档案，加强河道管理的信息化建设。

第九条 省内河道划分为省级、设区的市级（以下简称市级）、县级、乡级河道。

钱塘江、东西苕溪、甬江、椒江、瓯江、飞云江、鳌江的干流及其重要支流和京杭运河浙江境内段为省级河道，具体河段由省水行政主管部门划定并公布。

市级河道由设区的市水行政主管部门提出划定意见，报省水行政主管部门同意后公布。县级河道由县（市、区）水行政主管部门提出划定意见，报设区的市水行政主管部门同意后公布。乡级河道由县（市、区）水行政主管部门划定并公布。

公布的河道名录，应当包括河道名称、起止点、河道长度以及水域面积、主要功能等内容。

第十条 河道建设、清淤疏浚、岸线、水域保护等河道专业规划，是河道建设、保护、利用和管理的依据。

编制河道专业规划应当符合流域综合规划、区域综合规划，并与航道、渔业等规划相衔接。

第十一条 省级河道的专业规划由省水行政主管部门组织编制，征求省相关部门意见后，报省人民政府批准。其中，起止点在同一设区的市范围内的省级河道的专业规划，省人民政府可以决定按照市级河道专业规划编制和批准。

市级河道的专业规划由河道所在地设区的市水行政主管部门组织编制，征求相关部门和省水行政主管部门意见后，报本级人民政府批准。

县级和乡级河道的专业规划由县（市、区）水行政主管部门组织编制，征求相关部门和设区的市水行政主管部门意见后，报本级人民政府批准。

河道专业规划的修改应当由原批准机关批准。

第十二条　编制和修改国土空间规划应当注重规划区内原有河道的规划保护和新河道的规划建设，注重发挥河道在防洪排涝、涵养水土、美化环境、保护生态、传承历史等方面的功能。

城市新区和各类开发区的建设涉及河道水域的，应当符合水域保护规划。确需改变水域保护规划占用河道水域的，应当按照规定程序和权限修改水域保护规划。

第十三条　河道建设应当服从河道建设规划，符合国家和省规定的防洪、通航等标准以及其他有关技术要求，保障堤防安全，注重河道水生态系统的保护、恢复，改善河道的防洪、灌溉、航运等综合功能，兼顾上下游、左右岸，保持河势稳定，维持河道的自然形态，不得任意截弯取直，不得任意改变河道岸线，不得填堵、缩窄河道。

河道建设包括开挖河道、拓宽河面、修堤护岸、筑堰建闸等建设工程。

第十四条　县级以上人民政府水行政主管部门应当根据河道建设规划，编制河道建设年度计划，报本级人民政府批准后组织实施。

河道建设年度计划应当明确建设项目的项目名称、建设内容、实施主体、建设期限和资金筹措等相关内容。

第十五条　县级以上人民政府应当加强对水利、航道、市政工程等建设计划、项目的协调，整合利用各项建设资金，统筹兼顾水利、航道、市政、水土保持等功能，提高建设资金的综合使用效益。

河道同时属于五级以上限制性航道的，县级以上人民政府应当统筹河道建设规划、河道建设年度计划和航道规划、航道建设计划，组织水行政、交通运输等部门按照相应技术规范要求实施河道、航道的建设。

第十六条　河道建设工程的设计、施工和监理按照《浙江省水利工程安全管理条例》以及有关法律、法规的规定执行。

工程建设单位应当加强河道建设工程的质量管理和安全生产管理，建立健全相关管理制度，保证工程建设质量和生产安全。

第十七条　河道建设用地应当列入当地土地利用年度计划。

根据河道建设规划需要拓宽河道、新增建设用地的，水行政主管部门应当会同同级自然资源等部门划定河道规划保留区。

河道规划保留区内不得从事与防洪抗旱和河道建设无关的工程项目建设。特殊情况下确需建设的，县级以上人民政府自然资源主管部门在审批建设项目选址方案时应当事先征求同级水行政主管部门意见。

第三章　河　道　保　护

第十八条　有堤防河道的管理范围为两岸堤防之间的水域、沙洲、滩地（包括可耕地）、行洪区以及两岸堤防和护堤地。

平原地区无堤防县级以上河道的管理范围为两岸之间水域、沙洲、滩地（包括可耕地）、行洪区以及护岸迎水侧顶部向陆域延伸不少于五米的区域；其中重要的行洪排涝河道，护岸迎水侧顶部向陆域延伸部分不少于七米。平原地区无堤防乡级河道的管理范围为两岸之间水域、沙洲、滩地（包括可耕地）、行洪区以及护岸迎水侧顶部向陆域延伸部分不少于二米的区域。

其他地区无堤防河道的管理范围根据历史最高洪水位或者设计洪水位确定。

河道的具体管理范围，由县（市、区）人民政府根据规定标准和要求划定并公布。其中，省级河道的管理范围在公布前应当报省水行政主管部门同意；市级河道的管理范围在公布前应当报设区的市水行政主管部门同意。

第十九条　省级河道入海河段的河海分界线，由省人民政府划定并公布；市级、县级河道入海河段的河海分界线，由设区的市、县（市、区）人民政府依据有关规定划定并公布。

第二十条　县（市、区）水行政主管部门应当根据公布的河道管理范围设置界桩和公告牌。公告牌应当载明河道名称、河道管理范围以及河道管理范围内禁止和限制的行为等事项。

任何单位和个人不得擅自移动、损毁界桩和公告牌。

第二十一条　县（市、区）水行政主管部门应当加强河道堤防、护岸以及水闸等水工程的安全检查和维修养护，及时消除鼠洞、蚁穴等隐患，修复管涌、滑坡等险段，保障水工程运行安全。

新建、改建航道而修筑的护岸和收费航道的护岸由航道管理机构和收费航道经营管理者分别负责维修养护。

第二十二条 县（市、区）水行政主管部门应当加强堤防、护岸绿化工作，防止水土流失，美化河道水域环境。堤防、护岸的绿化应当采用对堤防工程和生态环境无负面影响的本土植物。

第二十三条 县（市、区）水行政主管部门应当根据堤防、护岸的保护要求，会同航道、海事管理机构设立限制航速的标志。海事管理机构应当发布相应的限制航速的通告。

通行船舶应当遵守限速规定，不得超速行驶。

第二十四条 禁止损毁堤防、护岸、闸坝等水工程建筑物和防汛设施、水文监测和测量设施、河岸地质监测设施以及通信照明等设施。

第二十五条 在河道管理范围内，禁止下列行为：

（一）建设住宅、商业用房、办公用房、厂房等与河道保护和水工程运行管理无关的建筑物、构筑物；

（二）弃置、倾倒矿渣、石渣、煤灰、泥土、泥浆、垃圾等抬高河床、缩窄河道的废弃物；

（三）堆放阻碍行洪或者影响堤防安全的物料；

（四）种植阻碍行洪的林木或者高秆作物；

（五）设置阻碍行洪的拦河渔具；

（六）利用船舶、船坞等水上设施侵占河道水域从事餐饮、娱乐等经营活动；

（七）法律、法规规定的其他情形。

第二十六条 在河道管理范围内从事爆破、打井、钻探、挖窖、挖筑鱼塘、采石、取土、开采地下资源、考古发掘等活动的，不得影响河势稳定、危害堤防安全、妨碍河道行洪，事先报经县级以上人民政府水行政主管部门批准。

第二十七条 对壅水、阻水严重的桥梁、引道、码头和其他跨河工程设施，根据国家规定的防洪标准，由县级以上人民政府水行政主管部门报请本级人民政府责令建设单位限期改建或者拆除。造成建设单位合法权益损失的，应当依法予以补偿。

对河道范围内阻碍行洪的障碍物，按照谁设障、谁清除的原则，由防汛防台抗旱指挥机构责令限期清除。逾期不清除的，由防汛防台抗旱指挥机构组织强制清除，所需费用由设障者承担。

第二十八条 县（市、区）水行政主管部门应当对本行政区域内河道定期进行淤积情况监测，并根据监测情况制定清淤疏浚年度计划，报经本级人民政府批准后实施。

清淤疏浚年度计划应当明确清淤疏浚的范围和方式、责任主体、资金保障、淤泥处理等事项。

淤泥利用应当经无害化处理，符合保护环境和保障人体健康、人身安全的要求。

第二十九条 县（市、区）水行政主管部门应当制定本行政区域内的河道保洁实施方案，报经本级人民政府批准后实施。

河道保洁实施方案应当明确保洁责任区、保洁单位的条件和确定方式、保洁要求和保洁费用标准、保洁经费筹集和监督考核办法等内容。

第三十条 河道保洁单位应当按照河道保洁责任要求，落实保洁人员和任务，保证责任区范围内的河道整洁。

河道内的病死动物及病死动物产品，保洁单位应当运送至无害化处理公共设施运营单位进行无害化处置。县（市、区）水行政主管部门可以确定专门的保洁单位对河道内的病死动物及病死动物产品进行统一打捞和运送。

县（市、区）水行政主管部门应当加强河道保洁工作的监督检查，督促保洁责任的落实。

第三十一条 乡镇人民政府、街道办事处应当按照县（市、区）人民政府规定的职责，做好本区域内河道堤防、护岸的维修养护和河道的清淤疏浚、保洁等工作，加强日常巡查，劝阻破坏堤防安全和污染水面的违法行为。对劝阻无效的，应当及时报告县（市、区）水行政主管部门依法处理。

第三十二条 县（市、区）人民政府和乡镇人民政府应当按照规定保障本行政区域内堤防、护岸维修养护以及河道清淤疏浚、保洁和日常巡查所需费用。

欠发达地区河道堤防、护岸的维修养护以及河道清淤疏浚、保洁所需费用，省级财政应当给予补助。

第四章　涉河建设与作业管理

第三十三条　在河道管理范围内建设防洪工程、水电站和其他水工程，应当符合流域综合规划和防洪规划，并按照《中华人民共和国水法》和《中华人民共和国防洪法》的规定，取得由水行政主管部门签署的规划同意书。

前款规定的建设工程不符合流域综合规划和防洪规划的，水行政主管部门不得签署规划同意书。

第三十四条　在河道管理范围内建设防洪工程、水电站和其他水工程以及跨河、穿河、穿堤、临河的桥梁、码头、道路、渡口、管道、缆线、取水、排水等建筑物或者构筑物，应当符合防洪要求、河道专业规划和相关技术标准、技术规范，严格保护河道水域。

修建前款规定的建设工程，建设单位应当在开工建设前，将工程建设方案报县级以上人民政府水行政主管部门批准。

水行政主管部门对建设项目进行审查时，应当进行科学论证。必要时，应当举行听证会，听取利害关系人的意见。

第三十五条　在河道管理范围内从事工程建设活动，不得妨碍防洪度汛安全。施工单位应当在开工前将施工方案报县级以上人民政府水行政主管部门备案。其中，因施工需要临时筑坝围堰、开挖堤坝、管道穿越堤坝、修建阻水便道便桥的，应当事先报经县级以上人民政府水行政主管部门批准。

施工单位应当承担施工范围内河道的防汛安全责任。因施工需要建设的相关设施，施工单位应当在施工结束后或者使用期限届满前予以拆除，恢复河道原状。

因工程建设活动对河道工程及其配套设施造成损害的，建设单位应当及时组织修复；造成河道淤积的，应当及时组织清淤。

第三十六条　县（市、区）水行政主管部门应当会同同级自然资源主管部门做好河道砂石资源的调查，编制河道采砂规划，报经本级人民政府批准并公告后实施。规划采砂的河道同时属于航道的，编制河道采砂规划还应当同时会同同级交通运输主管部门。

采砂规划涉及上下游、左右岸边界河段的，由相关的水行政主管部门协商划定采砂河段，报共同的上一级人民政府水行政主管部门备案；协商不成的，由共同的上一级人民政府水行政主管部门划定。

采砂规划应当明确禁止开采、限制开采、可以开采的区域和可以开采的数量、期限。

第三十七条　在河道管理范围采砂的单位或者个人，应当依法申领采砂许可证和采矿许可证。

河道砂石开采权，应当按照规定采取招标等公开、公平方式出让。河道砂石开采权出让方案由水行政主管部门会同同级自然资源主管部门制定；出让方案应当明确采砂范围、数量、期限、作业方式、作业时间和弃渣弃料处理、采砂场所恢复、违约责任等。

第三十八条　从事河道采砂的单位或者个人应当在采砂作业场所设立公示牌，载明采砂范围、期限、作业方式、作业时间等，并设置警示标志。

从事河道采砂的单位或者个人应当按照规定的要求进行采砂作业，加强生产安全管理，服从防洪调度，保证行洪安全。河道采砂作业不得危害水工程安全和航运安全。

第五章　法　律　责　任

第三十九条　违反本条例规定的行为，法律、法规已有法律责任规定的，从其规定。

第四十条　违反本条例第二十条第二款规定，擅自移动、损毁河道管理范围的界桩或者公告牌的，由县（市、区）水行政主管部门责令改正，恢复原状，可以处二百元以上二千元以下的罚款。

第四十一条　违反本条例第二十五条规定，在河道管理范围内从事禁止行为的，由县级以上人民政府水行政主管部门责令停止违法行为，限期改正；逾期不改正的，处一万元以上五万元以下的罚款。

第四十二条　违反本条例第二十六条规定，在河道管理范围内未经批准从事爆破、打井、钻探、挖窖、挖筑鱼塘、采石、取土、开采地下资源、考古发掘等活动的，由县级以上人民政府水行政主管部门责令停止违法行为，限期改正或者采取其他补救措施；逾期不改正或者不采取其他补救措施的，处一万元以上十万元以下的罚款。

第四十三条　违反本条例第三十四条规定，在河道管理范围内建设防洪工程、水电站和其他水工程以及跨河、穿河、穿堤、临河的桥梁、码头、护岸、道路、渡口、管道、缆线、取水、排水等建筑物或者构筑物，其工程建设方案未经县级以上人民政府水行政主管部门批准的，由县级以上人民政府水行政主管部门责令停止违法行为，限期补办有关手续；逾期不补办或者补办未被批准的，责令限期拆除违法建筑物、构筑物；逾期不拆除的，由县级以上人民政府水行政主管部门强制拆除，所需费用由违法单位或者个人承担，并处一万元以上十万元以下的罚款。

未按照水行政主管部门批准的工程建设方案修建的，由县级以上人民政府水行政主管部门责令限期改正，处一万元以上十万元以下的罚款。

第四十四条 违反本条例第三十五条第一款规定，施工单位在开工前未将施工方案报县级以上人民政府水行政主管部门备案的，由县级以上人民政府水行政主管部门责令限期改正；逾期不改正的，处三千元以上三万元以下的罚款；未经县级以上人民政府水行政主管部门批准临时筑坝围堰、开挖堤坝、管道穿越堤坝、修建阻水便道便桥的，由县级以上人民政府水行政主管部门责令限期改正，处一万元以上十万元以下的罚款。

违反本条例第三十五条第二款、第三款规定，施工单位未按要求恢复河道原状，或者建设单位未按照要求修复受损河道工程及其配套设施或者未及时进行河道清淤的，由县级以上人民政府水行政主管部门责令限期改正；逾期不改正的，处一万元以上十万元以下的罚款。

第四十五条 违反本条例第三十七条第一款规定，擅自在河道管理范围内采砂的，由县级以上人民政府水行政主管部门责令停止违法行为，没收违法所得，可以并处二万元以上二十万元以下的罚款；情节严重的，可以并处没收作业设施设备。

第四十六条 违反本条例第三十八条第一款规定，从事河道采砂的单位或者个人未按照规定设立公示牌或者警示标志的，由县级以上人民政府水行政主管部门责令限期改正；逾期不改正的，处五百元以上五千元以下的罚款。

违反本条例第三十八条第二款规定，未按照规定要求从事河道采砂作业的，由县级以上人民政府水行政主管部门责令限期改正；逾期不改正的，处一万元以上十万元以下的罚款；情节严重的，可以并处吊销采砂许可证。

第四十七条 县级以上人民政府水行政主管部门及其水政监督检查人员

依法进行监督检查时,可以进入现场进行检查,调查取证,制止违法行为。有关单位或者个人应当予以配合,如实提供有关资料,不得拒绝,无故拖延。

第四十八条 水行政主管部门、流域或者区域河道管理机构以及其他履行河道管理职责的部门及其工作人员有下列情形之一的,由有权机关按照管理权限,对直接负责的主管人员和其他直接责任人员依法给予处分:

(一)未依法实施行政许可的;

(二)未按规定履行河道建设、清淤疏浚和保洁等职责的;

(三)未履行本条例规定的监督管理职责造成较严重后果的;

(四)其他玩忽职守、徇私舞弊、滥用职权行为。

第六章 附 则

第四十九条 本条例所称采砂作业设施设备,包括采砂船舶、挖掘机械、吊杆机械和分离机械以及用于采砂作业的其他工具。

第五十条 省和设区的市水行政主管部门直接管理的河道,河道两岸绿化、河道清淤疏浚、保洁和日常巡查等工作由省或者设区的市人民政府及其水行政主管部门承担。

城市人民政府确定相关部门管理的城市内河,由相关部门依据规定的职责对河道实施管理。

第五十一条 本条例规定的县级以上人民政府水行政主管部门的行政许可、行政处罚等具体管理权限,由省人民政府规定。

第五十二条 蓄洪区、滞洪区的建设和管理,按照国家和省有关规定执行。

第五十三条 河道内的水资源调度、取水许可、水污染防治、水工程安全管理,按照有关法律、法规、规章规定执行。

第五十四条 本条例自 2012 年 1 月 1 日起施行。浙江省人民政府发布的《浙江省实施〈中华人民共和国河道管理条例〉办法》同时废止。

浙江省河长制规定

(2017年7月28日浙江省第十二届人民代表大会常务委员会第四十三次会议通过)

第一条 为了推进和保障河长制实施,促进综合治水工作,制定本规定。

第二条 本规定所称河长制,是指在相应水域设立河长,由河长对其责任水域的治理、保护予以监督和协调,督促或者建议政府及相关主管部门履行法定职责、解决责任水域存在问题的体制和机制。

本规定所称水域,包括江河、湖泊、水库以及水渠、水塘等水体。

第三条 县级以上负责河长制工作的机构(以下简称河长制工作机构)履行下列职责:

(一)负责实施河长制工作的指导、协调,组织制定实施河长制的具体管理规定;

(二)按照规定受理河长对责任水域存在问题或者相关违法行为的报告,督促本级人民政府相关主管部门处理或者查处;

(三)协调处理跨行政区域水域相关河长的工作;

(四)具体承担对本级人民政府相关主管部门、下级人民政府以及河长履行职责的监督和考核;

(五)组织建立河长管理信息系统;

(六)为河长履行职责提供必要的专业培训和技术指导;

(七)县级以上人民政府规定的其他职责。

第四条 本省建立省级、市级、县级、乡级、村级五级河长体系。跨设区的市重点水域应当设立省级河长。各水域所在设区的市、县(市、区)、乡镇(街道)、村(居)应当分级分段设立市级、县级、乡级、村级河长。

河长的具体设立和确定,按照国家和省有关规定执行。

第五条 省级河长主要负责协调和督促解决责任水域治理和保护的重大问题,按照流域统一管理和区域分级管理相结合的管理体制,协调明确跨设区的市水域的管理责任,推动建立区域间协调联动机制,推动本省行政区域内主要江河实行流域化管理。

第六条 市、县级河长主要负责协调和督促相关主管部门制定责任水域治理和保护方案,协调和督促解决方案落实中的重大问题,督促本级人民政府制定本级治水工作部门责任清单,推动建立部门间协调联动机制,督促相关主管部门处理和解决责任水域出现的问题、依法查处相关违法行为。

第七条 乡级河长主要负责协调和督促责任水域治理和保护具体任务的落实,对责任水域进行日常巡查,及时协调和督促处理巡查发现的问题,劝阻相关违法行为,对协调、督促处理无效的问题,或者劝阻违法行为无效的,按照规定履行报告职责。

第八条 村级河长主要负责在村(居)民中开展水域保护的宣传教育,对责任水域进行日常巡查,督促落实责任水域日常保洁、护堤等措施,劝阻相关违法行为,对督促处理无效的问题,或者劝阻违法行为无效的,按照规定履行报告职责。

鼓励村级河长组织村(居)民制定村规民约、居民公约,对水域保护义务以及相应奖惩机制作出约定。

乡镇人民政府、街道办事处应当与村级河长签订协议书,明确村级河长的职责、经费保障以及不履行职责应当承担的责任等事项。本规定明确的村级河长职责应当在协议书中予以载明。

第九条 乡、村级和市、县级河长应当按照国家和省规定的巡查周期和巡查事项对责任水域进行巡查,并如实记载巡查情况。鼓励组织或者聘请公民、法人或者其他组织开展水域巡查的协查工作。

乡、村级河长的巡查一般应当为责任水域的全面巡查。市、县级河长应当根据巡查情况,检查责任水域管理机制、工作制度的建立和实施情况。

相关主管部门应当通过河长管理信息系统,与河长建立信息共享和沟通机制。

第十条 乡、村级河长可以根据巡查情况,对相关主管部门日常监督检查的重点事项提出相应建议。

市、县级河长可以根据巡查情况,对本级人民政府相关主管部门是否依法履行日常监督检查职责予以分析、认定,并对相关主管部门日常监督检查的重点事项提出相应要求;分析、认定时应当征求乡、村级河长的意见。

第十一条 村级河长在巡查中发现问题或者相关违法行为,督促处理或者劝阻无效的,应当向该水域的乡级河长报告;无乡级河长的,向乡镇人民政府、街道办事处报告。

乡级河长对巡查中发现和村级河长报告的问题或者相关违法行为,应当协调、督促处理;协调、督促处理无效的,应当向市、县相关主管部门,该水域的市、县级河长或者市、县河长制工作机构报告。

市、县级河长和市、县河长制工作机构在巡查中发现水域存在问题或者违法行为,或者接到相应报告的,应当督促本级相关主管部门限期予以处理或者查处;属于省级相关主管部门职责范围的,应当提请省级河长或者省河长制工作机构督促相关主管部门限期予以处理或者查处。

乡级以上河长和乡镇人民政府、街道办事处,以及县级以上河长制工作机构和相关主管部门,应当将(督促)处理、查处或者按照规定报告的情况,以书面形式或者通过河长管理信息系统反馈报告的河长。

第十二条 各级河长名单应当向社会公布。

水域沿岸显要位置应当设立河长公示牌,标明河长姓名及职务、联系方式、监督电话、水域名称、水域长度或者面积、河长职责、整治目标和保护要求等内容。

前两款规定的河长相关信息发生变更的,应当及时予以更新。

第十三条 公民、法人和其他组织有权就发现的水域问题或者相关违法行为向该水域的河长投诉、举报。河长接到投诉、举报的,应当如实记录和登记。

河长对其记录和登记的投诉、举报,应当及时予以核实。经核实存在投诉、举报问题的,应当参照巡查发现问题的处理程序予以处理,并反馈投诉、举报人。

第十四条 县级以上人民政府对本级人民政府相关主管部门及其负责人进行考核时,应当就相关主管部门履行治水日常监督检查职责以及接到河长报告后的处理情况等内容征求河长的意见。

县级以上人民政府应当对河长履行职责情况进行考核,并将考核结果作为对其考核评价的重要依据。对乡、村级河长的考核,其巡查工作情况作为主要考核内容,对市、县级河长的考核,其督促相关主管部门处理、解决责任水域存在问题和查处相关违法行为情况作为主要考核内容。河长履行职责成绩突出、成效明显的,给予表彰。

县级以上人民政府可以聘请社会监督员对下级人民政府、本级人民政府相关主管部门以及河长的履行职责情况进行监督和评价。

第十五条 县级以上人民政府相关主管部门未按河长的督促期限履行处理或者查处职责，或者未按规定履行其他职责的，同级河长可以约谈该部门负责人，也可以提请本级人民政府约谈该部门负责人。

前款规定的约谈可以邀请媒体及相关公众代表列席。约谈针对的主要问题、整改措施和整改要求等情况应当向社会公开。

约谈人应当督促被约谈人落实约谈提出的整改措施和整改要求，并向社会公开整改情况。

第十六条 乡级以上河长违反本规定，有下列行为之一的，给予通报批评，造成严重后果的，根据情节轻重，依法给予相应处分：

（一）未按规定的巡查周期或者巡查事项进行巡查的；

（二）对巡查发现的问题未按规定及时处理的；

（三）未如实记录和登记公民、法人或者其他组织对相关违法行为的投诉举报，或者未按规定及时处理投诉、举报的；

（四）其他怠于履行河长职责的行为。

村级河长有前款规定行为之一的，按照其与乡镇人民政府、街道办事处签订的协议书承担相应责任。

第十七条 县级以上人民政府相关主管部门、河长制工作机构以及乡镇人民政府、街道办事处有下列行为之一的，对其直接负责的主管人员和其他直接责任人员给予通报批评，造成严重后果的，根据情节轻重，依法给予相应处分：

（一）未按河长的监督检查要求履行日常监督检查职责的；

（二）未按河长的督促期限履行处理或者查处职责的；

（三）未落实约谈提出的整改措施和整改要求的；

（四）接到河长的报告并属于其法定职责范围，未依法履行处理或者查处职责的；

（五）未按规定将处理结果反馈报告的河长的；

（六）其他违反河长制相关规定的行为。

第十八条 本规定自2017年10月1日起施行。

浙江省综合治水工作规定

(2014年12月31日浙江省人民政府令第329号公布　自2015年2月1日起施行)

第一章　总　　则

第一条　为了加强综合治水工作，保障人民群众健康安全，促进经济社会持续健康发展，根据《中华人民共和国水污染防治法》《中华人民共和国水法》《中华人民共和国防洪法》及有关法律、法规规定，结合本省实际，制定本规定。

第二条　本规定所称综合治水，是指以治污水为主，防洪水、排涝水、保供水、抓节水等共同推进的治水工作。

第三条　综合治水（以下简称治水）工作坚持科学决策、统筹协调、社会参与、长效管理的原则。

第四条　各级人民政府应当制定治水规划或者实施方案，明确目标、任务和责任，强化工作保障和责任落实，并建立健全工作协调机制，及时研究、处理治水工作重大问题。流域上下游地区要加强规划衔接，密切配合，全力治水。

第五条　实施治水工作"河长制"。各级人民政府应当按照省有关规定，落实治水责任人，明确治水工作目标、任务、措施，强化督促检查，确保取得治水实效。

第六条　设区的市、县（市、区）人民政府是本行政区域治水工作责任主体。

设区的市、县（市、区）人民政府应当每年向上一级人民政府报告治水工作情况。

第七条　县级以上人民政府环境保护、水利、住房和城乡建设、农业和农村综合管理、经济和信息化、农业、海洋与渔业、城市管理行政执法等有关部门和乡（镇）人民政府、街道办事处应当依法履行职责，并按照治水规划或者实施方案的要求，加强协作配合，做好相关工作。

第八条　各级人民政府及有关部门的治水工作依法接受人大、政协以及新闻媒体和社会公众的监督。

第二章 保 障 措 施

第九条 设区的市、县（市、区）人民政府及其有关部门应当结合本地实际，将下列工作纳入治水规划或者实施方案：

（一）黑河、臭河、垃圾河整治；

（二）城镇污水处理设施（截污纳管）建设、改造和农村生活污水治理、养殖污染治理；

（三）城乡生活垃圾及其他垃圾处理；

（四）防洪、排涝、供水工程建设，备用饮用水水源地建设；

（五）节水措施推广；

（六）与治水相关的产业转型升级工作。

有关治水项目的具体安排、投资总额及完成时限等，及时向社会公布。

第十条 县级以上人民政府及其有关部门应当通过整合相关财政资金、吸引社会投资和引导金融机构信贷支持等措施，保障治水工作所需资金。

第十一条 县级以上人民政府及其国土资源等部门应当按照治水规划或者实施方案的目标要求和计划安排，保障治水基础设施所需建设用地。

第十二条 县级以上人民政府及其有关部门根据本地区实际，建立相关方面专家、技术人员组成的专业支持团队，并充分发挥专家和技术人员在治水中的作用。

县级以上人民政府及其有关部门可以组织专家调查组对有关河流、湖泊进行系统调查，对有关治水工作进行绩效评价，有关部门、单位应当在资料提供等方面给予支持。

第十三条 县级以上人民政府有关部门应当加强对水污染源、河流交接断面、饮用水水源以及水面漂浮物的在线监测、监控。重点排污单位应当安装、运行与环境保护部门联网的监控系统。

实施企业刷卡排放水污染物的，对其排污总量和浓度同时进行控制。

第十四条 县级以上人民政府应当组织建立治水信息实时共享机制、平台，为治水决策、评估和协调推进提供信息保障。

环境保护、水利、农业和农村综合管理、住房和城乡建设、农业等部门应当向测绘与地理信息部门提交与治水有关的基础和动态数据，由测绘与地理信息部门进行集成、整合，为治水提供地理空间数据服务。具体办法由省测绘与地理信息管理部门参照《浙江省地理空间数据交换和共享管理办法》的规定制定。

第十五条 建设单位、勘察单位、设计单位、施工单位和工程监理单位应当按照国家和省建设工程质量管理法律、法规和规章等规定，履行相关责任和义务，对治水项目工程质量负责。

住房和城乡建设、农业和农村综合管理、水利、农业、财政、审计、监察和档案等部门应当按照各自职责，依法加强对治水项目工程质量、资金使用和档案的监督管理。

第十六条 设区的市、县（市、区）人民政府及其有关部门应当采取措施，加强对治水基础设施维护管理的监督检查，保障其有效运行。

第十七条 设区的市、县（市、区）人民政府有关部门可以通过多种形式，引导市场主体参与污水和垃圾处理、河道清淤保洁以及污泥处置等治水项目的经营或者投资。有关部门应当依法与相关市场主体签订协议，明确责任和义务，并加强监督管理，确保服务质量和效率。

鼓励排污单位委托专业机构以一体化模式承担污染治理工程的设计、建设和运营。

第十八条 同一流域相邻的设区的市、县（市、区）人民政府应当建立治水协商协作机制，合理开发、利用水资源，共同做好下列工作：

（一）加强信息交流，及时交换和共享治水工作安排、评估报告以及应急预警等相关信息；

（二）协商对接治理措施，防控跨行政区域水污染损害及其他水害；

（三）开展水权交易及其他协作。

设区的市、县（市、区）人民政府及其有关部门发现河面出现较大面积漂浮物时，应当及时组织拦截、清理，调查来源，并通知流入地和流出地等相关人民政府及其有关部门；相关人民政府及其有关部门应当立即组织人员，采取措施，共同参与处置。

第十九条 对跨行政区域流域治水工作，其所在区域共同的上级人民政府应当建立联合防治协调机制，统筹协调本区域内同一流域与治水有关的规划、功能区划、重大工程和监测监控设施的建设运行等。

跨行政区域流域的治水措施，有关人民政府经协商不能达成一致意见的，其共同的上级人民政府应当及时协调解决。

第二十条 省环境保护、水利、住房和城乡建设、农业和农村综合管理、经济和信息化、海洋与渔业、农业以及质量技术监督等部门，应当按照各自职责和规定程序，制订（修订）下列标准、规范，并指导和监督实施：

（一）区域或者行业有关水污染物排放限值；

（二）农村生活污水治理技术规范；

（三）用水定额；

（四）企业节水标准；

（五）畜禽养殖规模标准；

（六）水产养殖污染防治规范；

（七）农药和化肥合理使用规范；

（八）防洪设施建设标准；

（九）排涝设施建设标准；

（十）其他应当制订（修订）的标准、规范。

第三章 激励与惩戒

第二十一条 县级以上人民政府结合环境、资源、企业综合效益等因素，制定和组织实施相关产业政策，发挥供地、财政扶持、排污总量控制、能耗控制、水价等的调节作用，引导发展低污染、低水耗产业，促进相关产业转型升级。

鼓励、引导金融机构根据产业政策和企业履行生态环境保护责任情况，采取差别化信贷措施。

第二十二条 县级以上人民政府及其有关部门通过建立产业园区并鼓励相关企业进园等措施，加强污染集中控制、处理和资源的循环利用。

县级以上人民政府及其有关部门应当采取财政扶持等措施，促进养殖污染治理和养殖废弃物综合利用。鼓励散养户通过组建合作社等方式进行集约化养殖和规范化管理。

第二十三条 设区的市、县（市、区）人民政府及其有关部门应当按照国家和省相关规定，在政府采购、工程招标投标、国有土地出让、授予荣誉称号等方面，对违反治水相关法律、法规、规章及标准、规范的市场主体依法予以限制或者禁入。

第二十四条　县级以上人民政府科学技术、环境保护、水利、住房和城乡建设、农业和农村综合管理、海洋与渔业、农业、财政等部门应当加大对治水技术研究开发的支持，及时总结推广成熟易行、经济实用的治水技术和方法。

县级以上人民政府对治水科学技术创新及成果推广应用作出突出贡献的相关单位、人员依法给予奖励。

第二十五条　县级以上人民政府通过财政扶持等措施，推进农村生活污水处理等设施建设。

省级财政结合跨设区的市、县（市）行政区域河流交接断面水质考核结果等因素，实施相关激励制度，安排生态环保财力转移支付资金，对省主体功能区规划确定的有关重点生态功能区内设区的市、县（市）加大财政扶持。

第二十六条　上级人民政府对下级人民政府的治水工作进行督查；对未能完成治水工作目标任务或者工作责任不落实的，可以通过约谈、挂牌督办、通报等方式，督促整改和落实。

第二十七条　上级人民政府对下级人民政府的治水工作进行考核，县级以上人民政府对其所属部门的治水工作进行考核，考核结果予以通报，并作为相关责任单位及其负责人业绩评定的依据之一。

第四章　社　会　参　与

第二十八条　各级人民政府、有关部门和单位应当加强治水宣传的组织和实施，动员全社会积极参与治水相关活动。

新闻媒体应当加强治水报道和舆论监督，营造全社会治水的良好氛围。

鼓励单位和个人通过公益捐赠、护河保洁、植树绿化等形式参加治水公益活动、志愿服务和义务劳动。鼓励有关企业为农村污水治理等治水项目提供技术、施工支持。

第二十九条　各级人民政府、有关部门应当依法公开治水工作信息，为公民、法人和其他组织参与和监督治水提供便利。

环境保护等部门应当记录企业事业单位和其他生产经营者的环境违法等信息,及时向社会公布违法者名单。

重点排污单位应当如实向社会公开其主要污染物的名称、排放方式、排放浓度和总量、超标排放情况,以及防治污染设施的建设和运行情况,接受社会监督。

第三十条 公民、法人和其他组织发现任何单位和个人有污染水环境和破坏水资源等行为的,有权向环境保护、水利等部门举报;发现有关行政执法机关不依法履行职责的,有权向其上级机关或者监察机关举报。

接受举报的机关应当对举报人的相关信息予以保密,保护举报人的合法权益。

第三十一条 村(居)民委员会应当协助乡(镇)人民政府、街道办事处做好有关治水工作,开展宣传教育,鼓励村(居)民广泛参与治水相关活动,引导村(居)民养成文明生活习惯。

村(居)民委员会可以通过依法制订(修订)村规民约、居民公约,具体明确有关垃圾收集、水面保洁、环境绿化、出资投劳、民主监督等权利、义务。

乡(镇)人民政府、街道办事处应当加强对村(居)民委员会治水工作的指导和支持;根据水污染源产生、分布情况,可以与有关村(居)民委员会签订治水协议,明确治水责任和激励惩戒措施。

第五章 执 法 监 督

第三十二条 有关行政执法单位应当切实履行治水工作相关职责,加强日常巡查,严格、规范、公正、文明执法;健全接报、调查和处理等工作机制;接到举报和报告的,应当及时依法查处。

第三十三条 设区的市、县(市、区)人民政府及其有关部门根据本地区实际,可以采取联合执法或者依法实行综合执法等措施,加强执法监管。

第三十四条 有关人民政府及其相关部门应当加强与流域内相邻地区的执法协作配合,及时通报、反馈相关执法信息,为查处跨行政区域违法案件提供支持。

第三十五条 县级以上人民政府水行政主管部门可以委托符合法定条件

的组织，对违反河道管理法律、法规、规章的行为实施行政处罚。

第三十六条 县（市、区）人民政府应当指定主管部门，对农村环境卫生工作实施监督管理。

负责农村环境卫生监督管理的部门可以委托符合法定条件的组织，对损害农村环境卫生的行为实施行政处罚。

第三十七条 县级以上人民政府根据需要可以聘请特邀行政执法监督员，参与对治水相关行政执法活动的监督。

第六章 法 律 责 任

第三十八条 违反本规定的行为，有关法律、法规、规章已有法律责任规定的，从其规定。

第三十九条 在实行城市市容和环境卫生管理的区域外，随意倾倒或者堆放生活垃圾、餐厨垃圾、建筑垃圾等废弃物或者废旧物品的，由负责农村环境卫生监督管理的部门予以批评教育，责令改正；拒不改正的，根据情节轻重，对个人处 200 元以下罚款，对加工作坊、餐饮服务、废旧物品收集等经营者处 200 元以上 2000 元以下罚款。

违反相关规定，将城市生活垃圾、危险废物等向农村倾倒、堆放的，按有关法律、法规、规章规定依法处罚。

第四十条 有关行政执法机关及其工作人员在治水工作中，有下列行为之一的，对直接负责的主管人员和其他直接责任人员依法给予处分：

（一）未依法履行法定职责，造成较大危害后果或者不良影响的；

（二）不符合行政许可条件准予行政许可的；

（三）对环境违法行为进行包庇的；

（四）依法应当作出责令停业、关闭的决定而未作出的；

（五）篡改、伪造或者指使篡改、伪造监测数据的；

（六）法律法规规定的其他违法行为。

第四十一条 有关行政执法机关及其工作人员在治水工作中有下列行为之一的，由有权机关责令限期改正，并通报批评；逾期不改正的，对直接负责的主管人员和其他直接责任人员依法给予处分：

（一）应当依法公开治水工作信息而未公开的；

（二）在治水有关考核中弄虚作假的。

第四十二条 实施损害水资源水环境的违法行为，或者在治水中滥用职权、玩忽职守，涉嫌犯罪的，移送司法机关依法追究刑事责任。

第七章 附　　则

第四十三条 本规定自 2015 年 2 月 1 日起施行。

浙江省水域保护办法

(2019年1月25日浙江省人民政府令第375号公布 自2019年5月1日起施行)

第一条 为了加强水域保护,维护和发挥水域在防洪、排涝、蓄水、供水、生态环境等方面的功能,根据《中华人民共和国水法》《中华人民共和国防洪法》《浙江省河道管理条例》《浙江省水利工程安全管理条例》等法律、法规规定,结合本省实际,制定本办法。

第二条 本办法所称水域,是指江河、溪流、湖泊、人工水道、行洪区、蓄滞洪区、水库、山塘及其管理范围,不包括海域和在耕地上开挖的鱼塘。

第三条 水域保护工作应当坚持科学规划、分类管理、严格控制、占补平衡的原则。

第四条 县级以上人民政府应当加强对水域保护工作的领导,采取措施,确保本行政区域内的水域面积不减少、功能不减退。

县级以上人民政府水行政主管部门负责本行政区域内的水域保护工作,其他有关部门、乡(镇)人民政府、街道办事处按照各自职责做好水域保护工作。

第五条 县级以上人民政府水行政主管部门应当会同有关部门组织编制水域保护规划,经征求上级水行政主管部门意见后,报本级人民政府批准并公布。

水域保护规划应当根据流域、区域综合规划和防洪、排涝、供水、水土保持等专业规划,明确水域总体布局、水域功能、水域范围和水域保护措施等内容,并确定本行政区域内的基本水面率。

第六条 水域保护规划应当与土地利用总体规划、城市总体规划、县(市)域总体规划、生态环境功能区规划等相衔接。

编制或者修改城乡建设、交通设施、土地利用等专项规划,涉及水域的,应当与水域保护规划相衔接。确需调整水域的,应当编制水域调整方案,进行科学论证,并征得有关水行政主管部门同意。

第七条 水域保护规划一经批准,必须严格执行;需要修改的,应当按照规划编制程序经原批准机关批准。

第八条 下列水域为重要水域,实行特别保护:

(一)饮用水水源保护区内的水域;

(二)国家和省级风景名胜区核心景区、省级以上自然保护区内的水域;

(三)蓄滞洪区;

(四)省级、市级河道以及其他行洪排涝骨干河道;

(五)总库容10万立方米以上的水库;

(六)面积50万平方米以上的湖泊;

(七)其他环境敏感区内的水域。

第九条 重要水域名录由县级以上人民政府水行政主管部门会同生态环境等有关部门按照管理权限确定,报本级人民政府公布。公布的重要水域名录应当明确水域名称、位置、类型、范围、面积、主要功能等内容。

第十条 非基础设施建设项目一律不得占用重要水域。基础设施建设项目一般不得占用重要水域;政府组织实施的能源、交通、水利等基础设施建设项目确需占用重要水域的,应当按照有关规定办理审批手续。

第十一条 建设项目占用水域的,应当符合水域保护规划和有关技术标准、技术规范,不得危害堤防安全、影响河势稳定、妨碍行洪畅通、损害生态环境。

建设项目占用水域的,应当根据被占用水域的面积、容积和功能,采取功能补救措施或者建设等效替代水域工程。

第十二条 采取功能补救措施或者建设等效替代水域工程应当与建设项目同步实施、同步验收,其费用列入建设项目工程概算。

等效替代水域工程原则上应当在本县(市、区)范围内建设。建设单位可以自行建设等效替代水域工程,也可以委托具备相应条件的单位代为建设。

第十三条 建设项目占用水域的,建设单位按照《中华人民共和国防洪法》《浙江省河道管理条例》《浙江省水利工程安全管理条例》等法律、法规规定办理工程建设方案审批时,水行政主管部门应当对功能补救措施方案或者等效替代水域工程方案进行水域占补平衡论证。

建设单位应当严格按照经批准的工程建设方案,采取功能补救措施或者建设等效替代水域工程。

第十四条 城市建成区改造和经济技术开发区、高新技术园区、旅游度假区、特色小镇、工业园区等建设，确需调整水域的，有关管理机构应当根据水域保护规划确定的控制指标与保护措施等要求，编制区域水域调整方案。

区域水域调整方案应当进行科学论证，经设区的市或者县（市、区）水行政主管部门审核后，报本级人民政府批准。

有关管理机构按照区域水域调整方案组织实施的，区域范围内的建设项目不再另行办理占用水域占补平衡等相关手续。

第十五条 禁止下列占用水库水域的行为：

（一）利用船坞等水上设施侵占水库水域从事餐饮、娱乐等经营活动；

（二）在水库设计洪水位以下进行危害防洪、供水、水资源保护、水力发电、灌溉等建设活动；

（三）在水库移民线以下建设与水库保护和水工程运行管理无关的住宅、商业用房、办公用房、厂房等建筑物、构筑物。

第十六条 省水行政主管部门应当建立统一的水域信息管理系统。县级以上人民政府水行政主管部门应当将水域名称、位置、类型、范围、面积、主要功能等信息录入水域信息管理系统，定期对水域面积、功能、利用状况等内容进行监测和评价。

第十七条 县级以上人民政府水行政主管部门应当会同有关部门定期对本行政区域内水域的水质、水文、水生生物、底泥、水资源开发利用等情况进行健康评估，并提出维持和改善水域健康状况的措施。

第十八条 县级以上人民政府水行政主管部门应当加强对占用水域活动的监督检查。被检查单位或者个人应当配合水行政主管部门依法实施的监督检查，如实提供相关情况和资料，不得拒绝、阻挠或者隐匿、谎报有关情况和资料。

第十九条 市、县级河（湖）长负责协调和督促有关主管部门制定责任水域治理和保护方案，推动有关涉及水域的规划衔接和统一，督促有关主管部门处理和解决责任水域出现的问题、依法查处有关违法行为。

乡、村级河（湖）长应当加强对责任水域的巡查，及时劝阻占用水域等违法行为，并履行报告职责。

第二十条　县级以上人民政府及其有关部门应当采取措施，鼓励水域保护科学研究，做好水域保护宣传工作，增强社会公众的水域保护意识。

公民、法人或者其他组织发现水域占用违法行为的，可以向该水域的河（湖）长或者有关主管部门投诉、举报。

第二十一条　县级以上人民政府水行政主管部门可以对违法占用水域行为及整改情况予以通报，遇到重大问题应当及时向本级人民政府和上级水行政主管部门报告。

第二十二条　县级以上人民政府应当将水域保护规划确定的基本水面率等指标纳入地方人民政府生态建设和河（湖）长制考核评价内容，并纳入领导干部自然资源资产离任审计范围。

省水行政主管部门应当完善水域保护考核体系，加强对全省水域保护规划执行情况的评估、监督和考核。

省、设区的市水行政主管部门、生态环境保护主管部门对水域保护工作不力的下级人民政府和有关部门，可以要求其说明情况、提出整改措施，并督促落实。

第二十三条　对违反本办法规定的行为，法律、法规已有法律责任规定的，从其规定。

第二十四条　县级以上人民政府及其有关部门违反本办法规定，有下列行为之一的，由上级人民政府或者有关主管部门依照职权责令改正；情节严重的，对直接负责的主管人员和其他直接责任人员依法给予处分：

（一）未依法编制或者修改水域保护规划的；

（二）未依法公布重要水域名录的；

（三）未按规划实施水域保护措施的；

（四）对违法占用水域行为整改不力的。

第二十五条　违反本办法第十三条规定，建设单位未按照规定采取功能补救措施或者建设等效替代水域工程的，由县级以上人民政府水行政主管部门责令其限期改正，并可以处1万元以上10万元以下的罚款。

第二十六条　违反本办法第十五条规定，由县级以上人民政府水行政主管部门责令停止违法行为，限期改正；逾期不改正的，处1万元以上5万元以下的罚款。

第二十七条　本办法下列用语的含义：

（一）占用，是指填埋、覆压、跨越、穿越水域，使水域面积减少或者功能受到影响的行为。

（二）基本水面率，是指一定区域范围内，按照以不减少现状水域面积为基础，同时满足经济社会发展对水域防洪排涝、水资源利用、景观、生态保护等多种功能需求和技术标准要求，确定的水域面积占国土面积的最小比率。

（三）等效替代水域工程，是指因建设项目及其设施占用水域，人为造成水域面积严重减少或者水域功能严重减退所采取的新建水域的水利工程。

（四）功能补救措施，是指建设项目占用水域对水域的面积、容积、功能带来的较小的不利影响，采取的水利工程修复、加固、水域清疏等补偿性工程措施。

第二十八条　本办法自 2019 年 5 月 1 日起施行。2006 年 3 月 27 日省人民政府发布的《浙江省建设项目占用水域管理办法》（省政府令第 214 号）同时废止。

安徽省

安徽省湖泊管理保护条例

(2017年7月28日安徽省第十二届人民代表大会常务委员会第三十九次会议通过 根据2018年3月30日安徽省第十三届人民代表大会常务委员会第二次会议《关于修改和废止部分地方性法规的决定》第一次修正 根据2022年3月25日安徽省第十三届人民代表大会常务委员会第三十三次会议《关于修改和废止部分地方性法规的决定》第二次修正)

第一章 总 则

第一条 为了加强湖泊管理和保护,防止湖泊面积、容积减少,保护水资源,防治水污染,改善水环境,修复水生态,促进经济社会可持续发展,根据《中华人民共和国水法》和有关法律、行政法规,结合本省实际,制定本条例。

第二条 本条例适用于本省行政区域内列入保护名录的湖泊的规划、保护、治理、利用和监督管理活动。

本条例所称湖泊是指陆地表面积水形成的比较宽广的水域,包括天然湖泊和人工湖泊。

第三条 湖泊的管理和保护应当遵循统筹规划、保护优先、科学利用、综合治理的原则。

第四条 县级以上人民政府应当将湖泊管理和保护纳入国民经济和社会发展规划,采取有利于湖泊管理和保护的政策和措施,加强湖泊资源保护,规范湖泊开发、利用活动,维护湖泊功能。

县级以上人民政府应当加大湖泊管理和保护的投入,将湖泊管理和保护所需工作经费纳入财政预算。

第五条 县级以上人民政府水行政主管部门按照规定的权限,负责本行政区域湖泊管理和保护工作。

县级以上人民政府住房和城乡建设主管部门或者人民政府确定的部门负责城市规划区内湖泊管理和保护工作。

县级以上人民政府发展改革、环境保护、交通运输、国土资源、农业

（渔业）、林业、电力管理、旅游等部门按照各自职责，做好湖泊管理和保护的相关工作。

第六条 各级人民政府及其有关部门，应当鼓励和支持湖泊保护的科学研究和技术创新，加强湖泊保护的宣传教育，普及湖泊保护知识，增强全社会的湖泊保护意识。

第二章 保 护 规 划

第七条 县级以上人民政府水行政主管部门应当会同有关部门，定期组织湖泊资源调查。湖泊资源调查结果作为编制或者修改湖泊保护规划的重要依据。

县级以上人民政府水行政主管部门应当会同有关部门，对湖泊资源变化情况进行监测，建立包括名称、位置、面积、容积、水质、调蓄能力、主要功能等内容的湖泊档案，实行信息共享。

第八条 建立湖泊保护名录制度。

常年水面面积0.5平方公里及以上的湖泊，城市规划区内的湖泊、作为饮用水水源的湖泊，应当纳入湖泊保护名录。具体保护名录由省人民政府水行政主管部门会同有关部门拟定，经省人民政府批准后公布。

第九条 列入保护名录的湖泊，应当根据湖泊的资源状况、功能等实际情况，按照城乡规划、流域综合规划、水资源综合规划的总体要求，编制湖泊保护规划，并与相关专项规划相衔接。

湖泊保护规划的内容，包括湖泊的管理范围和保护范围，防洪、除涝、水资源配置的目标，水功能区划和水质保护目标，岸线利用，禁止、限制的开发利用活动，养殖（种植）的规模、种类、方式的控制目标，退地还湖、退耕还湖、退圩还湖、清淤等治理措施。

第十条 湖泊保护规划，按照湖泊管理权限由县级以上人民政府水行政主管部门、住房和城乡建设主管部门或者人民政府确定的部门会同有关部门编制，报本级人民政府批准，并报上一级水行政主管部门备案。

跨行政区域的湖泊保护规划，应当由相关设区的市、县级人民政府水行政主管部门协商编制，或者由共同的上一级人民政府水行政主管部门组织编制。

修改湖泊保护规划，应当按照规划编制程序经原批准机关批准。

第十一条 湖泊保护规划是湖泊管理和保护工作的依据。任何单位和个人不得违反湖泊保护规划从事养殖、种植、城乡建设、房地产和旅游资源开发利用等活动。

第十二条 县级以上人民政府应当依据湖泊保护规划，对湖泊进行勘界，划定湖泊的管理范围和保护范围，设立保护标志。任何单位和个人不得擅自移动和破坏保护标志。

有堤防的湖泊，其管理范围为堤防之间的水域、沙洲、滩地、行洪区和堤防及护堤地；无堤防的湖泊，其管理范围为历史最高洪水位或者设计洪水位以下的水域、沙洲、滩地和行洪区。

湖泊保护范围为湖泊管理范围外一定区域，具体范围根据湖泊面积、功能、地形地貌、生态环境、汇水状况等确定。

城市规划区内湖泊保护范围，由县级以上人民政府住房和城乡建设主管部门或者人民政府确定的部门会同水行政、国土资源等部门制定划定方案，报本级人民政府批准。

水库的管理范围和保护范围的划定依照有关规定执行。

第三章 保 护 措 施

第十三条 县级以上人民政府水行政主管部门应当根据管理权限，制定湖泊水量分配方案，合理安排生活、生产、生态用水，兼顾相关地区用水权益。

县级以上人民政府水行政主管部门应当依据批准的湖泊水量分配方案和防洪、供水以及生态安全的要求，组织编制湖泊调度方案，报有管辖权的防汛抗旱指挥机构批准后执行。

第十四条 县级以上人民政府水行政主管部门应当会同环境保护、交通运输、住房和城乡建设、农业（渔业）、林业、电力管理等部门，根据湖泊生态保护需要确定湖泊的生态水位。

湖泊水位低于生态水位的，应当采取补水、限制取水等措施，任何单位和个人不得擅自向湖外调水；确需向外调水的，应当由有管辖权的水行政主管部门报经本级人民政府同意。

第十五条 县级以上人民政府水行政主管部门应当按照水功能区对水质的要求和水体的自然净化能力，核定湖泊水域纳污能力，向同级人民政府环境保护部门提出湖泊限制排污总量意见，同时抄报上一级人民政府水行政主管部门。

第十六条 在湖泊新建、改建、扩大排污口的，应当经有管辖权的生态环境主管部门同意，由生态环境主管部门负责对该建设项目的环境影响评价文件进行审批；涉及通航、渔业水域的，生态环境主管部门在审批环境影响评价文件时，应当征求交通运输、渔业部门的意见。

禁止在湖泊饮用水水源保护区内设置排污口；已设置的，由县级以上人民政府责令关闭或者限期拆除。

禁止私设暗管或者采取其他规避监管的方式向湖泊排放水污染物。

第十七条 城市规划区内的湖泊应当规划和建设环湖截污管网，纳入城市污水处理系统。

第十八条 县级以上人民政府应当在湖泊流域范围内推行化肥、农药减量使用，推广精准施肥、使用缓释肥、生物防治病虫害等先进适用的农业生产技术，组织推广使用高效、低毒、低残留的农药，指导化肥、农药的科学使用，发展绿色生态农业，开展清洁小流域建设，控制农业面源污染。

第十九条 县级以上人民政府农业行政主管部门应当科学规划湖泊流域内畜禽饲养区域，支持畜禽养殖场、养殖小区进行标准化改造和污染防治设施建设与改造，实现畜禽粪污综合利用，减少畜禽养殖污染。

禁止任何单位和个人将畜禽粪便、污水直接排入湖体。

第二十条 县级以上人民政府应当定期组织湖泊清淤。涉及航道的湖泊清淤，应当与航道疏浚统筹组织。

人为造成湖泊淤积的，致淤单位或者个人应当负责清淤。

第二十一条 禁止在湖泊管理范围内从事下列活动：

（一）建设妨碍行洪的建筑物、构筑物；

（二）围（填）湖造地、筑坝拦汊；

（三）将湖滩划定为农田；

（四）种植妨碍行洪、输水的林木和高秆作物，在湖泊堤身上种树；

（五）圈圩养殖，在湖堤管理范围内挖塘养殖；

（六）弃置、倾倒、堆放和掩埋废弃物及其他污染物，设置废物回收场、垃圾场；

（七）排放未经处理或者处理未达标的工业废水和生活污水；

（八）设置剧毒化学品及国家规定禁止通过湖泊运输的其他危险化学品的贮存、运输设施；

（九）在水面上从事没有污水处理设施或者固体废弃物收集设施的餐饮经营；

（十）销售、使用含磷洗涤用品；

（十一）其他缩小湖泊面积、分割水面、影响湖泊蓄水防洪能力和严重影响湖泊水质的活动。

已经围垦或者圈圩养殖的，有管辖权的人民政府应当按照湖泊保护规划、防洪规划和湖泊生态恢复的要求，制定实施退地还湖、退耕还湖、退圩还湖方案。方案实施前，不得再加高加宽圩堤，不得转作他用。

第二十二条　湖泊的人工养殖应当科学确定养殖密度，合理投饵，实行轮养。人工养殖面积不得超过该水域面积的百分之十五；水生植物覆盖率高的水域，经设区的市人民政府渔业行政主管部门核实后，人工养殖面积可以放宽到百分之三十。

县级以上人民政府根据湖泊管理和保护的需要，可以采取措施，禁止围网、围栏养殖。

第二十三条　禁止在湖泊管理范围和保护范围内新建不符合国家产业政策的化学制浆、印染、染料、酿造、制革、电镀、炼油、农药、水泥以及其他排放含磷、氮、重金属等严重污染水环境的项目。对已有的污染企业，县级以上人民政府及其有关部门应当依法责令其限期整改、转产或者关闭。

第二十四条　禁止任何人进入湖泊类型的自然保护区的核心区。因科学研究的需要，必须进入核心区从事科学研究观测、调查活动的，应当事先向自然保护区管理机构提交申请和活动计划，并经自然保护区管理机构批准；其中，进入国家级自然保护区核心区的，应当经省人民政府有关自然保护区行政主管部门批准。

禁止在湖泊类型的自然保护区的缓冲区开展旅游和生产经营活动。

第二十五条　县级以上人民政府应当组织水行政、农业（渔业）、环境保护、林业、住房和城乡建设等部门，在科学论证的基础上，有计划地种植有利于净化水体的植物，有计划地放养有利于净化水体的鱼类和底栖动物，在湖泊管理范围和保护范围内种植生态林木,加强湖泊湿地保护与修复,改善湖泊生态环境。

第二十六条 县级以上人民政府应当通过财政、税收、金融、土地等支持政策,鼓励企业为减少湖泊污染进行技术改造或者转产、搬迁、关闭。

第二十七条 县级以上人民政府应当根据湖泊保护规划的要求和恢复湖泊生态功能的需要,逐步对渔民实施生态移民,采取资金支持、技能培训、转移就业、社会保障等方式予以扶持。

第二十八条 对具有重要饮用水源或者重要生态功能的湖泊,县级以上人民政府应当建立生态补偿机制,在资金投入、基础设施建设等方面给予支持。

第四章 科 学 利 用

第二十九条 利用湖泊资源应当符合湖泊保护规划,服从防汛抗旱和水资源利用的总体安排。

第三十条 编制沿湖城市、镇、乡和村庄的城乡规划时,应当征求湖泊保护有关部门的意见。

第三十一条 未经依法批准,城乡建设不得占用湖泊水域。

在湖泊管理范围内建设桥梁、码头和其他跨湖、临湖建筑物、构筑物,铺设跨湖管道、电缆等,应当符合国家规定的防洪标准和其他有关的技术要求。其工程建设方案应当依法报经有关水行政主管部门或者法规授权的水工程管理单位审查同意。

建设前款工程设施,确需占用湖泊水域的,建设单位应当采取工程措施等予以补救,实行水域占补平衡;对湖泊水质、水量及防洪安全造成不利影响的,应当采取补救措施并与工程建设同步实施,所需费用由建设单位承担;损坏涉湖水工程的,建设单位应当负责修复,造成损失的,应当补偿损失。

第三十二条 依法获得批准的建设项目,应当按照批准的方案进行施工,及时清除弃土、弃料和施工围堰等临时建筑物、构筑物,不得擅自改变项目建设位置、规模、形状,不得影响水工程安全和运行管理,不得损害湖泊的生态环境。

第三十三条 在湖泊管理范围内开采砂石、取土等活动的，应当依法报经有关水行政主管部门或者法规授权的水工程管理单位审查批准，并按照批准的地点、范围、采砂能力、开采总量、作业方式和期限开采。

第三十四条 县级以上人民政府农业（渔业）部门编制湖泊养殖规划，划定用于种植、养殖的区域和面积，确定种植、养殖的方式和规模，应当符合湖泊保护规划。

第三十五条 在湖泊管理范围内从事旅游、体育、餐饮、娱乐活动的，应当符合湖泊保护规划，防止超环境承载能力发展。

设置旅游景观、水上运动、餐饮、娱乐等设施，不得影响行洪和污染水体，其建筑风格、形式、体量和色彩应当与自然景观相协调，应当配备污染处理设施和垃圾收集装置。

第三十六条 船舶应当按照国家有关规定配置相应的防污设备和器材，并持有合法有效的防止水域环境污染的证书与文书。

湖泊港口、码头等场所应当配备船舶污染物接收设施，并将污染物转移至其他场所进行无害化处理。

第五章 监 督 管 理

第三十七条 县级以上人民政府应当加强对本行政区域内湖泊管理和保护工作的领导，明确湖泊管理单位，落实管理责任，监督检查湖泊保护规划实施情况。

第三十八条 湖泊实行河长制管理。河长负责组织领导相应湖泊的管理和保护工作，建立湖泊管理和保护工作协调机制，协调解决管理和保护中的重大问题，落实湖泊管理和保护的目标、任务和责任。

第三十九条 沿湖乡镇人民政府以及街道办事处、开发区管理机构等人民政府派出机关应当按照各自职责，加强对本行政区域内湖泊保护的监督管理，协助有关部门做好湖泊保护的监督管理工作。

沿湖村（居）民委员会应当协助当地人民政府及有关部门开展湖泊保护工作，督促、引导村（居）民参与湖泊保护活动。

第四十条 县级以上人民政府确定的湖泊管理单位应当建立湖泊管理制度，加强湖泊巡查，定期向有管辖权的部门报告湖泊管理情况；对违反湖泊保护法律、法规的行为,及时制止和报告。

第四十一条 县级以上人民政府及其有关部门应当制定湖泊水质异常、水污染、藻类防控等突发事件应急预案,及时处置突发事件。

第四十二条 县级以上人民政府及其有关部门应当建立公众参与湖泊保护、管理和监督的相关机制,鼓励和支持公众参与湖泊保护工作。

鼓励和支持社会力量投资或者以其他方式参与湖泊保护工作。

第四十三条 县级以上人民政府水行政主管部门、住房和城乡建设主管部门或者人民政府确定的部门,应当建立湖泊保护的举报和奖励制度。

任何单位和个人都有权对损害湖泊的行为进行检举和举报。有关部门接到检举和举报后,应当按规定核查、处理;对不属于职责范围的,应当移交有处理权限的部门及时处理。

第六章 法 律 责 任

第四十四条 县级以上人民政府或者有关部门违反本条例规定,有下列行为之一的,由上级人民政府或者有关主管机关依照职权责令改正;情节严重的,对直接负责的主管人员和其他直接责任人员依法给予处分:

(一)未按照规定编制或者修改湖泊保护规划的;

(二)未依法对湖泊进行勘界,划定管理范围和保护范围,设立保护标志的;

(三)湖泊水位低于生态水位时,擅自向湖外调水的;

(四)将湖滩划定为农田的;

(五)违反湖泊保护规划批准从事养殖、种植、城乡建设、房地产和旅游资源开发利用等活动;

(六)未按规划实施退地还湖、退耕还湖、退圩还湖的;

(七)其他玩忽职守、徇私舞弊、滥用职权的。

第四十五条 违反本条例第十二条第一款规定,擅自移动、破坏湖泊保护标志的,由县级以上人民政府水行政主管部门或者有关部门责令停止违法行为,限期恢复;情节严重的,处二千元以上一万元以下的罚款。

第四十六条 违反本条例第二十条第二款规定,人为造成湖泊淤积,致淤单位或者个人不清淤的,由县级以上人民政府水行政主管部门、住房和城乡建设主管部门或者人民政府确定的部门责令其限期清淤；逾期不清淤，经催告仍不履行，由水行政主管部门、住房和城乡建设主管部门或者人民政府确定的部门组织清淤，所需费用由致淤单位或者个人承担。

第四十七条　违反本条例第二十一条第一款第二项规定，在湖泊管理范围内围（填）湖造地的，由县级以上人民政府水行政主管部门责令停止违法行为，恢复原状或者采取其他补救措施，可以处一万元以上五万元以下的罚款；既不恢复原状也不采取其他补救措施的，代为恢复原状或者采取其他补救措施，所需费用由违法者承担。

违反本条例第二十一条第一款第二项规定，在长江流域内非法侵占长江流域河湖水域，或者违法利用、占用河湖岸线的，按照《中华人民共和国长江保护法》的有关规定予以处罚。

第四十八条　违反本条例第三十五条第二款规定，在湖泊管理范围内设置旅游景观、水上运动、餐饮、娱乐等设施妨碍行洪的，由有管辖权的水行政主管部门责令停止违法行为，排除阻碍或者采取其他补救措施，可以处二万元以上十万元以下的罚款。

第四十九条　违反本条例规定，法律、行政法规已有法律责任规定的，从其规定。

第七章　附　则

第五十条　未纳入湖泊保护名录，常年水面面积 0.5 平方公里以下的湖泊的管理和保护，参照本条例有关规定执行。

第五十一条　本条例自 2018 年 1 月 1 日起施行。

安徽省河道采砂管理办法

(2009年6月15日省人民政府第37次常务会议审议通过 根据2012年4月24日安徽省政府令第240号公布的《安徽省政府关于修改〈安徽省森林植物检疫实施办法〉等规章的决定》第一次修改 根据2017年11月22日安徽省人民政府令第279号《安徽省人民政府关于修改部分规章的决定》第二次修改)

第一条 为了加强河道采砂管理,维护河势稳定,保障防洪、通航及涉河工程安全,根据《中华人民共和国水法》《中华人民共和国河道管理条例》等法律、法规,结合本省实际,制定本办法。

第二条 在本省行政区域内从事河道采砂及其管理活动,应当遵守本办法。

在长江干流河道安徽段从事采砂及其管理活动的,按照国务院《长江河道采砂管理条例》和《安徽省〈长江河道采砂管理条例〉实施办法》的规定执行。

本办法所称河道采砂,是指在河道(包括湖泊、水库、人工水道、行蓄洪区等)管理范围内开采砂石、取土和淘金等活动。

第三条 县级以上地方人民政府应当加强对本行政区域内河道采砂管理工作的领导,落实专项管理经费,协调、解决河道采砂管理中的重大问题。

第四条 县级以上地方人民政府水行政主管部门负责本行政区域内河道采砂管理和监督检查工作。

省人民政府水行政主管部门设置的水工程管理单位(以下简称省水工程管理单位)在所管辖的范围内,依法行使河道采砂管理和监督检查职责。

县级以上地方人民政府公安、交通运输、国土资源、旅游等行政主管部门应当按照各自职责,协助做好河道采砂监督管理工作。

乡(镇)人民政府应当协助和配合县级以上地方人民政府水行政主管部门做好河道采砂管理工作。

第五条 县级以上地方人民政府应当组织水、公安、交通运输等行政主管部门进行联合执法,加强对本行政区域内河道采砂的监督检查,依法查处违法采砂活动。

第六条 河道采砂实行统一规划制度。

编制河道采砂规划，应当充分考虑河道防洪安全、通航安全、涉河工程安全和河势稳定的要求，符合流域综合规划和河道防洪、河道整治以及航道整治等专业规划。

河道采砂规划涉及铁路、公路、航道、电力、通信等设施保护范围的，应当征求有关部门的意见。

第七条 淮河干流安徽段（包括颍河茨河铺以下、涡河西阳集以下河段，下同）的河道采砂规划，由省淮河河道管理局会同有关设区的市人民政府水行政主管部门编制，报省人民政府水行政主管部门批准。其他省管水工程管理范围内的河道采砂规划，由省水工程管理单位编制，报省人民政府水行政主管部门批准。

省确定的跨设区的市重要河道采砂规划，由省人民政府水行政主管部门指定一个设区的市人民政府水行政主管部门会同有关设区的市人民政府水行政主管部门编制，报省人民政府水行政主管部门批准。

其他河道采砂规划，按照河道管理权限，由市、县人民政府水行政主管部门编制，报上一级人民政府水行政主管部门批准。

经批准的河道采砂规划，不得擅自修改；确需修改的，应当报原批准机关批准。

第八条 河道采砂规划应当包括下列内容：

（一）禁采区和可采区；

（二）禁采期和可采期；

（三）可采区内年度采砂控制总量；

（四）可采区内采砂船只或者机具的数量及其采砂能力（功率，下同）控制；

（五）河道滩地堆砂场的布局及控制数量；

（六）弃料处理和现场清理、平整要求；

（七）管理措施。

第九条 下列区域为禁采区：

（一）河道防洪工程、河道整治工程、水库枢纽、水文观测设施、涵闸以及取水、排水、水电站等工程及其附属设施安全保护范围；

（二）河道顶冲段、险工、险段、规划保留区；

（三）桥梁、码头、航道、电力电缆、通信电缆、过河管道、隧道等工程及其附属设施安全保护范围；

（四）饮用水源保护区；

（五）依法被禁止采砂的其他区域。

第十条 下列时段为禁采期：

（一）江河、湖泊等达到或者超过警戒水位时，水库达到或者超过汛限水位时；

（二）淮河干流安徽段每年主汛期；

（三）依法被禁止采砂的其他时段。

第十一条 因防洪、河势改变、水工程出现重大险情、水工程建设等情形不宜采砂的，市、县人民政府水行政主管部门和省水工程管理单位可以按照河道管理权限，划定临时禁采区或者规定临时禁采期。

市、县人民政府水行政主管部门和省水工程管理单位应当将禁采区和禁采期予以公告，并设立明显的禁采区标志。

任何单位和个人不得在河道的禁采区、禁采期进行河道采砂活动。

第十二条 市、县人民政府水行政主管部门和省水工程管理单位应当按照河道管理权限，于每年12月31日前确定下年度河道采砂可采区的具体范围、年度采砂控制总量、作业方式、作业工具及其数量等，并予以公告。

第十三条 河道采砂实行许可制度。

省管水工程管理范围内的河道采砂许可证，由省水工程管理单位审批发放；其他河道采砂许可证，由市、县人民政府水行政主管部门按照河道管理权限审批发放；涉及航道的，审批发放前应当征求有管辖权的航道管理机构和海事管理机构的意见。

河道采砂涉及国土资源等有关行政主管部门的，应当依法办理有关手续。

第十四条 申请从事河道采砂，应当符合下列要求和条件：

（一）符合河道采砂规划确定的可采区和可采期的要求；

（二）符合年度采砂控制总量的要求；

（三）符合规定的作业方式；

（四）符合采砂船只、机具的数量及其采砂能力的控制要求；

（五）有符合要求的采砂设备和采砂技术人员；

（六）1年内无违法采砂记录；

（七）采砂船舶的船舶检验证书、船员证书齐全；

（八）法律、法规和规章规定的其他条件。

第十五条 申请从事河道采砂的单位和个人，应当向采砂所在地市、县人民政府水行政主管部门提出申请，并提交下列材料：

（一）申请人的名称（姓名）、地址及有关证明材料；

（二）开采的地点、深度、范围（附范围图）；

（三）开采的时间、种类和作业方式；

（四）开采量（包括日采量、总采量）；

（五）采砂船舶、机具的基本情况；

（六）采砂技术人员的基本情况；

（七）砂石堆放地点、弃料处理及采砂活动结束后现场清理、平整方案。

申请人提交有关材料复印件时，应当同时交验原件，并对所提交材料的真实性负责。

第十六条 市、县人民政府水行政主管部门应当自受理申请之日起20日内进行审查，对有许可权的，作出是否准予许可的决定；对属于上级人民政府水行政主管部门或者省水工程管理单位许可的，提出审查意见，报有许可权的上级人民政府水行政主管部门或者省水工程管理单位。上级人民政府水行政主管部门或者省水工程管理单位应当自收到审查意见之日起20日内，作出是否准予许可的决定。

水行政主管部门或者省水工程管理单位对符合条件的，应当作出准予许可的决定，向申请人颁发河道采砂许可证；对不符合条件，作出不予许可决定的，应当书面通知申请人，并说明理由。

第十七条 河道采砂许可证的有效期不超过1年。河道采砂许可证有效期届满或者开采总量已达到河道采砂许可证规定的开采量的，河道采砂许可证自行失效。

河道采砂许可证由省人民政府水行政主管部门统一监制。

第十八条 从事河道采砂活动的单位和个人应当按照河道采砂许可证确定的地点、范围、开采总量、采砂能力、作业方式和期限等进行开采；需要改变河道采砂许可证规定事项的，应当重新办理河道采砂许可证。

禁止伪造、涂改、买卖、出租、出借或者以其他方式转让河道采砂许可证。

第十九条　市、县人民政府水行政主管部门和省水工程管理单位实施河道采砂许可，可以通过公开招标、拍卖等公平竞争的方式作出决定。

第二十条　因整修河道堤防进行吹填固基、整治疏浚河道或者航道需要采砂的，应当按照河道管理权限，报有管辖权的水行政主管部门批准；涉及航道的，应当事先征求航道管理机构和海事管理机构的意见。有销售所采砂石行为的，应当依法办理河道采砂许可证。

因吹填造地从事采砂活动的单位和个人，应当依法申请办理河道采砂许可证。

第二十一条　从事河道采砂活动的单位和个人，应当遵守下列规定：

（一）随采随运，及时清除砂石和弃料堆体；

（二）运输砂石的车辆按照指定进出场路线行驶，并符合水工程堤顶路面的承载要求，不得影响水工程运行安全；

（三）在通航河道内采砂的，应当服从通航安全要求，并在作业区设立明显标志；

（四）不得破坏环境、污染水体；

（五）采砂活动结束后，及时对采砂现场进行清理、平整；

（六）有关法律、法规和规章的规定。

第二十二条　采砂船舶、机具不得在禁采区内滞留。确需滞留的，应当自行拆除采砂设备，并将采砂设备集中放置在所在地市、县人民政府指定的地点。

采砂船舶、机具在禁采期内，未取得河道采砂许可证的采砂船舶、机具在可采期内，应当自行拆除采砂设备，并将采砂设备集中放置在所在地市、县人民政府指定的地点。未拆除采砂设备的，应当将采砂船舶、机具集中停放在所在地市、县人民政府指定的地点；无正当理由，不得擅自离开指定地点。

第二十三条　在河道采砂地点装运砂石的单位和个人，应当装运持有河道采砂许可证的单位或者个人开采的砂石。

第二十四条　从事河道采砂活动的单位和个人，应当按照规定缴纳河道采砂管理费。

河道采砂管理费的具体征收、使用和管理办法，由省人民政府财政、价格行政主管部门会同水行政主管部门制定。

第二十五条 县级以上地方人民政府水行政主管部门和省水工程管理单位履行河道采砂监督检查职责时，有权采取下列措施：

（一）要求采砂单位或者个人提供有关文件、证照、资料；

（二）要求采砂单位或者个人就执行本办法的有关情况作出说明；

（三）进入采砂单位或者个人的生产场所进行调查；

（四）责令采砂单位或者个人停止违反本办法规定的行为。

第二十六条 县级以上地方人民政府水行政主管部门和省水工程管理单位应当定期对河道采砂可采区的河床变化情况进行监测。经监测发现河床发生重大变化，对河道防洪、通航及涉河工程构成安全隐患的，县级以上地方人民政府水行政主管部门和省水工程管理单位及航道、海事管理机构应当依据各自职责，采取相应措施，及时排除隐患。

可采期内，因出现影响河势稳定和防洪安全的自然灾害或者其他重大事件，需要暂停采砂活动的，县级以上地方人民政府水行政主管部门和省水工程管理单位可以决定暂停采砂活动，并予以公告。上述情形消除后，应当及时公告，并顺延采砂许可证的有效期。

第二十七条 在河道滩地设置堆砂场，应当报经有管辖权的市、县人民政府水行政主管部门或者省水工程管理单位批准。

第二十八条 县级以上地方人民政府水行政主管部门和省水工程管理单位应当建立河道采砂违法行为的举报制度，公布举报电话。

任何单位和个人对违法的河道采砂行为，有权向县级以上地方人民政府水行政主管部门和省水工程管理单位以及其他有关部门举报。接到举报的部门应当依法处理。

第二十九条 违反本办法规定，未办理河道采砂许可证，擅自在河道管理范围内采砂的，由市、县人民政府水行政主管部门或者省水工程管理单位责令停止违法行为，没收违法所得，并处以5000元以上2万元以下的罚款；情节严重的，处以2万元以上5万元以下的罚款。

第三十条 违反本办法规定，有下列行为之一的，由市、县人民政府水行政主管部门或者省水工程管理单位责令停止违法行为，并按照下列规定处罚：

（一）伪造、涂改、买卖、出租、出借或者以其他方式转让河道采砂许可证的，处以1万元以上3万元以下的罚款，收缴伪造、涂改、买卖、出租、出借或者以其他方式转让的河道采砂许可证；

（二）未按照河道采砂许可证规定的要求采砂的，处以2000元以上1万元以下的罚款；情节严重的，处以1万元以上3万元以下的罚款；

（三）未随采随运，未及时清除砂石和弃料堆体，或者采砂活动结束后，未及时对采砂现场进行清理、平整的，责令限期清除、清理、平整或者采取其他补救措施；逾期未清除、清理、平整，经催告仍不清除、清理、平整的，可以代为清除、清理、平整，所需费用由责任者承担，并处以5000元以上2万元以下的罚款；

（四）装运违法开采的砂石的，处以5000元以上2万元以下的罚款。

第三十一条　违反本办法规定，采砂船舶、机具违法滞留在禁采区的，由市、县人民政府水行政主管部门或者省水工程管理单位责令改正，处以5000元以上2万元以下的罚款。

违反本办法规定，采砂船舶、机具在禁采期内或者未取得河道采砂许可证的采砂船舶、机具在可采期内未拆除采砂设备，或者未在指定地点停放的，由市、县人民政府水行政主管部门或者省水工程管理单位责令改正，处以5000元以上2万元以下的罚款。

第三十二条　违反本办法规定，未经批准擅自在河道滩地设置堆砂场的，由市、县人民政府水行政主管部门或者省水工程管理单位责令停止违法行为，限期清除；逾期未清除，经催告仍不清除的，可以代为清除，所需费用由责任者承担，并处以1万元以上5万元以下的罚款；有违法所得的，没收违法所得。

第三十三条　违反本办法规定，未依法缴纳河道采砂管理费的，由颁发河道采砂许可证的水行政主管部门或者省水工程管理单位责令限期缴纳；拒不缴纳的，处以应缴纳河道采砂管理费2倍以上5倍以下的罚款，罚款不超过3万元。

第三十四条　从事违法采砂或者运砂活动的单位和个人拒不接受处理或者逃离现场，将违法采砂船舶、机具或者违法运砂工具置于河道的，县级以上人民政府水行政主管部门可以决定立即实行代履行，将违法采砂船舶、机具或者违法运砂工具拖离现场，依法作出处理；当事人不在场的，水行政主管部门应当在事后立即通知当事人。

第三十五条 组织、策划违法采砂活动以及扰乱、阻碍有关行政主管部门依法执行职务，违反治安管理的，由公安机关依法处罚；构成犯罪的，依法追究刑事责任。

第三十六条 县级以上地方人民政府水行政主管部门、省水工程管理单位以及其他有关部门有下列行为之一的，对负有责任的主管人员和其他直接责任人员依法给予行政处分；构成犯罪的，依法追究刑事责任：

（一）擅自修改河道采砂规划或者违反河道采砂规划组织采砂的；

（二）未按照规定审批发放河道采砂许可证的；

（三）未依法履行监督检查职责，造成河道采砂秩序混乱或者造成重大责任事故的；

（四）在河道采砂管理中未按照规定的项目、范围和标准收费的；

（五）贪污、截留、挪用河道采砂管理费的；

（六）在河道采砂管理中有其他徇私舞弊、玩忽职守行为的。

第三十七条 本办法所称"以上"包含本数，"以下"不包含本数。

第三十八条 本办法自 2009 年 8 月 1 日起施行。

安徽省实施《中华人民共和国水法》办法

（1992年8月30日安徽省第七届人民代表大会常务委员会第三十二次会议通过　根据1997年11月2日安徽省第八届人民代表大会常务委员会第三十四次会议关于修订《安徽省实施〈中华人民共和国产品质量法〉办法》等地方性法规的决定第一次修正　2003年12月13日安徽省第十届人民代表大会常务委员会第六次会议修订　根据2004年6月26日安徽省第十届人民代表大会常务委员会第十次会议关于修改《安徽省实施〈中华人民共和国水法〉办法》的决定第二次修正　根据2011年12月28日安徽省第十一届人民代表大会常务委员会第三十次会议《关于修改部分法规的决定》第三次修正　根据2018年3月30日安徽省第十三届人民代表大会常务委员会第二次会议《关于修改和废止部分地方性法规的决定》第四次修正　根据2022年3月25日安徽省第十三届人民代表大会常务委员会第三十三次会议《关于修改和废止部分地方性法规的决定》第五次修正）

第一章　总　　则

第一条　为了保障水资源的可持续利用，防治水害，适应经济、社会发展和公民生活的需要，根据《中华人民共和国水法》和有关法律、行政法规，结合本省实际，制定本办法。

第二条　本办法适用于在本省行政区域内开发、利用、节约、保护、管理水资源，防治水害的活动。

第三条　水资源属于国家所有。

对水资源依法实行取水许可制度和有偿使用制度。农村集体经济组织及其成员使用本集体经济组织的水塘和本集体经济组织修建管理的水库中的水除外。

对前款所称农村集体经济组织修建管理的水库的使用有争议的，可以由县级以上人民政府在确保农村集体经济组织及其成员用水权益的前提下，按照尊重历史、维护现状的原则予以确认。

第四条　县级以上人民政府水行政主管部门按照规定的权限，负责本行政区域内水资源的统一管理和监督工作。

县级以上人民政府有关部门按照职责分工，负责本行政区域内水资源开发、利用、节约和保护的有关工作。

第五条 各级人民政府应当采取措施，保护自然植被和湿地，植树种草，涵养水源，防治水土流失和水体污染，保护和改善生态环境。

各级人民政府应当加强宣传教育，提高全社会保护水资源意识、节约用水意识和水患意识。鼓励和支持开发、利用、节约、保护、管理水资源和防治水害的先进科学技术的研究和推广、应用。

第六条 任何单位和个人都有依法保护水资源、水工程和节约用水的义务，并有权制止、控告和检举违反本办法的行为。

第二章 水资源规划和开发利用

第七条 开发、利用、节约、保护水资源和防治水害，应当按照流域、区域统一制定规划。编制水资源规划应当有利于水资源优化配置，兼顾各地区、各行业的需要。

全省水资源规划应当服从国家确定的重要江河、湖泊的流域综合规划和流域专业规划，设区的市（以下称市）、县（市、区）区域综合规划和其管理的江河流域综合规划应当服从全省水资源规划及省确定的和跨市的重要江河、湖泊的流域综合规划和流域专业规划，专业规划应当服从综合规划。

第八条 全省水资源规划和跨市且流域面积在一千平方公里以上的重要江河、湖泊以及渒史杭、驷马山等大型灌区的流域、区域综合规划，由省人民政府水行政主管部门会同同级有关部门和有关市人民政府编制，报省人民政府批准，并报国务院水行政主管部门备案。

前款规定以外的江河、湖泊、灌区的流域和区域综合规划，按照管理权限，由市、县（市、区）人民政府水行政主管部门会同同级有关部门编制，报本级人民政府批准，并报上一级人民政府水行政主管部门备案。

第九条 治涝、灌溉、供水、水力发电、节约用水、水资源保护等专业规划，由县级以上人民政府水行政主管部门依法组织编制，征求同级其他有关部门意见后报本级人民政府批准。防洪、水土保持规划编制、批准依照有关法律、法规的规定执行。

前款规定以外的有关专业规划由县级以上人民政府有关部门依法编制，

征求同级水行政主管部门意见后，报本级人民政府批准。

第十条　各级人民政府应当因地制宜，合理开发、综合利用水资源，保障水资源的可持续利用。

水资源短缺地区应当根据本地水资源状况，兴建蓄水或者外调地表水工程，鼓励开发、利用雨水、洪水、中水资源。沿江、沿河、沿湖地区应当保护湿地，逐步退耕还河、还湖，改善生态环境。

第十一条　城市建设和工农业生产布局以及重大建设项目布局，应当与当地水资源条件和防洪要求相适应，并进行科学论证。在水资源短缺地区，应当限制耗水量大的工业、农业、服务业建设项目，城镇规模和产业布局、产业结构应当与水资源条件相适应。

第十二条　开采地下水应当遵循总量控制、优化配置的原则，并符合地下水开发利用规划和年度开采计划中确定的可采总量、井点总体布局、取水层位的要求，防止水体污染、水源枯竭以及地质灾害的发生。

地下水年度可开采量、井点总体布局和取水层位，由县级以上人民政府水行政主管部门会同同级国土资源部门确定。

第十三条　城市人民政府及其有关部门和单位应当采取有效措施，加强污水处理和中水利用设施建设，鼓励和提倡企业使用中水，逐步提高污水再生利用率。

城市在新建供水设施的同时，应当规划建设相应的污水处理设施。已建成污水集中排放和处理设施的，应当逐步建设中水利用系统。水资源短缺地区在规划建设城市污水集中排放和处理设施时，应当同时规划建设污水处理回用设施。高耗水企业应当优先使用中水。

第十四条　任何单位和个人引水、截（蓄）水、排水，不得损害公共利益和他人的合法权益。

未经有关各方达成协议或者共同的上一级人民政府水行政主管部门批准，水事相邻的不同行政区域，不得单方面修建排水、阻水、取水和截（蓄）水等对边界河道和跨行政区域的河道的水量、水质及防汛抗旱有影响的工程，不得单方面改变水的现状。

第三章　水资源、水域和水工程的保护

第十五条　县级以上人民政府应当加强水文、水资源信息系统的建设。

县级以上人民政府水行政主管部门应当加强对水资源的动态监测，定期或者不定期发布水资源信息。水、环境保护、国土资源、农业、卫生等有关部门的水质监测数据、资料实行共享。

基本水文资料按照国家有关规定予以公开，其他水文资料按照国家有关规定实行有偿使用。

第十六条　建立饮用水水源保护区制度。县级以上人民政府应当依法划定饮用水水源保护区，并采取措施防止饮用水水源污染，保证城乡居民饮用水的安全。

禁止任何单位和个人从事污染饮用水水源的活动。

第十七条　利用河道、湖泊、水库从事养殖、旅游、体育、餐饮等活动的，应当符合水功能区划，服从防洪安全和水工程运行安全的需要。

利用国有水库、人工水道从事前款规定活动的，应当经有管辖权的水行政主管部门批准。

第十八条　禁止在饮用水水源保护区内设置排污口。在江河、湖泊新建、改建或者扩大排污口，应当经有管辖权的生态环境主管部门依法审批。

禁止向弃用未成井和报废水井、矿井排放有害物质，防止地下水污染。报废水井、矿井应当由原使用者及时封闭；拒不封闭的，由有管辖权的水行政主管部门组织封闭，所需费用由原使用者承担。

第十九条　省人民政府水行政主管部门会同同级国土资源部门，根据地下水分布状况及开采情况，划定地下水超采地区。对其中的严重超采地区，应当划定地下水限制开采区或者禁止开采区，报省人民政府批准并公告。

第二十条　在地下水超采区内，县级以上人民政府应当严格控制开采地下水，并规划建设替代水源，采取科学措施，增加地下水的有效补给。

在地下水禁止开采区内，严禁新建、改建、扩建取用地下水的建设项目。已建的地下水取水工程应当统一规划建设替代水源，逐步压减地下水开采量，直至限期封闭。具体封闭办法由省人民政府水行政主管部门制定，报省人民政府批准。

在地下水限制开采区内，确需取用地下水的，须经省人民政府水行政主管部门批准。

第二十一条　开采地下水的单位和个人，应当自行或者委托具有相应专业技术能力的单位进行施工。施工结束后，开采地下水的单位和个人应当在三十日内向取水口所在地县级以上人民政府水行政主管部门提交成井资料，领取取水许可证后方可取水。

第二十二条　建设水工程，应当符合流域综合规划。在江河、湖泊上建设水工程，未取得有管辖权的水行政主管部门按照管理权限签署的符合流域综合规划要求的规划同意书的，建设单位不得开工建设。水工程建设涉及防洪的，依照防洪法的有关规定执行；涉及其他地区和行业的，建设单位应当事先征求有关地区和部门的意见。

在河道管理范围内建设桥梁、码头和其他拦河、跨河、临河建筑物、构筑物，铺设跨河管道、电缆，应当符合国家规定的防洪标准和其他有关的技术要求，工程建设方案应当经有管辖权的水行政主管部门或者省设置的水工程管理单位按照规定的权限审查同意。

因建设第一款、第二款规定的工程设施，需要扩建、改建、拆除或者损坏原有水工程设施的，建设单位应当负担扩建、改建的费用和损失补偿。但是，原有工程设施属于违法工程的除外。

第二十三条　河道及水工程的管理和保护范围的划定，按照国家和省有关规定执行。

第二十四条　开发利用河道管理范围内的水域和土地，应当服从河道及水工程管理和保护的规定。单位和个人利用河道及国有水工程管理单位管理范围内的水土资源从事开发、经营的，应当经水工程管理单位同意。

第二十五条　在河道管理范围内，禁止从事下列活动：

（一）修建围堤、围墙、阻水道路、房屋等妨碍行洪的建筑物和构筑物；

（二）种植高秆农作物、芦苇、杞柳、荻柴和树木（堤防防护林除外）；

（三）设置拦河渔具，擅自沉置船只、排筏；

（四）弃置或者堆放矿渣、石渣、煤灰、泥土、垃圾等阻碍行洪的物体；

（五）其他危害河势稳定、河岸堤防安全和妨碍河道行洪的活动。

在堤身、护堤地和水闸管理范围内，禁止建房、放牧、开渠、打井、爆破、挖窖、挖塘、葬坟、晒粮、存放物料、开采地下资源、进行考古发掘以及开展集市贸易等，但为防汛和水工程管理需要的除外。

在与人工堤防组成的封闭圈的高地上，禁止从事危害防洪安全的活动。

第二十六条　在河道及水工程管理范围内进行下列活动，应当经有管辖权的水行政主管部门批准；涉及其他部门的，依法办理有关手续：

（一）采砂、取土、淘金；

（二）爆破、钻探、挖筑鱼塘；

（三）在河道滩地存放物料、修建建筑设施；

（四）在河道滩地开采地下资源及进行考古发掘。

第四章 水资源配置和节约用水

第二十七条 全省和跨市的水中长期供求规划，由省人民政府水行政主管部门会同同级有关部门制定，经省人民政府发展计划部门审查批准后执行。

市、县（市、区）的水中长期供求规划，由市、县（市、区）人民政府水行政主管部门会同同级有关部门，依据上一级水中长期供求规划和本地区的实际情况制定，经同级发展计划部门审查批准后执行。

第二十八条 江河水量分配方案和旱情紧急情况下的水量调度预案，由县级以上人民政府水行政主管部门根据流域规划和水中长期供求规划编制，报本级人民政府批准后执行。跨市、县（市、区）的江河水量分配方案和旱情紧急情况下的水量调度预案，由共同的上一级人民政府水行政部门商有关人民政府编制，报本级人民政府批准后执行。

长江干流、淮河干流、淠史杭灌区、驷马山灌区、青弋江灌区、茨淮新河、怀洪新河、巢湖等水量分配方案和旱情紧急情况下的水量调度预案，由省人民政府水行政主管部门按国家有关规定编制，报省人民政府批准后执行。

第二十九条 直接从江河、湖泊（含塌陷区，下同）、地下取用水资源（包括地热水、矿泉水）的单位和个人，应当依法申请领取取水许可证，并依法办理相关手续。

县级以上人民政府水行政主管部门按照国家和省规定的权限办理取水许可审批、发证。

第三十条 下列情形不需要申请领取取水许可证：

（一）农村集体经济组织及其成员使用本集体经济组织的水塘、水库中的水的；

（二）家庭生活和零星散养、圈养畜禽饮用等少量取水的；

（三）为保障矿井等地下工程施工安全和生产安全必须进行临时应急取

（排）水的；

（四）为消除对公共安全或者公共利益的危害临时应急取水的；

（五）为农业抗旱和维护生态与环境必须临时应急取水的。

第三十一条 在城市公共供水管网覆盖的区域内，禁止新建地下水取水井用于餐饮、浴池、洗车等服务业和水空调、小区和单位集中供水等。已经修建的，由县级以上人民政府水行政主管部门责令限期封闭。

第三十二条 取得取水许可证的单位和个人，应当按照取水许可证的规定取水，不得擅自改变取水地点、取水方式、取水用途或者增加取水量；确需变更的，应当经原批准机关审查同意。

第三十三条 禁止任何单位和个人伪造、涂改、冒用取水许可证。

第三十四条 取得取水许可证的单位和个人，应当在取水口安装符合国家标准的取水计量设施，并保证其正常运行。未安装计量设施或计量设施已安装但不能正常运行的，在安装或修复前，取水量按照取水许可证批准的最高取水量或者取水设施日满负荷取水量计算。

第三十五条 取得取水许可证的单位和个人，应当按照经批准的取水量取水，并缴纳水资源费。超额取水的，对超额部分的水资源费实行累进加价制度。取水量超额百分之二十（不含百分之二十）以下的，超额部分加收一倍的水资源费；超额百分之二十以上百分之五十以下（不含百分之五十）的，超额部分加收二倍的水资源费；超额百分之五十以上的，超额部分加收三倍的水资源费，并由县级以上人民政府水行政主管部门责令暂停取水，限期改正。

使用水工程供应的水，应当按照国家规定向供水单位缴纳水费。用水户逾期不缴纳水费的，应当按照规定支付违约金。用水户在合理期限内经催告仍不缴纳水费和违约金的，供水单位可以按照国家规定的程序中止供水。

第三十六条 用水单位应当采取有效措施降低水的消耗量，提高水的重复利用率。

耗水量高、节水措施不力的单位，县级以上人民政府水行政主管部门应当责令其限期进行节水改造；拒不改造或者改造后仍未达到规定标准的，水行政主管部门有权核减其取水量直至责令停止取水。

第三十七条 县级以上人民政府水行政主管部门对取得取水许可证的单位和个人的取水情况进行检查，有关单位和个人应当予以配合，并如实提供取水数据等有关资料。

拒不提供或者提供虚假取水数据的，县级以上人民政府水行政主管部门可以按照取水许可证批准的最高取水量或者取水设施日满负荷取水量征收水资源费。

第五章 监 督 检 查

第三十八条 县级以上人民政府水行政主管部门应当建立健全水政监督检查制度，加强水政专职执法队伍建设，依法实施水政监督检查。

水政监督检查人员在依法履行监督检查职责时，应当统一着装，出示行政执法证件，按照法定程序，严格执法，文明执法。

第三十九条 县级以上人民政府水行政主管部门应当对用水单位取水工程建设、取排水情况、地下水取水工程施工进行现场巡查和监督，发现用水单位未依法办理取水许可证或者未按照取水许可规定进行取水设施建设的，责令其停止违法行为。

第四十条 水政监督检查人员执行公务时，有关单位或者个人应当给予配合，如实反映情况，提供有关的真实数据、资料，不得拒绝、拖延或者弄虚作假，不得阻碍水政监督检查人员依法执行职务。

第四十一条 乡镇人民政府应当协助有关部门处理水事纠纷、查处破坏水工程设施等水事违法案件，维护本行政区域内的用水秩序。

第六章 法 律 责 任

第四十二条 水行政主管部门或者其他有关部门以及水工程管理单位及其工作人员，有下列情形之一的，由有关部门对负有责任的主管人员和直接责任人员予以处分；构成犯罪的，依法追究刑事责任：

（一）不执行水资源规划的；

（二）不按已批准的规划兴建水工程的；

（三）不依法核发许可证，签署审查意见的；

（四）对符合法定条件的申请故意刁难、拖延，未在规定的期限内核发许可证、签署审查意见的；

（五）对法定的水规费擅自减免或者违反规定收、缴的；

（六）贪污、截留、挪用水规费的；

（七）拒不执行水量分配方案、水量调度预案和调度命令的；

（八）其他不履行水行政管理职责的行为。

第四十三条 违反本办法第十七条第一款规定，不符合水功能区划，妨碍河道行洪、影响河势稳定和水工程运行安全的，由县级以上人民政府水行政主管部门责令其停止违法行为，限期拆除违法建筑物、构筑物，恢复原状；逾期不拆除、不恢复原状的，强行拆除，所需费用由违法单位或者个人负担，并处二万元以上十万元以下的罚款。

违反第十七条第二款规定，未经批准，利用国有水库、人工水道，从事养殖、旅游、体育、餐饮等活动的，由县级以上人民政府水行政主管部门责令限期补办有关手续；逾期不补办或者补办未被批准的，责令限期拆除相关设施。

第四十四条 违反本办法第二十条第二款、第三款规定，擅自在地下水禁止开采区内新建、改建、扩建取用地下水的建设项目，或未经批准擅自在地下水限制开采区内取水的，由县级以上人民政府水行政主管部门责令停止违法行为，限期拆除；逾期不拆除的，强行拆除，并处二万元以上十万元以下的罚款。

第四十五条 违反本办法第二十二条第一款、第二款规定的，由县级以上人民政府水行政主管部门责令停止违法行为，限期补办有关手续；逾期不补办或者补办未被批准的，责令限期拆除相关设施；逾期不拆除的，强行拆除，所需费用由违法单位或者个人负担，并处一万元以上十万元以下的罚款。

虽经水行政主管部门同意，但未按照要求修建第一款、第二款所列工程设施的，由县级以上人民政府水行政主管部门责令限期改正，按照情节轻重，处一万元以上十万元以下的罚款。

第四十六条 违反本办法第二十五条规定的，由县级以上人民政府水行政主管部门责令停止违法行为，限期拆除违法建设项目、清除障碍或者采取其他补救措施；逾期不拆除、不清障的，强行拆除、清障，所需费用由违法单位或者个人负担，并处一万元以上五万元以下的罚款；有违法所得的，没收违法所得。

违反本办法第二十五条规定，在长江流域内非法侵占长江流域河湖水域，或者违法利用、占用河湖岸线的，按照《中华人民共和国长江保护法》

的有关规定予以处罚。

第四十七条 违反本办法第二十六条规定的，由县级以上人民政府水行政主管部门责令改正，或者采取其他补救措施；处一万元以上五万元以下的罚款；有违法所得的，没收违法所得。

违反本办法第二十六条规定，在长江流域未依法取得许可从事采砂活动，或者在禁止采砂区和禁止采砂期从事采砂活动的，按照《中华人民共和国长江保护法》的有关规定予以处罚。

第四十八条 违反本办法第三十三条规定，伪造、涂改、冒用取水许可证的，由县级以上人民政府水行政主管部门责令改正，没收违法所得和非法财物，并处二万元以上十万元以下罚款；构成犯罪的，依法追究刑事责任。

违反本办法第三十四条规定，未安装取水计量设施的，由县级以上人民政府水行政主管部门责令限期安装，并按照日最大取水能力计算的取水量计征相关费用，处五千元以上二万元以下罚款，其中地下水取水工程未安装计量设施的，处十万元以上五十万元以下罚款；情节严重的，吊销取水许可证。

违反本办法第三十六条规定，不执行审批机关作出的取水核减或者限制决定的，由县级以上人民政府水行政主管部门责令停止违法行为，限期改正，处二万元以上十万元以下罚款；逾期拒不改正或者情节严重的，吊销取水许可证。

违反本办法第四十条规定，拒绝接受监督检查或者弄虚作假的，由县级以上人民政府水行政主管部门责令停止违法行为，限期改正，处五千元以上二万元以下罚款；情节严重的，吊销取水许可证。

第四十九条 省人民政府水行政主管部门设置的水工程管理单位，对其管理的河道或者水工程，可以行使本办法第四十三条、第四十五条、第四十六条、第四十七条规定的有关职权，具体范围由省人民政府水行政主管部门依法确定。

第七章 附 则

第五十条 本办法所称中水，是指污水经处理后达到一定的水质标准，可在一定范围内重复使用的非饮用水。

第五十一条 本办法自 2004 年 3 月 22 日起施行。

安徽省实施《中华人民共和国防洪法》办法

（1999年8月1日安徽省第九届人民代表大会常务委员会第十一次会议通过　根据2004年6月26日安徽省第十届人民代表大会常务委员会第十次会议关于修改《安徽省实施〈中华人民共和国防洪法〉办法》的决定第一次修正　根据2010年8月21日安徽省第十一届人民代表大会常务委员会第二十次会议《关于修改部分法规的决定》第二次修正　根据2013年8月2日安徽省第十二届人民代表大会常务委员会第四次会议《关于修改〈安徽省农业机械化促进条例〉等地方性法规的决定》第三次修正　根据2015年3月26日安徽省第十二届人民代表大会常务委员会第十八次会议关于修改《安徽省实施〈中华人民共和国土地管理法〉办法》等部分法规的决定第四次修正　根据2018年3月30日安徽省第十三届人民代表大会常务委员会第二次会议《关于修改和废止部分地方性法规的决定》第五次修正　根据2022年3月25日安徽省第十三届人民代表大会常务委员会第三十三次会议《关于修改和废止部分地方性法规的决定》第六次修正）

第一章　总　　则

第一条　为了防治洪水，防御、减轻洪涝灾害，维护人民的生命和财产安全，保障和促进经济、社会的可持续发展，根据《中华人民共和国防洪法》（以下简称《防洪法》）和有关法律、行政法规，结合本省实际，制定本办法。

第二条　在本省行政区域内从事防洪以及与防洪有关的活动，应当遵守《防洪法》和本办法。

第三条　防洪工作实行全面规划、统筹兼顾、预防为主、综合治理、局部利益服从全局利益的原则。

第四条　各级人民政府应当加强对防洪工作的统一领导，组织有关部门、单位，制定防洪规划，实行科学治水、系统治水。

各级人民政府应当组织宣传普及防洪法律、法规，提高全民水患意识，动员社会力量，加强防洪工程设施建设和水土保持综合治理，保护、扩大林草植被，涵养水源，坚持常抓不懈。

第五条 县级以上人民政府水行政主管部门在本级人民政府的领导下，负责本行政区域内防洪工作的组织、协调、监督、指导等日常工作，其设置的水管单位，在管辖范围内行使法律、法规规定和水行政主管部门委托的防洪协调和监督管理职责。

县级以上人民政府建设部门和其他有关部门在本级人民政府的领导下，按照各自的职责，负责有关的防洪工作。

第六条 任何单位和个人都有保护防洪工程设施和依法参加防汛抗洪的义务，并有权对破坏防洪工程设施的行为进行检举。

在防洪工作中做出显著成绩的单位和个人，由县级以上人民政府或者有关部门给予表彰和奖励。

第二章 防 洪 规 划

第七条 防洪规划是江河、湖泊治理和防洪工程设施建设的基本依据。

防洪规划应当依据流域综合规划、区域综合规划，按照以下规定编制：

（一）长江、淮河和其他跨省的江河、河段、湖泊防洪规划的编制、审批按《防洪法》第十条执行；

（二）省确定的跨市的重要江河、河段、湖泊的防洪规划由省水行政主管部门会同有关部门和地区编制，报省人民政府批准，并报国务院水行政主管部门备案；

（三）其他跨市的江河、河段、湖泊防洪规划，由有关市水行政主管部门会同有关部门和县（含不设区的市、区，下同）分别编制，经省水行政主管部门审查后，报省人民政府批准；

（四）跨县的江河、河段、湖泊的防洪规划，由市水行政主管部门会同有关部门和县编制，报市人民政府批准，并报省水行政主管部门备案；

（五）其他江河、河段、湖泊的防洪规划，由县水行政主管部门会同有关部门编制，报县人民政府批准，并报市水行政主管部门备案；

（六）城市防洪规划，由城市人民政府组织水行政主管部门、建设部门和其他有关部门编制，按国务院规定审批后，纳入城市总体规划；

（七）有防洪任务的镇的防洪规划，由县水行政主管部门会同有关部门编制，报县人民政府批准后，纳入镇总体规划。

修改防洪规划，应当报经原批准机关批准。

第八条 在山洪可能诱发山体滑坡、崩塌、泥石流以及其他山洪多发地区，县级以上人民政府应当组织地质矿产、水行政主管部门等对其进行全面调查，划定地质灾害易发区、危险区，采取防治措施。

城市、村镇和其他居民点以及工厂、矿山、铁路和公路的建设，应当避开山洪威胁和地质灾害易发区、危险区，其布局和设防高程应当符合国家规定的防洪标准和防洪规划的要求。已经建在受山洪威胁或者地势低洼地方的，应当采取防御措施；建在行洪滩地的，应当限期搬迁。

第九条 沿江圩区、沿淮洼地和淮北平原等易涝易渍地区，县级以上人民政府应当制定除涝治涝规划，组织有关部门、单位采取相应的治理措施，完善排水系统，发展耐涝农作物，开展洪涝、水渍、干旱、盐碱综合治理。

第三章 治 理 与 保 护

第十条 整治河道和修建导流、护岸以及对河道有影响的公路、村镇等工程，应当兼顾上下游、左右岸的关系，按照规划治导线实施，不得任意改变河水流向，保护村镇和农田安全。

规划治导线按照以下规定拟定：

（一）长江、淮河和其他跨省江河、河段的规划治导线的拟定和批准，按《防洪法》第十九条的规定执行；

（二）省确定的跨市的重要江河、河段规划治导线，由省水行政主管部门拟定，报省人民政府批准；

（三）其他跨市的江河、河段规划治导线，由有关市水行政主管部门分别拟定，经省水行政主管部门审查后，报省人民政府批准；

（四）跨县的江河、河段规划治导线，由市水行政主管部门拟定，报市人民政府批准；

（五）其他江河、河段规划治导线由县人民政府水行政主管部门拟定，报县人民政府批准。

第十一条 城市河道岸线的利用和建设应当按照防洪规划要求，留足行洪滩地，依法划定管理范围。

城市人民政府应当加强城区排涝管网、泵站的建设和管理。

城市建设不得擅自填堵原有河道沟叉、贮水湖塘洼淀和废除原有防洪围堤；确需填堵或者废除的，应当经城市人民政府批准。

第十二条 防洪工程的护堤护岸林木由河道、湖泊、水库等水管单位组织营造和管理。护堤护岸林木，不得任意砍伐。采伐护堤护岸林木的，应当依法办理采伐许可手续，并完成规定的更新补种任务。

护堤护岸林木的抚育、更新采伐和用于防汛抢险的采伐，按国家规定免交育林基金。

第十三条 在河道管理范围内采砂应当确保河势稳定、防洪安全，不得损坏堤防、护岸、水下电信通讯等设施和妨碍航运安全。

水行政主管部门应当根据河势稳定和防洪安全的要求，规定采砂禁采区和禁采期，报本级人民政府批准后，予以公布。

长江、淮河干堤两侧一定范围内和冲填区为采砂、取土禁采区，其禁采区和禁采期由省水行政主管部门规定，报省人民政府批准。

当采砂危及河势稳定、防洪安全时，水行政主管部门及其水管单位应当责令采砂单位和个人立即停止开采。

第十四条 在河道、湖泊管理范围内，禁止下列活动：

（一）修建围堤、围墙、阻水道路、房屋等妨碍行洪的建筑物、构筑物；

（二）弃置矿渣、石渣、煤灰、垃圾、泥土等；

（三）种植芦苇、杞柳、荻柴等高秆作物和树木（不含护堤护岸林木）；

（四）设置拦河渔具；

（五）其他危害河势稳定、防洪安全的。

在堤身、护堤地和水闸管理范围内，禁止建房、放牧、开渠、打井、爆破、挖窖、挖塘、葬坟、晒粮、存放物料、开采地下资源、进行考古发掘以及开展集市贸易等。

第十五条 禁止围湖造地。已经围垦的，应当按照批准的防洪规划进行治理，有计划地退地还湖；暂不能还湖的应当限制圩堤高程，服从蓄洪要求。

禁止围垦河道。已经围垦的，应当服从河道清障要求。

第十六条 在河道、湖泊、水库内开发旅游项目，不得影响河道、湖泊、水库的防洪安全。已经建设的旅游设施，经水行政主管部门确认影响河道、湖泊、水库防洪安全的，应当限期改建或者拆除。

禁止在水库的土地征用线高程以下开垦土地；在水库的土地征用线高程以上开垦土地，应当遵守《中华人民共和国水土保持法》的规定。

第十七条 在江河、湖泊上建设防洪工程和其他水工程、水电站等，实行规划同意书制度；建设跨河、穿河、穿堤、临河的桥梁、码头、道路、渡口、管道、缆线、取水、排水等工程设施，实行占用河道审批管理制度。

前款规定的工程设施，在建设过程中，水行政主管部门应当加强防洪安全检查。竣工验收时，应当有水行政主管部门参加，确认符合防洪安全标准的，方可启用。

已建的工程设施，经水行政主管部门进行技术鉴定，不符合防洪安全要求的，建设单位或者使用单位应当限期改建或者采取其他补救措施。

第十八条 防洪工程建设，应当履行建设程序，依法实行项目法人负责制、招标投标制、建设监理制和合同管理制。

防洪工程建设，应当按照国家有关规定进行设计、施工、监理，确保工程符合国家质量标准；项目法人对工程质量负全面责任；设计、施工、监理单位按照合同和有关规定对各自承担的工作负责。

第十九条 在堤防上修建的工程和工程所在堤段的维修、管理、防汛任务，在建设期间由建设单位负责；工程交付使用后由使用单位负责。建设单位或者使用单位应当服从水行政主管部门统一管理。

第二十条 因施工、垦殖或者排污等造成河道淤积、水工程损坏的，应当采取补救措施，并承担赔偿责任。

第二十一条 河道滩地不得占用，确需临时占用的，应当经水管单位同意，并严格控制占用时间。

第四章 防洪区和防洪工程设施的建设管理

第二十二条 本省设定的蓄洪区、防洪保护区、洪泛区、行洪区的范围由省水行政主管部门在防洪规划或者防御洪水方案中划定，按规定报国务院或者省人民政府批准后予以公告。

行洪区是指淮河主河槽和两岸主堤防之间的有限制标准堤防保护、遇较大洪水时作为行洪通道的区域。

行洪区应当按照防洪规划开足行洪口门，禁止在行洪口门和洪水主流区内种植高秆作物、设置有碍行洪的障碍物。对已建的有碍行洪的设施，应当拆除。

第二十三条 行洪堤、江心洲圈堤和外滩圩堤的堤顶高程应当符合防洪规划和行洪要求，不得加高。

第二十四条 在洪泛区、行洪区、蓄洪区内，应当严格控制非防洪建设项目。确需建设的，建设单位应当就洪水对建设项目可能产生的影响和建设项目对防洪可能产生的影响作出评价，编制洪水影响评价报告，提出防御洪水措施。洪水影响评价报告未经有关水行政主管部门审查批准的，建设单位不得开工建设。

在行洪区、蓄洪区内建设的油田、铁路、公路、矿山、电厂、电信设施和管道，其洪水影响评价报告应当包括建设单位自行安排的防洪避洪方案。建设项目投入生产或者使用时，其防洪工程设施应当经水行政主管部门验收。

第二十五条 新建防洪工程设施，应当在工程立项时明确工程管理机构和管理体制，确定运行经费来源，以保证工程设施正常运行。

第二十六条 省人民政府应当组织有关地区和部门，按照防洪规划的要求，制定行洪区、蓄洪区安全建设计划，控制行洪区、蓄洪区人口增长，对居住在经常使用的行洪区、蓄洪区内的居民，有计划地组织外迁。

第二十七条 对经有调度权限的防汛指挥机构调度运用后的行洪区、蓄洪区，依照国家和省有关规定给予补偿、救助。

第五章 防 洪 抗 洪

第二十八条 防汛抗洪工作实行各级人民政府行政首长负责制，统一指挥、分级分部门负责。行政首长防汛抗洪的主要职责是：组织贯彻防洪法律、法规，指挥社会力量参加抗洪抢险，筹集防汛抗洪经费等。

县级以上人民政府应当设立防汛指挥机构，在上级防汛指挥机构和本级人民政府的领导下，指挥本地区的防汛抗洪工作，负责做好汛前各项准备工作，执行上级的防汛指令，及时下达指挥调度命令等。其常设办事机构设在同级应急管理部门，负责防汛抗洪的日常工作。

第二十九条 本省汛期为5月1日至9月30日。

在前款规定的期限以外，当遇到江河、湖泊水位超警戒水位等特殊情况时，省人民政府防汛指挥机构可以宣布提前或者延长本行政区域内的防汛期。

当江河、湖泊的水情接近保证水位或者安全流量，水库水位接近设计洪水位，或者防洪工程设施发生重大险情时，有关县级以上人民政府防汛指挥机构可以宣布进入紧急防汛期。

第三十条 在紧急防汛期，防汛指挥机构根据防汛抗洪的需要，可以在其管辖范围内调用物资、设备、交通运输工具和人力，决定采取取土占地、砍伐林木、清除阻水障碍物和其他紧急措施；必要时，可以决定由公安、交通等有关部门实行陆地和水面交通管制。

依照前款规定调用的物资、设备、交通运输工具等，在汛期结束后应当及时归还；造成损坏或者无法归还的，有关人民政府按照国务院有关规定给予适当补偿或者作其他处理。取土占地、砍伐林木的，在汛期结束后依法向有关部门补办手续；有关人民政府对取土后的土地组织复垦，对砍伐的林木组织补种。

第三十一条 县级以上人民政府防汛指挥机构负责向社会发布汛情公告，其他任何单位和个人不得擅自发布。

第三十二条 省防汛指挥机构按规定决定启用行洪区、蓄洪区时，任何单位和个人不得阻拦、拖延；遇到阻拦、拖延时，由有关县级以上人民政府强制实施。

第三十三条 水库、水电站、拦河闸坝等工程汛期调度运用计划的制定和审批，按照法律、行政法规和国家防汛指挥机构有关规定执行。

第三十四条 在汛期，水库、闸坝和其他水工程设施的运用，应当执行经批准的汛期调度运用计划。重要调度运用情况，应当抄报同级防汛指挥机构。

水库不得擅自在汛期限制水位以上蓄水和任意压缩泄洪流量，汛期限制水位以上的防洪库容的运用和泄洪流量，应当服从水行政主管部门的调度和监督。当预报水库水位超过汛期限制水位并将泄洪时，水行政主管部门或者水库管理机构应当向有关人民政府及时通报汛情，有关人民政府应当做好群众转移和河道安全泄洪的准备工作。

上游地区不得擅自增大泄流量;下游地区不得设障阻水或者缩小河道的过水能力。

第三十五条 在汛期,当堤防、闸坝等防洪工程的水位达到设防水位时,由其水管单位负责日夜巡逻;当水位达到警戒水位时,由县、乡镇人民政府组织人员日夜巡逻,及时发现、报告、处理险情。

长江、淮河干支流主要堤防的巡逻、抢险按省防汛指挥机构的规定执行。

第三十六条 与防洪有关的水工程设施,采取承包、租赁、股份制或者股份合作制等方式经营的,经营者应当承担相应的防洪责任,服从水行政主管部门的统一管理和调度,保证工程的安全运行和防汛、排水等原设计的基本功能。

第三十七条 对壅水、阻水严重的桥梁、引道、码头和其他跨河工程设施,根据防洪标准,有关水行政主管部门可以报请县级以上人民政府按照国务院规定的权限责令建设单位限期改建或者拆除。

在紧急防汛期,省防汛指挥机构经国家防汛指挥机构授权,可以对前款规定的工程设施进行紧急处置。

第三十八条 对河道、湖泊及行洪区的阻水障碍物,按照"谁设障、谁清障"的原则,由防汛指挥机构责令限期改建或者清除;逾期不改建或者清除的,由防汛指挥机构组织强行清除,所需费用由设障者承担。

第三十九条 根据汛情、险情,地方需要请求部队支援抗洪抢险的,由县级以上人民政府防汛指挥机构提出请求,逐步报告省防汛指挥机构;省防汛指挥机构报省人民政府批准后,与省军区、武警总队联系安排。地方应当为参加抗洪抢险的部队提供后勤保障。

第四十条 防汛物资实行分级负担、分级储备、分级管理、分级使用的原则。

省储备的防汛物资主要用于省管防洪工程的防汛抢险;市、县储备的物资主要用于本行政区域内防洪工程的防汛抢险。有防汛抗洪任务的乡镇和企业、事业单位应当储备必要的防汛物资,主要用于本乡镇和本单位的防汛抢险。

县级以上人民政府防汛指挥机构需要使用省储备的防汛物资时,应当逐级书面申请,报省防汛指挥机构批准;紧急抢险情况下,市、县防汛指挥机构可先用非书面方式申请动用，后补办手续；下级储备的防汛物资应当服从上级防汛指挥机构的统一调度。

各地储备的防汛物资，应当加强管理，节约使用，及时做好回收和补充工作。

第四十一条 发生洪涝灾害后，各级人民政府应当组织有关部门开展救灾工作，做好灾区的生活供给、卫生防疫、救灾物资供应、治安管理、复校复课、恢复生产和重建家园以及水毁工程设施修复等工作。

水毁防洪工程设施的修复，应当优先列入有关部门的年度建设计划。

第六章 保 障 措 施

第四十二条 防洪费用按照政府投入同受益者合理承担相结合的原则筹集。

各级人民政府应当保证实施防洪规划和年度计划所需资金，提高防洪投入的整体水平。

第四十三条 江河、湖泊治理和防洪工程设施建设和维护所需资金，除中央财政投入外，按照事权和财权相统一的原则，由省、市、县财政分级承担。城市防洪工程设施的建设和维护所需资金，由城市人民政府承担。

受洪水威胁地区的油田、管道、铁路、公路、矿山、电力、电信等企业、事业单位应当自筹资金，兴建防洪自保工程，防洪自保工程应当符合防洪规划要求。

第四十四条 各级人民政府应当在财政预算中安排防汛、岁修等经费，主要用于所管辖的防洪工程设施的运行和维护等。

各级人民政府在本行政区域遭受洪涝灾害时，应当安排资金，用于抗洪抢险和水毁防洪工程修复。

第四十五条 县级以上人民政府应当按照国务院的有关规定设立水利建设基金，用于防洪工程和水利工程的建设和维护。合肥、芜湖、安庆、淮南、蚌埠和省人民政府确定的重点防洪城市，应当按国务院规定的比例从征收的城市维护建设税中划出资金，纳入水利建设基金，用于城市防洪建设。

在防洪保护区范围内应当按照《防洪法》第五十一条的规定，征收河道工程修建维护管理费。收费的具体标准和征收办法由省人民政府制定。

第四十六条 任何单位和个人不得截留、挤占、挪用防洪、救灾物资和资金。

各级人民政府审计机关应当加强对防洪、救灾资金使用情况的审计监督，保证专款专用。

第七章 法 律 责 任

第四十七条 违反本办法第十条、第十一条、第十五条、第十七条或者第二十四条规定行为之一的，按照《防洪法》的有关规定处罚。

第四十八条 违反本办法第十四条、第二十条、第二十二条第三款、第三十四条第三款规定行为之一的，责令停止违法行为，清除障碍或者采取其他补救措施，可以处五万元以下罚款。

违反本办法第十四条规定，在长江流域内非法侵占河湖水域，或者违法利用、占用河湖岸线的，按照《中华人民共和国长江保护法》的有关规定予以处罚。

第四十九条 违反本办法第二十一条或者第三十六条规定行为之一的，责令纠正违法行为，采取补救措施，没收非法所得，可以并处二万元以下罚款。

第五十条 违反本办法第十八条的规定，造成防洪工程质量不符合国家规定的，对项目法人的法定代表人和有关责任人给予处分；构成犯罪的，依法追究刑事责任。由于设计、施工或者监理单位责任造成的，还应当依法追究设计、施工、监理单位法定代表人和有关责任人的法律责任。

第五十一条 违反本办法第三十一条规定，擅自发布汛情公告的，责令停止违法行为，采取补救措施。造成严重后果，违反《中华人民共和国治安管理处罚法》规定的，由公安机关进行处罚。构成犯罪的，依法追究刑事责任。

第五十二条 本办法规定的行政处罚，由县级以上人民政府水行政主管部门实施；法律、法规另有规定的除外。

第五十三条 防汛指挥机构、水行政主管部门及其他有关部门的国家工作人员有下列行为之一，构成犯罪的，依法追究刑事责任；尚不构成犯罪的，给予处分：

（一）不执行防洪规划的；

（二）截留、挤占、挪用防汛资金和物资的；

（三）违法批准建设严重影响防洪的建筑物的；

（四）不执行防汛抢险指令的；

（五）违反防汛纪律的；

（六）滥用职权、玩忽职守、徇私舞弊，致使防汛抗洪工作遭受重大损失的。

第八章　附　　则

第五十四条　本办法自 1999 年 10 月 1 日起施行。

安徽省实施《中华人民共和国河道管理条例》办法

（1991年10月21日安徽省人民政府令第25号发布　根据1997年12月25日安徽省人民政府令第99号《安徽省人民政府关于修改〈安徽省森林植物检疫实施办法〉等规章的决定》第一次修正　根据2004年8月10日安徽省人民政府令第175号《安徽省人民政府关于修改〈安徽省森林植物检疫实施办法〉等规章的决定》第二次修正　根据2010年12月23日安徽省人民政府令第230号《安徽省人民政府关于修改〈安徽省森林和野生动物类型自然保护区管理办法〉等规章的决定》第三次修正　根据2014年12月16日安徽省人民政府令第258号《安徽省人民政府关于修改部分规章的决定》第四次修正　根据2017年11月22日安徽省人民政府令第279号《安徽省人民政府关于修改部分规章的决定》第五次修正　根据2022年1月13日安徽省人民政府第307号令《安徽省人民政府关于修改部分省政府规章的决定》第六次修正）

第一章　总　　则

第一条　为加强河道管理，保障防洪安全，发挥江河湖泊的综合效益，根据《中华人民共和国河道管理条例》（以下简称《河道管理条例》），结合我省实际，制定本办法。

第二条　本办法适用于我省行政区域内的河道（包括湖泊、人工水道、沟渠、行洪区、蓄洪区、滞洪区）。

长江、淮河等跨省重要河段以及与邻省边界河道的管理，国家有规定的，按国家规定执行。

第三条　我省对河道实行按水系统一管理与分级管理相结合的原则。

第四条　开发利用江河湖泊的水、土等资源和整治河道、防治水害，应当全面规划、统筹兼顾、综合利用、求效益，服从流域综合规划和防洪的总体安排。

第五条　各级人民政府应当加强对河道管理工作的领导，及时处理防汛和河道管理方面的重大问题。河道防汛和清障工作，实行地方人民政府行政首长负责制。

第六条　县（市、区，下同）以上河道主管机关主管本行政区域的河道，负责《河道管理条例》和本办法的实施。

第二章　河道管理机构与职责

第七条　省水利行政主管部门为全省河道主管机关，各市、县（区）水利行政主管部门是本行政区域的河道主管机关。

第八条　省河道主管机关管理河道的主要职责：

（一）根据国家规定确定跨设区的市主干河道的防洪标准；

（二）审查在跨省、跨设区的市主干河道管理范围内所建工程的规划设计；

（三）编制、执行省管河道堤防的岁修计划；

（四）制定并监督实施跨设区的市主干河道的防洪调度方案；

（五）拟定跨设区的市河道的清障计划和实施方案，并督促实施；

（六）组织制定跨设区的市河道综合开发利用和防治水害规划；

（七）处理跨设区的市河道管理方面的其他工作。

第九条　设区的市河道主管机关管理河道的主要职责：

（一）根据上级河道主管机关的规定确定本行政区域内河道的防洪标准；

（二）审查在本行政区域河道管理范围内所建工程的规划设计；

（三）编制、执行本行政区域内河道堤防的岁修计划；

（四）制定、执行本行政区域内的防洪调度方案；

（五）拟定本行政区域内河道清障计划和实施方案，并督促实施；

（六）制定、执行本行政区域的河道综合开发利用、防治水害规划；

（七）处理跨县河道管理方面的其他工作。

第十条　县河道主管机关管理河道的主要职责：

（一）审查本行政区域河道管理范围内所建工程的规划设计；

（二）制定、执行本行政区域内河道的综合开发利用规划、防治水害规划、防洪调度方案和清障计划；

（三）管理、维修本行政区域内的河道，保持工程安全完整；

（四）筹集并统筹安排河道工程维护、除险加固、更新改造、管理运用等专项经费；

（五）处理本行政区域河道管理方面的其他工作。

第十一条 省淠史杭灌区管理总局、驷马山引江工程管理处等水管机构及市、县（区）河道主管机关设立的河道管理机构，行使同级河道主管机关授予的职权。

县以上河道主管机关及其河道管理机构，应当配有河道监理人员，依法实施河道监理。

第十二条 省河道主管机关设立的长江、淮河河道管理局分别负责长江干流、淮河干流（包括颍河茨河铺以下、涡河西阳集以下河段，下同）的统一管理工作。沿长江、淮河的市、县（区）设立的长江、淮河河道管理机构，负责本行政区域内长江、淮河河段的管理工作。业务受省长江、淮河河道管理局领导。

其他河道，按分级管理的原则，由所在地、市、县河道主管机关负责管理。

第十三条 沿江、沿河的农场和工商企业等单位承担所在堤段的维修、管理、防汛等任务，所在地的河道主管机关及其河道管理机构应予以指导。

堤圈、圩口等受益区的乡（镇）、村，应成立河道堤防管理委员会或管理组，负责有关河段及堤防的管理。

第三章 河道整治与建设

第十四条 修建开发水利、防治水害、整治河道的各类工程和跨河、穿河、穿堤、临河的桥梁、码头、道路、渡口、管道、缆线等建筑物及设施，建设单位必须按照河道管理权限，将工程建设方案报送有管辖权的河道主管机关或者省河道主管机关设置的水工程管理单位审查同意；未经河道主管机关或者省河道主管机关设置的水工程管理单位审查同意的，建设单位不得开工建设。涉及航道的，应征求交通部门的意见。

第十五条 经批准在河道管理范围内修建工程的，开工前建设单位应将开工日期及其他有关事项报告原批准的河道主管机关。为保证防汛安全，河道主管机关有权通知建设单位推迟开工。施工中涉及防洪安全的部位，应严格执行水利工程施工规范，接受河道主管机关及河道管理机构的监督、指导。竣工后应有河道主管机关及河道管理机构参加验收，确认符合防洪安全标准的，方能启用。

第十六条　已修建的工程，经技术鉴定不符合防洪安全要求的，建设单位或使用单位应在限期内改建或采取其他补救措施；需要拆除的，由河道主管机关提出方案，报县以上人民政府批准。

第十七条　河道的设计洪水位，必须以河道主管机关确定的数据为准。

跨越河道（包括干堤外滩圩）的桥梁、栈桥等建筑物，其梁底必须高出设计洪水位一米以上。跨越通航河道的建筑物，应符合规划的通航标准。

在河道两岸及滩地修建的码头、泵房、船台、道路等建筑物及设施，一般不得伸出岸滩或超出滩地的高程。确需伸出岸滩或高出滩地的，应尽可能减少阻水面积，并经河道主管机关批准。

第十八条　在河道两岸兴建与防洪有关的工程，应与所在堤段规定的建筑物防洪标准一致。行洪堤堤顶、行洪口门不得超过规定的高程。

长江干堤外滩圩和江心洲已圈圩堤，堤顶高程不得超过当地一九四九年实测洪水位一米，遇特大洪水，应服从行洪要求。

第十九条　在堤防上修建的工程及其有关堤段的维修、管理、防汛任务，在建设期间由建设单位负责，工程交付使用后由使用单位负责，河道主管机关及河道管理机构予以监督、指导。

第二十条　确需利用堤防或护堤地兼做公路的，必须按照本办法第十四条规定的程序履行报批手续，并按规定要求施工。如因维修不善，影响堤防安全或当洪水接近保证水位时，县以上防汛指挥部有权作出暂停行车的决定。

未铺路面的堤防，在泥泞期间，除防汛抢险车辆外，其他车辆不得通行。

第二十一条　行洪、蓄洪区内，一般不得兴建工矿等企业。铁路通过行洪、蓄洪区，不得影响行洪、蓄洪，并有自身的防洪措施。不准在行洪、蓄洪区内兴建有碍行洪、蓄洪的分隔工程。

第二十二条　编制沿河城镇规划，应事先征求河道主管机关的意见。

沿河城镇建设，不得超出临河界限。临河界限由河道主管机关会同城市建设行政主管部门确定。

第四章 河 道 保 护

第二十三条 有堤防的河道，其管理范围为两岸干堤之间的水域、沙洲、滩地（包括可耕地）、行洪区、两岸堤防及护堤地。无堤防的河道，其管理范围为历史最高洪水位或设计洪水位以内的区域。

河道管理范围的具体界线，由市、县人民政府负责划定。

第二十四条 堤防两侧必须有护堤地。凡已预留、征用、划拨、历史形成或公认的护堤地，包括堆土区、加固堤防填塘区、取土塘、外滩地、压渗平台、防渗铺盖和减压井等，属于国家所有的，由县人民政府登记造册，按《中华人民共和国土地管理法》的规定，核发土地使用证书，河道管理机构负责管理使用。

新建堤防或尚无护堤地的堤段，由所在县人民政府按批准的堤防设计标准划定护堤地：

（一）长江干流大、中型堤防，临水侧不得窄于五十米，背水侧不得窄于三十米；

（二）长江干流其他堤防和淮河干流堤防，临水侧不得窄于三十米，背水侧不得窄于二十米；

（三）其他河道的堤防，临水侧和背水侧均不得窄于十米。

第二十五条 重要堤防渗水严重的堤段，应划定堤防安全保护区，其范围由所在县河道主管机关提出，报同级人民政府划定。

第二十六条 水闸（涵闸、船闸）周围应划定管理范围（护闸地）。凡已预留或征用、划拨的土地、水面、堆土区，均为水闸管理范围，属于国家所有，由闸管单位负责使用。

未划定范围的，由所在县人民政府按下列标准划定：

（一）大型闸（过闸流量一千秒立方米以上），上、下游各五百米，两端堤防（地段）各一百米；

（二）中型闸（过闸流量大于一百秒立方米，小于一千秒立方米），上、下游各三百米，两端堤防（地段）各三十米；

（三）小型闸（过闸流量小于一百秒立方米），上、下游各一百米，两端堤防（地段）各二十米。

第二十七条　堤防两侧营造防护林木，必须符合防洪安全要求。

河道堤防的防护林木，由河道管理机构负责组织营造和管理。护堤护岸林木，不得任意砍伐。采伐护堤护岸林木的，应当依法办理采伐许可手续，并完成规定的更新补种任务。进行抚育、更新性采伐和用于防汛抢险的采伐，按照国家规定免交育林基金。

第二十八条　禁止从事下列活动：

（一）在河道内修建围墙、围滩、房屋等阻水、挑流工程，设置拦河渔具，弃置矿渣、石渣、煤灰、泥土、垃圾，沉置船、排筏；

（二）在堤身、护堤地、水闸管理范围内建房、放牧、开渠、打井、挖窖、立窑、埋葬、挖塘、晒粮、取土、采砂石、爆破、开展集市贸易；

（三）在堤防安全保护区进行打井、钻探、爆破、挖筑池塘、采石、取土等危及堤防安全的活动；

（四）在堤身铲草皮、挖堤筑路、傍堤蓄水；

（五）在堤身、防渗铺盖、压渗平台上植树；

（六）在堤身、岸坡及临河十米宽的滩地上耕种；

（七）在河道防护林以外的河滩地、行洪区的行洪通道内栽植阻水植物；

（八）在水闸管理范围的水域内捕鱼、停船（闸管单位因工作需要的除外）。

第二十九条　进行下列活动，必须报经河道主管机关批准；涉及其他部门的，由河道主管机关会同有关部门批准：

（一）在河道管理范围内采砂石、取土、淘金等；

（二）在河滩地存放物料、开采地下资源，进行考古发掘和修建工程设施。

第三十条　经批准在河道管理范围和堤防安全保护区内修建工程设施、进行河道整治及考古发掘等活动，必须接受河道主管机关及河道管理机构的监督、指导，服从防汛指挥，不得损坏堤防、河岸、水闸等防洪工程设施和防渗条件，不得影响河道安全泄洪、航道稳定和船舶正常航行。

第三十一条　禁止围湖。凡已经围的，应按照防洪要求，逐步还湖；暂不能还湖的，应限制圩堤高程，服从蓄洪要求。

第三十二条　禁止围河。凡已经围的，要服从河道清障要求。

围垦洲滩、塞支堵汊，必须进行科学论证，报省级以上人民政府批准。

第三十三条 水闸的控制运用办法,由河道主管机关依据批准的水工程综合利用规划制定,报同级人民政府批准,水闸管理单位负责执行。水闸的控制运用命令,由河道主管机关或防汛指挥部下达。禁止非闸管人员操作闸门。

船只过闸应服从闸管单位的指挥,并按规定交纳过闸费。

第三十四条 因船舶航行影响河岸、堤防安全的,所在县河道主管机关应当会同交通部门共同研究采取措施,保护河岸、堤防安全。在未采取措施前,应限速航行,由交通部门设立限制航速标志。

交通部门应按《安徽省水利工程水费收交、使用和管理办法》的规定,从航道养护费中划出专项,用于有关河岸、堤防的养护。

第三十五条 在山区河道两侧开矿、采石、修路等,影响河道安全的,必须经河道主管机关同意,并采取措施防止山体滑坡、崩岸,方可开工。未采取防止措施的,河道主管机关有权予以制止。

第三十六条 在河道管理范围内,禁止堆放、倾倒、掩埋、排放污染水体的物体。禁止在河道内清洗装贮过油类或者有毒污染物的车辆、容器。

因排污危害水工程安全的,河道主管机关有权责令排污单位排除危害,造成损坏的,排污单位应负责修复或赔偿。

第三十七条 开发利用河道管理范围内的水、土资源,应符合江河综合利用规划,不得影响防洪安全,破坏堤防和水工程。

凡属河道管理机构负责管理的水、土资源,由河道管理机构投资和管理的,收益归河道管理机构所有;由河道管理机构投资,委托乡(镇)、村护堤专业户、护堤员承包管理的,或由乡(镇)、村护堤专业户、护堤员投资和管理的,其收益分配,由河道管理机构与承包者签订合同,报河道主管机关批准。在合同履行期间,应服从防洪和排水的需要。所受经济损失,由合同双方共同承担。

第三十八条 河道两岸的城镇和农村,当地县以上人民政府可以在汛期组织堤防保护区域内的单位和个人义务出工,对河道堤防工程进行维修和加固。

第五章 河 道 清 障

第三十九条 下列阻水障碍物,必须限期改建或者予以清除:

（一）严重束水危及安全泄洪的桥梁，未经批准在河道内修建影响安全泄洪的码头、栈桥、泵房、船台、渡口等；

（二）河滩地上的围堤、围墙、房屋、窑及其他阻水建筑物；

（三）河滩地及行洪区内修建的影响行洪安全的道路、渠堤；

（四）河道内弃置的矿渣、砂石、煤炭、垃圾、泥土等；

（五）河道内堆放的影响行洪的物料，设置的拦河渔具，沉置的船、排筏；

（六）按规定需要铲除、铲低的生产圩堤；

（七）超过规定高程的行洪堤段、未按规定标准开足的行洪口门及擅自修建的庄台；

（八）淮河干流及长江、淮河支流和行洪通道内的高杆阻水植物（防浪林除外）；

（九）其他影响河道安全泄洪的阻水障碍物。

第四十条 对河道管理范围内的阻水障碍物，按照"谁设障、谁清障"的原则，由河道主管机关提出清障计划和实施方案，由有关县防汛指挥部在规定的期限内清除。逾期不清除的，由有关县防汛指挥部组织强行清除，并由设障者负担全部清障费用。

第六章 经　　费

第四十一条 河道堤防的工程维修养护经费，按照分级管理、分级负担的原则，由省、市、县人民政府分别列入年度财政预算。

第四十二条 受益范围明确的防洪工程，河道主管机关可以向受益区内的工商企业、农场、农户、城镇居民和个体经营者，收取工程修建维护管理费，其标准应当根据工程修建和维护管理费用确定。

第四十三条 在河道管理范围内采砂石、取土、淘金等，必须向河道主管机关或河道管理机构缴纳河道管理费。

第四十四条 河道主管机关收取的费用，用于河道堤防工程的维护、管理和设施的更新改造，视同预算收入，抵顶预算支出。结余资金可连年结转使用，任何部门不得截取或挪用。

第七章 罚 则

第四十五条 阻挠河道监理、河道管理人员执行公务,按照《中华人民共和国治安管理处罚法》的规定处罚,构成犯罪的,依法追究刑事责任。

第四十六条 河道主管机关、河道管理机构、闸管单位的工作人员,徇私舞弊、玩忽职守、滥用职权的,由其所在单位或上级河道主管机关给予行政处分;构成犯罪的,依法追究刑事责任。

第八章 附 则

第四十七条 本办法自发布之日起施行。

安徽省《长江河道采砂管理条例》实施办法

（2003年6月6日安徽省人民政府令第158号公布 自2003年10月1日起施行 根据2010年12月23日安徽省人民政府令第230号修改）

第一条 为了加强长江河道采砂管理，维护长江河势稳定，保障防洪和通航安全，根据《长江河道采砂管理条例》（以下简称《条例》），结合本省实际，制定本办法。

第二条 在长江河道安徽段内从事开采砂石（以下简称长江采砂）及其管理活动，应当遵守《条例》和本办法。

第三条 长江采砂管理，实行地方人民政府行政首长负责制。省及沿江市、县人民政府长江采砂管理领导小组应当加强对本行政区域内长江采砂活动的管理，做好长江采砂的组织、协调和监督检查工作。长江采砂管理领导小组的办事机构设在本级人民政府水行政主管部门。

省及沿江市、县人民政府水行政主管部门具体负责本行政区域内长江采砂的管理和监督检查工作。公安、交通等行政主管部门应当按照各自职责，协助做好长江采砂的监督管理工作。

第四条 省及沿江市、县人民政府水、公安等行政主管部门在长江采砂监督检查中，应当相互配合，实行联合执法。

第五条 省人民政府水行政主管部门应当根据长江采砂规划，拟定本省行政区域内长江采砂规划实施方案，对本省行政区域内各可采区的具体范围、年度采砂控制总量、采砂船只控制数量及开采的作业方式、时限等作出具体规定，报省人民政府批准后实施，同时报长江水利委员会、长江航务管理局备案。

第六条 长江采砂规划确定的禁采区和禁采期，由省人民政府予以公告。

省人民政府水行政主管部门可以根据本省行政区域内长江的水情、工情、汛情、航道变迁和管理等需要，在长江采砂规划确定的禁采区、禁采期外增加禁采范围、延长禁采期限，报省人民政府决定后公告。

第七条 申请从事长江采砂活动的单位和个人应当符合下列条件：

（一）采砂船舶的采砂功率在500马力以上1700马力以下，并具有平缓移动的作业方式；

（二）采砂船舶、船员证书齐全，采砂船舶规定位置标有船号；

（三）采砂船舶设有符合要求的采砂监测设备；

（四）具有符合要求的采砂设备和采砂技术人员；

（五）省人民政府水行政主管部门规定的其他条件。

第八条 从事长江采砂活动的单位和个人在提出采砂申请时，应当提交下列材料：

（一）申请人的名称、地址及有关证明材料；

（二）开采的种类和作业方式；

（三）开采的地点和范围（附范围图和控制点坐标）；

（四）开采时间、开采量（包括日采量、年度总采量）；

（五）砂石堆放地点和弃料处理方式；

（六）采砂技术人员的情况；

（七）其他有关材料。

沿江市、县人民政府水行政主管部门应当自收到申请之日起 10 日内进行初审，对符合条件的，报送省人民政府水行政主管部门审批；属于省际边界重点河段的，经省人民政府水行政主管部门签署意见后，报送长江水利委员会审批。省人民政府水行政主管部门应当自收到申请材料和初审意见之日起 30 日内进行审查，对符合条件的，予以批准，发放河道采砂许可证；对不符合条件，不予批准的，应当在作出不予批准决定之日起 7 日内通知申请人和进行初审的水行政主管部门，并说明理由。

具体审批程序，由省人民政府水行政主管部门制定。

第九条 从事长江采砂活动的单位和个人应当按照河道采砂许可证的规定进行开采，并在采砂区域设立明显的作业标志。

第十条 采砂船舶由省人民政府水行政主管部门统一编号。

禁采期内所有的采砂船舶、可采期内未取得河道采砂许可证的采砂船舶，应当按照省人民政府水行政主管部门规定的拆除标准，自行拆除采砂设备，并统一停放在船籍所在地沿江市、县人民政府指定的地点；无正当理由，不得擅自离开指定地点。确需离开的，应当向船籍所在地沿江市、县人民政府水行政主管部门提出申请，经审查批准后，方可离开。

禁采区内禁止滞留采砂船舶。

第十一条 在长江采砂地点装运砂石的单位和个人,应当装运持有河道采砂许可证的单位和个人开采的砂石。

过载吊机船过载砂石,应当过载持有河道采砂许可证的单位和个人开采的砂石。

第十二条 从事长江采砂活动的单位和个人应当按照国家规定的标准向省人民政府水行政主管部门或者其委托的单位缴纳长江河道砂石资源费。省人民政府水行政主管部门应当将收取的长江河道砂石资源费全部上缴省财政。长江河道砂石资源费的具体征收、使用管理办法依照国家有关规定执行。

从事长江采砂活动的单位和个人,不再缴纳河道采砂管理费和矿产资源补偿费。

第十三条 不同行政区域之间因长江采砂发生的纠纷,应当协商处理;协商不成的,由上一级人民政府裁决,有关各方必须遵照执行。

第十四条 省及沿江市、县人民政府水行政主管部门应当建立长江河道采砂监督举报制度。

对单位和个人举报的非法采砂行为,省及沿江市、县人民政府水行政主管部门应当自接到举报之日起7日内依法处理,并将处理结果书面通知举报人。

第十五条 违反本办法第十条第二款、第三款规定的,由县级以上地方人民政府水行政主管部门责令改正,处以1万元以上3万元以下的罚款。

第十六条 违反本办法第十一条规定的,依照《条例》第十八条的规定给予处罚。

第十七条 违反《条例》第十八条规定,有下列行为之一的,属于情节严重,由县级以上地方人民政府水行政主管部门依法扣押或者没收非法采砂船舶,并对没收的非法采砂船舶予以拍卖;难以拍卖或者拍卖不掉的,可以就地拆卸、销毁:

(一)在长江防汛警戒水位以上或者距离长江堤防堤脚300米内、距离长江护岸工程400米内采砂的;

(二)在长江主航道采砂造成长江航道堵塞或者造成交通事故的;

(三)使用小吸砂泵船采砂的;

(四)属于情节严重的其他行为。

第十八条　从事非法采砂活动的单位和个人拒不接受处理或者逃离现场的，县级以上地方人民政府水行政主管部门有权将非法采砂船舶拖至指定地点停放，并依法处理，因此发生的费用由责任人承担。

第十九条　违反《条例》和本办法规定，受到行政处罚的单位和个人，自行政处罚决定作出之日起1年内，不得申请从事长江河道采砂活动。

第二十条　在长江航道内非法采砂影响通航安全的，有关行政主管部门应当在依法作出行政处罚决定之日起7日内报省人民政府长江采砂管理领导小组备案。

第二十一条　组织、策划非法采砂活动以及扰乱、阻碍有关行政主管部门依法执行职务，构成违反治安管理行为的，由公安机关依法给予治安管理处罚；构成犯罪的，依法追究刑事责任。

第二十二条　本办法自2003年10月1日起施行。2000年10月23日省人民政府发布的《安徽省人民政府关于在长江河道安徽段禁止采砂的规定》同时废止。

福建省

福建省河道保护管理条例

(2015年11月27日福建省第十二届人民代表大会常务委员会第十九次会议通过)

第一章 总　　则

第一条　为了加强河道保护管理，保障防洪安全，维护河道生态环境，发挥河道综合功能，根据《中华人民共和国水法》《中华人民共和国防洪法》《中华人民共和国河道管理条例》等法律、法规，结合本省实际，制定本条例。

第二条　本条例适用于本省行政区域内河道（包括江河入海河口、水库库区、湖泊、行洪区、蓄滞洪区）的规划、保护、整治、利用、监督管理等活动。

河道内的航道，同时适用有关航道管理的法律、法规。

第三条　河道保护管理应当遵循全面规划、保护优先、统筹兼顾、综合治理、合理利用的原则，并服从防洪的总体安排。

第四条　县级以上地方人民政府应当加强对河道保护管理工作的领导，将河道保护管理纳入国民经济和社会发展规划，河道规划、保护、管理所需经费纳入同级财政预算；加强监督检查，建立河道保护管理工作协调机制，协调解决河道保护管理中的重大问题。

第五条　县级以上地方人民政府水行政主管部门负责本行政区域内河道的保护、统一管理和监督工作。

县级以上地方人民政府其他有关部门应当在各自职责范围内做好河道保护管理的相关工作。

乡（镇）人民政府、街道办事处应当按照规定职责做好本行政区域内河道保护管理的相关工作。

第六条　村（居）民委员会应当协助做好本区域内河道的保洁和清淤疏浚工作。

村（居）民会议可以制定村规民约，引导村（居）民自觉维护河道整洁。

第七条　本省行政区域内的河道依据国家等级标准划分为五级，并按照下列规定，实行分级管理：

（一）一级河道闽江（南平至入海口）由省人民政府水行政主管部门负责监督管理；

（二）二级河道沙溪（永安市西门桥至南平西溪口）、九龙江下游（北溪从浦南水文站至入海口、西溪从郑店水文站至汇流口）、晋江（双溪口至晋江口）、富屯溪（光泽东西溪汇合口至富屯溪口）、建溪干流（南浦溪、崇阳溪汇合口至南平东溪口）以及三级河道由设区的市人民政府水行政主管部门负责监督管理；

（三）四级河道、五级河道由县（市、区）人民政府水行政主管部门负责监督管理。

三级、四级、五级河道具体名录由省人民政府水行政主管部门制定公布。河道名录，应当包括河道名称、起止点、河段长度以及流域面积等内容。

第八条　鼓励、支持社会力量以出资、捐资、科学研究、环保志愿行动等方式参与河道保护与治理。

对在河道保护管理工作中做出突出贡献的单位和个人，县级以上地方人民政府给予表彰和奖励。

任何单位和个人都有权举报破坏河道的行为。

第九条　县级以上地方人民政府及其有关部门和乡（镇）人民政府、街道办事处应当加强河道保护管理的宣传教育，普及河道保护的相关知识，引导公众自觉遵守河道保护管理的法律、法规和规章。

第十条　县级以上地方人民政府水行政主管部门应当做好本行政区域内河道水系、水域等基础调查工作，建立和完善河道档案，加强河道管理信息化建设。

第二章　河　道　规　划

第十一条　河道规划包括河道岸线、河道及入海河口整治、河道采砂等专项规划。河道规划应当符合流域综合规划、江河防洪规划。流域综合规划、江河防洪规划由县级以上地方人民政府水行政主管部门会同有关部门依法编制。

第十二条　县级以上地方人民政府水行政主管部门应当按照河道分级管理权限编制本行政区域的河道岸线规划，涉及通航河道的，经征求交通运输等相关部门以及海事管理机构意见后，报本级人民政府批准，并予以公布。

编制河道岸线规划应当注重河道自然岸线的保护、恢复和安全生态水系的建设。经批准的河道岸线规划不得擅自改变；确需修改的，应当进行专题论证，调整的区域河段河宽不得小于原有河宽最小值，涉及通航河道、湿地保护的，经征求交通运输、林业、海洋渔业等相关部门意见后，报原批准机关批准，并予以公布。涉及岸线规划重大调整的，原批准机关应当在批准调整方案前向本级人民代表大会常务委员会报告。

第十三条　县级以上地方人民政府水行政主管部门应当按照河道分级管理权限编制本行政区域的河道整治规划，涉及通航河道的，经征求交通运输等相关部门以及海事管理机构意见后，报本级人民政府批准，并报上一级人民政府水行政主管部门备案。

河道整治规划应当符合防洪标准、通航标准和安全生态水系建设以及其他有关技术的要求，并与土地利用总体规划相衔接，与河道岸线、水资源保护、水土保持、供水、防洪排涝等规划相协调。

第十四条　县级以上地方人民政府水行政主管部门应当会同同级人民政府国土资源、交通运输、林业、海洋渔业等行政主管部门和海事管理机构编制本行政区域的入海河口整治规划，报本级人民政府批准，并予以公布。

省人民政府水行政主管部门应当会同国土资源、交通运输、林业、海洋渔业等行政主管部门和海事管理机构以及所在地设区的市人民政府编制闽江、晋江、九龙江、赛江、木兰溪入海河口的整治规划，报省人民政府批准，并予以公布。

江河入海河口的整治规划涉及海域的，应当符合海洋功能区划和海洋环境保护规划。

第十五条　设区的市人民政府水行政主管部门组织编制本行政区域内一级、二级、三级河道采砂规划，县级人民政府水行政主管部门组织编制本行政区域内四级、五级河道采砂规划。经征求同级人民政府国土资源、交通运输行政主管部门以及海事管理机构意见后，一级河道采砂规划报省人民政府水行政主管部门批准，二级至五级河道采砂规划报本级人民政府批准。

第十六条　编制和修改城乡规划，应当注重规划区内原有河道规划的保护，发挥河道在防洪排涝、涵养水源、美化环境、保护生态等方面的功能。

航道港口、水力发电、水产增养殖、湿地保护、城乡规划等相关规划在编制过程中，规划的组织编制部门应当征求同级人民政府水行政主管部门的意见。

第三章 保护范围划定

第十七条 县级以上地方人民政府水行政主管部门应当按照河道分级管理权限，依照国家有关规定，会同同级人民政府国土资源、城乡规划、林业、海洋渔业主管部门划定河道、江河入海河口以及水库库区、湖泊的管理范围，报本级人民政府批准后，予以公布并设立标志。涉及海域的，依照有关法律、法规执行；涉及林地的，应当征求同级人民政府林业行政主管部门的意见。

第十八条 有堤防的河道，其管理范围为两岸堤防之间的水域、沙洲、滩地、行洪区、两岸堤防及堤防背水面护堤地；无堤防的河道，其管理范围根据历史最高洪水位或者设计洪水位确定。历史最高洪水位或者设计洪水位由水行政主管部门根据防洪规划确定。

江河入海河口管理范围，其宽度为依历史最高洪水位或者历史最高潮水位所确定的水面宽度的一倍至二倍。

水库库区、湖泊的管理范围为水库库区和湖泊的水域、蓄滞洪区、环库（湖）大堤及护堤地。

第十九条 县级以上地方人民政府应当组织水利、国土资源、城乡规划、交通运输、林业等行政主管部门，根据河流生态空间管制的需要以及省人民政府规定的界限标准，在河道岸线外侧划定河岸生态地保护范围，并予以公布。

河岸生态地由前款规定的相关部门按照各自职责实施监督管理。

第二十条 县级以上地方人民政府水行政主管部门根据河道堤防的重要程度、堤基状况等，可以在河道管理范围的相连地域划定堤防安全保护区，经本级人民政府批准后，予以公布并设立标志。

第四章 河道整治维护

第二十一条 县级以上地方人民政府水行政主管部门应当根据河道整治规划编制分期实施方案，并制定治理年度计划，明确治理项目的名称、内容、实施主体、期限和资金筹措等，报本级人民政府批准后实施。

河道整治不得任意截弯取直，不得擅自填堵、缩窄、硬化河道。在冲刷河段实施河道或者航道整治时，疏浚的河砂应当在河道内指定的位置填埋，不得上岸或者外运。

县级以上地方人民政府应当加强入海河口综合治理和生态保护，保障河口行洪、纳潮、容沙通畅，保护河口生态环境。在入海河口围海造地，应当符合入海河口整治规划。

第二十二条 县级以上地方人民政府应当按照分级管理权限，根据河道治理年度计划，编制河道清淤疏浚和保洁工作方案，明确河道清淤疏浚和保洁工作的实施主体及其具体职责，并加强监督检查。

第二十三条 因堤防建设、河道治理、岸线调整等新增的可利用土地，应当优先用于河道设施建设及保护管理。新增可利用土地的收益重点用于河道设施建设及保护管理。

第二十四条 城乡建设不得擅自调整河道水系，或者填堵、缩减原有河道沟汊、湖塘；确需调整或者填堵、缩减的，应当进行科学论证，并经县级以上地方人民政府水行政主管部门会同同级人民政府国土资源、城乡规划、海洋渔业等部门审查同意，报本级人民政府批准后实施。

第二十五条 城乡建设不得占用河道滩地。对于已经长期居住在滩区的居民，当地人民政府应当有计划地组织外迁，暂时难以外迁的，应当编制滩区居民度汛预案，保障滩区防洪安全。

河道管理范围内的沙洲，尚未开发的，不得开发；已经批准开发的，不得扩大开发规模，并按照有关规划的要求进行整治。

第二十六条 县级以上地方人民政府水行政主管部门以及河道管理单位应当加强河道堤防及附属设施定期检查、观测，对达不到设计安全要求的，应当采取措施，限期除险加固。

第二十七条 堤顶、堤上水闸及其护堤地确需兼做公路的，应当进行科学论证，符合堤防和道路技术标准，并经上级水行政主管部门批准。

县级以上地方人民政府水行政主管部门应当会同交通运输行政主管部门制定堤顶、堤上水闸及其护堤地公路的管理和维护办法，明确安全防护措施，以及养护责任主体和经费。

第二十八条 在河道管理范围内的拦水、蓄水工程应当按照调度方案运行，保证河道合理生态流量，保护河道生态环境。在河道管理范围内，禁止从事下列行为：

（一）流放影响行洪、航运和水工程安全的竹木和其他漂流物；

（二）侵占河道水域从事餐饮、娱乐等经营活动；

（三）洗砂、制砂以及弃置、倾倒矿渣、石渣、煤灰、泥土、泥浆、垃圾等废弃物；

（四）侵占河道规划岸线；

（五）法律、法规规定的其他禁止行为。

在堤防安全保护区内，禁止从事打井、钻探、爆破、挖筑池塘、采石、取土等危害堤防安全的活动。

在河岸生态地保护范围内不得擅自建设与防洪、水文、交通、园林景观、取水、排水、排污管网无关的设施。

第五章　涉　河　建　设

第二十九条　利用河道进行蓄水、引水、供水、航运、水力发电、渔业养殖等涉水、涉河活动，应当符合有关规划和水功能区保护的要求。

第三十条　在河道管理范围内建设防洪工程和其他涉水工程，应当符合流域综合规划和防洪规划，并依法取得由县级以上地方人民政府水行政主管部门签署的规划同意书。

第三十一条　在河道管理范围内建设跨河、穿河、穿堤、临河的桥梁、码头、道路、渡口、管道、缆线、取水口、排污口、航道整治、河滩公园等涉河建设项目，应当符合防洪要求、河道专业规划和相关技术规范、标准，严格保护河道水域和堤防安全。

修建前款规定的涉河建设项目，建设单位应当在工程可行性研究报告报请审核前，将工程建设方案与防洪评价报告报有管辖权的水行政主管部门审查同意后，方可按照基本建设程序履行审批手续。

第三十二条　县级以上地方人民政府水行政主管部门审查涉河建设项目，应当现场查勘，并进行科学论证。涉及公共利益的重大项目，或者直接影响公众财产、环境权益的项目，应当举行听证会，听取利害关系人的意见。

涉河建设项目施工期间，水行政主管部门应当加强现场监督检查，建设单位应当予以配合。

第三十三条 涉河建设项目占用、损坏水利工程设施的，建设单位应当修复、加固或者修建其他等效替代工程；对水利工程设施造成的其他损失或者增加的运行、养护、管理等成本，应当支付相应的补偿费。因工程建设确需迁建、扩建、改建、拆除原有水利工程设施的，建设单位应当承担所需费用和损失补偿。

涉河建设项目占用水域的，应当建设替代水域工程或者采取功能补救措施；无法建设替代水域工程或者采取功能补救措施的，应当支付相应的补偿费。

等效替代工程或者其他功能补救措施，应当不低于原功能、原规模、原标准，并与涉河建设项目同时设计、同时施工、同时投入使用。

涉河建设项目临时占用水利工程设施和水域的期限不得超过二年。临时占用期限届满，临时占用人应当及时恢复水利工程设施和水域原状。

涉河建设项目占用水利工程设施和水域的补偿标准，由省人民政府制定。

第三十四条 修建桥梁、码头等涉河建设项目，应当按照批准的河道岸线规划所确定的河宽进行，不得缩窄行洪河道，不得产生新的行洪卡口。禁止在河道内顺河修建桥梁。

跨越河道的桥梁、栈桥的梁底应当高于设计洪水位或者历史最高洪水位，并按照防洪和航运的要求，留有必需的净空尺度，其支墩纵轴线应同所在河段河道主流方向一致，且支墩不应布置在堤身设计断面以内。

跨越堤防的涉河建设项目，与堤顶的净空高度，应当满足规划设计堤防高度条件下防汛抢险、管理维修、堤防交通等方面的要求。

第三十五条 在河道管理范围内从事工程建设活动，不得妨碍防洪度汛安全，并加强水生态环境保护。建设单位应当在开工前将施工方案报县级以上地方人民政府水行政主管部门和其他相关部门备案；对因施工需要临时筑坝围堰、开挖堤坝、管道穿越堤坝、修建阻水便道便桥的，应当经县级以上地方人民政府水行政主管部门批准；涉及国家重要水生生物资源保护区的，应当依法编制水生生物资源养护和修复方案，报海洋渔业行政主管部门批准。

建设单位应当在工程建设项目施工现场设立公示牌，载明工程名称、施工及监理单位、开工及计划竣工时间、举报电话等。

施工单位应当编制施工度汛方案，并承担施工范围内河道的防汛安全责任。因施工需要建设的相关设施,施工单位应当在施工结束后或者使用期限届满前予以拆除,恢复河道原状。

因工程建设活动对河道工程及其配套设施造成损害的,建设单位应当在工程竣工验收前完成修复工作;造成河道淤积的,施工单位应当在工程竣工验收前完成清淤工作。

第三十六条 行政区域以河道为边界的,在河道两岸外侧及上下游一定范围内,或者在跨行政区域的河道内,未经有关各方达成协议并经共同的上一级人民政府水行政主管部门批准,不得单方面设置拦网,修建取水、引水、蓄水、排水、阻水、排污、排渣工程以及河道治理工程;不得单方面申报桥梁、码头等涉河建设项目。

前款所称河道两岸外侧一定范围,省际边界河道为十公里,设区的市际边界河道为三公里,县际边界河道为一公里。

第六章 河 道 采 砂

第三十七条 县级以上地方人民政府水行政主管部门应当根据河道采砂规划,会同国土资源和交通运输行政主管部门制定年度采砂计划,明确下年度河道采砂可采区、可采期、作业方式、作业工具以及采砂控制总量等事项,并于每年十二月上旬公告;禁采区、禁采期应当设立明显标志,并采用技术手段监测禁采区、可采区。

县级以上地方人民政府水行政主管部门对有两个以上申请人提出河道采砂申请的,应当通过招标等公平竞争的方式作出许可决定。河道采砂许可证有效期最长不得超过一年。

第三十八条 在河道管理范围内采砂的单位或者个人,应当依法向县级人民政府水行政主管部门申领河道采砂许可证,并按照河道采砂许可证规定的开采地点、期限、范围、年度采砂控制总量、作业方式、作业工具及其数量进行采砂,并及时清除砂石弃碴,不得在禁采区、禁采期从事河道采砂活动。

从事河道采砂的单位或者个人应当在采砂作业场所设立公示牌,载明采砂范围、数量、期限、作业方式、作业时间以及许可证号等,并设置警示标志。

从事河道采砂的单位或者个人应当按照规定的要求进行采砂作业,加强生产安全管理,服从防洪调度,保证行洪安全。河道采砂作业不得危害水工程安全和航运安全。

第三十九条　县级人民政府可以根据实际情况，组织协调水利、公安、国土资源、交通运输等有关部门和海事管理机构综合管理本行政区域内河道采砂活动，加强采砂运砂船舶、车辆的规范管理，维护正常开采秩序。

第七章　法　律　责　任

第四十条　违反本条例第二十一条第二款、第二十四条规定，有下列行为之一的，由县级以上地方人民政府水行政主管部门责令停止违法行为，限期改正，并处三万元以上十万元以下的罚款：

（一）任意截弯取直，擅自填堵、缩窄、硬化河道；

（二）疏浚的河砂未在指定的位置填埋、上岸或者外运；

（三）擅自调整河道水系。

第四十一条　违反本条例第二十五条、第二十七条第一款、第三十四条第一款规定，有下列行为之一的，由县级以上地方人民政府水行政主管部门责令停止违法行为，限期改正，并处五万元以上二十万元以下的罚款：

（一）占用河道滩地进行城乡建设；

（二）开发河道管理范围内的沙洲，或者扩大已经批准的沙洲开发规模；

（三）擅自在堤顶、堤上水闸及其护堤地修建公路；

（四）在河道内顺河修建桥梁。

第四十二条　违反本条例第二十八条第二款规定，在河道管理范围内从事禁止行为的，由县级以上地方人民政府水行政主管部门责令停止违法行为，限期改正，并处一万元以上五万元以下的罚款。

违反本条例第二十八条第三款规定，在堤防安全保护区内从事打井、钻探、爆破、挖筑池塘、采石、取土等危害堤防安全活动的，由县级以上地方人民政府水行政主管部门责令停止违法行为，限期改正，并处三万元以上十万元以下的罚款。

第四十三条　违反本条例第三十六条第一款规定，擅自修建取水、引水、蓄水、排水、阻水、排污、排渣工程以及河道治理工程，擅自设置拦网的，由县级以上地方人民政府水行政主管部门责令停止违法行为，限期改正，并处五万元以上二十万元以下的罚款。

第四十四条 违反本条例第三十八条第一款规定,未办理河道采砂许可证,擅自在河道管理范围内采砂的,由县级以上地方人民政府水行政主管部门责令停止违法行为,没收违法所得,并处十万元以上三十万元以下的罚款;情节严重的,并处没收作业设施设备。

违反本条例第三十八条第一款规定,未按照河道采砂许可证的要求采砂或者未及时清除砂石弃碴的,由县级以上地方人民政府水行政主管部门责令停止违法行为,没收违法所得,并处一万元以上三万元以下的罚款;情节严重的,处三万元以上十万元以下的罚款。

在禁采区、禁采期采砂的,依照本条第一款规定处罚,并依法吊销河道采砂许可证。

第四十五条 违反本条例第三十八条第二款规定,从事河道采砂的单位或者个人未按照规定设立公示牌或者警示标志的,由县级以上地方人民政府水行政主管部门责令限期改正;逾期不改正的,处一千元以上五千元以下的罚款。

违反本条例第三十八条第三款规定,未按照要求从事河道采砂作业危害水工程安全的,由县级以上地方人民政府水行政主管部门责令限期改正;逾期不改正的,处三万元以上十万元以下的罚款;情节严重的,依法吊销河道采砂许可证。

第四十六条 县级以上地方人民政府以及履行河道管理职责的部门及其工作人员有下列行为之一的,由有关机关对直接负责的主管人员和其他直接责任人员依法给予处分;构成犯罪的,依法追究刑事责任:

(一)未依法实施行政许可;

(二)未依法履行监督管理职责,造成严重后果;

(三)其他玩忽职守、徇私舞弊、滥用职权的行为。

第四十七条 本条例未规定处罚的其他违法行为,法律、法规已有处罚规定的,从其规定。

第八章 附 则

第四十八条 城市人民政府确定相关部门管理的城市内河,由相关部门依据法定职责实施管理,并做好与主河道管理的衔接。

第四十九条 本条例自2016年1月1日起施行。

福建省河道采砂管理办法

(2005年12月7日福建省人民政府第95号令发布,根据2018年7月27日福建省人民政府发布的《福建省人民政府关于修改〈福建省河道采砂管理办法〉的决定》进行修订)

第一条 为了加强河道采砂管理,维护河势稳定,保障防洪、通航及涉河工程安全,根据《中华人民共和国水法》《福建省防洪条例》等有关法律、法规,结合本省实际,制定本办法。

第二条 在本省行政区域内进行河道采砂及其管理活动的,应当遵守本办法。

本办法所称河道采砂是指在河道管理范围内采挖砂、石、土等活动。

第三条 河道采砂实行统一管理、全面规划、总量控制、科学采挖。

第四条 县级以上人民政府应当加强对本行政区域内河道采砂管理工作的领导和协调。

县级以上人民政府水行政主管部门负责本行政区域内河道采砂的统一管理工作。

海事管理机构负责通航水域水上交通安全监督管理工作。航道管理机构负责通航水域航道管理工作。公安机关负责河道采砂治安管理工作,依法打击河道采砂活动中的违法犯罪行为。

第五条 河道采砂依法实行规划制度。

设区的市人民政府水行政主管部门应当组织编制本行政区域内一、二、三级河道采砂规划,县级人民政府水行政主管部门组织编制本行政区域内四级、五级河道采砂规划,经征求同级人民政府国土资源、交通运输行政主管部门以及海事管理机构意见后,一级河道采砂规划报省人民政府水行政主管部门批准,二级至五级河道采砂规划报本级人民政府批准。

第六条 河道采砂规划应当包括下列内容:

(一)禁采区和可采区;

(二)禁采期和可采期;

(三)年度采砂控制总量;

（四）可采区内采砂船只的控制数量；

（五）沿河两岸堆砂场的控制数量及布局。

河道采砂规划一经批准，县级以上人民政府水行政主管部门应当将河道采砂禁采区、可采区及时公告，并设立明显标志。

第七条　经批准的河道采砂规划，不得擅自修改。但有下列情形之一确需修改的，必须报原批准机关批准：

（一）防洪、通航安全需要；

（二）水工程或者桥梁等涉河工程设施出现险情；

（三）水生态环境遭到严重破坏或者发生泥石流、塌方等地质灾害；

（四）其他确需修改的情形。

第八条　有下列情形之一临时不宜采砂的，县级人民政府水行政主管部门可以规定临时禁采期或者划定临时禁采区，并予以公告：

（一）水情、工情、汛情、风情发生重大变化；

（二）航道管理需要；

（三）发生地质灾害；

（四）其他特殊情形。

第九条　县级以上人民政府水行政主管部门应当根据河道采砂规划，于每年12月依法公告下年度河道采砂可采区的具体地点、年度采砂控制总量、开采范围、作业方式、作业工具及其数量等。

第十条　河道采砂依法实行许可制度。河道采砂由县级以上人民政府水行政主管部门分级许可并发放许可证。

经营性河道采砂，有两个以上申请人提出河道采砂申请的，应当依法通过招标方式作出许可决定。

河道采砂许可证有效期最长不得超过一年。河道采砂许可分级管理权限由省人民政府水行政主管部门规定，报省人民政府批准。

第十一条　河道采砂许可实行统一办理制度。从事河道采砂活动的单位和个人应当向县级人民政府水行政主管部门提出申请，提交河道采砂申请书。

属于经营性河道采砂，或者与第三方有利害关系，或者使用船舶采砂的，还必须提交相应的营业执照，与第三方达成的协议或者有关文件，船舶登记证书、检验证书和船员适任证书。

第十二条　县级人民政府水行政主管部门受理河道采砂许可申请后,对属于上级人民政府水行政主管部门许可发证的,应当自受理之日起5日内提出审查意见,并转报上级人民政府水行政主管部门。

县级以上人民政府水行政主管部门应当自受理或者收到转报的河道采砂许可申请之日起5日内,征求海事、航道管理机构及国土资源行政主管部门意见。海事、航道管理机构及国土资源行政主管部门应当自收到有关材料之日起10日内提出意见;逾期未提出意见的,视为同意。

第十三条　县级以上人民政府水行政主管部门应当自收到有关部门及机构的审查意见之日起15日内,对河道采砂申请进行审查,并作出是否准予许可的决定。准予许可的,发给河道采砂许可证;不予许可的,应当书面说明理由。

县级以上人民政府水行政主管部门应当自作出行政许可决定之日起5日内,将河道采砂许可办理情况书面告知海事、航道管理机构及国土资源行政主管部门。

第十四条　在通航水域进行河道采砂的,申请人应当依法到海事管理机构办理水上水下施工作业许可证后,方可作业。

第十五条　具备下列条件的河道采砂申请人,由水行政主管部门依照第十二条、第十三条规定,审批、发放河道采砂许可证:

(一) 符合河道采砂规划确定的可采区、可采期的要求;

(二) 符合年度采砂控制总量要求;

(三) 符合可采区作业工具控制数量要求;

(四) 符合规定的开采地点、开采范围、作业方式;

(五) 砂石弃碴处理方案和度汛措施符合防洪、通航安全要求;

(六) 使用船舶采砂的,船舶登记证书、检验证书、船员适任证书齐全;

(七) 从事经营性采砂的,有营业执照,且经营范围符合规定。

第十六条　河道沿岸村民个人自用少量砂石需到可采区采砂的,免办河道采砂许可证。

第十七条　县级以上人民政府水行政主管部门因整修河道堤防进行吹填固基或者整治河道需要采砂的,应当经上级人民政府水行政主管部门同意,涉及航道的还应当征求航道管理机构意见;航道管理机构整治航道需要采砂的,应当事先征求水行政主管部门意见;海事管理机构因临时性应急通航安全需要组织采砂的,应当告知水行政主管部门。

因吹填造地从事采砂活动的单位和个人,应当依法申请河道采砂许可证。

第十八条 从事河道采砂活动的单位和个人应当按照河道采砂许可证规定的开采地点、开采期限、开采范围、年度采砂控制总量、作业方式、作业工具及其数量进行采砂,并及时清除砂石弃碴。

从事河道采砂的单位或者个人应当在采砂作业场所设立公示牌,载明采砂范围、数量、期限、作业方式、作业时间以及许可证号等,并设置警示标志。

从事河道采砂的单位或者个人应当按照规定的要求进行采砂作业,加强生产安全管理,服从防洪调度,保证行洪安全。河道采砂作业不得危害水工程安全和航运安全。

第十九条 禁止任何单位和个人在禁采期或者禁采区进行河道采砂活动。

在禁采期间,采砂船舶应当在码头、泊位或者依法公布的锚地、停泊区、作业区停泊;遇有紧急情况需要在其他水域停泊的,应当向海事管理机构报告。

采砂活动对河床及河道周边生态造成破坏的,造成生态破坏的单位和个人应当承担生态修复责任。

第二十条 县级以上人民政府水行政主管部门应当组织对河道采砂可采区、禁采区河床变化进行定期监测。经监测发现河床发生重大变化,对河道防洪、通航及其相关工程设施或者桥梁等涉河工程构成安全隐患的,县级以上人民政府水行政主管部门等有关部门及航道、海事管理机构应当依据各自职责,采取相应措施,及时排除隐患。

第二十一条 河道采砂许可证有效期届满,或者河道采砂许可证有效期虽尚未届满,但经监测已达到河道采砂许可证规定开采量的,发证机关应当及时注销其河道采砂许可证。

第二十二条 从事河道采砂活动的单位和个人依法必须缴纳的河道采砂管理费和矿产资源补偿费,由发放河道采砂许可证的县级以上人民政府水行政主管部门统一收取。

第二十三条 县级以上人民政府水行政主管部门应当加强对河道采砂活

动的监督检查。监督检查的主要内容包括:

(一) 是否持有河道采砂许可证进行采砂;

(二) 是否按照河道采砂许可证的规定进行采砂;

(三) 是否按照规定堆放砂石料、清除砂石弃碴;

(四) 应当监督检查的其他情况。

第二十四条 海事管理机构应当加强对通航水域河道采砂船舶水上水下施工作业和水上安全监督管理,保证船舶作业和停泊安全。

第二十五条 县级以上人民政府水行政主管部门应当会同国土资源、公安、交通等部门及海事管理机构建立协作机制,定期开展执法巡查。发现违法行为的,由有关部门根据各自职责依法处理。

第二十六条 违反本办法第十八条、第十九条第一款规定,有下列行为之一的,由县级以上地方人民政府水行政主管部门依据《福建省河道保护管理条例》第四十四条、第四十五条规定予以处罚,涉及违反治安管理行为的,依照《中华人民共和国治安管理处罚法》有关规定予以处罚;构成犯罪的,依法追究刑事责任:

(一) 未办理河道采砂许可证,擅自在河道管理范围内采砂的;

(二) 未按照河道采砂许可证的要求采砂或者未及时清除砂石弃碴的;

(三) 从事河道采砂的单位或者个人未按照规定设立公示牌或者警示标志的;

(四) 未按照要求从事河道采砂作业危害水工程安全的;

(五) 在禁采区、禁采期采砂的。

第二十七条 违反本办法第十四条、第十九条第二款规定的,由海事管理机构依法处罚。

第二十八条 违反本办法第二十二条规定,未按照规定缴纳河道采砂管理费、矿产资源补偿费的,由县级以上人民政府水行政主管部门责令其限期补缴,并从滞纳之日起按日加收2‰的滞纳金;逾期仍不缴纳的,处应缴纳的河道采砂管理费、矿产资源补偿费1倍以上3倍以下的罚款。

第二十九条 有下列行为之一,违反治安管理行为的,由公安机关依法处理;构成犯罪的,由司法机关依法追究刑事责任:

(一) 在河道采砂经营活动中欺行霸市、强买强卖等扰乱市场秩序的;

(二) 阻碍水行政主管部门及海事、航道管理机构执法人员依法执行公务的。

第三十条 县级以上人民政府水行政主管部门和其他有关部门及其工作人员有下列行为之一的，对负有责任的主管人员和其他直接责任人员依法给予行政处分；构成犯罪的，依法追究刑事责任：

（一）违反本办法规定审批、发放河道采砂许可证；

（二）对违法采砂行为不按规定给予行政处罚；

（三）不履行本办法规定的执法巡查和监督检查职责，造成河道采砂秩序混乱或者造成重大责任事故；

（四）其他滥用职权、徇私舞弊、玩忽职守行为。

第三十一条 本办法自2006年2月1日起施行。

福建省河长制规定

(2019年9月16日福建省人民政府令第210号公布 自2019年11月1日起施行)

第一章 总 则

第一条 为了推进和保障河长制实施，促进生态文明建设，根据有关法律、法规，结合本省实际，制定本规定。

第二条 本省行政区域内河长制工作适用本规定。本规定所称河长制，是指在相应水域设立河长，由其负责组织领导相应水域的管理和保护工作，建立健全以党政领导负责制为核心的责任体系，构建责任明确、协调有序、监管严格、保护有力的机制。本规定所称水域，包括江河、水库等水体。

第三条 本省全面推行河长制，其工作任务主要包括加强水资源保护、水域岸线管理保护、水污染防治、水环境治理、水生态修复、执法监管等。

第四条 县级以上人民政府有关部门应当按照各自职责依法加强对所辖水域的管理保护，落实河长制工作任务。

第五条 报刊、广播、电视、互联网等媒体应当开展水域管理保护的宣传教育，引导公民、法人或者其他组织积极参与水域管理保护和社会监督，营造全社会合力推进河长制工作的良好氛围。

第六条 鼓励社会力量以出资、捐资、科研、志愿行动等方式，参与河长制相关工作。对在河长制工作中作出突出贡献的单位和个人，县级以上人民政府应当按照有关规定予以表彰奖励。

第二章 管 理 体 制

第七条 本省按照行政区域和流域，在省、设区的市、县（市、区）、乡（镇、街道）分级分段建立四级河长体系。

第八条 省级河长负责组织领导全省河长制工作和相应水域的管理保护工作，协调解决重大问题，督促有关部门、下一级河长履行职责。设区的市、县级河长负责组织领导本行政区域内的河长制工作和相应水域的管理保护工作，协调解决突出问题，督促有关部门、下一级河长履行职责。乡级河长负责协调、督促、落实所辖水域的治理和管理保护工作。

第九条　省、设区的市、县（市、区）、乡（镇、街道）应当按照国家和本省有关规定设立河长制办公室（以下简称河长办）。河长办具体负责河长制组织实施的日常工作，履行下列职责：

（一）开展综合协调、督导考核；

（二）开展政策研究，制定实施河长制的具体管理规定；

（三）组织建立河湖管理保护信息平台；

（四）开展业务培训和技术指导；

（五）组织开展河长制工作的宣传教育；

（六）其他应当履行的职责。

第十条　县、乡两级根据所辖水域数量、大小和任务轻重等实际情况按照有关规定招聘河道专管员，负责相应水域的日常协查及其情况报告，配合相关部门现场执法和涉河涉水纠纷调处等工作。县、乡两级可以通过政府购买服务的方式，将相应水域的日常巡查及其情况报告、保洁等相关工作委托专业化服务机构承担。

第十一条　各地应当按照国家和本省的有关规定开展生态环境领域综合执法，依法集中行使涉河涉水等生态环境领域的行政处罚权。鼓励各地完善生态环境资源司法联动机制，促进涉河涉水行政执法与刑事司法的衔接。

第三章　工　作　机　制

第十二条　各级河长应当根据需要组织召开区域河长会议、流域河长会议，研究决定所辖区域或者水域河长制工作重大行动，协调解决水域管理保护重点难点问题。

第十三条　各级河长应当按照下列规定对相应水域开展巡查：

（一）省级河长根据国家有关规定对水域进行巡查；

（二）设区的市级河长每季度巡查不少于1次；

（三）县级河长每月巡查不少于1次；

（四）乡级河长每周巡查不少于1次。

对水质不达标、问题较多的水域应当加密巡查频次。

第十四条　各级河长巡河时应当按照要求对所辖水域的水质、水环境、涉河工程、管理保护情况等事项进行巡查,如实记录巡查情况,建立巡查日志。巡查日志应当载明巡查的时间、地点、主要内容、发现的问题及处理情况等。

第十五条　乡级河长对巡查中发现的问题或者相关违法行为,应当协调、督促处理;协调、督促处理无效的,应当向该水域的县级河长或者县级河长办报告。县级以上河长对巡查中发现的问题以及其他水域管理保护的问题应当按照下列规定予以处理:

(一)属于本级河长职责的,协调、督促本级人民政府有关部门按照职责分工予以处理;

(二)属于下级河长职责的,督促下一级河长予以处理;

(三)属于上级河长职责的,提请上一级河长协调处理。

第十六条　各级河长名单和监督电话应当通过报刊、政府网站等主要媒体和河长公示牌向社会公布,接受社会监督。河长公示牌应当在水域岸边显著位置设立,标明水域概况,河长姓名、职务及其职责,管护目标,监督电话等内容。各级河长相关信息发生变化的,应当及时予以更新。

第十七条　各级河长办应当建立健全河长制工作督导检查制度,对下一级河长制组织体系、水域管理保护以及河长、河长办、河道专管员履职等情况进行督导检查。对督导检查发现的问题,应当书面通报被督导检查单位;被督导检查单位应当按照要求及时整改,并在规定时限内报送整改情况。

第十八条　单位和个人有权对水域管理保护中存在的问题以及破坏水域生态环境的违法行为进行投诉、举报。各级河长办应当畅通举报渠道,有关部门应当按照职责分工及时受理并依法查处。对举报有功人员按照有关规定给予奖励。

第十九条　省级河长办应当建立河长制综合信息管理系统,相关主管部门和设区的市、县、乡级河长办应当建立涉河涉水信息共享机制。信息管理系统应当具备信息采集传输、综合查询、统计分析、实时监测和远程监控等基本功能。

第四章　考核与问责

第二十条　各级河长应当向上级河长进行年度述职。省、设区的市、县

（市、区）应当建立河长制工作考评制度，制定河长年度考核考评和奖惩办法。考核内容包括组织体系、河长履职、水域治理、长效机制等方面。考核结果纳入政府绩效考评和领导干部自然资源资产离任审计。

第二十一条　设区的市、县、乡级河长违反本规定，有下列行为之一的，给予通报批评；造成严重后果的，根据情节轻重，依法给予处分：

（一）未按照规定进行巡查；

（二）对巡查发现的问题未按照规定及时处理；

（三）未落实上级河长工作部署或者河长办督查提出的整改措施和整改要求；

（四）其他未依法履职的行为。

第二十二条　县级以上人民政府及其有关部门、乡（镇）人民政府、街道办事处、各级河长办及其工作人员在河长制工作中滥用职权、玩忽职守、徇私舞弊的，对其直接负责的主管人员和其他直接责任人员依法给予处分；构成犯罪的，依法追究刑事责任。

第五章　附　　则

第二十三条　本省湖长制工作参照本规定执行。

第二十四条　本规定自 2019 年 11 月 1 日起施行。

江西省

江西省河道管理条例

(1994年6月17日江西省第八届人民代表大会常务委员会第九次会议通过 1997年6月20日江西省第八届人民代表大会常务委员会第二十八次会议第一次修正 2001年12月22日江西省第九届人民代表大会常务委员会第二十七次会议第二次修正 2010年9月17日江西省第十一届人民代表大会常务委员会第十八次会议第三次修正 2018年7月27日江西省第十三届人民代表大会常务委员会第四次会议第四次修正 2021年7月28日江西省第十三届人民代表大会常务委员会第三十一次会议第五次修正)

第一章 总 则

第一条 为加强河道管理，保障防洪安全，发挥江河湖泊的综合效益，根据《中华人民共和国水法》和《中华人民共和国河道管理条例》，结合本省实际，制定本条例。

第二条 本条例适用于本省行政区域内的河道（包括湖泊、人工水道、行洪区、蓄洪区、滞洪区）。

本省行政区域内的长江河段和其他跨省河道的管理，国家有规定的，从其规定。

第三条 开发利用河道的水、土等资源和整治河道、防治水害，应当服从流域综合规划和防洪的总体安排，全面规划，统筹兼顾，综合利用，讲求效益，促进各项事业的发展。

第四条 县级以上人民政府水行政主管部门是本行政区域河道的主管机关（以下简称河道主管机关）。

县级以上人民政府根据实际情况设立的河道管理机构隶属同级河道主管机关领导。各级堤防管理单位归口同级河道主管机关管理。

第五条 河道管理范围按下列原则确定：有堤防的河道为两岸堤防之间的水域、沙洲、滩地（包括可耕地）、行洪区、堤防及护堤地，其中有堤防的湖泊以堤防护堤地外缘为界，包括周边界之内的水域、洲滩、出入湖水道；无堤防的河道按历史最高洪水位或者设计洪水位确定。

河道的具体管理范围未划定或者需要变动的，由县级以上人民政府河道主管机关会同有关部门提出，报同级人民政府批准，并立桩定界。

第六条　河道管理实行按水系统一管理和分级管理相结合的原则。各级河道主管机关按下列分工实施管理：

（一）本省行政区域内的长江河段和其他跨省河道，由省河道主管机关根据流域统一规划实施管理；

（二）赣江、抚河、信江、饶河、修河和鄱阳湖由省河道主管机关实施管理；

（三）本省跨行政区域的河道，由上一级河道主管机关实施管理；

（四）其他河道由所在地河道主管机关实施管理。

河道主管机关可以委托河道管理机构或者下一级河道主管机关实施管理。

省管河段的具体范围由省河道主管机关划定。

第七条　各级人民政府必须加强对河道管理工作的领导，及时处理河道管理方面的重大问题。河道防汛抗洪和清障工作实行地方人民政府行政首长负责制。

任何单位和个人都有保护河道堤防安全和参加防汛抢险的义务。

第二章　河道整治与建设

第八条　县级以上人民政府及其河道主管机关应当根据规划，合理安排对河道整治与建设的投入，积极组织兴建河道整治工程，加强对蓄洪区、滞洪区、水库以及江河堤防等防洪设施的建设和管理，增强防洪能力。

第九条　县级以上人民政府河道主管机关应当根据流域综合规划和国家规定的防洪标准、通航标准及其他有关技术要求，按河道管理权限编制河道整治与建设规划，报同级人民政府批准并报上一级河道主管机关备案。

第十条　河道的整治与利用以及在河道管理范围内进行建设，应当服从河道的整治规划，保持河势稳定和行洪、航运的通畅。

第十一条　在进行河道整治时，涉及航道的，应当兼顾航运的需要，并事先征求交通运输主管部门对有关设计和计划的意见。

交通部门进行航道整治，应当符合防洪安全要求，并事先征求河道主管机关对有关设计和计划的意见。

第十二条 禁止围湖造田和修建填湖工程。已经建成的围湖、填湖工程，列入平退规划的应当予以平退，保留的应当按国家规定的防洪标准进行治理；对于危害防洪安全的围湖工程和影响行洪的建筑物及设施，按照"谁设障、谁清除"的原则，由防汛指挥机构责令限期清除；逾期不清除的，由防汛指挥机构组织强行清除，所需费用由设障者承担。

第十三条 在跨行政区域的边界河道修建排水、阻水、引水、蓄水等水工程以及河道整治工程，必须经上一级河道主管机关审查同意。

第十四条 在河道管理范围内兴建工程或者进行其他作业活动，需破挖大堤或者损害其他河道工程时，应当报告堤防管理单位，并经有管辖权的河道主管机关审查同意。工程施工必须接受堤防管理单位及其上级主管部门的监督管理，竣工后必须按原标准修复并接受河道主管机关的安全管理。

第十五条 河道管理范围内的建设项目的工程建设方案，依法须经河道主管机关审查同意的，应当按照本条例规定的河道分级管理权限，经相应的河道主管机关审查同意。未经河道主管机关审查同意的，建设单位不得开工建设。

建设项目经批准后，建设单位应当将施工安排告知河道主管机关。

第十六条 河道管理范围内建设项目施工期间，河道主管机关应当对其是否符合审查同意书的要求进行检查，被检查单位应当接受监督，如实提供情况。建设项目的性质、规模、地点以及施工安排作较大变动时，应当事先征得河道主管机关同意。出现涉及江河防洪和建设项目安全方面问题时，河道主管机关应当及时提出处理意见，建设单位必须执行。

建设单位应当在建设项目验收六十日前将有关文件资料报送河道主管机关，竣工验收应当有河道主管机关参加。

第十七条 河道主管机关自接到建设单位建设项目申请之日起，应当在六十日内将审查意见书面通知申请单位。同意兴建的，应当发给审查同意书，并可对建设项目的设计、施工和管理提出有关要求；不同意兴建的，或者要求就有关问题进一步修改补充后再行审查的，应当说明理由和依据。

建设单位对审查意见有异议的，可在接到通知书之日起三十日内向作出审查意见机关的上一级河道主管机关提出复审申请，由复审机关会同同级发展改革主管部门商处。

第十八条 河道主管机关应当定期对河道管理范围内的建筑物和设施进行检查。凡经河道主管机关检查鉴定不符合防洪安全要求，影响河势稳定、水流形态、水质，或者对其他部门利用河道造成不利影响的，河道主管机关应当责成建设单位或者使用单位在限期内改建或者采取其他补救措施；需要拆除的，由河道主管机关提出方案，报县级以上人民政府批准。

第十九条 修建桥梁、码头和取水、排水等设施，必须按照国家规定的防洪标准所确定的河宽进行，不得缩窄行洪通道。

跨越河道的桥梁和栈桥等建筑物的梁底必须高于设计洪水位，并按照防洪的要求留有一定的超高；跨越通航河道和已经批准的规划通航河道的建筑物还应当符合航运要求。

跨越河道工程的建筑物，应当留有河道工程提高防洪标准的余地，不得妨碍防汛和日常管理工作。

第二十条 编制港区划定方案时，港务管理机关应当事先征求河道主管机关的意见。

第二十一条 城市建设和发展，不得占用河道滩地。城市规划的临河、临堤界限，由河道主管机关会同城市规划等有关部门确定。沿河城市在编制和审查城市规划时，应当事先征求河道主管机关的意见。

第二十二条 河道岸线及滩地的利用和建设，应当服从河道整治规划和航道整治规划。重要河段按河道管理权限由河道主管机关会同有关部门编制岸线利用规划，报同级人民政府批准后执行。

第二十三条 在河道管理范围内，经批准的建设项目，施工单位不按规划方案进行，危及水工程和跨河建筑物安全的，应当立即停止施工；造成损害的，应当负责修复或者给予赔偿。

第二十四条 河道清淤和加固堤防取土以及按照防洪规划进行河道整治需占用的土地，由县级以上人民政府调剂解决。

因修建水库、整治河道所增加的可利用土地，属国家所有，应当首先用于移民安置和河道整治工程。

第三章 河　道　保　护

第二十五条 国有河道工程及设施，由河道主管机关依照下列标准报请县级以上人民政府划定管理范围和保护范围：

（一）赣东大堤、抚西大堤、富大有堤、九江长江大堤（九江市区至瑞昌市码头镇）其管理范围为迎水面和背水面堤脚外不少于五十米（水平距离，下同）；保护耕地五万亩以上的其他重点堤防，其管理范围为迎水面和背水面堤脚外不少于三十米；其他堤防的管理范围，迎水面和背水面堤脚外不少于二十米。其中险段自压浸台脚起算；

（二）水闸、泵站工程的管理范围和保护范围按照《江西省水利工程条例》的有关规定，结合工程实际划定；

（三）其他河道工程及设施的管理范围和保护范围参照堤防、水闸、泵站工程标准划定。

前款第一项三类堤防的管理范围边缘分别外延二百米、一百五十米、一百米，为保护范围。

划定河道工程及设施的管理范围，应当依照土地管理的法律、法规办理有关手续。

第二十六条　在河道工程保护范围内进行建设或者开展影响河道工程保护的活动，必须经河道工程管理单位同意；较大的建设项目或者活动，必须按河道管理权限报河道主管机关审查同意。

第二十七条　在河道管理范围内，河道堤防、护岸、闸坝等水工程以及堤防管理房、堤防里程桩、防汛、通信、照明、水文监测、测量等设施，必须严加保护，任何单位和个人不得侵占、毁坏。

前款所指设施未经河道主管机关批准不得移动或者拆除。经批准移动或者拆除的，由申请拆迁单位负责重建或者补偿。

第二十八条　河道主管机关应当组织河道管理人员定期对河道堤防进行巡查，及时发现鼠洞、蚁穴、泡泉等隐患和雨淋沟、滑坡等险段，并报告同级人民政府，及时组织清除或者修复。

第二十九条　禁止在河道及滩地、分洪道、蓄洪区、滞洪区圈圩垦殖或者堵河并圩。擅自圈圩垦殖或者堵河并圩的，必须彻底平毁。因特殊原因需要圈圩垦殖或者堵河并圩的，必须经省河道主管机关审查同意；长江干流上圈圩或者堵支，必须报经国务院河道主管机关或者其授权的管理机构审查同意。

同一河段次要堤防的高程，不得高于主要堤防的高程。长江、赣江、抚河、信江、饶河、修河的江心洲,现有圩堤堤顶高程至少应当低于主要圩堤一米。

第三十条　在河道管理范围内,禁止种植树木(防浪林、护堤林除外)、芦苇等阻水植物,禁止设置拦河渔具以及弃置矿渣、石渣、煤灰、泥土等杂物。

第三十一条　在河道管理范围内进行下列活动,必须报经河道主管机关批准:

(一)采砂、采石、取土、淘金(以下统称采砂);

(二)爆破、钻探、垦荒、挖筑鱼塘;

(三)在河道滩地存放物料、修建厂房或者其他建筑设施;

(四)在河道滩地开采地下资源及进行考古发掘。

从事前款所列活动,必须按照批准的范围和作业方式进行。

第三十二条　江河故道、旧堤、原有工程设施等,不得擅自填堵、占用或者拆毁。

第三十三条　确需向河道排污的排污口的设置或者改建、扩建,排污单位应当向生态环境主管部门申报。

第三十四条　护堤护岸的林木,由河道管理机构组织营造和管理。护堤护岸林木,不得任意砍伐。采伐护堤护岸林木的,应当依法办理采伐许可手续,并完成规定的更新补种任务。

第三十五条　在河道堤防背水面保护区外五百米范围内进行地下采矿以及在山区河道两侧采石、修路等活动,影响河道安全以及水文监测作业、防汛、通信、通航安全的,必须采取保护措施,并报经河道主管机关审查同意,方可开工。未采取保护措施或者措施不当的,河道主管机关有权予以制止。

第三十六条　水闸的控制运行管理办法,由河道主管机关依照批准的水工程综合利用规划制定,报同级人民政府批准,水闸管理单位负责执行。禁止非管理人员操作闸门。船只过闸应当服从水闸管理单位的指挥。

第三十七条　确需利用堤顶、戗台或者水闸兼作公路的,必须经过科学论证,并按河道管理权限经河道主管机关审查批准。

第三十八条　河道清障工作,按照《中华人民共和国河道管理条例》有关规定执行。

第四章 经 费

第三十九条 河道堤防的防汛岁修费，按照分级管理的原则负担。属地方财政负担的，列入本级财政年度预算。

河道整治和建设工程所需资金除国家安排的部分资金外，按照谁受益谁负担的原则，由受益单位和个人合理负担。

第四十条 对受益范围明确的堤防、护岸、水闸、排涝工程设施等河道工程，河道主管机关可以按照国家有关规定收取河道工程修建维护管理费。

因特殊需要进行下列活动的，除应当经河道主管机关批准同意外，还应当按有关标准向河道主管机关缴纳河道工程修建维护管理费：

（一）占用堤防、护堤地、洲滩；

（二）利用堤防通车。

河道工程修建维护管理费的具体标准和征收管理办法，由省人民政府另行制定。

第四十一条 在河道管理范围内采砂，必须持有河道采砂许可证，并向发放河道采砂许可证的机关缴纳河道砂石资源费。

第四十二条 任何单位和个人对堤防、护岸和其他水工程设施造成损坏或者造成河道淤积的，由责任者负责修复、清淤或者承担维修费用。

在河道管理范围内因修建（含扩建、改建）各类工程影响原有水工程设施的，建设单位应当采取补救措施或者承担所需费用。

第四十三条 河道主管机关收取的各项费用，必须用于河道堤防工程的建设、维护和管理以及设施的更新改造。结余资金可以连年结转使用，任何部门不得截取或者挪用。

第四十四条 河道两岸的各级人民政府应当组织堤防保护区内的单位和个人，对河道工程进行培堤加固和汛期抢险。

第四十五条 县级以上人民政府河道主管机关及财政、发展改革、审计主管部门应当加强对河道管理各项收费及其使用的审计、监督和管理。

第五章 奖 惩

第四十六条 有下列情形之一的单位和个人，由县级以上人民政府按照国家有关规定给予表彰、奖励：

（一）在河道保护和整治以及防洪抢险中有显著成绩的；

（二）支持和推动河道保护、整治工作有突出贡献的；

（三）在河道管理科学研究和科研成果推广中有突出贡献的；

（四）同破坏河道管理和危害河道安全行为作斗争表现突出的。

第四十七条　违反本条例规定，有下列行为之一的，责令其停止建设，限期拆除，恢复原貌，或者采取补救措施，并可按下列规定予以处罚：

（一）未经批准或者不按照国家规定的防洪标准、工程安全标准整治河道、修建水工程建筑物及设施的，以及未经河道主管机关同意在河道管理范围内修建建设项目的，处以一万元以上十万元以下罚款；

（二）违反本条例第十二条、第二十九条第一款规定的，按围湖或者围河面积处以每平方米五元至五十元罚款，但最高不得超过五万元；

（三）违反本条例第十四条规定，擅自开挖大堤、拆除河道工程设施的，处以恢复原貌所需资金的百分之十至百分之二十罚款，但最高不得超过五万元。

第四十八条　违反本条例规定，在河道管理范围内有下列行为之一的，责令其停止违法行为，恢复原貌，清除、拆除障碍或者采取其他补救措施，并可按下列规定予以处罚：

（一）违反本条例第三十条、第三十一条第一款第二项至第四项规定的，处以恢复原貌或者采取补救措施所需资金的百分之十至百分之二十罚款，但最高不得超过五万元，其中设置拦河渔具的，处以每具五百元至一千元罚款；

（二）违反本条例第三十四条规定，擅自砍伐护堤护岸林木的，按同类木材售价两倍至四倍处以罚款，不足0.5立方米（幼树二十株以下）的，以0.5立方米计算。

第四十九条　违反本条例规定，有下列行为之一的，责令其停止违法行为，赔偿损失或者采取补救措施，并可按下列规定予以处罚：

（一）损毁堤防、护岸、闸坝等水工程及其设施和防汛、水文监测以及通信、照明等设施，情节较轻的，处以二百元以上五百元以下罚款，后果严重的，按经济损失的三倍至五倍处以罚款，但最高不得超过五万元；

（二）非管理人员操作河道上的涵闸闸门的，处以二百元以下罚款，造成经济损失的,按经济损失的一倍至三倍处以罚款。

第五十条 违反本条例规定,未经批准在河道管理范围内采砂,或者不按照河道主管机关批准的范围和作业方式在河道管理范围内采砂的,依照《江西省河道采砂管理条例》有关规定处罚。

第五十一条 河道主管机关的工作人员以及河道监理人员玩忽职守、滥用职权、徇私舞弊的,依法给予处分。

第五十二条 本条例规定的行政处罚,除治安管理处罚外,由河道主管机关执行。

第五十三条 违反本条例规定,应当给予治安管理处罚的,依照《中华人民共和国治安管理处罚法》的规定处罚;构成犯罪的,依法追究刑事责任。

第六章 附 则

第五十四条 本条例自公布之日起施行。1983年12月1日江西省第六届人民代表大会常务委员会第四次会议批准的《江西省河道堤防安全管理条例》同时废止。

江西省湖泊保护条例

（2018年4月2日江西省第十三届人民代表大会常务委员会第二次会议审议通过并公布　2021年7月28日经江西省第十三届人民代表大会常务委员会第三十一次会议审议通过的《江西省人民代表大会常务委员会关于修改〈江西省医疗纠纷预防与处理条例〉等11件地方性法规的决定》第一次修改）

第一章　总　　则

第一条　为了加强湖泊保护，防止湖泊面积减少和水体污染，保障湖泊功能，维护和改善湖泊生态环境，合理利用湖泊资源，根据《中华人民共和国水法》《中华人民共和国环境保护法》《中华人民共和国水污染防治法》等有关法律、行政法规的规定，结合本省实际，制定本条例。

第二条　本省行政区域内湖泊保护实行名录制度。列入保护名录的湖泊的规划、保护、治理、利用和监督管理活动，适用本条例。

法律、法规对鄱阳湖、湿地、风景名胜区内湖泊以及自然保护区内湖泊的保护另有规定的，从其规定。

第三条　本省境内的天然湖泊、城市规划区内的人工湖泊、作为饮用水水源的人工湖泊应当列入湖泊保护名录。县级以上人民政府可以根据需要将其他人工湖泊列入湖泊保护名录。

湖泊保护名录由县级以上人民政府水行政主管部门会同生态环境、林业、农业农村、住房和城乡建设等有关部门拟定，经本级人民政府批准后向社会公布。

第四条　湖泊保护应当遵循科学规划、保护优先、合理利用、综合治理的原则。

第五条　县级以上人民政府应当加强对本行政区域内湖泊保护工作的领导，将湖泊保护纳入国民经济和社会发展规划，制定湖泊保护的政策和保障措施，加大湖泊保护的投入，将湖泊保护所需工作经费纳入本级财政预算。

乡镇人民政府、街道办事处应当协助做好湖泊保护的监督管理工作。

村（居）民委员会可以在村规民约、居民公约中约定湖泊保护义务以及相应奖惩机制。

第六条 县级以上人民政府水行政主管部门是湖泊保护的主管部门，负责本行政区域内湖泊保护的组织、协调、指导和监督管理，县级以上人民政府也可以根据实际情况确定城市规划区内湖泊的保护主管部门。

县级以上人民政府发展改革、财政、工业和信息化、生态环境、农业农村、林业、自然资源、住房和城乡建设、交通运输、文化和旅游、商务等部门，应当按照各自职责，承担湖泊保护的有关工作。

第七条 湖泊保护实行湖长制。湖长负责对湖泊保护工作进行督导和协调，督促或者建议政府及有关部门履行法定职责，协调解决湖泊水资源保护、水域岸线管理、水污染防治、水环境改善、水生态修复等工作中的重大问题。

湖长的具体设立、职责确定和工作机制，按照国家和省有关规定执行。

第八条 县级以上人民政府及其有关部门应当鼓励和支持湖泊保护的科学研究和技术创新，运用科技手段加强湖泊的监测、污染防治和生态修复。

第九条 县级以上人民政府及其有关部门应当加强湖泊保护的宣传和教育工作，普及湖泊保护知识，增强公众的湖泊保护意识。

鼓励社会组织、志愿者参与湖泊保护和监督工作。

鼓励社会力量投资或者以其他方式投入湖泊治理与保护。

第十条 县级以上人民政府应当建立、完善湖泊保护的奖励制度。对保护湖泊成绩显著的单位和个人，按照有关规定给予表彰奖励。

第十一条 对划定为饮用水水源保护区或者具有重要生态功能的湖泊，县级以上人民政府应当建立市场化、多元化生态补偿机制，并在资金投入、基础设施建设等方面给予支持。

第二章　保　护　规　划

第十二条 县级以上人民政府湖泊保护主管部门应当会同有关部门，定期组织湖泊普查，对湖泊资源变化情况进行监测，建立包括湖泊名称、位置、面积、容积、水质、调蓄能力、主要功能等内容的湖泊档案。湖泊调查和监测结果作为编制湖泊保护规划和湖泊保护评价考核的重要依据。

第十三条 县级以上人民政府有关部门应当按照国家规定的权限和程序组织编制湖泊保护规划。

第十四条 湖泊保护规划应当符合城乡规划、流域综合规划和主体功能区规划，并与土地利用总体规划及环境保护、湿地保护、水资源、防洪排水和水土保持等规划相协调。

有关部门编制各类专业规划涉及湖泊的，应当与湖泊保护规划相衔接，并征求湖泊保护主管部门的意见。

第十五条 湖泊保护规划应当包括湖泊主要功能，湖泊管理范围和保护范围，湖泊特征水位，湖泊纳污能力，防洪除涝与水资源调配要求，开发利用原则，水功能区划以及水质标准控制，生态保护目标与措施，养殖（种植）控制目标，禁止和限制开发建设的产业及项目等。

第十六条 湖泊保护规划是湖泊保护、利用和管理的依据。

县级以上人民政府及其有关部门不得违反湖泊保护规划批准开发利用湖泊资源和其他建设活动；任何单位和个人不得违反湖泊保护规划从事养殖、种植、房地产和旅游资源开发利用等活动。

第十七条 县级以上人民政府应当根据湖泊保护规划，对湖泊的管理范围和保护范围进行勘界，设立保护标志。任何单位和个人不得损毁、涂改、擅自移动、破坏湖泊保护标志。

有堤防的湖泊，其管理范围为湖岸堤防之间的水域、沙洲、滩地、行洪区和堤防及护堤地；无堤防的湖泊，其管理范围为历史最高洪水位或者设计洪水位之间的水域、沙洲、滩地和行洪区。

湖泊保护范围为管理范围外缘线向外延伸一定距离，具体范围根据湖泊面积、功能、地形地貌、生态环境、汇水状况等确定。

第三章 保 护 措 施

第十八条 湖泊水资源分配，应当优先满足城乡居民生活用水，保障基本生态用水，并统筹农业、工业用水以及航运等需要。

县级以上人民政府湖泊保护主管部门应当会同生态环境、交通运输、住房和城乡建设、农业农村、林业、发展改革（能源）等部门，根据湖泊生态保护需要确定湖泊的合理最低水位。

湖泊水位低于合理最低水位的，应当采取限制取水等措施，任何单位和个人不得擅自向湖外调水；确需向外调水的，应当由有管辖权的湖泊保护主管部门报经本级人民政府同意。

建设了水闸、水坝用于灌溉、发电的水利设施的湖泊管理者或者经营者，应当按照县级以上人民政府及其有关部门防汛抗旱、水资源调度和环境影响评价的要求，保障下游河道合理流量，维护水体的自然净化能力。

第十九条　县级以上人民政府水行政主管部门应当按照湖泊水功能区对水质的要求和水体的自然净化能力，核定湖泊水域纳污能力，向生态环境主管部门提出湖泊的限制排污总量意见。

第二十条　在湖泊新建、改建、扩建排污口，应当经有管辖权的生态环境主管部门同意，并由生态环境主管部门对该建设项目的环境影响评价文件进行审批。对未达到水质目标的水功能区，除污水集中处理设施排污口外，应当严格控制新建、改建、扩建排污口。

禁止在饮用水水源保护区内设置排污口；在保护区范围内设置排污口的，由县级以上人民政府责令限期拆除、恢复原状。

禁止私设暗管或者采取其他规避监管的方式向湖泊排放水污染物。

第二十一条　县级以上人民政府应当对城市、镇规划区内的湖泊规划和建设环湖截污管网，收纳规划区内的污水，纳入城市污水处理系统，防止污水直接排入湖泊。

第二十二条　各级人民政府应当加强农村生活污水处理设施建设，实施河塘清淤，改造和完善水利设施，利用河塘沟渠的自然净化能力处理生活污水。

鼓励因地制宜建设人工湿地和生物滤池、接触氧化池等设施处理生活污水。

第二十三条　县级以上人民政府农业主管部门和其他有关部门，应当采取措施指导湖泊流域内农业生产者科学使用农业投入品，减少化肥、农药施用，推广有机肥使用，科学处置农用薄膜、农作物秸秆等农业废弃物。

县级以上人民政府应当编制并组织实施水产养殖水域滩涂规划，合理划定禁养区、限养区、养殖区，科学确定养殖规模和养殖密度；强化水产养殖投入品管理，指导和规范水产养殖、增殖活动。

畜禽养殖严格落实禁养区、限养区和可养区规划。在限养区、可养区内畜禽粪污应当做到资源化利用,污水排放应当达到相关标准,防止污染湖泊水环境。

第二十四条 湖泊内的船舶应当按照要求配备污水、废油、垃圾、粪便等污染物、废弃物收集设施,并持有合法有效的防止水域环境污染的证书与文书。湖泊港口、码头等场所应当配备船舶污染物、废弃物接收设施,并进行无害化处理。

鼓励湖泊内的船舶使用清洁能源,减少水体污染。

第二十五条 县级以上人民政府应当通过财政、金融、土地使用、能源供应、政府采购等措施,鼓励和扶持企业为减少湖泊污染进行技术改造或者转产、搬迁、关闭。

禁止在湖泊管理范围和保护范围内新建不符合国家产业政策的小型造纸、制革、印染、染料、炼焦、炼硫、炼砷、炼汞、炼油、电镀、农药、石棉、水泥、玻璃、钢铁、火电以及其他排放含磷、氮、重金属等严重污染水环境的生产项目。

第二十六条 在湖泊管理范围内,禁止从事下列活动:

(一)填湖、围湖造田造地造林、拦汊筑坝、围圩养殖以及其他分割、侵占水面的行为;

(二)建设妨碍行洪的建筑物、构筑物;

(三)非法修建阻水、排水设施,非法采砂,非法捕捞;

(四)排放、倾倒未经处理或者经处理未达标的工业废水、生活污水以及其他废液;

(五)排放、倾倒畜禽粪便、工业废渣、城乡生活垃圾、建筑垃圾及其他固体废弃物,或者在湖泊滩地、岸坡堆放、存贮固体废弃物及其他污染物;

(六)投放无机肥、有机肥及生物复合肥进行水产养殖;

(七)种植有碍湖泊保护或者阻碍行洪的林木和高秆作物;

(八)其他缩小湖泊面积、影响湖泊蓄水防洪能力和污染湖泊水质的活动。

第二十七条 加强对饮用水水源地的保护。对具有饮用水水源地功能的湖泊,县级以上人民政府应当按照规定划定饮用水水源保护区,设立相关保护标志,并建立饮用水水源地安全评估制度,防止水源枯竭和水体污染,保证城乡居民饮用水安全。

第二十八条 县级以上人民政府应当组织水行政、生态环境、林业、农业农村、住房和城乡建设等有关部门，采取下列措施保护和改善湖泊生态环境：

（一）实施环湖生态防护林、水源涵养林、水土保持林、湖滨湿地及绿化带等工程建设。

（二）运用截污治污、底泥清淤、打捞有害生物、调水引流、河湖连通、湿地植被修复、外来入侵物种防控、退耕还湖、退养还湖等措施，对湖泊水生态系统以及主要入湖河道进行综合治理。

（三）种植有利于净化水体的水生植物，放养有利于净化水体的鱼类和底栖动物，对硬质护岸进行生态改造。

（四）维护湖泊生物多样性，保护湖泊生态系统，禁止猎取、捕杀和非法交易野生鸟类及其他湖泊珍稀动物；禁止采集和非法交易珍稀、濒危野生植物。

第二十九条 县级以上人民政府及其有关部门应当根据国家禁捕退捕的有关规定，做好退捕渔民的补偿、转产和社会保障工作，推动渔民退捕上岸；严厉查处电鱼、毒鱼、炸鱼等破坏渔业资源和生态环境的捕捞行为，保护和恢复湖泊生态功能。

第四章 合 理 利 用

第三十条 湖泊利用应当符合湖泊保护规划，服从防汛抗旱和水资源利用的总体安排，并遵循科学、合理、适度、有序的原则。

第三十一条 在湖泊管理范围内建设跨湖、穿湖、穿堤、临湖的桥梁、码头、道路、渡口、管道、缆线、取水、排水等工程设施，应当符合防洪标准、岸线规划、航运要求和其他技术要求，不得危害湖堤安全和妨碍行洪畅通；其工程建设方案未经有关水行政主管部门根据防洪要求审查同意的，建设单位不得开工建设。

建设前款工程设施，对湖泊水质、水量及防洪安全造成不利影响的，应当采取补救措施并与工程建设同步实施，所需费用由建设单位承担；损坏涉湖水工程的，建设单位应当负责修复，造成损失的，应当补偿损失。

第三十二条　在湖泊管理范围和保护范围内从事旅游、体育、餐饮、娱乐活动的，应当符合湖泊保护规划，防止超环境承载能力发展。

设置旅游景观、体育运动、餐饮、娱乐等设施，不得影响行洪和污染水体。

第三十三条　在饮用水水源的湖泊进行水产养殖的，实行人放天养，禁止投饵养殖。

在水生动物繁殖及其幼苗生长季节的重要湖区和洄游通道，农业农村主管部门应当设立禁渔区，确定禁渔期，并向社会公告。

第三十四条　县级以上人民政府水行政主管部门应当按照岸线防洪安全及资源保护的要求，依法划定湖泊采砂的禁采区和禁采期，并向社会公告。

第五章　监　督　管　理

第三十五条　建立湖泊保护评价考核制度，将湖泊保护情况纳入生态文明建设评价考核内容。

第三十六条　县级以上人民政府应当明确湖泊管理单位或者管理责任主体，落实管理责任。湖泊管理单位或者管理责任主体应当建立湖泊管理制度，加强湖泊巡查，对违反湖泊保护法律法规的行为，及时制止并按照规定履行报告职责。

第三十七条　县级以上人民政府应当加强湖泊监测能力建设，组织水行政、生态环境、林业、农业农村等有关部门建立监测信息协商共享机制。

环境保护主管部门应当定期向社会公布本行政区域湖泊水环境质量监测信息；水文水资源信息由水行政主管部门统一发布；发布水文水资源信息涉及水环境质量的内容，应当与环境保护主管部门协商一致。

第三十八条　各级人民政府及其有关部门，可能发生湖泊水污染事故的企业事业单位，应当依照《中华人民共和国突发事件应对法》的规定，做好突发湖泊水污染事故的应急准备、应急处置和事后恢复等工作。

可能发生湖泊水污染事故的企业事业单位，应当制订有关水污染事故的应急方案，并定期进行演练。

第三十九条　县级以上人民政府湖泊保护主管部门、生态环境、农业农村、林业等有关部门应当加强对湖泊保护、利用、管理的监督检查，建立湖泊保护联合执法机制。

有关部门可以在其法定权限内，依法委托湖泊管理单位开展行政执法。

第四十条 县级以上人民政府可以聘请社会监督员对人民政府及其有关主管部门以及湖长履行湖泊保护职责情况进行监督和评价。

第四十一条 县级以上人民政府有关主管部门未按照湖长的督促履行处理湖泊违法行为的职责，或者未按照规定履行湖泊保护其他职责的，同级湖长可以约谈该部门负责人，也可以提请本级人民政府约谈该部门负责人。

约谈人应当督促被约谈人落实约谈提出的整改措施和整改要求，并向社会公开整改情况。

第四十二条 县级以上人民政府湖泊保护主管部门应当建立湖泊保护违法行为的举报制度，公布举报电话、网站。

任何单位和个人都有权对损害湖泊的行为进行举报。湖泊保护主管部门接到举报，应当按规定核查、处理；对不属于职责范围的，应当及时移交有处理权限的部门处理。

第六章　法　律　责　任

第四十三条 县级以上人民政府、有关主管部门及其工作人员违反本条例规定，有下列行为之一的，对直接负责的主管人员和其他直接责任人员依法给予处分。

（一）保护湖泊不力造成严重危害后果的；

（二）违反湖泊保护规划批准开发利用湖泊资源的；

（三）其他滥用职权、玩忽职守、徇私舞弊行为的。

第四十四条 违反本条例规定，损毁、涂改、擅自移动、破坏湖泊保护标志的，由县级以上人民政府湖泊保护主管部门责令停止违法行为，限期恢复原状，并处一千元以上五千元以下罚款。

第四十五条 违反本条例规定，在湖泊管理范围和保护范围内新建不符合国家产业政策的小型造纸、制革、印染、染料、炼焦、炼硫、炼砷、炼汞、炼油、电镀、农药、石棉、水泥、玻璃、钢铁、火电以及其他排放含磷、氮、重金属等严重污染水环境的生产项目的，由所在地市、县人民政府责令关闭。

第四十六条　开发利用湖泊资源，造成环境污染和自然资源破坏的，开发利用者应当承担整治恢复责任。拒不履行整治恢复责任或者整治恢复不符合要求的，由生态环境主管部门或者有关主管部门组织有治理能力的其他单位代为整治恢复，所需费用由开发利用者承担。开发利用者拒不承担所需费用的，由组织代为整治恢复的主管部门责令限期缴纳；开发利用者逾期仍不缴纳的，由组织代为整治恢复的主管部门依法申请人民法院强制执行。

第四十七条　在饮用水水源保护区内设置排污口的，由县级以上地方人民政府责令限期拆除，处十万元以上五十万元以下罚款；逾期不拆除的，强制拆除，所需费用由违法者承担，处五十万元以上一百万元以下罚款，并可以责令停产整治。

除前款规定外，违反法律、行政法规和国务院生态环境主管部门的规定设置排污口的，由环境保护主管部门责令限期拆除，处二万元以上十万元以下罚款；逾期不拆除的，强制拆除，所需费用由违法者承担，处十万元以上五十万元以下罚款；情节严重的，县级以上地方人民政府可以责令停产整治。

第四十八条　违反本条例规定的其他行为，法律、法规已有处罚规定的，从其规定。

第七章　附　　则

第四十九条　未纳入湖泊保护名录的湖泊的保护，可以参照本条例有关规定执行。

第五十条　本条例自 2018 年 6 月 1 日起施行。

江西省河道采砂管理条例

(2016年9月22日江西省第十二届人民代表大会常务委员会第二十八次会议通过 2018年5月31日江西省第十三届人民代表大会常务委员会第三次会议修正)

第一章 总 则

第一条 为了加强河道采砂管理，保护河道生态环境，保障防洪、通航和供水安全，发挥河道综合功能，根据《中华人民共和国水法》《中华人民共和国河道管理条例》等有关法律、行政法规的规定，结合本省实际，制定本条例。

第二条 在本省行政区域内从事河道采砂及其管理活动适用本条例。长江江西段河道采砂适用国务院《长江河道采砂管理条例》。

本条例所称河道采砂，是指在河道、湖泊、人工水道、行洪区、蓄洪区、滞洪区等范围内开采砂石、取土等行为。

第三条 河道砂石资源属于国家所有。河道砂石资源的国家所有权，不因其所依附的土地所有权或者使用权不同而改变。

禁止任何组织或者个人用任何手段侵占或者破坏河道砂石资源。

第四条 河道采砂应当科学规划、总量控制，有序开采、保护生态，严格监管、确保安全。

第五条 河道采砂管理实行人民政府行政首长负责制。

县级以上人民政府应当加强对本行政区域内河道采砂管理工作的领导，建立河道采砂管理的督察、通报、考核、问责制度，健全和完善河道采砂管理协调机制，及时处理河道采砂管理中的重大问题。

乡镇人民政府应当协助上级人民政府及其有关部门做好辖区内采砂船舶（机具）集中停放、河道采砂纠纷调处、采区现场监督等河道采砂管理工作。

第六条 县级以上人民政府有关部门在河道采砂监督管理工作中依法履行下列职责：

（一）水行政主管部门具体负责河道采砂的管理和监督工作，编制河道采砂规划和年度河道采砂计划，实施采砂许可，查处非法采砂行为；

（二）公安机关负责依法打击河道采砂活动中的治安违法和犯罪行为，处置阻碍执行职务的违法行为和妨害公务的犯罪行为；

（三）交通运输（航道、海事、港航）主管部门负责采砂、运砂船舶的管理，依法打击证照不齐全的船舶从事采砂运砂作业、擅自设置码头、超载运输以及破坏航道通行条件等违法行为；

（四）船舶工业、标准化主管部门负责对采砂、运砂船舶建造的管理，依法查处违法建造采砂、运砂船舶的行为；

（五）安全生产监督管理部门负责组织河道采砂生产安全事故调查处理工作；

（六）农业（渔业）主管部门负责对因河道采砂作业破坏水生生物资源和环境行为的防范、修复措施的监督管理。

非法采砂、破坏性采砂造成砂石资源破坏的价值认定，按照国家有关规定执行。

县级以上人民政府林业、环境保护等其他有关主管部门在各自职责范围内，依照相关法律、法规规定履行河道采砂监督管理职责。

第七条 本省河道采砂实行总量控制制度。严格控制、逐步减少采砂船舶（机具）数量和年度河道砂石开采总量。

县级以上人民政府水行政主管部门应当按照河道管理权限，拟订本行政区域内采砂船舶（机具）数量控制实施方案，报本级人民政府批准后组织实施。

第八条 国家工作人员不得违反国家规定参与河道采砂经营活动，不得纵容、包庇河道采砂违法行为。

第二章 采 砂 规 划

第九条 赣江、抚河、信江、饶河、修河（以下统称五河）干流和鄱阳湖的河道采砂规划，由省人民政府水行政主管部门会同有关设区的市人民政府水行政主管部门编制，经征求省人民政府交通运输、公安、国土资源、农业、林业、环境保护等主管部门的意见后，报省人民政府批准。

其他河流的河道采砂规划，按照河道管理权限，由设区的市、县（市、区）人民政府水行政主管部门编制，经征求同级交通运输（航道、海事、港航）、公安、国土资源、农业（渔业）、林业、环境保护等主管部门意见后，报本级人民政府批准，并报上一级人民政府水行政主管部门备案。

河道采砂规划一经批准，应当严格执行；确需修改的，应当依照原批准程序报批。

第十条 河道采砂规划应当符合河道生态环境安全、防洪安全、通航安全、工程安全要求，符合流域和区域综合规划，并与河道防洪、河道整治、航道整治、渔业发展以及湿地保护等专业规划相衔接。

第十一条 河道采砂规划应当包括下列内容：

（一）砂石砂质、分布、储量和可利用砂石总量；

（二）可采区、保留区、禁采区；

（三）可采期、禁采期；

（四）年度河道砂石开采总量、开采范围和最低控制开采高程；

（五）可采区内采砂船舶（机具）数量及采砂设备功率、开采方式；

（六）堆砂场、卸砂点控制数量和布局；

（七）弃料堆放地点、处理方式和现场清理要求；

（八）采砂影响分析评价。

前款第五项所指采砂设备功率：在鄱阳湖采砂的，采砂设备功率不得超过四千千瓦；在赣江、抚河干流采砂的，采砂设备功率不得超过七百五十千瓦；在其他河道采砂的，采砂设备功率不得超过三百千瓦。

第十二条 下列区域为禁采区：

（一）河道防洪工程、河道和航道整治工程、水库枢纽、水文观测设施、水质监测设施、航道设施、涵闸以及取水、排水、水电站等水工程安全保护范围；

（二）河道顶冲段、险工、险段、护堤地；

（三）桥梁、码头、渡口、通信电缆、电力、过河管道、隧道等工程设施安全保护范围；

（四）水产种质资源保护区、鱼类主要产卵场、索饵场、越冬场、洄游通道等水域；

（五）生活饮用水水源保护区、风景名胜区、自然保护区、国际重要湿地、国家和省湿地公园保护保育区；

（六）河流底泥重金属超标的水域；

（七）影响航运的水域；

（八）有重大权属争议、行政区划界线不清的水域；

（九）依法禁止采砂的其他区域。

第十三条 下列时段为禁采期：

（一）河道达到或者超过警戒水位时；

（二）依法划定的禁渔区的禁渔期；

（三）依法禁止采砂的其他时段。

第十四条 县级以上人民政府水行政主管部门应当将河道采砂规划确定的禁采区和禁采期予以公告，任何单位和个人不得在禁采区、禁采期内进行河道采砂活动。

采区内因防洪、河势改变、水工程建设等情形不宜采砂的，县级以上人民政府水行政主管部门应当按照河道管理权限，临时划定禁采区或者规定禁采期，并予以公告。

第十五条 县级以上人民政府水行政主管部门应当根据河道采砂规划，编制年度河道采砂计划，经本级人民政府同意后，报上一级人民政府水行政主管部门备案。

河道采砂计划应当包括采砂具体地点、可采长度和宽度、可采砂量、作业方式、作业工具及其数量、规模控制等。

第十六条 对本行政区域内拟开采的采区，设区的市、县（市、区）人民政府水行政主管部门应当根据年度河道采砂计划，制订采砂实施方案，经本级人民政府同意后，按照河道管理权限，将采砂实施方案报上级人民政府水行政主管部门批准。

采砂实施方案应当包括下列内容：

（一）采区基本情况；

（二）许可方式、期限；

（三）采区现场监管方案；

（四）影响水生生物资源和环境的防范、修复措施；

（五）河道清理、修复方案；

（六）社会稳定风险评估报告；

（七）采砂船舶（机具）数量及采砂设备功率；

（八）其他需要明确的事项。

第三章 采砂许可

第十七条 河道采砂实行许可制度。未取得县级以上人民政府水行政主管部门颁发的河道采砂许可证，不得从事河道采砂活动。

在禁采区以外，当地村民因自用采挖少量砂石的，不需要办理河道采砂许可证。采挖的砂石不得销售。

因防洪吹填加固堤防和疏浚、整治河道采砂的，不需要办理河道采砂许可证，但应当按照有关河道管理的法律、法规的规定办理相关手续。

交通运输（航道、海事、港航）主管部门进行航道整治需要采砂的，应当事先征求有许可权的人民政府水行政主管部门的意见。所采砂石应当按照整治方案的要求处理。

国家、省重点工程建设需要采砂，且砂石需求量大、可采区砂石总量无法满足其用砂需求的，经省人民政府同意，依法由有许可权的人民政府水行政主管部门审批。

第十八条 在鄱阳湖采砂的，由省人民政府水行政主管部门实施许可。

在五河干流采砂的，按行政区划由所在地设区的市人民政府水行政主管部门实施许可。

前两款规定以外的河道采砂，由设区的市、县（市、区）人民政府水行政主管部门按照河道管理权限实施许可。

第十九条 县级以上人民政府可以决定对本行政区域内的河道砂石资源实行统一经营管理，具体办法由设区的市人民政府规定。

第二十条 河道砂石开采权申请人应当具备下列条件：

（一）有经营河道砂石业务的营业执照；

（二）采砂作业方式符合规定；

（三）有符合采区规划要求的采砂设备和技术人员；

（四）采砂船舶（机具）、船员证书齐全有效；

（五）使用的采砂船舶（机具）符合所在地数量控制要求；

（六）无违法采砂记录；

（七）法律、法规规定的其他条件。

第二十一条 申请人应当书面向有许可权的人民政府水行政主管部门提出河道采砂许可申请。申请书应当载明下列内容：

（一）申请人的姓名（名称）、地址及其证明材料；

（二）开采的时间、种类和作业方式；

（三）开采的地点、深度、范围（附范围图和控制点坐标）；

（四）开采量（包括日采量、总采量）；

（五）采砂船舶（机具）的基本情况；

（六）采砂技术人员的基本情况；

（七）砂石堆放地点和弃料处理方案。

第二十二条 有许可权的人民政府水行政主管部门，应当自收到采砂申请书等材料之日起五日内，对申请材料进行审查，并作出是否受理的决定。对申请材料不齐全或者不符合法定形式的，一次告知申请人应当补正的全部内容；申请人应当自收到补正通知之日起十五日内补正。

第二十三条 有许可权的人民政府水行政主管部门应当自受理之日起十四日内，对河道采砂申请进行审查。对符合条件的，应当作出准予许可的决定，向申请人颁发河道采砂许可证；对不符合条件的，作出不予许可的决定并说明理由，书面告知申请人。

河道采砂许可证的有效期不得超过一年。

第二十四条 取得河道砂石开采权的单位和个人应当缴纳河道砂石资源费；河道砂石开采权通过招标等公平竞争的方式取得的，还应当缴纳河道砂石开采权出让费。

河道砂石资源费、河道砂石开采权出让费由县级以上人民政府财政部门委托同级水行政主管部门在颁发河道采砂许可证之前一次性征收，并全部上缴财政。

河道砂石资源费、河道砂石开采权出让费的具体收取、使用、管理办法由省人民政府财政主管部门会同省人民政府价格、水行政主管部门制定。

第二十五条 河道采砂许可证由省人民政府水行政主管部门统一格式，内容包括河道砂石开采权人姓名（名称），采砂船舶（机具）名称、编号、功率，开采的性质、种类、地点、数量、最低控制开采高程、时限以及作业方式、弃料处理方式，许可证有效期限等有关事项。

河道采砂许可证分为正本和副本，正本在采砂作业现场悬挂，副本由持证人保存。

禁止伪造、倒卖、出租、出借或者以其他方式非法转让河道采砂许可证。

第二十六条 县级以上人民政府水行政主管部门应当将颁发河道采砂许可证的情况即时进行公告。

需要变更河道采砂许可证规定的事项和内容的，应当依法办理变更手续。

第四章 监 督 管 理

第二十七条 设区的市、县（市、区）人民政府应当根据河道采砂监督管理任务的需要，组织水利、交通运输（航道、海事、港航）、公安、农业（渔业）等主管部门和乡镇人民政府组成现场监督管理队伍，对采砂现场的生产、交易、运输和水上交通、社会治安进行现场监督管理。

第二十八条 县级以上人民政府船舶工业、标准化主管部门应当加强采砂、运砂船舶建造的监督管理。

从事采砂、运砂船舶建造的单位应当按照国家船舶行业标准进行生产。

第二十九条 县级以上人民政府水行政主管部门应当加强河道采砂监督管理工作。

县级以上人民政府水行政主管部门可以为采砂船舶（机具）免费安装电子信息化监控设备。从事采砂的单位和个人应当予以配合，并不得损坏和擅自拆除监控设备。

县级以上人民政府水行政主管部门应当对采区开采深度进行测量，监控采区最低控制开采高程。

第三十条 因水利工程和航道设施出现重大险情、水生态环境遭到严重破坏、有重大水上活动以及渔业生态需要等情况不宜采砂的，有关部门应当及时通报县级以上人民政府水行政主管部门。县级以上人民政府水行政主管部门应当采取责令采砂船舶（机具）暂停作业、驶离作业区域等临时处置措施。

前款规定的情形消除后，县级以上人民政府水行政主管部门应当及时解除临时处置措施。

第三十一条 采砂船舶（机具）不得在禁采区内滞留；未取得河道采砂许可证的采砂船舶（机具）不得在可采区内滞留。

采砂船舶（机具）在禁采期内，以及未取得河道采砂许可证的采砂船舶（机具）在可采期内，均应当停放在所在地县级人民政府指定的集中停放地点，并由采砂船舶（机具）所有者负责管护。无正当理由，不得擅自离开指定的集中停放地点。

第三十二条 开采河道砂石应当遵守下列规定：

（一）按照河道采砂许可证确定的地点、范围、开采总量、采砂能力、作业方式和期限进行开采，逐日统计采砂量；

（二）服从有关部门的现场管理，设置采区边界标识，如实提供有关资料，接受监督检查；

（三）随采随运，不得在河道内擅自设置砂场、堆积砂石或者废弃物；

（四）在航道和通航水域内采砂，应当遵守有关通航安全规定，不得向航道和通航水域抛弃废弃物，不得妨碍航道畅通和通航安全，不得损害航道通航条件；

（五）不得危及水工程、水文、航道、桥梁、管线、环境保护等设施以及岸坡安全；

（六）不得违反其他法律、法规的规定。

第三十三条 任何单位和个人在河道采砂过程中发现水下文物的，应当立即停止作业、保护现场，并报告当地文物主管部门；已打捞出水的，应当及时上缴当地文物主管部门，不得哄抢、私分、藏匿。

第三十四条 河道采砂许可证有效期届满或者累计采砂量达到河道采砂许可证规定总量的，发证机关应当注销河道采砂许可证。河道砂石开采权人应当停止采砂作业，并按照规定对作业现场进行清理、修复。

第三十五条 县级以上人民政府水行政主管部门应当加强河道管理范围内的运砂监督管理工作，委派监督管理人员在采砂现场核签河道砂石采运管理单，作为河道砂石的合法来源证明，并不得收取费用。

河道管理范围内的运砂船舶（车辆）装运河道砂石，应当持有河道砂石采运管理单。没有河道砂石采运管理单的河道砂石，运砂船舶（车辆）不得装运，任何单位和个人不得收购、销售。

河道砂石采运管理单由省人民政府水行政主管部门统一格式，内容包括河道砂石来源地、运输工具名称、装运时间、砂石数量、卸砂点和有效期限等有关事项。

第三十六条 县级以上人民政府水行政主管部门应当建立河道采砂、运砂违法行为信用记录，并予以公布。

第三十七条 因河道采砂发生纠纷的，当事人应当协商解决；不愿协商或者协商不成的，可以申请县级以上人民政府或者其授权的水行政主管部门处理。跨行政区域的河道采砂纠纷，由共同的上一级人民政府或者其授权的水行政主管部门处理。

县级以上人民政府或者其授权的水行政主管部门在处理河道采砂纠纷时，有权采取责令采砂船舶（机具）暂停作业、驶离作业区域等临时处置措施。

第三十八条 设区的市、县（市、区）界河的河道采砂管辖权发生争议，由有关人民政府水行政主管部门协商；协商不成的，由共同的上一级人民政府水行政主管部门指定管辖或者直接管辖。

第三十九条 县级以上人民政府水行政主管部门应当建立河道采砂违法行为的举报制度，公布举报电话。

对河道采砂的违法行为，任何单位和个人有权向县级以上人民政府水行政主管部门举报。接到举报的人民政府水行政主管部门应当认真核实，对属于管辖范围的应当及时受理，经查证属实的，应当对举报人给予奖励，并为其保密；不属于管辖范围的，应当及时移送有管辖权的人民政府水行政主管部门。

第五章　法　律　责　任

第四十条 各级人民政府和有关部门及其工作人员有下列行为之一的，对负有责任的主管人员和其他直接责任人员依法给予处分；构成犯罪的，依法追究刑事责任：

（一）不执行已批准的河道采砂规划，擅自修改河道采砂规划或者违反河道采砂规划批准采砂的；

（二）不按照规定实施河道采砂许可或者核签河道砂石采运管理单等其他相关证件的；

（三）不履行管理和监督职责，造成河道采砂秩序混乱或者发生重大安全责任事故的；

（四）在河道采砂管理中不按照规定的项目、范围和标准收费的；

（五）截留、挪用河道砂石资源费或者河道砂石开采权出让费的；

（六）违反国家规定参与河道采砂经营活动或者纵容、包庇河道采砂违法行为的；

（七）其他在河道采砂管理中滥用职权、玩忽职守、徇私舞弊的行为。

有前款第四项、第五项行为的，按照有关规定追缴已收取的费用和截留、挪用的费用。

第四十一条 违反本条例规定，未经许可河道采砂的，由县级以上人民政府水行政主管部门责令停止违法行为，查封、扣押采砂船舶（机具），没收违法所得和非法财物，并处一万元以上十万元以下的罚款；未经许可开采的砂石价值或者破坏的砂石资源价值在三万元以上，或者两次以上未经许可河道采砂的，没收违法所得和非法财物，没收采砂船舶（机具），并处十万元以上三十万元以下罚款。

违反本条例规定，在禁采区、禁采期内采砂的，由县级以上人民政府水行政主管部门责令停止违法行为，查封、扣押采砂船舶（机具），没收违法所得和非法财物，没收采砂船舶（机具），并处十万元以上三十万元以下罚款。

第四十二条 违反本条例规定，从事采砂、运砂船舶建造的单位未按照国家船舶强制性标准进行生产的，由县级以上人民政府船舶工业主管部门责令停止生产；并由标准化主管部门没收船舶，监督销毁或者作必要技术处理，处以该船舶价值金额百分之二十以上百分之五十以下的罚款，对有关责任者处以五千元以下罚款。

第四十三条 违反本条例规定，损坏或者擅自拆除采砂船舶电子信息化监控设备的，由县级以上人民政府水行政主管部门责令停止违法行为、限期恢复原状；逾期不改正的，处一万元以上三万元以下罚款。

第四十四条 违反本条例规定，运砂船舶（车辆）装运没有河道砂石采运管理单的河道砂石的，由县级以上人民政府水行政主管部门扣押违法运砂船舶（车辆），没收违法所得，并处一万元以上五万元以下罚款。

违反本条例规定，收购、销售没有河道砂石采运管理单的河道砂石的，由县级以上人民政府水行政主管部门没收违法所得,并处一万元以上五万元以下罚款。

第四十五条 违反本条例规定,有下列行为之一的,由县级以上人民政府水行政主管部门予以处罚:

(一)不按照河道采砂许可证要求采砂的,责令停止违法行为,没收违法所得,处一万元以上三万元以下罚款;情节严重的,没收违法所得,处三万元以上五万元以下罚款,并吊销河道采砂许可证。

(二)不随采随运,在河道内擅自设置砂场、堆积砂石或者废弃物的,责令停止违法行为,恢复原貌,清除在河道内堆积的砂石、废弃物或者采取其他补救措施,处恢复原貌或者采取补救措施所需资金百分之十以上百分之二十以下的罚款,但最高不超过五万元;拒不履行的,由县级以上人民政府水行政主管部门代为履行,费用由责任人承担。

(三)倒卖、出租、出借或者以其他方式非法转让河道采砂许可证的,责令停止违法行为,没收违法所得,收缴或者吊销河道采砂许可证,并处一万元以上五万元以下的罚款。

第四十六条 违反本条例规定,采砂船舶(机具)在禁采区内滞留,或者未取得河道采砂许可证的采砂船舶(机具)在可采区内滞留,或者采砂船舶(机具)不按规定集中停放,擅自离开集中停放点的,由县级以上人民政府水行政主管部门责令停止违法行为,扣押采砂船舶(机具),并处一万元以上三万元以下的罚款。

第四十七条 县级以上人民政府水行政主管部门在查处河道采砂违法行为时,对违法行为造成损失的,应当责令赔偿损失;发现违法行为涉嫌犯罪的,应当依法移送司法机关追究刑事责任。

第六章 附 则

第四十八条 本条例所称五河干流,是指五河自下列起点至鄱阳湖入湖口河段:

(一)赣江:赣州市八境台;

(二)抚河:南城县万年桥;

(三)信江:上饶市胜利大桥;

（四）饶河：昌江自景德镇景北大桥，乐安河自乐平市中店村；

（五）修河：修水自柘林水库大坝，潦河自安义县万家埠大桥。

第四十九条 本条例自 2017 年 1 月 1 日起施行。江西省人民政府公布的《江西省河道采砂管理办法》同时废止。

江西省实施河长制湖长制条例

(2018年11月29日江西省第十三届人民代表大会常务委员会第九次会议通过)

第一条 为了实施河长制湖长制，推进生态文明建设，根据《中华人民共和国水污染防治法》等法律、行政法规和国家有关规定，结合本省实际，制定本条例。

第二条 在本省行政区域内实施河长制湖长制适用本条例。

第三条 本条例所称河长制湖长制，是指在江河水域设立河长、湖泊水域设立湖长，由河长、湖长对其责任水域的水资源保护、水域岸线管理、水污染防治和水环境治理等工作予以监督和协调，督促或者建议政府及相关部门履行法定职责，解决突出问题的机制。

本条例所称水域，包括江河、湖泊、水库以及水渠、水塘等水体及岸线。

第四条 建立流域统一管理与区域分级管理相结合的河长制组织体系。

按照行政区域设立省级、市级、县级、乡级总河长、副总河长。

按照流域设立河流河长。跨省和跨设区的市重要的河流设立省级河长。各河流所在设区的市、县（市、区）、乡（镇、街道）、村（居委会）分级分段设立河长。

第五条 建立区域分级管理的湖长制组织体系。

按照行政区域设立省级、市级、县级、乡级总湖长、副总湖长，由同级总河长、副总河长兼任。跨省和跨设区的市重要的湖泊设立省级湖长。各湖泊所在设区的市、县（市、区）、乡（镇、街道）、村（居委会）分级分区设立湖长。

第六条 河长、湖长的具体设立和调整，按照国家和本省有关规定执行。

第七条 县级以上总河长、副总河长、总湖长、副总湖长负责本行政区域内河长制湖长制工作的总督导、总调度，组织研究本行政区域内河长制湖长制的重大决策部署、重要规划和重要制度，协调解决河湖管理、保护和治理的重大问题，统筹推进河湖流域生态综合治理，督促河长、湖长、政府有关部门履行河湖管理、保护和治理职责。

乡级总河长、副总河长、总湖长、副总湖长履行本行政区域内河长制湖长制工作的督导、调度职责，督促实施河湖管理工作任务，协调解决河湖管理、保护和治理相关问题。

市、县、乡级总河长、副总河长、总湖长、副总湖长兼任责任水域河长、湖长的，还应当履行河长、湖长的相关职责。

第八条 省级河长、湖长履行下列主要职责：

（一）组织领导责任水域的管理保护工作；

（二）协调和督促下级人民政府和相关部门解决责任水域管理、保护和治理的重大问题；

（三）组织开展巡河巡湖工作；

（四）推动建立区域间协调联动机制，协调上下游、左右岸实行联防联控。

第九条 市、县级河长、湖长履行下列主要职责：

（一）协调解决责任水域管理、保护和治理的重大问题；

（二）部署开展责任水域的专项治理工作；

（三）组织开展巡河巡湖工作；

（四）推动建立部门联动机制，督促下级人民政府和相关部门处理和解决责任水域出现的问题，依法查处相关违法行为；

（五）完成上级河长、湖长交办的工作事项。

第十条 乡级河长、湖长履行下列主要职责：

（一）协调和督促责任水域管理、保护和治理具体工作任务的实施，对责任水域进行巡查，及时处理发现的问题；

（二）对超出职责范围无权处理的问题，履行报告职责；

（三）对村级河长、湖长工作进行监督指导；

（四）完成上级河长、湖长交办的工作事项。

第十一条 村级河长、湖长履行下列主要职责：

（一）开展责任水域的巡查，劝阻相关违法行为，对劝阻无效的，履行报告职责；

（二）督促落实责任水域日常保洁和堤岸日常维养等工作任务；

(三)完成上级河长、湖长交办的工作事项。

第十二条 县级以上河长、湖长应当定期组织开展巡河巡湖工作。省级河长、湖长每年带队巡河巡湖不少于一次,市级河长、湖长每半年带队巡河巡湖不少于一次,县级河长、湖长每季度带队巡河巡湖不少于一次。

乡级河长、湖长每月巡河巡湖不少于一次,村级河长、湖长每周巡河巡湖不少于一次。

第十三条 县级以上河长、湖长应当组织巡查下列事项:

(一)水资源保护,重点是水资源开发利用控制、用水效率控制、水功能区限制纳污制度是否得到落实;

(二)河湖岸线管理保护,重点是是否存在侵占河道、围垦湖泊、侵占河湖和湿地,非法采砂、非法养殖、非法捕捞、违法占用水域、违法建设、违反规定占用河湖岸线,破坏河湖岸线生态功能的问题;

(三)水污染防治,重点是排查入河湖污染源,工矿企业生产、城镇生活、畜禽养殖、水产养殖、船舶港口作业、农业生产等是否非法排污,污染水体;

(四)水环境治理,重点是是否按照水功能区确定的各类水体的水质保护目标对水环境进行治理;

(五)水生态修复,重点是是否在规划的基础上实施退田还湖、退田还湿、退渔还湖、恢复河湖水系的自然连通,是否进行水生生物资源养护、保护水生生物多样性,是否开展水土流失防治、维护河湖生态环境;

(六)执法监管,重点是是否建立健全部门联合执法机制,建立河湖日常监管巡查制度,实行河湖动态监管,落实执法监管责任主体、人员、设备和经费以及打击涉河湖违法行为,治理非法排污、设障、捕捞、养殖、采砂、采矿、围垦、运输、侵占岸线等活动的情况。

县级以上湖长除了应当组织巡查前款事项外,还应当组织巡查是否按照法律、法规规定,根据湖泊保护规划,划定湖泊的管理范围和保护范围,控制湖泊的开发利用行为,实施湖泊水域空间管控。

第十四条 对通过巡查或者其他途径发现的问题,县级以上河长、湖长应当按照下列规定处理:

(一)属于自身职责范围或者应当由本级人民政府相关部门处理的,应当及时处理或者组织协调和督促有关部门按照职责分工予以处理;

（二）依照职责应当由上级河长、湖长或者属于上级人民政府相关部门处理的，提请上一级河长、湖长处理；

（三）依照职责应当由下级河长、湖长或者属于下级人民政府相关部门处理的，移交下一级河长、湖长处理。

县级以上河长、湖长对通过巡查或者其他途径发现的问题，属于自身职责范围、现场可以处理的，可以现场督办有关单位整改问题；对需要本级人民政府相关部门处理的，可以采取发送督办函或者交办单的方式交办。本级人民政府相关部门应当依法办理。

第十五条　县级以上河长、湖长对责任水域的下一级河长、湖长工作予以指导、监督，对目标任务完成情况进行考核。

第十六条　县级以上人民政府应当设立河长制湖长制工作机构，主要负责河长制湖长制工作的组织协调、调度督导、检查考核等具体工作，履行下列职责：

（一）协助河长、湖长开展河长制湖长制工作，落实河长、湖长确定的任务，定期向河长、湖长报告有关情况；

（二）协调建立部门联动机制，督促相关部门落实工作任务，协助河长、湖长协调处理跨行政区域上下游、左右岸水域管理、保护和治理工作；

（三）加强协调调度和分办督办，组织开展专项治理工作，会同有关责任单位按照流域、区域梳理问题清单，督促相关责任主体落实整改，实行问题清单销号管理；

（四）组织开展河长制湖长制工作年度考核、表彰评选，负责拟定河长制湖长制相关制度，组织编制一河一策、一湖一策方案；

（五）开展河长制湖长制相关宣传培训等工作；

（六）总河长、副总河长、总湖长、副总湖长或者河长、湖长交办的其他任务。

县级以上人民政府应当为本级河长制湖长制工作机构配备必要的人员，河长制湖长制工作经费列入本级财政预算。

第十七条　县级以上人民政府应当将涉及河湖管理和保护的发展改革、公安、自然资源、生态环境、住房和城乡建设、交通运输、水利、农业农村、林业等相关部门列为河长制湖长制责任单位，并明确责任单位工作分工。各河长制湖长制责任单位应当按照分工，依法履行河湖管理、保护、治理的相关职责。

第十八条 县级以上总河长、副总河长、总湖长、副总湖长应当定期组织召开总河长、总湖长会议，研究、解决本行政区域内河长制湖长制工作重大问题。

县级以上河长、湖长根据需要应当适时组织召开河长、湖长会议，研究、解决责任水域河长制湖长制工作重大问题。

县级以上河长制湖长制工作机构应当适时组织召开河长制湖长制责任单位联席会议，研究、通报河长制湖长制相关工作。

第十九条 县级以上河长制湖长制工作机构应当建立河长制湖长制管理信息系统，实行河湖管理、保护和治理信息共享，为河长、湖长实时提供信息服务。

河长制湖长制责任单位应当按照要求向河长制湖长制工作机构提供并及时更新涉及水资源保护、水污染防治、水环境改善、水生态修复等相关数据、信息。

下级河长制湖长制工作机构应当向上级河长制湖长制工作机构及时报送河长制湖长制相关工作信息。

第二十条 县级以上河长制湖长制工作机构应当向社会公布本级河长、湖长名单。乡、村两级河长、湖长名单由县级河长制湖长制工作机构统一公布。

各级河长制湖长制工作机构应当在水域沿岸显著位置规范设立河长、湖长公示牌。公示牌应当标明责任河段、湖泊范围，河长、湖长姓名职务，河长、湖长职责，保护治理目标，监督举报电话等主要内容。

河长、湖长相关信息发生变更的，应当及时予以更新。

第二十一条 县级以上河长制湖长制工作机构应当根据工作需要，对河长制湖长制责任单位和下级人民政府河长制湖长制工作落实情况、重点任务推进落实情况、重点督办事项处理情况、危害河湖保护管理的重大突发性应急事件处置情况、河湖保护管理突出问题情况等进行通报。

第二十二条 县级以上河长制湖长制工作机构应当对河长制湖长制责任单位和下级人民政府河长制湖长制工作贯彻实施情况、任务实施情况、整改落实情况等进行督察督办。

第二十三条 县级以上人民政府应当建立公安、自然资源、生态环境、住房和城乡建设、交通运输、水利、农业农村、林业等多部门联合执法机制，加强日常监管巡查，依法查处非法侵占河湖岸线、非法排污、非法采砂、非法养殖、非法捕捞、非法围垦、非法填埋、非法建设和非法运输等行为。

第二十四条　县级以上河长制湖长制工作机构每年应当组织相关责任单位对下级人民政府河长制湖长制工作开展情况进行考核。

各级河长、湖长履职情况应当作为干部年度考核述职的重要内容。

县级以上人民政府应当将河长制湖长制责任单位履职情况，纳入政府对部门的考核内容。

第二十五条　县级以上人民政府应当按照有关规定和程序，对河长制湖长制工作成绩显著的集体和个人予以表彰奖励。

第二十六条　各地应当根据河流长度或者水域面积，聘请河湖专管员或者巡查员、保洁员，负责河湖的日常巡查和保洁。

市、县级人民政府应当统筹财政资金，采取政府购买等方式，对河湖专管、巡查、保洁等工作进行统一采购。

第二十七条　鼓励开展河湖保护志愿服务。鼓励制定村规民约、居民公约，对水域管理保护作出约定。鼓励举报水域违法行为。

第二十八条　每年3月22日至28日为河湖保护活动周。各级人民政府应当组织开展河湖保护主题宣传活动，发动全社会参与河湖保护工作。

第二十九条　县级以上河长制湖长制工作机构、河长制湖长制责任单位未按照规定履行职责，有下列情形之一的，本级河长、湖长可以约谈该部门负责人，也可以提请总河长、副总河长、总湖长、副总湖长约谈该部门负责人：

（一）未按照河长、湖长的督查要求履行日常监督检查或者处理职责的；

（二）未落实整改措施和整改要求的；

（三）接到属于河长制湖长制职责范围的投诉举报，未依法履行处理或者查处职责的；

（四）其他违反河长制湖长制相关规定的行为。

县级以上河长制湖长制工作机构、河长制湖长制责任单位有前款情形之一，造成水体污染、水环境水生态遭受破坏等严重后果的，对直接负责的主管人员和其他直接责任人员依法给予处分。

第三十条 各级河长、湖长未按照规定履行职责，有下列行为之一的，由上级河长、湖长进行约谈：

（一）未按照规定要求进行巡查督导的；

（二）对发现的问题未按照规定及时处理的；

（三）未按时完成上级布置专项任务的；

（四）其他怠于履行河长、湖长职责的行为的。

第三十一条 本条例第二十九条、第三十条规定的约谈可以邀请媒体及相关公众代表列席。约谈针对的主要问题、整改措施和整改要求等情况应当向社会公开。

约谈人应当督促被约谈人落实约谈提出的整改措施和整改要求，并由整改责任单位向社会公开整改情况。

第三十二条 本条例自2019年1月1日起施行。

江西省实施《中华人民共和国防洪法》办法

(2001年10月19日江西省第九届人民代表大会常务委员会第二十六次会议通过 2010年9月17日江西省第十一届人民代表大会常务委员会第十八次会议第一次修正 2018年7月27日江西省第十三届人民代表大会常务委员会第四次会议第二次修正)

第一章 总 则

第一条 为实施《中华人民共和国防洪法》(以下简称《防洪法》),结合本省实际,制定本办法。

第二条 在本省行政区域内从事防洪以及与防洪有关的活动适用本办法。

第三条 防洪工作实行全面规划、统筹兼顾、预防为主、综合治理、局部利益服从全局利益的原则。

第四条 各级人民政府应当加强对防洪工作的统一领导,组织有关部门和单位,动员社会力量,依靠科技进步,坚持防洪工程措施和非工程措施相结合,加强防洪工程设施建设和管理,加强水文、气象、通信等设施的建设,做好防汛抗洪和洪涝灾害后的恢复与救济工作。

第五条 县级以上人民政府水行政主管部门(以下简称水行政主管部门)在本级人民政府领导下,负责本行政区域内防洪的组织、协调、监督、指导等日常工作。

县级以上人民政府其他有关部门在本级人民政府的领导下,按照各自的职责,负责有关的防洪工作。

第六条 任何单位和个人都有保护防洪工程设施和依法参加防汛抗洪的义务,有权制止和检举妨碍防洪的违法行为。

第七条 各级人民政府或者有关部门应当对在防洪工作中做出显著成绩的单位和个人予以表彰和奖励。

第二章 防 洪 规 划

第八条 防洪规划是江河、湖泊治理和防洪工程设施建设的基本依据。

防洪规划应当依据流域综合规划、区域综合规划,按照以下规定编制:

(一)本省行政区域内的长江河段及其他跨省河段防洪规划的编制按《防洪法》第十条的规定执行。

(二)鄱阳湖、赣江、抚河、信江、饶河、修河的防洪规划,由省水行政主管部门会同有关部门和设区的市人民政府编制,报省人民政府批准。

(三)其他跨设区的市的江河、湖泊以及设区的市界河的防洪规划,由省水行政主管部门组织有关设区的市水行政主管部门和有关部门以及有关的县(市、区)人民政府编制,经设区的市人民政府审查提出意见后,报省人民政府批准。

(四)跨县(市、区)的江河、湖泊及县(市、区)界河的防洪规划,由设区的市水行政主管部门会同有关部门和县(市、区)人民政府编制,报设区的市人民政府批准。

(五)其他江河、湖泊的防洪规划,由县(市、区)水行政主管部门会同有关部门编制,报本级人民政府批准。

(六)设区的市的城市防洪规划,由设区的市人民政府组织水行政主管部门、建设行政主管部门和其他有关部门编制,经省水行政主管部门审核后,由设区的市人民政府批准,但南昌市、九江市的城市防洪规划由省人民政府批准。经批准的防洪规划纳入城市总体规划。

(七)有防洪任务的县(市、区)人民政府所在地的建制镇的城市防洪规划,由县(市、区)人民政府组织水行政主管部门、建设行政主管部门和其他有关部门编制,经设区的市水行政主管部门审核,报县级人民政府批准后,纳入城市总体规划;其他有防洪任务的建制镇的城市防洪规划,由县(市、区)人民政府组织水行政主管部门、建设行政主管部门和其他有关部门编制,报县级人民政府批准。

经批准的防洪规划,报上一级水行政主管部门备案。修改防洪规划,应当报经原批准机关批准。

第九条 全省除涝治涝规划由省水行政主管部门编制,报省人民政府批准。

易涝地区的市、县人民政府应当组织水行政主管部门和有关部门，根据全省除涝治涝规划编制本行政区域的除涝治涝规划，并报上一级水行政主管部门备案。

城市人民政府应当依据除涝治涝规划加强对城区排涝管网、泵站的建设和管理。

第十条 城市扩建，新建村镇、居民点和其他工矿企业、重大交通设施等，应当避开地质灾害和山洪多发地带以及重要行洪区、蓄洪区。已经建在地质灾害和山洪多发地带的，当地人民政府应当组织有关部门和单位加强观测、预警、预报设施建设，制定和落实避险方案和措施。

县级以上人民政府应当把水土流失防治纳入流域性防洪规划，制定和落实防治方案，加强水土保持综合治理。

第十一条 在江河、湖泊上建设防洪工程和其他水工程、水电站等，应当符合防洪规划的要求；水库应当按照防洪规划的要求留足防洪库容。

前款规定的防洪工程和其他水工程、水电站未取得有关水行政主管部门签署的符合防洪规划要求的规划同意书的，建设单位不得开工建设。

第三章 治理与防护

第十二条 整治河道和修建控制引导河水流向、保护堤岸的工程应当坚持除害和兴利相结合的原则，兼顾上下游、左右岸的关系，按照规划治导线实施，不得任意改变河水流向。

本省行政区域内的长江河段和其他跨省河段规划治导线的拟定按《防洪法》第十九条的规定执行。

其他江河、河段的规划治导线，按照本办法第八条规定的防洪规划编制权限由相应的水行政主管部门拟定，报本级人民政府批准。

第十三条 开发利用河道、湖泊（包括岸线）、水库从事旅游项目建设的，必须符合防洪规划要求，并报有管辖权的水行政主管部门审查同意。

第十四条 城市河道岸线的利用和建设应当按照防洪规划的要求，保持行洪畅通。

第十五条 在河道、湖泊管理范围内，禁止下列影响河势稳定和防洪安全的行为：

（一）未经水行政主管部门批准，修建矶头丁坝、围堤、阻水渠道、阻水道路等妨碍行洪的建筑物、构筑物的；

（二）在行洪河道内种植高秆作物和树木（防浪林、护堤林除外）等阻水植物的；

（三）弃置、堆放沉船、矿渣、石渣、煤灰、泥土、垃圾等阻碍行洪的废弃物的；

（四）在堤防和护堤地上建房、开渠、打井、挖窖、葬坟、开采地下资源、进行考古发掘以及开展集市贸易活动的；

（五）其他有碍河势稳定和防洪安全的。

第十六条　在水库大坝管理范围内，禁止下列影响防洪安全的行为：

（一）乱伐林木、陡坡开荒等导致水土流失的；

（二）进行钻探、爆破、采石、取土、采矿、炸鱼以及在坝体滑木、修建码头等危害大坝安全的。

第十七条　水行政主管部门应当根据河势稳定和防洪安全的要求，按照河道分级管理权限编制河道采砂规划，在征求交通行政主管部门意见后，报本级人民政府批准。河道采砂规划中规定的采砂禁采区和禁采期，应当予以公布。

在河道管理范围内采砂、采石、取土、淘金（以下统称采砂）的，应当依法报经水行政主管部门批准，并按照批准的地点、范围、时间、采砂量和作业方式开采，不得损坏桥梁、堤防、护岸、水文测报设施和水下电缆、光缆、水文测流断面等，不得妨碍航运安全。

采砂危及河势稳定、防洪安全时，水行政主管部门应当按照管理权限责令采砂单位和个人立即停止开采。

第十八条　河道管理范围内的滩地不得擅自占用，确需临时占用的，应当经有管辖权的水行政主管部门批准，并严格控制占用时间。

第十九条　对壅水、阻水严重或者为提高河道防洪标准进行河道整治需要改建、拆除的涉河工程设施，由水行政主管部门按河道管理权限提出方案，报请有关人民政府按照国务院规定的权限，责令建设单位限期改建或者拆除；因产权关系发生变更，建设单位无法改建或者拆除的，责令业主限期改建或者拆除。

第二十条 河道、湖泊以及水库等防洪工程设施的管理范围,由县级以上人民政府组织有关部门,按照法律、法规的有关规定划定,并立桩标界,予以公告。

管理范围内的国有土地,根据防洪和工程管理的需要,县级以上人民政府可以依法划拨给防洪工程设施的管理单位。

第二十一条 按照防洪规划进行河道整治、培修加固堤防需要永久占用的土地、工程管理用地,应当依法办理土地划拨手续,其中属集体所有的,依照有关法律、法规的规定征收。

进行河道整治所增加的可利用土地,由县级以上人民政府统一安排使用,优先用于防洪工程设施的建设和管理用地。

第四章 防洪区和防洪工程设施的管理

第二十二条 防洪区分为洪泛区、蓄滞洪区和防洪保护区。洪泛区、蓄滞洪区(含分洪道,下同)、防洪保护区的范围,按照《防洪法》第二十九条的规定划定。

第二十三条 省人民政府应当组织有关部门和地区按照防洪规划要求,制定洪泛区、蓄滞洪区的安全建设规划,控制蓄滞洪区人口增长,对居住在经常使用的蓄滞洪区内的居民,有计划地组织外迁,并采取其他必要的安全保护措施。

康山、珠湖、黄湖、方洲斜塘等国家蓄滞洪区的安全建设规划由省人民政府组织水行政主管部门及有关部门和设区的市人民政府编制,报国务院水行政主管部门审批;其他蓄滞洪区的安全建设规划,由所在地设区的市人民政府组织水行政主管部门及有关部门和县级人民政府编制,报省水行政主管部门审批。

依法启用蓄滞洪区分洪、蓄滞洪而直接受益的地区和单位,应当按照国家和省有关规定承担补偿、救助义务。

蓄滞洪区安全建设管理办法及蓄滞洪区的扶持和补偿、救助办法由省人民政府制定。

第二十四条 在洪泛区、蓄滞洪区内建设非防洪建设项目,应当就洪水对建设项目可能产生的影响和建设项目对防洪可能产生的影响作出评价,编制洪水影响评价报告，提出防御措施。洪水影响评价报告未经有关水行政主管部门审查批准的，建设单位不得开工建设。

蓄滞洪区内建设单位自行安排的防洪工程设施必须与主体工程同时竣工验收，同时投入使用。

第二十五条 水文测站应当根据水文测验技术标准，分别在测验河段的上下游划定保护区，报经县级以上人民政府批准，并在河段保护区上下界处设立地面标志。

任何单位和个人不得破坏、侵占、毁损和擅自移动水文测报设施，不得进行危害和影响水文测报的活动。

因工程建设需要迁移或者改建水文测报设施的，应当按照国家规定办理有关手续，迁移或者改建的费用由工程建设单位承担。

第二十六条 各级人民政府应当加强防洪工程设施建设的管理，建立健全质量管理体系，确保工程质量。

重点防洪工程设施建设，必须严格履行基本建设程序，依法实行项目法人制、招标投标制、工程监理制、合同管理制、竣工验收制。严禁将中标工程转包和非法分包。

第二十七条 各级人民政府应当组织有关部门对河道堤防、水库大坝等防洪工程设施进行定期检查和监督管理。防洪工程设施的主管部门应当组织有关单位，对病险水库、险闸、险堤等水工程进行除险加固，对重点水毁工程进行修复。有关人民政府应当按照分级管理权限，优先安排资金。

各级人民政府和有关主管部门应当加强对尾矿坝的监督管理，采取措施，避免因洪水导致垮坝。

第五章 防 汛 抗 洪

第二十八条 防汛抗洪工作实行各级人民政府行政首长负责制，统一指挥，分级分部门负责。

第二十九条 有防洪任务的县级以上人民政府应当设立由有关部门、当地驻军、人民武装部负责人等组成的防汛指挥机构，在上级人民政府防汛指挥机构和本级人民政府的领导下，指挥本辖区的防汛抗洪工作，其办事机构设在同级水行政主管部门，具体负责防汛指挥机构的日常工作。

防汛指挥机构的主要职责是：

（一）负责督促本地区的防洪规划的实施；

（二）执行上级防汛调度指令和经批准的防御洪水预案、度汛方案、洪水调度方案，实施防汛指挥调度；

（三）负责实施本地区的汛前检查和清障，督促有关部门及时处理影响安全度汛的有关问题；

（四）组织建立与防汛有关的气象、水情预警信息系统，负责发布本地区的汛情通告，宣布进入或者结束紧急防汛期；

（五）负责防汛经费和物资的筹集、管理和调度；

（六）检查督促防洪工程设施建设和水毁工程的修复。

在汛期，乡镇人民政府及有关部门、企事业单位，可根据防汛抗洪工作需要，设立临时防汛指挥机构，落实自保措施。

各防汛成员单位应当依照各自职责，做好防汛工作。

第三十条 本省行政区域内的长江河段及跨省江河防御洪水方案的制定，按《防洪法》第四十条的规定执行。

其他江河、湖泊防御洪水方案，按照本办法第八条规定的防洪规划编制权限由人民政府防汛指挥机构组织编制，报本级人民政府批准。

康山、珠湖、黄湖、方洲斜塘等国家蓄滞洪区的防御洪水方案，由省人民政府防汛指挥机构编制，经省人民政府审核后，报国务院防汛指挥机构批准。

大型和省指定的中型水库及泉港、箭江、清丰山溪蓄滞洪区的防御洪水方案，由所在地设区的市人民政府防汛指挥机构编制，经本级人民政府审核后，报省人民政府批准。

其他中型水库和重要的小（1）型水库的防御洪水方案，由所在地县级人民政府防汛指挥机构编制，经本级人民政府审核后，报所在地设区的市人民政府批准，并报省人民政府防汛指挥机构备案。

其他小（1）型水库和小（2）型水库的防御洪水方案，由所在地县级人民政府防汛指挥机构和有关乡镇人民政府共同编制，报县级人民政府批准，并报设区的市人民政府防汛指挥机构备案。

矿山企业的大中型尾矿坝的防御洪水方案，由其主管部门会同所在地县级以上人民政府防汛指挥机构编制，报所在地设区的市人民政府批准，并报省人民政府防汛指挥机构备案。

经批准的防御洪水方案，有关地方和单位必须严格执行。确需改变的，须经原批准机关同意。

第三十一条　县级以上人民政府防汛指挥机构应当对本行政区域内的重点防洪工程、重要防洪设施、重点河段及其防汛准备工作进行重点检查，并督促有关部门和单位限期落实各项防汛措施。

有关部门和单位应当对各自的防汛责任区的水工程和其他防汛准备工作进行定期检查。

第三十二条　本省汛期为每年4月1日至9月30日。特殊情况下，省人民政府防汛指挥机构可以宣布提前进入或者延长防汛期。

当江河、湖泊的水情将要超过保证水位或者安全流量，水库水位接近设计洪水位或者防洪工程设施发生重大险情时，有关县级以上人民政府防汛指挥机构可以宣布进入紧急防汛期。当汛情趋缓时，有关防汛指挥机构应适时宣布结束紧急防汛期。

第三十三条　在汛期，水库和其他水工程设施的运行，必须严格执行经批准的度汛方案，服从有管辖权的人民政府防汛指挥机构的指挥调度和监督。

在紧急防汛期，任何单位和个人都必须服从防汛指挥机构的指挥及其对物资、设备、交通工具和人力等调度。

第三十四条　保护耕地五万亩以上（含五万亩）的重点圩堤的度汛方案由所在地设区的市人民政府防汛指挥机构组织编制，报省人民政府防汛指挥机构批准；防洪影响范围跨设区的市行政区域的大型和中型水库及对五河干流防洪调节作用较大的大型水库的度汛方案，由所在地设区的市人民政府防汛指挥机构或者有关主管部门组织编制，报省人民政府防汛指挥机构批准。

保护耕地一万亩以上（含一万亩）、五万亩以下的圩堤、其他中型水库和重要小（1）型水库的度汛方案由县级人民政府防汛指挥机构组织编制，报设区的市人民政府防汛指挥机构批准。

其他圩堤和小型水库的度汛方案，由县（市、区）水行政主管部门会同当地乡镇人民政府共同编制，报本级人民政府防汛指挥机构批准，经批准的度汛方案应报上一级人民政府防汛指挥机构备案。

在建的水库、水电站、闸坝等工程的度汛方案，由工程建设单位负责制定，按建设项目的管辖权限经相应的人民政府防汛指挥机构审批后，报上一级人民政府防汛指挥机构备案。

第三十五条 平垸行洪、退田还湖圩堤的运用应当服从流域综合规划和全省防洪总体安排，运用原则由省人民政府防汛指挥机构确定，日常运用与管理由圩堤所在地的县级人民政府负责。

双退圩堤平毁或者自然溃口后，禁止修复。单退圩堤可以修复加固，但不得加高，在汛期遇到超进洪水位时，禁止增加子堤挡水。

第三十六条 与防洪有关的水利工程采取承包、租赁等多种方式经营的，经营者和所有者应当在合同中明确防洪责任和工程管理维护责任。经营者必须服从水行政主管部门的统一管理和有关的人民政府防汛指挥机构的指挥调度，保证工程的安全运行，不得改变其防汛、供水、排水等原设计功能。

第三十七条 在汛期，防汛指挥车辆和抢险救灾车辆免交路桥（渡）通行费。防汛车辆通行证由省人民政府防汛指挥机构会同省公安、交通行政主管部门制发。

第三十八条 根据汛情、险情，地方需要请求军队、武警支援抗洪抢险的，由县级以上人民政府防汛指挥机构按照规定程序提出请求，由省军区、省武警总队联系安排。各级人民政府及其防汛指挥机构应当为参加抗洪抢险的部队提供后勤保障。

第三十九条 江河、湖泊水位或者流量达到国家或者省规定的分洪标准，需要启用康山、珠湖、黄湖、方洲斜塘蓄滞洪区的，应当严格执行国务院防汛指挥机构批准的防御洪水方案中规定的启用条件和批准程序；启用其他蓄滞洪区的，应当严格执行省人民政府批准的防御洪水方案中规定的启用条件和批准程序。依法启用蓄滞洪区，任何单位和个人不得阻拦、拖延；遇到阻拦、拖延时，由有关县级以上人民政府强制实施。

第六章 保 障 措 施

第四十条 防洪费用按照政府投入同受益者合理承担相结合的原则筹集；鼓励社会各界采取多种形式资助防洪事业。

第四十一条 各级人民政府应当按照事权和财权相统一的原则，分级负责,从财政性资金中统筹安排资金用于防洪工作,并随着经济发展和财政收入的增长,逐步提高防洪投入的总体水平。

第四十二条 防洪费用主要用于下列事项:

(一)防洪规划的编制及防洪工程设施的建设、维护和管理;

(二)水土保持及水文测报、气象、通信设施等防洪非工程设施的建设、维护和管理;

(三)遭受洪涝灾害地区的抗洪抢险和水毁工程的修复;

(四)防汛物资储备及运输费;

(五)按照国家和省规定允许列支的其他防洪费用。

第四十三条 防汛物资实行分级储备、分级负担、统筹调度的原则。省储备的物资主要用于全省重点防洪工程的抗洪抢险;市、县储备的物资主要用于本行政区域内防洪工程的抗洪抢险。有防汛任务的乡镇和企业、事业单位应当储备必要的防汛物资,主要用于本地区和本单位抗洪抢险。

储备的防汛物资应当服从上级防汛指挥机构的统一调度,调用的物资按照国家和省的规定进行补偿。

第四十四条 县级以上人民政府及有关部门应当按照国家和省人民政府的规定,加强水利建设基金的征集和管理,确保水利建设基金用于水利工程和防洪工程设施的建设与维护。

第四十五条 财政、审计行政主管部门应当加强防洪费用、水利建设基金等专项资金使用情况的监督检查和专项审计,确保资金专款专用。

第四十六条 水行政主管部门应当加强水政监察,依照有关法律、法规、规章的规定查处危害防洪安全的行为。

任何单位和个人不得阻碍、威胁防汛指挥机构、水行政主管部门的工作人员依法执行职务。

第七章 法 律 责 任

第四十七条 违反本办法第十三条规定,开发利用河道、湖泊、水库的,由水行政主管部门责令停止违法行为;影响防洪但尚可采取补救措施的,责令限期采取补救措施,可处一万元以上五万元以下罚款;严重影响防洪的,责令限期拆除,可处五万元以上十万元以下罚款。

第四十八条 违反本办法第十五条、第十六条规定的,由水行政主管部门责令其停止违法行为,排除阻碍或者采取其他补救措施,可处一千元以上一万元以下罚款;严重影响防洪的,可处一万元以上五万元以下罚款。

第四十九条 违反本办法第十七条规定,未经水行政主管部门批准从事采砂的,违反本办法第十八条规定,擅自占用河道管理范围内的滩地的,由水行政主管部门按《江西省河道管理条例》有关规定予以处罚。

第五十条 违反本办法第十九条规定,逾期不按照要求改建或者拆除的,由水行政主管部门强制拆除,所需费用由建设单位或者业主承担;建设单位和业主均无过错的,当地县级以上人民政府应当以适当方式对建设单位或者业主予以补偿。

第五十一条 违反本办法第三十三条第一款规定,拒不服从防汛指挥机构的监督管理和防汛调度的,由防汛指挥机构报请县级以上人民政府批准后,予以强制执行。

第五十二条 违反本办法第三十五条规定,将已经平毁或者自然溃口的双退圩堤重新修复,加高单退圩堤或者汛期在单退圩堤上增加子堤挡水的,由县级以上人民政府防汛指挥机构责令停止违法行为,恢复原状;不恢复原状的,代为恢复原状,所需费用由违法者承担。

对履行监管责任不力的所在地县级、乡(镇)人民政府有关人员,依法给予处分。

第五十三条 有下列行为之一,构成犯罪的,依法追究刑事责任;尚不构成犯罪,应当给予治安管理处罚的,依照《中华人民共和国治安管理处罚法》的规定处罚:

(一)阻碍、威胁防汛指挥机构、水行政主管部门工作人员依法执行职务的;

(二)谎报洪水险情,故意散布谣言,扰乱社会秩序的。

第五十四条 各级人民政府及其有关部门的工作人员有下列行为之一的,依法给予行政处分;构成犯罪的,依法追究刑事责任:

(一)不执行防洪规划或者除涝治涝规划的;

(二)不落实防汛检查措施,造成严重后果的;

(三)其他滥用职权,玩忽职守,徇私舞弊,致使防汛抗洪工作遭受重大损失的。

第八章 附 则

第五十五条 本办法所称双退圩堤,是指圩内相应湖口水位22.00米(吴淞高程,下同)以下或者同河段二十年一遇洪水位以下的土地退还为水域或者滩涂,圩内居住在相应高程以下的居民迁至圩外移民建镇。

本办法所称单退圩堤,是指圩内土地低水种养、高水还湖蓄洪,圩内居住在相应湖口水位22.00米以下或者同河段二十年一遇洪水位以下的居民迁出原居住地移民建镇。

第五十六条 本办法自2002年1月1日起施行。

山东省

山东省黄河河道管理条例

(1997年12月13日山东省第八届人民代表大会常务委员会第三十一次会议通过 根据2008年8月1日山东省第十一届人民代表大会常务委员会第五次会议《关于修改〈山东省黄河河道管理条例〉的决定》第一次修正 根据2018年1月23日山东省第十二届人民代表大会常务委员会第三十五次会议《关于修改〈山东省机动车排气污染防治条例〉等十四件地方性法规的决定》第二次修正)

第一章 总 则

第一条 为加强黄河河道管理,保障防洪安全,充分发挥黄河河道兴利除害等社会与生态效益,根据《中华人民共和国水法》《中华人民共和国河道管理条例》等法律、法规,结合本省实际,制定本条例。

第二条 本条例适用于本省行政区域内的黄河河道,包括黄河干流及其河口、蓄滞洪区、展宽区及大清河河道。

第三条 沿黄河的各级人民政府应当加强对黄河河道管理工作的领导,负责组织、协调、检查、监督管辖范围内的黄河河道管理工作。

第四条 省、设区的市、县(市、区)黄河河务部门,是本行政区域内的黄河河道主管机关。

各级黄河河道主管机关在同级人民政府和上级主管机关的领导下进行工作。

县级以上人民政府国土资源、建设、交通、水利、海洋与渔业、林业等有关部门在各自的职责范围内,配合黄河河道主管机关做好相关的黄河河道管理工作。

第五条 各级黄河河道主管机关,必须按照法律、法规的规定,加强黄河河道管理,执行防洪和水量调度指令,维护水工程和人民生命财产安全。

第六条 各级黄河河道主管机关应当在当地人民政府的领导下,根据沿黄地区的实际,采取相应措施,保护生态,帮助和支持滩区、蓄滞洪区、展宽区群众发展经济,提高生活水平。

第七条 各级黄河河道主管机关及水利科研单位应当加强对减缓黄河泥沙淤积、黄河断流、滩区淤改和灌溉、科学利用黄河水资源和泥沙等方面的研究，不断提高黄河兴利除害的科学水平。

第八条 任何单位和个人都有保护黄河河道及其工程安全和参加黄河防汛抗洪的义务，都有责任保护黄河水质不受污染，并有权对破坏黄河河道及其附属设施和对水环境造成污染的行为进行制止、检举和控告。

第九条 在黄河河道管理工作中做出显著成绩的单位和个人，由县级以上人民政府或者黄河河道主管机关给予表彰和奖励。

第二章 河道整治与建设

第十条 河道整治与建设必须符合黄河流域规划以及国家规定的防洪标准和其他有关技术要求，维护工程安全，有利于河势稳定和河道行洪畅通。

第十一条 在黄河河道管理范围内修建跨河、拦河、临河、穿河、跨堤、穿堤的桥梁、浮桥、闸坝、码头、渡口、道路、管道、缆线及其他各类建筑物和设施；在堤岸设置引水、提水、排水工程，建设单位必须向黄河河道主管机关提出申请并报送工程建设方案，工程建设方案未经黄河河道主管机关审查同意，建设单位不得开工建设。

建设项目应当依照国家有关规定验收后方可启用，并纳入黄河防洪安全的统一管理。

第十二条 黄河河道管理范围内已建工程和设施，如因黄河防洪标准变更或者黄河防洪兴利工程加固改建，或者由于黄河河床淤积、防洪水位抬高，影响防洪安全，需进行加固、改建或者拆除的，原工程建设单位或者主管部门必须按照黄河河道主管机关的要求进行加固、改建或者拆除，并承担费用。

第十三条 修筑加固堤防以及进行河道整治需要占用土地的，应当按照节约用地的原则，依法办理土地征收征用手续，并按国家规定给予补偿。

修筑加固堤防、进行河道整治占用的土地，依照国家规定免交或者减交耕地占用税和土地使用税。

第十四条 沿黄河的城镇、乡村的建设和发展，不得占用黄河河道滩地和各类堤防工程。城镇规划、乡村规划的临河界限由黄河河道主管机关会同城乡规划等部门按照国家有关规定确定。

沿黄河的城市、县、乡（镇）人民政府在组织编制城镇规划、乡村规划时，应当事先征求黄河河道主管机关的意见。

第十五条　黄河滩区不得建设新的村镇和厂矿；因特殊情况必须建设的，须经省黄河河道主管机关同意。

已从滩区迁出的村镇和厂矿不得返迁。但因农业生产需要搭建临时性用房的除外。

第十六条　蓄滞洪区的土地利用、开发和各项建设，必须符合防洪要求，保持蓄滞洪能力。蓄滞洪区内不得围湖造田。

第三章　河　道　保　护

第十七条　本条例所称河道管理范围，有堤防的河段为两岸堤防之间的水域、沙洲、滩地（包括可耕地）、行洪区、两岸堤防及护堤地；无堤防的河段根据设计洪水位确定。

第十八条　在黄河河道管理范围内，水域和土地的利用应当符合黄河行洪、输水、航运和生态保护的要求。

县级以上人民政府制定的滩区、蓄滞洪区、展宽区利用规划，应当符合黄河流域规划，充分考虑当地群众利益。利用规划中应当含有帮助群众发展经济、提高生活水平的措施以及相应的扶持、补偿和救助制度。

第十九条　在黄河河道管理范围内禁止下列活动：

（一）修建围堤、隔堤、阻水渠道、阻水道路等建筑物、构筑物；

（二）种植阻碍行洪的林木和高秆作物；

（三）弃置矿渣、石渣、煤灰、泥土、垃圾等；

（四）在堤防和护堤地上进行建房、开渠、打井、挖窖、建坟、存放物料以及开展集市贸易等侵占黄河工程的活动；

（五）损坏黄河工程上的防汛设施、远程监控设施、水文监测和测量设施、标志桩以及通信等附属设施；

（六）排放、倾倒有毒有害物质以及清洗装贮过油类或者有毒污染物的车辆、容器等。

第二十条　在黄河河道管理范围内进行下列活动，必须经黄河河道主管机关批准；涉及其他部门的，由黄河河道主管机关会同有关部门批准：

（一）采砂、取土、淘金、弃置砂石或者淤泥；

（二）爆破、钻探、挖筑鱼塘；

（三）在河道滩地存放物料、修建厂房或者其他建筑设施；

（四）在河道滩地开采地下资源及进行考古发掘。

第二十一条 沿黄河的县级以上人民政府应当采取有效措施，加强对本行政区域内黄河河道采砂活动的管理。

在黄河河道管理范围内采砂可能影响河势稳定或者防洪工程安全的，当地人民政府应当在征得省黄河河道主管机关同意后，明确划定禁采区和规定禁采期，并予以公告。在当地人民政府已经决定禁止采砂的区域，有关部门不得发放采砂、采矿许可证。

第二十二条 与黄河堤防相连的山丘、高地是黄河防洪工程体系的组成部分。禁止在与山丘、高地相连接的上下游两段堤防中心连线临背河各三百米范围内的山丘、高地上开山采石、挖掘取土。

第二十三条 护堤护坝林草，由黄河河道主管机关统一组织营造和管理。严禁侵占、焚烧、毁坏或者擅自砍伐。

护堤护坝林木进行抚育和更新性质的采伐及用于防汛抢险的采伐，按照国家有关规定免交育林费。

第二十四条 黄河河道管理范围内浮桥的建设与经营，不得缩窄河道、设立永久性桥头建筑物或者构筑物、危害河道工程、影响水文测验和河道观测。

因防洪、防凌、调水调沙以及河道治理和管理需要拆除浮桥的，浮桥经营单位应当执行黄河河道主管机关的拆除指令。对拒不拆除的，由当地人民政府组织有关部门强制拆除，所需费用由浮桥经营单位承担。

第二十五条 东平湖的运用应当首先满足黄河防汛的需要，各级黄河河道主管机关应当做好防洪工程的建设以及防汛的相关管理和调度工作。因南水北调等需要增加东平湖运用功能的，应当按照国家和省的有关规定执行。

第二十六条 经批准在黄河河道管理范围内进行各类工程建设活动，造成黄河防洪兴利工程及其附属设施损坏的，由责任者予以修复或者承担修复费用；影响黄河防洪兴利工程及其附属设施正常运行的，由责任者予以加固、改建或者承担重修费用。

第二十七条　在黄河河道管理范围内设置或者扩大排污口，排污单位在向环境保护行政主管部门申报之前，应当征得黄河河道主管机关同意。

第四章　河道工程管理

第二十八条　本条例所称黄河河道工程，是指堤防（含旧堤、旧坝）、险工、涵闸、滚河防护坝、分洪、滞洪、控导（护滩）等工程及其附属设施。

第二十九条　各级黄河河道主管机关及其黄河工程养护单位应当按照国家黄河河道主管机关规定的标准，做好防汛物料的储备、黄河工程的维修养护等日常管理工作，保证黄河工程设施安全运行。

第三十条　黄河河道各类工程的管理范围，由当地县级以上人民政府依照下列规定划定：

（一）堤防护堤地、控导（护滩）工程护坝地的宽度，按照国家和省人民政府有关规定划定；其宽度超过有关规定的，按现有宽度划定；

（二）险工、滚河防护工程护坝地的宽度，上下游两侧均为十米；

（三）各类涵闸的管理范围为上游防冲槽至下游防冲槽后一百米，渠道坡脚两侧各二十五米。

第三十一条　沿黄河的县级以上人民政府应当在黄河河道管理范围的相连地域划定堤防安全保护区，其范围为临河护堤地以外五十米，背河护堤地以外一百米。

在堤防安全保护区内禁止打井、钻探、爆破、挖塘、采石、取土等危害堤防安全的活动。

第三十二条　非黄河河道主管机关在河道管理范围内投资修建的涵闸及堤防、险工、控导（护滩）等防洪工程，需要由黄河河道主管机关统一管理的，须经国家有关部门批准；其他各类工程设施，由建设单位自行管理，但黄河河道主管机关有权对其防汛和运行情况进行监督检查。

第三十三条　利用堤防兼作公路，必须经省黄河河道主管机关批准；经批准兼作公路的堤防，使用单位必须按规定向黄河河道主管机关拨付养护费。

禁止在堤顶行驶非防汛抢险的履带车辆。

第三十四条　涵闸管理单位必须严格按照上级主管部门下达的指令启闭闸门。任何单位和个人不得干扰涵闸管理单位的正常工作，严禁非管理人员操作涵闸闸门。

第三十五条　现由黄河河道主管机关管理的黄河原河道、旧堤、旧坝及其他工程设施，不得擅自填堵、占用或者拆毁。

第三十六条　黄河河道主管机关按照国家规定收取的河道工程修建维护管理费和堤防维修养护费，必须专款用于河道整治、堤防工程维修、工程设施的更新改造和河道管理，任何单位和个人不得截留或者挪用。

第五章　河　口　管　理

第三十七条　黄河河口的范围，按照国家的有关规定执行。黄河河口的范围随着黄河河势变化需要调整时，省人民政府应当配合国家有关部门科学划定并予以公告。

黄河入海河道包括清水沟河道、刁口河故道以及国家批准的其他以备复用的黄河故道，其管理范围按照国家和省的规定执行。

第三十八条　黄河入海口新淤出的土地属于国家所有，由当地人民政府根据黄河河口综合治理规划或者黄河入海流路规划统一管理。

第三十九条　黄河河口综合治理规划，应当与黄河河口地区国民经济和社会发展规划、土地利用总体规划、海洋功能区划、城市总体规划以及环境保护规划相协调。

在河口进行城市、工业、交通、农业、渔业、牧业、旅游等建设，必须符合黄河河口综合治理规划或者黄河入海流路规划，兼顾湿地保护，不得对流路和泥沙入海形成障碍。

第四十条　在现行流路西河口以下，有堤防工程控制河段，自临河堤脚外划出二百米宽的区域作为黄河修堤取土和防洪保护用地，依法办理相关用地手续后，由黄河河道主管机关管理使用。

第四十一条　黄河入海河道的容沙区，由黄河河道主管机关和海洋与渔业行政主管部门按照各自的职责依法实施管理。未经批准，任何单位和个人不得擅自占用。

前款所称容沙区，是指黄河河口综合治理规划或者黄河入海流路规划确定的、无堤防控制河道至浅海区需要沉沙的区域。容沙区的范围由省海洋与渔业行政主管部门和省黄河河道主管机关按照有关规定划定，并报省人民政府批准。

第四十二条　未经黄河河道主管机关批准，任何单位和个人不得在黄河入海河道内从事河道整治、拦河、挖河、开渠、疏浚、堵复河汊、筑堤围地、修建海堤和水库以及其他影响防洪、防凌安全的活动。

第四十三条　河口流路改变后，按规划要求保留的原河道内的防洪兴利工程及其附属设施、护堤地、防汛储备物料等仍归国家所有，由黄河河道主管机关管理使用，任何单位和个人不得侵占或者破坏。保留的原河道应当保持原状，以备复用，任何单位和个人不得擅自开发利用；如确需开发利用的，须报经黄河河道主管机关批准。

第六章　法　律　责　任

第四十四条　违反本条例规定，未经黄河河道主管机关审查同意，擅自在黄河河道管理范围内修建各类建筑物及其工程设施的，由黄河河道主管机关责令其停止违法行为，限期补办手续；逾期不补办或者补办未被批准的，责令其限期拆除；逾期不拆除的，强制拆除，所需费用由建设单位承担，并可处以一万元以上十万元以下的罚款。

经批准的在建工程，建设单位未按照批准的设计方案施工影响防洪安全的，由黄河河道主管机关依照前款规定予以处罚。

第四十五条　违反本条例第十九条第一至五项规定的，由黄河河道主管机关责令其停止违法行为，采取补救措施，并可处以一千元以上五万元以下的罚款。

违反本条例第十九条第六项规定的，由环境保护行政主管部门依照环境保护法律、法规的规定处理。

第四十六条　违反本条例规定，未经批准擅自从事下列活动的，由黄河河道主管机关责令其停止违法行为，限期补办有关手续；逾期不补办或者补办未被批准的，责令其限期拆除；逾期不拆除的，强制拆除，所需费用由违法单位或者个人承担，并可处以一千元以上五万元以下的罚款：

（一）采砂、取土、淘金、弃置砂石或者淤泥；

（二）爆破、钻探、挖筑鱼塘；

（三）在河道滩地存放物料、修建厂房或者其他建筑设施；

（四）在河道滩地开采地下资源及进行考古发掘；

（五）擅自填堵、占用或者拆毁由黄河河道主管机关管理的原有河道、旧堤、旧坝及其他工程设施的；

（六）在黄河入海河道内从事河道整治、拦河、挖河、开渠、疏浚、堵复河汊、筑堤围地、修建海堤和水库以及其他影响防洪、防凌安全的活动。

第四十七条　违反本条例规定，有下列行为之一的，由黄河河道主管机关责令其限期改正，没收违法所得，采取补救措施，并可处以五万元以下的罚款：

（一）未按照黄河河道主管机关要求，对河道管理范围内影响防洪安全的已建工程和设施进行加固、改建或者拆除的；

（二）在与山丘、高地相连接的上下游两段堤防中心连线临背河各三百米范围内的山丘、高地上开山采石、挖掘取土的；

（三）在浮桥的建设与经营中，缩窄河道、设立永久性桥头建筑物或者构筑物、危害河道工程或者影响水文测验和河道观测的；

（四）在堤防安全保护区内打井、钻探、爆破、挖塘、采石、取土的；

（五）侵占、焚烧、毁坏护堤护坝林草的；

（六）非防汛抢险的履带车辆在堤顶行驶的；

（七）非管理人员操作涵闸闸门的；

（八）侵占或者破坏河口流路改变后按规划要求保留的原河道内的防洪兴利工程及其附属设施、护堤地、防汛储备物料的。

第四十八条　违反本条例规定，给他人造成经济损失的，应当依法承担赔偿责任；违反治安管理规定的，依照《中华人民共和国治安管理处罚法》的规定处罚；构成犯罪的，依法追究刑事责任。

第四十九条　黄河河道主管机关及其工作人员在河道管理工作中，玩忽职守、滥用职权、徇私舞弊的，由其所在单位或者上级主管机关给予处分；构成犯罪的，依法追究刑事责任。

第七章　附　　则

第五十条　本条例自1998年1月1日起施行。1994年2月16日山东省人民政府发布的《山东省黄河河道管理办法》同时废止。

山东省湖泊保护条例

(2012年9月27日山东省第十一届人民代表大会常务委员会第三十三次会议通过 根据2018年1月23日山东省第十二届人民代表大会常务委员会第三十五次会议《关于修改〈山东省机动车排气污染防治条例〉等十四件地方性法规的决定》修正)

第一章 总 则

第一条 为了加强湖泊保护,维护湖泊功能,改善湖泊生态环境,合理利用湖泊资源,促进经济社会可持续发展,根据《中华人民共和国水法》等法律、行政法规,结合本省实际,制定本条例。

第二条 本省行政区域内湖泊的保护、管理和利用活动,适用本条例。

第三条 湖泊保护实行名录制度。南四湖(南阳湖、独山湖、昭阳湖、微山湖)、东平湖和其他常年水面面积在0.5平方公里以上的湖泊以及具有特殊功能的湖泊,应当纳入湖泊保护名录。

具体保护名录由省水行政主管部门会同有关部门,并征求设区的市人民政府意见后拟定和调整,报省人民政府确定和公布。

第四条 湖泊保护应当遵循科学规划、保护优先、统筹兼顾、合理利用的原则,实行政府统一领导,部门分工实施保护的体制。

第五条 县级以上人民政府应当加强对湖泊保护工作的领导,将湖泊保护纳入国民经济和社会发展规划,制定有利于湖泊保护的政策和保障措施,建立健全湖泊保护部门联动工作机制,协调解决湖泊保护工作中的重大问题,提高湖泊行水蓄水能力,加强湖泊资源保护,改善湖泊生态环境。

县级以上人民政府应当建立和完善湖泊保护投入机制,统筹利用涉及湖泊保护的各项资金,加大对湖泊保护的投入。

第六条 县级以上人民政府水行政主管部门依法负责本行政区域内湖泊的保护和管理工作。

发展改革、财政、环境保护、交通运输、住房和城乡建设、国土资源、农业、林业、渔业、旅游等有关部门,应当按照职责分工,做好湖泊保护的相关工作。

法律、法规对水利部流域管理机构的湖泊保护与管理职责另有规定的,从其规定。

第七条 县级以上人民政府及其有关部门应当加强湖泊保护的宣传工作,定期发布湖泊保护的相关信息,建立公众参与的湖泊保护、管理和监督机制,对在湖泊保护工作中做出显著成绩的单位和个人,按规定给予表彰奖励。

第二章 保 护 规 划

第八条 县级以上人民政府水行政主管部门或者人民政府确定的其他部门,应当会同有关部门,按照防洪、水资源调配和生态环境改善的总体安排,对列入保护名录的湖泊(不含南四湖、东平湖)分别编制湖泊保护规划,报本级人民政府批准后实施。

南四湖和东平湖保护规划的编制按照《中华人民共和国水法》等有关规定执行。

第九条 湖泊保护规划应当包括湖泊保护范围、防洪除涝与水资源调配要求、水功能区划以及水质标准控制、生态保护目标与措施、禁止和限制开发建设的产业及项目等内容。

第十条 县级以上人民政府环境保护、农业、林业、渔业、交通运输、旅游等部门,应当根据湖泊保护规划和保护需要,编制湖泊生态保护、渔业、航运、旅游等专项保护规划,报本级人民政府批准后实施。

第十一条 湖泊保护规划和专项保护规划是湖泊保护、管理和利用的依据。县级以上人民政府及其有关部门不得违反规划批准开发利用湖泊资源和其他建设活动;任何单位和个人不得违反规划从事水产养殖、房地产开发、旅游资源开发等活动。

经批准的湖泊保护规划和专项保护规划不得擅自更改;确需修改或者调整的,应当按照规划编制程序经原批准机关批准。

第十二条 湖泊保护范围包括下列区域:

(一)湖堤、护堤地;

(二)根据湖泊历史最高洪水位或者设计洪水位确定的区域,包括湖泊水域、沙洲、滩地；

（三）湖泊周边对湖泊保护有重要作用的湿地和列入规划的蓄滞洪区等其他区域。

湖泊具体保护范围由湖泊所在地县级人民政府根据湖泊保护规划划定，向社会公布，并设立必要的标志。

第三章　水资源与水域保护

第十三条　县级以上人民政府及其有关部门应当采取措施，维持湖泊的合理水位，维护水体的自然净化能力，防止湖泊面积减少和水质污染。

第十四条　县级以上人民政府水行政主管部门应当根据管理权限制定湖泊水量分配方案，合理安排生活、生产、生态用水。

第十五条　湖泊的水体水质应当达到水环境功能区划规定的标准。承担生活供水的湖泊，水体水质应当达到国家地表水环境质量Ⅲ类以上水质标准。

县级以上人民政府水行政主管部门应当加强对湖泊水质的监测，发现水质未达标时，应当及时报告本级人民政府采取治理措施，并向同级环境保护行政主管部门通报。

第十六条　县级以上人民政府水行政主管部门应当按照湖泊水质标准和水体的自然净化能力，核定湖泊水域的纳污能力，向环境保护行政主管部门提出湖泊水域的限制排污总量意见。

第十七条　在南四湖、东平湖以及承担生活供水的湖泊内，禁止设置排污口。已有的排污口，由相关县级以上人民政府依法限期拆除。

在其他湖泊的保护范围内禁止新建、扩建排污口；改建排污口的，应当经有管辖权的水行政主管部门同意，并由环境保护行政主管部门对该项目的环境影响评价文件进行审批。

第十八条　在湖泊流域范围内，县级以上人民政府及其有关部门应当严格执行禁止和限制开发建设的产业及项目名录。

在湖泊流域范围内，县级以上人民政府应当制定具体的政策和措施，加强农村环境综合整治，禁止使用高毒、高残留农药，推广使用有机肥和高效、低毒、低残留、易降解的农药，推行精确施肥、配方施肥等科学施肥技术，鼓励使用生物农药和采用病虫害综合防治技术，推行农业清洁生产和农村清洁工程，防止水质污染。

第十九条　县级以上人民政府应当统筹安排建设湖泊流域内城镇、开发区和工业园区的污水集中处理设施及配套管网，合理规划建设雨水、污水单独收集设施，提高污水收集率和处理率。

第二十条　在湖泊保护范围内不得从事下列行为：

（一）排放未经处理或者虽经处理尚未达标的工业废水、生活污水以及其他废液；

（二）向湖泊倾倒、填埋废弃物；

（三）堆放、存储固体废弃物和其他污染物；

（四）其他污染水质的行为。

第二十一条　禁止填湖造地、围湖造田、筑坝拦汊以及其他侵占和分割湖泊水面的行为。

湖泊已经被围垦的，应当按照国家规定的防洪标准和湖泊保护规划的要求，有计划地退田还湖；已经筑坝拦汊的，应当限期拆除相关的建筑物、构筑物。

第四章　生态保护与修复

第二十二条　县级以上人民政府应当根据湖泊保护规划，组织环境保护、水利、农业、渔业、林业、住房和城乡建设等有关部门，采取措施保障湖泊生态用水，加强湖泊湿地及绿化带的建设和保护，开展生态保护和修复，改善湖泊生态环境。

第二十三条　湖泊水位低于最低水位线时，不得擅自向湖外调水；确需向湖外调水的，应当由有管辖权的水行政主管部门报经本级人民政府同意，并及时采取措施补充水量。

第二十四条　县级以上人民政府应当组织林业、水利、渔业、环境保护等有关部门在科学论证的基础上，有计划地采取综合整治和放养、种植有利于净化水体的生物等措施，加强湖泊湿地保护与修复，改善湖泊生态环境。

第二十五条　县级以上人民政府应当科学划定湖泊渔业功能区，严格实行禁渔区、禁渔期和捕捞限额等制度，建立湖泊人工增殖放流、水产种质资源保护区，保护和修复湖泊渔业资源。

第二十六条 县级以上人民政府农业、林业、渔业等行政主管部门，应当采取措施，加强对湖泊野生动植物的保护。禁止猎捕、杀害国家和省重点保护野生动物，禁止引进具有危害性质的外来动植物；采集国家和省重点保护野生植物，应当依法报经有关部门批准。

第二十七条 省人民政府和设区的市人民政府应当通过财政转移支付等方式，建立健全湖泊生态保护补偿机制，具体办法由省人民政府制定。

第五章 合 理 利 用

第二十八条 湖泊利用应当符合湖泊保护规划的要求，遵循科学、合理、适度、有序的原则。

第二十九条 直接从湖泊取水的单位和个人，应当按照取水许可管理权限依法办理取水许可。

第三十条 县级以上人民政府应当采取措施，保障湖泊保护范围内水工程安全。湖泊保护范围内的水工程，由县级以上人民政府水行政主管部门按照管理权限实施监督管理。任何单位和个人从事开发建设活动不得危害水工程安全。

第三十一条 在湖泊保护范围内建设临湖、跨湖、穿湖、穿堤、跨堤工程设施的，应当符合国家规定的防洪标准和其他有关技术要求，工程建设方案应当依法报经有管辖权的水行政主管部门审查同意。

工程建设对湖泊水质、水量及防洪安全可能会造成影响的，应当采取预防措施；已经造成影响的，应当及时采取补救措施并与工程设施建设同步实施整治；影响湖泊保护的施工便道、施工围堰、建筑垃圾，建设单位应当及时清除；损坏涉湖水工程的，建设单位应当负责修复并赔偿损失。

第三十二条 县级以上人民政府农业、渔业行政主管部门和其他有关部门，应当按照湖泊保护规划的要求，划定用于种植、养殖的区域和面积，确定种植、养殖的方式和规模。

禁止在南四湖、东平湖以及承担生活供水的湖泊内，采取人工投饵性鱼类网箱、网围等方式从事渔业养殖。

原有种植、养殖项目不符合前两款规定要求的，县级以上人民政府应当限期进行治理。

第三十三条 在湖泊保护范围内从事旅游、体育、餐饮活动的,应当符合湖泊保护规划,并依法报经批准。设置的各类旅游景观、水上运动、餐饮娱乐等设施,不得影响防洪和污染水体,并与自然景观相协调。

第三十四条 在湖泊保护范围内进行下列活动,必须报有管辖权的水行政主管部门批准;涉及其他部门的,按照有关法律、法规的规定办理:

(一)采砂、取土、淘金、弃置砂石或者淤泥;

(二)爆破、钻探、挖筑鱼塘;

(三)存放物料、修建厂房或者其他建筑设施;

(四)开采地下资源及进行考古发掘。

第三十五条 县级以上人民政府水行政主管部门应当按照防洪、资源保护及工程安全的要求,依法划定湖泊采砂、取土的禁采区和禁采期,并向社会公告。

第六章 法 律 责 任

第三十六条 违反本条例规定的行为,法律、行政法规已规定法律责任的,从其规定;法律、行政法规未规定法律责任的,依照本条例的规定执行。

第三十七条 违反本条例规定,在南四湖、东平湖以及承担生活供水的湖泊内设置排污口的,由县级以上人民政府责令限期拆除,处十万元以上五十万元以下的罚款;逾期不拆除的,强制拆除,所需费用由违法者承担,处五十万元以上一百万元以下的罚款,并可以责令停产整顿。

违反本条例规定,在其他湖泊的保护范围内新建、扩建排污口或者未经水行政主管部门同意改建排污口的,由县级以上人民政府水行政主管部门责令限期拆除,处二万元以上十万元以下的罚款;逾期不拆除的,强制拆除,所需费用由违法者承担,处十万元以上五十万元以下的罚款;有其他严重情节的,县级以上人民政府水行政主管部门可以提请本级人民政府责令停产整顿。

第三十八条 违反本条例规定,从事填湖造地、围湖造田、筑坝拦汊以及其他侵占和分割湖泊水面行为的,由县级以上人民政府水行政主管部门责令停止违法行为，限期恢复原状或者采取其他补救措施，处一万元以上五万元以下的罚款；逾期未恢复原状或者未采取其他补救措施的，由水行政主管部门代为履行，所需费用由违法者承担。

第三十九条　违反本条例规定，未经有管辖权的水行政主管部门同意，在湖泊保护范围内建设临湖、跨湖、穿湖、穿堤、跨堤工程设施的，由有管辖权的水行政主管部门责令停止违法行为，限期补办有关手续；逾期不补办或者补办未被批准的，责令限期拆除；逾期不拆除的，强行拆除，所需费用由违法者承担，并处一万元以上十万元以下的罚款。

第四十条　违反本条例规定，未经水行政主管部门批准，在湖泊保护范围内有本条例第三十四条规定行为之一的，由县级以上人民政府水行政主管部门责令停止违法行为，采取补救措施，没收违法所得，并处违法所得三倍以上五倍以下的罚款；没有违法所得的，处一千元以上一万元以下的罚款。

第四十一条　县级以上人民政府水行政主管部门和其他有关部门及其工作人员，有下列行为之一的，由上级主管机关或者监察机关责令改正；情节严重的，对直接负责的主管人员和其他直接责任人员依法给予处分；构成犯罪的，依法追究刑事责任：

（一）违反湖泊保护规划和专项保护规划，批准开发利用湖泊资源和其他建设活动的；

（二）湖泊水位低于最低水位线时，擅自向湖外调水的；

（三）未按规定采取湖泊保护措施并造成严重后果的；

（四）其他玩忽职守、滥用职权、徇私舞弊的行为。

第七章　附　　则

第四十二条　水库加挂湖泊名称的，有管辖权的水行政主管部门应当报上一级人民政府水行政主管部门同意；纳入湖泊保护名录的，按照本条例的规定执行。

第四十三条　本条例自2013年1月1日起施行。

山东省水资源条例（节选）

(2017年9月30日山东省第十二届人民代表大会常务委员会第三十二次会议通过）

第一章 总 则

第一条 为了合理开发、利用、节约和保护水资源，促进水生态文明建设，推动经济社会可持续发展，根据《中华人民共和国水法》等法律、行政法规，结合本省实际，制定本条例。

第二条 在本省行政区域内从事水资源规划、保护、配置、取水管理、节约用水以及相关活动，适用本条例。

本条例所称水资源，包括地表水和地下水。

第三条 开发、利用、节约和保护水资源，应当坚持全面规划、节水优先、严格保护、统筹兼顾的原则。

第四条 县级以上人民政府应当将水资源保护与开发利用纳入国民经济和社会发展规划，实行最严格水资源管理制度和河长制，科学确立用水总量控制红线、用水效率控制红线和水功能区限制纳污红线，保障资金投入，促进水资源可持续利用。

各级人民政府应当建立河长制，分级分段组织领导本行政区域内江河、湖泊的水资源保护、水域岸线管理、水污染防治、水环境治理等工作。

第五条 县级以上人民政府水行政主管部门负责本行政区域内水资源的统一管理和监督工作。

发展改革、经济和信息化、财政、环境保护、农业、海洋与渔业、住房城乡建设、国土资源、质量技术监督、物价等部门按照职责分工，做好水资源开发、利用、节约和保护的有关工作。

乡镇人民政府、街道办事处应当协助上级人民政府有关部门做好水资源开发、利用、节约和保护的有关工作。

第六条 县级以上人民政府应当完善投诉举报制度，公布水资源违法行为投诉、举报电话和电子邮箱；接到投诉、举报后，应当及时处理，并将处理结果及时反馈投诉、举报人。

第七条　县级以上人民政府应当加强基本水情和水资源节约保护的宣传教育，提高公民节约、保护水资源意识，开展全民节水行动，推进节水型城市、节水型社会建设。

对在开发、利用、节约、保护水资源等方面成绩显著的单位和个人，县级以上人民政府应当给予奖励。

第二章　水　资　源　规　划

第八条　开发、利用、节约和保护水资源，应当按照流域、区域统一制定综合规划和专业规划。流域范围内的区域规划应当服从流域规划，专业规划应当服从综合规划。

第九条　全省水资源综合规划和跨设区的市的流域综合规划，由省水行政主管部门会同有关部门和设区的市人民政府编制，报省人民政府批准，并报国务院水行政主管部门备案。

其他水资源综合规划、专业规划的编制、批准，依照有关法律、法规的规定执行。

制定水资源规划，县级以上人民政府水行政主管部门应当会同有关部门进行水资源综合科学考察和调查评价。

第十条　制定国民经济和社会发展规划、城乡规划和其他有关综合性规划，应当充分考虑水资源、水环境承载能力，合理确定发展布局、结构和规模，保障用水安全。

第十一条　编制重大建设项目布局规划、产业聚集区规划、相关行业专项规划，应当坚持以水定城、以水定产，编制水资源论证报告书。

水资源论证报告书应当对水资源条件、需水规模、水源配置方案等内容的合理性、可行性进行分析评估，提出节约、保护水资源的对策措施，并报水行政主管部门审查。

第十二条　经批准的水资源规划应当向社会公布，不得擅自修改。确需修改的，应当按照规划编制程序经原批准机关批准。

第三章 水资源保护

第一节 一般规定

第十三条 县级以上人民政府应当采取有效措施，加强水资源保护和水源涵养，防治水土流失、地面沉降与塌陷，防止海（咸）水入侵、水体污染和水源枯竭，建立生态修复维护长效机制，改善生态环境。

第十四条 县级以上人民政府水行政主管部门和有关部门在制定水资源规划和开发、利用水资源时，应当加强水生态保护，充分考虑生态用水，科学划定生态保护红线，采取措施逐步恢复生态水量，维持河流的合理水量和湖泊、水库、地下水的合理水位，保障基本生态用水需求。

第十五条 县级以上人民政府水行政主管部门和环境保护、国土资源等部门应当按照职责分工，建立健全水文水资源、水环境监测预警体系，加强地表水和地下水的水量、水质和水位监测，实现监测信息共享。

第十六条 设区的市、县（市、区）人民政府水行政主管部门应当会同环境保护、住房城乡建设、国土资源、卫生等部门，对当地水资源条件、用水需求和污染风险等进行科学论证，提出饮用水水源地名录方案，报本级人民政府核准后向社会公布。

饮用水水源地应当依法划定饮用水水源保护区，设置明确的地理界标和明显的警示标志。

第十七条 在饮用水水源保护区内，禁止设置排污口。

在饮用水水源一级保护区内，禁止新建、改建、扩建与供水设施和保护水源无关的建设项目，禁止从事网箱养殖、旅游、游泳、垂钓或者其他可能污染饮用水水体的活动；已建成的与供水设施和保护水源无关的建设项目，由县级以上人民政府责令拆除或者关闭。

在饮用水水源二级保护区内，禁止新建、改建、扩建排放污染物的建设项目；已建成的排放污染物的建设项目，由县级以上人民政府责令拆除或者关闭；从事网箱养殖、旅游等活动的，应当按照规定采取措施，防止污染饮用水水体。

在饮用水水源保护区内，禁止使用农药。设区的市人民政府应当划定禁止、限制使用含磷洗涤剂、化肥的区域和禁止、限制种植养殖的区域，并向社会公布。

第十八条　县级以上人民政府应当建立饮用水水源地安全评估制度，对饮用水水源地水量、水质、水生态以及补给区等进行监测分析和风险评估，科学核定水源地的可供水量，防止水源枯竭、水体污染和水生态恶化。

县级以上人民政府应当制定饮用水水源地突发事件应急预案，建设应急水源或者备用水源工程，健全应急水源或者备用水源保护措施，保障城乡生活供水安全。

第十九条　县级以上人民政府水行政主管部门应当加强对辖区内水资源保护等工作的监督检查。被检查单位和个人应当积极配合，不得拒绝、阻碍监督检查人员依法执行公务。

第二节　地表水保护

第二十条　县级以上人民政府水行政主管部门应当会同环境保护等部门，根据经济社会发展和保护地表水的需要拟定水功能区划，报本级人民政府批准，并报上一级水行政主管部门和环境保护部门备案后向社会公布。

经批准公布的水功能区划不得擅自变更。确需进行调整的，应当按照原批准程序办理。

第二十一条　县级以上人民政府水行政主管部门应当按照水功能区对水质的要求和水体的自然净化能力，提出禁止排污水域范围和其他水域的限制排污总量意见，并向环境保护部门通报。

限制排污总量意见应当作为环境保护部门制定重点水污染物控制指标分解方案的重要依据。

第二十二条　县级以上人民政府水行政主管部门应当落实水功能区水质监测制度。发现水功能区有下列情形之一的，水行政主管部门应当停止审批该水功能区内的设置取水口、入河排污口等相关涉水活动申请，有关人民政府应当组织相关部门查明污染源并采取预防、减缓、补偿等治理措施：

（一）重点污染物排放总量达到或者超过限制纳污总量控制指标的；

（二）水质未达到水域使用功能要求的；

（三）法律、法规规定的其他情形。

第二十三条　禁止在水库、重要输水渠道管理范围内和其他具有特殊经济文化价值的水体保护区内新建、改建、扩建入河排污口。对已有的入河排污口，由县级以上人民政府制定关停、封闭方案，依法责令限期拆除。

第二十四条 需要在河道、湖泊等管理范围内设置入河排污口的,应当依法办理相关审批手续。有下列情形之一的,不予批准:

(一)在饮用水水源保护区内设置的;

(二)在需要削减排污总量的水域增设的;

(三)现有排污总量和水域水质已不符合水功能区保护要求的;

(四)拟新增排污总量超出水功能区限制纳污总量或者水质标准要求的;

(五)直接影响合法取水户用水安全的;

(六)不符合防洪要求的;

(七)法律、法规规定的其他情形。

第二十五条 各级人民政府和有关部门、单位应当加强污水处理设施建设和营运管理,按照规定对工业废水、城镇居民及农村生活污水进行处理,做到达标排放。

鼓励建设人工湿地、生物滤池等设施进行污水处理和水质优化。

第三节 地下水保护

第二十六条 实行地下水取水总量控制和水位控制制度。

县级以上人民政府应当根据区域用水需求、地下水开发利用程度等,制定地下水取用水总量控制指标和限制开采、禁止开采的水位控制指标,作为确定地下水开发利用强度的依据。

第二十七条 省人民政府水行政主管部门应当会同国土资源部门组织开展地下水调查评价和比较复核工作,划定、调整地下水限制开采区、禁止开采区,报省人民政府批准后向社会公布。下列区域应当划为限制开采区或者禁止开采区:

(一)属于地下水严重超采的区域;

(二)泉水涵养区等需要特殊保护的区域和已发生严重地面沉降、海(咸)水入侵等地质环境问题的区域;

(三)因地下水开采使用导致水功能区水质不达标的区域;

(四)国家和省确定的其他区域。

第二十八条 在地下水禁止开采区内,不得违反国家和省有关规定新建、改建、扩建地下水取水工程。对已有的地下水取水工程,由县级以上人民政府水行政主管部门会同有关部门制定方案,限期封闭,并统一规划建设替代水源,调整取水布局。

第二十九条　在地下水限制开采区，应当采取控采限量、节水压减的措施，限定地下水水位和年度取水总量。对已有的地下水取水工程，设区的市、县（市、区）人民政府水行政主管部门应当逐步核减取水单位的地下水开采量和年度用水计划。

在地下水限制开采区限额以上新增取水的，须经省人民政府水行政主管部门批准；其他取水的，须经设区的市人民政府水行政主管部门批准。新增取水超出地下水年度总量或者限定水位的，不予批准。

第三十条　在城市公共供水管网覆盖区域不得新建地下水取水工程；未经批准的地下水取水工程和公共供水管网覆盖范围内的自备水井，由县级以上人民政府水行政主管部门限期封闭。

县级以上人民政府应当采取措施，提高公共供水能力，逐步实现公共供水管网全覆盖，减少开采地下水。

第三十一条　县级以上人民政府应当组织水行政主管部门和发展改革、财政、国土资源等部门，加强地下水超采区治理，采取人工回灌补源、建设地表水供水工程、地下水库工程和节水工程等措施，防止水源枯竭、海（咸）水入侵和地质环境恶化。

第三十二条　在地下水饮用水水源保护区、地下水禁采区内，禁止利用地下水源热泵系统取用地下水。在其他区域使用地下水源热泵系统的，不得取用深层承压地下水。

地下水源热泵系统的建设和管理应当符合国家相关技术规范，取水井与回灌井应当布设在同一含水层位；取水应当全部回灌到同一含水层，不得对地下水造成污染。

第三十三条　禁止利用渗井、渗坑、裂隙和溶洞向地下排放、倾倒有毒有害物质，或者使用无防渗漏措施的沟渠、坑塘等输送、存贮有毒有害物质。

危险废物处理厂、垃圾填埋场、加油站和化工、矿山等生产经营企业，应当采取防渗漏措施，防止地下水污染。

第四节　其　他　规　定

第三十四条　县级以上人民政府应当加强对水工程的保护，保障水工程安全。水工程的管理范围和保护范围由县级以上人民政府水行政主管部门或者相关工程管理单位提出方案，报本级人民政府批准。水工程的管理权限由省人民政府水行政主管部门确定。

水工程管理和保护范围划定后,应当设置界桩并向社会公布。

第三十五条 在河道、湖泊、水库、大坝、灌区工程管理范围内建设桥梁、码头和其他拦水、跨水、排水、临水工程建筑物、构筑物,铺设跨水工程管道、电缆等,其工程建设方案应当符合国家规定的防洪标准和其他有关的技术要求,并报有管辖权的水行政主管部门审查同意。

因建设前款规定的工程设施,占压、损坏原有水工程设施的,建设单位应当在限期内恢复原状;无法恢复的,应当依法予以补偿。

第三十六条 在河道、湖泊、水库、人工水道、蓄滞洪区等管理范围内采砂、取土、淘金的,应当依法报经批准,并按照批准的范围和方式作业。

县级以上人民政府水行政主管部门应当根据水功能区水质要求、堤防安全和河势稳定的需要,划定采砂、取土、淘金的禁采区和禁采期,并向社会公布。

第六章 法 律 责 任

第六十二条 违反本条例规定的行为,法律、法规已规定法律责任的,从其规定;法律、法规未规定法律责任的,依照本条例的规定执行。

第六十三条 在水库、重要输水渠道管理范围内和其他具有特殊经济文化价值的水体保护区内新建、改建、扩建入河排污口,或者未经水行政主管部门同意,在河道、湖泊管理范围内新建、改建、扩建入河排污口的,由县级以上人民政府水行政主管部门责令限期拆除,处二万元以上十万元以下罚款;逾期不拆除的,强制拆除,所需费用由违法者承担,处十万元以上五十万元以下罚款;有其他严重情节的,县级以上人民政府水行政主管部门可以提请本级人民政府责令停产整顿。

第六十四条 违反本条例规定,利用地下水源热泵系统取用地下水,取水井与回灌井不在同一含水层位或者取水未全部回灌到同一含水层的,由县级以上人民政府水行政主管部门责令停止违法行为,限期改正,处二万元以上十万元以下罚款;逾期不改正的,由水行政主管部门组织拆除或者封闭,所需费用由违法者承担。

第六十五条 违反本条例规定,未经批准,在河道、湖泊、水库大坝、灌区工程管理范围内建设桥梁、码头和其他拦水、跨水、临水工程建筑物、构筑物,铺设跨水工程管道、电缆的,由县级以上人民政府水行政主管部门责令停止违法行为,限期补办有关手续;逾期不补办或者补办未被批准的,责令限期拆除;逾期不拆除的,强行拆除,所需费用由违法者承担,处一万元以上十万元以下罚款。

第六十六条 违反本条例规定,未经批准擅自在河道、湖泊、水库、人工水道、蓄滞洪区等管理范围内采砂、取土、淘金或者未按照批准的范围和方式作业的,由设区的市、县(市、区)人民政府有关主管部门责令停止违法行为,没收违法所得,并处违法所得三倍以上五倍以下罚款;没有违法所得的,处一千元以上一万元以下罚款。

第六十七条 违反本条例规定,年许可取用地表水五十万立方米以上或者取用地下水十万立方米以上的单位和个人未建设合格远程在线水量计量监测设施或者监测设施运行不正常的,或者未与国家水资源管理信息系统联网运行的,责令限期改正,按照日最大取水能力核定取水量,处二万元以上五万元以下罚款;情节严重的,并处吊销取水许可证。

第六十八条 县级以上人民政府及其有关部门有下列行为之一的,对直接负责的主管人员和其他直接责任人员依法给予处分;构成犯罪的,依法追究刑事责任:

(一)未按照规定编制水资源规划以及其他规划的;

(二)未依法采取水资源保护措施、节水措施并造成严重后果的;

(三)未依法作出行政许可决定的;

(四)未履行监督检查职责或者发现违法行为未予查处的;

(五)有其他玩忽职守、滥用职权、徇私舞弊行为的。

第七章 附 则

第六十九条 本条例自2018年1月1日起施行。1996年8月11日山东省第八届人民代表大会常务委员会第二十三次会议通过,2010年9月29日山东省第十一届人民代表大会常务委员会第十九次会议修改的《山东省取水许可管理办法》、2005年11月25日山东省第十届人民代表大会常务委员会第十七次会议通过,2012年1月13日山东省第十一届人民代表大会常务委员会第二十八次会议修改的《山东省实施〈中华人民共和国水法〉办法》同时废止。

山东省实施《中华人民共和国防洪法》办法

（1999年8月22日山东省第九届人民代表大会常务委员会第十次会议通过 根据2010年9月29日山东省第十一届人民代表大会常务委员会第十九次会议第一次修正 2015年7月24日山东省第十二届人民代表大会常务委员会第十五次会议第二次修正 2017年9月30日山东省第十二届人民代表大会常务委员会第三十二次会议第三次修正）

第一章 总 则

第一条 根据《中华人民共和国和国防洪法》及有关法律、法规，结合本省实际，制定本办法。

第二条 各级人民政府应当加强对防洪工作的统一领导，组织有关部门、单位，动员社会力量，采取措施加强防洪工程设施建设，巩固、提高防洪能力，做好防汛抗洪和洪涝灾害后的恢复与救济工作。

第三条 县级以上人民政府水行政主管部门在本级人民政府领导下，负责本行政区域内防洪的组织、协调、监督、指导等日常工作。

国务院水行政主管部门在重要江河设立的流域管理机构，在其管辖范围内依法行使防洪协调和监督管理职责；省、市（地）人民政府水行政主管部门所属的流域水利管理机构，受水行政主管部门委托，在其管辖范围内行使防洪的有关职责。

有关地方人民政府应当与流域管理机构加强协调，积极配合，共同做好流域防洪工作。

第二章 防 洪 规 划

第四条 防洪规划是江河、湖泊治理和防洪工程设施建设以及与防洪安全有关活动的基本依据。

防洪规划应当纳入国民经济和社会发展的总体规划。编制土地利用总体规划、城市规划和其他涉及防洪的综合性、专业性规划及进行重大建设项目布局时，必须考虑防洪安全，必须有防洪除涝方面的专项规划或者论证。

第五条 国家确定的重要江河、湖泊的防洪规划和城市防洪规划的编制和审批，按照防洪法第十条的规定执行。

本省管理的小清河、大沽河、潍河、大汶河、徒骇河、马颊河、德惠新河、东鱼河、洙赵新河、沂河、沭河、泗河、梁济运河和南四湖的流域防洪规划及跨上述河道流域的防洪规划，由省水行政主管部门会同有关部门和有关市（地）编制，报省人民政府批准。

本省管理的其他河道的流域防洪规划，由河道所在市（地）、县（市、区）水行政主管部门按照管理权限会同有关部门编制，报本级人民政府批准。跨市（地）、县（市、区）河道的流域防洪规划，由其共同的上一级水行政主管部门会同有关部门和有关地方人民政府编制，报本级人民政府批准。

区域防洪规划，由县级以上水行政主管部门依据流域防洪规划会同有关部门编制，报本级人民政府批准。

经人民政府批准的防洪规划，须报上一级水行政主管部门备案。

第六条 省防御风暴潮总体规划，由省水行政主管部门会同有关部门编制，报省人民政府批准。

沿海地区的县级以上水行政主管部门应当按照省防御风暴潮总体规划，会同有关部门编制本地区的防御风暴潮规划，报本级人民政府批准，并报上一级水行政主管部门备案。

经批准的防御风暴潮规划，应当纳入防洪规划。

第七条 防洪规划确定的河道整治计划用地、规划建设的堤防用地、人工排洪道用地依法划定为规划保留区。

黄河、漳卫河、韩庄运河及本办法第五条第二款所列河道、湖泊的规划保留区，除须由国家核定批准的外，由省土地行政主管部门和省水行政主管部门会同有关地区核定后，报省人民政府按照国务院规定的权限批准，并予以公告。

其他河道的规划保留区，经有关土地行政主管部门和水行政主管部门核定后，报市（地）、县（市、区）人民政府按照规定的权限批准，并予以公告。

规划保留区范围内的土地涉及其他项目用地的,有关土地行政主管部门和水行政主管部门核定时,应当征求有关部门的意见。

规划保留区内不得新建、改建、扩建与防洪无关的工矿工程设施及扩展居民区;在特殊情况下,确需占用前款规划保留区内土地的,应当按照国家规定的基本建设程序报请批准,并征求有关水行政主管部门意见。

第三章 治理与防护

第八条 黄河和跨省河道、河段的规划治导线,按照防洪法第十九规定执行。

其他河道、河段的规划治导线,由水行政主管部门按照本办法第五条防洪规划编制权限拟定,报本级人民政府批准。

第九条 县级以上水行政主管部门和其他有关部门应当根据防洪规划,制定河道整治、涝区治理、水库加固、防潮堤建设、城市排涝设施建设计划,报本级人民政府批准后组织实施。

河口、海岸滩涂治理开发应当服从防洪规划。

第十条 按照防洪规划进行河道整治需要占用的土地,由县级以上人民政府按照国家有关规定划拨或者调剂解决。

进行河道整治新增加的可利用土地,属国家所有,由县级以上人民政府统一安排使用,优先用于移民安置和防洪工程设施的建设与管理。

第十一条 引黄取水应当采取措施,避免和减少黄河泥沙进入河道。因引、蓄黄河水造成的河道淤积,必须定期进行清淤疏浚,确保行洪畅通,所需费用由当地人民政府与引黄受益者合理承担。

第十二条 沿海地区各级人民政府应当加强海堤、河口复堤、挡潮闸和沿海防护林等防御风暴潮工程建设与管理,制定和落实防御风暴潮预案。

第十三条 河道、湖泊、水库大坝等防洪工程设施的管理和保护范围由县级以上人民政府按照国家和省政府的有关规定划定。

新建、改建、扩建防洪工程设施,应当按照经批准的设计,在竣工验收前划定管理范围和保护范围。

第十四条 在河道、湖泊、水库大坝管理范围内禁止下列活动:

（一）建设妨碍行洪的建筑物、构筑物；

（二）倾倒垃圾、渣土及其他废弃物或者沉船；

（三）在行洪区种植阻碍行洪的林木和高秆作物等；

（四）修建围堤、阻水渠道、阻水道路；

（五）设置拦河渔具；

（六）在堤坝及其护堤地上取土、打井、挖窑、筑坟；

（七）其他严重危害河道、湖泊、水库大坝安全的行为。

第十五条 在河道、湖泊、水库大坝管理范围内进行下列活动，必须报经县级以上水行政主管部门批准：

（一）爆破、钻探、打井；

（二）采砂、采石、取土、淘金；

（三）挖筑鱼塘、堆放物料；

（四）开垦土地、开采地下资源、进行考古发掘；

（五）在堤坝、坝体及泄洪、输水建筑物上的交通桥行驶载有易燃易爆物品的车辆、履带式车辆、超设计荷载标准的车辆及雨雪泥泞期间行驶机动车辆。

前款规定的活动，涉及其他部门的，按照有关法律、法规规定办理。

第十六条 在防洪工程设施的保护范围内，禁止进行危害防洪工程设施安全的爆破、打井、采石、取土等活动。

第十七条 禁止围湖造地和占用水库库容。已经围垦或者占用的，应当按照国家规定的防洪标准进行治理，有计划地退地还湖、还库。

禁止围垦河道。确需围垦的，必须进行科学论证，经省水行政主管部门确认不妨碍行洪、输水后，报省人民政府批准。

第十八条 对居住在行洪河道内的居民，当地人民政府应当有计划地组织搬迁。

第十九条 防洪法第二十七条规定的工程建设方案，由县级以上水行政主管部门按照下列权限办理：

（一）本办法第五条第二款所列河道干流、湖泊上，由省以上审批立项或者涉及市（地）边界河道管理范围内的建设项目，由省水行政主管部门审查同意；其他项目，由市（地）水行政主管部门审查同意。

（二）其他河道管理范围内的建设项目，由市（地）、县（市、区）水行政主管部门按照管理权限审查同意,并报上一级水行政主管部门备案。

经批准的建设项目,建设单位在开工前,应当到有管辖权的水行政主管部门办理河道管理范围内该工程设施建设的位置和界限审查批准手续,并按照批准的位置和界限施工。

第二十条 经批准在河道、湖泊、水库管理范围内占用水域、陆域和防洪工程设施的单位和个人,必须保证防洪安全。不得损害防洪工程设施或者降低原有防洪功能。造成损害的,由责任者采取补救措施、负责修复或者承担修复费用。

第四章 防洪区和防洪工程设施的管理

第二十一条 防洪区分为洪泛区、蓄滞洪区和防洪保护区。

洪泛区、蓄滞洪区安全建设管理办法以及对蓄滞洪区的扶持和补偿、救助办法,由省人民政府按照国家有关规定制定。

第二十二条 在洪泛区、蓄滞洪区内建设非防洪建设项目,必须编制洪水影响评价报告。提出防御措施。洪水影响评价报告应当按照国家和省有关规定报经有批准权的水行政主管部门审查批准;未经批准的,建设单位不得开工建设。

第二十三条 城市建设行政主管部门应当做好城区排涝管网、泵站的建设和管理工作。

城市建设必须严格执行城市防洪规划;不得擅自填堵、篷盖原有河道沟汊、贮水湖塘洼淀和废除原有防洪围堤。

第二十四条 各级人民政府应当加强防洪工程建设的管理,建立健全质量管理体系,确保工程质量。

防洪工程建设,必须严格履行建设程序,依法实行项目法人负责制、招标投标制和建设监理制。严禁转包和非法分包。

第二十五条 各级人民政府应当组织有关部门加强河道堤防、水库大坝等防洪工程设施的定期检查和监督管理。对病险水库、河道险工险段、病险涵闸的除险加固和严重水毁工程的修复,有关人民政府应当优先安排资金,限期消除危险。

第五章 防 汛 抗 洪

第二十六条 防汛抗洪工作实行各级人民政府行政首长负责制，统一指挥、分级分部门负责。

第二十七条 县级以上人民政府设立由有关部门、当地驻军、人民武装部负责人等组成的防汛指挥机构，在上级防汛指挥机构和本级人民政府的领导下，指挥本辖区的防汛抗洪工作。各级防汛指挥机构的办事机构设在本级水行政主管部门，具体负责防汛指挥机构的日常工作。

第二十八条 本省汛期为六月一日至九月三十日；黄河伏秋汛期为七月一日至十月三十一日，凌汛期为十二月一日至次年二月底。特殊情况下，省人民政府防汛指挥机构根据汛情及气候异常变化情况，可以宣布提前或者延长汛期时间。

当河道、湖泊的水情接近保证水位或者安全流量，水库水位接近设计洪水位，或者防洪工程设施发生重大险情，台风、风暴潮、大范围强降水来临时，有关县级以上人民政府防汛指挥机构可以宣布进入紧急防汛期，并立即报告上级人民政府防汛指挥机构。

第二十九条 在汛期，气象、水文、海洋等有关部门应当按照各自的职责，及时向有关防汛指挥机构提供天气、水文等实时信息和风暴潮预报。

第三十条 在汛期，河道、水库、闸坝和其他水工程设施的运用，必须服从防汛指挥机构的统一调度指挥和监督。坚持安全第一、蓄泄兼顾的原则。

依法启用蓄滞洪区，任何单位和个人不得阻拦、拖延；遇到阻拦、拖延时，由有关县级以上人民政府强制实施。

第三十一条 与防洪有关的水利工程设施，采取承包、租赁、拍卖、股份制或者股份合作制等方式经营的，经营者必须承担相应的防洪责任，服从防汛的统一管理和调度，保证工程的安全运行和防汛、排水等原设计的基本功能。

第三十二条 对河道、湖泊范围内阻碍行洪的障碍物，按照谁设障、谁清除的原则，由防汛指挥机构责令限期清除；逾期不清除的，由防汛指挥机构组织强行清除，所需费用由设障者承担。设障者拒不承担清障费用的，防汛指挥机构可以依法申请人民法院强制执行。

第三十三条 各级人民政府应当组织有关部门做好防汛抢险物资的储备工作。防汛指挥机构必须储备一定数量的防汛物资；防洪工程管理单位必须按照规定的标准储备防汛物资；受洪水威胁的单位和个人应当储备必要的防汛抢险物料。

第三十四条 在紧急防汛期，防汛指挥机构在其管辖范围内可以按照防洪法的有关规定，依法行使紧急处置权、调用权和决定交通管制。对不服从紧急处置和调用的，防汛指挥机构可以强制实施。

第三十五条 在汛期，各地和有关部门必须保障防汛指挥车辆、抢险救灾车辆的畅通，对执行防汛抗洪任务的车辆由省公安、交通主管部门核发通行证并免交车辆通行费。

第六章 保 障 措 施

第三十六条 防洪费用，按照政府投入同受益者合理承担相结合的原则筹集。

各级人民政府应当保证实施防洪规划和年度计划所需资金，提高防洪投入的总体水平。

河道工程修建维护管理费的缴纳，按照国务院和省政府的有关规定执行。

第三十七条 防洪工程设施建设和维护所需投资，按照事权和财权相统一的原则，分级负责。省财政安排的资金，主要用于省级以上重点工程及跨市地的边界工程。其他工程所需资金主要由市（地）、县（市、区）财政承担。城市防洪工程所需资金由城市人民政府承担。

受洪水威胁地区的油田、管道、铁路、公路、矿山、电力、电信等企业、事业单位应当兴建防洪自保工程，其建设和维护资金自行筹集。

第三十八条 各级人民政府应当将河道、湖泊治理和防洪工程设施建设列入当地基本建设的重点。计划部门应当优先立项，计划、财政等有关部门应当对所需资金予以重点保障。

第三十九条 任何单位和个人不得截留、挪用防洪救灾资金和物资。

各级人民政府审计机关应当加强对防洪、救灾资金使用情况的审计监督。

第七章 法律责任

第四十条 违反本办法第七条第五款规定，在规划保留区内新建、改建、扩建与防洪无关的工矿工程设施及扩展居民区，未征求水行政主管部门意见的，责令停止违法行为，补办手续；严重影响防洪工程设施建设和河道整治的，责令限期拆除；影响防洪工程设施建设和河道整治，尚可采取补救措施的，责令限期采取补救措施。

第四十一条 违反本办法第十四条第（一）至（三）项、第十九条、第二十二条规定的，分别按照防洪法第五十五条、第五十七条、第五十八条的有关规定处罚。

第四十二条 违反本办法第十四条第（四）至（七）项有下列行为之一的，责令停止违法行为，限期清除障碍或者采取其他补救措施，逾期不清除或者不采取补救措施的，代为清除或者采取补救措施，所需费用由违法者承担，并可以按照下列规定处以罚款：

（一）修建围堤、阻水渠道、阻水道路的，处五千元以上五万元以下罚款；

（二）设置拦河渔具的，处一千元以上二万元以下罚款；

（三）在堤坝及其护堤地上取土、打井、挖窖、筑坟等的，处二万元以下罚款。

第四十三条 违反本办法第十五条第（一）至（四）项规定，未经批准有下列行为之一的，责令停止违法行为，没收违法所得，恢复原状或者采取其他补救措施；不恢复原状也不采取其他补救措施的，代为恢复原状或者采取其他补救措施，所需费用由违法者承担，并可以按照下列规定予以罚款：

（一）爆破、钻探、打井，在湖泊、水库大坝管理范围内采石、取土的，处五万元以下罚款；

（二）未经批准或者不按照批准的范围和作业方式，在河道管理范围内采砂、取土、淘金的，可以给予警告，有违法所得的，处相当于违法所得二倍以下罚款；没有违法所得的，处一千元以下罚款；

（三）挖筑鱼塘、堆放物料的，处三万元以下罚款；

（四）开垦土地、开采地下资源，进行考古发掘的，处二万元以下罚款。

违反本办法第十五条第（五）项规定，未经批准在堤顶、坝体及泄洪、输水建筑物上的交通桥行驶有易燃易爆物品的车辆、履带式车辆、超设计荷载标准的车辆及雨雪泥泞期间行驶机动车辆的，责令停止违法行为，造成损失的，予以赔偿。

第四十四条 违反本办法第十六条规定，进行危害防洪工程设施安全的爆破、打井、采石、取土等活动的，责令其纠正违法行为，恢复原状或者采取补救措施，并可处五万元以下罚款。

第四十五条 违反本办法第十七条规定，围湖造地、占用水库库容、围垦河道的，责令停止违法行为，恢复原状或者采取其他补救措施，可以处五万元以下罚款；既不恢复原状也不采取补救措施的，代为恢复原状或者采取其他补救措施，所需费用由违法者承担。

第四十六条 违反本办法第二十三条第二款规定，擅自填堵、篷盖原有河道汊、贮水湖塘洼淀和废除原有防洪围堤的，城市人民政府应当责令停止违法行为，限期恢复原状或者采取其他补救措施。

第四十七条 除本办法第四十六条规定外，本章规定的行政处罚和行政措施，由县级以上人民政府水行政主管部门决定；涉及国务院水行政主管部门设立的流域管理机构管辖范围内的行政处罚，按照防洪法有关规定执行。

第四十八条 国家工作人员违反本办法规定，玩忽职守、滥用职权、徇私舞弊等的，由其所在单位或者上级主管机关给予行政处分；构成犯罪的，依法追究刑事责任。

第八章 附 则

第四十九条 黄河河道整治、建设、保护、工程管理、河口管理及其法律责任，依照《山东省黄河河道管理条例》的规定执行。

第五十条 本办法自公布之日起施行。

山东省实施《中华人民共和国河道管理条例》办法

（1991年6月28日山东省人民政府令第19号发布 根据1998年4月30日山东省人民政府令第90号第一次修订 根据2004年7月15日山东省人民政府令第172号第二次修订 根据2014年10月28日山东省人民政府令第280号第三次修订 根据2018年1月24日山东省人民政府令第311号第四次修订）

第一章 总 则

第一条 为了加强河道管理，保障防洪安全，发挥河湖的综合效益，根据《中华人民共和国河道管理条例》（以下简称《河道管理条例》），结合我省实际情况，制定本办法。

第二条 本办法适用于本省行政区域内的河道（包括湖泊、人工水道、行洪区、蓄洪区、滞洪区、河口水利工程等）。

河道内的航道，同时适用《中华人民共和国航道管理条例》。

第三条 省水利行政主管部门是全省河道的主管机关。各设区的市、县（市、区）的水利行政主管部门是该行政区域的河道主管机关。

第四条 根据《河道管理条例》的规定，本省的河道实行统一管理和分级管理相结合的原则。

（一）黄河、漳卫南运河、沂河、沭河、韩庄运河及南四湖的堤防和枢纽工程，由设区的市、县（市、区）的人民政府及其水利行政主管部门，协同国家授权的江河流域管理机构实施管理。

（二）大汶河、泗河、东鱼河、洙赵新河、徒骇河、马颊河、德惠新河、大沽河、潍河、小清河、梁济运河等大型河道及南四湖水域、沙洲、滩地，在省河道主管机关或者其授权的流域管理机构的组织协调下，由上述河道所在设区的市的河道主管机关实施管理。

（三）大型河道的重要支流和跨县（市、区）的中小型河道，由设区的市河道主管机关实施管理，或者在设区的市河道主管机关的组织协调下，由县（市、区）河道主管机关实施管理。

（四）其他河道由县（市、区）的河道主管机关实施管理，或者在县（市、区）河道主管机关的组织协调下，由乡（镇）人民政府实施管理。

第五条 各单位应当加强水污染防治工作，保护和改善河道水质。各级人民政府应当依照水污染防治法的规定，加强对河道水污染防治的监督和管理。

第六条 经省人民政府批准，大型河道和重点中型河道可以设立公安派出所，必要时还可组织民兵警卫防守。

第七条 河道防汛和清障工作实行人民政府行政首长负责制。

第八条 一切单位和个人都有保护河道堤防安全和参加防汛抢险的义务。

第二章　河道整治与建设

第九条 河道的整治与建设，应当服从流域综合规划，符合国家规定的防洪标准、通航标准和其他有关技术要求，维护堤防安全，保持河势稳定和行洪、航道通畅。

第十条 修建开发水利、防治水害、整治河道的各类工程和跨河、穿河、穿堤、临河的桥梁、码头、道路、渡口、管道、缆线、闸坝、泵站及其他危及堤防安全的建筑物与设施，建设单位必须按照河道管理权限，将工程建设方案报送河道主管机关审查同意。未经河道主管机关审查同意的，建设单位不得开工建设。

河道上已建的影响防洪安全的前款所列工程设施，应当有计划地改建；严重影响防洪安全的，应当限期拆除。在未改建、拆除之前，工程设施的管理单位汛前应采取应急措施，保证安全度汛。

第十一条 堤顶、戗台不得兼做公路使用。确需利用堤顶、戗台兼做公路的，应当经科学论证，落实相应安全防护措施。堤身和堤顶公路的管理和维护办法，由河道主管机关商交通运输部门制定。

第十二条 城镇、村庄建设和发展不得占用河道滩地。城镇、村庄规划的临河界限由河道主管机关会同城镇规划等有关部门根据下列标准划定：

（一）有堤防的河道，在护堤地以外30至100米；

（二）无堤防的河段，在防洪水位线或岸线以外 50 至 150 米；

（三）已规划展宽的河段，在规划堤防护堤地以外 25 至 50 米。

城镇规划主管部门在编制和审查沿河城镇、村庄的建设规划时，应当按第四条规定的管理权限事先征求河道主管机关的意见。

第十三条 以河道为界的设区的市在河道两岸外侧各 5 公里之内，以河道为界的县（市、区）在河道两岸外侧各 3 公里之内，以及跨设区的市、县（市、区）的河道，未经有关各方达成协议或者上一级河道主管机关批准，禁止单方面修建排水、阻水、引水、蓄水工程以及河道整治工程。

第三章 河 道 保 护

第十四条 有堤防的河道，其管理范围为两岸堤防之间的水域、沙洲、滩地（包括可耕地）、行洪区、两岸堤防及堤脚外侧 5 至 10 米的护堤地；无堤防的河道其管理范围根据历史最高洪水位或者设计洪水位划定。

河道具体管理范围，按照河道管理权限，由县级以上地方人民政府负责划定。

第十五条 根据堤防的重要程度、堤基土质条件等，河道主管机关报经同级或上一级人民政府批准，可以在河道管理范围的相连地域划定 50 米至 200 米的堤防安全保护区。

第十六条 大中型河道管理范围内的土地归国家所有，由河道主管机关统一管理使用。河滩内的可耕地也可以由村集体经济组织使用。

第十七条 含沙量每立方米超过 2 千克的引黄用水不得进入河道；引黄入河造成河道淤积的，由责任者负责清淤或承担清淤费用。

第十八条 本办法第十四条、第十五条、第十六条、第十七条之外的其他河道保护事项以及河道清障，按照《河道管理条例》第三章、第四章的有关规定执行。

第四章 经   费

第十九条 河道堤防的防汛岁修费，按照分级管理的原则，分别由省、设区的市、县（市、区）财政负担，列入同级人民政府的年度预算。

第二十条 在汛期,县级以上人民政府可以组织河道两岸的城镇和农村的单位和个人义务出工,对河道堤防工程进行维修和加固。

第二十一条 在河道管理范围内采砂、取土、淘金,必须按照河道管理权限,依法向河道主管机关提出申请,领取采砂许可证,并按照许可证规定的范围和作业方式进行。

第二十二条 任何单位和个人,凡对堤防、护岸和其他水利工程设施造成损坏的,由责任者负责修复或者承担维修费用。

第二十三条 河道主管机关收取的各项费用,用于河道堤防工程的建设、管理、维修和设施的更新改造。结余资金可以连年结转使用,任何部门不得截取或挪用。

第五章 罚 则

第二十四条 未取得采砂许可证,在河道管理范围内采砂、取土、淘金的,由县级以上河道主管机关责令其停止违法行为,采取补救措施,可以并处警告、没收违法所得和处以相当于违法所得2倍的罚款。

未按采砂许可证规定的范围的和作业方式在河道管理范围内采砂、取土、淘金的,由县级以上河道主管机关责令其纠正违法行为,采取补救措施,可以并处警告、没收违法所得和处以相当于违法所得的罚款。

第二十五条 依照《河道管理条例》第四十四条规定处以罚款的,按下列规定执行:

(一)有《河道管理条例》第四十四条第一项、第五项所列行为的,对个人处以50元至2000元罚款;对单位处以1000元至1万元罚款。

(二)有《河道管理条例》第四十四条第二项、第三项、第六项、第八项所列行为的,对个人处以50元至3000元罚款;对单位处以1000元至1万元罚款。

(三)未经批准或者不按照河道主管机关的规定在河道管理范围内弃置砂石或者淤泥、爆破、钻探、挖筑渔塘的,对个人处以50元至3000元罚款;对单位处以1000元至1万元罚款。

(四)擅自砍伐护堤护岸林木的,处以违法所得3倍至5倍的罚款。

第二十六条 依照《河道管理条例》第四十五条规定处以罚款的,按下列规定执行：

（一）有《河道管理条例》第四十五条第一项、第二项所列行为的，对个人处以100元至3000元罚款；对单位处以1000元至1万元罚款。

（二）有《河道管理条例》第四十五条第三项所列行为的，处以100元至2000元罚款。

第二十七条 对违反本办法规定，造成国家、集体、个人经济损失的，受害方可以请求县级以上河道主管机关处理，受害方也可以直接向人民法院起诉。

第二十八条 河道主管机关的工作人员以及河道监理人员玩忽职守、滥用职权、徇私舞弊的，由所在单位或者上级主管机关给予行政处分；对公共财产、国家和人民利益造成重大损失的，依法追究刑事责任。

第六章 附 则

第二十九条 由水利行政主管部门管理的防潮堤，适用《河道管理条例》和本办法有关堤防管理的规定。

第三十条 本办法自发布之日起施行。

河南省

河南省河道采砂管理办法

(2012年12月20日省政府令第149号发布　根据2018年7月19日省政府令第185号公布的《河南省人民政府关于废止和修订部分政府规章的决定》修订)

第一条　为加强河道采砂管理，维护河势稳定，保障防洪、通航、涉河工程和水生态安全，根据《中华人民共和国水法》《中华人民共和国河道管理条例》等法律、法规，结合本省实际，制定本办法。

第二条　在本省行政区域河道（不包括国家直接管理的河道）内从事采砂及其管理活动，适用本办法。

本办法所称河道采砂，是指在河道（包括水库、人工水道、蓄滞洪区等）管理范围内开采砂石、取土和淘金等活动。

第三条　县级以上人民政府应当加强对本行政区域内河道采砂管理工作的领导，做好组织、协调工作，及时解决河道采砂管理工作中的重大问题。

河道采砂管理工作实行责任制，河道防汛责任人对河道采砂管理工作负责。

第四条　县级以上人民政府水行政主管部门负责本行政区域内河道采砂的统一管理和监督检查工作。

县级以上人民政府公安部门负责河道采砂治安管理工作，依法打击河道采砂活动中的违法犯罪行为。

县级以上人民政府交通运输、国土资源、渔业、林业、安全监管等行政主管部门按照各自职责，协助做好河道采砂监督管理工作。

乡镇人民政府应当协助和配合县级以上人民政府水行政主管部门做好河道采砂管理工作。

第五条　河道采砂实行规划制度。

编制河道采砂规划应当充分考虑河道防洪安全、通航安全、涉河工程安全和水生态安全的要求，符合流域综合规划和河道防洪、河道整治以及航道整治等专业规划，并与矿产资源规划相衔接。

河道采砂规划涉及铁路、公路、航道、电力、通信等设施及自然保护区、风景名胜区、湿地公园保护范围的，应当征求有关部门的意见。

第六条 淮河干流、洪汝河、沙颍河、唐白河、伊洛河、卫河、共产主义渠、惠济河、涡河、贾鲁河的河道采砂规划由有关省辖市人民政府水行政主管部门组织编制，征求相关行政主管部门意见后，报省人民政府水行政主管部门批准。

其他河道的采砂规划由有关县（市、区）人民政府水行政主管部门组织编制，征求相关行政主管部门意见后，报省辖市人民政府水行政主管部门批准，并报省人民政府水行政主管部门备案。

经批准的河道采砂规划不得擅自修改；确需修改的，应当报原批准机关批准。

第七条 河道采砂规划应当包括下列内容：

（一）砂石储量、分布与补给分析；

（二）禁采区和可采区；

（三）禁采期和可采期；

（四）年度采砂控制总量和开采深度；

（五）采砂作业方式、采砂机具数量控制；

（六）沿河两岸堆砂场的控制数量及布局；

（七）弃料堆放地点、处理方式和现场清理要求；

（八）采砂影响分析；

（九）规划实施与管理。

第八条 下列区域为禁采区：

（一）河道防洪工程、河道整治工程、水库枢纽、水文观测设施、水环境监测设施、涵闸以及取水、排水、水电站等工程及其附属设施安全保护范围；

（二）河道顶冲段、险工、险段；

（三）桥梁、码头、浮桥、渡口、航道、过河电缆、管道、隧道等工程及其附属设施安全保护范围；

（四）饮用水源保护区；

（五）自然保护区、风景名胜区和湿地公园；

（六）依法禁止采砂的其他区域。

第九条 下列时段为禁采期：

（一）主汛期；

（二）河道达到或者超过警戒水位时，水库达到或者超过汛期限制水位时；

（三）依法禁止采砂的其他时段。

第十条 省辖市、县（市、区）人民政府水行政主管部门应当将禁采区和禁采期予以公告，并设立明显的禁采区标志。

在可采区、可采期内，因防洪、河势改变、水工程建设以及有重大水上活动等情形不宜采砂的，省辖市、县（市、区）人民政府水行政主管部门可以按照管理权限，划定临时禁采区或者规定临时禁采期。

任何单位和个人不得在禁采区、禁采期进行河道采砂活动。

第十一条 省辖市、县（市、区）人民政府水行政主管部门应当根据批准的河道采砂规划，制定年度采砂实施方案并予以公告，并向上一级人民政府水行政主管部门备案。

年度采砂实施方案包括可采区的具体范围、年度采砂控制总量、作业方式、作业机具及其数量等。

第十二条 河道采砂实行许可制度。

河道采砂许可证由省辖市、县（市、区）人民政府水行政主管部门按照管理权限审批发放。

第十三条 申请从事河道采砂，应当向采砂所在地县级人民政府水行政主管部门提出申请，并提交下列材料：

（一）河道采砂申请书；

（二）营业执照；

（三）开采的地点、深度、范围（附范围图）；

（四）开采量（包括日采量、总采量）；

（五）河道采砂机具和相应技术人员的基本情况；

（六）砂石堆放地点、弃料处理及现场处理、平整方案；

（七）与有利害关系的第三方达成的协议。申请人提交有关材料复印件时，应当同时交验原件，并对所提交材料的真实性负责。

第十四条 县级人民政府水行政主管部门应当自收到采砂申请之日起5个工作日内对申请材料进行审查，申请材料不齐全或者不符合法定形式的，一次告知申请人应当补正的全部内容；申请材料齐全、符合法定形式，或者申请人按要求提交全部补正材料的，予以受理。

第十五条　县级人民政府水行政主管部门受理河道采砂申请后，属于本级许可的，应当自受理申请之日起 20 个工作日内作出是否准予许可的决定；属于省辖市人民政府水行政主管部门许可的，应当自受理之日起 5 个工作日内提出审查意见，报有许可权的省辖市人民政府水行政主管部门，省辖市人民政府水行政主管部门应当自收到审查意见之日起 20 个工作日内作出是否准予许可的决定。

第十六条　经审查符合下列条件的，有许可权的水行政主管部门应当作出准予许可的决定，向申请人发放河道采砂许可证；不符合下列条件的，作出不予许可的决定，书面告知申请人并说明理由：

（一）申请人经依法注册登记，领取营业执照；

（二）符合河道采砂规划确定的可采区和可采期的要求；

（三）符合可利用采砂总量和年度控制开采量的要求；

（四）作业方式符合规定；

（五）有符合要求的采砂机具和采砂技术人员；

（六）有符合要求的砂石堆放地点、弃料处理及现场处理、平整方案；

（七）与有利害关系的第三方达成协议；

（八）无违法采砂记录；

（九）法律、法规、规章规定的其他条件。

第十七条　河道采砂许可涉及国土资源、交通运输等有关部门的，由水行政主管部门会同同级有关部门审批。有关部门自接到水行政主管部门的征求意见函后，应当于 10 日内提出意见并反馈。因征求意见所需时间不计算在审批河道采砂许可的期限内。

第十八条　有两个以上申请人对同一区域提出河道采砂申请的，水行政主管部门应当通过公开招标的方式作出河道采砂许可的决定。其具体程序依照有关法律、法规的规定执行。

第十九条　河道采砂许可证由省人民政府水行政主管部门统一印制。

禁止伪造、涂改、买卖、抵押、出租、出借或者以其他方式非法转让河道采砂许可证。

河道采砂许可证的有效期不超过 1 年。河道采砂许可证有效期满或者开采总量已达到河道采砂许可证规定的开采量的，河道采砂许可证自行失效。

第二十条　省辖市、县（市、区）人民政府水行政主管部门年审批采砂总量不得超过河道采砂规划确定的年度采砂控制总量。

省辖市、县（市、区）人民政府水行政主管部门应当在每年 1 月 31 日前将本行政区域内上一年度的河道采砂许可证审批发放情况和实施情况报上一级人民政府水行政主管部门备案。

第二十一条　从事河道采砂活动应当遵守下列规定：

（一）按照河道采砂许可证规定的开采地点、期限、范围、深度、作业方式等进行采砂；

（二）及时将砂石清运出河道、平整弃料堆体；

（三）不得将河道采砂业务转包给其他单位和个人；

（四）不得损坏水利工程、堤顶路面、水文观测等工程设施；

（五）在禁采期应当将采砂机具撤出河道管理范围；

（六）在通航河道内采砂的，应当服从通航安全要求，并在作业区设立明显标志；

（七）有关环境保护和安全生产等法律、法规、规章的有关规定。

第二十二条　县级以上人民政府水行政主管部门应当加强对本行政区域内河道采砂活动的监督检查，及时查处违法采砂行为，维护河道采砂秩序。

第二十三条　县级以上人民政府水行政主管部门及其工作人员履行河道采砂监督检查职责时，有权采取下列措施：

（一）进入采砂单位的生产场所进行调查；

（二）要求采砂单位如实提供与河道采砂有关的资料；

（三）责令采砂单位停止违法采砂行为。

第二十四条　县级以上人民政府水行政主管部门应当会同公安、交通运输、国土资源等部门定期进行执法巡查，发现违法行为，由有关部门依据各自的职责依法作出处理。

第二十五条　县级以上人民政府水行政主管部门应当建立河道采砂违法行为举报制度，公布举报电话。

任何单位和个人发现违法河道采砂活动的，都有权向县级以上人民政府水行政主管部门举报，水行政主管部门应当及时查处。

第二十六条　各级人民政府、水行政主管部门和其他有关部门及其工作人员有下列行为之一的，对负有直接责任的主管人员和其他直接责任人员依法给予行政处分；构成犯罪的，依法追究刑事责任：

（一）不执行或者擅自修改已经批准的河道采砂规划的；

（二）不履行河道采砂管理职责，造成河道采砂秩序混乱或者重大责任事故的；

（三）不按照规定审批发放河道采砂许可证的；

（四）不依法查处河道采砂违法行为的；

（五）有其他滥用职权、徇私舞弊、玩忽职守行为的。

第二十七条 违反本办法规定，未经批准或者不按照河道采砂许可证规定的区域、期限和作业方式进行采砂的，依法予以取缔或者收回河道采砂许可证，并由县级以上人民政府水行政主管部门责令停止违法行为，没收违法所得，限期清除障碍或者采取其他补救措施，并处1万元以上5万元以下的罚款；造成损失的，依法承担赔偿责任。

第二十八条 违反本办法规定，有下列行为之一的，由县级以上人民政府水行政主管部门责令停止违法行为，并处1万元以上3万元以下的罚款；构成犯罪的，依法追究刑事责任：

（一）伪造、涂改、买卖、出租、出借或者以其他方式转让河道采砂许可证的；

（二）未及时将砂石清运出河道、平整弃料堆体的。

第二十九条 违反本办法规定，在禁采期未将采砂机具撤出河道管理范围的，由县级以上人民政府水行政主管部门责令改正；拒不改正的，处2000元以上1万元以下的罚款。

第三十条 违反本办法规定，损坏水利工程、堤顶路面、水文观测等工程设施的，按照《中华人民共和国水法》等法律、法规的规定处罚。

第三十一条 阻碍水行政主管部门执法人员依法执行职务，构成违反治安管理行为的，由公安部门依法给予治安管理处罚；构成犯罪的，依法追究刑事责任。

第三十二条 本办法自2013年4月1日起施行。

河南省实施《中华人民共和国水法》办法

（1993年2月16日河南省第七届人民代表大会常务委员会第三十三次会议通过　根据1997年5月23日河南省第八届人民代表大会常务委员会第二十六次会议《关于修改〈河南省水法实施办法〉的决定》第一次修正　2006年5月31日河南省第十届人民代表大会常务委员会第二十四次会议修订　根据2018年9月29日河南省第十三届人民代表大会常务委员会第六次会议《河南省人民代表大会常务委员会关于修改部分地方性法规的决定》第二次修正）

第一章　总　　则

第一条　为了合理开发、利用、节约和保护水资源，建设节水型社会，保障经济社会可持续发展，根据《中华人民共和国水法》和有关法律、法规的规定，结合本省实际情况，制定本办法。

第二条　本办法所称水资源，是指地表水和地下水。

在本省行政区域内开发、利用、节约、保护、管理水资源，防治水害，应当遵守本办法。

在本省行政区域内国家管理的水事事项，不适用本办法。

第三条　水资源属于国家所有。

农村集体经济组织的水塘和由农村集体经济组织修建管理的水库中的水，归各该农村集体经济组织使用。

第四条　鼓励和支持依法开发、利用、节约、保护水资源和防治水害的各项事业。

开发、利用、节约、保护水资源和防治水害，应当全面规划、统筹兼顾、标本兼治、综合利用、讲求效益，发挥水资源的多种功能，协调好生活、生产经营和生态环境用水。

依法开发利用水资源的单位和个人的合法权益受法律保护。

第五条　各级人民政府应当加强水资源保护工作，采取有效措施，保护植被，植树种草，涵养水源，防治水土流失和水体污染，改善生态环境。

任何单位和个人有依法保护水资源的义务，并有权对污染和破坏水体的行为进行监督、检举和控告。

第六条 县级以上人民政府水行政主管部门按照规定的权限负责本行政区域内水资源的统一管理和监督工作。

省、省辖市人民政府水行政主管部门可以委托其所属的水工程管理机构，在所管辖的范围内行使水资源管理和监督职责。

县级以上人民政府有关部门按照职责分工，负责本行政区域内水资源开发、利用、节约和保护的有关工作。

第二章 水 资 源 规 划

第七条 全省开发利用水资源和防治水害区域综合规划，由省水行政主管部门会同有关部门编制，报省人民政府批准。

省辖市、县（市）开发利用水资源和防治水害区域综合规划，由同级水行政主管部门会同有关部门编制，报本级人民政府批准。

全省主要河道和跨省辖市的河道的流域综合规划，由省水行政主管部门会同有关部门和有关省辖市人民政府编制，报省人民政府批准。其他河道的流域综合规划，由有管辖权的省辖市或者县（市）人民政府水行政主管部门会同有关部门编制，报本级人民政府批准，并报上一级水行政主管部门备案。

第八条 防洪、治涝、灌溉、航运、供水、水力发电、渔业、水资源保护、水土保持、水文、节约用水等专业规划，由县级以上人民政府有关部门编制，征求同级其他有关部门意见后，报本级人民政府批准。专业规划应当服从综合规划。

第九条 经批准的规划是开发、利用、节约、保护水资源和防治水害活动的基本依据。修改规划，应经原批准机关批准。

第十条 县级以上人民政府水行政主管部门会同有关部门根据开发利用水资源和防治水害的区域综合规划或流域综合规划，制定实施计划，报本级人民政府批准后组织实施。

第十一条 建设水工程必须符合流域综合规划。在河道、水库上建设水工程，其工程可行性研究报告报请批准前，县级以上人民政府水行政主管部门应当按照管理权限对水工程的建设是否符合流域综合规划进行审查并签署意见。

第三章 水资源开发利用

第十二条 开发利用水资源，应当实行兴利与除害相结合的原则，兼顾上下游、左右岸和地区之间利益，充分发挥水资源的综合效益，并服从防洪的总体安排。

任何单位和个人引水、蓄水、排水或在水域兴建其他工程，不得损害公共利益和他人的合法权益。

第十三条 开发利用水资源，应当首先满足城乡居民生活用水，统筹兼顾农业、工业、生态环境用水和航运需要。

第十四条 县级以上人民政府应当因地制宜，合理开发、综合利用、节约保护水资源，保障水资源的可持续利用。

鼓励开发利用雨水、洪水和再生水资源。水资源短缺地区，应当兴建蓄水或者外调地表水工程。

水资源严重不足地区，应当采取有效措施，防治水土流失，逐步恢复生态。

在容易发生土壤盐碱化和渍害的地区，应当采取措施，控制和降低地下水位。

在引黄地区应综合利用黄河水沙资源，妥善处理泥沙。县级以上人民政府水行政主管部门有权对退水退沙超标口门限制引水，直至停水。沉沙池由受益地区有偿使用。

第十五条 建设水电站，应当保护生态环境，兼顾防洪、供水、灌溉、航运和渔业等方面的需要。

第十六条 兴建跨流域引水工程，必须进行全面规划和科学论证，统筹兼顾用水、排水、泥沙处理等各方面的需要，并防止对生态环境的不利影响。

第十七条 兴建水工程，必须遵守国家规定的基本建设程序和其他有关规定，凡涉及其他地区和行业利益的，建设单位必须事先向有关地区和部门征求意见，并按照规定报上级人民政府或者有关主管部门审批。

第四章 水资源、水域和水工程的保护

第十八条 从事水资源开发、利用、节约、保护和防治水害等水事活动,应当遵守经批准的规划;因违反规划造成河道或者水库水域使用功能降低、地下水超采、地面沉降、水体污染的,应当承担治理责任。

第十九条 开采矿藏或者建设地下工程需疏干排水的,采矿单位或者建设单位应当进行地下水监测,并采取措施,保护水资源不受污染和破坏。

因疏干排水导致地下水水位下降、水体污染、水源枯竭或者地面塌陷,采矿单位或者建设单位应当采取补救措施;对他人生活和生产造成损失的,依法给予补偿。

第二十条 县级以上人民政府水行政主管部门会同同级环境保护行政主管部门和有关部门,对所管辖的河流、水库拟定水功能区划,报本级人民政府批准,并报上一级水行政主管部门和环境保护行政主管部门备案。

开发利用水资源、水域的活动以及向水体排污应当符合经批准的水功能区划的要求。

第二十一条 建立饮用水水源保护区制度。县级以上人民政府应当按照国家有关规定,划定饮用水水源保护区并予以公告。

第二十二条 县级以上人民政府应当根据水资源条件,制定城乡饮用水安全保障的应急预案,及时处理突发事件,保证城乡居民饮用水安全。

县级以上人民政府环境保护、水利、国土资源、建设、卫生等行政主管部门,应当在各自职责范围内,加强饮用水水质管理,保护饮用水水源,防止水源枯竭和饮用水污染。

第二十三条 禁止在饮用水水源保护区内设置排污口。

在河流、水库、渠道新建、改建或者扩大排污口的,应当按照规定编制入河排污口设置论证报告,报有管辖权的水行政主管部门审查同意,由环境保护行政主管部门负责对该建设项目的环境影响报告书进行审批。

第二十四条 从事工程建设,占用农业灌溉水源、灌排工程设施,或者对原有灌溉用水、供水水源有不利影响的,建设单位应当事先报有管辖权的水行政主管部门批准,并采取相应的补救措施;造成损失的,依法给予补偿。

第二十五条　在地下水超采地区，县级以上人民政府应当采取措施，严格控制开采地下水。在地下水严重超采地区，经省人民政府批准，可以划定地下水禁止开采或者限制开采区。

在地下水禁止开采区内，不得新建、改建、扩建取用地下水的建设项目；在地下水限制开采区内，确需取用地下水的，须经省水行政主管部门批准。

在城市公共供水管网覆盖的区域内，应当严格控制取用地下水。

第二十六条　国家所有的水工程，由县级以上人民政府按照国家和本省有关规定，依法划定管理和保护范围，并设立标志。

前款规定以外的其他水工程，由县（市、区）人民政府划定管理和保护范围。

在水工程保护范围内，禁止从事影响水工程运行和危害水工程安全的爆破、打井、采石、采砂、取土、建房、建窑、葬坟等活动。

县级以上人民政府水行政主管部门及有关部门应当加强对名泉的管理和保护。

第二十七条　禁止在江河、湖泊、水库、运河、渠道内弃置、堆放阻碍行洪、排涝、灌溉、航运的物体和种植阻碍行洪的林木及高秆作物。

在航道内不得弃置沉船和设置碍航渔具，不得种植水生植物。

未经有管辖权的水行政主管部门批准，不得在河床、河滩和大中型渠道管理范围内修建建筑物。

禁止在水库库区违法造地。禁止围垦河道，确需围垦的，必须经过科学论证，并提出书面报告，经省水行政主管部门审查后，报省人民政府批准。

利用河道、水库从事养殖、旅游、餐饮等活动的，应当符合水功能区划和水资源保护规划的要求，服从防洪安全和水工程运行安全的需要。

利用河道、国有水库从事前款规定活动的，应当经有管辖权的水行政主管部门批准。

第二十八条　在河道管理范围内进行采砂活动的，必须按照国家有关规定向有管辖权的水行政主管部门申请办理采砂许可证。

县级以上人民政府水行政主管部门应当根据河道行洪和堤防安全的需要，划定禁采区，规定禁采期，并予以公告。

经批准进行河道采砂活动的，必须按照批准的范围和作业方式开采，并依法缴纳采砂管理费。

第五章 水资源配置

第二十九条 全省的和跨省辖市的水中长期供求规划，由省人民政府水行政主管部门会同有关部门制定，经省人民政府发展改革主管部门审查批准后执行。省辖市、县（市、区）的水中长期供求规划，由县级以上人民政府水行政主管部门会同有关部门依据上一级水中长期供求规划和本地区的实际情况制定，报本级人民政府发展改革主管部门审查批准后执行。

第三十条 调蓄径流和分配水量，应当依据流域规划和水中长期供求规划，制定水量分配方案，并应当充分考虑生态环境用水需要。

跨行政区域的水量分配方案和旱情紧急情况下的水量调度预案，由共同的上一级人民政府水行政主管部门商有关地方人民政府制订，报共同的上一级人民政府批准后执行。

水量分配方案和旱情紧急情况下的水量调度预案经批准后，有关人民政府必须执行。

第三十一条 县级以上人民政府水行政主管部门应当根据批准的水量分配方案和年度预测来水量，制定年度水量分配方案和调度计划，经本级人民政府批准后，实施水量统一调度。

全省主要河道以及大型和重点中型水库的年度水量分配方案，应当纳入全省国民经济和社会发展年度计划。

第三十二条 直接从河道、水库或者地下取用水资源的单位和个人，必须按照国家和本省有关规定，向水行政主管部门申请领取取水许可证，并交纳水资源费，取得取水权。家庭生活和零星散养、圈养畜禽饮用等少量取水的除外。

第三十三条 直接从河道、水库或者地下取水的新建、改建、扩建的建设项目，按照国家和本省规定需申请取水许可的，在申请取水许可之前，建设单位应当按照规定进行建设项目水资源论证，编制建设项目水资源论证报告，报有管辖权的水行政主管部门审查；建设单位未提交建设项目水资源论证报告书的，水行政主管部门不得批准其取水许可申请。

建设单位未向审批部门提交取水许可申请的书面审查意见及经审定的建

设项目水资源论证报告书的，审批部门不得批准该建设项目。

第三十四条 取水单位或者个人应当依照国家技术标准安装计量设施，保证计量设施正常运行，并按照规定填报取水统计报表。

县级以上人民政府水行政主管部门应当加强对取水单位和个人的取水情况的监督检查，有关单位和个人应当如实提供取水数据等有关资料。拒不提供或者提供虚假取水数据的，按照取水许可证批准的取水量或者取水设施最大取水能力每日运转24小时计算取水量。

第三十五条 使用水工程供应的水，应当向供水单位缴纳水费。供水价格按照水工程管理权限由县级以上人民政府价格主管部门会同同级水行政主管部门确定。

第六章 水事纠纷处理与执法监督检查

第三十六条 省辖市、县（市、区）之间发生水事纠纷，应本着互让互谅、团结协作的原则，通过协商或者调解解决。协商、调解不成的，由共同的上一级人民政府或其水行政主管部门处理。

在水事纠纷解决之前，省辖市交界线两侧各五公里以内，县（市、区）交界线两侧各三公里以内，任何一方不得修建排水、阻水、引水和蓄水工程，不得单方面改变水的现状。

第三十七条 单位之间、个人之间、单位与个人之间发生的水事纠纷，应当协商解决；当事人不愿协商或者协商不成的，可以申请县级以上人民政府或者其授权的部门调解，也可以直接向人民法院提起民事诉讼。县级以上人民政府或者其授权的部门调解不成的，当事人可以向人民法院提起民事诉讼。

在水事纠纷解决之前，当事人不得单方面改变现状。

第三十八条 县级以上人民政府或者其授权的部门在处理水事纠纷时，有权采取临时处置措施，有关各方或者当事人必须服从。

第三十九条 县级以上人民政府水行政主管部门应当建立健全水政监督检查制度，实行行政执法责任制，依法实施水政监督检查。

水政监督检查人员应当忠于职守，秉公执法，在履行监督检查职责时应当向被检查单位或者个人出示执法证件。

第四十条 县级以上人民政府水行政主管部门及其水政监督检查人员履行本办法规定的监督检查职责时,有权采取下列措施:

(一)要求被检查单位提供有关文件、证照、资料;

(二)要求被检查单位就执行本办法的有关问题作出说明;

(三)进入被检查单位的生产场所进行调查;

(四)责令被检查单位停止违反本办法的行为,履行法定义务。

第四十一条 水政监督检查人员进行监督检查时,有关单位或者个人应当给予配合,如实反映情况,提供有关的真实数据、资料,不得拒绝、拖延或者谎报,不得阻碍水政监督检查人员依法执行职务。

第四十二条 上级水行政主管部门必要时可以直接查处下级水行政主管部门管辖的水事案件;下级水行政主管部门也可以受上级水行政主管部门委托查处指定的水事案件。

第七章 法 律 责 任

第四十三条 违反本办法规定,有下列行为之一的,由县级以上人民政府水行政主管部门责令其停止违法行为,限期清除障碍或者采取其他补救措施,并处罚款:

(一)在江河、湖泊、水库、运河、渠道内弃置、堆放阻碍行洪、排涝、灌溉、航运的物体的,种植阻碍行洪的林木和高秆作物的;

(二)在航道内弃置沉船、设置碍航渔具、种植水生植物的;

(三)未经批准在大中型渠道管理范围内修建建筑物的;

(四)在水库库区违法造地以及擅自围垦河道的;

(五)未经批准占用农业灌溉水源、灌排工程设施,或者对原有灌溉用水、供水水源有不利影响的;

(六)未经批准或者不按照采砂许可规定的区域、期限和作业方式进行采砂活动的;

(七)在地下水禁止开采区内取用地下水的;

(八)未经批准在地下水限制开采区内取用地下水的。有前款(一)至(六)项规定行为之一的,处以一万元以上五万元以下罚款;有前款(七)、(八)项规定行为之一的,处以二万元以上八万元以下罚款。

第四十四条 违反本办法第二十七条第六款规定，未经批准利用河道、国有水库从事养殖、旅游、餐饮等活动的，责令限期改正；逾期不改正的，处以一百元以上五百元以下罚款。情节严重，造成严重后果的，处以五百元以上五千元以下罚款。

第四十五条 水行政主管部门或者其他有关部门以及水工程管理单位及其工作人员，有下列情形之一的，由有关部门对负有责任的主管人员和直接责任人员责令改正；情节严重的，给以行政处分；构成犯罪的，依法追究刑事责任：

（一）利用职务的便利收取他人财物或者其他好处的；

（二）不依法核发许可证，签署审查意见的；

（三）不按照规定收取水资源费、采砂管理费的；

（四）不执行水量分配方案和调度计划的；

（五）发现违法行为不及时依法查处的；

（六）有其他不履行水行政管理职责的行为。

第八章 附 则

第四十六条 本办法所称主要河道，是指淮河干流、史灌河、洪汝河、沙颍河、澧河、北汝河、贾鲁河、唐白河、伊洛河、卫河共产主义渠、涡河、惠济河、金堤河等河道。

第四十七条 本办法自 2006 年 8 月 1 日起施行。

河南省实施《中华人民共和国防洪法》办法

（2000年7月29日河南省第九届人民代表大会常务委员会第十七次会议通过 根据2012年11月29日河南省第十一届人民代表大会常务委员会第三十次会议《河南省人民代表大会常务委员会关于修改部分地方性法规的决定》第一次修正 根据2016年3月29日河南省第十二届人民代表大会常务委员会第二十次会议《关于修改〈河南省煤炭条例〉等十部地方性法规的决定》第二次修正）

第一章 总 则

第一条 为了防洪治水，防御、减轻洪涝灾害，维护人民的生命和财产案例，根据《中华人民共和国防洪法》（以下简称《防洪法》）和有关法律、法规，结合我省实际，制定本办法。

第二条 在本省行政区域内从事防洪及与防洪有关的活动，必须遵守本办法。

第三条 各级人民政府应当加强对防洪工作的统一领导，组织有关部门、单位，动员社会力量，依靠科技进步，加强防洪工程设施建设和管理，并做好防汛和洪涝灾害后的恢复与救济工作。

第四条 县级以上人民政府水行政主管部门在本级人民政府的领导下，负责本行政区域内防洪的组织、协调、监督、指导等日常工作。

县级以上人民政府其他有关部门在本级人民政府的领导下，按照各自的职责，负责有关的防洪工作。

省水行政主管部门设立的流域管理机构和省辖市水行政主管部门在本行政区域内重要河道上设立的管理机构，在所管辖的范围内行政水行政主管部门委托的防洪协调和监督管理职责。

县级以上黄河河务部门在本级人民政府的领导下，负责其管辖范围内防洪协调和监督管理工作。

第五条 任何单位和个人都有保护防洪工程设施和依法参加防汛抗洪的义务。

对在抗洪抢险、防洪工程设施建设和管理以及水文、气象、信息服务等方面做出显著成绩的单位和个人，由县级以上人民政府给予表彰和奖励。

第二章　防　洪　规　划

第六条　黄河防洪规划的编制，按照《防洪法》第十条第一款规定执行。本省行政区域内的淮河、洪汝河、沙颍河、卫河（含共产主义渠）、唐河、白河、伊洛河、涡河、惠济河（以下简称主要河道）及其他跨省辖市的河道、河段的防洪规划，除按照国家规定由国务院或国务院水行政主管部门批准外，由省水行政主管部门或其委托的流域管理机构依据流域、区域综合规划，会同有关省辖市人民政府编制，报省人民政府批准。其他河道、河段的防洪规划，按照河道管理权限分别由省辖市、县（市、区）水行政主管部门会同有关部门编制，报本级人民政府批准，并报上一级人民政府水行政主管部门备案。城市防洪规划（含治涝），由城市人民政府组织水行政主管部门、建设、规划行政主管部门和其他有关部门，依据流域防洪规划和上一级人民政府区域防洪规划编制，并按照国务院和省人民政府规定的审批程序批准后纳入城市总体规划。

第七条　全省治涝规划由省水行政主管部门制定。易涝地区的人民政府应当根据全省治涝规划制定本行政区域的治涝规划。

第八条　防洪规划确定的河道整治计划用地和规划建设的堤防用地范围内的土地，以及防洪规划确定的扩大或开辟的人工排洪道用地范围内的土地依法规定为规划保留区，并由县级以上人民政府予以公告。规划保留区范围内的土地涉及其他项目用地的，有关土地行政主管部门和水行政主管部门核定时，应当征求有关部门的意见。依法划定的规划保留区内不得新建、改建、扩建与防洪工程无关的工矿工程设施；在特殊情况下，国家工矿建设项目确需占用规划保留区内土地的，在建设项目报批前，必须征求有关水行政主管部门的意见。

第九条　在河道和水库管理范围内修建防洪工程和其他水工程、水电站等，应当符合防洪规划要求，并经有关水行政主管部门签署规划同意书后，方能按照基本建设程序报批。规划同意书的内容和要求由省水行政主管部门按照国家规定制定。

第三章 治 理 与 防 护

第十条 本省行政区域内国家确定的重要河道、河段的规划治导线，按照《防洪法》第十九条规定执行；省确定的主要河道、跨省辖市河道及大型水库下游河道的规划治导线，由省水行政主管部门拟定，报省人民政府批准。其他河道的规划导线，按照河道管理权限分别由省辖市、县（市、区）水行政主管部门拟定，报本级人民政府批准，并报上一级水行政主管部门备案。

第十一条 河道管理实行按水系统一管理和分级管理相结合原则，加强防护，确保畅通。河道、水库的管理范围，由县级以上人民政府按照国家和本省有关规定划定。河道、水库管理范围内的土地，属国家所有的，由河道、水库管理单位依法管理使用。

第十二条 县级以上水行政主管部门应当根据防洪规划，兼顾上下游、左右岸的关系，制定河道整治、涝区治理和病险水库除险加固的年度计划，报本级人民政府批准后组织实施。涉及不同行政区域之间利益的，报共同的上一级人民政府批准后实施。对严重影响防洪排涝的河段及工程，应当制定应急措施，优先安排资金进行整治。根据防洪规划进行河道治理新增的可利用土地，属国家所有，应当优先用于防洪工程设施的建设。

第十三条 在河道、水库管理范围内，水域、土地和岸线的利用，应当符合行洪、输水的要求。

第十四条 在河道、水库管理范围内采砂，应当报有管辖权的水行政主管部门批准，并按照批准的范围、作业方式等要求开采。个人少量自用采矿，免办审批手续，但应在指定地点进行。县级以上水行政主管部门根据河势稳定和防洪安全的要求，规定禁止采矿区，报本级人民政府批准后，予以公布。

第十五条 为维护河道、水库防洪效能，禁止进行下列活动：

（一）在河道管理范围内建设妨碍行洪的建筑物、构筑物；

（二）在堤防、护堤地和水库工程设施保护范围内，进行爆破、打井、采石、取土、挖筑坑塘等危害工程安全的活动；

（三）在行洪河道内种植高秆作物和林木；

（四）占用水库库容；

（五）在河道、水库倾倒垃圾、渣土等固体废弃物；

（六）在水库工程管理范围内，擅自修建建筑物、构筑物；

（七）其他危害防洪工程安全的活动。

第十六条　建设跨河、穿河、穿堤、临河的桥梁、码头、道路、渡口、管道、缆线、取水、排水等工程设施，以及行洪通道内影响行洪的工程设施，其工程建设方案必须按照河道管理权限报送有关水行政主管部门审查同意。前款所列建设项目需要占用河道管理范围内土地、跨越河道或者穿越河床的，应当经有关水行政主管部门对工程设施的位置和界限审查批准，方可依法办理开工手续；安排施工时，应严格依照水行政主管部门批准的位置和界限进行。因施工造成河道淤积或者对河道堤防等水利工程设施造成损害的，由建设单位或施工单位承担清淤和赔偿责任；跨汛期施工的建设项目，应制定安全度汛措施，并事先报有关水行政主管部门审查同意。

第四章　防洪区和防洪工程设施的管理

第十七条　防洪区是指洪水泛滥可能淹及的地区，分为洪泛区、蓄滞洪区和防洪保护区。洪泛区、蓄滞洪区和防洪保护区的范围，在防洪规划或者防御洪水方案中划定，并报请省人民政府按规定的权限批准后予以公告。

第十八条　省人民政府应当组织有关地区和部门，按照防洪规划的要求，制定洪泛区、蓄滞洪区安全建设计划，并采取必要的安全保护措施。因蓄滞洪区而直接受益的地区和单位，应当对蓄滞洪区承担国家规定的补偿、救助义务。省人民政府应当建立蓄滞洪区补偿、扶持专项资金。洪泛区、蓄滞洪区安全建设管理办法及对蓄滞洪区、分洪区的补偿和扶持、救助办法由省人民政府制定。

第十九条　在洪泛区、蓄滞洪区内应严格控制非防洪工程设施的建设，必须建设的，在建设项目可行性报告按照国家规定的基本建设程序报请批准时，应当附具省辖市以上水行政主管部门审查批准的洪水影响评价报告。编制洪水影响评价报告的具体办法由省水行政主管部门制定。

第二十条　防洪工程设施建设应当严格按照有关法律、法规和技术标准进行设计、施工、监理和验收,确保工程质量。对经依法批准建设的国家、省重点防洪工程,在施工中与群众发生纠纷的,由当地县级人民政府负责做好协调工作,维护好防洪工程建设的正常秩序。

第二十一条 大中城市,重要的铁路、公路干线,航空港,大型骨干企业等,应当列为防洪重点,确保安全。受洪水威胁的城市、经济开发区、工矿区和国家重要的农业生产基地等,应当重点保护,建设必要的防洪工程设施。城市人民政府应当加强对城区排水管网、泵站等工程设施的建设和管理。城市建设不得擅自填堵原有河道沟汊、贮水湖塘洼淀和废除原有防洪围堤;确需填堵或废除的,应当报所在城市人民政府批准。

第二十二条 各级人民政府应当组织有关部门加强对水库大坝的定期检查和监督管理。对未达到设计洪水标准、抗震设防要求或者有严重缺陷的险坝,大坝主管部门应当组织有关单位采取除险加固措施,限期消除危险或者重建,所需资金由有关人民政府优先安排。对可能出现垮坝的水库,应当事先制定应急抢险和居民临时撤离方案。各级人民政府和有关主管部门应当加强对尾矿坝、储灰坝(池)的监督管理,采取措施,避免因洪水导致垮坝。

第五章 防 汛 抗 洪

第二十三条 防汛抗洪工作实行各级人民政府行政首长负责制,统一指挥、分级分部门负责。

第二十四条 县级以上人民政府应当设立由有关部门、当地驻军、人民武装部负责人等组成的防汛指挥机构,在上级防汛指挥机构和本级人民政府领导下,指挥本地区的防汛抗洪工作。其办事机构设在同级水行政主管部门或黄河河务部门,具体负责防汛指挥机构的日常工作。

第二十五条 县级以上人民政府应当根据流域综合规划、防洪工程实际情况和国有规定的防洪标准,制定防御洪水方案。其批准权限按下列规定执行:

(一)黄河河南段、沁河的防御洪水实施方案,由黄河河务部门根据黄河防御洪水方案拟定,报省人民政府批准;

(二)省确定的主要河道的防御洪水方案,由省防汛指挥机构组织拟定,报省人民政府批准;

（三）其他河道的防御洪水方案，按照河道管理权限，分别由省辖市、县（市、区）防汛指挥机构拟定，报本级人民政府批准，并报上一级人民政府备案；

（四）郑州、开封、洛阳、安阳、新乡、漯河、周口、信阳、南阳等城市防御洪水方案，由城市人民政府拟定，报省人民政府批准；其他城市的防御洪水方案，由所在地的市防汛指挥机构拟定，报本级人民政府批准，并报上一级人民政府备案。

第二十六条 大型水库及重点中型水库的汛期调度运用计划，由省防汛指挥机构组织拟定，报省人民政府批准。鲇鱼山、宿鸭湖、陆浑等水库的汛期调度运用计划，由省人民政府会同国家有关流域管理机构批准；三门峡、小浪底、故县等水库的汛期调度运用计划和调度运用，按国家规定执行。其他水库的汛期调度运用计划，按照水库分级管理权限，分别由省辖市、县（市、区）防汛指挥机构拟定，报本级人民政府批准。黄河蓄滞洪区的调度运用计划，按国家规定执行。其他蓄滞洪区的调度运用计划，由省防汛指挥机构组织拟定，报省人民政府批准。

第二十七条 全省5月15日至9月30日为汛期。特殊情况下，省防汛指挥机构根据当时汛情，可以宣布提前或延长汛期时间。当河道水情接近保证水位或者保证流量，水库水位接近设计洪水位，或者防洪工程发现重大险情时，有关县级以上防汛指挥机构可以宣布进入紧急防汛期，并报告上一级防汛指挥机构。黄河的汛期起止时间及防汛抢险等按照有关规定执行。

第二十八条 对河道、水库管理范围内阻碍行洪的障碍物，按照谁设障、谁清障的原则，由防汛指挥机构责令限期清除；逾期不清除的，由防汛指挥机构组织强行清除，所需费用由设障者承担。在紧急防汛期，省防汛指挥机构根据授权对壅水、阻水严重的桥梁、浮桥、引道、码头和其他工程设施作出紧急处置。

第二十九条 在汛期，水库、闸坝、蓄滞洪区和其他水工程设施的运用，必须服从有关防汛指挥机构的调度指挥和监督。水库的调度权限按下列规定执行：

（一）鲇鱼山、宿鸭湖、陆浑等水库的调度运用由省防汛指挥机构会同国家有关流域管理机构负责；

（二）其他大型水库及重点中型水库的调度运用由省防汛指挥机构负责；

（三）其他中型水库及重点小型水库的调度运用由省辖市防汛指挥机构负责；

（四）其他小型水库的调度运用，由县（市、区）防汛指挥机构负责。黄河蓄滞洪区调度运用，按照国家规定执行。其他蓄滞洪区的调度运用，由省防汛指挥机构负责。

第三十条　有防汛任务的水利工程的使用权采取承包、租赁、拍卖、股份制或者合作制等方式经营的，经营者应当保证工程的安全运行和防汛、供水、排水等原设计的基本功能，服从水行政主管部门的监督管理和防汛调度。

第三十一条　县级以上人民政府应当制定防汛抢险物资储备管理办法。防汛抢险物资实行分级负担、分级储备、分级使用、统筹调度的原则。有防汛任务的乡（镇）和企业、事业单位应当储备必要的防汛物资。

第三十二条　在紧急防汛期，防汛指挥机构根据防汛抗洪的需要，有权在其管辖范围内调用物资、设备、交通运输工具和人力，决定采取取土占地、砍伐林木、清除阻水障碍和其他必要的紧急措施；必要时，公安、交通等有关部门按照防汛指挥机构的决定，依法实施陆地和水面交通控制。依照前款规定调用的物资、设备、交通运输工具等，在汛期结束后应当及时归还，造成损坏或者无法归还的，按照国务院有关规定给予适当补偿或者作其他处理。取土占地、砍伐林木的，在汛期结束后依法向有关部门补办结合；有关地方人民政府对取土后的土地组织复垦，对砍伐的林木组织补种。

第三十三条　河道水位或者流量达到国家或省规定的分洪标准，启用蓄滞洪区或分洪区前，对需要转移和安置的群众，由有关的县级人民政府做好避洪、转移安置工作。依法启用蓄滞洪区或分洪区时，任何单位和个人不得阻拦、拖延；遇到阻拦、拖延时，由有关县级以上人民政府强制实施。

第三十四条　发生洪涝灾害后，有关人民政府应当组织有关部门和单位做好生产救灾工作以及水毁工程设施修复工作。水毁防洪工程设施的修复应当优先列入有关部门的年度建设计划。

第六章　保　障　措　施

第三十五条　各级人民政府应当采取措施，提高防洪资金投入的总体水平，优先保证防洪工程建设及维护管理资金的需要。

第三十六条　河道治理和防洪工程设施的规划、建设和维护所需资金，按照事权和财权相统一的原则，分级负责。除中央财政投入外，省财政预算中安排的资金，主要用于补助省确定的主要河道、蓄滞洪区、大中型水库和跨省、省辖市防洪、排涝等重点工程的规划、建设及主要河道、大型水库的工程维护费用。省辖市、县（市、区）财政应当承担本行政区域内防洪工程设施的规划、建设和维护所需投资。城市防洪工程设施的建设和维护所需投资，由城市人民政府承担。

第三十七条　县级以上人民政府应当按照防汛任务情况，在财政预算中列入正常防汛经费和防御特大洪水经费，并根据国民经济的发展逐步增加。

第三十八条　水利建设基金必须按规定用于防洪工程和水利工程的维护和建设。根据国家有关规定，在防洪保护区范围内征收河道工程修建维护管理费的具体办法，由省人民政府制定。

第七章　法　律　责　任

第三十九条　违反本办法的行为，《防洪法》和有关法律、法规的处罚规定的，按《防洪法》和有关法律、法规的规定执行。

第四十条　未经批准或者不按批准的范围、作业方式等要求在河道、水库管理范围内采砂的，按照《河南省〈水法〉实施办法》的有关规定予以处罚。个人少量自用采矿，未在指定地点进行的，处二百元以下罚款。

第四十一条　占用水库库容，在提防、护堤地挖筑坑塘的，责令停止违法行为，排除阻碍或者采取其他补救措施，根据情节轻重，处一万元以下的罚款。

第四十二条　需要立即清除河道的遗洒物、障碍物或者污染物，当事人不能清除的，行政机关可以决定立即实施代履行。当事人不在场的，行政机关应当在事后立即通知当事人，并依法作出处理。

第四十三条　违反本办法第二十条规定，防洪工程设施的工程质量不符合要求，除承担民事责任外，对项目法人的法定代表人及有关责任人员给予行政处分；构成犯罪的，依法追究刑事责任。由于设计、施工、监理单位造成工程质量不符合要求的，还应当依法追究设计、施工、监理单位法定代表人及有关责任人员的责任。

第四十四条　违反本办法第三十条规定的经营者，在防汛期间拒不服从水行政主管部门的监督管理和防汛调度的，责令限期改正，处一千元以上五千元以下的罚款；造成严重后果，构成犯罪的，依法追究刑事责任。

第四十五条　本办法规定的行政处罚，由县级以上人民政府水行政主管部门决定，或者由有关流域管理机构按照规定的权限决定。

第四十六条　防汛指挥机构、水行政主管部门及其他有关部门的国家工作人员有下列行为之一，构不成犯罪的，给予行政处分；构成犯罪的，依法追究刑事责任：

（一）不执行防洪规划的；

（二）贪污、截留、挤占、挪用防汛资金和物资的；

（三）违法批准建设影响防洪的建筑物的；

（四）不执行防汛抢险指令的；

（五）玩忽职守，徇私舞弊，致使防洪工作遭受重大损失的。

第八章　附　　则

第四十七条　本办法自 2000 年 8 月 10 日起施行。

河南省《河道管理条例》实施办法

(1992年8月15日省政府令第37号公布　2010年12月27日省政府令第136号《河南省人民政府关于废止和修订部分省政府规章的决定》修改)

第一章　总　　则

第一条　为加强河道管理，保障防洪安全，发挥河流的综合效益，根据《中华人民共和国河道管理条例》，结合我省实际情况，制定本办法。

第二条　本办法适用于我省境内除黄河、沁河干流外的一切河道（包括湖泊、人工水道、行洪区、蓄洪区、滞洪区）。

河道内的航道，同时适用《中华人民共和国航道管理条例》。

第三条　开发利用河流、湖泊水资源和防治水害，应当全面规划，统筹兼顾，综合利用，讲究效益，服从防洪的总体安排，促进各项事业的发展。

第四条　省人民政府水行政主管部门是全省河道主管机关。

省辖市、县（市）水行政主管部门是本行政区的河道主管机关。

第五条　全省河道实行按水系统一管理和分级管理相结合的原则。

县以上河道主管机关经同级人民政府批准，可以设置专管机构，具体负责辖区内的河道管理工作。

涉及两省辖市以上的主要河道，由省或授权的省辖市河道主管机关设置专管机构实施管理，涉及两县（市）以上的主要河道，由省辖市或授权的县（市）河道主管机关设置专管机构实施管理。

第六条　河道防汛和清障工作实行人民政府行政首长负责制。各级人民政府，要加强本辖区河道管理工作的领导，充分发挥河道主管机关的作用。

第七条　各级河道主管机关、河道专管机构以及河道监理人员，必须按照国家法律、法规，加强河道管理，执行供水计划和防洪调度命令，维护水工程和人民生命财产安全。

第八条　一切单位和个人，都有保护河道堤防安全和参加防汛抢险的义务。

第二章 河道整治与建设

第九条 河道的整治与建设，应服从流域综合规划，符合国家规定的防洪、除涝、通航标准和其他有关技术要求，维护堤防安全，保持河势稳定和行洪、航运通畅。

第十条 修建桥梁、码头和其他设施，必须按照国家规定的防洪标准所确定的河宽进行，不得缩窄行洪通道。

桥梁和栈桥的梁底必须高于设计洪水位，并按照防洪和航运要求，留有一定的超高。设计洪水位由河道主管机关根据防洪规划确定。

跨越河道的管道、线路的净空高度必须符合防洪和航运的要求。

第十一条 交通部门进行航道整治，应当符合防洪安全要求，并事先征求河道主管机关对有关设计和计划的意见。

水利部门进行河道整治涉及航道的，应当兼顾航运的需要，并事先征求交通部门对有关设计和计划的意见。

在重要的渔业水域进行河道、航道整治，建设单位应当兼顾渔业发展的需要，并事先将有关设计和计划送同级渔业主管部门征求意见。

第十二条 修建开发水利、防治水害、整治河道的各类工程和跨河、穿河、穿堤、临河的桥梁、码头、道路、渡口、管道、缆线等建筑物及设施，建设单位必须按照河道管理权限，将工程建设方案报送河道主管机关审查同意后，方可按照基本建设程序履行审批手续。建设项目经批准后，建设单位应将施工安排告知河道主管机关。

需要破堤的工程，施工时应有河道管理人员监督施工，竣工后建设单位应按原标准进行修复。跨汛期施工的工程项目，应与河道主管机关商定汛期安全措施。

第十三条 河道上所有新建建筑物及设施，必须经河道主管机关验收合格后方可启用，并服从河道主管机关的安全管理；不符合设计标准或质量有重大缺陷的，不得投入使用。

第十四条 堤防上已修建的涵闸、泵站和埋设的穿堤管道、缆线等建筑物及设施，河道主管机关应当定期检查，对不符合工程安全要求的应限期改建。

第十五条 城乡建设不得占用河道滩地。城镇规划的临河界限，由河道主管机关会同城镇规划等有关部门确定。沿河城镇在编制和审查城镇规划时，应事先征求河道主管机关的意见。

第十六条 河道岸线的利用和建设，应当服从河道整治规划和航道整治规划。计划部门在审批利用河道岸线的建设项目时，应当事先征求河道主管机关的意见。

河道岸线的界限，由河道主管机关会同交通等有关部门报县级以上人民政府划定。

第十七条 河道清淤、加固维修堤防和堤防锥探灌浆取土以及按照防洪规划进行河道整治需要占用的土地，由当地人民政府调剂解决。

因修建水库、整治河道所增加的可利用土地，属国家所有。可以由县级以上人民政府用于移民安置和河道整治工程。

第十八条 省内以河道为边界或跨行政区域的河道的整治与建设，按照下列规定执行：

（一）位于边界的河道和水工程，应严格执行有关方面共同商定的边界水利协议；

（二）在跨行政区域的河道上，未经统一规划和双方协议，上游不准扩大排水，下游不准设置阻水障碍缩小河道的排水能力；

（三）执行协议过程中发生异议，应报请上一级河道主管机关裁决，上级未裁决前，任何一方不得变更协议，强行施工。

第三章 河道保护与管理

第十九条 有堤防的河道，其管理范围为两岸堤防之间的水域、沙洲、滩地（包括可耕地）、行洪区、两岸堤防及护堤地。

无堤防的河道，其管理范围根据历史最高洪水位或者设计洪水位确定。

第二十条 全省河道及其主要水工程的管理范围是：

（一）淮河干流、洪汝河、唐白河、沙颍河、北汝河、澧河、伊洛河、卫河、共产主义渠等河道的重要防洪堤段护堤地临河堤脚外五米，背河堤脚外八米；上述河道的一般堤段和惠济河、涡河、汾泉河等河道堤防护堤地临河堤脚外三米，背河堤脚外五米。险工堤段护堤地，应适当加宽。

（二）水闸、水电站：大型的上、下游各二百米，中型的上、下游各一百米。

（三）滞洪区：滞洪堤临水坡脚外十米，背水坡脚外五米。

（四）其他河道的管理范围，由当地河道主管机关根据本办法第十九条规定的原则提出意见，报同级人民政府批准划定。

对已划定的管理范围，由河道管理单位立标定界，实施管理。

第二十一条 在河道管理范围内，水域和土地的利用应服从河道行洪、输水、安全和航运的要求；滩地利用，由当地河道主管机关会同土地管理等有关部门制订规划，报县级以上人民政府批准后实施。

第二十二条 禁止损坏堤防（含护堤林木、草皮）、护岸、闸坝等水工程建筑物和防汛设施、水文监测设施、河岸地质监测设施以及通讯照明等设施。

在防汛抢险和雨雪后堤顶泥泞期间，除防汛抢险车辆外，禁止其他车辆通行。

第二十三条 禁止非管理人员操作河道上的涵闸闸门，禁止任何组织和个人干扰河道管理单位的正常工作。

第二十四条 在河道管理范围内禁止进行下列活动：

（一）修建围堤、阻水渠道、阻水道路；

（二）种植高秆作物、荻苇、杞柳和树木（堤防防护林除外）；

（三）设置拦河渔具；

（四）弃置或倾倒矿渣、石渣、煤灰、泥土、垃圾等。

第二十五条 在堤防和护堤地内禁止进行下列活动：

（一）在堤身种植农作物、铲草、放牧、晒粮、堆放物料等；

（二）建房、开渠、打井、挖窖、葬坟、建窑；

（三）开采地下资源、进行考古发掘以及开展集市贸易活动。

第二十六条 确需利用堤顶、闸坝或者戗台兼做公路的，须经上级河道主管机关批准。堤身和堤顶公路的管理和维护办法，由省河道主管机关会同交通部门制定。

第二十七条 在河道管理范围内进行下列活动，必须报经河道主管机关批准，涉及其他部门的，由河道主管机关会同有关部门批准：

（一）采砂、取土、淘金、弃置砂石或者淤泥；

（二）爆破、钻探、挖筑鱼塘；

（三）在河道滩地存放物料、修建厂房或者其他建筑设施；

（四）在河道滩地开采地下资源及进行考古发掘；

（五）在非公路堤段的堤防上通行机动车辆；

（六）修筑拦河工程。

第二十八条　根据堤防的重要程度、堤基土质条件等，河道主管机关报经县级以上人民政府批准，在与河道管理范围相连地域划定堤防安全保护区。

本办法第二十条所列河道的防洪堤防安全保护区为五十米，一般堤防安全保护区不少于三十米。在堤防安全保护区内，禁止采石、取土、挖坑、打井、建窑、葬坟、钻探、爆破、挖筑鱼塘及其他危及堤防安全的活动。

第二十九条　禁止围湖造田和在滞洪区内围田，已经围垦的，应当按照国家规定的防洪标准进行治理、退田。

禁止围垦河流，确需围垦的，必须经过科学论证，并提出书面报告经省河道主管机关审查报省人民政府批准。

第三十条　加强河道滩地、堤防和河岸的水土保持工作，防止水土流失、河道淤积。引黄灌区，应加强引黄退水监测管理，退水含沙量不得超过河道主管机关规定的限额标准。

第三十一条　河流故道、旧堤、原有工程设施等，非经河道主管机关批准，不得填堵、占用或者拆毁。

第三十二条　护堤、护岸林木，由河道管理单位组织营造和管理，其他任何单位和个人不得侵占、砍伐或者破坏。

河道管理单位对护堤、护岸林木进行抚育和更新性质的采伐及用于防汛抢险的采伐，免交育林基金。

第三十三条　在为保证堤岸安全需要限制航速的河段，当地河道主管机关应当会同交通部门设立限制航速的标志，通行的船舶不得超速行驶。

第三十四条　山区河道有山体滑坡、崩岸、泥石流等自然灾害的河段，河道主管机关应当会同地质、交通等部门加强监测。在上述河段，禁止从事开山采石、采矿、开荒等危及山体稳定的活动。

第三十五条　向河道、湖泊排污的排污口的设置和扩大，排污单位在向当地环境保护部门申报之前，应当征得河道主管机关的同意。

第三十六条　在河道管理范围内，禁止堆放、倾倒、掩埋、排放污染水体的物体，禁止在河道内清洗装贮过油类或者有毒污染物的车辆、容器。

河道主管机关应当开展河道水质监测工作，协同环境保护部门对水污染防治实施监督管理；积极协同有关部门改善水源条件，对危害人体健康和农业生产的水源区域，配合有关部门设置有害标志。

第三十七条　所有河道应实行专业管理与群众管理相结合的办法。沿河乡（镇）、城市街道、村（居）民委员会可根据河道管理任务的大小，建立群众性的河道管理组织，协助河道管理单位做好河道管理工作。

第四章　河　道　清　障

第三十八条　河道主管机关对在河道管理范围内的阻水障碍物，按照"谁设障、谁清除"的原则，提出清障计划和实施方案，由防汛指挥部责令设障者在规定的期限内清除。逾期不清除的，由防汛指挥部组织强行清除，并由设障者负担全部清障费用。

河道清障后，应立标划界，严禁再设新的阻水障碍。

第三十九条　对壅水、阻水严重的桥梁、引道、码头、横滩渠、生产堤、拦水坝和其他工程设施，由河道主管机关按照国家规定的防洪标准提出处理意见并报当地县以上人民政府批准，责成原建设单位在规定的期限内改建或者拆除。汛期影响防洪安全的，必须服从防汛指挥部的紧急处理决定。

第五章　经　费　管　理

第四十条　河道工程的防汛岁修费，按照分级管理的原则，分别由省和省辖市、县（市）财政负担，列入各级财政预算。

第四十一条　受益范围内的堤防、护岸、水闸、圩埝和排涝工程设施，河道主管机关可以向受益的工商企业等单位和农户收取河道工程修建维护管理费。收费的具体标准和计收管理办法，由省水利厅会同省物价局、财政厅另行制定，报省政府批准后执行。

第四十二条　在河道管理范围内采砂、取土、淘金，必须按照经批准的范围和作业方式进行，并向河道主管机关缴纳管理费。具体收费标准，按国务院有关部门的规定执行。

第四十三条 任何单位和个人，凡对堤防、护岸和其他水工程设施造成损坏或者造成河道淤积的，由责任者负责修复、清淤或者承担维修费用。

第四十四条 河道主管机关按规定收取的各项费用，应用于河道堤防工程的建设、管理维修和设施的更新改造。资金使用计划，应经上级主管机关批准，受同级财政、审计部门监督，结余资金可以连年结转使用，任何部门不得截取或挪用。

第四十五条 河道两岸的农村和城镇，当地县级以上人民政府可以在汛期组织堤防保护区域的单位或个人义务出工，对河道堤防工程进行维修和加固。

河道主管机关应在每年的汛期前后，将河道维修和度汛需要的义务工数量，报告同级人民政府。

第六章 罚 则

第四十六条 违反《条例》和本办法规定的，由县以上河道主管部门或者有关主管部门按照《条例》第六章规定责令纠正违法行为、采取补救措施、赔偿损失或给予行政处分处理外，对其中并处罚款的，按下列标准执行：

（一）在堤身建房、建窑、开渠、挖窖、葬坟、开采地下资源以及进行集市贸易的，处五十元至五百元罚款。

（二）在堤防上铲草、放牧、晒粮和在行洪滩地种植高秆作物，处二十元至一百元罚款。

（三）擅自占用堤防、行洪滩地堆放料物、砂石的，处二十元至二百元罚款。

（四）在河道行洪范围内弃置、堆放垃圾、矿渣、煤灰、泥土、石渣等物体的，每立方米罚款八元至十二元。

（五）在行洪滩地内种植阻水林木、条类、荻苇的，每亩处一百至二百元罚款。

（六）在河道管理范围内修建阻水围堤、阻水渠道、阻水道路的，处一百至二千元罚款。

（七）未经批准或者不按河道主管机关的规定，在河道管理范围内采砂、取土、淘金、爆破、钻探、挖筑鱼塘的，处五十至一千元罚款。

（八）盗窃毁坏防汛、水文监测、测量及通讯、照明设施的，损毁堤防、护岸、闸坝及建筑物的，除处以三百至二千元罚款外，视情节依法惩处。

第四十七条　对违反《条例》及本办法规定，造成国家、集体、个人经济损失的，受害方可以请求县级以上河道主管机关处理。受害方也可以直接向人民法院起诉。

当事人对河道主管机关处理决定不服的，可以在接到通知之日起，十五日内向人民法院起诉。

第四十八条　河道主管机关及管理单位的工作人员以及水政监察人员玩忽职守、滥用职权、营私舞弊的，由其所在单位或者上级主管机关给予行政处分；对公共财产、国家和人民利益造成重大损失的，依法追究刑事责任。

第七章　附　　则

第四十九条　本办法执行中的具体问题由省水利厅负责解释。

第五十条　本办法自发布之日起施行。过去我省有关河道管理方面的规定，凡与本办法相抵触的，一律按本办法执行。

河南省黄河河道管理办法

（1992年8月3日豫政〔1992〕64号发布 根据1998年4月9日豫政〔1998〕16号发布的《河南省人民政府关于废止、修订部分规章和删除部分行政文件中行政处罚内容的通知》第一次修正 根据2011年1月5日省政府令第136号公布的《河南省人民政府关于废止和修订部分省政府规章的决定》第二次修订 2017年11月8日省政府第142次常务会议修订通过）

第一章 总 则

第一条 为加强黄河河道管理，保障防洪安全，发挥黄河河道及治黄工程的综合效益，根据《中华人民共和国河道管理条例》《河南省黄河防汛条例》《河南省黄河工程管理条例》及其他有关法律、法规规定，结合本省实际，制定本办法。

第二条 本省境内的黄河河道（包括黄河干流河道、沁河干流河道、滩区、滞洪区、库区）及其工程、设施的管理，适用本办法。

第三条 开发利用黄河水资源和防治水害，应当全面规划、统筹兼顾、综合利用、讲求效益，服从防洪的总体安排，促进各项事业发展。

第四条 河南黄河河务局是我省黄河河道主管机关。沿黄河各省辖市、县（市、区）黄河河务局是该行政区域或者管理范围的黄河河道主管机关。

河南黄河河道，根据国务院水行政主管部门划定的等级标准进行管理。

沿黄河县级以上人民政府发展改革、国土资源、环保、交通运输、水利、农业、林业等有关部门，应当在各自职责范围内做好有关的黄河河道管理工作。

第五条 黄河河道防汛和清障工作实行政府行政首长负责制。

沿黄河县级以上人民政府应当按照黄河流域防洪规划要求和国家有关规定，组织制定滩区安全建设规划和土地利用规划，对居住在滩区的居民有计划地组织外迁。

第六条 各级黄河河道主管机关及河道监理人员必须按照国家法律、法规，加强河道管理，执行供水计划和防洪调度命令，维护水工程和人民生命财产安全。

第七条 一切单位和个人都有保护河道、堤防、滞洪工程安全和参加防汛抢险的义务。

第二章 河道整治与建设

第八条 河道整治与建设应当服从流域综合规划，符合国家规定的防洪标准和其他有关技术要求，维护工程安全，保持河势稳定和行洪、航运通畅，保护水环境质量及生态环境安全。

第九条 在黄河河道上修建开发水利、防治水害、整治河道的各类工程和跨河、穿河、穿堤、临河的桥梁、码头、渡口、道路、管道、缆线等建筑物及设施，建设单位必须按照河道管理权限，将工程建设方案报送黄河河道主管机关审查同意。未经黄河河道主管机关审查同意的，建设单位不得开工建设。

建设项目经批准后，建设单位应当将施工安排告知黄河河道主管机关。

第十条 在黄河河道上修建桥梁、码头和其他设施，必须按照国家规定的防洪标准确定的河宽进行，不得缩窄行洪通道。

桥梁的梁底必须高于设计洪水位，并按照防洪和航运的要求，留有一定的超高。设计洪水位由黄河河道主管机关根据防洪规划确定。

跨越黄河河道的管道、线路的净空高度必须符合防洪和航运要求。

第十一条 黄河河道主管机关应当定期检查黄河堤防上已修建的涵闸、泵站和埋设的穿堤管道、缆线等建筑物及设施，对不符合防洪安全要求的，应当通知其主管单位或者运营单位限期处理。工程处理的费用由工程主管单位或者运营单位承担。

在堤防上新建前款所指建筑物及设施，施工时应当接受当地黄河河道主管机关的监督；工程竣工后，必须经黄河河道主管机关验收合格后方可启用，并服从黄河河道主管机关的安全管理。

第十二条 黄河堤防工程一般不作公路使用，确需利用堤顶或者戗台兼作公路的，须报经有审批权限的黄河河道主管机关批准。

第十三条 城镇建设和发展不得占用河道滩地。城镇建设的临堤界线为堤脚外五百米，乡村建设的临堤界线为堤脚外一百米。在编制和审查沿河城镇、乡村规划时，应当事先征求黄河河道主管机关的意见。

第十四条　黄河河道岸线的利用和建设应当服从河道整治规划。在审批利用河道岸线的建设项目时，发展改革部门应当事先征求黄河河道主管机关的意见。

黄河滩区不得设立新的村镇和厂矿，已从滩区迁移到大堤背河一侧的村镇和厂矿不得迁回滩区。

第十五条　黄河修堤筑坝、防汛抢险、涵闸建设、护滩控导工程、防洪道路等工程占地以及取土，由当地人民政府调剂解决。黄河修堤筑坝用土限定在堤防安全保护区以外就近取土。

因修建黄河河道整治工程增加的可利用土地，属于国家所有，可以由县级以上人民政府用于移民安置和河道整治工程。

第十六条　在黄河河道内，未经有关各方达成协议和黄河河道主管机关批准，严禁单方面修建排水、阻水、挑水、引水、蓄水工程以及河道整治工程。

第三章　河道管理与保护

第十七条　沿黄河各级人民政府应当设立黄河河长，河长由同级人民政府主要负责人担任。

各级黄河河长负责组织相应黄河河道的管理、保护、治理工作，协调解决重大问题，对本级政府相关部门和下级河长履职情况进行督导和考核。

第十八条　黄河河道管理范围为黄河两岸堤防之间的水域、沙洲、滩地（包括可耕地）、滞洪区、库区、两岸堤防及护堤地。

无堤防的河道，其管理范围应当根据历史最高洪水位或者设计洪水位确定。

河道的具体管理范围由县级以上人民政府负责划定。

第十九条　黄河河道及其主要水工程的管理范围是：

（一）堤防护堤地：兰考县东坝头以上黄河堤左右岸临、背河各三十米；东坝头以下的黄河堤、贯孟堤、太行堤、北金堤以及孟津、孟州和温县黄河堤临河三十米，背河十米；沁河堤临河十米，背河五米。以上堤防的险工、涵闸、重要堤段的护堤地宽度应当适当加宽。

护堤地从堤脚算起，有淤临、淤背区和前后戗的堤段从淤区和堤戗的坡脚算起；各段堤防如遇加高帮宽，护堤地的宽度相应外延。

（二）控导（护滩）工程护坝地：临河自坝头连线向外三十米，背河自联坝坡脚向外五十米。工程交通路坡脚外三米为护路地。

（三）涵闸工程从渠首闸上游防冲槽至下游防冲槽末端以下一百米，闸边墙和渠堤外二十五米为管理范围。

上述工程管理范围用地，原大于规定标准的，保持原边界；现达不到规定标准的，由省辖市、县（市、区）人民政府按照规定标准划定范围，黄河河道主管机关应当按照国家和省规定办理用地手续。

第二十条　在黄河河道管理范围内，水域和土地的利用应当符合黄河行洪、输水和航运要求；滩地的利用应当由黄河河道主管机关会同当地土地管理等有关部门制定规划，报县级以上人民政府批准后实施。

黄河河道内的滩地不得规划为城市建设用地、商业房地产开发用地和工厂、企业成片开发区。

第二十一条　禁止损毁堤防、护岸、闸坝等水工程建筑物和防汛设施、水文监测和测量设施、河岸地质监测设施以及通信照明等设施。

在防汛抢险和雨雪堤顶泥泞期间，除防汛抢险车辆外，禁止其他车辆通行。

第二十二条　禁止非管理人员操作河道上的涵闸闸门，任何组织和个人均不得干扰黄河河道主管机关的正常工作。

第二十三条　在黄河河道管理范围内，禁止下列活动：

（一）修建围堤、阻水渠道、阻水道路；

（二）种植高秆农作物、芦苇和片林（堤防防护林除外）；

（三）弃置矿渣、石渣、煤灰、泥土、垃圾等；

（四）在堤防和护堤地建房、开渠、打井、挖窖、建窑、葬坟、取土、放牧、违章垦殖、堆放物料、开采地下资源、进行考古发掘以及开展集市贸易活动；

（五）采淘铁砂；

（六）在堤顶行驶履带机动车和其他硬轮车辆；

（七）设置拦河渔具；

（八）其他有关法律、法规、规章禁止的活动。

第二十四条　在黄河河道管理范围内进行下列活动，必须报经黄河河道主管机关批准；涉及其他部门的，由黄河河道主管机关会同有关部门批准：

（一）采砂、取土；

（二）爆破、钻探、挖筑鱼塘；

（三）在河道滩地存放物料、修建厂房或者其他建筑设施；

（四）在河道滩地开采地下资源及进行考古发掘。

第二十五条　黄河河道堤防安全保护区的范围是：黄河堤脚外临河五十米，背河一百米；沁河堤脚外临河三十米，背河五十米。

库区范围均为安全保护区。

在黄河河道堤防安全保护区内，禁止进行打井、钻探、爆破、开渠、挖窖、挖筑鱼塘、采石、取土等危害堤防安全的活动。

第二十六条　在黄河河道堤防安全保护区外二百米范围内，禁止擅自进行爆破作业；确需进行爆破作业或者在二百米范围外进行大药量爆破危及堤防工程安全的，施工单位应当向当地黄河河道主管机关申请，由黄河河道主管机关会同公安机关审查批准后，方可实施爆破作业。

第二十七条　在黄河河道管理范围内新建或者改建各类工程，施工时应当保护原有的河道工程及附属设施，确需损毁的须经省黄河河道主管机关批准，工程完工后由建设单位恢复或者予以赔偿。

第二十八条　黄河历史上留下的旧堤、旧坝、原有工程设施等，未经黄河河道主管机关批准，不得占用或者拆毁。

第二十九条　护堤、护岸、护坝林木由黄河河道主管机关组织营造和管理，其他任何单位和个人不得侵占、砍伐或者破坏。

第三十条　在汛期或者黄河工程抢险期间，船舶的行驶和停靠必须遵守防汛指挥部的规定。

第三十一条　向黄河河道排污的排污口的设置和扩大，排污单位在向环保部门申报之前，应当征得黄河河道主管机关的同意。

第三十二条　在黄河河道管理范围内，禁止堆放、倾倒、掩埋、排放污染水体的物体。禁止在河道内清洗装贮油类或者有毒污染物的车辆、容器。

黄河河道主管机关应当开展河道水质监测工作，协同环保部门对水污染防治实施监督管理。

第三十三条　滞洪区土地利用、开发和各项建设应当符合防洪要求，保

持蓄洪能力，实现土地的合理利用，减少洪灾损失。

第三十四条 加强维护在滞洪区内为群众避洪、撤离所建的避水台、围村堰、道路、桥梁报警装置、船只、避水指挥楼、通讯设施等，保证其正常运用。对专用设施，任何单位和个人不得擅自挪用。

第三十五条 对黄河河道管理范围内的阻水障碍物，按照"谁设障、谁清除"的原则，由黄河河道主管机关提出清障计划和实施方案，由防汛指挥部责令设障者在规定的期限内清除。逾期不清除的，由防汛指挥部组织强行清除，并由设障者负担全部清障费用。

第三十六条 对壅水、阻水严重的桥梁、引道、码头和其他跨河工程设施，由黄河河道主管机关根据国家规定的防洪标准提出处理意见，报经当地人民政府批准后，责成原建单位或者个人在规定的期限内改建或者拆除。汛期影响防洪安全的，必须服从防汛指挥部的紧急处理决定。

第三十七条 任何单位和个人，凡对堤防、护岸和其他水工程设施造成损坏或者造成河道淤积的，由责任者负责修复、清淤或者承担维修费用。

因在黄河河道上修建的各类工程设施，影响黄河防洪并造成河道防洪和整治工程费用增加的，增加的费用由修建工程设施的单位承担。

第四章　滩区居民迁建

第三十八条 黄河滩区居民迁建应当遵循政府主导、群众自愿、科学规划、集中安置、及时复垦的原则，保障黄河安全和滩区发展。

第三十九条 滩区所在地人民政府负责本辖区内的黄河滩区居民迁建工作，按照迁建规划要求，制定主要配套政策和措施，落实政府主体责任。

第四十条 滩区居民迁建安置后，当地人民政府应当组织拆除滩区内原住房等阻碍行洪的设施；对拆除设施产生的建筑垃圾应当实施分类处理。

第四十一条 原有村庄拆除后，当地人民政府应当对原有村庄占地及时进行复垦，复垦后的土地主要用于农业生产和生态恢复。

滩区居民迁出后的滩区土地可以依法进行流转，在不影响黄河行洪、滞洪、沉沙的前提下，鼓励利用滩区土地资源，促进土地规模化经营，发展生态、休闲农业。

第四十二条 滩区居民迁建后节余的土地指标交易收益，优先用于安置区占地补偿、基础设施和公共服务设施建设以及土地复垦。

第五章 法 律 责 任

第四十三条 违反本办法规定，有下列行为之一的，由县级以上黄河河道主管机关责令其纠正违法行为、采取补救措施，并可以按照下列标准处以罚款：

（一）在河道管理范围内弃置矿渣、石渣、煤灰、泥土、垃圾等物料的，每立方米处二百元以上五百元以下罚款，但罚款金额最高不超过五万元；种植高秆农作物、芦苇和片林的，每亩处五十元以上二百元以下罚款，但罚款金额最高不超过五万元；修建围堤、阻水渠道、阻水道路的，处五千元以上三万元以下罚款；

（二）在堤防、护堤地建房、开渠、打井、挖窖、建窑、葬坟、取土的，处一千元以上五千元以下罚款；放牧、违章垦殖、开展集市贸易活动的，处一百元以上三百元以下罚款；堆放物料、开采地下资源、进行考古发掘的，处一万元以上五万元以下罚款；

（三）未经批准或者不按照国家规定的防洪标准、工程安全标准整治河道或者修建水工程建筑物和其他设施的，处一万元以上五万元以下罚款；

（四）未经批准或者不按照河道主管机关的规定在河道管理范围内采砂的，处一万元以上五万元以下罚款；取土、爆破、钻探的，处五千元以上一万元以下罚款；挖筑鱼塘的，每平方米处五十元以上一百元以下罚款，但罚款金额最高不超过五万元；

（五）未经批准在河道滩地存放物料，修建厂房或者其他建筑设施，开采地下资源，进行考古发掘的，处一万元以上五万元以下罚款；

（六）违反规定在堤顶行驶履带机动车和其他硬轮车辆的，处五十元以上二百元以下罚款；造成堤面破坏的，每平方米罚款五十元，但罚款金额最高不超过五万元；

（七）损毁堤防、护岸、闸坝等水工程建筑物和防汛设施、水文监测和测量设施、河岸地质监测设施以及通信照明等设施的，处一万元以上五万元以下罚款；

（八）在堤防安全保护区内进行打井、钻探、爆破、开渠、挖窖、挖筑鱼塘、采石、取土等危害堤防安全活动的，处一万元以上五万元以下罚款；

（九）非管理人员操作河道上的涵闸闸门或者干扰河道管理正常工作的，处一千元以上五千元以下罚款。

第四十四条 黄河河道主管机关及其工作人员以及河道监理人员有下列情形之一的，由其所在单位或者上级主管机关依法给予处分；构成犯罪的，依法追究刑事责任：

（一）拒不执行供水计划和防洪调度命令的；

（二）未依法履行黄河河道管理有关审查、审批职责的；

（三）对违反黄河河道管理规定的行为不依法查处的；

（四）有其他滥用职权、玩忽职守、徇私舞弊的行为的。

第六章　附　　则

第四十五条 本办法自 2018 年 3 月 9 日起施行。

湖北省

湖北省河湖长制工作规定

(2022年9月16日中共湖北省委常委会会议审议批准 2022年9月28日中共湖北省委、湖北省人民政府发布)

第一章 总 则

第一条 为了保障河湖长制实施，统筹流域水安全，推进生态文明建设和高质量发展，根据党中央、国务院有关部署和规定精神，结合我省实际，制定本规定。

第二条 本规定所称河湖长制，是指在相应河湖设立河长、湖长（以下统称河湖长），组织领导其责任河湖的管理保护工作，统筹、协调、督促相关党委和政府以及有关部门履行法定职责，推动落实河湖管理保护的目标任务和行动计划的工作制度。

第三条 全省河湖长制工作以习近平新时代中国特色社会主义思想为指导，贯彻落实习近平生态文明思想，完整、准确、全面贯彻新发展理念，坚持节水优先、空间均衡、系统治理、两手发力，构建责任明确、协调有序、监管有力、保护有效的河湖管理保护机制，为建设全国构建新发展格局先行区，维护河湖健康生命、实现河湖功能永续利用提供制度保障。

第四条 全面实施河湖长制工作，应当坚持生态优先、绿色发展，党政领导、部门联动，问题导向、因地制宜，强化监督、严格考核的原则。

第五条 本规定所称河湖，包括江河、湖泊、水库、渠道以及人工水道等水体及岸线。

根据国家和我省有关规定纳入河湖长制实施范围的塘堰、溪沟等小微水体，适用本规定。

第六条 河湖管理保护工作主要包括水资源保护、水域岸线管理、水污染防治、水环境治理、水生态修复、执法监管，以及国家和我省规定的其他任务。

第二章　组　织　体　系

第七条　建立流域统一管理与区域分级管理相结合的河湖长制组织体系。

按照流域设立河湖长，跨省、市重要河湖设立省级河湖长；河湖所在的市（含州、直管市、神农架林区，下同）、县（含县级市、区，下同）、乡（含镇、街道，下同）、村（含社区，下同）分级分段设立河湖长。乡级以上河湖长原则上由同级党委和政府负责人担任。村级河湖长由乡级党委和政府明确。

按照行政区域设立省、市、县、乡级总河湖长、副总河湖长，分别由同级党委和政府主要负责人、分管负责人担任。

乡级以上河湖长实行席位制，担任河湖长的负责人职务发生变动的，由相应岗位新任负责人接替。新任负责人未到岗前，由同级其他党委和政府负责人或者联系部门主要负责人代为履行相应河湖长工作职责。

鼓励和支持设立民间河湖长，配合各级河湖长做好相关工作，共同保护河湖生态环境。

第八条　各级党委和政府要切实加强对河湖长制工作的领导，建立健全工作组织领导体系。

县级以上党委和政府应当设立河湖长制办公室，承担本级河湖长制日常工作，对本级总河湖长负责。省河湖长制办公室设在省水利厅。各级河湖长制联席会议要发挥统筹协调作用。联席会议成员单位根据职责分工，依法履行河湖管理保护相关职责，协同推进河湖长制工作。

县级以上党委和政府应当配齐配强河湖长制办公室工作人员，将工作经费纳入本级财政预算。乡级党委和政府应当明确负责河湖长制工作的机构。

第九条　县级以上党委和政府应当根据本级河湖长设立情况明确河湖长联系部门，由其协助相应河湖长做好有关工作。

第十条　全省公安机关明确省、市、县、乡四级河湖警长，由同级公安机关或者公安派出机构负责同志担任。

第十一条　全省检察机关明确省、市、县三级河湖检察长，分别由同级检察机关负责同志担任。省、市、县检察机关均至少明确一名检察官负责联系同级河湖长制办公室，协助河湖长开展河湖长制有关工作。

第三章　工　作　职　责

第十二条　各级总河湖长负责组织领导本行政区域内河湖管理保护工作，是本行政区域全面推行河湖长制工作的第一责任人，对本行政区域河湖管理保护负总责。主要履行以下职责：

（一）贯彻落实党中央、国务院关于河湖长制工作决策部署和省委、省政府工作要求；

（二）组织建立健全党政领导负责制为核心的责任体系，建立全面推行河湖长制工作领导机制；

（三）主持研究河湖长制推行中的重大政策措施、重要制度以及河湖管理保护的重大事项；

（四）统筹河湖管理保护工作，部署安排河湖管理保护重点任务、重大专项行动；

（五）组织召开总河湖长会议，研究解决河湖长制推进过程中的全局性问题以及河湖管理保护的重大问题；

（六）组织督导落实河湖长制监督考核与激励问责制度，督促指导本级河湖长、河湖长制办公室、河湖长联系部门和下级河湖长履行职责。

副总河湖长协助本级总河湖长开展工作。

第十三条　省级河湖长主要履行以下职责：

（一）组织领导责任河湖的管理保护工作，协调和督促解决责任河湖管理保护的重大问题；

（二）组织审定责任河湖的"一河（湖）一策"等河湖管理保护方案并督导实施；

（三）明晰责任河湖上下游、左右岸、干支流地区管理保护目标任务，推动建立流域统筹、区域协同、部门联动的河湖联防联控机制；

（四）组织开展责任河湖的巡查和突出问题专项整治工作；

（五）组织对省级相关部门（单位）和下级河湖长履职情况进行督导，对目标任务完成情况进行考核；

（六）完成省总河湖长交办的工作任务。

第十四条　市、县级河湖长主要履行以下职责：

（一）审定并组织实施责任河湖"一河（湖）一策"方案或者细化实施方案；

（二）组织研究责任河湖管理保护中的重大问题，协调和督促相关部门（单位）予以解决；

（三）组织开展责任河湖的巡查和侵占河道、围垦湖泊、超标排污、违法养殖、非法采砂、破坏航道、电毒炸鱼等专项治理、整治行动；

（四）牵头协调上下游、左右岸、干支流相关地区以及部门（单位）落实流域（跨界）河湖联防联控机制；

（五）对本级相关部门（单位）和下级河湖长履职情况进行督导，对其目标任务完成情况组织考核；

（六）完成上级河湖长和本级总河湖长交办的工作任务。

第十五条　乡级河湖长主要履行以下职责：

（一）组织落实责任河湖管理保护的具体工作；

（二）开展责任河湖经常性巡查，及时处理和上报发现的相关河湖问题；

（三）组织开展河湖日常清漂、保洁等活动；

（四）组织落实小微水体的管理保护工作；

（五）指导监督村级河湖长开展工作；

（六）完成上级河湖长和本级总河湖长交办的工作任务。

第十六条　乡级党委和政府应当与村级河湖长明确约定其具体职责，主要包括以下工作：开展责任河湖的日常巡查工作，及时发现并劝阻相关违法行为，并向上级河湖长或者有关部门报告相关情况；落实小微水体具体管理保护工作；教育引导村民、居民保护河湖资源、改善河湖生态环境；完成上级河湖长交办的工作任务。

乡级党委和政府在村级河湖长职责约定中，应当同时明确经费保障和未履行职责承担的责任等事项。

第十七条　各级河湖长制办公室负责全面推行河湖长制的组织实施、综合协调、检查督办和考核评价等工作，主要履行以下职责：

（一）组织完成本级党委和政府、总河湖长和副总河湖长确定或者交办的事项，协调完成本级其他河湖长确定或者交办的事项，及时请示报告有关情况；

（二）督促协调本级河湖长制联席会议成员单位、河湖长联系部门履行职责；

（三）研究起草河湖长制相关制度，组织编制和监督落实"一河（湖）一策"等河湖管理保护规划、方案；

（四）组织开展河湖长制工作监督检查、考核评价、评选表彰；

（五）组织开展河湖长制及河湖管理保护的宣传、培训等工作；

（六）完成上级河湖长制办公室交办的工作任务；

（七）其他有关职责。

第十八条 河湖长联系部门协助相应河湖长做好相关工作，主要履行以下职责：

（一）协助、提醒相应河湖长履职，承担相应河湖长的办公室日常工作；

（二）掌握责任河湖基本情况和存在的主要问题；

（三）定期组织开展责任河湖巡查工作，协助相应河湖长抓好问题的跟踪督办落实；

（四）及时向相应河湖长以及河湖长制办公室报告有关河湖长制工作情况，报送有关履职信息；

（五）完成相应河湖长以及河湖长制办公室交办的其他工作。

第十九条 各级河湖警长在相应河湖长的领导下，研究解决河湖管理保护工作中存在的治安问题，依法遏制、打击涉河湖违法犯罪行为。主要履行以下职责：

（一）组织本级公安机关依法打击污染水环境、非法采砂、非法捕捞等涉河湖违法犯罪行为，及时查处在河湖管理保护领域中违反治安管理处罚法的违法行为；

（二）健全本地河湖区域治安防控网络，及时排查化解矛盾纠纷和治安隐患；

（三）参与部门联合执法，依法查处妨害公务等违法犯罪行为；

（四）协助相应河湖长开展巡查、调研、督查等工作，定期向相应河湖长和上级河湖警长报告工作开展情况，及时报告工作中遇到的重大问题，为河湖治理提供非涉密公安业务数据信息，配合开展法治宣传工作。

第二十条 河湖检察长负责推动行政监管执法与检察监督有效衔接，推进落实涉河湖公益诉讼制度，依法打击涉河湖违法犯罪行为，督促行政机关依法履职，督促水生态环境损害责任人依法对水生态环境进行修复或者补偿，维护社会公共利益。

河湖长制办公室联络检察官协助本级河湖长开展河湖长制有关工作，督促有关行政机关落实本级河湖长以及河湖长制办公室反馈的涉河湖有关问题。

第四章 工 作 机 制

第二十一条 县级以上总河湖长可以就本行政区域内河湖管理保护和河湖长制工作的重大事项签发总河湖长令，对有关工作作出部署。

第二十二条 各级河湖长以及联系部门应当定期或者不定期组织开展河湖巡查工作，巡查频次、形式、内容和情况通报按照国家和我省有关规定执行。根据实际情况，对跨界河湖组织开展联合巡查、联合执法工作。

对于巡查中发现的问题，按照以下规定处理：

（一）属于自身职责范围的，应当及时予以处理；

（二）根据职责应由本级相关部门处理的，应当及时协调、督促相关部门予以处理；

（三）根据职责应由上级河湖长或者上级相关部门处理的，提请上一级河湖长协调处理；

（四）根据职责应由下级河湖长或者下级相关部门处理的，移交下一级河湖长组织处理。

第二十三条 县级人民政府应当建立河湖日常管护机制，通过聘请河湖巡查员、保洁员或者政府购买服务等方式，开展河湖日常巡查和保洁工作。

河湖垃圾（含水面漂浮物）纳入城乡一体化垃圾处理范围。

第二十四条 县级以上人民政府应当提高河湖水质水量监测能力，优化监测站点布设，加强河湖跨界断面动态监测，强化监测结果的运用。

第二十五条 县级以上人民政府应当建立统一高效的信息共享机制，在管理部门之间实现河湖水文、自然资源、生态环境、执法处置等数据信息的及时共享，提高河湖管理保护信息化、数字化、智慧化水平。跨界河湖问题突出的，相关县级以上人民政府或者其授权部门应当主动共享跨界河湖的水质水量、环境风险等基本信息，共同防御水灾害、水污染等风险。

第二十六条 县级以上河湖长名单应当通过本地政府门户网站或者主要

媒体公开发布；乡、村级河湖长名单根据实际情况以适当方式公开发布。

河湖重点水域和沿岸显要位置应当设立河湖长公示牌，载明河湖长姓名、职务、职责、河湖管理保护范围以及监督举报电话等内容。公示牌所载信息发生变动的，应当及时更新。

第二十七条 县级以上人民政府应当聘请河湖长制社会监督员，参与监督评价河湖管理保护工作。

鼓励和引导公民、法人和其他组织参与河湖保护工作，从事河湖保护志愿服务。

倡导村规民约、居民公约对河湖管理保护作出约定。

第二十八条 县级以上人民政府应当鼓励和吸纳社会资本以多种形式参与河湖保护，可以通过市场化机制设立河湖保护基金，重点支持实施河湖管理保护、重大生态环境治理等项目。

基金管理组织机构依法依规接受社会捐赠，按照捐赠者意愿用于本地或者具体河湖的管理保护。

第二十九条 县级以上人民政府应当建立危害河湖行为举报制度以及对举报人的奖励、保护制度。

有关部门接到公民、法人和其他组织对危害河湖行为的举报、投诉后，应当及时予以核查、处理。

第三十条 加强河湖管理保护领域检察公益诉讼工作，建立健全检察公益诉讼制度与生态环境损害赔偿制度的有效衔接机制。

县级以上人民政府及其部门和检察机关、审判机关，应当依法履行推进检察公益诉讼工作的职责。

第三十一条 县级以上党委和政府应当做好实施河湖长制的宣传教育和舆论引导工作，加强河湖管理保护相关法律法规的普及，增强社会各界的责任意识、参与意识，凝聚生态文明建设的共识与合力，形成全社会共同参与河湖保护的良好氛围。

鼓励广播、电视、报刊、互联网等媒体开展河湖保护和河湖长制的公益性宣传。

第五章 考 核 奖 惩

第三十二条 严格河湖长制考核。县级以上总河湖长应当组织对本级河湖管理保护和河湖长制工作有关部门（单位）以及下一级地方河湖长制工作情况进行年度考核和专项考核，县级以上河湖长应当组织对相应河湖的下一级河湖长履职情况进行年度考核和专项考核。

强化考核结果运用。将河湖长制考核结果作为地方党政领导干部综合考核评价的重要依据，作为干部选拔任用的重要参考和领导干部自然资源资产离任审计的重要依据，并与河湖长制"以奖代补"资金安排挂钩。

第三十三条 对河湖长制工作成绩显著的相关部门（单位）或者个人，各级党委和政府按照国家和我省有关规定，给予表彰或者奖励。

第三十四条 对未履行职责或者履行职责不力的，县级以上总河湖长应当约谈本级河湖长和下级总河湖长，副总河湖长应当约谈本级相关部门（单位）、下级河湖长和下级河湖长制办公室，河湖长应当约谈联系部门和下级河湖长。

第三十五条 各级河湖长未按照规定履行职责，有下列行为之一，造成不良后果或者影响的，根据情节轻重，按照管理权限，依规依纪依法给予处理处分：

（一）未认真落实河湖长制有关政策规定，执行上级河湖长指令不力的；

（二）未按照规定进行巡查，或者对巡查发现的问题未按规定进行处理的；

（三）对社会反映强烈的河湖问题未采取及时有效处置措施的；

（四）其他怠于履行河湖长职责的行为。

第三十六条 县级以上河湖长制办公室未按照规定履行职责，有下列行为之一，造成不良后果或者影响的，根据情节轻重，按照管理权限，依规依纪依法给予处理处分：

（一）未认真落实河湖长制有关政策规定，执行本级党委和政府以及总河湖长、副总河湖长、上级河湖长制办公室要求不力的；

（二）对社会反映强烈的河湖问题，未及时提醒相关河湖长履职，未及时分办、督办相关职能部门履职的；

（三）未组织开展编制"一河（湖）一策"，未组织开展河湖长制考核的；

（四）其他违反河湖长制相关规定的行为。

第三十七条 县级以上河湖长联系部门未按照规定履行职责，有下列行为之一，造成不良后果或者影响的，根据情节轻重，按照管理权限，依规依纪依法给予处理处分：

（一）未认真落实河湖长制有关政策规定，执行本级总河湖长、副总河湖长和相应河湖长要求不力的；

（二）未按照规定履行责任河湖巡查和问题跟踪督办职责的；

（三）履行联系部门职责不力，对责任河湖的河湖长制工作推进造成严重影响的；

（四）履行职能部门职责不力，造成河湖生态环境严重损害等后果的；

（五）其他违反河湖长制相关规定的行为。

第六章 附 则

第三十八条 本规定由中共湖北省委、湖北省人民政府负责解释，具体解释工作由省委办公厅、省政府办公厅商省水利厅承担。

第三十九条 本规定自印发之日起施行。

湖北省湖泊保护条例

（2012年5月30日湖北省第十一届人民代表大会常务委员会第三十次会议通过　根据2021年9月29日湖北省第十三届人民代表大会常务委员会第二十六次会议《关于集中修改涉及长江保护法省本级地方性法规的决定》修正　根据2022年11月25日湖北省第十三届人民代表大会常务委员会第三十四次会议《关于集中修改、废止部分省本级地方性法规的决定》第二次修正）

第一章　总　　则

第一条　为了加强湖泊保护，防止湖泊面积减少和水质污染，保障湖泊功能，保护和改善湖泊生态环境，促进经济社会可持续发展，根据有关法律、行政法规，结合本省实际，制定本条例。

第二条　本省行政区域内的湖泊保护、利用和管理活动适用本条例。

湖泊渔业生产活动和水生野生动植物的保护按照有关法律、法规的规定执行。

法律、法规对湿地和风景名胜区、自然保护区内湖泊的保护另有规定的，从其规定。

重要湖泊可根据其功能和实际需要，另行制定地方性法规或者政府规章，以加强保护。

水库的水污染防治适用本条例。

第三条　湖泊保护工作应当遵循保护优先、科学规划、综合治理、永续利用的原则，达到保面（容）积、保水质、保功能、保生态、保可持续利用的目标。

第四条　湖泊保护实行名录制度。本省行政区域内湖泊保护名录，经省人民政府水行政主管部门会同发展改革、生态环境、自然资源、农业农村、林业、住房和城乡建设、交通运输、文化和旅游等有关主管部门根据湖泊的功能、面积，以及应保必保原则拟定和调整，由省人民政府确定和公布，并报省人大常委会备案。

第二章 政 府 职 责

第五条 县级以上人民政府应当加强对湖泊保护工作的领导，将湖泊保护工作纳入国民经济和社会发展规划，协调解决湖泊保护工作中的重大问题。跨行政区域的湖泊保护工作，由其共同的上一级人民政府和区域内的人民政府负责。

跨行政区域湖泊的保护机构及其职责由省人民政府确定。

跨行政区域湖泊的保护机构应当切实履行湖泊保护职责，协助本级人民政府及其有关部门做好湖泊保护工作。

第六条 湖泊保护实行政府行政首长负责制。

上级人民政府对下级人民政府湖泊保护工作实行年度目标考核，考核目标包括湖泊数量、面（容）积、水质、功能、水污染防治、生态等内容。具体考核办法由省人民政府制定。

湖泊保护年度目标考核结果，应当作为当地人民政府主要负责人、分管负责人和部门负责人任职、奖惩的重要依据。

第七条 县级以上人民政府水行政主管部门主管本行政区域内的湖泊保护工作，具体履行以下职责：

（一）湖泊状况普查和信息发布；

（二）拟定湖泊保护规划及湖泊保护范围；

（三）湖泊水资源统一管理；

（四）防汛抗旱水利设施建设；

（五）涉湖工程建设项目的管理与监督；

（六）湖泊水生态修复；

（七）法律、法规等规定的其他职责。

县级以上人民政府水行政主管部门应当明确相应的管理机构负责湖泊的日常保护工作。

第八条 县级以上人民政府生态环境主管部门在湖泊保护工作中具体履行以下职责：

（一）编制湖泊水污染防治规划；

（二）编制与调整水功能区划；

（三）水污染源的监督管理；

（四）湖泊水质、水环境质量监测和信息发布；

（五）水污染综合治理和监督；

（六）审批涉湖建设项目环境影响评价文件；

（七）组织指导湖泊流域内城镇和农村环境综合整治工作；

（八）法律、法规等规定的其他职责。

县级以上人民政府农业农村主管部门在湖泊保护工作中具体履行以下职责：

（一）设定禁渔区和确定禁渔期；

（二）渔业种质资源保护；

（三）渔业养殖的监管；

（四）农业面源污染防治；

（五）组织制定和实施渔业开发利用保护规划；

（六）法律、法规等规定的其他职责。

县级以上人民政府林业主管部门在湖泊保护工作中具体履行以下职责：

（一）湿地自然保护区和湿地公园的建设、管理；

（二）环湖生态防护林、水源涵养林工程建设；

（三）湖泊湿地生态修复；

（四）湖泊生物多样性的保护；

（五）法律、法规等规定的其他职责。

县级以上人民政府发展改革、财政、住房和城乡建设、自然资源、公安、交通运输、文化和旅游等其他主管部门按照各自职责做好湖泊保护工作。

第九条 县级以上人民政府应当建立和完善湖泊保护的部门联动机制，实行由政府负责人召集，相关部门参加的湖泊保护联席会议制度。

联席会议由政府负责人主持，日常工作由水行政主管部门承担。

第十条 各级人民政府应当建立和完善湖泊保护投入机制，将湖泊保护所需经费列入财政预算。

第十一条 县级以上人民政府应当通过财政、税收、金融、土地使用、能源供应、政府采购等措施，鼓励和扶持企业为减少湖泊污染进行技术改造或者转产、搬迁、关闭。

第十二条　县级以上人民政府应当根据湖泊保护规划的要求和恢复湖泊生态功能的需要，对居住在湖上、岸上无房屋、无耕地的渔民和居住在湖泊保护区内的其他农（渔）民实施生态移民，采取资金支持、技能培训、转移就业、社会保障等方式予以扶持。

第十三条　对重要湖泊的保护，省人民政府应当建立生态补偿机制，在资金投入、基础设施建设等方面给予支持。

第十四条　县级以上人民政府应当鼓励和支持湖泊保护的科学研究和技术创新，运用科技手段加强湖泊的监测、污染防治和生态修复。

第三章　湖泊保护规划与保护范围

第十五条　县级以上人民政府应当编制湖泊保护总体规划，并报上一级人民政府批准。土地利用总体规划、城乡规划、水污染防治规划、湿地保护规划和湖泊保护总体规划应当相互衔接。

第十六条　县级以上人民政府水行政主管部门应当根据湖泊保护总体规划，按照管理权限，组织对列入湖泊保护名录的湖泊分别拟定湖泊保护详细规划，征求相关部门和公众意见，报本级人民政府批准后公布实施，并报本级人民代表大会常务委员会和上级水行政主管部门备案。

湖泊保护详细规划应当包括湖泊保护范围，湖泊水功能区划分和水质保护目标，水域纳污能力和限制排污总量意见，防洪、除涝和水土流失防治目标，种植、养殖控制目标，退田（池）还湖，生态修复等内容。

第十七条　湖泊保护规划不得随意变更，确需修改的应当按照法定程序进行。

各级人民政府及其有关部门不得违反湖泊保护规划批准开发利用湖泊资源，任何单位和个人不得违反湖泊保护规划开发利用湖泊资源。

第十八条　实行湖泊普查制度。

县级以上人民政府水行政主管部门应当定期组织实施湖泊状况普查，建立包括名称、位置、面（容）积、调蓄能力、主要功能等内容的湖泊档案。

第十九条　县级以上人民政府应当依据湖泊保护规划，对湖泊进行勘界，划定湖泊保护范围，设立保护标志，确定保护责任单位和责任人，并向社会公示。

第二十条 湖泊保护范围包括湖泊保护区和湖泊控制区。

湖泊保护区按照湖泊设计洪水位划定,包括湖堤、湖泊水体、湖盆、湖洲、湖滩、湖心岛屿等。湖泊设计洪水位以外区域对湖泊保护有重要作用的,划为湖泊保护区。城市规划区内的湖泊,湖泊设计洪水位以外不少于50米的区域划为湖泊保护区。

湖泊控制区在湖泊保护区外围根据湖泊保护的需要划定,原则上不少于保护区外围500米的范围。

第二十一条 在湖泊保护区内,禁止建设与防洪、改善水环境、生态保护、航运和道路等公共设施无关的建筑物、构筑物。

在湖泊保护区内建设防洪、改善水环境、生态保护、航运和道路等公共设施的,应当进行环境影响评价。

建设单位经依法批准在湖泊保护区内从事建设的,应当做到工完场清;对影响湖泊保护的施工便道、施工围堰、建筑垃圾应当及时清除。

第二十二条 禁止填湖建房、填湖建造公园、填湖造地、围湖造田、筑坝拦汊以及其他侵占和分割水面的行为。

湖泊已经被围垦或者筑坝拦汊的,应当按照湖泊保护规划,逐步退田(圩)还湖。

第二十三条 在湖泊保护范围内新建、改建或者扩大排污口的,应当报经有管辖权的生态环境主管部门同意,并由生态环境主管部门负责对该建设项目的环境影响评价文件进行审批;涉及通航、渔业水域的,应当征求交通运输、农业农村主管部门的意见。对未达到水质目标的水功能区,除污水集中处理设施排污口外,应当严格控制新建、改建或者扩大排污口。

第二十四条 湖泊控制区内的土地开发利用应当与湖泊的公共使用功能相协调,预留公共进出通道和视线通廊。

禁止在湖泊控制区内从事可能对湖泊产生污染的项目建设和其他危害湖泊生态环境的活动。

第四章 湖泊水资源保护

第二十五条 实行最严格的湖泊水资源保护制度。湖泊水资源配置实行统一调度、分级负责,优先满足城乡居民生活用水,保障基本生态用水,并统筹农业、工业用水以及航运等需要，维持湖泊合理水位。

第二十六条 县级以上人民政府生态环境主管部门应当会同发展改革、水行政、农业农村、林业、住房和城乡建设、交通运输、文化和旅游等有关部门，按照流域综合规划、湖泊保护总体规划和经济社会发展需要，拟定和调整湖泊的水功能区划，报本级人民政府批准后向社会公布。

在湖泊内进行养殖、航运、旅游等活动，应当符合该湖泊的水功能区划要求。

第二十七条 加强对湖泊饮用水水源地的保护。对具有饮用水水源地功能的湖泊，县级以上人民政府应当按照规定划定饮用水水源保护区，设立相关保护标志。水行政主管部门应当科学调度，防止水源枯竭；生态环境主管部门应当开展日常巡查和监测，防止水体污染。

第二十八条 县级以上人民政府水行政主管部门应当会同生态环境、农业农村主管部门根据湖泊生态保护需要确定湖泊的最低水位线，设置最低水位线标志。

湖泊水位接近最低水位线的，应当采取补水、限制取水等措施。

第二十九条 省人民政府应当按照统一规划布局、统一标准方法、统一信息发布的要求，建立湖泊监测体系和监测信息协商共享机制。

县级以上人民政府生态环境主管部门应当定期向社会公布本行政区域湖泊水环境质量监测信息；水文水资源信息由水行政主管部门统一发布；发布水文水资源信息涉及水环境质量的内容，应当与生态环境主管部门协商一致。

第五章 湖泊水污染防治

第三十条 省人民政府应当拟订湖泊重点水污染物排放总量削减和控制计划，逐级分解至县（市、区）人民政府，并落实到排污单位。

第三十一条 县级以上人民政府生态环境主管部门应当按照水环境质量改善目标和水污染防治要求，确定湖泊水域重点污染物排放总量控制指标。

县级以上人民政府生态环境主管部门应当对湖泊水质状况进行监测，发现湖泊水质未达到该水功能区水质要求的，应当及时报告有关人民政府采取治理措施，并向水行政主管部门通报。

第三十二条 省人民政府生态环境主管部门根据湖泊水污染防治、产业结构优化和产业布局调整的需要,拟定湖泊重点水污染物排放限值适用的具体地域范围和期限,经省人民政府批准后执行。

第三十三条 对湖泊水环境质量不能满足水功能区要求的区域,生态环境主管部门应当停止审批新增污染物排放的建设项目的环境影响评价文件。

第三十四条 县级以上人民政府应当加强对湖泊流域内各类工业园区、工业集中区的统一规划布局,依法进行规划环境影响评价,配套建设污水集中处理设施。

湖泊流域内建设项目应当符合国家和省产业政策;禁止新建造纸、印染、制革、电镀、化工、制药等排放含磷、氮、重金属等污染物的企业和项目;对已有的污染企业,县级以上人民政府及其有关部门应当依法责令其限期整改、转产或者关闭。

第三十五条 县级以上人民政府农业农村主管部门和其他有关部门,应当采取措施指导湖泊流域内农业生产者科学、合理使用化肥、农药等农业投入品,控制过量和不当使用,防止造成水污染。

县级以上人民政府农业农村主管部门应当科学规划湖泊流域内畜禽饲养区域,鼓励建设生态养殖场和养殖小区,通过发展沼气、生产有机肥和无害化畜禽粪便还田等方式实现畜禽粪污综合利用,减少畜禽养殖污染。

第三十六条 禁止向湖泊排放未经处理或者处理未达标的工业废水、生活污水。

禁止向湖泊倾倒建筑垃圾、生活垃圾、工业废渣和其他废弃物。

禁止在属于饮用水水源保护区的湖泊水域设置排污口和从事可能污染饮用水水体的活动。

第三十七条 县级以上人民政府应当统筹安排建设湖泊流域内城镇污水集中处理设施及配套管网,合理规划建设雨水、污水单独收集设施,提高城镇污水收集率和处理率。新建、在建城镇污水处理厂,应当同步配套建设脱氮除磷设施;已建的城镇污水处理厂没有脱氮除磷设施的,应当增设脱氮除磷设施。

污水处理厂出水应当符合国家对回用水的要求。

第三十八条 各级人民政府应当加强湖泊流域内农村生活污水处理设施建设,结合生态乡、镇、村创建和农村环境综合整治活动,实施河塘清淤,改造和完善水利设施,利用河塘沟渠的自净能力处理生活污水。鼓励有条件的地方建设污水人工湿地处理设施、生物滤池设施和接触氧化池等集中或者分散污水处理设施。

第三十九条 县(市、区)、乡镇人民政府应当统筹安排建设湖泊流域内城乡垃圾收集、运输、处置设施,在村庄设置垃圾收集点,对垃圾分类收集,对化肥、农药、除草剂等包装物分类处理,提高垃圾处理的减量化、无害化和资源化水平。

第四十条 县级以上人民政府农业农村主管部门应当会同水行政、生态环境等主管部门,按照湖泊的水功能区划、水环境容量和防洪要求编制渔业养殖规划,确定具体的养殖水域、面积、种类和密度等,报本级人民政府批准。

禁止在湖泊水域围网、围栏养殖;本条例实施前已经围网、围栏的,由县级以上人民政府限期拆除。

禁止在湖泊水域养殖珍珠和投肥(粪)养殖。

第四十一条 在湖泊保护范围内,县级以上人民政府应当科学规划旅游业,防止超环境能力过度发展;从事旅游开发应当符合湖泊保护规划的要求,并依法报经批准;有关部门在审批过程中,应当召开听证会听取公众意见。

经批准设置的各类旅游观光、水上运动、休闲娱乐等设施不得影响水生态环境,应当与自然景观相协调,并配备污水集中处理设施,确保达标排放。

第四十二条 湖泊内的船舶应当按照要求配备污水、废油、垃圾、粪便等污染物、废弃物收集设施。港口、码头等场所应当配备船舶污染物接收设施,并转移至其他场所进行无害化处理。

在城区湖泊和具有饮用水水源功能的湖泊从事经营的船舶,不得使用汽油、柴油等污染水体的燃料。

第四十三条 县级以上人民政府应当组织生态环境、水行政等主管部门编制湖泊水污染突发事件应急预案,定期开展应急演练,做好应急准备、应急处置和事后恢复等工作。

第六章 湖泊生态保护和修复

第四十四条 县级以上人民政府应当加强湖泊生态保护和修复工作,保护和改善湖泊生态系统。

县级以上人民政府水行政主管部门应当会同生态环境、自然资源、农业农村、林业等主管部门开展湖泊生态环境调查，制定修复方案，报本级人民政府批准后实施。

第四十五条 县级以上人民政府应当组织水行政、生态环境、林业、住房和城乡建设等主管部门，运用种植林木、截污治污、底泥清淤、打捞蓝藻、调水引流、河湖连通等措施，对湖泊水生态系统以及主要入湖河道进行综合治理，逐步恢复湖泊水生态。

第四十六条 县级以上人民政府林业主管部门应当依据湖泊保护详细规划，会同相关部门修复湖滨湿地，建设湿地恢复示范区，有计划、分步骤地组织实施环湖生态防护林、水源涵养林工程建设。

第四十七条 维护湖泊生物多样性，保护湖泊生态系统，禁止猎取、捕杀和非法交易野生鸟类及其他湖泊珍稀动物；禁止采集和非法交易珍稀、濒危野生植物。

在水生动物繁殖及其幼苗生长季节的重要湖区和洄游通道，农业农村主管部门应当设立禁渔区，确定禁渔期。在禁渔区内和禁渔期间，任何单位和个人不得进行捕捞和爆破、采砂等水下作业。

县级以上人民政府应当组织农业农村等有关主管部门在科学论证的基础上，采取适量投放水生物、放养滤食性鱼类、底栖生物移植等措施修复水域生态系统，并对各类水生植物的残体以及有害水生植物进行清除。

第七章　湖泊保护监督和公众参与

第四十八条 省人民政府应当定期公布湖泊保护情况白皮书，对保护湖泊不力的市、县、区人民政府主要负责人实行约谈，督促其湖泊保护工作。

第四十九条 县级以上人民政府水行政、生态环境、农业农村、林业等主管部门应当依照本条例和相关法律法规的规定，加强对湖泊保护、利用、管理的监督检查，发现违法行为及时查处；对不属于职责范围的，应当移交有管辖权的部门及时查处。

第五十条 县级以上人民代表大会常务委员会应当通过听取和审议本级人民政府湖泊保护情况的专项工作报告、对本条例实施情况组织执法检查、开展专题询问、质询等方式，依法履行监督职责；必要时可以依法组织关于特定问题的调查。

第五十一条 县级以上人民政府及其相关部门应当加强湖泊保护的宣传和教育工作，增强公众湖泊保护意识，建立公众参与的湖泊保护、管理和监督机制。

第五十二条 县级以上人民政府及其相关部门应当定期发布湖泊保护的相关信息，保障公众知情权。

编制湖泊保护规划、湖泊水污染防治规划、湖泊生态修复方案和审批沿湖周边建设项目环境影响评价文件，应当采取多种形式征求公众的意见和建议，接受公众监督。

第五十三条 广播、电视、报刊、网络等媒体应当开展湖泊保护公益性宣传，倡导促进环境友好的生活方式，发挥舆论引导和监督作用。

第五十四条 鼓励社会各界、非政府组织、湖泊保护志愿者参与湖泊保护、管理和监督工作。

鼓励社会力量投资或者以其他方式投入湖泊保护。

社区、村（居）民委员会应当协助当地人民政府开展湖泊保护工作，督促、引导村（居）民依法履行保护湖泊义务。

第五十五条 在湖泊保护范围内从事生产、经营活动的单位和个人，应当严格遵守湖泊保护法律、法规的规定和湖泊保护规划的规定，自觉接受相关部门和公众的监督，依法、合理、有序利用湖泊。

第五十六条 县级以上人民政府及相关部门应当建立、完善湖泊保护的举报和奖励制度。

任何单位和个人有权对危害湖泊的行为进行举报；有处理权限的部门接到检举和举报后，应当及时核查、处理。

对保护湖泊成绩显著的单位和个人，应当给予表彰和奖励。

第八章 法 律 责 任

第五十七条 违反本条例规定，法律、行政法规已有处罚规定的，从其规定。

第五十八条 县级以上人民政府、有关主管部门及其工作人员违反本条例规定，有下列行为之一的，由上级人民政府或者有关主管机关依据职权责令改正，通报批评；对直接负责的主管人员和其他直接责任人员依法给予处分；构成犯罪的，依法追究刑事责任：

（一）保护湖泊不力造成严重社会影响的；

（二）未依法对湖泊进行勘界，划定保护范围，设立保护标志的；

（三）未依法组织编制湖泊保护规划、湖泊水功能区划、湖泊水污染防治规划的；

（四）违反湖泊保护规划批准开发利用湖泊资源的；

（五）未依法履行有关公示、公布程序的；

（六）有其他玩忽职守、滥用职权、徇私舞弊行为的。

第五十九条 违反本条例第二十一条第一款的规定，在湖泊保护区内建设与防洪、改善水环境、生态保护、航运和道路等公共设施无关的建筑物、构筑物的，由县级以上人民政府水行政、自然资源等主管部门按照职责分工，责令停止违法行为，限期拆除并恢复原状，所需费用由违法者承担，没收违法所得，并处5万元以上50万元以下罚款。

违反本条例第二十一条第三款规定，由县级以上人民政府水行政主管部门责令限期恢复原状，处5万元以上10万元以下罚款；逾期不清除的，由水行政主管部门指定有关单位代为清除，所需费用由违法行为人承担。

第六十条 违反本条例第二十二条第一款的规定，在湖泊保护区内从事填湖建房、填湖建造公园、填湖造地、围湖造田、筑坝拦汊以及其他侵占和分割水面行为的，由县级以上人民政府水行政、自然资源等主管部门按照职责分工，责令停止违法行为，限期拆除并恢复原状，所需费用由违法者承担，没收违法所得，并处5万元以上50万元以下罚款。

第六十一条 违反本条例第四十条第二款规定，围网、围栏养殖的，由县级以上人民政府农业农村主管部门责令限期拆除，没收违法所得；逾期不拆除的，由农业农村主管部门指定有关单位代为清除，所需费用由违法行为人承担，处1万元以上5万元以下罚款。

违反本条例第四十条第三款在湖泊水域养殖珍珠的，由县级以上人民政府农业农村主管部门责令停止违法行为，没收违法所得，并处5万元以上10万元以下罚款。

违反本条例第四十条第三款在湖泊水域投肥（粪）养殖的，由县级以上人民政府农业农村主管部门责令停止违法行为，采取补救措施，处500元以上1万元以下罚款；污染水体的，由县级以上人民政府生态环境主管部门责令停止违法行为，没收违法所得，并处5万元以上10万元以下罚款。

第九章 附 则

第六十二条 本条例自2012年10月1日起施行。

湖北省河道采砂管理条例

（2018年9月30日湖北省第十三届人民代表大会常务委员会第五次会议通过　根据2020年6月3日湖北省第十三届人民代表大会常务委员会第十六次会议《关于集中修改、废止涉及取消证明事项的部分省本级地方性法规的决定》第一次修正　根据2021年9月29日湖北省第十三届人民代表大会常务委员会第二十六次会议《关于集中修改涉及长江保护法省本级地方性法规的决定》第二次修正　根据2022年11月25日湖北省第十三届人民代表大会常务委员会第三十四次会议《关于集中修改、废止部分省本级地方性法规的决定》第三次修正）

第一章　总　　则

第一条　为了加强河道采砂管理，保障河势稳定和防洪、通航安全，推进长江经济带生态环境保护，根据《中华人民共和国环境保护法》《中华人民共和国水法》《中华人民共和国河道管理条例》等法律、行政法规，结合本省实际，制定本条例。

第二条　本条例适用于本省行政区域内从事河道采砂及其管理活动。《长江河道采砂管理条例》有规定的，从其规定。

本条例所称河道采砂，是指在河道（包括湖泊、水库、人工水道等）管理范围内开采砂石、取土和淘金等行为。

第三条　河道砂石资源属于国家所有，任何单位或者个人不得非法开采。

河道采砂管理应当遵循生态优先、科学规划、严格控制、规范开采、依法监管的原则。

第四条　河道采砂管理实行行政首长负责制。

县级以上人民政府应当加强对本行政区域内河道采砂管理工作的领导，健全部门、区域联动协作机制，推进河道采砂管理能力建设和信息化建设，将河道采砂管理工作纳入河湖长制管理，健全河道采砂管理的督察、通报、考核、问责制度。

乡镇人民政府、街道办事处应当按照上级人民政府及其有关部门的要求做好河道采砂管理的相关工作。

村（居）民委员会应当配合做好河道采砂管理相关工作。

第五条 县级以上人民政府河道采砂主管部门负责本行政区域内河道采砂的管理和监督检查工作。

交通运输主管部门负责采（运）砂船舶（车辆）的管理，依法查处证照不齐全的采（运）砂船舶（车辆）、非法码头以及违法运输砂石等行为。

公安机关负责依法处置河道采砂活动中非法采砂、无证驾驶船舶（车辆）、妄害公务等治安违法和犯罪行为。

船舶工业、标准化主管部门负责采（运）砂船舶建造和改造的管理。

生态环境、自然资源、农业农村、市场监管等主管部门按照各自职责，依法做好河道采砂相关监督管理工作。

第六条 鼓励和支持开展制砂科学技术研究，推广应用先进适用的制砂技术、装备，发展现代、环保的砂石供应产业。

第七条 国家机关及其工作人员不得违反规定参与河道采砂经营活动，不得纵容、包庇河道采砂违法行为。

第二章 河道采砂规划

第八条 河道采砂规划应当在调研论证的基础上，根据生态环境安全、防洪安全、通航安全和河势稳定的要求编制，并与流域综合规划和防洪、河道整治、航道整治、饮用水水源保护、水生生物资源保护等专业规划相衔接。

汉江丹江口大坝以下河段、东荆河的采砂规划，由省人民政府河道采砂主管部门组织编制，报省人民政府批准实施。

其他河道的采砂规划，由设区的市（自治州）、县级人民政府河道采砂主管部门按照省有关规定对每条河道组织编制，经上一级河道采砂主管部门同意后报本级人民政府批准实施。

编制河道采砂规划应当征求交通运输、生态环境、自然资源、公安、农业农村等主管部门的意见，并采取论证会、听证会或者其他方式征求专家、公众和利益相关方的意见。

经批准的河道采砂规划应当向社会公开,并严格执行;确需调整的,应当经原批准机关批准。

第九条 河道采砂规划应当包括以下内容:

(一)砂石砂质、分布、储量,可利用砂石总量与补给分析;

(二)采砂影响分析评价;

(三)禁采区、可采区;

(四)禁采期、可采期;

(五)年度采砂控制总量、开采范围和开采高程;

(六)采砂船舶(机具)的种类、控制数量和开采方式;

(七)沿河两岸临时堆砂场的控制数量及布局;

(八)弃料处理和河道清理、修复;

(九)规划实施与管理。

第十条 下列区域为禁采区:

(一)饮用水水源保护区、水产种质资源保护区、鸟类栖息地;

(二)自然保护区、风景名胜区、国家公园、森林公园、湿地公园、地质公园以及天然林保护范围;

(三)河道防洪工程、河道整治工程、航道整治工程、航道构(建)筑物、航道配套设施、水库枢纽、水文监测设施、水环境监测设施、涵闸以及取水、排水、水电站等工程及其附属设施的安全保护范围;

(四)桥梁、码头、浮桥、渡口、过河电缆、管道、隧道等工程及其附属设施的安全保护范围;

(五)河道险工、险段和浅窄航道附近区域;

(六)法律、法规规定禁止采砂的其他区域。

第十一条 下列时段为禁采期:

(一)主汛期;

(二)河道达到或者超过警戒水位时;

(三)法律、法规规定禁止采砂的其他时段。

第十二条 县级以上人民政府依法划定和公告禁止采砂区、禁止采砂期,并设立明显的禁采区标志。禁止在禁采区和禁采期从事采砂活动。

在可采区、可采期内,因防洪、河势改变、水工程建设、水生态环境遭受严重改变以及有重大水上活动等情形不宜采砂的,县级以上人民政府河道采砂主管部门应当划定临时禁采区或者规定临时禁采期,报同级人民政府批准后予以公告。

第十三条 县级以上人民政府河道采砂主管部门应当根据河道采砂规划,制定本行政区域内可采区的年度采砂实施方案,经本级人民政府同意,报上一级河道采砂主管部门备案后予以公布。

年度采砂实施方案应当包括下列内容:

(一)采区基本情况、许可方式、期限;

(二)采区采砂控制量、开采范围和开采高程;

(三)采砂作业方式、船舶(机具)数量及采砂设备种类、功率;

(四)临时堆砂场、卸砂点控制数量、布局、存放时限;

(五)河道清理、修复方案;

(六)采区现场监管方案;

(七)其他需要明确的事项。

第三章 河道采砂许可

第十四条 河道采砂实行许可制度。

县级以上人民政府河道采砂主管部门应当按照河道采砂分级管理权限实施许可。河道采砂分级管理权限由省人民政府河道采砂主管部门规定。

未经许可,禁止在本行政区域内从事河道采砂活动。

第十五条 河道采砂实行总量控制制度。河道采砂主管部门应当根据河道采砂规划严格控制本行政区域内每条河道的年度采砂总量,实际审批的年度采砂总量不得超过年度采砂控制总量,每一可采区实际审批的年度采砂量不得超过该可采区的年度采砂控制量。

第十六条 申请从事河道采砂的单位和个人应当符合下列条件:

(一)有依法取得的营业执照;

(二)有符合环保等要求的采砂作业方式;

(三)有符合要求的采砂设备和采砂技术人员;

(四)用船舶采砂的,船舶、船员的证书齐全有效;

(五)无非法采砂失信行为和不良记录;

(六)法律、法规规定的其他条件。

第十七条　申请办理河道采砂许可,应当提交或者提请许可机关核实下列资料:

(一)河道采砂申请;

(二)营业执照;

(三)采砂船舶(机具)证书、采砂技术人员的基本情况;

(四)砂石堆放地点和弃料处理方案;

(五)船舶油污、生活废弃物的处理方案;

(六)河道清理、修复方案;

(七)规范开采的承诺书;

(八)其他有关资料。

第十八条　河道采砂许可由河道采砂主管部门通过招标、拍卖、挂牌等公平竞争的方式实施。

河道采砂主管部门应当依法确定中标人或者买受人,发放河道采砂许可证,并书面告知从事河道采砂应当遵守的相关规定。

第十九条　因吹填造地、路基填筑等重点工程需要进行河道采砂的,应当编制采砂可行性论证报告,经上一级人民政府同意,依法向有许可权的河道采砂主管部门申请。对符合河道采砂许可条件的,由河道采砂主管部门发放河道采砂许可证。

因整修河道堤防进行吹填固基等公益性采砂活动的,不需要办理河道采砂许可证,但应当按照要求编制采砂可行性论证报告,报有许可权的河道采砂主管部门审批。所采砂石不得用于经营。

第二十条　县级以上人民政府可以决定对本行政区域内的河道砂石资源按照政企分开的原则依法实行统一经营,具体办法由县级以上人民政府规定,并报上一级人民政府备案。

第二十一条　河道采砂许可证由省人民政府河道采砂主管部门统一印制,载明采砂单位或者个人的名称(姓名),采砂船舶(机具)名称、编号、功率,采砂地点、时限、开采范围、开采高程以及作业方式、现场清理方式、许可证有效期限等事项。

河道采砂许可证的有效期不得超过一年。河道采砂许可证的有效期届满或者累计采砂量达到规定开采量的,采砂单位和个人应当终止采砂行为,并按照规定对作业现场进行清理、修复;发证机关应当收回或者注销河道采砂许可证，并予以公告。

河道采砂许可证载明的事项发生变更的，被许可人应当及时向作出许可决定的河道采砂主管部门申请办理变更手续。

禁止伪造、涂改、买卖、出租、出借或者以其他方式非法转让河道采砂许可证。

第二十二条 取得河道砂石开采权的单位和个人应当依法缴纳矿业权出让收益。矿业权出让收益的征收和使用管理，按照国家及省有关规定确定。国家另有规定的从其规定。

第二十三条 依法整治疏浚河道、航道、涉水工程所产生的砂石需要综合利用的，应当由项目所在地县级以上人民政府报上一级人民政府河道采砂主管部门审批后依法处置。

第四章 河道采砂监督管理

第二十四条 从事河道采砂的单位和个人应当遵守下列规定：

（一）按照河道采砂许可确定的时间、地点、采砂控制量、开采范围、开采高程和作业方式等进行开采；

（二）设置采区边界标识，提供有关资料，接受监督检查；

（三）及时清运砂石、平整弃料堆体或者采砂坑槽；

（四）不得在河道管理范围内擅自设置砂场、堆积砂石或者弃料；

（五）不得违反有关通航安全规定，不得向航道和通航水域抛弃废弃物，不得妨碍航道畅通、损害通航条件；

（六）不得危及水工程、水文、桥梁、隧道、管线、环境保护等设施以及岸坡安全；

（七）法律、法规有关河道采砂的其他规定。

第二十五条 采（运）砂船舶（机具）应当依法持有合格的检验证书、登记证书、必要的航行资料。

未依法持有前款规定证书、航行资料的采（运）砂船舶（机具），不得在河道管理范围内通行、采（运）砂。

第二十六条 任何采砂船舶不得在禁采区滞留；未取得河道采砂许可证的采砂船舶不得在可采区滞留。

采砂船舶在禁采期应当停放在所在地县级人民政府指定的集中停放地点。无正当理由,不得擅自离开。

第二十七条 河道管理范围内的运砂船舶(车辆)装运河道砂石,应当持有负责现场监管的河道采砂主管部门核发的砂石合法来源凭证。没有砂石合法来源凭证的河道砂石,运砂船舶(车辆)不得装运,任何单位和个人不得收购、销售。

砂石合法来源凭证由省人民政府河道采砂主管部门统一格式,内容包括河道砂石来源地、运输工具及所有人的证照号、装运时限、砂石数量等有关事项。

第二十八条 县级以上人民政府河道采砂、交通运输等主管部门应当加强对河道采(运)砂活动的监督管理,组织开展巡查检查,及时发现和查处违法采(运)砂行为,对采砂作业现场的清理、修复等情况予以监督管理。

第二十九条 县级以上人民政府应当建立河道采砂预警应急联动以及联合执法机制,组织河道采砂、公安、交通运输、生态环境等主管部门开展联合执法,对采砂现场的生产、交易、运输和水上交通、社会治安进行监督管理。

对于交界水域,应当加强区域合作,建立健全交界水域联管联治机制,开展交界河段非法采砂联合整治。

第三十条 县级以上人民政府应当组织交通运输、河道采砂、公安、船舶工业、市场监管等主管部门开展采砂船舶的综合整治工作,对本行政区域内的采砂船舶进行登记,对采砂船舶进行总量控制,查处违法建造和改造采砂船舶的行为。

第三十一条 县级以上人民政府河道采砂主管部门应当建立河道采砂管理平台,交通运输、公安、市场监管等主管部门应当将执法监管信息数据纳入河道采砂管理平台,实现信息互换、监管互认、执法互助。

县级以上人民政府应当在采砂船舶集中停放点、非法采砂多发水域安装监控系统,为采砂船舶安装电子信息化监控设备,提高信息化监管水平。

从事采砂的单位和个人应当配合安装电子信息化监控设备,不得损坏或者擅自拆除。

第三十二条 县级以上人民政府有关部门履行河道采砂监督管理职责时,有权采取下列措施:

（一）进入采砂生产、运输、存放场所进行调查、取证；

（二）要求采（运）砂单位和个人如实提供与河道采（运）砂有关的文件、证照、资料；

（三）责令采（运）砂单位和个人停止违法采（运）砂行为；

（四）依法扣押非法采砂船舶（机具）、运砂船舶（车辆）以及非法采（运）的砂石。

第三十三条　县级以上人民政府有关部门应当建立河道采砂违法行为信用记录，并纳入社会信用信息服务平台，依法实行联合惩戒。

第三十四条　出现影响河势稳定、防洪安全、通航安全或者生态环境的自然灾害或者其他重大事件需要暂停采砂的，采砂单位和个人应当按照县级以上人民政府河道采砂主管部门的规定暂停采砂活动。

前款规定的情形消除后，县级以上人民政府河道采砂主管部门应当及时解除临时处置措施。

第三十五条　县级以上人民政府河道采砂主管部门应当建立河道采砂违法行为的举报制度，公布举报电话、电子邮箱等。

对河道采砂的违法行为，任何单位和个人有权向河道采砂主管部门举报。经查证属实的，对举报人给予奖励，并为其保密。

第五章　法　律　责　任

第三十六条　违反本条例，法律、法规有规定的，从其规定。

第三十七条　国家机关及其工作人员有下列行为之一的，对直接负责的主管人员和其他直接责任人员依法给予处分；构成犯罪的，依法追究刑事责任：

（一）不执行已经批准的河道采砂规划，擅自修改河道采砂规划或者违反河道采砂规划批准采砂的；

（二）不履行河道采砂监督管理职责，造成河道采砂管理秩序混乱或者重大责任事故的；

（三）不按照规定审批发放河道采砂许可证或者其他批准文件的；

（四）不按照规定征收砂石矿业权出让收益，致使国家资源流失的；

（五）截留、挪用砂石矿业权出让收益的；

（六）违反规定参与河道采砂经营活动或者纵容、包庇河道采砂违法行为的；

（七）擅自利用因整治疏浚河道、航道、涉水工程所产生的砂石的；

（八）其他玩忽职守、滥用职权、徇私舞弊的行为。

第三十八条 违反本条例第十二条第一款、第十四条第三款规定，未依法取得许可从事采砂活动或者在禁采区和禁采期从事采砂活动的，由河道采砂主管部门责令停止违法行为，没收违法所得以及用于违法活动的船舶、设备、工具，并处货值金额二倍以上二十倍以下罚款；货值金额不足10万元的，并处20万元以上200万元以下罚款；已经取得河道采砂许可证的，吊销河道采砂许可证。

第三十九条 违反本条例第二十一条第四款规定，伪造、涂改、买卖、出租、出借或者以其他方式非法转让河道采砂许可证的，由河道采砂主管部门吊销河道采砂许可证或者收缴伪造的河道采砂许可证，没收违法所得，并处3万元以上10万元以下罚款。

第四十条 违反本条例第二十四条第一项规定，未按照河道采砂许可规定采砂的，由河道采砂主管部门责令停止违法行为，扣押违法采砂船舶（机具），没收违法所得，并处3万元以上10万元以下罚款；情节严重的，吊销河道采砂许可证，并处10万元以上20万元以下罚款。

违反本条例第二十四条第四项规定，在河道管理范围内擅自设置砂场、堆积砂石或者弃料的，由河道采砂主管部门责令限期改正，清除堆积的砂石、弃料或者采取其他措施恢复原貌；逾期未改正的，处1万元以上5万元以下罚款。

第四十一条 违反本条例第二十五条规定，未依法持有合格检验证书、登记证书、必要航行资料的采（运）砂船舶（机具）在河道通行的，由交通运输主管部门责令停止航行；拒不停止的，扣押采（运）砂船舶（机具）。在河道违法采砂的，由河道采砂主管部门按照本条例第三十八条规定处罚，并没收采砂船舶（机具）。

第四十二条 违反本条例第二十六条规定，采砂船舶在禁采区滞留，未取得河道采砂许可证的采砂船舶在可采区滞留或者采砂船舶在禁采期未按指定位置集中停放或者擅自离开的，由河道采砂主管部门责令限期改正，并处1万元以上3万元以下罚款。

第四十三条 违反本条例第二十七条第一款规定，在河道管理范围内装运没有合法来源凭证的河道砂石的，由交通运输主管部门扣押违法运砂船舶（车辆），没收违法所得和所运砂石，并处 1 万元以上 5 万元以下罚款。在河道管理范围内收购、销售没有合法来源凭证的河道砂石的，由河道采砂主管部门没收违法所得和砂石，并处 5 万元以上 20 万元以下罚款。

第四十四条 违反本条例第三十一条第三款规定，损坏或者擅自拆除采砂船舶电子信息化监控设备的，由河道采砂主管部门责令停止违法行为、限期恢复原状；逾期未改正的，处 1 万元以上 3 万元以下罚款。

第四十五条 县级以上人民政府河道采砂主管部门及其他负有河道采砂监督管理职责的部门在查处采砂违法行为时，发现涉嫌犯罪的，应当依法移送司法机关追究刑事责任。

第六章 附　　则

第四十六条 本条例所称采砂机具，包括挖掘机械、吊杆机械、分离机械等与采运砂石相关的机械和工具。

第四十七条 本条例自 2018 年 12 月 1 日起施行。

湖北省河道管理实施办法

(1992年8月12日湖北省人民政府令第33号公布 自1992年8月12日起施行)

第一章 总 则

第一条 为加强河道管理,保障防洪安全,发挥江河湖泊的综合效益,根据《中华人民共和国河道管理条例》(以下简称《条例》),结合我省实际,制定本办法。

第二条 本办法适用于长江、汉江流经我省的江段,东荆河、府环河、汉北河、沮漳河以及县(含县级市,下同)以上水行政主管部门和河道专门管理机关管理的其他河流(包括湖泊、人工水道、行洪区、蓄洪区、滞洪区)。

河道内的航道,同时适用《中华人民共和国航道管理条例》。

第三条 省水行政主管部门负责全省河道管理;各地、市、州、县水行政主管部门负责本行政区域内的河道管理。

长江和汉江在本省境内的江段以及本省境内其他重要河流,按现行管理体制,由河道专门管理机关及其分支机构负责管理(属国家授权的江河流域管理机构管理范围的,应根据其统一规划实施管理)。

第四条 河道管理范围为两岸堤防之间的水域、沙洲、滩地(包括可耕地),以及堤身、禁脚地、工程留用地和安全保护区。

无堤防的河道,其管理范围根据历史最高洪水水位或者设计洪水水位确定。

第五条 河道防汛抢险和清障工作实行地方人民政府行政首长负责制。一切单位和个人都有保护河道堤防安全和参加防汛抢险的义务。

第二章 水 域、洲 滩 保 护

第六条 在水域和洲滩内,禁止从事下列污染水体、阻碍行洪的活动:

洗涤装贮过油类或者有毒污染物的物体；

设置拦河渔具、炸鱼等；

排放超过国家规定标准的污染物液体；

倾倒矿渣、石渣、煤灰、泥土、垃圾，以及填高滩地等；

烧窑、埋坟、盖房、种植阻碍行洪的高秆作物（护堤护岸林除外）以及堆放阻碍行洪的物料；

修建围堤、阻水道路、渠道；

其他污染水体、阻碍行洪的行为。

第七条 在水域和洲滩以及工程留用地、安全保护区内进行下列活动，必须经有关水行政主管部门或河道专门管理机关批准（涉及其他部门职责范围的，应会同其他部门共同批准）：

爆破、钻探、挖筑鱼塘、开采地下资源或考古发掘；修建取、排水口及临时性设施。

第八条 在水域、洲滩、堤身和禁脚地范围内埋设缆线、管道，修建桥梁、码头、渡口、道路以及通航设施等，建设单位必须将工程建设方案，报送有关水行政主管部门或河道专门管理机关审查同意（涉及航道管理的，会同航道主管机关审查同意）后，方可办理基本建设审批手续。

第九条 因新建本办法第八条所列工程设施而扩建、改建、拆除或者损坏原有工程设施的，其费用及经济损失补偿由后建工程的建设单位承担。但原有工程设施属违章者除外。

第十条 修建港口、码头或进行其他活动，不得随意扩占岸线。因特殊情况确需扩占的，应报经有审批权的县以上水行政主管部门或河道专门管理机关批准（涉及其他部门职权范围的，应会同其他部门共同批准）。

第十一条 港口、码头的日常运行，应采取有效的保护措施，避免损害堤身、禁脚地和滩岸。无法避免损害的，由港口、码头管理单位负责修复或承担修复费用。

第十二条 禁止围垦湖泊、河流。确需围垦的，应经过科学论证，并经省以上人民政府批准。

在经省水行政主管部门批准控制运用的围垸内，任何单位和个人不得建造设施，种植作物不得影响围垸控制运用功能；汛情紧急需破围垸或清除高秆作物时，利害关系人应无条件服从。

第十三条 在两岸堤防之间的水域、沙洲、滩地范围内采砂（包括砂、石、土，下同），必须经有关水行政主管部门或河道专门管理机关批准（涉及航道管理的，应会同航道主管机关批准）后，由地质矿产主管部门或矿产资源管理机构发给采矿许可证。采砂必须按批准机关规定的地点和作业方式进行，并按河道管理权限，向有关水行政主管部门或河道专门管理机关交纳采砂管理费。但是，凡采砂用于堤防岁修、整险加固、防汛抢险的，禁止收取采砂管理费，亦不准从工程款项中提取。

采砂管理费的收费标准、分成办法、使用范围等，由省物价局、财政厅、水利厅、地矿局制订，报省人民政府批准后执行。

第十四条 交通部门和水利部门进行航道、河道整治，按照《条例》第十三条的规定办理。

第十五条 城镇建设和发展不得占用河道滩地。城镇规划的临河界限，由有关水行政主管部门或河道专门管理机关会同城镇规划等有关部门确定。沿河城镇在编制和审查城镇规划时，应当事先征求有关水行政主管部门或河道专门管理机关的意见。

第十六条 河道清障工作，按《条例》第四章的规定执行。

第三章 堤防安全管理

第十七条 本省堤防安全管理重点，为境内的确保堤、干堤及重要支堤。确保堤、干堤及重要支堤，由省水行政主管部门根据国家规定和标准予以公布。

第十八条 本省境内确保堤、干堤及重要支堤的禁脚地、工程留用地和安全保护区范围，由市县人民政府按照下列标准划定公布：

禁脚地：确保堤迎水面五十至一百米，背水面三十至五十米；干堤及重要支堤迎水面三十至五十米，背水面二十至三十米（从堤防两侧斜面与平地的交叉点算起）；

工程留用地：确保堤、干堤及重要支堤迎水面和背水面均为二百米（从禁脚地外沿算起）；

安全保护区：确保堤、干堤及重要支堤迎水面和背水面均为三百米（从工程留用地外沿算起）。

第十九条 划定禁脚地涉及集体所有土地的,可以在不改变土地所有制形式的前提下,用滩地或其他国有土地调整使用权,也可以按已经形成的历史习惯处理。具体采用上述何种方式,由市、县人民政府决定。

划定工程留用地和安全保护区,均不改变其范围内土地的所有权和使用权,但河道专门管理机关为维护堤防安全,有权依照本办法对其实施安全管理。

第二十条 禁止任何单位和个人在堤身和禁脚地范围内建房、爆破、采砂、打井、挖洞、开沟、埋坟、铲草皮、打场晒粮、搭棚、设摊、堆放物料、钻探与开采地下资源、进行考古发掘,以及从事其他损害堤身和禁脚地安全的行为。

非经省人民政府批准,任何单位和个人不准将堤身和禁脚地范围内的土地批给其他单位和个人使用。

河道专门管理机关除修建哨屋、临时工棚、通讯照明设施、堆放防汛抢险料物外,不准在堤身和禁脚地范围内修建其他任何建(构)筑物。

第二十一条 《湖北省河道堤防管理暂行条例》(鄂政发〔1992〕128号)颁布后,在堤身和禁脚地范围内修建的仓库、厂房、办公房、住宅等建(构)筑物,凡未经河道专门管理机关批准的,建设单位和个人必须在河道专门管理机关规定的期限内无条件自行拆除;上述条件颁发前修建的建(构)筑物,也应按规划逐步拆迁。

第二十二条 利用堤顶、禁脚地新建公路,须事先经县以上水行政主管部门或河道专门管理机关批准。已在堤顶和禁脚地上修建的公路,由投资修建单位实施管理和养护。未修建公路但机动车辆流量较大的堤顶和禁脚地地段,由省水行政主管部门和省交通主管部门协商确定后,纳入公路建设计划,按公路建设管理体制,分级安排建设和养护,在其他可通车堤顶和禁脚地地段,按照"晴通雨阻"的原则处理机动车辆通行事宜,但防汛抢险车辆不受此限。

第二十三条 在工程留用地内,必须保障确保堤、干堤及重要支堤的岁修、整险加固、防汛抢险取土。河道专门管理机关取土,应当多取堤防迎水面土,少取背水面土;多取非耕地土,少取耕地土。取土凡损坏水利等设施及青苗的,应予补偿;在耕地取土的,取土者应及时予以垦复,垦复确有困难的,应向土地使用者缴纳垦复费(利用取土修建精养鱼池的,可抵顶垦复费)。

第二十四条 河道专门管理机关在属国家所有的荒山、荒坡和堤防迎水面无农业税赋的滩地上无偿取土,任何单位和个人不得阻拦,或索要取土费。

第二十五条 堤身和禁脚地上已修建的涵闸、泵站和埋设的管道、缆线等建筑物及设施,河道专门管理机关应定期进行安全检查。不符合安全要求的,有关单位应按河道专门管理机关《安全通知书》的要求维修或改建。

在堤防上新建前款所列建筑物及设施,必须经河道专门管理机关进行安全验收合格后,方可启用。

第二十六条 堤身和禁脚地上的里程碑、水尺、哨屋、仓库及备用砂石料等设施和防汛物料,由河道专门管理机关管理,任何单位和个人不得侵占、移动或毁坏。

第二十七条 因工程吹淤而形成的禁脚地以外的土地,按下列规定处理:吹淤时压占的集体所有地土地,应如数退还原所有者;吹淤时压占的国家所有且已依法确认土地使用者的,应如数退还原使用者;吹淤时压占的国家所有但未确认土地使用者的,可以由河道专门管理机关使用,但须依法办理有关手续。

第二十八条 本省境内确保堤、干堤及重要支堤以外的其他堤防的管理,由地区行署和市、州人民政府依照国家法律、法规和本办法作出规定。

第四章 涵 闸 保 护

第二十九条 涵闸保护区由市、县人民政府按下列标准划定并公布:大型涵闸上游、下游各五百米,左右各二百米;中型涵闸上游、下游各二百米,左右各一百米;小型涵闸上游、下游各一百米,左右各三十米。上述距离均从涵闸外沿算起。

划定涵闸保护区涉及集体所有土地的,按照本办法第十九条的规定处理。

第三十条 在涵闸保护区内,不准新建房屋等建(构)筑物。涵闸保护区内堤身和禁脚地的管理,按本办法第三章的规定执行。

第三十一条 涵闸管理单位应建立、健全涵闸管理制度。启闭涵闸必须履行报批手续，严格执行操作规程，未经批准，不得擅自启闭。任何单位和个人不得干扰涵闸管理单位的正常工作。

启闸泄流时，涵闸管理单位应通知上、下游的船只驶离涵闸保护区。

第三十二条 严禁超过涵闸设计荷载的车辆通过闸顶。船只通过涵闸时，必须服从闸管人员指挥。

第五章 护堤护岸林采伐

第三十三条 江汉干堤及其重要支堤护堤护岸林的年度森林采伐限额计划，由省水行政主管部门拟订后报省林业主管部门。全省年度森林采伐限额经国务院批准后，由省人民政府将上述护堤护岸林木采伐限额下达至省水行政主管部门，由其逐级分解到各采伐单位。

护堤护岸林的年更新采伐许可证，由省林业主管部门按省人民政府下达给省水行政主管部门的采伐限额，一次发给省水行政主管部门。由省水行政主管部门组织核发。省水行政主管部门年末应将采伐限额执行情况汇总报省林业主管部门。

第三十四条 江汉干堤及其重要支堤以外的堤防护堤护岸林的采伐管理，按国家和省的有关规定执行。

第三十五条 因防汛抢险急需采伐护堤护岸林的，抢险单位可以先行采伐，但事后应将采伐情况报县以上林业主管部门或河道专门管理机关备案。

第三十六条 县以上林业主管部门对护堤护岸林的采伐和种植依法进行监督。

第三十七条 对江汉干堤及其重要支堤护堤护岸林的经营收入，县、市河道专门管理机关按规定提取育林基金和更新改造资金，以用于护堤护岸林的营造和管理。

第六章 经费及其使用

第三十八条 河道堤防的防汛岁修费，按照分级管理原则分别由中央财政和地方财政负担。属地方财政负担的，列入地方年度财政预算。

第三十九条 对江汉干堤及其重要支堤保护范围内受益的工商企业等单

位农户,河道专门管理机关可以收取河道工程修建维护管理费。具体收费标准和办法,由省水行政主管部门和省物价、财政部门制订,报经省人民政府批准后执行。

在江汉干堤及其重要支堤以外的堤防的保护区的,是否开征河道工程修建维护管理费,由省人民政府决定,其他任何单位不得越权开征。

收取河道工程修建维护管理费后,凡未经国务院、国务院授权的主管部门以及省人民政府批准的其他收费项目,一律废止。

第七章 奖励和处罚

第四十条 在河道管理和防汛抢险工作中表现突出,成绩显著者,由县以上人民政府及其水行政主管部门、河道专门管理机关给予奖励。

第四十一条 对有《条例》第四十四条、第四十五条所列行为之一者,由县级以上人民政府水行政主管部门或河道专门管理机关根据职责分工,按《条例》的相应规定处理。

第四十二条 对有下列行为之一者,县级以上人民政府的水行政主管部门或河道专门管理机关除责令其纠正违法行为、采取补救措施外,可以并处警告、罚款、没收非法所得;对有关责任人员,由其所在单位或上级主管机关给予行政处分。

未经批准,在工程留用地、安全挂号信区内打井、爆破、钻探、开采地下资源的;

船只通过涵闸时,不服从闸管人员指挥的;

其他损害河道、堤防安全的行为。

第四十三条 县以上人民政府的水行政主管部门和河道专门管理机关实施经济罚款,按直接经济损失的二至五倍的标准执行,但最高不超过一万元人民币。所有罚没收入交同级财政。

第四十四条 对违反《中华人民共和国治安管理处罚条例》的,由公安部门依法处理;对触犯刑律,构成犯罪的,由司法机关追究刑事责任。

第四十五条 水行政主管部门、河道专门管理机关的工作人员玩忽职守或滥用职权、营私舞弊的,由其所在单位或者上级主管机关给予行政处分;触犯刑律的,由司法机关依法追究刑事责任。

第四十六条　当事人对行政处罚决定不服的，按《条例》第四十六条规定处理。

第八章　附　　则

第四十七条　本省境内的堤防原由城建部门管理的，仍由其负责管理。

第四十八条　本省所有关于河道堤防管理的规定，凡与本办法相抵触的，以本办法为准。

第四十九条　本办法应用中的问题由省水行政主管部门负责解释。

第五十条　本办法自发布之日起施行。

湖北省长江河道采砂管理实施办法

(2003年9月19日湖北省人民政府令第256号发布 根据2022年3月23日《湖北省人民政府关于修改和废止涉及行政处罚内容的省政府规章的决定》第一次修正)

第一条 为了加强本省境内长江河道采砂管理和监督检查,维护长江河势稳定,保障防洪和航运安全,根据《长江河道采砂管理条例》(以下简称《条例》)的规定,结合本省实际,制定本办法。

第二条 在本省境内长江河道从事开采砂石(以下简称长江采砂)及其管理活动,应当遵守本办法。

第三条 长江采砂管理实行县级以上人民政府行政首长负责制。沿江县级以上人民政府应当加强对本行政区域内长江采砂活动的管理工作,督促检查有关部门维护本行政区域内长江采砂管理秩序,组织、协调有关部门的管理活动。

第四条 县级以上地方人民政府水行政主管部门具体负责本行政区域内长江采砂管理和监督检查工作。

第五条 各级公安部门负责长江水上治安管理工作,维护长江水上治安秩序,对违反治安管理规定,拒绝、阻碍长江采砂监督检查人员依法执行公务的行为实施治安管理处罚;依法打击长江采砂活动中的犯罪行为。

长江航务管理局和长江海事机构负责《条例》规定的管理工作。

第六条 省人民政府水行政主管部门根据国家制定的长江采砂规划,拟定本省境内长江采砂规划实施方案,报省人民政府批准后组织实施,并报长江水利委员会、长江航务管理局备案。

本省境内长江采砂规划实施方案应当充分考虑长江防洪安全和航运安全的要求,符合长江防洪、河道整治及航道整治等专业规划的规定。

本省境内长江采砂规划实施方案,由省人民政府水行政主管部门组织、指导、协调沿江市(州)、县(市、区)人民政府水行政主管部门具体实施。

第七条 长江采砂规划确定的本省境内禁采区和禁采期由省人民政府予以公告。

省人民政府水行政主管部门可以根据本省境内长江的水情、工情、汛情、航道变迁和管理等需要，在长江采砂规划确定的禁采区、禁采期外调整禁采范围、延长禁采期限。调整的禁采范围和延长的禁采期限，应当报省人民政府决定后公告，并报长江水利委员会备案。

第八条　长江采砂实行许可制度。本省境内长江河道采砂许可证由省人民政府水行政主管部门统一审批发放。省际边界重点河段的长江河道采砂许可证，经省人民政府水行政主管部门签署意见后，报长江水利委员会审批发放。

水行政主管部门审批发放长江河道采砂许可证涉及航道的，应当征求长江航务管理局和长江海事机构的意见。长江航务管理局和长江海事机构应当自收到水行政主管部门书面征求意见之日起7日内出具书面意见。

本省境内长江河道采砂许可证有效期不超过一个可采期，实行一船一证，采砂许可证式样由省人民政府水行政主管部门按照国务院水行政主管部门的规定统一印制。

第九条　从事长江采砂活动的单位和个人申领长江河道采砂许可证，应当向长江采砂规划确定的可采区所在地县级人民政府水行政主管部门提出申请。受理申请的水行政主管部门依法审查，符合审批发证条件的，应当签署意见，逐级上报，由长江水利委员会或省人民政府水行政主管部门依照本办法第八条的规定，审批发放长江河道采砂许可证。

从事长江采砂活动的单位和个人申领长江河道采砂许可证，应当填写《长江河道采砂许可申请书》。《长江河道采砂许可申请书》由省人民政府水行政主管部门统一印制。

市（州）、县（市、区）人民政府水行政主管部门应当自收到申请之日起10日内提出是否符合审批发证条件的意见并决定是否报送上一级水行政主管部门审批。不予上报的，应当在作出不予上报决定之日起7日内通知申请人，并说明理由。省人民政府水行政主管部门应当自收到经市级人民政府水行政主管部门签署意见的申请之日起30日内予以审批；经审查不予批准的，应当在作出不予批准决定之日起7日内通知申请人，并说明理由。

第十条　符合下列条件的，省人民政府水行政主管部门审批发放长江河道采砂许可证或者上报长江水利委员会审批发放长江河道采砂许可证：

（一）符合长江采砂规划确定的可采区和可采期的要求；

（二）符合年度采砂控制总量的要求；

（三）具备平缓移动的作业方式；

（四）符合采砂船只数量的控制要求；

（五）采砂船舶、船员证书齐全并按规定标明船名、船号；

（六）有符合要求的采砂设备和相关的采砂技术人员；

（七）采砂船舶装配有定位测量设备；

（八）没有非法采砂等不良记录。

第十一条 在本省境内从事长江采砂的船舶，其允许开采动力为250千瓦以上，750千瓦以下。

第十二条 省人民政府水行政主管部门应当定期组织对本行政区域内长江河道可采区的水下地形进行测量，并根据测量结果对可采区能否续采进行论证并作出论证报告。论证报告是下一年度进行采砂许可审批的依据。

水下地形测量应当由具有乙级以上水下测绘资质的单位承担；论证报告应当由具有甲级资质的水利、水电勘察单位编制。

第十三条 长江河道采砂许可证应当载明采砂业主姓名（法人名称）、采砂船名、船号和开采性质、种类、地点、时限、数量以及作业方式、弃料处理方式、许可证的有效期限等有关事项和内容。

第十四条 在本省境内从事长江采砂的单位和个人应当按照长江河道采砂许可证的规定进行开采。需要改变长江河道采砂许可证规定的事项和内容的，应当重新办理长江河道采砂许可证。禁止伪造、涂改、买卖、出租、出借或者以其他方式转让长江河道采砂许可证。

第十五条 为保障航道畅通和航行安全，采砂作业应当服从通航要求，并设立明显标志。

第十六条 因河势变化和防洪安全的需要，沿江县级以上人民政府水行政主管部门可以采取临时处置措施，中止采砂活动，采砂单位和个人必须服从。

第十七条 省人民政府水行政主管部门年审批采砂总量不得超过长江采砂规划确定的年度采砂控制总量。并在每年1月31日前将上一年度长江采砂审批发证和实施情况，报长江水利委员会备案。

第十八条 沿江市（州）、县（市、区）人民政府水行政主管部门因整修长江堤防进行吹填固基或者整治长江河道需采砂的，应当进行科学论证并经省水行政主管部门审查,报长江水利委员会批准。

长江航务管理局在本省境内因整治长江航道需采砂的,应当在征求省人民政府水行政主管部门意见的基础上,向长江水利委员会征求意见。

本省境内因吹填造地从事长江采砂活动的单位和个人,应当依照本办法第九条的规定申请长江河道采砂许可证。单项工程吹填造地采砂规模为10万吨以上的,报长江水利委员会审查同意后办理长江河道采砂许可证。

本条第一、二款所列采砂活动属于公益采砂,所采砂石应当按照省水行政主管部门或者长江水利委员会的要求处理,不得用于经营活动。

第十九条 本省境内的采砂船,在禁采期内应当拆除采砂机具,停放在县级人民政府水行政主管部门指定的地点,不得擅自离开。采砂船在禁采期内确需离开指定停放地点的,须经县级人民政府水行政主管部门批准。县级人民政府水行政主管部门应当及时将批准情况逐级上报至省人民政府水行政主管部门备案。

第二十条 本省境内从事长江采砂的单位和个人应向水行政主管部门缴纳长江河道砂石资源费,不再缴纳河道采砂管理费和矿产资源补偿费。长江河道砂石资源费征收、使用和管理办法按照国家有关部门的规定执行。

第二十一条 从事长江采砂活动的单位和个人发生长江采砂纠纷的,应当协商解决;当事人不愿协商或者协商不成的,可以申请县级以上人民政府水行政主管部门处理。

不同行政区域之间发生长江采砂纠纷的,纠纷各方应当协商处理;协商不成的,由共同的上一级人民政府裁决,有关各方必须遵照执行。

在长江采砂纠纷解决前,纠纷任何一方或者当事人不得单方面改变现状。

县级以上人民政府或者其水行政主管部门在处理长江河道采砂纠纷时,有权采取临时处置措施,有关各方或者当事人必须服从。

第二十二条 沿江县级以上人民政府水行政主管部门应当对长江采砂规划实施情况和违反本办法的行为加强监督检查并依法进行查处。

长江采砂监督检查人员应当忠于职守,秉公执法。在履行监督检查职责时,应当向被检查单位或者个人出示执法证件。

从事长江采砂活动的单位和个人对长江采砂监督检查人员的监督检查工作应当给予配合,不得拒绝或者阻碍长江采砂监督检查人员依法执行职务。

第二十三条 依照本办法规定应当给予行政处罚，而有关水行政主管部门不给予行政处罚的，由上级人民政府水行政主管部门责令其作出行政处罚决定或者直接给予行政处罚；对负有责任的主要负责人和直接责任人员依照有关规定给予行政处分。

第二十四条 有下列行为之一的，对主要负责人和直接责任人员依法给予行政处分；触犯刑律的，依法追究刑事责任：

（一）不执行已经批准的长江采砂规划、擅自修改长江采砂规划或者违反长江采砂规划批准采砂的；

（二）不按照规定审批发放长江河道采砂许可证或者其他批准文件的；

（三）不履行本办法规定的监督检查职责，造成长江采砂秩序混乱或者造成重大责任事故的；

（四）在长江河道采砂管理中不按照规定的项目、范围和标准征收长江河道砂石资源费的；

（五）截留、挪用长江河道砂石资源费，或者有本款第（四）项行为的，由同级财政主管部门追缴已收取的费用和截留、挪用的费用。

第二十五条 违反本办法规定，《中华人民共和国长江保护法》《条例》等已有处罚规定的，依照其规定给予处罚。

第二十六条 运砂船舶在采砂地点装运非法采砂船舶所采砂石，属于与非法采砂船舶共同实施非法采砂行为，视同非法采砂船舶，由县级以上人民政府水行政主管部门依据职权，依照《条例》的规定处罚。

第二十七条 以整修长江堤防进行吹填固基、整治长江河道、整治长江航道的名义采砂进行经营活动的，由县级以上人民政府水行政主管部门没收违法所得，并处1万元以上3万元以下的罚款。

第二十八条 依照本办法实施吊销长江河道采砂许可证的行政处罚，有关人民政府水行政主管部门应当报请省人民政府水行政主管部门或者长江水利委员会决定。

第二十九条 本办法自2003年9月19日起施行。

湖北省实施《中华人民共和国水法》办法

（1992年3月14日湖北省第七届人民代表大会常务委员会第二十五次会议通过　2006年7月21日湖北省第十届人民代表大会常务委员会第二十二次会议修订　根据2015年9月23日湖北省第十二届人民代表大会常务委员会第十七次会议《关于集中修改、废止部分省本级地方性法规的决定》第一次修正　根据2016年12月1日湖北省第十二届人民代表大会常务委员会第二十五次会议《关于集中修改、废止部分省本级地方性法规的决定》第二次修正　根据2017年11月29日湖北省第十二届人民代表大会常务委员会第三十一次会议《关于集中修改、废止部分省本级地方性法规的决定》第三次修正　根据2019年11月29日湖北省第十三届人民代表大会常务委员会第十二次会议《关于集中修改、废止部分省本级地方性法规的决定》第四次修正　根据2021年9月29日湖北省第十三届人民代表大会常务委员会第二十六次会议《关于集中修改涉及长江保护法省本级地方性法规的决定》第五次修正　根据2022年11月25日湖北省第十三届人民代表大会常务委员会第三十四次会议《关于集中修改、废止部分省本级地方性法规的决定》第六次修正）

第一章　总　　则

第一条　为了合理开发、利用、节约和保护水资源，防治水害，促进水资源的可持续利用，保护生态环境，支持经济社会的可持续发展，根据《中华人民共和国水法》和有关法律、法规，结合本省实际，制定本办法。

第二条　在本省行政区域内开发、利用、节约、保护和管理水资源，防治水害，适用本办法。

第三条　开发、利用、节约、保护、管理水资源和防治水害，应当全面规划、统筹兼顾、标本兼治、综合利用、讲求效益，发挥水资源的多种功能，合理配置生活、生产经营和生态环境用水。

水资源属于国家所有，依法实施取水许可制度和水资源有偿使用制度。

第四条　县级以上人民政府应当加强水资源开发、利用、节约和保护工作,加强珍惜、保护水资源的宣传教育,加强水利基础设施建设,并将其纳入本级国民经济和社会发展计划。

第五条 省人民政府水行政主管部门负责全省水资源的统一管理和监督工作。

市(州)、县(市、区)人民政府水行政主管部门按照规定的权限负责本行政区域内水资源的统一管理和监督工作。

县级以上人民政府有关部门按照职责分工,负责本行政区域内水资源开发、利用、节约和保护的有关工作。

第六条 在开发、利用、节约、保护、管理水资源和防治水害等方面做出突出贡献的单位或者个人,由人民政府或者水行政等主管部门给予奖励。

第二章 水资源规划和开发利用

第七条 省人民政府制定全省水资源战略规划。

开发、利用、节约、保护、管理水资源和防治水害,应当按照流域、区域统一制定规划。区域规划应当服从流域规划,专业规划应当服从综合规划。

水资源规划编制应当注重保护生态环境,防止过度开发,体现科学性、合理性。

县级以上人民政府应当加强对水资源规划编制工作的指导、监督和协调。

第八条 省人民政府水行政主管部门会同有关部门和有关市(州)人民政府依照国家流域综合规划和全省水资源战略规划,编制本省区域综合规划和省人民政府确认的重要江河、湖泊、水库以及跨市、州的流域综合规划、区域综合规划,报省人民政府批准后,报国务院水行政主管部门备案。

前款规定以外的流域综合规划、区域综合规划,由县级以上人民政府水行政主管部门会同有关部门编制,经本级人民政府批准后,报上一级人民政府水行政主管部门备案。

第九条 防洪、抗旱、治涝、灌溉、航运、供水、水力发电、竹木流放、渔业、水资源保护、水土保持、水环境、节约用水等专业规划,由县级以上人民政府有关部门依法编制，征求同级相关部门的意见后，报本级人民政府批准。

第十条 开发、利用、节约、保护、管理水资源和防治水害活动必须严格遵守经批准的规划。规划需要修改时，必须按照规划编制程序报原批准机关批准。水工程建设涉及防洪的，依照《防洪法》的有关规定执行；涉及其他地区和行业的，建设单位应当事先征求有关地区和部门的意见。

第十一条 对于直接从地下或者江河、湖泊及水工程拦蓄江河、湖泊的水域内取用水资源并需申请取水许可证的新建、改建、扩建的建设项目，业主单位应当进行水资源论证，依法自行或者委托有关机构编制论证报告书。

少量取水建设项目不需要进行水资源论证，具体范围由省水行政主管部门规定。

县级以上人民政府水行政主管部门负责建设项目水资源论证工作的监督管理。

第十二条 开采地下水应当遵循总量控制、优化配置的原则，并符合地下水开发利用规划和年度开采计划中确定的可采总量、井点总体布局、取水层位的要求，防止水源枯竭以及地质灾害的发生。

县级以上人民政府水行政主管部门会同自然资源主管部门确定地下水年度可开采量、井点总体布局和取水层位，并对地下水水位、水质状况进行监测，建立档案，报上一级主管部门备案。

第十三条 县级以上人民政府应当严格控制开采地下水，并规划和开发替代水源，采取科学措施，增加地下水的有效补给。

省人民政府水行政主管部门应当会同自然资源等主管部门，统筹考虑地下水超采区划定、地下水利用情况以及地质环境条件等因素，组织划定本行政区域内地下水禁止开采区、限制开采区，经省人民政府批准后公布，并报国务院水行政主管部门备案。

在地下水禁止开采区内，除国家有关规定的情形外，禁止取用地下水。

第十四条 水能资源属于国家所有。开发利用水能资源应当符合水资源规划和国家水能资源开发利用的管理要求。

兴建的各类水工程，其防洪调度和大坝安全应当接受水行政主管部门依法实施管理和监督。出现严重旱涝灾情，必须服从水行政主管部门的统一调度。

第三章 水资源、水域和水工程的保护

第十五条 本省境内长江干流、汉江干流及其重要支流和重要湖泊、水库等的水功能区划,由省人民政府生态环境主管部门会同省水行政主管部门和有关部门拟定,报省人民政府批准,并向社会公告,同时报国务院生态环境主管部门和水行政主管部门备案。

其他江河、湖泊、水库的水功能区划,由县级以上人民政府生态环境主管部门会同同级水行政主管部门和有关部门拟定,报同级人民政府批准,并向社会公告,同时报上一级生态环境主管部门和水行政主管部门备案。

水功能区划的编制和拟定应当有利于水资源的保护和合理的开发利用,体现社会、经济、环境效益,对重要的水域以及涉及人民群众切身利益的水功能区划的编制,应当通过各种形式,公开征求社会各方面的意见。

第十六条 县级以上人民政府应当加强水文、水资源信息系统、水资源监测站网的规划、建设和管理。

县级以上人民政府水行政主管部门按照国家规定对水资源状况进行监测,定期或者不定期发布水资源信息。

水行政、生态环境、自然资源、农业农村、卫生健康、建设等有关主管部门的水资源监测数据、资料实行共享。

第十七条 省人民政府应当根据国家产业政策和有关规定,逐步建立和完善保护水资源、恢复生态环境的经济补偿机制。

任何生活、生产活动及建设项目必须防止造成水土流失、水污染和水资源浪费。

第十八条 本省境内跨流域、跨市州的江河、湖泊、水库以及重要水域的饮用水水源保护区,由省人民政府划定,并向社会公布。其他饮用水水源保护区的划定,由省人民政府规定。饮用水水源保护区应当设置明显标志。

禁止在饮用水水源保护区内设置排污口。禁止在饮用水水源一级保护区内从事网箱养殖、旅游、游泳、垂钓或者其他可能污染饮用水水体的活动,禁止新建、改建、扩建与供水设施和保护水源无关的建设项目;已建成的,由县级以上人民政府责令拆除或者关闭。

第十九条 在饮用水水源保护区以外的其他水域确需新建、改建或者扩

大排污口的，须经有管辖权的生态环境主管部门审查同意，并由生态环境主管部门对该建设项目的环境影响评价文件进行审批。

禁止向江河、湖泊、水库等水体排放不达标的工业污水、废渣，倾倒有毒有害物质和城镇垃圾。禁止将可溶性剧毒废渣向水体排放、倾倒或者直接埋入地下。

第二十条　县级以上人民政府及有关部门应当加强对农村小水库、塘堰等水资源的保护，改善农村饮用水环境；乡镇人民政府、村民委员会或者其他农村集体经济组织，应当对其管理或者使用的水域、水工程设施进行保护，建立健全蓄水、用水和保护水资源、水工程安全的管理制度。

第二十一条　利用江河、湖泊、水库及人工水道从事种植、养殖、旅游、体育等活动的，应当符合水功能区划的要求，并不得污染水体和影响行洪安全及水工程运行安全。

第二十二条　禁止向废水井、废矿井、废坑、裂隙和溶洞排放有毒有害物质，防止地下水污染。废水井、废矿井应当由原使用者及时封闭。

第二十三条　禁止在江河、湖泊、水库、渠道、涵闸、泵站枢纽内，弃置或者堆放阻碍行洪、排涝、航运和妨碍水工程正常运行的物体；禁止在水库设计洪水位线以下和渠道围垦、种植作物和搭建构筑物；除护堤护岸的林木外，在水工程管理范围内不得种植有碍行洪、排涝、航运、水文测报的林木和高秆作物。

第二十四条　禁止围湖造地。已经围垦的，县级以上人民政府水行政主管部门应当会同有关部门按照国家规定的防洪标准拟订退地还湖的具体方案，由县级以上人民政府有计划地组织实施。

禁止围垦河道。确需围垦的，必须经过科学论证，并经省人民政府水行政主管部门审查同意后，报省人民政府批准；按规定需报国务院批准的，应报国务院批准。

禁止在水库、湖泊从事筑坝、拦汊等分割水面的活动。

第二十五条　国家所有的水工程的管理和保护范围，按照国家有关的法律法规和规章的规定确定。

前款规定以外的水工程管理和保护范围，由有管辖权的人民政府根据实际需要，参照国家所有的水工程标准划定，并制定相应保护措施。

第二十六条　在水工程保护范围内，禁止从事影响水工程运行和危害水工程安全的爆破、打井、采石、取土等活动。

在河道、水库等水工程管理范围内确需进行下列活动的，应当经有管辖权的水行政主管部门审批或者审核同意；涉及其他主管部门的，依法办理有关手续：

（一）采砂、取土、爆破、钻探、淘取金属或者矿产物；

（二）挖筑鱼塘、存放物料、修建厂房或者其他建构筑设施；

（三）其他依法需要审批或者审核的活动。

第二十七条　河道采砂实行许可制度和有偿使用制度。省人民政府根据国务院有关规定制定具体管理办法。

第四章　水资源配置和节约用水

第二十八条　省人民政府发展改革主管部门和水行政主管部门负责全省水资源的宏观调配。

水中长期供求规划由县级以上人民政府水行政主管部门会同有关部门，依据上一级的水中长期供求规划和本地区的实际情况制订，经本级发展改革主管部门审查批准后执行。跨行政区域的水中长期供求规划由其共同的上级水行政主管部门会同有关部门制订，经同级发展改革主管部门审查批准后执行。

第二十九条　江河、湖泊、水库年度水量分配方案和调度计划，由县级以上人民政府水行政主管部门根据批准的水量分配方案编制。

跨市（州）、县（市、区）的江河、湖泊、水库水量分配方案和旱情紧急情况下的水量调度预案，由其共同的上一级水行政主管部门商有关人民政府编制，报共同的上一级人民政府批准后执行。

第三十条　对直接从地下或者江河、湖泊及水工程拦蓄江河、湖泊的水域内取用水资源的单位和个人，应当按照国家取水许可制度和水资源有偿使用制度的规定，向水行政主管部门申领取水许可证，并缴纳水资源费，取得取水权。法律法规规定不需要申领取水许可证的除外。

第三十一条　用水应当计量，并按照批准的用水计划用水。实行计量收费和超定额累进加价制度，具体办法由省人民政府规定。

第三十二条　使用水工程供应的水，应当按照国家和省有关规定向供水单位缴纳水利工程水费。

第三十三条 严格执行节约用水和用水定额管理的有关规定。各级人民政府应当积极开发、推广节水先进实用技术和设施，加强节水管理，修建、改造节水工程设施，加强取用水计量设施建设，严格控制高耗水产业的发展。

各级人民政府应当根据农业生产及自然条件，重点扶持推广喷灌、滴灌等农业节水灌溉技术，提高灌溉水的有效利用率。

用水单位应当采取循环用水、一水多用等节水措施。

第三十四条 县级以上人民政府水行政主管部门负责本行政区域内的节约用水的工作，编制节约用水规划，制定有关标准和措施，并监督实施。

第五章 监督检查

第三十五条 县级以上人民政府水行政主管部门应当建立健全水政监督检查制度，加强水政监督检查队伍建设，对违反《中华人民共和国水法》和本办法的行为实施监督检查并依法进行查处。

依照法律规定对水资源保护负有监督检查职责的其他部门，应当依法履行监督检查职责。

第三十六条 水政监督检查人员在依法履行监督检查职责时，应当按照法定程序，出示行政执法证件；有关单位或者个人应当给予配合，如实反映情况，提供有关数据、资料，不得拒绝、拖延或者谎报，不得阻碍水政监督检查人员依法执行职务。

第三十七条 上级水行政主管部门发现下级水行政主管部门在履行监督检查职责时有违法或者失职行为的，应当责令其限期改正或者直接查处。

第三十八条 乡镇人民政府应当在其职责范围内，协助水行政主管部门调处水事纠纷、查处水事违法案件，维护水事秩序。

第六章 法律责任

第三十九条 违反本办法的行为，法律、行政法规已有处罚规定的，从其规定。

第四十条　水行政主管部门或者其他有关部门以及水工程管理单位及其工作人员，有下列情形之一的，由有关部门对负有责任的主管人员和直接责任人员予以处分；构成犯罪的，依法追究刑事责任：

（一）不执行水资源规划的；

（二）违反规划兴建水工程的；

（三）不执行水量分配方案、水量调度预案和调度命令的；

（四）对法定规费擅自减免或者违反规定征收、征缴以及挪用的；

（五）违法实施行政许可的；

（六）其他不依法履行管理职责的行为。

第四十一条　违反本办法第二十四条第三款规定的，由县级以上人民政府水行政主管部门责令停止违法行为，限期拆除并恢复原状，所需费用由违法者承担，没收违法所得，并处5万元以上50万元以下罚款。

第四十二条　违反本办法第三十六条规定，干扰、阻碍水政监督检查人员依法执行职务的，由县级以上人民政府水行政主管部门予以警告，责令改正；违反治安管理规定的，由公安机关依法给予治安管理处罚；构成犯罪的，依法追究刑事责任。

第七章　附　　则

第四十三条　本办法自2006年10月1日起施行。

湖北省实施《中华人民共和国防洪法》办法

（1998年11月27日湖北省第九届人民代表大会常务委员会第六次会议通过　根据2010年7月30日湖北省第十一届人民代表大会常务委员会第十七次会议《关于集中修改、废止部分省本级地方性法规的决定》第一次修正　根据2015年9月23日湖北省第十二届人民代表大会常务委员会第十七次会议《关于集中修改、废止部分省本级地方性法规的决定》第二次修正　根据2017年11月29日湖北省第十二届人民代表大会常务委员会第三十一次会议《关于集中修改、废止部分省本级地方性法规的决定》第三次修正　根据2019年11月29日湖北省第十三届人民代表大会常务委员会第十二次会议《关于集中修改、废止部分省本级地方性法规的决定》第四次修正　根据2021年1月22日湖北省第十三届人民代表大会常务委员会第二十次会议《关于集中修改部分省本级地方性法规的决定》第五次修正）

第一章　总　　则

第一条　为了防治洪水，防御、减轻洪涝灾害，维护人民的生命和财产安全，保障社会主义现代化建设顺利进行，根据《中华人民共和国防洪法》（以下简称《防洪法》），结合本省实际，制定本办法。

第二条　本省境内一切防洪活动必须遵守《防洪法》和本办法。

本办法所称防洪是指根据洪涝灾害特点采取的防止或减轻洪涝灾害的各项活动。

第三条　防洪工作实行全面规划、统筹兼顾、标本兼治、综合治理的原则；坚持蓄泄兼筹、以泄为主的方针。

第四条　任何单位和个人都有依法保护防洪工程设施和参加防汛抗洪的义务。

第五条　各级人民政府分别对本行政区域内的防洪工作实行统一领导，全面负责。

各级人民政府应当组织有关部门对广大群众进行防洪教育，普及防洪知

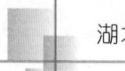

识,提高水患意识;组织有关方面力量,依靠科技进步,建立并完善防洪体系和水文、气象、通信、信息遥控、预警及洪涝灾害监测系统;有计划地治理江河、湖泊,建设防洪工程,巩固、提高防洪能力;对防洪工程加强维护管理,确保安全。

第六条 防汛抗洪工作实行各级人民政府行政首长负责制,统一指挥、分级分部门负责。

县级以上人民政府水行政主管部门(以下简称水行政主管部门)在本级人民政府的领导下,负责本行政区域内防汛抗洪的组织、协调、监督、指导等日常工作。

县级以上人民政府有关部门在本级人民政府的领导下,按照防洪责任制的分工,负责有关的防汛抗洪工作。

第七条 县级以上人民政府设立由有关部门、省军区或者军分区、人民武装部等负责人组成的防汛指挥机构,在上级防汛指挥机构和本级人民政府的领导下,指挥本行政区域的防汛抗洪工作,其办事机构根据工作需要由各级人民政府设立。在汛期,乡镇人民政府和企事业单位根据防汛抗洪工作的需要,可以设立临时防汛指挥机构。

第八条 对在防汛抗洪工作中作出显著成绩的单位和个人,应当给予表彰和奖励。

第二章 防洪规划与防洪工程设施的管理

第九条 本省境内长江的防洪规划,必须符合国务院批准的长江流域防洪规划。

汉江、东荆河、府环河、汉北河、沮漳河、清江、举水、富水及长湖、洪湖、梁子湖、西梁湖、汈汊湖等跨地、市江河湖泊的防洪规划,由省水行政主管部门依据流域综合规划、区域综合规划与土地利用整体规划,会同有关部门和有关地区编制,报省人民政府批准。

其他中小河流、湖泊的防洪规划或者区域防洪规划,由所在地县级以上水行政主管部门依据流域综合规划、区域综合规划,会同有关部门和有关地区编制,报本级人民政府批准,并报上一级水行政主管部门备案。

城市防洪规划,由城市人民政府组织水行政主管部门和其他有关部门依据流域防洪规划编制，按规定审批后纳入城市总体规划。

第十条 全省除涝治涝规划由省水行政主管部门制定。

易涝地区的人民政府应当根据全省除涝治涝规划制定本行政区域的除涝治涝规划。

城市除涝治涝规划由城市人民政府组织有关部门制定，纳入城市总体规划。

第十一条 整治河道和修建控制引导河水流向、保护堤岸等工程，应当兼顾上下游、左右岸的关系，按照规划治导线实施，不得任意改变河水流向。

长江在本省境内的规划治导线按照国务院水行政主管部门批准的方案执行。

汉江、东荆河、府环河、汉北河、沮漳河、清江、举水、富水等江河的规划治导线由省水行政主管部门组织有关地方和部门拟定，报省人民政府批准。其他中小河流的规划治导线由县级以上水行政主管部门拟定，报本级人民政府批准。

第十二条 河道、湖泊的防洪管理实行按水系统一管理和按区域分级管理相结合的原则，加强防护，确保行洪畅通。

长江在本省境内河段，由省水行政主管部门按照国务院水行政主管部门划定的范围依法实施管理。

其他河道、湖泊，由县级以上水行政主管部门按照省水行政主管部门划定的范围依法实施管理。

有堤防的河道、湖泊，其管理范围为两岸堤防之间的水域、沙洲、滩地、行洪区和堤身、禁脚地、工程留用地；无堤防的河道、湖泊，其管理范围为历史最高水位或者设计洪水水位到达的水域、沙洲、滩地和行洪区。

其他水工程的管理范围由县级以上人民政府划定。

第十三条 河道、湖泊、水库管理范围内的土地和岸线的利用，应当符合行洪、输水的要求。

禁止在河道、湖泊、水库、渠道、涵闸、水文测验河段、泵站等管理范围内，建设妨碍行洪、排涝、水文测报和水工程正常运用的建筑物、构筑物，倾倒垃圾等废弃物体，从事影响河势稳定，危害河岸堤防安全和其他影响防洪安全的活动。

除护堤护岸林木外，禁止在行（泄）洪河道内种植阻碍行（泄）洪的林木和高秆作物。

在河道管理范围内建设跨河、穿河、穿堤、临河的桥梁、码头、道路、渡口、管道、缆线、取水、排水等工程设施，建设单位必须按照管理权限，将工程建设方案报送水行政主管部门审查同意，未经水行政主管部门审查同意的，建设单位不得开工建设。其中，涉及与通航有关的设施，还需就有关航道的事项事先征得航道主管部门的同意。

在船舶航行可能危及堤岸安全的河段，以及汛期高水位河段，应当限定船舶航行速度。限定船舶航行速度的标志，由省交通行政主管部门与省水行政主管部门商定后设置。对长江上船舶航行速度的限制，由省交通行政主管部门报国务院交通行政主管部门批准。

第十四条 禁止围湖造地。本省境内湖泊，由水行政主管部门依照管理权限按照经批准的防洪除涝规划的要求，合理固定湖面，禁止围垦、侵占。已经围垦、侵占的，应当按照防洪除涝规划的要求进行治理，合理调整利用或有计划地退地还湖。

禁止围垦河道。已经围垦的，经科学论证，确认不妨碍行洪的，由省水行政主管部门审查同意，报省人民政府批准后予以保留；按规定需报国务院水行政主管部门批准的，应报国务院水行政主管部门批准。确认妨碍行洪的，应当平垸行洪。

禁止在水库库区内筑坝拦汊和在水库淹没线以下垦种土地。对水库下游泄洪河道内的障碍物，应当拆除，确保行洪畅通。

禁止在崩塌滑坡危险区和泥石流易发区取土、挖沙、采石。崩塌滑坡危险区和泥石流易发区的范围，由县级以上人民政府划定并公告，设立永久性标志。

制止砍伐、破坏天然林。有计划地封山植树。

禁止在二十五度以上（含二十五度）陡坡地开垦种植农作物。已在禁止开垦陡坡地开垦种植农作物的，应当有计划地退耕还林育草。

在河道内挖沙取土，按照有关法律、法规的规定执行。

不得在城市区域内擅自填堵原有河道沟汊、贮水湖塘洼地和废除原有防洪围堤；因城市建设确需填堵或废除的，应当经水行政主管部门审查同意，报市人民政府批准。

第十五条 护堤护岸林木,由河道、湖泊所在地的人民政府组织营造和管理。护堤护岸林木,不得任意砍伐。采伐护堤护岸林木后,应当于次年完成补种任务。

第十六条 对分洪区（分蓄洪区、滞洪区、行洪区）的安全建设与管理及对其扶持和补偿、救助,应当按照《湖北省分洪区安全建设与管理条例》的规定执行。

分洪区内的基本建设,必须符合分洪区防洪规划,履行规定的报批手续。

分洪区内的安全建设,必须保证分洪时安全正常运用。

第十七条 因依法启用蓄滞洪区而受益的地区和单位,应当对蓄滞洪区承担相应的扶持和补偿、救助义务。其具体办法由省人民政府制定。

第三章 防 汛 抗 洪

第十八条 防御长江洪水,按照国务院批准的防御洪水方案执行。防御汉江、东荆河、府环河、汉北河、沮漳河、清江、举水、富水等江河的洪水,按照省人民政府批准的方案执行。其他中小河流的防洪,按照批准的防御洪水方案执行。

第十九条 水库防洪,按照经批准的水库调度运用方案执行。

大型水库及需要与下游河道错峰的中型水库的防洪,按照省人民政府批准的水库调度运用方案执行。

其他中小型水库的防洪,按照当地水行政主管部门制定的水库调度运用方案执行。以上水库调度运用方案应当报省防汛指挥机构备案。

第二十条 本省的防汛期为每年的五月一日至十月十五日。特殊情况下,县级以上防汛指挥机构可以宣布提前或者延长本行政区域内的防汛期,报省防汛指挥机构备案。

当江河、湖泊的水情接近保证水位或者安全流量,水库水位接近设计洪水位,或者防洪工程设施发生重大险情时,由有关县级以上防汛指挥机构报请省防汛指挥机构批准后,可以宣布进入紧急防汛期。

在紧急防汛期,省防汛指挥机构可以对雍水、阻水严重的桥梁、引道、码头和其他跨河工程设施作出紧急处置。防汛指挥机构根据防汛抗洪需要,有权在其管辖范围内调用物资、设备、交通运输工具和人力,决定采取取土占地、砍伐林木、清除阻水障碍物和其他必要的紧急措施;必要时,公安、交通等有关部门按照防汛指挥机构的决定,依法实行陆地和水面交通管制。

第二十一条 各级防汛指挥机构、水行政主管部门或其授权的水文机构负责向社会发布水文情报预报和汛情公告,其他部门和单位不得发布。

第二十二条 禁止破坏、侵占、毁损堤防、水闸、护岸、泵站、排水渠系等防洪排涝工程和气象、水文、通讯设施、测量标志以及防汛备用器材、物料等行为。

对江河、湖泊、水库、渠道、涵闸、泵站、水文测验河段等管理范围内阻碍行洪的障碍物和违章建筑,按照谁设障、谁清除的原则,由负责管辖的县级以上防汛指挥机构责令限期清除;逾期不清除的,由防汛指挥机构组织强行清除,所需费用由设障者承担。

对历史遗留的有碍行洪的成片建筑,由县级以上防汛指挥机构作出规划,报本级人民政府批准后逐步组织拆迁。

第二十三条 在汛期,有关人民政府应当动员组织当地群众参加巡堤查险、抗洪抢险等防汛工作。

所有部门和企业、事业单位,应当在防汛指挥机构的统一部署下,按照各自的职责做好有关的防汛工作。

建立险情报告制度。对重大险情,必须立即进行排除,并迅速上报。

第二十四条 江河、湖泊水位或者流量达到规定的分洪标准,需要启用蓄滞洪区时,长江的蓄滞洪区按照国家规定的方案执行;汉江、东荆河、府环河、汉北河、沮漳河、清江、举水、富水及长湖、洪湖、梁子湖、西梁湖、汈汊湖等江河湖泊的蓄滞洪区由省防汛指挥机构按照省人民政府批准的防御洪水方案执行;其他蓄滞洪区由县级以上人民政府按照经批准的防御洪水方案执行。

依法启用蓄滞洪区,任何单位和个人不得阻拦、拖延。遇到阻拦、拖延时,由有关县级以上人民政府依法强制实施。

第二十五条 发生洪涝灾害后,有关人民政府应当组织水行政、应急管理、发展改革、财政、民政、卫生健康、交通、公安、教育、农业农村、住房和城乡建设、商务、供销、电力、邮政等有关部门开展抗灾救灾工作，做好灾区的生活供给、卫生防疫、救灾物资供应、治安管理、学校复课、恢复生产和重建家园以及各项水毁工程设施修复等工作。

水毁防洪工程设施的修复，应当优先列入本级人民政府的年度建设计划。

因防洪抢险需要调用的物资、设备、交通运输工具等，在汛期结束后，由有关人民政府负责组织归还；造成损坏或者无法归还的，应当依法给予补偿。

鼓励、引导、扶持开展洪水保险。

第二十六条 中国人民解放军、中国人民武装警察部队和民兵在我省执行防汛抗洪任务时，各级人民政府和防汛指挥机构应为其提供便利条件。

第四章 保障措施

第二十七条 各级人民政府应当将江河、湖泊的治理和防洪工程设施建设纳入国民经济和社会发展计划。

防洪费用按照政府投入同受益者合理承担相结合的原则筹集。

第二十八条 县级以上人民政府应当按照《湖北省农业投资条例》的规定，每年在本级财政预算中安排资金，用于江河、湖泊的治理和防洪工程设施的建设与维护；特大防汛抗灾，应当安排专项资金，用于抗洪抢险和水毁工程的修复。

设立湖北省水利建设基金，用于水利工程和防洪工程设施的建设与维护。

水利建设与维护资金的筹集，按照省人民政府的规定执行。

第二十九条 受洪水威胁地区的企业、事业单位，应当自筹资金，兴建必要的防洪自保工程。

第三十条 有关单位和个人应当履行紧急情况下的防汛抢险义务。

第三十一条 任何单位和个人不得截留、挤占、挪用防洪、救灾资金和物资。

各级人民政府应当对防洪、救灾资金的使用，实行严格的审计监督，保证专款专用。

第五章 法　律　责　任

第三十二条　违反本办法，法律、法规已有规定的，从其规定。

第三十三条　违反本办法第十四条第四款、第六款规定，在崩塌滑坡危险区和泥石流易发区取土、挖沙、采石的，在二十五度以上陡坡地开垦种植农作物的，依照《中华人民共和国水土保持法》的规定给予处罚。

第三十四条　违反本办法第二十一条规定，擅自发布水文情报预报或者汛情公告的，由县级以上水行政主管部门责令停止违法行为，对单位可以处1千元以上5千元以下的罚款，对个人可以处100元以上500元以下的罚款。

第三十五条　违反本办法第二十二条第一款规定，破坏、侵占、毁损堤防、水闸、护岸、泵站、排水渠系等防洪排涝工程和气象、水文、通讯设施、测量标志以及防汛备用器材、物料的，责令停止违法行为，采取补救措施，可以处5万元以下的罚款；造成损坏的，依法承担民事责任；应当给予治安管理处罚的，依照《中华人民共和国治安管理处罚法》的规定处罚；构成犯罪的，依法追究刑事责任。

第三十六条　违反本办法规定，有下列行为之一，构成犯罪的，依法追究刑事责任；尚不构成犯罪，应当给予治安管理处罚的，依照《中华人民共和国治安管理处罚法》的规定处罚：

（一）阻碍、威胁防汛指挥机构、水行政主管部门或者河道堤防、湖泊、水库专管机构工作人员依法执行公务的；

（二）发现险情不报的；

（三）造谣惑众，制造恐慌的；

（四）拒不履行防汛抗洪义务或者在防汛紧要关头脱逃的。

第三十七条　违反本办法第三十一条规定，截留、挤占、挪用防洪、救灾资金和物资，构成犯罪的，依法追究单位负责人和直接当事人的刑事责任；尚不构成犯罪的，给予处分。

第三十八条　国家工作人员有下列行为之一，构成犯罪的，依法追究刑事责任；尚不构成犯罪的，给予处分：

（一）违反本办法第九条、第十条规定，擅自修改防洪规划或者除涝治涝规划的；

（二）违反本办法第十一条规定，未按规划治导线整治河道和修建控制引导河水流向、保护堤岸等工程，任意改变河水流向的；

（三）滥用职权，玩忽职守，徇私舞弊，致使防汛抗洪工作遭受重大损失的；

（四）批准建设有碍行洪建筑物的；

（五）拒不执行防御洪水方案、蓄滞洪区运用方案、防汛调度方案和防汛抢险指令、汛期调度运用计划的。

第六章 附 则

第三十九条 本办法自公布之日起施行。

湖南省

湖南省河道采砂管理条例

(2021年1月19日湖南省第十三届人民代表大会常务委员会第二十二次会议通过)

第一章 总 则

第一条 为了加强河道采砂管理、规范河道采砂行为,维护河势稳定,保障防洪、供水、通航安全,保护生态环境,根据国家有关法律、行政法规的规定,结合本省实际,制定本条例。

第二条 在本省行政区域内从事河道采砂以及相关活动适用本条例。

在长江干流湖南段河道内从事采砂及其管理,国务院《长江河道采砂管理条例》另有规定的,从其规定。

第三条 河道砂石资源属于国家所有,任何组织或者个人不得非法开采。

第四条 河道采砂管理应当遵循保护优先、科学规划、有序开采、严格监管的原则。

第五条 县级以上人民政府应当加强河道采砂管理工作的领导,建立健全组织领导、联合执法和区域合作机制;加强河道采砂管理能力建设和信息化建设,保障河道采砂管理工作经费,将河道采砂管理纳入河(湖)长制工作内容,健全河道采砂管理的督察、通报、考核、问责制度。

乡镇人民政府、街道办事处应当协助上级人民政府及其有关部门做好辖区内采砂船舶(机具)集中停放、河道采砂纠纷调处、采区现场监督等河道采砂管理工作。

第六条 县级以上人民政府水行政主管部门负责编制河道采砂规划和年度实施方案,实施采砂许可,负责现场监督、督促落实生态环保措施、组织开展河道采砂常态化监督巡查、依法查处河道采砂违法行为,以及河道采砂的其他监督管理工作。

县级以上人民政府交通运输主管部门按照职责负责采(运)砂船舶(车辆)、船舶集中停靠点、砂石码头的监督管理工作,制定砂石码头和砂石集散中心布局规划,依法查处未取得营运许可擅自从事砂石运输的违法行为、超限运砂行为、损害通航条件的采砂行为以及未持有合格船舶证书、船员证书从事采砂、运砂的违法行为。

县级以上人民政府公安机关负责查处河道采砂及其管理活动中的违法犯罪行为。

县级以上人民政府自然资源、生态环境、农业农村、应急管理、市场监督管理、林业等主管部门按照各自职责负责河道采砂监督管理的相关工作。

第七条 鼓励和支持河道砂石替代品的科学研究,发展现代、环保的砂石供应产业。

第二章 河道采砂规划

第八条 洞庭湖和湘江、资江、沅江、澧水干流的采砂规划,由省人民政府水行政主管部门商同级自然资源、交通运输、生态环境、农业农村、林业等主管部门编制,报省人民政府批准。

其他河道的采砂规划,由有关设区的市、自治州、县(市、区)人民政府水行政主管部门按照河道管理权限商同级自然资源、交通运输、生态环境、农业农村、林业等主管部门编制,经上一级人民政府水行政主管部门审核,由同级人民政府批准。

河道采砂规划是实施河道采砂许可、管理和监督检查的依据。经批准的河道采砂规划应当向社会公开,并严格执行;确需调整的,应当经原批准机关批准。

第九条 河道采砂规划应当依据国土空间总体规划制定,符合保障河道防洪、供水、通航安全和保护生态环境要求,并与防洪、航运、生态环境保护规划等相关规划相衔接。

第十条 河道采砂规划应当包括下列内容:

(一)砂石砂质、总储量;

(二)禁采区和可采区;

(三)禁采期和可采期;

(四)可采区规划期控制总开采量、开采范围、最低控制开采高程;

(五)砂石码头的布局要求;

（六）采砂环境影响分析。

第十一条 下列区域为禁采区：

（一）饮用水水源保护区、自然保护区、风景名胜区和水产种质资源保护区核心区以及其他生态保护红线划定的区域；

（二）堤防、闸坝、水文观测、水质监测、取水、排水、护岸等工程设施安全保护范围；

（三）桥梁、码头、渡口、航道整治建筑物、电缆、管道、隧洞、输电线路等工程及其附属设施安全保护范围；

（四）河道险工、险段附近区域；

（五）危害航道通航安全的区域；

（六）法律、法规禁止采砂的其他区域。

第十二条 河道达到或者超过警戒水位时以及法律、法规规定禁止采砂的其他时段为禁采期。

在禁采期内，县级以上人民政府防汛指挥机构根据防汛抗洪的需要，有权在其管辖范围内作出紧急采砂的决定，所采砂石按照防洪物资管理规定使用。

第十三条 县级以上人民政府应当将河道采砂规划确定的禁采区、禁采期进行公告，设立明显的禁采区标志。

在可采区、可采期内，因防洪、河势改变、水工程建设、水生态环境遭受严重改变以及有重大水上活动等情形不宜采砂的，县级以上人民政府水行政主管部门应当划定临时禁采区或者规定临时禁采期，报同级人民政府批准后予以公告。

第十四条 河道采砂规划批准后，县级人民政府应当组织水行政、自然资源、交通运输、生态环境、农业农村等主管部门按照有关规定，对可采区砂石开采影响评价等进行专题论证，并经具有相应管理权限的部门批复同意。

第十五条 县级人民政府水行政主管部门应当根据河道采砂规划和可采区专题论证意见，商同级交通运输、自然资源、生态环境、农业农村、林业等主管部门制定年度采砂实施方案，经同级人民政府同意后，报设区的市、自治州水行政主管部门批准。

年度采砂实施方案应当包括以下内容：

（一）可采区基本情况，许可方式、许可期限；

（二）可采区年度控制最大开采总量、开采范围、最低控制开采高程；

（三）采砂作业方式、船舶（机具）数量及采砂设备种类、最大生产功率；

（四）砂石码头的数量和位置；

（五）可采区现场监管方案；

（六）河道及航道清理、修复方案；

（七）船舶污染物接收方案等影响水生生物资源和环境的防范、修复措施；

（八）水生态保护及其他需要明确的事项。

第三章 河道采砂许可

第十六条 县级人民政府水行政主管部门应当按照批准的年度采砂实施方案实施本行政区域内河道采砂许可。未经许可，不得从事河道采砂活动；但是，农村村民为生活自用采挖少量河道砂石的除外。

交界水域河段采砂许可发生争议时，由共同的上一级人民政府裁决。

第十七条 县级人民政府应当采取招标、拍卖、挂牌等公开出让方式或者国家规定的其他方式出让河道砂石开采权。

第十八条 县级人民政府根据生态环境保护的需要，可以决定对本行政区域内的河道砂石资源依法实行统一开采管理。

第十九条 河道采砂许可申请人应当符合下列条件：

（一）有依法取得的营业执照；

（二）有符合生态环境保护、安全生产等要求的采砂设备和作业方式；

（三）有符合要求的采砂技术人员；

（四）用船舶采砂的，船舶检验证书、所有权登记证书和船员适任证书以及其他相关证书齐全有效；

（五）无非法采砂失信行为和不良记录；

（六）法律、法规规定的其他条件。

第二十条 申请办理河道采砂许可，应当提交下列资料：

（一）河道采砂许可申请；

（二）营业执照；

（三）采砂船舶（机具）证书、采砂技术人员的基本情况；

（四）砂石堆放地点和弃料处理方案；

（五）船舶油污、生活废弃物的处理方案；

（六）河道及航道清理、修复方案；

（七）水生生物避让及水生态修复方案；

（八）法律、法规规定的其他有关资料。

第二十一条　河道采砂许可证由省人民政府水行政主管部门统一式样，由设区的市、自治州人民政府水行政主管部门统一印制，由实施许可的县级人民政府水行政主管部门发放。

河道采砂许可证内容包括许可证号、有效期、发证机关名称、发证日期，河道砂石开采权人名称，采砂船舶（机具）名称、检验证书登记号、采砂主机功率，许可河段、范围、控制开采量，最低控制开采高程以及作业方式、弃料处理方式等有关事项。

河道采砂许可证应当放置或者附着于采砂船舶（机具）的显著位置。

河道采砂许可证的有效期限不得超过一年。河道采砂许可证有效期届满，可以按照本条例规定继续申请办理河道采砂许可证；没有继续申请办理的，发证机关应当收回或者注销河道采砂许可证。

第二十二条　禁止伪造、涂改河道采砂许可证，禁止买卖、出租、出借或者以其他方式转让河道采砂许可证。

第二十三条　河道整治、航道整治和清淤疏浚等活动产生的砂石由县级以上人民政府按照规定统一处置，不得擅自销售。

第二十四条　河道砂石资源有偿使用收入应当主要用于河道生态环境治理、河道建设维护管理以及河道采砂管理，具体管理办法由省财政部门会同同级水行政、自然资源、交通运输、税务等部门制定。

第四章　河道采砂监督与管理

第二十五条　县级以上人民政府应当组织水行政、交通运输、公安、生态环境、农业农村、应急管理、市场监督管理等相关主管部门，对河道砂石的生产、交易、运输和水上交通安全、生态环境保护、社会治安等进行监督管理,开展联合执法,有关主管部门应当依职权及时发现和查处违法行为。

交界水域县级人民政府应当加强区域合作,建立健全交界水域联管联治机制,开展交界水域非法采砂联合整治。

第二十六条 县级人民政府水行政、交通运输、公安、生态环境、农业农村、市场监督管理等主管部门应当将河道采砂执法监管信息数据纳入"互联网+监管"平台,实现信息互通、监管互认、执法互助。

县级人民政府应当明确河道采砂现场管理机构,建立河道采砂电子监控系统,对河道采砂现场进行监控管理。

从事河道采砂的单位和个人应当配合安装监控设备,不得损坏或者擅自拆除,不得妨碍其正常运行。

第二十七条 县级人民政府水行政主管部门应当在河道采砂现场明显的位置竖立公示牌,标明河道采砂许可证号、采砂范围、采砂作业工具名称、采砂期限、被许可单位名称及监督举报电话等。

第二十八条 县级以上人民政府水行政、交通运输等主管部门及其行政执法人员履行河道采砂相关监督管理职责时,有权采取下列措施:

(一)进入采砂生产、运输、存放场所进行调查、取证;

(二)要求采(运)砂单位和个人如实提供与河道采(运)砂有关的文件、证照、资料;

(三)责令采(运)砂单位和个人停止违法采(运)砂行为;

(四)依法查封非法砂石堆场,扣押非法采砂船舶(机具)、运砂船舶(车辆)以及非法采(运)的砂石。

第二十九条 县级以上人民政府水行政主管部门可以委托具备水利工程建设监理相应资质的监理单位对河道采砂活动实施监督管理。监理单位及其监理人员不得与采砂人、运砂人串通,弄虚作假,不得损害国家利益或者社会公共利益。

第三十条 从事河道采砂的单位和个人应当遵守下列要求:

(一)按照河道采砂许可确定的时间、地点、开采范围、最低控制开采高程、作业方式和控制开采量等进行开采;

(二)设置采区作业标志;

(三)及时清运砂石、平整弃料堆体或者采砂坑槽;

（四）按照有关生态环境保护规定做好生态环境修复工作；

（五）不得在河道管理范围内擅自设置砂场、堆积砂石或者弃料；

（六）不得危及水工程、农田工程、水文、桥梁、隧道、管线、环境保护等设施以及岸坡安全；

（七）法律、法规有关河道采砂的其他规定。

第三十一条　运砂船舶装运河道砂石，应当持有县级人民政府水行政主管部门核发的证明砂源合法的采运管理单。

县级人民政府水行政主管部门应当落实运砂船舶签单发航制度，从事河道采砂的单位和个人应当按照规定发放签单发航凭证。

第三十二条　县级人民政府交通运输主管部门应当建立采砂船舶集中停靠点，建立监控系统，设置电子围栏，加强采砂船舶停泊管理。

采砂船舶在禁采期或者在可采期但未取得河道采砂许可证的，应当在县级人民政府交通运输主管部门指定的集中停靠点停放。

河道内长期停泊不用、无人管理的采砂船舶，由所在地县级人民政府交通运输主管部门发布招领公告，自公告之日起一年内无人认领的，依法予以处置。

第三十三条　河道采（运）砂生产经营业主是采（运）砂安全生产责任主体，应当建立健全安全生产责任制度，完善安全生产设施，培训从业人员，确保生产安全。

第三十四条　河道采砂许可证有效期届满或者累计采砂量达到限定开采总量的，河道砂石开采权人应当停止采砂作业，按照规定对作业现场进行清理、修复，达到环保要求。县级人民政府水行政、自然资源、农业农村、交通运输、林业和生态环境等主管部门应当组织进行现场查验。

第三十五条　县级以上人民政府水行政主管部门应当将河道采砂违法行为记录纳入社会信用信息服务平台。

第三十六条　县级以上人民政府水行政主管部门应当建立河道采砂违法行为举报制度，公布举报电话、电子邮箱，依法及时处理举报。

任何单位和个人有权举报河道采砂违法行为。经查证属实的，应当对举报人给予奖励。

接受举报的机关应当保护举报人的合法权益，对举报人的相关信息予以保密。

第五章 法 律 责 任

第三十七条 国家机关及其工作人员违反本条例，有下列行为之一的，对直接负责的主管人员和其他直接责任人员依法给予处分；构成犯罪的，依法追究刑事责任：

（一）擅自修改河道采砂规划或者违反河道采砂规划、年度采砂实施方案批准采砂的；

（二）不按照规定审批发放河道采砂许可证的；

（三）根据防汛抗洪需要所采砂石未按照防洪物资管理规定使用的；

（四）违反规定批准销售因河道整治、航道整治和清淤疏浚等活动产生的砂石的；

（五）不履行河道采砂监督管理职责，造成重大责任事故的；

（六）违反规定参与河道采砂经营活动或者纵容、包庇河道采砂违法行为的；

（七）其他玩忽职守、滥用职权、徇私舞弊的行为。

第三十八条 违反本条例第十一条、第十二条、第十六条规定，在禁采区、禁采期采砂，或者未办理河道采砂许可证采砂的，由县级以上人民政府水行政主管部门责令停止违法行为，没收违法所得和用于违法活动的采砂船舶（机具），并处货值金额二倍以上二十倍以下罚款；货值金额不足十万元的，并处二十万元以上二百万元以下罚款；构成犯罪的，依法追究刑事责任。

持有河道采砂许可证，但在禁采区、禁采期采砂的，由县级以上人民政府水行政主管部门依照前款规定处罚，并吊销河道采砂许可证。

第三十九条 违反本条例第二十二条，伪造、涂改或者买卖、出租、出借或者以其他方式转让河道采砂许可证的，由县级以上人民政府水行政主管部门没收违法所得，并处五万元以上十万元以下罚款，收缴伪造、涂改或者买卖、出租、出借或者以其他方式转让的河道采砂许可证；构成犯罪的，依法追究刑事责任。

第四十条 违反本条例第二十三条规定，擅自销售河道整治、航道整治和清淤疏浚等活动产生的砂石的，由县级以上人民政府水行政主管部门没收违法所得,并处五万元以上二十万元以下罚款;情节严重的,并处二十万元以上五十万元以下罚款。

第四十一条 违反本条例第二十六条第三款规定,不安装、损坏或者擅自拆除监控设备,妨碍其正常运行的,由县级以上人民政府水行政主管部门责令停止违法行为、限期恢复原状;逾期不改正的,处一万元以上三万元以下罚款。

第四十二条 违反本条例第三十条第一项规定的,由县级以上人民政府水行政主管部门责令停止违法行为,没收违法所得,处五万元以上十万元以下罚款;情节严重的,吊销河道采砂许可证。

违反本条例第三十条第二项至第六项规定的,由县级以上人民政府水行政主管部门责令限期改正;逾期不改正的,处一万元以上五万元以下罚款。

第四十三条 违反本条例第三十一条第一款规定,运砂船舶装运河道砂石,未持有县级人民政府水行政主管部门核发的采运管理单的,由县级以上人民政府水行政主管部门没收违法所得,并处一万元以上五万元以下罚款。

第四十四条 违反本条例第三十二条第二款规定,采砂船舶在禁采期或者在可采期但未取得河道采砂许可证,未按照县级人民政府交通运输主管部门指定的集中停靠点停放的,由县级人民政府交通运输主管部门责令限期改正;逾期不改正的,由县级人民政府交通运输主管部门采取措施将采砂船舶拖移至集中停靠点,处一万元以上三万元以下罚款。

第六章 附 则

第四十五条 本条例所称采砂机具,包括采砂水上浮动设施、挖掘机械、吊杆机械、分离机械等与采运砂石相关的机械和工具。

第四十六条 本条例自2021年3月1日起施行。

湖南省实施《中华人民共和国水法》办法

（2004年5月31日湖南省第十届人民代表大会常务委员会第九次会议通过 根据2012年3月31日湖南省第十一届人民代表大会常务委员会第二十八次会议《关于按照行政强制法的规定修改部分地方性法规的决定》第一次修正 根据2022年5月26日湖南省第十三届人民代表大会常务委员会第三十一次会议《关于修改〈湖南省水能资源开发利用管理条例〉等九件地方性法规的决定》第二次修正 根据2023年5月31日湖南省第十四届人民代表大会常务委员会第三次会议《关于废止、修改部分地方性法规的决定》第三次修正）

第一条 根据《中华人民共和国水法》（以下简称水法），结合本省实际，制定本办法。

第二条 在本省行政区域内开发、利用、节约、保护和管理水资源，防治水害，必须遵守本办法。

长江湖南段、洞庭湖以及其他省界江河、湖泊水资源的开发、利用、节约、保护、管理和水害的防治，国家法律和行政法规另有规定的，从其规定。

第三条 县级以上人民政府水行政主管部门按照规定的权限，负责本行政区域内水资源的统一管理和监督工作。

县级以上人民政府有关部门按照职责分工，负责本行政区域内水资源开发、利用、节约和保护的有关工作。

第四条 单位和个人都有依法保护水资源、水工程和节约用水的义务，对破坏水资源、污染水环境、损坏河道和水工程设施的行为有权检举。

第五条 开发、利用、节约、保护水资源和防治水害应当按照流域、区域统一制定规划。区域规划应当服从流域规划，专业规划应当服从综合规划。

第六条 全省流域综合规划、区域综合规划和跨设区的市、自治州的江河、湖泊，以及省人民政府确认的其他重要江河、湖泊的流域综合规划、区域综合规划，由省人民政府水行政主管部门会同有关部门和有关人民政府编制，报省人民政府批准后，报国务院水行政主管部门备案。

前款规定以外的流域综合规划、区域综合规划，按照管理权限由县级以上人民政府水行政主管部门会同同级有关部门编制，经本级人民政府批准后，报上一级人民政府水行政主管部门备案。

第七条　治涝、山洪灾害防治、灌溉、航运、供水、水力发电、竹木流放、渔业、水资源保护、节约用水等专业规划，由县级以上人民政府有关部门编制，征求同级其他有关部门意见后，报本级人民政府批准。防洪规划、水土保持规划的编制、批准，按照《中华人民共和国防洪法》、《中华人民共和国水土保持法》的有关规定执行。

第八条　流域综合规划、区域综合规划以及第七条所规定的专业规划一经批准，必须严格执行。

经批准的规划需要修改时，必须按照规划编制程序经原批准机关批准。

第九条　洞庭湖、湘江、资江、沅江、澧水干流和汨罗江、新墙河以及省人民政府确认的其他重要江河、湖泊的水功能区划，由省人民政府水行政主管部门会同省生态环境行政主管部门和有关部门拟定，报省人民政府批准，并报国务院水行政主管部门和生态环境行政主管部门备案。其他江河、湖泊的水功能区划，由设区的市、自治州、县（市、区）人民政府水行政主管部门会同同级人民政府生态环境行政主管部门和有关部门拟定，报同级人民政府批准，并报上一级水行政主管部门和生态环境行政主管部门备案。

第十条　水功能区划定后，县级以上人民政府水行政主管部门应当按照国家规定，在主要河道、饮用水水源保护区等区域设置水资源质量监测断面，对水质状况进行监测。发现重点污染物排放总量超过控制指标的，或者水质未达到水域使用功能对水质要求的，应当及时报告相关人民政府采取治理措施，控制污染物排放，改善水质，并向生态环境行政主管部门通报。

第十一条　在洞庭湖和湘江、资江、沅江、澧水干流及大型水库新建、改建或者扩大排污口，应当由省人民政府生态环境行政主管部门进行审批。在其他江河、湖泊、水库、人工水道上新建、改建或者扩大排污口，应当由生态环境行政主管部门按照管理权限进行审批。

禁止在饮用水水源保护区设置排污口或者新建有污染的项目，现有污染项目应当限期治理。

第十二条　开发利用江河、湖泊、水库水资源，应当按照水法规定的原则，做到公平有序，并符合水功能区划，服从防洪安全和水工程运行安全的需要。水行政主管部门应当加强监督检查。

第十三条 建设水工程，应当进行科学论证，并符合流域综合规划。

在洞庭湖、湘江、资江、沅江、澧水干流和汨罗江、新墙河以及省人民政府确认的其他重要江河、湖泊上建设水工程，其工程可行性研究报告报请批准前，由省人民政府水行政主管部门对其是否符合流域综合规划进行审查并签署意见。

在跨县、市（区）的江河、湖泊上建设水工程，其工程可行性研究报告报请批准前，由设区的市、自治州人民政府水行政主管部门对其是否符合流域综合规划进行审查并签署意见；在不跨县、市（区）的江河、湖泊上建设水工程，其工程可行性研究报告报请批准前，由县级人民政府水行政主管部门对其是否符合流域综合规划进行审查并签署意见。

第十四条 兴建水利水电、防治水害、整治河道的工程和拦河、跨河、穿河、穿堤、临河的闸坝、桥梁、码头、道路、渡口、取水口、排污口等设施及铺设跨河管道、电缆，必须符合国家规定的防洪标准、通航标准和其他有关技术要求。

修建前款工程设施，建设单位必须在立项前进行防洪评价论证、编制水土保持方案，并报送县级以上人民政府水行政主管部门审查同意后，按基本建设程序办理审批手续。

第十五条 从事工程建设，不得占用农业灌溉水源、灌排工程设施，不得影响原有灌溉用水、供水水源、水文测验，不得危害河势稳定、行洪畅通和护坡、护岸、堤防及导航、助航、水文监测等工程设施安全，不得造成江河、湖泊、水库、人工水道淤积。确实无法避免的，建设单位应当采取相应的补救措施。造成损失的，依法给予补偿。

禁止围垦湖泊、水库造地。

第十六条 国家所有的水工程，由县级以上人民政府水行政主管部门或者水行政主管部门会同有关部门依照下列标准，报请县级以上人民政府划定管理范围和保护范围，并设立标志：

（一）防洪、防涝的堤防、间堤背水坡脚向外水平延伸30至50米（经过城镇的堤段不得少于10米）为管理范围。保护范围视堤防重要程度、堤基土质条件划定。

（二）水库库区设计洪水位线以下（包括库内岛屿），大坝背水坡脚向外水平延伸30至200米，大坝两端山坡自开挖线起顺坡向外延伸50至100米（到达分水岭不足50米的至分水岭上），溢洪道两端自山坡开挖线起顺坡向外延伸10至20米为管理范围。库区管理范围边缘向外延伸20至100米为保护范围；大坝、溢洪道保护范围根据坝型、坝高及坝基情况划定。

（三）船闸上下游航道护岸末端、水闸上下游翼墙末端以内为管理范围，管理范围边缘向外延伸50至200米为保护范围。

（四）引水工程、水轮泵站、水力发电站的拦河坝两端向外延伸50至200米，河床、河堤护砌线末端向上下游各延伸500米为保护范围。

（五）水力发电站厂房、机电排灌站枢纽建筑物周边向外延伸20至100米，进出水渠（管）道自拦污栅向外延伸100至500米水面为保护范围。

（六）渠道自两边渠堤外坡脚或者开挖线向外延伸1至5米，渠系建筑物周边2至10米为保护范围。

（七）其他水工程由县级以上人民政府结合实际情况，参照上述标准划定管理范围和保护范围。

国家所有以外的水工程管理范围和保护范围，可以参照前款第（一）项至第（六）项规定，由有管辖权的人民政府结合实际情况划定。

城市规划区内水工程管理范围和保护范围的划定，应当与城市总体规划相协调。

第十七条　水行政主管部门应当加强对水工程管理范围的保护。依法由人民政府划定的水工程管理范围的土地及建筑物，除水工程管理单位外，其他单位和个人不得占用。

第十八条　各级人民政府必须落实水工程安全管理责任制和安全检查制度，对病险水工程应当控制运行，限期消除险情。县级以上人民政府水行政主管部门应当加强对水工程安全的技术指导和监督管理。

第十九条　禁止在水工程保护范围内从事影响水工程运行和危害水工程安全的爆破、打井、采石、取土等活动。

在水工程管理范围内除禁止从事第一款所规定行为外，还不得从事影响水工程运行和危害水工程安全的建房、开渠、倾倒垃圾渣土等活动。

在大坝、堤防上除禁止从事第一款、第二款所规定的行为外，还不得从事垦殖、铲草、设立墟场等活动。

第二十条 开采矿藏可能造成地表水源枯竭、水资源污染、地下水含水层串通、地面塌陷和影响水工程安全的,采矿单位或者建设单位应当组织科学论证。在进行科学论证时,应当征求水行政主管部门的意见。

第二十一条 在河道管理范围内采砂,必须经县级以上人民政府水行政主管部门批准。未经批准采砂或者未按照采砂许可规定采砂,情节严重的,县级以上人民政府水行政主管部门可以依法及时作出处理。

经批准从事河道采砂的单位和个人,应当按照防洪和通航安全的需要,及时清理尾堆,平整河道,不得在河道内堆积砂石或者废弃物。

县级以上人民政府水行政主管部门应当加强对河道采砂的统一管理和监督检查,并做好有关组织、协调的指导工作。

第二十二条 调蓄径流和分配水量,应当兼顾上下游和左右岸用水、航运、竹木流放、渔业和保护生态环境的需要。

调蓄径流和水量分配方案,由县级以上人民政府水行政主管部门按照管理权限拟定,征求有关部门意见后,报本级人民政府批准后执行;跨行政区域的,由共同上一级人民政府水行政主管部门商有关人民政府拟定,报本级人民政府批准后执行。

第二十三条 省人民政府水行政主管部门应当确定湘江、资江、沅江、澧水干流和主要水库特别干旱时期的供水以及水环境需要的最小流量、水位,制定特别干旱时期供水预案和水环境应急预案,报省人民政府批准后执行。出现供水、水环境紧急状况时,各大中型水工程管理单位、沿河城市人民政府必须服从省人民政府的用水调度。

第二十四条 直接从江河、湖泊或者地下取用水资源的,应当按照国家取水许可制度和水资源有偿使用制度的规定,向水行政主管部门申请领取取水许可证,按照国家和省人民政府的规定缴纳水资源费。但是,农业灌溉以及家庭生活、零星散养、圈养畜禽饮用等少量取水和省人民政府规定的其他少量取水的除外。

第二十五条 使用水工程供应的水,用水单位和个人应当向供水单位申请用水计划,并按规定缴纳水费。

第二十六条 地方各级人民政府应当采取措施,鼓励研究节水技术,推广节水工艺和设备、产品。

工业用水应当采用先进技术、工艺和设备,增加循环用水次数,提高水的重复利用率。

城市应当推广节水型生活用水器具，降低城市供水管网漏失率，提高生活用水效率。

第二十七条 在地下水超采的地区，县级以上人民政府应当制定计划，限制取水量，并规划建设替代水源，采取科学措施增加地下水的有效补给。禁止新建、扩建取用地下水的建设项目。

省人民政府水行政主管部门应当会同自然资源等主管部门，统筹考虑地下水超采区划定、地下水利用情况以及地质环境条件等因素，组织划定本行政区域内地下水禁止开采区和限制开采区，报省人民政府批准后公布，并报国务院水行政主管部门备案。

开采地下水的单位，应当对地下水的水位、水质变化趋势进行监测，建立技术档案。

第二十八条 乡镇人民政府、村民委员会、村民小组或者农村集体经济组织，应当对其管理或者使用的水库、山塘等水利设施进行维护，建立蓄水用水和水工程安全管理制度，加强管理，合理使用。县（市、区）和乡镇人民政府应当加强检查、指导。

除国家建设或者公益事业需要外，不得填埋山塘。

第二十九条 不同行政区域之间发生水事纠纷的，应当协商处理；协商不成的，应当报告共同的上一级人民政府，人民政府应当自收到报告之日起五日内受理，并及时作出裁决，有关各方必须执行。水事纠纷解决前，未经各方达成协议或者共同上一级人民政府批准，在县级以上行政区域交界线水事纠纷发生地方圆5公里、乡镇行政区域交界线水事纠纷发生地方圆3公里区域内，任何一方不得修建排水、阻水、取水和截（蓄）水工程，不得单方面改变水的现状。

第三十条 县级以上人民政府水行政主管部门或者法律、法规授权的组织，应当建立水政监察制度，依法实施水政监察。

水政监察人员应当忠于职守、秉公执法，在依法查处水事行政案件时，应当出示行政执法证件。

第三十一条 违反本办法第十九条规定的，由县级以上人民政府水行政主管部门按照下列规定进行处理：

（一）从事影响水工程运行和危害水工程安全的爆破、打井、采石、取

土等活动的，责令停止违法行为、采取补救措施，对在水工程保护范围内的可以并处一万元以上二万元以下罚款，对在水工程管理范围内的可以并处二万元以上三万元以下罚款，对在大坝、堤防上的可以并处三万元以上五万元以下罚款。

（二）从事影响水工程运行和危害水工程安全的建房、开渠、倾倒垃圾渣土等活动的，责令停止违法行为、采取补救措施，对在水工程管理范围内的可以并处五百元以上三千元以下罚款，对在大坝、堤防上的可以并处一千元以上五千元以下罚款。

（三）在大坝、堤防上从事垦殖、铲草、设立墟场等活动的，责令停止违法行为，给予警告；情节严重的，可以并处五十元以上二百元以下罚款。

第三十二条　违反本办法第二十一条规定，采砂的单位和个人未按照防洪和通航安全的需要及时清理尾堆、平整河道的，由县级以上人民政府水行政主管部门责令限期清理，恢复原状；逾期不清理的，由县级以上人民政府水行政主管部门强制清理，所需费用由采砂的单位和个人承担，并处一万元以上二万元以下罚款；情节严重的，并处二万元以上五万元以下罚款。

第三十三条　违反本办法第二十八条第二款的规定填埋山塘的，由县级人民政府水行政主管部门责令停止违法行为，限期恢复原状或者采取其他补救措施；拒不恢复原状或者采取其他补救措施的，由县级人民政府水行政主管部门强制恢复原状或者采取其他补救措施，所需费用由违法者承担；情节严重、对生产生活等造成严重危害的，并处一万元以上三万元以下罚款。

第三十四条　水行政主管部门或者其他有关部门以及水工程管理单位的工作人员玩忽职守、滥用职权、徇私舞弊，或者贪污、挪用水资源费的，依法给予行政处分；构成犯罪的，依法追究刑事责任。

第三十五条　本办法自 2004 年 9 月 1 日起施行。1993 年 7 月 10 日湖南省第八届人民代表大会常务委员会第三次会议通过的《湖南省水法实施办法》同时废止。

湖南省实施《中华人民共和国防洪法》办法

（2001年3月30日湖南省第九届人民代表大会常务委员会第二十一次会议通过 根据2018年7月19日湖南省第十三届人民代表大会常务委员会第五次会议《关于修改〈湖南省实施中华人民共和国水土保持法办法〉十一件地方性法规决定》第一次修正 根据2021年3月31日湖南省第十三届人民代表大会常务委员会第二十三次会议《关于修改〈湖南省建筑市场管理条例〉等三十件地方性法规的决定》第二次修正）

第一条 根据《中华人民共和国防洪法》（以下简称《防洪法》）和其他有关法律、法规的规定，结合本省实际，制定本办法。

第二条 依法编制防洪规划应当统筹兼顾，科学论证，充分考虑环境保护、水土保持、土地利用以及流域、区域综合治理的需要，与国土规划、土地利用总体规划和城市总体规划相协调。

第三条 长江湖南段和洞庭湖的防洪规划，按照《防洪法》的有关规定制定。省内其他江河、河段和城市的防洪规划，按照下列规定制定：

（一）湘江、资江、沅江、澧水干流和汨罗江、新墙河以及省人民政府认定的其他重要河流的防洪规划，由省人民政府水行政主管部门会同有关部门和有关设区的市、自治州人民政府编制，报省人民政府批准，并报国务院水行政主管部门备案；

（二）第（一）项规定以外的跨县级行政区的河流、河段的防洪规划，由有关设区的市、自治州人民政府水行政主管部门会同有关部门和有关县级人民政府编制，报所在地设区的市、自治州人民政府批准，并报省人民政府水行政主管部门备案；

（三）不跨县级行政区的河流、河段的防洪规划，由县级人民政府水行政主管部门会同有关部门编制，报本级人民政府批准，并报上一级人民政府水行政主管部门备案；

（四）设区的市、自治州人民政府所在地城市的防洪规划，由设区的市、自治州人民政府组织水行政主管部门、住房和城乡建设主管部门和其他有关部门编制，按照国务院规定的审批程序批准后，纳入城市总体规划；

（五）县级人民政府所在地城镇的防洪规划，由县级人民政府组织水行政主管部门、住房和城乡建设主管部门和其他有关部门以及镇人民政府编制，经所在的设区的市、自治州人民政府水行政主管部门审查后，报该设区的市、自治州人民政府批准，纳入城镇总体规划；

（六）县级人民政府所在地城镇以外的有防洪任务的镇的防洪规划，由县级人民政府水行政主管部门会同住房和城乡建设主管部门、镇人民政府编制，报本级人民政府批准，纳入镇总体规划。

修改防洪规划，应当报经原批准机关批准。

第四条 山洪易发地区的县级以上人民政府应当组织自然资源、水利、林业、气象、应急管理等部门和有关工矿企业制定防治山洪的规划和紧急避灾预案。

洞庭湖区以及其他易涝易渍地区的县级以上人民政府应当组织水利、农业农村等有关部门制定除涝治渍规划。

第五条 洞庭湖和湘江、资江、沅江、澧水干流的河道，由省人民政府水行政主管部门实施管理；汨罗江、新墙河和其他跨县级行政区的河道、河段，由设区的市、自治州人民政府水行政主管部门实施管理；不跨县级行政区的河道，由县级人民政府水行政主管部门实施管理。

上级人民政府水行政主管部门管理的河道，可以委托当地人民政府水行政主管部门负责日常管理工作。

第六条 河道、湖泊的具体管理范围，由管理该河道、湖泊的水行政主管部门依法提出方案，报同级人民政府批准。

按照防洪规划和平垸行洪、移民建镇规划退出耕种的堤垸，纳入河道、湖泊管理范围。

第七条 在河道、湖泊、水库管理范围内，禁止建设妨碍行洪的建筑物、构筑物，倾倒垃圾、渣土或者弃置、堆放妨碍行洪的物体以及其他从事影响河势稳定、危害河岸堤防安全和妨碍行洪的活动；禁止在行洪河道内种植阻碍行洪的林木和高秆作物。在船舶航行可能危及堤岸安全的河段，应当限定航速。

禁止在堤防上修建与防洪无直接关系的工程、设施或者在非汛期临时占用江河、湖泊。在特殊情况下，国家建设确需修建、占用的，应当经水行政主管部门按照权限依法批准。

第八条　在河道、湖泊管理范围内依法进行建设活动的，应当在作业前与当地水行政主管部门签订清除尾堆和废渣、恢复河道和堤防功能的责任书，并按照批准的范围、时间、地点和方式作业，不得损坏河道、堤防及护堤地；造成损坏的，应当负责修复或者承担修复费用。

第九条　县级以上人民政府水行政主管部门根据堤防的重要程度、堤基土质条件等提出堤防安全保护区方案，报同级人民政府批准。在堤防安全保护区内，禁止打井、钻探、爆破、挖筑鱼塘、葬坟、采石、取土等危及堤防安全的活动。

县级以上人民政府根据查险排险的需要，可以规定在堤防禁脚一定范围内将鱼池、水田改旱地。

县级以上人民政府应当按照管理权限制定清淤疏浚河道、湖泊规划，由水行政主管部门会同有关部门和单位因地制宜地采取定期清淤疏浚等措施，保持行洪畅通。

第十条　各级人民政府应当有计划地进行封山育林育草、退耕还林还草，保护和扩大流域林草植被，涵养水源，加强流域水土保持综合治理。

修建铁路、公路、水工程以及从事山区开发等可能引起水土流失的生产建设活动，应当采取措施保护水土资源，尽量减少破坏植被，并负责治理因生产建设活动造成的水土流失。

第十一条　堤护岸的林木和水库周围由水利工程管理单位种植的林木依法进行抚育、更新采伐和用于防汛抢险采伐的，依照国家有关规定免缴育林基金。

第十二条　防洪工程设施建设项目应当按照国家有关法律、法规的规定和技术规范、规程、标准进行勘查、设计、施工、监理和验收，确保工程质量。防洪工程设施建设单位对工程质量全面负责，勘查、设计、施工、监理单位按照法律法规的规定和合同约定对各自承担的任务负责。

防洪工程设施应当明确管理单位，加强维护和管理。

第十三条　城市、村镇和其他居民点以及工厂、矿山、铁路和公路建设，应当避开行洪区和山洪威胁、地质灾害易发区、危险区；已建成的，应当采取防御措施。

第十四条　县级以上人民政府应当建立健全防汛指挥机构，组织制定防御洪水方案，部署汛前洪道清障，筹集防汛抗洪经费和物资，下达防汛调度命令，组织抗洪抢险和灾后重建工作，并实行行政首长负责制。

第十五条 县级以上人民政府防汛指挥机构按照权限负责拟定和实施防御洪水方案、防洪工程汛期调度运用计划，编制洪水风险图，督促清除阻水障碍、修复水毁工程，组织防汛检查，掌握汛情信息，发布汛情公告，组织指挥抗洪抢险和群众转移，管理调度防汛经费和物资。

乡镇人民政府、企业事业单位根据防汛抗洪工作的需要，应当在汛期设立临时防汛指挥机构，组织和指挥本乡镇、本单位的防汛抗洪工作。

第十六条 长江湖南段的防御洪水方案，按照《防洪法》的有关规定制定。省内其他江河、河段、湖泊和城市防御洪水方案，按照下列规定制定：

（一）洞庭湖和湘江、资江、沅江、澧水防御洪水方案，由省防汛指挥机构组织拟定，报省人民政府批准；其他河流、河段防御洪水方案，按照管理权限，分别由设区的市、自治州、县（市、区）防汛指挥机构拟定，报本级人民政府批准；

（二）国家确定的长沙、岳阳等城市的防御洪水方案，由省防汛指挥机构分别会同长沙、岳阳等市人民政府拟定，报省人民政府批准，并报国家防汛指挥机构备案；其他城市的防御洪水方案，由所在城市人民政府防汛指挥机构拟定，报同级人民政府批准，并报上一级人民政府防汛指挥机构备案。

第十七条 大型水库的汛期调度运用计划，由省防汛指挥机构或者由其委托的设区的市、自治州防汛指挥机构组织拟定，报省人民政府批准。汛期防洪实时调度决策权，由省防汛指挥机构或者由其委托的设区的市、自治州防汛指挥机构行使。

重点中型水库汛期调度运用计划，由有关设区的市、自治州防汛指挥机构组织拟定，报省防汛指挥机构批准；其他水库的汛期调度运用计划，按照水库分级管理权限，分别由设区的市、自治州、县（市、区）防汛指挥机构组织拟定，报本级人民政府批准。汛期防洪实时调度决策权，按照管理权限由相应的防汛指挥机构行使。

撇洪工程汛期调度运用方案，由县级人民政府水行政主管部门拟定，报本级人民政府批准。跨行政区域的撇洪工程汛期调度运用方案，由双方共同的上一级人民政府批准。撇洪工程汛期调度运用决策权，由批准该撇洪工程汛期调度运用方案的人民政府的防汛指挥机构行使。

第十八条 在汛期，水库预报水位超过防汛限制水位决定泄洪前，水库经营管理机构必须及时向有关人民政府和防汛指挥机构通报汛情，并做好安全泄洪的准备工作。

第十九条　在汛期，县级以上人民政府防汛指挥机构应当根据气象、水文等有关部门提供的信息，通过新闻媒体向社会发布汛情公告。其他部门和单位不得向社会发布汛情公告。

第二十条　在汛期，有防洪任务的水工程的经营管理机构必须服从防汛指挥机构的防汛调度和监督管理。

第二十一条　各级人民政府应当根据防汛抢险任务需要，按照省人民政府的规定储备必要的防汛抢险物资和资金。

省防汛指挥机构储备的防汛物资和资金，用于遭受特大洪涝灾害地区防汛抢险的应急需要。

第二十二条　有防洪任务的人民政府及其部门和单位以及国家工作人员，在汛期实行抗洪抢险责任制。

防汛指挥机构应当在汛期密切关注水情和水工程运行状况，根据需要组织人员巡逻查险、排险。巡查人员发现堤坝滑坡、翻砂、鼓水、管涌等险情，必须立即上报，并采取紧急措施控制险情。

第二十三条　根据汛情、险情，需要中国人民解放军、中国人民武装警察部队支援抗洪抢险的，由设区的市、自治州人民政府防汛指挥机构按相关规定办理批准手续。

第二十四条　有防洪任务的县级以上人民政府可以通过下列途径筹措防洪资金：

（一）财政安排资金；

（二）依照国务院规定设立水利建设基金；

（三）社会捐赠；

（四）其他依法用于防洪的资金。

第二十五条　防洪资金主要用于下列事项：

（一）防洪工程设施的建设、维护；

（二）水文测报设施、防汛信息系统、生物设施等防洪非工程设施的建设、维护；

（三）水毁工程的修复；

（四）防汛物资储备；

(五）抗洪抢险；

（六）其他防汛费用开支。

第二十六条 县级以上人民政府应当建立健全防洪资金、物资管理制度，保证防洪资金专款专用，专户储存。县级以上人民政府审计、财政部门应当依法加强对防洪资金的监督管理。

第二十七条 违反本办法规定的，依照《防洪法》和其他有关法律、法规给予行政处罚，对有关责任人员依法给予行政处分；构成犯罪的，依法追究刑事责任。

有防洪义务的公民不履行防洪义务的，由当地人民政府进行批评教育，责令履行义务。

第二十八条 本办法自 2001 年 5 月 1 日起施行。

湖南省实施《中华人民共和国河道管理条例》办法

(1995年4月6日湖南省人民政府令第43号公布 2008年1月2日湖南省人民政府令第219号第一次修改 2022年10月8日湖南省人民政府令第310号第二次修改)

第一章 总 则

第一条 根据《中华人民共和国河道管理条例》(以下简称《河道管理条例》)和其他有关法律、法规的规定,结合我省实际情况,制定本实施办法。

第二条 本实施办法适用于本省行政区域内河道(包括湖泊、人工水道、撇洪河、行洪区、蓄洪区、滞洪区)的管理。

长江干流流经我省的江段和洞庭湖以及省界河道的管理,国家另有规定的,按国家规定执行。

河道内的航道,同时适用《中华人民共和国航道管理条例》。

第三条 县级以上人民政府水行政主管部门为本行政区域的河道主管机关。

第四条 洞庭湖的湘江、资江、沅江、澧水干流及其他跨市、州行政区域的重要河段,由省河道主管机关实施管理;其他河道,由市、州、县河道主管机关实施管理。

省管河道的具体范围,由省河道主管机关确定并公布;其他河道的具体范围,由市、州、县河道主管机关提出方案,报上一级河道主管机关批准后公布。

第五条 沿河两岸由城建部门和农场、渔场、工矿企业等单位按照河道整治规划修建的堤防工程设施,由该修建单位维护管理,并接受河道主管机关的监督检查。

城市规划区内由城建部门修建的公园内的湖泊,由城建部门负责管理,其中有洪涝调蓄功能的湖泊,必须服从防洪的统一调度。

第六条 县级以上河道主管机关的河道监理人员,对管辖范围内的河道进行现场检查时,应当佩戴统一标志,出示行政执法证件。被检查者应当如实反映情况,不得拒绝。

第二章 河道整治与建设

第七条 河道的整治与建设,应当符合《河道管理条例》第十条规定的原则。

在河道管理范围内兴建的建设项目,涉及河道与防洪的工程建设方案,建设单位必须按照本实施办法第四条规定的河道管理权限,报河道主管机关审查同意后,方可开工建设。

河道主管机关对涉及河道与防洪的工程建设方案的审查和防洪安全的管理,按国家有关规定执行。

第八条 在河道两岸临水侧修建码头、泵房、船台、道路等建筑物和其他设施,应当服从河道整治规划和航道整治规划,不得伸出临水岸坡、滩缘或者高于滩地高程。确需伸出临水岸坡、滩缘或者高于滩地高程的,建设单位必须作出防洪影响分析,并采取措施,减少阻水面积,保持河势稳定和水流畅通。

第九条 跨越河道的桥梁、栈桥等建筑物的梁底必须高出设计洪水位0.5米以上。设计洪水位,由河道主管机关根据流域防洪规划确定。

涉及通航河道的建筑物,还应当符合通航标准。为保证防汛抢险救灾的需要,洞庭湖区的主要通航河道,其设计最高通航水位不得低于设计洪水位。

第十条 在河道堤防上兴建建筑物及设施的单位和个人,应当接受河道主管机关及所在河段的河道堤防管理单位对其工程防洪安全的监督检查。建设期间堤段的维护、管理和防汛,由建设单位负责;建设完毕后,堤段经河道主管机关验收合格,交河道堤防管理单位管理。

第十一条 确需利用堤顶或者戗台、护堤地兼做公路的,必须符合堤防防洪设计标准,遵守堤防管理规定,保证防洪安全,并按河道管理权限经河道主管机关批准。堤身和堤顶公路的管理和维护办法,由河道主管机关商交通部门制定。

跨越河道堤防的道路,应当填筑引道或者采取其他措施,确保堤身完整和安全。

第十二条 城市、集镇、村庄的建设和发展不得占用河道滩地。城市、集镇和村庄规划的临河界限由河道主管机关会同规划等有关部门根据下列原则确定:

(一)有堤防的河道,临河界限应当在堤防背水侧护堤地以外;

(二)无堤防的河道,临河界限应当在设计洪水位线20米以外;

(三)已规划需展宽或者修建堤防的河段,临河界限应当根据已规划的河道管理范围,按上述两项原则确定。

沿河城市、乡村在编制和审查城市、集镇和村庄规划时,应当按河道管理权限事先征求河道主管机关的意见。

第十三条 河道清淤或者加固堤防和堤身两侧填塘凼固基取土,应当不占或者少占耕地。确需占用耕地的,由当地人民政府调剂解决。占用河湖洲滩、国有荒山荒地或者在河湖洲滩、国有荒山荒地取土的,任何单位和个人不得阻挠。

取土或者占用土地,免交土地补偿费。

整治河道、修建水库所增加的可利用的土地属于国家所有,可以由县级以上人民政府用于移民安置、河道堤防维护管理和河道整治工程。

第十四条 在市州、县市区的边界河道两岸外侧各5公里内,以及跨市、州、县市区的河道,未经有关各方达成协议或者未按河道管理权限报经河道主管机关批准,禁止单方面修建排水、阻水、引水、蓄水工程以及河道整治工程。

第三章 河 道 保 护

第十五条 河道的具体管理范围,按河道管理权限由河道主管机关提出方案,报同级人民政府划定并公告。

第十六条 下列区域应当列入河道管理范围:

(一)现已确定或者因历史形成、社会公认的护堤地;

(二)加固堤防的堆土区、填塘区;

（三）压浸平台、防渗铺盖。

新建堤防，在堤防建设的同时，应当依照本实施办法第十五条的规定划定护堤地。

凡划入河道管理范围的土地，土地使用者必须服从河道防洪安全的需要，遵守河道、堤防管理的有关规定。

第十七条　渗水严重的堤段，应当在河道管理范围的相连地域划定堤防安全保护区。堤防安全保护区由堤段所在地的市州、县市区河道主管机关提出划定方案，报同级人民政府批准。

在堤防安全保护区内，禁止打井、钻探、爆破、挖筑渔塘、葬坟、采石、取土等危及堤防安全的活动。

第十八条　依法在河道两侧山坡开矿、采石、修建铁路、公路、水工程以及开荒等，应当采取水土保持措施，防止塌方、崩岸和淤塞河道。在有山体滑坡、崩岸、泥石流等自然灾害的河段，禁止从事开山、采石、采矿、开荒等危及山体稳定的活动。

第十九条　在河道管理范围内采挖砂石、取土、淘金的，须经河道所在地的市州、县市河道主管机关批准；涉及其他部门的，由河通主管机关会同有关部门批准。

凡利用河道管理范围内洲滩的，必须符合防洪和洲滩利用规划要求，按照有关规定报县级以上人民政府河道主管机关批准。

第二十条　水闸、船闸管理单位应当加强对水闸、船闸的管理，使其保持正常运行。过闸船舶必须服从闸管单位的指挥。

第二十一条　河道两岸的单位和个人，应当保护水质，防止水质破坏。造成水质污染危害的，排污单位有责任排除危害，并对直接受到损害的水工程负责赔偿。

第四章　河　道　清　障

第二十二条　河道管理范围内下列阻水障碍物或者工程设施，必须清除或者改建、拆除：

（一）严重壅水、阻水危及安全泄洪的桥梁、码头、栈桥、泵房、船台、渡口、丁坝、矶头、锁坝；

（二）围堤、围墙、围窑、房屋；

（三）阻水道路、阻水渠道；

（四）弃置的矿渣、砂石、煤渣、垃圾、泥土等；

（五）堆放的影响行洪的物料，设置的拦河渔具；

（六）行洪通道内的树木（护堤护岸林除外）、芦苇、杞柳、荻柴或者高杆作物；

（七）其他影响河道安全泄洪和河势稳定的障碍物。

第二十三条 对河道管理范围内的阻水障碍物的清除或者工程设施的改建、拆除，分别按《河道管理条例》第三十六条、第三十七条的规定执行。

第五章 经　　费

第二十四条 在堤防、护岸、灌排水闸、圩垸和排涝工程设施受益范围内的工商企业等单位和农户、个体工商户，应当按规定向河道主管机关缴纳河道工程修建维护管理费。

收费的具体标准和计收办法由省水行政主管部门提出，经省发展改革、财政部门核定，报省人民政府批准后执行。

河道工程修建维护管理费开征后，省人民政府1986年关于缴纳堤防维护费的规定停止执行。

第二十五条 在河道管理范围内采挖砂石、取土、淘金的单位和个人，应当按照国家的规定向河道主管机关缴纳河道采砂、取土、淘金管理费。

河道采砂、取土、淘金管理费，用于河道与堤防工程的维修、工程设施的更新改造以及管理单位的管理费用。

第二十六条 凡改善通航条件的河道过船水闸、船闸，财政未拨维护费或者当地政府未划拨养闸经营土地、水面的，经省人民政府批准，闸管单位可以向过闸船舶收取船舶过闸费。具体收费标准，由省发展改革、财政部门制定。

第二十七条 在河道管理范围内修建工程设施或者进行生产作业活动，造成护岸、护坡、堤防、导航、助航等工程设施损坏或者造成河道淤积、河岸崩坍、水位壅高危及堤防安全的，建设单位必须负责及时修复、清淤或者按修复、清淤的工程量予以经济补偿。

第二十八条 县级以上人民政府在必要时可以组织本辖区河道两岸堤防保护区内的单位和个人义务出工，对护岸、堤防进行维修加固，对淤塞河道进行清淤疏浚。

第六章 罚 则

第二十九条 有《河道管理条例》第四十四条第（一）、（四）、（五）、（六）项或者第四十五条规定的行为，应当给予罚款处罚的，罚款额度为10000元以下；有第四十四条第（二）、（三）、（七）项规定的行为，应当给予罚款处罚的，罚款额度为5000元以下；有第四十四条第（八）项规定的行为，应当给予罚款处罚的，罚款额度为10000元以下。《防洪法》和其他有关法律、法规有规定的从其规定。

第三十条 当事人对行政处罚决定不服的，可以在接到处罚通知之日起15日内，向作出处罚决定的机关的上一级机关申请复议，对复议决定不服的，可以在接到复议决定之日起15日内向人民法院起诉。当事人也可以在接到处罚通知之日起15日内，直接向人民法院起诉。当事人逾期不申请复议或者不向人民法院起诉又不履行处罚决定的，由作出处罚决定的机关申请人民法院强制执行；对治安管理处罚不服的，按照《中华人民共和国治安管理处罚法》的规定处理。

第三十一条 河道主管机关的工作人员以及河道监理人员玩忽职守、滥用职权、徇私舞弊的，由其所在单位或者上级主管机关给予行政处分；对公共财产、国家和人民利益造成重大损失的，依法追究刑事责任。

第七章 附 则

第三十二条 本实施办法自发布之日起施行。本省过去有关规定与本实施办法不一致的，以本实施办法为准。

广东省

广东省河道管理条例

(2019年11月29日广东省第十三届人民代表大会常务委员会第十五次会议通过 2019年11月29日公布 自2020年1月1日起施行)

第一章 总 则

第一条 为了加强河道管理，维护河势稳定，保障防洪安全，改善河道生态环境，发挥河道综合功能，根据《中华人民共和国水法》《中华人民共和国防洪法》《中华人民共和国河道管理条例》等法律法规，结合本省实际，制定本条例。

第二条 本条例适用于本省行政区域内河道的规划、保护、治理和利用及其管理活动。

本条例所称河道，包括河流、湖泊、水库库区、人工水道、行洪区和蓄滞洪区。

蓄滞洪区的管理依照《中华人民共和国防洪法》等法律法规规定执行。

第三条 河道管理应当遵循自然规律，坚持全面规划、保护优先、系统治理、综合利用的原则。

河道管理按照水系实行流域管理与行政区域管理相结合的管理体制。

第四条 县级以上人民政府应当将河道规划、保护、治理和利用纳入国民经济和社会发展规划，落实河道管理的主体责任，建立河道管理机制，所需经费纳入财政预算。

乡镇人民政府、街道办事处应当协助做好本辖区内的河道管理有关工作。

第五条 县级以上人民政府水行政主管部门是本行政区域内的河道主管部门。

县级以上人民政府自然资源、生态环境、农业农村、交通运输等主管部门以及海事管理机构按照各自职责，做好河道管理的有关工作。

第六条 本省建立区域与流域相结合的省、市、县、镇、村五级河长湖长体系，镇级以上设立总河长及各河流、湖泊的河长湖长。

县级以上人民政府应当设置河长制办公室，乡镇人民政府、街道办事处根据实际需要明确负责河长制工作的机构。

村民委员会、居民委员会根据实际需要设立村级河长湖长，履行河道管理的有关职责。

第七条 各级总河长是本行政区域内落实河长制湖长制工作的第一责任人，负责河长制湖长制工作的组织领导、决策部署、考核监督，协调解决河长制湖长制工作任务落实中的重大问题。

省、市、县、镇级河长湖长负责组织领导本行政区域内相应河流、湖泊的河长制湖长制工作，协调和督促本级有关部门和单位以及下级河长湖长履行河道管理职责，包括水资源保护、水安全保障、水污染防治、水环境治理、水生态修复、水域岸线管理等。

村级河长湖长负责组织制定村规民约、居民公约等，引导村民、居民自觉维护河道整洁。

第八条 河长制办公室负责河长制湖长制工作的组织实施，组织、协调、监督、指导相关部门和下级河长制工作机构落实河长制湖长制工作任务，建立完善协同推进和信息共享工作机制。

第九条 本省河道划分为省主要河道、市主要河道、县主要河道和其他河道。

本省行政区域内的东江、西江、北江、韩江、鉴江的干流和珠江三角洲、韩江三角洲主干河道以及珠江、韩江和鉴江河口为省主要河道。省主要河道名录的确定和调整，由省人民政府水行政主管部门拟定，报省人民政府批准后公布。

市、县主要河道名录的确定和调整分别由市、县级人民政府水行政主管部门拟定，经本级人民政府批准后公布，并报上一级人民政府水行政主管部门备案。

第十条 省人民政府水行政主管部门负责省主要河道的基础调查，组织编制河道管理有关规划，实施河道管理范围内工程建设方案行政许可。河道沿线的市、县级人民政府水行政主管部门负责对本行政区域内的省主要河道实施日常检查监督，依法实施河道管理范围内有关活动的行政许可，查处违法行为。

第二章 河 道 规 划

第十一条 县级以上人民政府水行政主管部门应当按照河道管理权限，

每五年至少组织开展一次主要河道水域及其岸线地形测量等调查工作,完善河道管理基础信息。

第十二条 河道管理应当编制河道整治规划、河道岸线规划等专业规划,作为河道保护、治理和利用的依据。专业规划应当服从江河流域综合规划、区域综合规划、防洪规划,与国土空间规划、环境保护规划相协调,兼顾各地区、各行业的需要。

河道岸线规划应当明确外缘边界线、堤顶控制线、临水控制线和保护区、保留区、控制利用区。

编制航运、水力发电、水产养殖、城市开发等有关规划,应当遵循河道自然规律,满足行洪安全和堤防安全技术要求,并按河道管理权限征求水行政主管部门的意见。

第十三条 河道管理的专业规划由县级以上人民政府水行政主管部门组织编制,征求同级人民政府其他有关部门意见,并公开征求社会公众意见,经本级人民政府批准后公布,报上一级人民政府水行政主管部门备案。

经批准的河道专业规划需要调整的,应当按照原编制程序批准、公布和备案。

第三章 河 道 保 护

第十四条 有堤防的河道,其管理范围为两岸堤防之间的水域、沙洲、滩地、行洪区以及堤防和护堤地;无堤防的河道,其管理范围为两岸历史最高洪水位或者设计洪水位之间的水域、沙洲、滩地和行洪区。设计洪水位应当根据河道防洪规划或者国家防洪标准拟定。

有堤防的江心洲,堤防、护堤地及堤防迎水侧以外滩地属于河道管理范围;无堤防的江心洲,历史最高洪水位所淹没范围属于河道管理范围。

水库库区管理范围为水库坝址上游坝顶高程线或者土地征收征用线以下的土地和水域。

县级以上人民政府水行政主管部门会同同级人民政府有关部门拟定河道的管理范围,报本级人民政府批准后公布。需要调整河道管理范围的,应当经原批准机关批准后公布。

第十五条 河道岸线实行分区管理。

保护区禁止建设与防洪、河势控制、水资源综合利用及改善生态无关的项目。

保留区在规划期内应当维持现状，国家与省级重点基础设施及生态建设项目除外。

控制利用区应当控制对岸线和水资源有较大影响的活动，可以适度开发利用。

第十六条 禁止违法占用河道临水控制线之间的行洪通道。因建设需要占用的，应当按照本条例规定报水行政主管部门批准。

第十七条 县级以上人民政府水行政主管部门应当根据公布的河道管理范围埋设界桩，并设立河道管理范围标示牌；按照河道名录设立河长湖长公示牌，公开河长制湖长制工作的有关信息。

任何单位和个人不得擅自移动、损毁界桩、标示牌和公示牌。

标示牌、公示牌的式样由省人民政府水行政主管部门统一制定。

第十八条 在河道管理范围内，禁止下列活动：

（一）建设房屋等妨碍行洪的建筑物、构筑物；

（二）修建围堤、阻水渠道、阻水道路；

（三）在行洪河道内种植阻碍行洪的林木和高杆作物；

（四）设置拦河渔具；

（五）弃置、堆放矿渣、石渣、煤灰、泥土、垃圾和其他阻碍行洪或者污染水体的物体；

（六）从事影响河势稳定、危害河岸堤防安全和妨碍河道行洪的活动；

（七）法律、法规规定的其他禁止行为。

在堤防和护堤地，禁止建房、放牧、开渠、打井、挖窖、葬坟、晒粮、存放与防汛抢险无关的物料、开采地下资源、进行考古发掘以及开展集市贸易活动。

第十九条 禁止围垦河道。确需围垦的，应当经过科学论证，经水行政主管部门确认不妨碍行洪、输水后，报省级以上人民政府批准。

第二十条 城市建设不得擅自填堵、缩减原有河道沟叉、湖塘洼淀，不得擅自设置水闸、覆盖河道。确有需要的，应当经县级以上人民政府批准。

第二十一条 在河道管理范围内进行下列活动，应当报经有审批权的市、县级人民政府水行政主管部门批准，并按照水行政主管部门批准的范围和作业方式实施；涉及其他部门的，由水行政主管部门会同有关部门批准：

（一）采砂、取土、淘金、弃置砂石或者淤泥；

（二）爆破、钻探、挖筑鱼塘；

（三）临时堆放物品或者建设临时设施；

（四）在河道滩地开采地下资源及进行考古发掘。

因防洪吹填加固堤防、清淤、疏浚、整治河道和航道等采砂的，应当按照前款规定办理相关手续。

农村村民因自建房屋需要采挖河砂的，依照《广东省河道采砂管理条例》的规定执行。

第二十二条　在河道管理范围内建设临时设施或者临时堆放物品的，临时占用的期限不得超过两年。确需继续占用的，应当在有效期届满三十日前向原批准机关提出延续申请，延续时间不得超过一年。

临时使用河道的单位或者个人，必须服从有关防汛指挥机构的防洪防汛调度指挥和监督。临时占用期满，建设单位或者实际占用人应当拆除临时设施，清除弃置和堆放的物品，恢复河道原状。

第二十三条　对河道范围内阻碍行洪的障碍物，按照谁设障、谁清除的原则，由水行政主管部门提出清障计划和实施方案，由防汛指挥机构责令限期清除；逾期不清除的，由防汛指挥机构依法组织强行清除，所需费用由设障者承担。

在紧急防汛期，省防汛指挥机构有权对壅水、阻水严重的桥梁、引道、码头和其他跨河工程设施作出紧急处置。

第二十四条　利用堤顶、戗台兼做公路或者市政道路的，建设单位应当进行专题论证，征求有管辖权的水行政主管部门意见，并采取安全防护措施，保障堤防安全和防汛安全。

利用堤顶、戗台兼做公路或者市政道路的，交通运输等有关部门应当根据水行政主管部门的意见和堤防安全的需要，设立明显的安全警示标志，采取车辆限载、限速、限宽、限高等措施，落实养护主体和经费；路面出现损坏的，应当及时修复，其修复方案应当事先征求堤防管理单位意见。因堤防维护需要采取限制通行等措施的，交通运输等有关部门应当配合。

第二十五条　因工程建设确需破堤施工的，其破堤和复堤工程设计方案应当报经有管辖权的水行政主管部门批准；未经水行政主管部门批准，建设单位不得开工建设。复堤工程施工完成后,应当报水行政主管部门组织验收;未经验收合格的,不得投入使用。

第二十六条 护堤护岸林木,由河道管理单位组织营造和管理,其他任何单位和个人不得侵占、砍伐或者破坏。

第二十七条 对历史上长期居住在行洪河道内的居民,当地人民政府应当有计划地组织外迁,妥善安置。居住在危房的居民,应当优先安置。

不得开发河道管理范围内的沙洲;已经开发的,不得扩大规模,并按照有关规划进行整治。

第二十八条 县级以上人民政府应当采取措施,保护具有重要历史文化价值的河道水域及水陂、堤防、闸坝等水利工程建筑物、构筑物和文化遗址,符合文物保护条件的,应当列入文物保护范围。

第二十九条 县级以上人民政府应当建立河道日常保洁、养护等管理机制,明确责任单位。河道日常保洁、养护等管理经费应当列入财政预算。鼓励采用政府购买服务等方式,实行河道日常管理社会化。

第三十条 各级人民政府应当建立河长湖长巡查制度。各级河长湖长应当定期巡查河湖,及时发现问题并组织处理。

鼓励志愿者或者其他组织参与河湖巡查工作。

第四章 河道治理和利用

第三十一条 河道治理和利用应当符合有关区划、规划、防洪标准、通航标准和其他有关技术要求,确保堤防安全,维护河势稳定,保障行洪和航运畅通,改善河流生态环境。

河道治理应当尊重河流自然属性,维护河流自然形态,在保障防洪安全前提下优先采用生态工程治理措施。

第三十二条 在河道管理范围内建设跨河、穿河、穿堤、临河的桥梁、码头、道路、渡口、管道、缆线、取水、排水、公共休闲、景观等工程设施,应当符合防洪标准以及有关技术要求,不得影响河势稳定、危害堤防安全。其工程建设方案应当按照河道管理权限,报县级以上人民政府水行政主管部门审查同意;未经审查同意,不得开工建设。

涉河建设项目需要占用河道管理范围内土地,跨越河道空间或者穿越河床的,建设单位应当经有关水行政主管部门对该工程设施建设的位置和界限核准后,方可开工建设;进行施工时,应当按照水行政主管部门核准的位置和界限进行。

涉河建设项目涉及航道和航道保护范围的,应当事先征求交通运输主管部门意见。

第三十三条　在鱼、虾、蟹洄游通道建设拦河建筑物,对渔业资源有严重影响的,建设单位应当建造洄游设施或者采取其他补救措施。

第三十四条　在两岸临水控制线之间的区域内整治河道、航道以及兴建桥梁、码头等建设项目,应当符合河道行洪所需要的河宽,选用的建筑结构应当减少对行洪的影响。

第三十五条　涉河建设项目占用或者影响水利设施的,建设单位应当负责修复、加固或者修建等效替代工程,恢复原有水利工程设施的功能。因工程建设确需迁建、改建、拆除原有水利设施的,建设单位应当承担所需费用并补偿损失。

第三十六条　建设单位或者个人应当自收到县级以上人民政府水行政主管部门同意河道管理范围内工程建设方案的批准文件之日起三年内开工建设;逾期未开工建设且需要延续批准文件有效期限的,应当在有效期届满三十日前向原批准机关提出申请。

第五章　监督检查

第三十七条　县级以上人民政府水行政主管部门应当建立河道监督检查制度。县级以上人民政府水行政主管部门及其监督检查人员履行本条例规定的监督检查职责时,有权采取下列措施:

(一)要求被检查对象提供有关文件、证照、资料;

(二)要求被检查对象就执行本条例的有关问题作出说明;

(三)进入被检查对象的生产场所进行调查;

(四)责令被检查对象停止违反本条例的行为,履行法定义务;

(五)法律法规规定的其他监督检查措施。

监督检查人员在履行监督检查职责时,应当向被检查对象出示执法证件,不得妨碍被检查对象合法的生产经营活动。

第三十八条 有关单位和个人应当配合水行政主管部门及其监督检查人员的监督检查工作,不得拒绝或者阻碍监督检查人员依法执行公务。

第三十九条 县级以上人民政府水行政主管部门发现涉河建设项目或者其他有关活动违反本条例规定的,应当向建设项目的行政主管部门通报有关情况;发现国家机关、国有企业、事业单位或者国家工作人员违反本条例规定且拒不接受监督检查或者拒不改正的,可以向监察机关通报有关情况。

第四十条 涉河建设项目的行政主管部门对建设项目进行监督检查时,应当同时检查经批准的河道管理范围工程建设方案的落实情况,发现问题应当责令建设单位进行整改或者采取补救措施,并及时通报同级水行政主管部门。

第四十一条 建立河长制湖长制考核制度,县级及以上河长湖长负责组织对相应河湖下一级河长湖长进行考核。

建立河长制湖长制工作激励问责机制,河长湖长和相关责任单位履行职责成效明显的,应当给予表彰;对履行职责不力的河长湖长及相关责任人,应当予以问责。

第六章 法 律 责 任

第四十二条 各级人民政府、有关部门及其工作人员未依照本条例规定履行职责,玩忽职守、滥用职权、徇私舞弊的,依法给予处分;构成犯罪的,依法追究刑事责任。

第四十三条 违反本条例第十七条第二款规定,擅自移动、损毁河道管理范围界桩、标示牌、公示牌的,由县级以上人民政府水行政主管部门责令改正,可以处一万元以下罚款。

第四十四条 违反本条例第十八条第一款第四项规定,在河道管理范围内设置拦河渔具的,由县级以上人民政府水行政主管部门责令停止违法行为,排除阻碍或者采取其他补救措施,可以处五万元以下的罚款。

第四十五条 违反本条例第二十条规定,擅自填堵、缩减原有河道沟叉、湖塘洼淀,设置水闸、覆盖河道的,由县级以上人民政府水行政主管部门责令限期改正或者采取其他补救措施,并处一万元以上十万元以下罚款。

第七章 附 则

第四十六条 本条例所称岸线,是指临水控制线和外缘边界线之间的带状区域。

本条例所称临水控制线,是指为稳定河势、保障河道行洪安全和维护河道生态环境的基本要求,在河岸的临水一侧顺水流方向或者湖泊沿岸周边临水一侧划定的管理控制线。

本条例所称外缘边界线,是指为保护和管理岸线资源而划定的岸线外边界线。

第四十七条 本条例自 2020 年 1 月 1 日起施行。《广东省河道堤防管理条例》同时废止。

广东省河道采砂管理条例

(2005年1月19日广东省第十届人民代表大会常务委员会第十六次会议通过　根据2012年7月26日广东省第十一届人民代表大会常务委员会第三十五次会议《关于修改〈广东省河道采砂管理条例〉的决定》修正　2019年3月28日广东省第十三届人民代表大会常务委员会第十一次会议修订)

第一章　总　　则

第一条　为了加强河道采砂管理，保障防洪、供水、水工程和航运安全，保护生态环境，根据《中华人民共和国水法》《中华人民共和国防洪法》《中华人民共和国航道法》《中华人民共和国内河交通安全管理条例》等法律法规，结合本省实际，制定本条例。

第二条　在本省行政区域的河道采砂、河道管理范围内河砂运输及其管理活动，适用本条例。

第三条　河砂属于国家所有，任何组织和个人不得非法采运。

河道采砂应当实行总量控制、计划开采，严格监管、确保安全的原则。

第四条　各级人民政府应当加强对河道采砂管理工作的领导，将河道采砂管理纳入河长制工作内容，建立河道采砂管理的督察、通报、考核、问责制度，完善河道采砂管理协调机制。

第五条　县级以上人民政府水行政主管部门负责河道采砂的管理和监督工作。

县级以上人民政府公安机关负责查处河道采砂及其管理活动中的治安管理违法犯罪行为，查处运砂车辆超载等违法行为。

县级以上人民政府自然资源主管部门负责查处河道采砂涉及的违反土地管理法律法规的行为。

县级以上人民政府交通运输主管部门负责查处损害航道通航条件的采砂行为以及运砂车辆违法超限等行为。

海事管理机构负责河道通航水域内采砂船舶的航行、停泊和作业的监督管理，依法查处未持有合格的船舶检验证书、船舶登记证书、船员证书或者必要的航行资料从事采砂、运砂作业等违法行为。

县级以上人民政府其他有关部门按照各自职责履行河道采砂相关监督管理职责。

第六条 村民委员会、居民委员会应当协助做好本村、居所在河段的采砂管理工作。

第七条 国家工作人员不得参与河道采砂经营活动，不得纵容、包庇河道采砂、运砂违法行为。

第八条 县级以上人民政府水行政主管部门应当设置群众举报和投诉非法采砂、运砂行为的电话、电子邮箱等，对举报和投诉事项应当及时处理并对举报人、投诉人的相关信息予以保密；对查证属实的，可以对举报人和投诉人给予相应奖励。

第九条 鼓励机制砂等河砂替代品的研发、推广和利用。

第二章　采砂计划与许可

第十条 县级以上人民政府水行政主管部门应当按照分级管理权限，会同自然资源、生态环境、交通运输、农业农村等相关主管部门和海事管理机构，根据河道来砂量、水情、河势等情况，依法划定年度河砂可采区，可采区以外的河段为禁采区。

严禁在水工程、桥梁、码头、航道设施、水下管线（隧道）、取水口、各类保护区等管理和保护范围内划定河砂可采区。

县级以上人民政府水行政主管部门应当于每年十月公告下年度河砂可采区和禁采区。

第十一条 河砂可采区内因防洪、河势改变、水工程或者航运设施出现险情、水生态环境遭到严重破坏以及有重大水上活动等情形不宜采砂的，有关部门应当及时通报县级以上人民政府水行政主管部门，县级以上人民政府水行政主管部门可以划定临时禁采区或者规定禁采期。

规定禁采期、划定或者解除临时禁采区的，应当及时公告。

第十二条 县级以上人民政府水行政主管部门应当按照分级管理权限，根据划定的河砂可采区，编制年度采砂计划。

年度采砂计划应当包括采砂范围（含具体地点、关键坐标、最低控制开采高程等）、可采砂量，作业工具类型、功率及其数量等。

第十三条 河道采砂实行许可制度。河道采砂由地级以上市、县级人民政府水行政主管部门分级许可并颁发许可证。

河道采砂许可证有效期不得超过一年。河道采砂许可证式样由省人民政府水行政主管部门制定，内容包括采砂人名称、采砂范围、采砂量、作业方式、采砂期限、卸砂点、采砂作业工具名称及其功率和数量等。

农村村民因自建房屋，需要采挖总量五十立方米以下河砂的，可以免予办理河道采砂许可证，但只可在本村所在河段采挖，且本条例第十条、第十一条规定禁采的河段除外。村民不得使用采砂船舶等大型作业工具采砂，所采挖的河砂不得销售。

第十四条 以下河道采砂由河道所在地的地级以上市人民政府水行政主管部门编制年度采砂计划，报省人民政府水行政主管部门批准后，由地级以上市人民政府水行政主管部门作出许可决定：

（一）东江从龙川枫树坝起，经河源、惠州至东莞石龙头的干流河道。

（二）西江从广西交界起，经云浮、肇庆至三水思贤滘的干流河道。

（三）北江从韶关武江、浈江交汇处起，经清远、三水思贤滘至紫洞的干流河道。

（四）珠江三角洲河道从东莞石龙头起，经东江北干流、南支流至珠江虎门大桥止的干流河道；从三水思贤滘西滘口起，经西江干流、西海水道、磨刀门水道至磨刀门珠海大桥止的干流河道；从三水思贤滘起，经顺德水道、沙湾水道至珠江虎门大桥止的干流河道。

（五）韩江从梅州三河坝起，经潮州、东溪、西溪至汕头北港村、东海岸大道外砂桥的干流河道。

（六）鉴江从信宜文昌水陂起，经高州、化州、吴川至沙角旋的干流河道。

第十五条 河道采砂许可由有许可权的水行政主管部门通过招标等公平竞争的方式作出决定。县级以上人民政府应当采取有效措施促进砂石市场公平竞争，防止形成价格垄断。

有许可权的水行政主管部门应当根据年度采砂计划编制招标文件并组织招标，或者委托下级水行政主管部门组织招标。

河砂开采权招标及其合同约定的采砂作业期限不得超过一年。

第十六条　河道采砂投标人应当具备下列条件：

（一）有经营河砂业务的营业执照；

（二）有符合规定的采砂作业方式和作业工具；

（三）无非法采砂记录；

（四）用船舶采砂的，船舶检验证书、船舶国籍证书齐全。

第十七条　河道采砂投标人应当按照招标文件的要求编制并提交投标文件。

第十八条　有许可权的水行政主管部门或者受委托的下级水行政主管部门应当依法确定中标人，按照招标投标法律法规的规定与中标人订立河砂开采权出让合同，由有许可权的水行政主管部门根据河砂开采权出让合同等依法颁发河道采砂许可证。

河砂开采权出让合同应当包括采砂范围、采砂期限、采砂控制总量、作业方式、河砂开采权出让费用、作业工具类型、功率及其数量等内容。

第十九条　中标人应当在取得河道采砂许可证及依法办理交通运输、海事等部门的有关手续后方可作业。

第二十条　河道采砂许可证有效期届满或者累计采砂达到河道采砂许可证规定控制总量的，河道采砂人应当立即停止采砂，发证机关应当注销其河道采砂许可证。

第二十一条　因不可抗力而中止采砂的，采砂人可以在河道采砂许可证有效期届满三十日前或者不可抗力因素消除后十日内，向原河道采砂许可机关提出采砂期限变更申请。

原河道采砂许可机关应当向社会公示变更理由和期限，公示时间不少于七个工作日。

变更采砂期限应当由原河道采砂许可机关负责人集体讨论决定，变更后延长的采砂期限不得超过因不可抗力而中止采砂的期限。河道采砂许可证规定的其他事项不得变更。

第二十二条　河道采砂开采权出让收入按照效益共享、责任共担原则主要用于河道采砂管理、河道生态环境治理、河道建设维护及管理，优先保障乡镇人民政府、街道办事处和村民委员会、居民委员会参与河道采砂管理的经费。河道采砂开采权出让收入使用管理办法由地级以上市、县级人民政府财政部门会同同级水行政主管部门拟订并报本级人民政府批准。

第二十三条 因防洪吹填加固堤防、清淤、疏浚、整治河道和航道等采砂的,不需要办理河道采砂许可证,但应当按照有关河道管理的法律法规的规定办理相关手续,在依法批准的方案规定的平面控制和高程控制范围内进行作业,所采河砂应当按照依法批准的方案进行处置。

第三章 采砂作业和采砂船舶的监督管理

第二十四条 颁发河道采砂许可证的水行政主管部门应当在河道采砂现场附近明显的位置竖立公示牌,标明河道采砂许可证号、采砂范围、采砂作业工具名称、采砂控制总量、采砂期限、采砂人姓名或者名称及监督举报电话等。

河道采砂现场公示牌的式样由省人民政府水行政主管部门统一制定。

第二十五条 河道采砂人应当服从有关部门的监督管理,并遵守下列规定:

(一)按照河道采砂许可证的规定和河砂开采权出让合同的约定采砂;

(二)不得在禁采区、临时禁采区、禁采期从事采砂作业;

(三)每日19时至次日7时不得从事采砂作业;

(四)不得损坏水工程、河岸、航道,破坏水生态环境;

(五)不得伪造、变造河道采砂许可证,或者以买卖、出租、出借等方式非法转让河道采砂许可证;

(六)不得妨碍水上交通安全;

(七)不得为超载运砂提供便利;

(八)法律法规规定的其他事项。

第二十六条 水行政主管部门可以委托具备水利工程建设监理相应资质的监理单位对河道采砂活动实施监督管理。监理费用达到招标数额标准的,水行政主管部门应当通过招标等公平竞争方式确定监理单位,并与监理单位订立监理合同。

监理单位应当配备智能化设备,采用信息化技术,对河道采砂作业进行实时监控,并按照监理合同的约定,对采砂人的采砂范围、作业工具、开采时间、采砂数量等活动实施监督管理。监理单位的信息化监控数据应当与执法单位共享。

监理单位及其监理人员不得与采砂人、运砂人串通，弄虚作假，不得损害国家利益或者社会公共利益。

第二十七条　禁止装运非法开采的河砂。在河道管理范围内运输河砂应当持有河砂合法来源证明。

在河道管理范围内运输依法开采的河砂的，水行政主管部门应当在采砂现场及时核发河砂合法来源证明，并不得收取费用。

河砂合法来源证明由省人民政府水行政主管部门统一式样，包括河砂来源地、运输工具名称、装运时间、河砂数量、卸砂点和有效期限等内容。省人民政府水行政主管部门应当统一建设电子信息管理平台，实现河砂合法来源证明信息互联互通。

第二十八条　运砂人在河道管理范围内运输河砂的应当服从有关部门的监督管理，并遵守下列规定：

（一）持有的河砂合法来源证明应当在其载明的有效期限内单次使用，不得重复使用；

（二）不得伪造、变造河砂合法来源证明，或者以买卖、出租、出借等方式非法转让河砂合法来源证明；

（三）运载河砂数量应当符合河砂合法来源证明记载数量；

（四）不得妨碍水上交通安全；

（五）法律法规规定的其他事项。

第二十九条　县级以上人民政府水行政主管部门应当按照省有关规定，组织编制河道管理范围内堆砂场规划，报同级人民政府批准。堆砂场规划应当与年度采砂计划采砂量、当地河砂需求量等相协调。

在河道管理范围内设置堆砂场，应当按照有关法律法规的规定报经有管辖权的县级以上人民政府水行政主管部门批准。堆砂场经营者不得接纳非法砂源进入堆砂场，不得为超载运砂提供便利，并采取有效措施降低作业噪声和减少扬尘，避免造成环境污染。

第三十条　依法实施采砂、防洪吹填加固堤防、清淤、疏浚、整治河道和航道等作业任务的船舶应当在其作业区内停泊或者在县级以上人民政府指定的停泊区内停泊。

无合法作业任务的采砂船舶应当在县级以上人民政府指定的停泊区内停泊，因特殊作业和安全管理需要不能在指定的停泊区内停泊的，可以在海事管理机构公布的锚地、停泊区或者其自有码头停泊。

无正当理由，采砂船舶不得擅自离开作业区或者指定的停泊区。

第三十一条 本条例第十四条规定的河道应当设置停泊区。省人民政府水行政主管部门应当会同同级公安、生态环境、交通运输、农业农村等有关主管部门和海事管理机构组织编制停泊区设置规划，经省人民政府批准后公告。

本条例第十四条规定以外的河道，地级以上市、县级人民政府可以根据实际需要，设置停泊区。

停泊区的建设和管理办法由省人民政府另行制定。

第三十二条 各级人民政府可以运用卫星、无人机、移动互联网、监控视频等现代化技术，加强河道采砂监管。

第三十三条 省人民政府水行政主管部门负责建设采砂船舶监控系统，并为采砂船舶配置采砂专用监控设备。

地级以上市、县级人民政府水行政主管部门负责组织安装和管理采砂专用监控设备。安装监控设备不得收取费用。

采砂人、采砂船舶所有人或者经营人应当配合安装采砂专用监控设备，不得损毁、拆除，不得妨碍其正常运行。

第四章 监 督 检 查

第三十四条 县级以上人民政府应当将整治非法采砂作为河长制工作的职责，组织水行政、公安、自然资源、生态环境、交通运输、农业农村等主管部门和海事管理机构开展联合执法，维护采砂管理秩序。

县级以上人民政府水行政、公安、自然资源、生态环境、交通运输、农业农村等主管部门和海事管理机构应当建立采砂、运砂管理的执法协作机制，建立完善联席会议制度、违法线索移送制度，加强执法信息共享。

第三十五条 县级以上人民政府交通运输主管部门、海事管理机构在执法过程中，发现无河道采砂许可证采砂、在禁采期或者禁止采砂作业的时段采砂、无河砂合法来源证明运输河砂等行为的，应当及时向当地水行政主管部门通报。

县级以上人民政府水行政主管部门、海事管理机构在执法过程中，发现在航道和航道保护范围内采砂，损害航道通航条件等行为的，应当及时向当地交通运输主管部门通报。

县级以上人民政府水行政、交通运输主管部门在执法过程中，发现未持有合格的船舶检验证书、船舶登记证书、船员证书或者必要的航行资料从事采砂、运砂作业等行为的，应当及时向有管辖权的海事管理机构通报。

向其他单位通报相关事项的，应当同时移交有关线索或者证据材料，并提供必要的执法协助。接到情况通报的单位，应当及时派出执法人员前往现场，依法对通报的事项进行调查处理。

第三十六条　河道所在地的地级以上市、县级人民政府水行政主管部门应当加强对河道采砂、运砂活动及采砂作业工具的监督管理，依法查处非法采砂、运砂、停泊等行为，对违法行为进行记录并将处理结果予以公开。

上级人民政府水行政主管部门可以对本行政区域内河道采砂、运砂、停泊等违法行为直接进行查处。

以河道为行政区界线的，河道交界线的任何一方人民政府水行政主管部门有权查处交界范围内的非法采砂、运砂、停泊行为。有关各方对管辖权有争议的，移送共同的上一级人民政府水行政主管部门处理。

水行政主管部门依法查处案件，发现违法行为涉嫌犯罪的，应当依法移送公安机关。

第三十七条　县级以上人民政府水行政主管部门及其监督检查人员履行本条例规定的监督检查职责时，有权采取下列措施：

（一）要求被检查对象提供有关文件、证照、资料；

（二）要求被检查对象就执行本条例的有关问题作出说明；

（三）进入被检查对象的生产场所进行调查；

（四）责令被检查对象停止违反本条例的行为，履行法定义务；

（五）法律法规规定的其他监督检查措施。

第三十八条　有关单位或者个人应当配合监督检查工作，不得拒绝或者阻碍监督检查人员依法执行职务。

第三十九条　县级以上人民政府有关行政主管部门应当加强防洪吹填加固堤防、清淤、疏浚、整治河道和航道等活动的监督管理，检查其作业是否超过经批准的方案规定的平面控制和高程控制范围、所采河砂是否按照经批准的方案要求进行处置，发现问题及时处理，并通报同级水行政主管部门。

县级以上人民政府水行政主管部门发现防洪吹填加固堤防、清淤、疏浚、整治河道和航道等活动在经批准的方案规定的平面控制和高程控制范围外进行采砂作业、或者所采河砂未按照经批准的方案进行处置的，应当及时处理，并通报同级有关行政主管部门。

第五章 法 律 责 任

第四十条 有下列行为之一的，对负有责任的主管人员和其他直接责任人员依法给予处分；构成犯罪的，依法追究刑事责任：

（一）违反本条例第七条规定，参与河道采砂经营活动或者纵容、包庇河道采砂、运砂违法行为的；

（二）违反本条例第十三条、第十八条、第二十七条规定，不按规定作出许可和颁发河道采砂许可证、核发河砂合法来源证明等相关证件的；

（三）违反本条例第二十二条规定，不按规定使用河道采砂开采权出让收入的；

（四）违反本条例第三十六条规定，对非法采砂、运砂、停泊等行为不按规定给予行政处罚的；

（五）其他不履行监督管理职责或者滥用职权、徇私舞弊、玩忽职守的。

第四十一条 违反本条例第十三条规定，无河道采砂许可证采砂的，由县级以上人民政府水行政主管部门责令停止违法行为，扣押非法采砂作业工具，没收违法所得，并处五万元以上五十万元以下罚款。

无河道采砂许可证采砂，且有下列情形之一的，由县级以上人民政府水行政主管部门责令停止违法行为，没收违法所得，并处五十万元以上一百万元以下罚款，可以没收非法采砂作业工具；危害防洪安全、损坏工程设施、损害水生态环境、破坏矿产资源，构成犯罪的，依法追究刑事责任：

（一）在可采区非法采砂两次以上的；

（二）在禁采区、临时禁采区采砂的；

（三）在禁采期、禁止采砂作业的时段采砂的；

（四）无正当理由擅自离开停泊区并实施非法采砂的。

第四十二条 违反本条例第二十五条规定，不按照河道采砂许可证规定采砂或者在禁采期、禁止采砂作业的时段采砂的，由县级以上人民政府水行政主管部门责令停止违法行为，扣押非法采砂作业工具，没收违法所得，并处五万元以上二十万元以下罚款；情节严重的，并处二十万元以上五十万元以下罚款，并吊销河道采砂许可证；构成犯罪的，依法追究刑事责任。

违反本条例第二十三条规定，防洪吹填加固堤防、清淤、疏浚、整治河道和航道等活动在经批准的方案规定的工程平面控制和高程控制范围外进行采砂作业，或者所采河砂不按照经批准的方案进行处置的，依照前款规定处理。

第四十三条　违反本条例第二十五条第五项规定，变造河道采砂许可证，或者以买卖、出租、出借等方式非法转让河道采砂许可证的，由县级以上人民政府水行政主管部门吊销河道采砂许可证，没收违法所得，并处三万元以上三十万元以下罚款；构成犯罪的，依法追究刑事责任。

第四十四条　违反本条例第二十六条第三款规定，监理单位及其监理人员与采砂人、运砂人串通，弄虚作假，损害国家利益或者社会公共利益的，由县级以上人民政府水行政主管部门责令改正，对监理单位处以一万元以上十万元以下罚款，对监理人员处以一千元以上一万元以下罚款；构成犯罪的，依法追究刑事责任。

第四十五条　在河道管理范围内运输河砂有下列行为之一的，由县级以上人民政府水行政主管部门扣押违法运输工具，没收违法运输的河砂或者责令其卸到指定水域，并处五千元以上五万元以下罚款：

（一）违反本条例第二十七条规定，无河砂合法来源证明运输河砂的；

（二）违反本条例第二十八条第一项规定，使用超过有效次数或者有效期限的河砂合法来源证明的；

（三）违反本条例第二十八条第二项规定，伪造、变造河砂合法来源证明，或者以买卖、出租、出借等方式非法转让河砂合法来源证明的；

（四）违反本条例第二十八条第三项规定，运载数量明显不符合河砂合法来源证明记载数量的。

第四十六条　违反本条例第三十条规定，采砂船舶未在作业区或者指定的停泊区停泊、无正当理由擅自离开作业区或者指定的停泊区的，由县级以上人民政府水行政主管部门责令限期到达作业区或者指定的停泊区；逾期不到达的，扣押违法停泊船舶，处以一万元以上五万元以下的罚款。

第四十七条　违反本条例第三十三条第三款规定，采砂人、采砂船舶所有人或者经营人拒绝配合安装采砂专用监控设备，或者损毁、拆除设备，妨碍设备正常运行的，由县级以上人民政府水行政主管部门责令停止违法行为，限期改正；逾期不改正的，处以一万元以上五万元以下罚款。损毁专用监控设备的，应当承担赔偿责任。

第四十八条　违反本条例第三十八条规定，拒绝或者阻碍监督检查人员依法执行职务的，由县级以上人民政府水行政主管部门责令停止违法行为，处以五千元以上二万元以下罚款；构成违反治安管理行为的，由公安机关依照《中华人民共和国治安管理处罚法》给予处罚。

第四十九条　县级以上人民政府水行政主管部门对于依照本条例第四十一条、第四十二条、第四十五条、第四十六条规定扣押的非法采砂作业工具、违法运输工具和违法停泊的采砂船舶，河道采砂人、运输人、采砂船舶所有人或者经营人在规定的时间内接受处理的，应当依法予以退还；逾期不接受处理，经催告仍不缴纳罚款的，可将扣押的非法采砂作业工具、违法运输工具和违法停泊的采砂船舶依法予以拍卖、变卖后抵缴罚款。

第五十条　对依法扣押但难以查明当事人的非法采砂作业工具、违法运输工具和违法停泊的采砂船舶，县级以上人民政府水行政主管部门应当发布公告，通知当事人自公告之日起六十日内接受处理；当事人在公告后六个月内不接受处理的，水行政主管部门可依法拍卖、变卖，变价款扣除保管、处理物品等必要支出费用后上缴同级财政。

第六章　附　　则

第五十一条　本条例下列用语的含义是：

（一）河道采砂是指在河道（含水库库区、湖泊）管理范围内采挖砂、石、土等的行为；

（二）采砂作业工具是指采砂船舶、挖掘机械、吊杆机械、分离机械及其他相关机械和工具；

（三）采砂船舶是指具有采砂功能的各类排水或者非排水的船、艇、筏以及其他水上移动装置。

第五十二条　本条例自 2019 年 7 月 1 日起施行。

深圳经济特区河道管理条例

（1998年12月4日深圳市第二届人民代表大会常务委员会第二十八次会议通过 2011年2月28日深圳市第五届人民代表大会常务委员会第七次会议修订 根据2018年12月27日深圳市第六届人民代表大会常务委员会第二十九次会议《关于修改〈深圳经济特区环境保护条例〉等十二项法规的决定》修正）

第一章 总 则

第一条 为了加强河道管理，保障防洪防潮安全，发挥河道环境、生态和社会效益，改善城市水环境，根据有关法律、行政法规的基本原则，结合深圳经济特区实际，制定本条例。

第二条 本条例适用于深圳经济特区内河道的规划、整治、维护、利用和其他相关管理活动。

人工水道、蓄滞洪区、防洪防潮海堤的规划、整治、维护、利用和其他相关管理活动参照适用本条例。

本条例所称河道，是指流域面积大于一平方公里的自然水流。

第三条 河道管理遵循统一管理与分级负责、流域管理与行政区域管理相结合的原则。

市水务主管部门负责全市河道的统一监督管理。区水务主管部门按照市、区河道分工管理办法负责相关河道的管理工作。市、区河道分工管理办法由市水务主管部门会同有关部门提出方案，征求区人民政府意见后报市人民政府批准并予以公布。

发展改革、财政、规划和自然资源、交通运输、生态环境、城市管理、住房建设、农业、海洋、工业和信息化等部门应当在各自职责范围内，做好河道管理工作。

第四条 河道防汛和清障工作实行市、区人民政府行政首长负责制。

第五条 水务主管部门应当会同规划和自然资源、海事、交通运输等部门按照有关规定和城市规划，编制河道管理范围方案，报本级人民政府批准并予以公布。

河道管理范围按照以下规定划定：

（一）有堤防的河道，为堤防外坡脚线两侧外延八米至十五米范围内；

（二）无堤防的河道，为河道两侧上口线外延八米至二十五米范围内；

（三）防洪防潮海堤，为堤防内、外坡脚线外延每侧三十米至五十米范围内。

第六条 组织和个人应当依法保护河道资源和堤防安全，履行参加防汛抢险义务。

组织和个人依法享受河道便利，参与河道管理，对相关违法行为进行举报、投诉和监督。

对保护河道资源，参加防汛抢险作出突出贡献的组织和个人，市、区人民政府应当给予表彰或者奖励。

第二章 河 道 整 治

第七条 河道整治应当结合城市发展，遵循防洪（潮）优先、全面规划、合理利用、有效保护的原则，坚持以人为本、人水和谐的理念，统筹兼顾城市水污染防治、河岸带美化绿化景观以及水生态恢复，符合国家规定的防洪防潮标准、通航标准和其他有关技术要求，加强河道科技信息管理。

河道整治应当同步建设水文、水质监测以及河道监管设施。

第八条 市水务主管部门依据本市国民经济和社会发展规划、城市总体规划、土地利用总体规划编制全市河道整治规划，明确河道的环境、生态和社会效益，征求其他有关部门意见，经市规划和自然资源部门综合平衡后，报市人民政府批准并予以公布。修改河道整治规划，应当按照河道整治规划制定程序，报原批准机关批准并予以公布。

水务主管部门应当根据河道整治规划制定河道整治实施计划。

第九条 河道的规划治导线由河道整治规划确定。

河道整治规划建设用地范围内的土地，不得建设与防洪治污无关的设施。因公共利益确需建设的，应当按照本条例规定征求水务主管部门意见，并按照基本建设程序报请有关部门批准。

第十条 河道整治与建设所需资金，按照有关规定由市、区财政分级承担。

鼓励社会资金投入河道整治。

第十一条 在河道两岸有条件的区域可以结合周边环境需求，建设人工湿地、调蓄池以及向市民开放的亲水设施。

第十二条 河道整治需要占用土地的，由规划和自然资源部门按照有关供地程序解决。河道管理范围内的土地，应当优先用于河道整治。

第十三条 河道整治涉及航道、河口海域的，应当先征求航道、港务、海事部门对相关方案措施的意见；航道部门进行航道整治的，应当先征求水务、港务、海事部门对相关方案措施的意见。

第十四条 河道整治工程由发展改革部门根据有关规定进行立项和安排投资计划。河道整治工程的建设方案按照规定应当经过审查同意的，水务主管部门应当予以审查，并根据河道管理权限在立项前作出是否同意的决定。河道整治工程涉及有关设施的，应当征求该设施管理单位的意见。

水务主管部门应当将河道整治计划、经费和堤围防护费收支、效果等内容纳入水务白皮书，每年向社会公布。

第三章　维　护　与　管　理

第十五条 未经批准，任何组织和个人不得覆盖或者填堵河道。因公共利益确需覆盖或者填堵的，应当经具有相应资质的单位对其建设方案的必要性和唯一性进行科学论证，由市水务主管部门会同市规划和自然资源、生态环境、城市管理等部门审查同意，报市人民政府批准。

进行水系调整确需覆盖或者填堵河道的，应当符合河道行洪、输水、航运和环保要求，不得危害堤防等水工程安全，不得妨碍行洪和航运畅通，不得影响水资源的保护和供水安全、生态安全。

经批准覆盖或者填堵的河道，覆盖单位应当承担防洪排涝、水质保护、工程安全、日常清淤维护责任和费用；填堵单位应当承担改道后河段的防洪排涝、工程安全、日常清淤维护责任和费用。

前款所称覆盖，是指将明河改为暗渠型式，但是跨河兴建的公用路桥必须结构型式的除外。

第十六条 河道管理范围内跨河、跨堤、穿河、穿堤、临河的各类设施

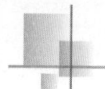

的所有者或者管理者应当加强日常检查和定期检查。对不符合河道管理要求的,水务主管部门应当责令限期整改。

第十七条 河道管理范围内未经批准以及虽经批准但是与防洪、治污无关且批准期限届满时未依法延期的既有建筑物,有关部门应当责令当事人予以拆除;拒不拆除的,依法强制拆除。

第十八条 污水不得直接排入河道。

污水排入河道前应当经过处理,符合水污染物排放标准和重点水污染物排放总量控制指标。超过标准和指标排放的,由相关部门依据有关法律、法规处理。

第十九条 在河道管理范围内从事旅游、观光、文体等开发利用项目,应当遵循河道整治规划和水功能区划,不得影响防洪安全和危害水工程安全,不得造成水质污染,不得妨碍行洪和航运畅通,不得影响水资源的合理开发利用和保护以及供水安全、生态安全。

从事前款开发利用项目,应当遵循本条例有关涉河建设项目的规定,其工程可行性研究报告提请批准前,应当申请水务主管部门对开发利用方案是否符合河道规划进行审查并出具意见,涉及防洪的,依照《中华人民共和国防洪法》的有关规定执行;涉及其他地区和行业的,建设单位应当先征求有关地区和部门的意见。

第二十条 水务主管部门应当对河堤、海堤及水闸等设施进行定期检查和维护,加强河道安全防护设施建设。

对未达到设计标准、有严重缺陷或者遭到破坏的河堤、海堤和水闸,水务主管部门应当组织有关单位采取措施,消除隐患,确保安全。

第二十一条 市、区水务主管部门按照分工分别负责相应河道的日常维护管养。

河道实行管养分离。水务主管部门根据政府采购的相关规定确定河道养护单位。养护经费由具有相应管理权限的水务主管部门同级财政承担。

河道日常维护管养包括:堤防、水闸、泵站、水文站等设施的维护运行及河道保洁、清淤、管理范围内绿化维护、水环境保护、设施安全巡查等。

第二十二条 市水务主管部门依法征收的堤围防护费应当按照市人民政府的有关规定使用。

第二十三条 在河道管理范围内,不得从事下列活动:

（一）围垦、耕种；

（二）堆放、倾倒余泥渣土、垃圾及其他固体废弃物或者设置阻碍行洪物；

（三）倾倒、排放泥浆、粪渣等污染水体的物质；

（四）挖砂、抽砂、取土；

（五）网、电、炸、毒鱼虾等水生动物；

（六）其他破坏河道水环境或者防洪安全的活动。

在堤防和护堤地，禁止建房、放牧、开渠、打井、挖窖、葬坟、晒粮、存放物料、开采地下资源、进行考古发掘以及开展集市贸易活动。

第二十四条　在河道管理范围内修建桥梁、码头、道路、涵闸、泵站、渡口、管道、缆线及其他各类涉河建设项目，应当符合跨、穿、沿河构筑物有关技术规定，达到防洪、通航标准以及防洪抢险、工程安全、水土保持、水环境保护和其他技术要求。

因建设前款涉河建设项目，需要改建、扩建、拆除原有水工程设施的，建设单位应当承担改建、扩建、恢复原状和损失补偿等费用。

第二十五条　各类涉河建设项目不得危害堤防安全、降低行洪标准、造成水质污染；防御洪涝的设防标准与措施应当符合相关规定；不得影响利害关系人的合法权益或者与被影响的利害关系人已经达成有效协议；不得影响防汛道路的畅通和堤防检查、巡查的正常进行。

第二十六条　建设单位应当依法将涉河建设项目的工程建设方案报水务主管部门审查同意后，方可按照基本建设程序履行审批手续。水务主管部门应当依据相关规定对涉河工程建设方案出具专门意见。

前款涉河建设项目的工程建设方案审批手续，可以由本级人民政府在基本建设审批程序中确定一个部门受理申请，并转告有关部门分别提出意见后统一办理，或者组织有关部门联合或者集中办理。

在内河通航水域或者岸线上实施可能影响通航安全的涉河建设项目的，应当在作业或者活动前报海事部门批准。

第二十七条　水务主管部门应当明确内部审批职责权限及责任，制定完善涉河建设项目审批的具体措施和办法，及时纠正和处理执行过程中出现的违规行为。

第二十八条　建设单位在涉河建设项目立项时，应当将工程用地范围内河段的整治工程纳入建设项目,并与建设项目同步实施。所需资金由涉河建设项目的建设单位负担。

第二十九条 经批准的涉河建设项目开工前,项目建设单位应当与水务主管部门或者河道管理单位签订协议,明确工程建设周期、施工度汛方案、导流措施、建设期防洪安全责任、履约保证措施及河道恢复措施等事项。

涉河建设项目的建设、施工单位应当按照水务主管部门审查同意的涉河工程建设方案执行,并接受水务主管部门的检查,如实提供资料。涉河建设项目的性质、规模、地点或者建设方案批准后需要变更的,应当重新向水务主管部门办理审批手续。

涉河建设项目施工时,建设、施工单位应当落实防汛安全措施。施工围堰或者临时阻水堤坝在影响防汛安全时,建设单位或者施工单位应当按照防汛指挥机构的紧急处理决定,限期清除或者采取其他紧急补救措施;必要时,防汛指挥机构可以组织强行清除。造成河道淤积的,由水务主管部门责令建设单位或者施工单位进行清淤。

涉河建设项目建成后,水务主管部门应当就涉河建设项目是否符合批准的建设方案进行监督检查,认定不符合的,涉河建设项目不得投入使用。工程竣工验收时,水务主管部门应当参与验收并就本条例第十九条、第二十四条、第二十五条规定事项出具意见。

第四章 法 律 责 任

第三十条 水务主管部门可以依法委托符合法定条件的组织实施行政处罚。

第三十一条 违反本条例规定有下列情形之一的,由水务主管部门责令限期整改,并处五万元以上十万元以下罚款;情节严重的,并处十万元以上二十万元以下罚款;逾期不整改的,依法强制拆除,拆除费用由违法行为人承担:

(一)违反第九条第二款规定,未经批准建设与防洪治污无关设施的;

(二)违反第十九条第一款规定,从事开发利用项目未遵循河道整治规划、水功能区划,或者影响水资源合理开发利用和保护,或者影响供水安全、生态安全的;

（三）违反第十九条第一款、第二十五条规定，从事开发利用项目或者建设涉河建设项目危害水工程安全或者影响防洪安全或者造成水质污染的；

（四）违反第二十五条规定，涉河建设项目防御洪涝的设防标准与措施不符合规定的。

第三十二条　违反本条例第十五条规定的，由水务主管部门责令限期整改，并处十万元以上二十万元以下罚款；逾期不整改的，由水务主管部门依法采取措施，费用由违法行为人承担。构成犯罪的，依法追究刑事责任。

第三十三条　违反本条例第二十三条第一款第一、五项规定的，由水务主管部门责令其停止违法行为，并给予警告；拒不停止违法行为的，处五千元以上一万元以下罚款；违反第一款第二、三、四、六项和第二款规定的，由水务主管部门暂扣作业工具，责令限期改正，并处一万元以上十万元以下罚款。违反治安管理处罚法的，由公安机关依法给予治安管理处罚；构成犯罪的，依法追究刑事责任。

第三十四条　违反本条例第十九条第二款、第二十六条第一款、第二十九条规定，未经水务主管部门审查同意擅自开工建设开发利用项目或者涉河建设项目的，由水务主管部门责令立即停工，暂扣违法工具，并处十万元以上二十万元以下罚款。

前款项目建设行为具备法定审批条件的，由水务主管部门责令限期补办手续，逾期不补办手续或者不具备法定审批条件的，由水务主管部门责令限期拆除，逾期不拆除的，依法强制拆除，费用由违法行为人承担。同时依法追究同意进行施工的主管机关负责人的责任。

未按照审查同意的工程建设方案施工或者项目建成后未经水务主管部门出具同意投入使用意见的，由水务主管部门责令限期改正，并处五万元以上十万元以下罚款。

第三十五条　开发利用项目或者涉河建设项目造成河道淤积的，由水务主管部门责令限期清淤疏浚河道，并处十万元以上二十万元以下罚款；逾期不清淤疏浚的，由水务主管部门组织清淤疏浚，费用由违法行为人承担。

第三十六条　施工单位因违反本条例规定受到行政处罚或者有其他有关违法犯罪行为的，市住房建设部门应当记入不良行为记录。

第三十七条　水务主管部门或者其他相关部门及其工作人员在河道监督管理工作中，玩忽职守、滥用职权、徇私舞弊的，对直接负责的主管人员和其他直接责任人员依法给予处分；构成犯罪的，依法追究刑事责任。

第五章　附　　则

第三十八条　对本条例规定的罚款处罚，市水务主管部门应当在本条例施行之日起六个月内制定具体实施标准。

第三十九条　本条例自2011年6月1日起施行。

广东省实施《中华人民共和国水法》办法

(1991年9月20日广东省第七届人民代表大会常务委员会第二十二次会议通过 2014年11月26日广东省第十二届人民代表大会常务委员会第十二次会议修订 2014年11月26日公布 自2015年1月1日起施行)

第一章 总 则

第一条 为了节约保护与合理开发利用水资源,防治水害,实现水资源统一管理和可持续利用,推进生态文明建设,根据《中华人民共和国水法》等有关法律、行政法规,结合本省实际,制定本办法。

第二条 本办法适用于本省行政区域内水资源管理和水害防治等活动。

本办法所称水资源,包括地表水、地下水。

第三条 水资源属于国家所有,依法实行取水许可制度和有偿使用制度。

农村集体经济组织的水塘或者农村集体经济组织修建管理的水库中的水,归各该农村集体经济组织管理和使用。

第四条 县级以上人民政府应当将水资源开发、利用、节约、保护、管理和防治水害工作纳入本级政府国民经济和社会发展规划,保障资金投入,加强水利基础设施建设。

县级以上人民政府应当建立饮用水源应急预警机制,建设饮用水源应急工程,保障城乡居民用水安全。

第五条 县级以上人民政府应当建立用水总量控制制度、用水效率控制制度、水功能区限制纳污制度和责任考核制度。

第六条 县级以上人民政府应当统筹规划、协调实施取水、供水、用水、排水、水环境治理和防洪排涝等涉水事务,实行城乡水资源统一管理。

第七条 各级人民政府应当推行节约用水措施,推广节约用水新技术、新工艺,发展节水型工业、农业和服务业。

第八条 各级人民政府应当加强基本水情和水法制宣传教育,提高公民的水资源保护意识、节水意识和水患意识。

报刊、广播、电视、网络等媒体应当加强对水资源保护与节约用水的宣传和舆论监督。

第九条 县级以上人民政府水行政主管部门负责本行政区域内水资源的统一管理和监督工作。

省流域管理机构在所管辖的范围内履行法律、法规和省人民政府水行政主管部门依法授予的流域水资源管理和监督职责。

县级以上人民政府其他有关部门按照职责分工,负责本行政区域内水资源开发、利用、节约和保护的有关工作。

第十条 编制水资源规划、拟订用水定额、调整水价,应当采取论证会、听证会,或者通过网络公开等方式,广泛听取专家和公众意见。

第十一条 公民、法人和其他组织依法享有合理开发、利用水资源的权利,依法履行保护水资源、水工程、水生态环境和节约用水的义务。

鼓励公民、法人和其他组织以独资、参股、承包、租赁等多种形式依法投资建设、经营管理水工程,其合法权益受法律保护。

第二章 水 资 源 规 划

第十二条 水资源规划包括综合规划和专业规划。专业规划应当服从综合规划。

综合规划是指根据经济社会发展需要和水资源开发利用总体状况编制的开发、利用、节约、保护水资源和防治水害的总体部署。专业规划是指水资源保护、节约用水、防洪、治涝、灌溉、供水、水力发电、水土保持、航道、渔业等规划。

第十三条 编制水资源规划,应当进行水资源综合科学考察和调查评价。水资源综合科学考察和调查评价,由县级以上人民政府水行政主管部门会同同级有关部门组织进行。

全省及跨地级以上市的水资源综合规划由省人民政府水行政主管部门会同同级有关部门和地级以上市人民政府编制,报省人民政府批准,并报国务院水行政主管部门备案。

市、县、区人民政府水行政主管部门会同同级有关部门和有关人民政府，依据上一级人民政府批准的水资源综合规划，编制本行政区域的水资源综合规划，报本级人民政府批准，并报上一级水行政主管部门备案。

专业规划由县级以上人民政府有关部门按照规定权限组织编制，经征求同级其他有关部门意见后，报本级人民政府批准。其中，防洪规划、水土保持规划、抗旱规划的编制和批准，依照有关法律、法规的规定执行。

第十四条　水资源规划批准后，批准机关应当按规定公开。

规划编制部门应当定期对规划的实施情况组织评估。规划需要修改的，按照编制程序报原批准机关批准。

第十五条　水资源规划应当与国民经济和社会发展规划、土地利用总体规划、城乡规划和环境保护规划等相协调，兼顾各地区、各行业的需要。

编制土地利用总体规划、城乡规划等规划，应当充分考虑水资源综合规划、专业规划确定的主要目标，并统筹安排水工程建设用地。

第十六条　国民经济和社会发展规划、城乡规划的编制，重大建设项目的布局，应当与当地水资源条件和防洪要求相适应，并进行科学论证。上述规划和布局报请批准前，应当征求同级水行政主管部门的意见。

第三章　水资源开发利用

第十七条　开发利用水资源，应当服从防洪总体安排，合理开发利用地表水，控制开采地下水，鼓励开发利用雨水、洪水资源和水资源回收利用。

单位和个人在开发利用水资源时，不得危害公共安全，不得损害公共利益和他人的合法权益，不得擅自改变水流的自然流向。

第十八条　地级以上市行政区域的用水总量控制指标，由省人民政府水行政主管部门根据国家下达的用水总量控制指标、水资源综合规划等拟订，经征求同级有关部门和地级以上市人民政府意见后报省人民政府批准。

县级行政区域的用水总量控制指标，由地级以上市人民政府水行政主管部门在省下达的控制指标内拟订，经征求同级有关部门和有关县级人民政府意见后报本级人民政府批准。

第十九条　本省行政区域内的东江、西江、北江、韩江及其他跨地级以上市行政区域的流域水量分配方案，由省人民政府水行政主管部门征求同级有关部门和有关地级以上市人民政府意见后制订，报省人民政府批准。

前款规定以外的其他跨县级行政区域的流域水量分配方案，由地级以上市人民政府水行政主管部门征求同级有关部门和有关县级人民政府意见后制订，报本级人民政府批准。

第二十条　县级以上人民政府水行政主管部门和省流域管理机构应当根据水量分配方案制定水量调度计划并组织实施。

发生干旱灾害、咸潮灾害、重大水污染事故等特殊情况，或者河流重要控制断面流量小于设定的最小下泄流量时，县级以上人民政府防汛指挥机构或者省流域管理机构应当按照经批准的应急调度预案，实行应急调度。

水量调度计划和应急调度预案经批准后，相关流域的人民政府及其有关部门、水力发电等取用水单位和工程管理单位必须执行。

第二十一条　利用取水工程或者设施直接从江河、湖泊、水库或者地下取用水资源的，应当向审批机关申请领取取水许可证。

依法取得取水权的单位和个人，对水资源占有、使用、收益的合法权益受法律保护。

第二十二条　下列取水由省人民政府水行政主管部门审批：

（一）省管水利工程取水；

（二）跨地级以上市行政区域取水；

（三）日取地表水十五万立方米以上的非农业取水。

其他取水由县级以上人民政府水行政主管部门按照省人民政府规定的审批权限审批。

第二十三条　家庭生活和零星散养、圈养畜禽饮用等月取水二百立方米以下，以及农业灌溉、水产养殖年取地表水十万立方米以下的，不需要申请领取取水许可证。

第二十四条　新建、改建、扩建下列建设项目，申请人应当在申请办理取水许可手续时向审批机关提交具有相应资质的单位编制的建设项目水资源论证报告书：

（一）日取地表水五千立方米以上的；

（二）日取地下水一百立方米以上以及在地下水限制开采区开采地下水的；

（三）水力发电总装机一千千瓦以上的；

（四）洗矿、造纸、电镀、印染、规模养殖等污染较大的。

新建、改建、扩建下列建设项目，申请人应当在申请办理取水许可手续时向审批机关提交具有相应资质的单位编制的建设项目水资源论证表：

（一）日取地表水一千立方米以上不足五千立方米的；

（二）日取地下水五十立方米以上不足一百立方米的；

（三）水力发电总装机一百千瓦以上不足一千千瓦的。

第二十五条　开发利用地下水，应当符合地下水功能区划和地下水开采总量控制要求，防止地面沉降、水源枯竭、水质恶化和海水入侵。

在城市公共供水管网能够满足用水需要的地区，不得开采地下水。经批准开采的矿泉水、地热水除外。

第二十六条　在地下水超采地区或者开采地下水容易引起地面沉降等地质灾害的地区，应当划定禁止开采区或者限制开采区。禁止开采区、限制开采区的范围由地级以上市人民政府水行政主管部门会同同级国土资源等部门划定，报同级人民政府批准。

在地下水禁止开采区内，不得新建、改建或者扩建地下水取水工程。对已有的地下水取水工程，限期封闭。

在地下水限制开采区内，对已有的地下水取水工程，由审批机关核准开采量，实现地下水开采和补给平衡。

第二十七条　县级以上人民政府水行政主管部门应当配合国土资源等部门，根据矿泉水、地热水储藏情况确定矿泉水、地热水的开采区域。国土资源等部门应当依据水行政主管部门确定的开采限量办理许可证。

第二十八条　取用水总量接近用水总量控制指标的地区，审批机关应当限制建设项目新增取水。

取用水总量已经达到或者超过用水总量控制指标的地区，审批机关不予批准建设项目新增取水。

对不符合产业政策或者用水量不符合行业用水定额标准的取水申请，审批机关不予批准。

第二十九条　取水单位和个人应当在取水点安装符合国家技术标准的取水计量设施，按规定进行定期检验，保证其正常运行。未安装计量设施或者计量设施不能正常运行的，取水量按照取水设施最大取水能力计算。

县级以上人民政府水行政主管部门应当建立水资源监控管理系统，安装取水监控设施,加强取水管理。取水单位和个人应当配合安装取水监控设施,并提供必要的条件。

任何单位和个人不得破坏取水监控设施,不得妨碍监控设施正常运行。

第三十条 县级以上人民政府水行政主管部门应当加强水资源用途管理,保障水资源使用单位和个人的合法权益。

水资源使用权可以根据国家和省的有关规定转让。

第三十一条 取水单位和个人应当依法缴纳水资源费。直接取用污水处理回用水的,免征水资源费。

水资源费从取水之日起计征,由审批机关负责征收。取水口在民族自治地方的,水资源费由民族自治地方的县级人民政府水行政主管部门负责征收。

第三十二条 取水单位和个人应当按照经批准的取水计划取水。除水力发电外,超计划或者超定额取水的,按照以下规定累进征收水资源费:

(一)超计划或者超定额取水不足百分之二十的部分,加收一倍水资源费;

(二)超计划或者超定额取水百分之二十以上不足百分之四十的部分,加收二倍水资源费;

(三)超计划或者超定额取水百分之四十以上的部分,加收三倍水资源费。

第四章 水资源保护

第三十三条 县级以上人民政府应当开展生态脆弱河流和地区的水生态修复工作,加快污染严重的江河湖泊水环境治理,加强重要生态保护区、水源林保护区、水源涵养区、江河源头区、水生野生动物自然保护区、水产种质资源保护区和湿地的保护,维护河道、湖泊、水库的生态环境。

第三十四条 省人民政府水行政主管部门应当会同省环境保护等部门,按照流域综合规划、水资源保护规划和经济社会发展要求,拟定跨地级以上市行政区域江河和主要湖泊、水库及全省地下水的水功能区划,报省人民政府批准。

地级以上市人民政府水行政主管部门应当会同同级环境保护等部门,拟定本行政区域内跨县级行政区域的其他水功能区划,报本级人民政府批准,并报省人民政府水行政主管部门和环境保护主管部门备案。

县级行政区域范围内的其他水功能区划,由县级人民政府水行政主管部门会同同级环境保护等部门拟定,报本级人民政府批准,并报上一级人民政府水行政主管部门和环境保护主管部门备案。

经批准的水功能区划由水行政主管部门公告,并设立地理界标和警示标志。

第三十五条 水功能区划是水资源开发、利用与保护、水污染防治和水环境综合治理的依据。

县级以上人民政府水行政主管部门会同同级环境保护等部门,根据各自职能,按照不同水域的功能定位,对水功能区实行分类保护和管理。

第三十六条 严格控制向江河、湖泊、水库等水域排放的污染物总量。

县级以上人民政府水行政主管部门应当按照水功能区对水质的要求和水体的自然净化能力,核定水域纳污能力,向同级环境保护主管部门提出限制排污总量意见。

第三十七条 禁止在饮用水水源保护区内设置排污口。

在公共排污管网覆盖范围内,排污单位和个人应当向公共排污管网排放污水和废水,不得直接向江河、湖泊、水库排放未经达标处理的污水和废水。

禁止向地下和农田直接排放污水和废水。

第三十八条 县级以上人民政府水行政主管部门应当对水功能区的水质状况进行监测,发现污染物排放总量超过控制指标的,或者水功能区的水质未达到水域使用功能对水质的要求的,应当及时报告本级人民政府,并向同级环境保护和卫生部门通报。县级以上人民政府及相关部门应当及时治理。

环境保护主管部门和水行政主管部门的水质、水量监测数据和分析成果等实行共享,实时交换数据资料,并依法予以公开。

第三十九条 城市新建、改建、扩建的建设项目应当按照城市防洪排涝要求,配套建设排水设施,并采取渗透路面、下凹式绿地、扩大水域和湿地面积、雨污分流、地表径流控制和雨水综合利用等措施,使建设后的地表径流量不超过建设前的地表径流量。

城市排水主管部门应当制定城市排涝应急预案,保障防洪排涝安全。

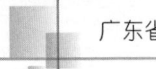

第四十条 在水库的管理和保护范围内,不得从事开矿、采石、取土、陡坡开荒以及擅自敷设管道等破坏水安全的活动。

在有供水功能水库的管理和保护范围内,不得从事网箱养殖、开办畜禽养殖场等污染水质的活动。

县级以上人民政府应当加强江河两岸及水库集水区域生态公益林建设,严格控制采伐,任何单位和个人不得采用炼山或者全垦方式更新造林,不得栽种桉树等不利于水源涵养和保护的树种。

第五章 河道管理和保护

第四十一条 河道岸线的利用和建设,应当服从防洪规划、河道岸线规划和航道规划,不得影响河势稳定、行洪畅通,不得危害堤防、通航安全。

河道岸线规划由县级以上人民政府水行政主管部门按照河道管理权限,根据流域综合规划和防洪规划等编制,经征求同级规划、建设、国土资源、交通、航道、林业、海洋渔业、港务、海事等部门意见后报本级人民政府批准。

第四十二条 禁止围湖造地、围垦河道、围库筑塘。

河道管理范围内的水域、沙洲、滩地和行洪区属于河道行洪通道,不作为基本农田保护区,不得建设阻碍行洪的建筑物、构筑物。

河道管理范围内的建筑物、构筑物及其附属设施,其所有人、管理人应当加强管理,保障使用安全。

第四十三条 在河道管理范围内新建、扩建、改建跨河、穿河、穿堤、临河的桥梁、码头、道路、涵闸、渡口、管道、缆线、取水、排水等工程设施,应当符合国家和省规定的防洪标准以及其他有关技术要求,建设单位应当将工程建设方案报有管辖权的水行政主管部门审查同意。

经批准的建设项目,自批准之日起三年内未开工建设的,应当在期限届满前三十日内向有管辖权的水行政主管部门申请办理延期手续。

县级以上人民政府水行政主管部门在审查工程建设方案时,应当征求利害关系人意见;涉及公众利益的,应当采取听证会、论证会等方式,广泛听取公众意见。

第四十四条 在河道管理范围内建设临时设施或者堆放物品的,应当服从防洪、供水和水工程安全的需要，并经县级以上人民政府水行政主管部门批准。

临时占用的期限不得超过两年；确需继续占用的，应当在期限届满前三十日内申请办理延期手续，延期时间不得超过一年。

临时占用期满，建设单位或者实际占用人应当拆除临时设施，清除堆放物品，恢复原状。

第六章　水资源节约使用

第四十五条　省人民政府水行政主管部门和有关行业管理部门依据节约用水规划和经济社会发展要求，拟订本省行业用水定额地方标准，由省质量监督部门发布实施。

地级以上市用水效率指标由省人民政府水行政主管部门根据国家有关规定拟订，经征求同级有关部门和地级以上市人民政府意见后，报省人民政府批准。

县级用水效率指标由地级以上市人民政府水行政主管部门根据省下达的用水效率指标拟订，经征求同级有关部门和县级人民政府意见后，报地级以上市人民政府批准。

第四十六条　县级以上人民政府水行政主管部门应当加强对用水单位用水情况的监督管理，建立重点用水单位监控名录，并将监控情况向社会公开。

第四十七条　新建、改建、扩建建设项目应当配套建设节水设施，采用节水型工艺、设备和器具。节水设施应当与主体工程同时设计、同时施工、同时投入使用。节水设施的建设资金应当纳入主体工程投资概算。

供水企业和自建供水设施的单位应当加强对供水设施的检修维护，降低管网漏损率。

机关、事业单位等公共机构、城乡新建居民小区、服务行业应当采用节水型工艺，使用节水型设备和器具。鼓励城乡居民使用节水型设备和器具。

园林绿化、环境卫生及其他生态环境用水应当采用节水技术，优先利用再生水和雨水。

第四十八条 用水单位应当根据国家相关规定和技术标准,对用水情况进行水平衡测试,改进用水工艺或者方法,提高水的重复利用率和再生水利用率。对超定额用水的,审批机关应当责令其限期整改,降低耗水量,提高水的利用率,并可依法核减其次年用水指标。

第四十九条 县级以上人民政府应当支持节水设施技术改造和节水产品的研发、示范和推广,支持雨水、海水、微咸水、再生水等非常规水源利用工程建设。

县级以上人民政府应当加强农田水利工程建设,积极推行节水灌溉技术,提高农业灌溉用水的利用率。

第七章 责任考核和监督检查

第五十条 县级以上人民政府应当将水资源开发、利用、节约和保护的主要指标纳入本级人民政府经济社会发展综合评价体系。

县级以上人民政府主要负责人对本行政区域水资源管理和保护工作承担主要责任。

第五十一条 上一级人民政府应当对下一级人民政府用水总量、用水效率和水功能区限制纳污等水资源管理工作情况进行考核,并将考核结果纳入被考核人民政府主要负责人综合考核评价内容。

第五十二条 县级以上人民政府水行政主管部门应当建立监督检查制度,对其决定的行政许可事项的实施情况依法进行监督检查。

县级以上人民政府水行政主管部门依法进行监督检查时,应当出示行政执法证件。有关单位和个人对监督检查工作应当予以配合,不得拒绝或妨碍监督检查。

第五十三条 被许可人不得从事下列活动:

(一)涂改、倒卖、出租、出借行政许可证件,或者以其他形式非法转让行政许可;

(二)超越行政许可范围进行活动;

(三)向负责监督检查的行政机关隐瞒有关情况、提供虚假材料或者拒绝提供反映其活动情况的真实材料;

(四)法律、法规规定的其他违法行为。

第八章　法　律　责　任

第五十四条　县级以上人民政府水行政主管部门、流域管理机构或者其他有关部门及其工作人员，有下列行为之一的，责令改正；情节严重的，对负有责任的主管人员和其他直接责任人员依法给予处分；构成犯罪的，依法追究刑事责任：

（一）未按照规定程序或者内容编制规划的；

（二）未依法拟订用水总量控制指标、用水效率指标和水功能区限制纳污总量的；

（三）未依法实施水量调度的；

（四）未依法征收水资源费的；

（五）超越权限、不按照规定的程序或者条件办理取水许可、河道管理范围内建设项目审查等行政许可手续的；

（六）对被许可人从事行政许可活动不进行监督检查的；

（七）发现违法行为不予查处的；

（八）未履行职责的其他情形。

第五十五条　违反本办法第二十条第三款规定，取用水单位和工程管理单位不执行水量调度的，由县级以上人民政府水行政主管部门给予警告，并处二万元以上十万元以下罚款；情节严重的，责令限期关闭取水口或者停止运行。

第五十六条　违反本办法第二十五条第一款、第二十六条第二款规定，开采地下水导致地面沉降、水源枯竭、水质恶化、海水入侵，或者在地下水禁止开采区内新建、改建、扩建地下水取水工程的，由县级以上人民政府水行政主管部门责令停止违法行为，限期封闭其取水工程，处二万元以上十万元以下罚款。

第五十七条　违反本办法第二十五条第二款规定，在城市公共供水管网能够满足用水需要的地区开采地下水的，由县级以上人民政府水行政主管部门责令停止违法行为，限期封闭其取水工程，处二千元以上一万元以下罚款。

第五十八条　违反本办法第二十九条规定，不配合安装取水监控设施、

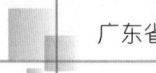广东省

破坏取水监控设施或者妨碍监控设施正常运行的，由县级以上人民政府水行政主管部门责令停止违法行为，限期改正，处五千元以上二万元以下罚款。

第五十九条 违反本办法第三十九条规定，城市新建、改建、扩建的建设项目未按照规定配套建设排水设施的，由城市排水主管部门责令停止违法行为，限期采取补救措施，处一万元以上五万元以下罚款。

第六十条 违反本办法第四十条第一款规定，在水库的管理和保护范围内从事开矿、采石、取土、陡坡开荒以及擅自敷设管道等破坏水安全的活动的，或者违反本办法第四十条第二款规定，在有供水功能水库的管理和保护范围内从事网箱养殖、开办畜禽养殖场等污染水质的活动的，由县级以上人民政府水行政主管部门责令停止违法行为，采取补救措施，处一万元以上五万元以下罚款。

违反本办法第四十条第三款规定，采用炼山或者全垦方式更新造林以及栽种桉树等不利于水源涵养和保护的树种的，由县级以上人民政府林业、水行政主管部门依照职权，责令其限期改正，对单位处五千元以上五万元以下罚款，对个人处五百元以上五千元以下罚款。

第六十一条 违反本办法第四十二条第一款规定，围库筑塘的，由县级以上人民政府水行政主管部门责令停止违法行为，限期清除障碍或者采取其他补救措施，处一万元以上五万元以下的罚款。

第六十二条 违反本办法第四十三条、第四十四条规定，有下列行为之一的，由县级以上人民政府水行政主管部门责令停止违法行为，限期补办有关手续；逾期不补办或者补办未被批准的，责令限期拆除违法建筑物、构筑物；逾期不拆除的，由县级以上人民政府水行政主管部门依法强制拆除，所需费用由违法行为单位和个人承担，并处二万元以上十万元以下罚款：

（一）未经批准在河道管理范围内新建、改建、扩建工程设施的；

（二）未申请办理延期手续而开工建设的；

（三）未经批准或者未办理延期手续建设临时设施、堆放物品以及临时占用期满后不恢复原状的。

第六十三条 违反本办法第五十二条第二款规定，拒绝或妨碍监督检查的，由县级以上人民政府水行政主管部门责令停止违法行为，限期改正，处五千元以上二万元以下罚款。

第六十四条 违反本办法第五十三条规定的，由县级以上人民政府水行

政主管部门责令停止违法行为，限期改正，没收违法所得，并处二万元以上十万元以下罚款。

第九章　附　　则

第六十五条　本办法自 2015 年 1 月 1 日施行。2002 年 12 月 6 日颁布的《广东省水资源管理条例》同时废止。

广西壮族自治区

广西壮族自治区河道采砂管理条例

(2016年11月30日广西壮族自治区第十二届人民代表大会常务委员会第二十六次会议通过 根据2018年9月30日广西壮族自治区第十三届人民代表大会常务委员会第五次会议《关于修改〈广西壮族自治区森林和野生动物类型自然保护区管理条例〉等十五件地方性法规的决定》修正)

第一章 总 则

第一条 为了加强河道采砂管理,维护河势稳定,保障防洪、通航和涉河工程安全,根据《中华人民共和国水法》《中华人民共和国河道管理条例》等法律、行政法规,结合本自治区实际,制定本条例。

第二条 在本自治区行政区域内从事河道采砂及其管理活动,适用本条例。

本条例所称河道采砂,是指在河道(包括湖泊、水库、洼淀、人工水道、河道沟叉、行洪区、蓄滞洪区、感潮区、入海河口等)管理范围内采挖砂、石、土等行为。

第三条 河道采砂应当科学规划、总量控制,有序开采、保护生态,严格监管、确保安全。

第四条 县级以上人民政府应当加强对本行政区域内河道采砂管理工作的领导,做好组织协调工作,及时解决河道采砂管理中的重大问题。

县级以上人民政府可以根据河道采砂执法的实际,组织水利、公安、国土资源、环境保护、交通运输、林业、海事等部门联合执法,依法查处违法采砂行为。

乡(镇)人民政府应当协助和配合县级以上人民政府水行政主管部门做好河道采砂管理工作。

第五条 县级以上人民政府水行政主管部门负责河道采砂的统一管理和监督检查工作,编制河道采砂规划和制定年度采砂实施方案,实施河道采砂许可。

县级以上人民政府公安机关负责依法查处河道采砂活动中的治安违法和

犯罪行为，处置阻碍执行职务的违法行为和妨碍公务的犯罪行为。

县级以上人民政府交通运输主管部门以及海事管理机构负责采砂、运砂船舶的管理，依法查处证照不齐全的船舶从事采砂运砂作业、擅自设置码头、超载运输以及破坏航道通行条件等违法行为。

县级以上人民政府财政、国土资源、环境保护、林业、价格等有关部门，按照各自职责做好河道采砂管理工作。

第六条 国家工作人员不得违反国家规定参与河道采砂经营活动，不得纵容、包庇河道采砂违法行为。

第二章 河道采砂规划

第七条 河道采砂规划应当符合河道防洪、通航和涉河工程安全以及水生态环境建设和河势稳定的要求，并与流域综合规划和防洪、河道整治、航道整治、饮用水水源保护、水生生物资源保护、旅游发展等专业规划相衔接。

第八条 设区的市、县级人民政府水行政主管部门应当按照河道管理权限组织编制河道采砂规划，并征求同级国土资源、环境保护、交通运输、旅游发展、海事、规划等有关部门意见，经上一级水行政主管部门同意后报本级人民政府批准实施。

经批准的河道采砂规划应当严格执行；河道采砂规划确需修改的，应当按照规划编制以及报批程序办理。

第九条 设区的市、县级人民政府水行政主管部门应当根据批准的河道采砂规划，制定年度采砂实施方案并予以公布，并报上一级人民政府水行政主管部门备案。

年度采砂实施方案包括可采区的具体范围、年度采砂控制总量、作业方式、采砂机具及其数量等。

第十条 河道采砂规划应当包括下列内容：

（一）砂石储量、分布与补给分析；

（二）禁采区和可采区；

（三）禁采期和可采期；

（四）年度采砂控制总量和开采深度；

（五）采砂作业方式和可采区内采砂机具的控制数量；

（六）沿河两岸堆砂场的控制数量及布局；

（七）弃料处理和现场清理、平整要求；

（八）采砂影响评价；

（九）规划实施与管理。

第十一条 下列区域为禁采区：

（一）河道防洪工程、河道整治工程、水库枢纽、水文监测设施、水环境监测设施、涵闸以及取水、排水、水电站等工程及其附属设施的安全保护范围；

（二）河道顶冲段、险工、险段；

（三）桥梁、码头、浮桥、渡口、过河电缆、管道、隧道等工程及其附属设施的安全保护范围；

（四）饮用水水源保护区；

（五）自然保护区、风景名胜区、森林公园、湿地公园以及红树林生长区域；

（六）国际界河以及安全事故多发区域；

（七）法律法规规定禁止采砂的其他区域。

第十二条 下列时段为禁采期：

（一）水位达到或者超过警戒水位时；

（二）非渠化通航河道达到或者低于航道设计最低通航水位时；

（三）法律法规规定禁止采砂的其他时段。

第十三条 设区的市、县级人民政府水行政主管部门应当将禁采区和禁采期予以公告，并设立明显的禁采区标志。

在可采区、可采期内，因防洪、河势改变、水工程建设、水生态环境遭受严重改变以及有重大水上活动等情形不宜采砂的，设区的市、县级人民政府水行政主管部门应当按照管理权限，划定临时禁采区或者规定临时禁采期，并予以公告。

第三章　河道采砂许可

第十四条 河道采砂实行许可制度。

广西壮族自治区

未取得河道采砂许可证，不得从事河道采砂活动。

河道采砂许可证由设区的市、县级人民政府水行政主管部门按照河道管理权限审批发放。涉及航道的，有许可权的水行政主管部门应当征求交通运输主管部门意见。

因防洪吹填加固堤防和疏浚、整治河道采砂的，不需要办理河道采砂许可证，但应当按照有关河道管理的法律、法规的规定办理相关手续。

因整治航道需要采砂的，应当事先征求有许可权的水行政主管部门意见。所采砂石应当按照整治方案的要求处理。

农村居民自建房屋用砂量少于一百立方米或者村屯公共基础设施建设需到河道采砂的，由当地村民委员会出具证明材料，经乡（镇）人民政府核实后，不需要办理河道采砂许可证和缴纳河道砂石开采权出让费，在河道采砂规划规定的可采区采砂，所采挖的砂石不得销售。

第十五条　河道采砂许可由有许可权的水行政主管部门通过招标、拍卖等公平竞争的方式实施。

第十六条　设区的市、县级人民政府水行政主管部门应当根据河道采砂规划和年度采砂实施方案，会同国土资源、环境保护等相关部门编制采砂招标、拍卖方案，报本级人民政府批准后组织招标、拍卖。

第十七条　申请从事河道采砂的投标人、竞买人应当符合下列条件：

（一）有依法取得的营业执照；

（二）有符合规定的采砂作业方式；

（三）有符合要求的采砂设备和采砂技术人员；

（四）用船舶采砂的，船舶、船员的证书齐全；

（五）五年内没有违法采砂记录；

（六）法律法规规定的其他条件。

第十八条　河道采砂投标人应当按照招标文件的要求编制并提交投标文件；河道采砂竞买人应当按照拍卖要求提交相关材料。

第十九条　实施许可的水行政主管部门应当依法确定中标人或者买受人，与中标人或者买受人订立河砂开采权出让合同，并依法颁发河道采砂许可证。

第二十条　河道采砂许可证由自治区人民政府水行政主管部门统一印制。

县级以上人民政府水行政主管部门应当将颁发河道采砂许可证的情况及时进行公告。河道采砂许可证应当载明采砂单位或者个人的名称（姓名）、采砂机具名称和编号、采砂期限、采砂地点、采砂总量以及作业方式、堆砂场和弃料处理方式等内容。

河道采砂许可证的有效期不得超过三年。河道采砂许可证有效期届满，许可证的效力自然终止，采砂人应当立即停止采砂作业；或者累计采砂量达到河道采砂许可证规定的总量时采砂权终止，采砂人应当立即停止采砂作业，发证机关应当收回或者注销河道采砂许可证。

许可证注明的采砂作业方式、机具、人员发生变更的，中标人或买受人应当及时向作出许可决定的水行政主管部门申请办理变更手续。

第二十一条　任何单位和个人不得伪造、涂改、倒卖、出租、出借或者以其他形式非法转让河道采砂许可证。

第二十二条　从事河道采砂的单位和个人应当依法缴纳河道砂石开采权出让费。

河道砂石开采权出让费由有许可权的水行政主管部门收取。具体征收、使用和管理办法由自治区人民政府财政部门、价格主管部门会同自治区人民政府水行政主管部门制定并报自治区人民政府批准。

第四章　河道采砂监督管理

第二十三条　从事河道采砂活动应当遵守下列规定：
（一）按照河道采砂许可证的规定采砂；
（二）不得在禁采区、禁采期采砂作业；
（三）不得改变河势、损坏水工程、破坏水生态环境；
（四）不得改变和损坏水文和防汛测报设施、破坏航道通航条件；
（五）在通航河道采砂作业应当服从通航要求并设立明显标志；
（六）及时清运砂石、平整弃料堆体或者采砂坑槽；
（七）法律法规有关河道采砂的其他规定。

第二十四条　任何采砂机具不得在禁采区滞留；未取得河道采砂许可证的采砂机具不得在可采区滞留。

采砂机具在禁采期应当按照所在地县级人民政府指定的地点停放，未经同意不得擅自离开。

第二十五条 从事河道采砂的单位和个人在河道管理范围内设置堆砂场存放砂石，应当报经有管辖权的设区的市、县级人民政府水行政主管部门批准。

第二十六条 县级以上人民政府水行政主管部门可以为采砂机具免费安装电子信息化监控设备。从事采砂的单位和个人应当予以配合，并不得损坏和擅自拆除监控设备。

第二十七条 县级以上人民政府水行政主管部门应当加强对本行政区域内河道采砂活动的监督管理，及时查处违法采砂行为，维护河道采砂秩序。

第二十八条 县级以上人民政府水行政主管部门及其工作人员履行河道采砂监督管理职责时，有权采取下列措施：

（一）进入采砂单位的生产、运输、存放场所进行调查、取证；

（二）要求采砂单位如实提供与河道采砂有关的文件、证照、资料；

（三）责令采砂单位停止违法采砂行为；拒不停止违法行为的，可以扣押实施违法行为的采砂机具。

第二十九条 在河道管理范围内运输砂石应当持有砂石合法来源证明，禁止运输非法开采的砂石。

砂石合法来源证明由自治区人民政府水行政主管部门统一格式，包括砂石来源地、运输工具名称、装运时间、砂石数量、卸砂点和有效期限等内容。

第三十条 县级以上人民政府水行政主管部门应当设置河道采砂违法行为的举报电话；对举报属实的，给予奖励。

第三十一条 设区的市、县（市、区）界河的河道采砂管辖发生争议的，由双方水行政主管部门协商解决；协商不成的，由共同的上一级人民政府指定管辖。

第五章 法 律 责 任

第三十二条 违反本条例规定的行为，法律、行政法规已有法律责任规定的，从其规定。

第三十三条 违反本条例第十四条第二款规定，未依法取得河道采砂许可证擅自在河道采砂的,由县级以上人民政府水行政主管部门责令停止违法行为,扣押违法采砂机具,没收违法所得,并处三万元以上十万元以下罚款。

违反本条例第十四条第二款规定,未依法取得河道采砂许可证擅自在河道采砂,有下列情形之一,违法采砂一百立方米以上三百立方米以下的,可并处十万元以上三十万元以下罚款;违法采砂三百立方米以上的,可并处三十万元以上五十万元以下罚款:

(一)违法采砂两次以上;

(二)在桥梁、码头、拦河闸坝、取水口、水文监测等工程及其附属设施安全保护范围内采砂;

(三)在堤防管理范围内采砂;

(四)在禁采区或者禁采期采砂;

(五)违法采砂造成水工程损坏、河势改变、水生态环境破坏、矿产资源破坏。

第三十四条 违反本条例第二十一条规定,伪造、涂改、倒卖、出租、出借或者以其他形式非法转让河道采砂许可证的,由县级以上人民政府水行政主管部门收缴或者吊销河道采砂许可证,没收违法所得,并处二万元以上十万元以下罚款。

第三十五条 违反本条例第二十二条第一款规定,不依法缴纳河道砂石开采权出让费的,由县级以上人民政府水行政主管部门责令限期缴纳。

第三十六条 违反本条例第二十三条第一项规定,不按照河道采砂许可证的规定采砂的,由县级以上人民政府水行政主管部门责令停止违法行为,扣押违法采砂机具,没收违法所得,并处一万元以上十万元以下罚款;情节严重的,吊销河道采砂许可证,并处十万元以上二十万元以下罚款。

第三十七条 违反本条例第二十三条第六项规定,未及时清运砂石、平整弃料堆体或者采砂坑槽的,由县级以上人民政府水行政主管部门责令限期整改,处一万元以下罚款;逾期不整改的,处一万元以上十万元以下罚款,并由县级以上人民政府水行政主管部门组织现场清理、平整,所需费用由从事河道采砂的单位和个人承担。

第三十八条 违反本条例第二十四条规定,采砂机具在禁采区滞留,未取得河道采砂许可证的采砂机具在可采区滞留,或者采砂机具在禁采期未按照指定地点停放，擅自离开指定地点的，由县级以上人民政府水行政主管部门责令限期改正，并处五千元以上三万元以下罚款。

第三十九条 违反本条例第二十五条规定，未经批准擅自在河道管理范围内设置堆砂场存放砂石的，由县级以上人民政府水行政主管部门责令停止违法行为，限期清除；逾期未清除的，处一万元以上十万元以下罚款。

第四十条 违反本条例第二十九条第一款规定，在河道管理范围内运输没有合法来源证明的砂石的，由县级以上人民政府水行政主管部门责令停止违法行为，没收违法所得，并处五千元以上五万元以下罚款。

第四十一条 水行政主管部门或者其他有关部门及其工作人员有下列行为之一的，对负有责任的主管人员和其他直接责任人员依法给予处分：

（一）不执行已经批准的河道采砂规划、擅自修改河道采砂规划或者违反河道采砂规划批准采砂的；

（二）不按照规定审批发放河道采砂许可证或者其他批准文件的；

（三）不履行河道采砂管理和监督检查职责，造成河道采砂秩序混乱或者发生重大责任事故的；

（四）不按照规定的项目、范围和标准征收河道砂石开采权出让费的；

（五）截留、挪用河道砂石开采权出让费的；

（六）其他在河道采砂管理中玩忽职守、滥用职权、徇私舞弊的行为。

第四十二条 县级以上人民政府水行政主管部门依照本条例规定扣押违法采砂机具，应当依法作出处理决定；当事人在法定期限内不申请行政复议或者提起行政诉讼，经催告仍不履行的，可委托拍卖机构依法予以拍卖，所得款项扣除处理费用后，抵缴罚款并上缴财政，剩余款项予以退还。

第六章 附　　则

第四十三条 本条例所称采砂机具，是指采运砂船舶、挖掘机械、吊杆机械、分离机械以及其他现场采运砂石相关的机械和工具。

第四十四条 本条例自 2017 年 1 月 1 日起施行。

广西壮族自治区河道管理规定

（2000年12月2日广西壮族自治区第九届人民代表大会常务委员会第二十一次会议通过　根据2010年9月29日广西壮族自治区第十一届人民代表大会常务委员会第十七次会议《关于修改部分法规的决定》第一次修正　根据2016年11月30日广西壮族自治区第十二届人民代表大会常务委员会第二十六次会议《关于废止和修改部分地方性法规的决定》第二次修正　根据2018年9月30日广西壮族自治区第十三届人民代表大会常务委员会第五次会议《关于修改〈广西壮族自治区森林和野生动物类型自然保护区管理条例〉等十五件地方性法规的决定》第三次修正）

第一章　总　　则

第一条　为加强河道管理，保障行洪安全，发挥江河湖泊的综合效益，根据《中华人民共和国水法》《中华人民共和国防洪法》《中华人民共和国河道管理条例》等法律、法规的规定，结合本自治区实际情况，制定本规定。

第二条　本规定适用于自治区行政区域内河道（包括湖泊、洼淀、人工水道、河道沟汊、行洪区、蓄滞洪区、感潮区、入海河口等）的整治、利用、保护等有关的管理活动。

第三条　开发利用河道水资源和防治水害，应当服从流域综合规划和防洪总体安排，实行统一规划、统筹兼顾、综合整治、合理利用和积极保护的原则。

第四条　县级以上水行政主管部门是本行政区域内的河道主管机关。

各级河道主管机关按下列分工实施管理：

（一）国界河道、省界河道和跨设区的市的河道，由自治区河道主管机关管理，国家另有规定的，从其规定；

（二）设区的市内跨县河道、县界河道，由设区的市的河道主管机关管理；

（三）其他河道由所在地的县级河道主管机关管理。

下级河道主管机关应当协同上级河道主管机关做好本辖区河道的管理

工作。

第五条 各级人民政府应当将河道整治纳入本行政区域国民经济和社会发展规划。

各级人民政府应当按照河道整治规划确定的分期实施方案，制定年度整治计划，所需经费按照分级管理的原则，在年度财政预算中专项安排。

第二章 河 道 保 护

第六条 有堤防的河道，其管理范围为两岸堤防之间的水域、沙洲、滩地（含可耕地）、行洪区、感潮区、河口冲积扇、两岸堤防及护堤地。一、二级堤防护堤地为堤防迎、背水坡脚以外20至50米；三、四级堤防护堤地为堤防迎、背水坡脚以外15至30米；四级以下堤防护堤地为堤防迎、背水坡脚以外8至15米。

无堤防的河道，其管理范围按防洪规划确定的河道岸线、治导线或者规划两岸堤防走线之间的行洪区域、堤基地和护堤地确定。无防洪规划的河道，按历史最高洪水位或者设计洪水位之间的行洪河床确定。

根据堤防的重要程度、堤基土质条件等，河道主管机关报经县级以上人民政府批准，可以将河道管理范围以外的相连地域30至50米划定为堤防安全保护区。

流域管理机构直接管理的河道管理范围，由流域管理机构会同有关县级以上地方人民政府依照前款规定界定，并树立界桩；其他河道的管理范围，由河道主管机关会同国土资源、交通、建设等有关部门依照前款规定提出，经同级人民政府批准后界定，并树立界桩。

第七条 在河道管理范围内，水域和土地的利用应当符合江河行洪、输水和航运的要求；属于城市规划区或者村庄集镇规划区的，还应当符合城市规划或者村庄集镇建设规划的要求，服从规划管理。滩地的利用，由河道主管机关会同国土资源、渔业、建设等有关部门制定规划，报县级以上人民政府批准后实施。

第八条 在堤防和护堤地内，除不得从事国家有关法律、法规禁止的活动外，禁止在堤身种植农作物、铲草、建窑、钻探爆破、采石、取土等。

第九条 护堤护岸林木，由河道主管机关会同林业主管部门统一规划，由河道主管机关组织营造和管理，林业主管部门应当予以支持与配合。

任何单位和个人不得侵占、砍伐或者破坏护堤护岸林木。确需采伐的，应当依法办理采伐许可手续。

第十条　禁止擅自填堵河道。确因建设需要填堵河道的，建设单位应当委托具有相应资质的水利规划设计单位进行规划论证，并报县级以上人民政府批准。

填堵河道需要实施水系调整的，所需经费由建设单位承担。

经批准填堵河道的，建设单位在施工前，应当按照本规定第十八条的规定办理施工审核手续。

第十一条　确因工程建设需要，在沿河堤防破堤施工或者开缺、凿洞的，建设单位应当向河道主管机关提出申请，经审核同意后方可施工。跨汛期的工程施工，建设单位必须落实汛期安全措施。

第十二条　在河道中流放竹木或者进行水产养殖、捕捞作业，不得影响河道行洪、排涝、航运和危及水工程的安全，并服从河道主管机关的安全管理。

在汛期，河道主管机关有权对河道上的竹木和其他漂流物进行紧急处置。

第十三条　设置或者扩大向河道排污的排污口，排污单位在向环境保护行政主管部门申报之前，应当征得河道主管机关的同意。擅自设置和扩大的，由河道主管机关或者有关部门责令其停建、封闭或者采取其他补救措施。

沿江城市环境保护、城市供水行政主管部门应当定期按水系将河道排污、排水情况的有关资料，抄送当地河道主管机关。

第三章　河道整治与建设

第十四条　河道的整治与建设，应当服从流域综合规划，符合国家和自治区规划的防洪、排涝、防潮、通航标准和其他有关技术要求，维护堤防河岸安全，保持河势稳定和行洪、航道畅通。

第十五条　河道防洪（含排涝、防潮，下同）整治规划，按河道管理权限由河道主管机关会同计划、交通、建设等有关部门编制，报同级人民政府批准后实施。

河道防洪整治规划的修改或者调整,应当经原批准机关批准。

第十六条 对淤积严重、影响防洪排涝的河道,河道主管机关应当制定河道整治应急方案,并优先安排整治工程。

第十七条 河道主管机关对通航河道进行整治,应当兼顾航运需要,并事先征求交通行政主管部门的意见。

交通行政主管部门进行航道整治,应当符合防洪安全要求,并事先征求河道主管机关的意见。

第十八条 在河道管理范围内建设坑道、取水口、排水(污)口、采砂场、临时仓库等工程设施,应当符合防洪标准、岸线规划、水质要求、航运要求和其他技术要求,不得危害堤防安全、影响河势稳定、妨碍行洪畅通、污染江河水质;其可行性研究报告按照国家规定的基本建设程序报请批准前,其中的工程建设方案应经河道主管机关根据前述防洪要求审查同意。

前款规定的工程设施建设,需要占用河道管理范围内土地以及跨越河道空间或者穿越河床的,建设单位应当经河道主管机关对该工程设施建设的位置和界限审查批准后,方可依法办理开工手续;安排施工时,应当按照河道主管机关批准的位置和界限进行。工程设施竣工验收时,应当有河道主管机关参加;未经河道主管机关参加验收或者验收不合格的建设项目,不得投入使用。

第十九条 对依照本规定第十八条规定建设的工程设施,河道主管机关有权依法检查;河道主管机关检查时,被检查者应当如实提供有关情况和资料。

第二十条 沿河新建、扩建、改建的建设项目,建设单位在建设项目立项或者申请建设许可时,应当将区域内与建设项目相关的河道整治项目纳入建设计划中,并与建设项目同步实施。所需经费,专用岸段由建设单位负责;非专用岸段的经营性建设项目,由建设单位按收益情况合理负担。

第二十一条 河道整治工程,在工程设计中应当考虑有关配套性管护基础设施。工程概预算中必须包含有关配套性管护基础设施的投资。工程竣工验收时,应当对有关配套性管护基础设施一并验收,并将有关资料移交工程管理单位。

第二十二条 在河道管理范围内修筑临时围堰等工程设施,须经河道主管机关审查同意,并在规定的期限内拆除。逾期不拆除的,由河道主管机关申请人民法院强制拆除或者由防汛指挥机构组织强行清除,所需费用由设障者承担。

第二十三条 河道岸线的利用和建设,应当服从河道防洪整治规划和航道整治规划。计划行政主管部门在审批利用河道岸线的建设项目时,应当事先征求河道主管机关和有关部门的意见。

河道岸线的界限,由河道主管机关会同交通、建设等有关部门,按照当地习惯岸线及其演变以及防洪规划确定的治导线提出划定规划岸线方案,报县级以上人民政府批准。

第二十四条 城市、村庄集镇建设和发展不得占用河道滩地。沿河城市规划、村庄集镇建设规划的临河界限,由河道主管机关会同城乡规划、建设等有关部门,根据下列标准确定:

(一)有堤防的河道,在护堤地以外15至30米;

(二)无堤防的河道,在防洪规划治导线以外30至100米;

(三)已规划展宽的河道,在规划堤防护堤地以外15至30米。

编制沿河城市规划、村庄集镇建设规划时,应当事先征求河道主管机关的意见。

第二十五条 市、县以河道为边界的,在河道两岸外侧5公里以内,以及跨市、县的河道,未经有关各方达成协议或者上一级河道主管机关批准,禁止单方面修建排水、阻水、引水、蓄水工程及河道整治工程。

第二十六条 经批准在河道管理范围内从事建设活动,占用河道堤防等水工程设施的,建设单位应当予以补偿;因施工原因对河道堤防等水工程设施造成毁损或者造成河道淤积的,建设单位应当承担赔偿或者清淤的责任。

第四章 保 障 措 施

第二十七条 按照国家有关法律、法规规定设立的水利建设基金,各级人民政府应当安排一定数额用于本行政区域内的河道治理、维护和建设。

第二十八条 各级河道主管机关应当按照每年洪、枯来水变化及砂、石运移规律,制定河道采砂规划和计划,划定禁采区和可采区。

在河道管理范围可采区内采砂、取土、淘金,须先经河道主管机关批准,并依照国家有关规定到有关部门办理手续后,按批准的范围和作业方式进行。

第二十九条 自治区在防洪保护区范围内,按照法律、行政法规的规定征收河道工程修建维护管理费。具体征收、使用和管理办法,由自治区人民政府制定。

第三十条 任何单位和个人不得截留、挪用水利建设基金、河道工程修建维护管理费。财政、审计部门应当加强对上述费用征收和使用情况的审计、监督和检查。

第五章 法 律 责 任

第三十一条 违反《中华人民共和国河道管理条例》第二十二条第一款规定,未经河道主管机关批准,擅自移动或者拆除防汛、水文监测和测量设施、河岸地质监测设施、通讯照明等设施的,河道主管机关可以处一百元以上一千元以下的罚款;情节严重的,可以处一千元以上二万元以下的罚款。

第三十二条 违反《中华人民共和国河道管埋条例》第二十三条规定,有下列行为之一的,河道主管机关可以处五百元以上五千元以下的罚款:

(一)非管理人员擅自操作河道上的涵闸闸门的;

(二)任何组织或者个人干扰河道管理单位的正常工作的。

第三十三条 违反《中华人民共和国河道管理条例》第二十四条规定,在河道管理范围内,擅自修建围堤、阻水渠道、阻水道路或者种植高秆作物和林木(堤防防护林除外)的,或者在堤防和护堤地建房、放牧、开渠、打井、挖窖、葬坟、晒粮、存放物料、开采地下资源、进行考古发掘以及开展集市活动的,河道主管机关可以处一百元以上一千元以下的罚款;情节严重的,可以处一千元以上二万元以下的罚款。

第三十四条 违反《中华人民共和国河道管理条例》第二十五条规定,在河道管理范围内,未经河道主管机关批准,或者未经河道主管机关会同有关部门批准,有下列行为之一的,河道主管机关可以处一百元以上一千元以下的罚款;情节严重的,可以处一千元以上二万元以下的罚款:

(一)采砂、取土、淘金、弃置砂石或者淤泥的;

(二)爆破、钻探、挖筑鱼塘的;

（三）在河道滩地存放物料，修建厂房或者其他建筑设施的；

（四）在河道滩地开采地下资源及进行考古发掘的。

第三十五条 违反《中华人民共和国河道管理条例》第二十六条规定，在堤防安全保护区内进行打井、钻探、爆破、挖筑鱼塘、采石、取土等危害堤防安全活动的，河道主管机关可以处一百元以上一千元以下的罚款；情节严重的，可以处一千元以上二万元以下的罚款。

第三十六条 违反本规定第八条规定，在堤身种植农作物、铲草、建窑、钻探爆破、采石、取土的，河道主管机关除责令其停止违法行为、采取补救措施外，可以并处警告、一百元以上一千元以下的罚款；情节严重的，可以并处一千元以上二万元以下的罚款；有违法所得的，予以没收。

第三十七条 违反本规定第十条、第十一条、第二十五条规定，有下列行为之一的，由河道主管机关责令停止违法行为，可以处警告、一百元以上一千元以下的罚款；情节严重的，可以处一千元以上二万元以下的罚款；有违法所得的，予以没收：

（一）未经县级以上人民政府批准，擅自填堵河道的；

（二）建设单位未向河道主管机关提出申请并经审核同意，擅自在沿河堤防破堤施工或者开缺、凿洞的；

（三）未经有关各方面达成协议或者上一级河道主管机关批准，单方面在市、县的边界河道两岸外侧5公里以内以及跨市、县的河道修建排水、阻水、引水、蓄水工程及河道整治的。

第三十八条 违反本规定第十二条规定，在河道中流放竹木或者进行水产养殖、捕捞作业，影响河道行洪、排涝、航运和危及水工程安全的，由河道主管机关责令停止违法行为，排除阻碍或者采取其他补救措施，可以处五百元以上五千元以下的罚款。

第三十九条 违反本规定第十八条规定，未经河道主管机关对其工程建设方案审查同意或者未按照有关河道主管机关审查批准的位置、界限，在河道管理范围内从事工程设施建设活动，或者未经河道主管机关参加验收或者验收不合格的建设项目就投入使用的，由河道主管机关责令停止违法行为；工程设施建设严重影响防洪的，责令限期拆除，逾期不拆除的，强行拆除，所需费用由建设单位承担；影响行洪但尚可采取补救措施的，责令限期采取补救措施，可以处一万元以上十万元以下的罚款。

第四十条 河道主管机关工作人员玩忽职守、滥用职权或者徇私舞弊的,由其所在单位或者上级主管部门依法给予行政处分;构成犯罪的,依法追究刑事责任。

第四十一条 国家法律、行政法规另有处罚规定的,从其规定。

第六章 附 则

第四十二条 本规定自 2001 年 1 月 1 日起施行。

广西壮族自治区实施
《中华人民共和国水法》办法

（1992年6月27日广西壮族自治区第七届人民代表大会常务委员会第二十九次会议通过　2004年3月26日广西壮族自治区第十届人民代表大会常务委员会第七次会议修订　根据2010年9月29日广西壮族自治区第十一届人民代表大会常务委员会第十七次会议（关于修改部分法规的规定）第一次修正　根据2016年11月30日广西壮族自治区第十二届人民代表大会常务委员会第二十六次会议《关于废止和修改部分地方性法规的决定》第二次修正　根据2018年9月30日广西壮族自治区第十三届人民代表大会常务委员会第五次会议《关于修改〈广西壮族自治区森林和野生动物类型自然保护区管理条例〉等十五件地方性法规的决定》第三次修正　根据2021年5月26日广西壮族自治区第十三届人民代表大会常务委员会第二十三次会议《关于修改〈广西壮族自治区实施《中华人民共和国水法》办法〉等四件地方性法规和废止〈广西壮族自治区木材运输管理条例〉的决定》第四次修正）

第一章　总　　则

第一条　为贯彻实施《中华人民共和国水法》（以下简称水法），结合本自治区的实际情况，制定本办法。

第二条　在本自治区行政区域内开发、利用、节约、保护、管理水资源，防治水害，必须遵守本办法。

本办法所称水资源，包括地表水和地下水（含矿泉水、地热水）。

第三条　任何单位和个人都有权对违反本办法的行为进行检举或者控告。

第四条　自治区人民政府水行政主管部门负责本自治区水资源的统一管理和监督工作。

设区的市、县级人民政府水行政主管部门按照规定的权限，负责本行政区域内水资源的统一管理和监督工作。

县级以上人民政府有关部门按照职责分工，负责本行政区域内水资源开发、利用、节约和保护的有关工作。

第五条 取水许可制度和水资源有偿使用制度，由县级以上人民政府水行政主管部门在其职权范围内组织实施。

本办法所称取水，是指利用水工程或者机械提水设施直接从江河、湖泊或者地下取水。

第二章 水资源规划和开发利用

第六条 跨设区的市的江河的流域综合规划和区域综合规划，由自治区人民政府水行政主管部门及发展改革部门会同有关部门、设区的市人民政府编制，报自治区人民政府批准；专业规划由自治区人民政府有关部门编制，征求自治区相关部门意见后，报自治区人民政府批准。

第七条 本办法第六条规定以外的其他江河流域综合规划和区域综合规划由所在地的设区的市、县级人民政府水行政主管部门及发展改革部门会同有关部门编制，报本级人民政府批准，并报上一级水行政主管部门备案。跨县的江河的流域综合规划和区域综合规划，应当由共同的上一级人民政府水行政主管部门及发展改革部门会同有关部门和有关县级人民政府编制，报本级人民政府批准，并报上一级水行政主管部门备案。专业规划由所在地的设区的市、县级人民政府有关部门编制，征求相关部门意见后，报本级人民政府批准。但是，国际边界河流、跨省河流的规划和开发利用应当按照国家有关规定执行。

第八条 自治区人民政府应当建立自治区水文、水资源信息管理系统数据库。

县级以上人民政府水行政、生态环境、自然资源、气象等主管部门，应当按照各自职责分工，建立健全地表水、地下水和空中水的水量、水质及降水、水体污染的监测站网，掌握水位、水量、泥沙、水质、降雨量的变化情况。各监测站网的监测数据应当按照规定实行资料共享。

第九条 县级以上城市人民政府应当组织水行政、住房城乡建设、自然资源等主管部门进行多方案的城市供水水源论证，按照先地表水、后地下水的次序，科学确定供水水源，编制两个以上不同供水水源应急供水预案，保障城市供水安全。

第十条 在不通航的河流或者人工水道上修建闸坝后可以通航的,其过船设施按照谁投资建设谁受益的原则进行维护和合理使用。

现有的碍航闸坝,由县级以上人民政府责成原建设单位限期采取补救措施。

第十一条 兴建水工程需要移民的,由建设单位会同当地人民政府编制移民安置规划,与工程设计书同时送有关主管部门依法审批。经批准的移民安置规划,由有关县级以上人民政府负责实施,在建设阶段完成移民的安置工作。

移民安置应当保证移民的生产、生活条件不低于原来水平。所需移民经费列入工程建设投资计划。

第十二条 在水资源短缺的地区,各级人民政府应当支持兴建治旱集水工程。

第三章 水资源、水域和水工程的保护

第十三条 经有管理权限的县级以上人民政府水行政主管部门同意,可以在水工程保护范围内,从事不影响水工程运行和危害水工程安全的工程建设或者生产作业。在工程建设或者生产作业过程中,影响防洪、水文测报、排涝、灌溉、通航、城市供水排水、港务作业、渔业生态、环境保护,以及危害水工程设施安全的,建设或者生产单位、个人应当采取补救措施;造成损失的,应当依法给予补偿。

第十四条 在江河、湖泊、水库、渠道、运河上新建、改建或者扩大排污口的建设单位或者个人应当编制排污口的设置方案、该项目的环境影响报告书(表),报有审批权的生态环境主管部门审批。

第十五条 各级人民政府及其有关部门和单位应当加强污水处理设施建设。工业废水、城镇居民生活污水应当进行治理,符合国家标准后,方准排放。

向江河、湖泊、水库、渠道、运河等水域排水的,应当符合该水域水功能区划的要求。

禁止向水井、矿坑(井)、溶洞、天窗、落水漏等与地下水勾通的地方

排放废水、污水。

第十六条 开采地下水，必须在水资源调查评价的基础上，实行统一规划，加强监督管理，维持采补平衡。

在地表水源能满足供水需求的地区，限制开采地下水；已经开采的地下水源，作为应急供水水源，未经所在地县级以上人民政府水行政主管部门批准，不得擅自启用。禁止开采使用受污染的地下水。

第十七条 在地下水严重超采或者地下水开采易引起地面沉降等地质灾害的地区，由所在地县级以上人民政府组织水行政主管部门、自然资源主管部门，划定地下水禁止开采或者限制开采区，报自治区人民政府批准后实施。

北海市、钦州市、防城港市等沿海城市开采使用地下水，应当采取措施防止地面沉降和海水入侵。

第十八条 国家所有以及由国务院水行政主管部门或者流域管理机构管理以外的新建水工程保护范围的划定，其所需经费列入工程预算，保护范围应当设立地界标志，并与主体工程同时验收。

原有水工程保护范围的划定及其所需经费由该工程所属的人民政府协调解决。

第十九条 在饮用水水源保护区及江河、湖泊、水库、渠道的管理和保护范围内，禁止毁林、开荒，防止水土流失；经批准的采矿，应当采取有效措施，防止水体受到污染和破坏。

禁止在饮用水水源保护区兴建直接或者间接向水体排放污染物的企业、事业单位，已建的要限期治理或者搬迁。

第二十条 水库报废应当依照国家关于水库降等与报废管理办法的有关规定，经过论证、审批等程序后实施。

第二十一条 利用水域从事旅游开发的，应当按照水功能区划的要求进行，不得降低水域使用功能。

县级以上人民政府生态环境和水行政等有关主管部门应当对利用水域从事旅游开发进行监督检查；在监督检查时，不得妨碍其正常的经营活动。

第四章 水资源配置

第二十二条 自治区人民政府发展改革部门和水行政主管部门负责本自

治区水资源的宏观调配。自治区的和跨设区的市的水中长期供求规划，由自治区人民政府水行政主管部门会同有关部门制订，经自治区人民政府发展改革部门审查批准后执行。设区的市、县的水中长期供求规划，由本级人民政府水行政主管部门会同有关部门依据上一级水中长期供求规划和本地区的实际情况制订，经本级人民政府发展改革部门审查批准后执行。

第二十三条　跨设区的市水量分配方案和旱情紧急情况下的水量调度预案，由自治区人民政府水行政主管部门商有关设区的市人民政府制定，报自治区人民政府批准；跨县水量分配方案和旱情紧急情况下的水量调度预案，由设区的市人民政府水行政主管部门商有关县级人民政府制定，报设区的市人民政府批准。

年度水量分配方案和紧急情况下的水量调度预案经批准后，有关人民政府和部门必须执行。

县级以上人民政府防汛抗旱指挥机构和水行政主管部门按照紧急情况下的水量调度预案，对水量进行调度，取水户和水工程管理单位必须服从。

第二十四条　跨流域的或者跨设区的市、县的调水，由共同的上一级人民政府水行政主管部门征求有关人民政府意见后制定，报同级人民政府或者有关流域管理机构批准。经批准后，有关人民政府必须执行。

第二十五条　取水应当办理取水许可证，按照取水许可规定取水，并缴纳水资源费。但是，以下取水不需要办理取水许可证并免缴纳水资源费：

（一）农村集体经济组织及其成员使用本集体经济组织的水塘、水库中的水的；

（二）为家庭生活和零星散养、圈养畜禽等取水，月取水量在100立方米以下取水的；

（三）在城乡供水管网未覆盖的区域，因家庭生活等需要取用地下水的；

（四）法律、法规规定的其他情形的。

取水妨碍公共利益、环境安全或者损害他人合法权益的，县级以上人民政府水行政主管部门应当限制其取水，直至禁止取水。

第二十六条　县级以上人民政府水行政主管部门或者其授权发放取水许可证的部门应当自收到取水许可证申请之日起二十日内决定批准或者不批准；对急需取水的，应当在十日内决定批准或者不批准。

第二十七条　水资源费由县级以上人民政府水行政主管部门实行分级征

收,纳入财政专户,实行预算管理。水资源费用于水资源的开发、利用、节约、保护和管理工作。

水资源费征收标准和具体管理办法,按照国家和自治区有关规定执行。

第二十八条 直接从江河、湖泊或者地下取水并需申请取水许可证的新建、改建或者扩建的建设项目,建设项目业主应当进行建设项目水资源论证,编制建设项目水资源论证报告书。

未提交建设项目水资源论证报告书的,受理机关不得受理取水许可申请。

第五章 节 约 用 水

第二十九条 县级以上人民政府应当加强节约用水工作,建立健全节约用水管理制度,全面推进节水措施。

农业灌溉应当完善灌溉工程的配套和渠道防渗设施,推广管道输水、喷灌、滴灌、渗灌等节约用水技术,减少耗水量。

城市生活用水应当加强对用水户的节约用水管理,加强供水、用水设施的维护,减少水的漏损量。

工业用水应当采取节水的先进技术、工艺和设备,逐步淘汰落后的、耗水量高的工艺、设备和产品,增加循环用水次数,提高水的重复利用率。

第三十条 取水应当计量。取水户必须在取水口安装取水计量设施。

县级以上人民政府水行政主管部门应当对取水户安装的取水计量设施进行监督检查;但监督检查不得收取费用。

取水计量设施发生故障不能正常运行的,取水户应当在三日内向所在地县级人民政府水行政主管部门报告,并按照有关规定及时检修或者更换。

无取水计量设施、取水计量设施不合格或者运行不正常未按照规定期限更换或者修复的,取水量按照取水设施最大取水能力计算。

第三十一条 取水户应当于每年年底前向原批准发放取水许可证的县级以上人民政府水行政主管部门申请下年度取水计划,并按经批准的取水量取水。

第六章 法 律 责 任

第三十二条 违反本办法规定,县级以上人民政府水行政主管部门或者其他有关部门以及水工程管理单位及其工作人员,有下列情形之一的,由有关部门按照管理权限对直接负责的主管人员和其他责任人员给予处分:

(一)给不符合法定条件的单位或者个人核发取水许可证或者给不符合法定条件的水事活动签署审查同意意见的;

(二)对符合法定条件的用水申请单位或者个人,未在规定期限内核发取水许可证,故意拖延的;

(三)违反规定收取水资源费的;

(四)不履行监督检查职责或者发现违法行为不予查处,或者无正当理由在法定期限内对违法行为不作出处理决定的;

(五)放任取用水单位或者个人在禁止开采区开采地下水的;

(六)拒不执行水量分配方案和水量调度预案的;

(七)拒不服从水量统一调度的;

(八)有调蓄任务的水工程,未按径流调蓄计划和水量分配方案蓄水、放水,造成损害的;

(九)其他玩忽职守、滥用职权、徇私舞弊行为的。

第三十三条 违反本办法规定,有下列行为之一的,依照水法第六十九条规定,由县级以上人民政府水行政主管部门或者流域管理机构依照职权,责令停止违法行为,限期采取补救措施,处二万元以上十万元以下的罚款;情节严重的,吊销其取水许可证:

(一)在地下水禁止开采区开采地下水的;

(二)未经县级以上人民政府水行政主管部门批准,在限制开采区开采地下水或者启用作为应急供水水源的地下水的;

(三)未申请下年度取水计划而继续取水的。

第七章 附 则

第三十四条 本办法自2004年7月1日起施行。

广西壮族自治区实施
《中华人民共和国防洪法》办法

（2004年11月28日广西壮族自治区第十届人民代表大会常务委员会第十一次会议通过 根据2012年3月23日广西壮族自治区第十一届人民代表大会常务委员会第二十七次会议《关于修改〈广西壮族自治区反不正当竞争条例〉等十九件地方性法规的决定》第一次修正 根据2016年11月30日广西壮族自治区第十二届人民代表大会常务委员会第二十六次会议《关于废止和修改部分地方性法规的决定》第二次修正）

第一条 根据《中华人民共和国防洪法》（以下简称《防洪法》），结合本自治区实际，制定本办法。

第二条 各级人民政府应当根据实际情况组织有关部门、单位，有计划地治理江河，建设防洪工程设施和洪水预警预报系统及洪涝灾害监测系统，建立并完善防洪体系；加强防洪工程设施管理；做好防汛抗洪救灾和灾后的重建工作。

第三条 任何单位和个人都有保护防洪设施和依法参加防汛抗洪的义务，有权检举破坏防洪设施的行为。

第四条 编制城市总体规划应当有防洪治涝的专业规划。涉及防洪的重大项目建设，应当进行防洪治涝的专项论证。

第五条 防洪规划应当服从流域、区域的综合规划，并按照以下规定编制和报批：

（一）西江流域、国（边）界河道、跨省（自治区）的重要河段及省界河道的防洪规划，应当按照防洪法第十条第一款、第二款的规定编制和报批；

（二）红水河、黔江、浔江、桂江、郁江、柳江、南流江及其他跨设区的市的河段、设区的市界河的防洪规划，由自治区人民政府水行政主管部门会同有关部门和设区的市人民政府编制，经自治区人民政府批准后，报国务院水行政主管部门备案；

(三)跨县的江河以及县界河的防洪规划,由设区的市人民政府水行政主管部门会同有关部门和县级人民政府编制,经设区的市人民政府批准后,报自治区人民政府水行政主管部门备案;

(四)其他江河的防洪规划,由所在地的县级人民政府水行政主管部门会同有关部门编制,经本级人民政府批准后,报设区的市人民政府水行政主管部门备案。

第六条 南宁市、柳州市、桂林市、梧州市、贵港市的城市防洪规划,由上述各市人民政府组织水行政主管部门、建设行政主管部门和其他有关部门编制,由自治区人民政府水行政主管部门、珠江流域管理机构审查,并经自治区人民政府批准后,报国务院水行政主管部门备案;其他设区的市人民政府水行政主管部门会同其他有关部门编制的城市防洪规划,经自治区人民政府水行政主管部门审查后,报本级人民政府批准。

县级人民政府所在地的城区防洪规划,由县级人民政府组织水行政主管部门和其他有关部门编制,经设区的市人民政府水行政主管部门审查后,报自治区人民政府水行政主管部门批准。

第七条 沿海县级以上人民政府应当组织有关部门制定防御风暴潮预案,加强河口整治和海堤、挡潮闸、沿海防护林等防御风暴潮工程体系建设。

入海河口整治、海岸滩涂开发治理应当符合防洪(潮)规划。

第八条 县级以上人民政府国土资源行政主管部门应当会同有关部门对本行政区域内山洪可能诱发的山体滑坡、崩塌和泥石流等隐患进行全面调查,确定灾害重点防治区和危险区,报本级人民政府批准后,予以公告并设立警示标志。重点防治区和危险区应当建设观测、预警预报设施,落实监测人员,制定和落实避险和逃险方案。

城市、村镇和其他居民点以及工厂、矿山、铁路和公路的建设,应当避开山洪诱发的地质灾害易发区、危险区,其布局和设防高程应当符合国家规定的防洪标准和防洪规划的要求。已经建成但不符合国家规定的防洪标准和防洪规划的要求的,当地人民政府或者有关部门应当有计划地组织搬迁或者采取防御措施。

第九条 县级以上人民政府对依法划定的防洪规划保留区,应当予以公告,明确界限,并设立标志;对防洪规划保留区内原有的影响防洪规划实施的建筑物、构筑物，应当根据防洪工程设施建设需要制定拆迁计划，并组织实施。

第十条 县级以上人民政府应当组织林业、水利等有关部门有计划地开展流域和区域林草植被建设，按照国家有关规定实行退耕还林还草，加强对水土流失和石漠化严重地区的水土保持综合治理，本级财政应当安排相应的专项资金。

第十一条 县级以上人民政府水行政主管部门应当会同其他有关部门，根据防洪规划制定河道整治、涝区治理、病险水库和水利枢纽除险加固、河流控制性工程和城市防洪治涝工程设施的建设计划，按程序批准后组织实施。

第十二条 自治区行政区域内国家确定的重要江河、国（边）界河道和省界河道以及跨省（自治区）的河段的规划治导线，应当按照《防洪法》第十九条第二款、第三款的规定拟定和报批。红水河、黔江、浔江、桂江、郁江、柳江、南流江以及跨设区的市的江河、河段和设区的市界河的规划治导线，由自治区人民政府水行政主管部门组织有关设区的市人民政府水行政主管部门拟定，报自治区人民政府批准。

跨县的江河、河段和县界河的规划治导线由设区的市人民政府水行政主管部门组织有关县级人民政府水行政主管部门拟定，报设区的市人民政府批准。

其他江河、河段的规划治导线，由县级人民政府水行政主管部门拟定，报本级人民政府批准。

第十三条 在洪泛区、蓄滞洪区内建设非防洪工程项目的，应当编制洪水影响评价报告，提出防御措施。洪水影响评价报告由有关人民政府水行政主管部门审查批准；未经审查批准的，建设单位不得开工建设。

第十四条 建设与防洪有关的水工程，应当按照经批准的设计，建设相应的防洪治涝设施，保证工程设施的安全运行。

第十五条 采用租赁等方式经营管理的与防洪有关的水工程，经营管理者和所有者应当在合同中明确防洪责任和工程管理维护责任。经营管理者不得擅自改变防洪、排水等原设计功能，确保防洪工程设施的完好与安全。

第十六条 矿山企业的尾矿坝应当按照国家技术标准和防洪要求进行建设，并有相应的防洪设施和措施。

第十七条　防御洪水方案按照以下规定制定和报批：

（一）西江流域、国（边）界河道、跨省（自治区）的重要河段及省界河道的方案，应当按照《防洪法》第四十条第二款的规定制定和报批；

（二）红水河、黔江、浔江、桂江、郁江、柳江、南流江及其他跨设区的市河段、设区的市界河的方案，由自治区人民政府防汛指挥机构会同有关设区的市人民政府防汛指挥机构制定，经自治区人民政府批准后，报国家防汛总指挥部备案；

（三）跨县的江河、河段以及县界河的方案，由设区的市人民政府防汛指挥机构会同有关县级人民政府防汛指挥机构制定，经设区的市人民政府批准后，报自治区人民政府防汛指挥机构备案；

（四）其他江河的方案，由所在地的县级人民政府防汛指挥机构制定，经本级人民政府批准后，报设区的市人民政府防汛指挥机构备案；

（五）水库防御洪水方案由水库管理机构制定，经所属地的人民政府批准后，报上一级人民政府防汛指挥机构备案。

第十八条　设区的市的城市防御洪水方案，由设区的市人民政府防汛指挥机构制定，经本级人民政府批准后，报自治区人民政府防汛指挥机构备案。

重点防洪县级人民政府所在地的城区防御洪水方案，由县级人民政府防汛指挥机构制定，经本级人民政府批准后，报设区的市人民政府防汛指挥机构和自治区人民政府防汛指挥机构备案；其他县级人民政府所在地的城区防御洪水方案，由县级人民政府防汛指挥机构制定，经本级人民政府批准后，报设区的市人民政府防汛指挥机构备案。

有防洪任务的建制镇的防御洪水方案，由县级人民政府防汛指挥机构制定，经本级人民政府批准后，报设区的市人民政府防汛指挥机构备案。

第十九条　除《防洪法》第四十一条第二款规定的情形之外，当台风、风暴潮、灾害性强降水来临时，有关县级以上人民政府防汛指挥机构可以宣布进入紧急防汛期，发布汛情公告，并同时报告上一级人民政府防汛指挥机构。

第二十条　执行抢险救灾任务车辆的免费通行证核发的具体办法，由自治区人民政府依照收费公路管理条例的有关规定制定。

第二十一条　县级以上人民政府防汛指挥机构负责向社会发布汛情公

告，其他部门、单位和个人不得发布。

第二十二条 对在江河和水库泄洪通道及其他泄洪设施、抢险道路设置障碍物和违章建筑物的，按照谁设障、谁清除的原则，由县级以上人民政府防汛指挥机构责令限期清除；逾期不清除的，由县级以上人民政府防汛指挥机构强行清除，所需费用由设障者承担。设障者拒不承担清除费用的，县级以上人民政府防汛指挥机构可以依法申请强制执行。

第二十三条 在汛期，水库、闸坝和其他水工程设施的运用，必须执行经批准的洪水调度方案，不得擅自在汛期限制水位以上蓄水和任意减少或者加大泄洪流量，汛期限制水位以上防洪库容的运用和泄洪流量，必须服从县级以上人民政府防汛指挥机构的调度指挥和监督。

当水库实施洪水调度需要泄洪时，县级以上人民政府防汛指挥机构或者水库管理机构应当提前向有关人民政府通报汛情，有关人民政府应当及时做好群众转移和安全泄洪的准备工作。

第二十四条 县级以上人民政府应当在本级财政预算中，安排特大防汛资金，用于本行政区域内遭受特大洪涝灾害时的抗洪抢险和水毁防洪工程修复。

第二十五条 防汛物资应当分级负担、分级储备、分级使用、分级管理。自治区储备的物资主要用于流域性的防汛抢险；有防汛抗洪任务的设区的市、县、乡（镇）和企事业单位应当按防御洪水方案的要求储备防汛物资。

因紧急防汛抢险需要调用的物资、设备、交通运输工具等，在抢险结束后，由申请调用所在地的人民政府负责组织归还；造成损坏或者无法归还的，由申请调用所在地的人民政府于当年年底前给予补偿。

第二十六条 有防洪任务的县级以上人民政府、受洪水威胁的单位可以成立防汛抢险队伍，在汛期前将组成人员登记造册，明确各自的任务和责任。

第二十七条 县级以上人民政府水行政主管部门应当加强防汛工作的监督检查，依照有关法律、法规的规定查处危害防洪安全的行为。

第二十八条 国家工作人员对险情不及时组织排除或者不迅速上报，尚未构成犯罪的，给予行政处分。

第二十九条 违反本办法第十四条规定，未按照经批准的设计，建设相应的防洪治涝设施的，责令改正；拒不改正的，责令限期拆除，可以处一万元以上十万元以下的罚款。

第三十条 违反本办法第十五条规定，擅自改变水工程防洪、排水等原设计功能和降低原设计标准，由县级以上人民政府水行政主管部门责令限期恢复原有功能或者采取补救措施；并处以一万元以上五万元以下的罚款。

第三十一条 本办法自2005年1月1日起施行。

海南省

海南省河道采砂管理规定

(2015年11月27日海南省第五届人民代表大会常务委员会第十八次会议通过)

第一条　为加强河道采砂管理，保障防洪、通航、供水和水工程安全，合理开发利用河砂资源，根据《中华人民共和国水法》《中华人民共和国河道管理条例》等法律法规，结合本省实际，制定本规定。

第二条　在本省行政区域内的河道采砂及管理活动，适用本规定。

本规定所称河道采砂，是指在河道（包括水库）管理范围内的采砂行为。

本规定不适用于河道整治、航道整治及航道建设和维护中涉及的采砂活动。

法律、行政法规对河道采砂管理另有规定的，从其规定。

第三条　县级以上人民政府应当加强河道采砂管理工作的领导和协调，采取有效措施解决河道采砂管理中的重大问题，建立健全水务、公安、地质矿产、交通运输、航道、环境保护、海洋、渔业和海事等有关部门的河道采砂联合执法机制，打击违法采砂行为，维护采砂管理秩序。

第四条　县级以上人民政府水行政主管部门负责河道采砂的统一管理和监督工作。

县级以上人民政府公安、地质矿产、交通运输、航道、环境保护、海洋、渔业和海事等有关部门在各自职责范围内协助做好河道采砂管理相关工作。

乡镇人民政府和街道办事处应当协助县级以上人民政府有关部门做好河道采砂的管理工作。

第五条　南渡江、昌化江、万泉河干流的采砂规划，由省水行政主管部门组织编制，报省人民政府批准。其他河道采砂规划，由市、县、自治县水行政主管部门组织编制，报同级人民政府批准，并报省水行政主管部门备案。

水行政主管部门编制河道采砂规划应当征求同级地质矿产、交通运输、航道、环境保护、海事、规划和铁路等有关部门意见。

河道采砂规划一经批准,应当严格执行。因河势、砂石资源分布发生变化需要修改的,应当按照原批准程序报批。

第六条 河道采砂规划主要包括下列内容:

(一)开采河段、河流、航道和航道保护范围现状;

(二)砂石储量、分布、补给分析;

(三)禁采区、可采区、保留区;

(四)禁采期和可采期;

(五)开采计划、年度采砂控制总量和开采深度;

(六)采砂作业方式;

(七)砂场布局;

(八)弃料堆放地点、处理方式和现场清理要求;

(九)采砂影响分析;

(十)省人民政府水行政主管部门规定的其他内容。

第七条 下列区域为禁采区:

(一)河道防洪工程、河道整治工程、水库枢纽、水文观测设施、涵闸以及取水、排水、水电站等工程及其附属设施安全保护范围;

(二)水库大坝、河道堤防保护范围;

(三)河道顶冲段、险工、险段、规划保留区;

(四)桥梁、涵洞、码头、航道、电力电缆、通信电缆、过河管道、隧道等工程及其附属设施安全保护范围;

(五)饮用水水源保护区、自然保护区、风景名胜区等划入生态保护红线的区域;

(六)依法禁止采砂的其他区域。

下列时段为禁采期:

(一)河道达到或者超过警戒水位时段;

(二)气象台站台风预警信号发布至解除时段;

(三)依法禁止采砂的其他时段。

第八条 市、县、自治县人民政府水行政主管部门应当根据批准的河道采砂规划,于每年十二月公告下年度河砂可采区。

公告河砂可采区时,应当明确可采区的具体地点、长度、宽度、可采砂量、作业方式等。

在可采区、可采期内因防洪、河势改变、水工程或者航运设施出现险情、水生态环境遭到严重破坏、水资源情势发生变化以及有重大水上活动等情形不宜采砂的，可以临时划定禁采区、规定禁采期，并予以公告。

第九条　河砂属于国家所有，任何单位和个人未经许可不得开采。

河道采砂实行许可制度，河道采砂许可证由水行政主管部门统一发放，地质矿产主管部门不再核发采矿许可证。

河道采砂许可证式样由省人民政府水行政主管部门统一印制。内容包括采砂单位或者个人名称、采砂范围、采砂量、作业方式、采砂期限、采砂作业工具名称和数量、规模控制及卸砂点等。

第十条　市、县、自治县人民政府水行政主管部门设置河道采砂权的，应当征求地质矿产、交通运输、航道、环境保护、海洋、渔业、海事和铁路等部门的意见，上述部门应当在收到征求意见材料之日起十个工作日内予以书面回复。

第十一条　申请河道采砂权的单位或者个人应当具备下列条件：

（一）有营业执照；

（二）用船舶采砂的，船舶登记证书、检验证书、船员证书齐全。

河道采砂权应当进入市、县、自治县人民政府公共资源交易平台通过招标、拍卖、挂牌方式出让，出让的具体工作由市、县、自治县人民政府水行政主管部门统一实施。

第十二条　取得河道采砂权的单位或者个人，应当向市、县、自治县人民政府水行政主管部门申请办理河道采砂许可证。

申请办理河道采砂许可证的单位和个人应当提交开采方案。开采方案包括采砂点经纬度控制点坐标、开采范围平面图与剖面图、开采量、作业时间与方式、采场平整和环境保护措施等内容。

河道采砂许可证有效期不超过一年。

县级以上税务、水务等有关部门应当严格依照有关规定征收河砂资源税费。

第十三条　市、县、自治县人民政府水行政主管部门应当自颁发河道采砂许可证之日起五个工作日内，将河道采砂许可证办理情况书面告知公安、地质矿产、交通运输、航道、环境保护、海洋、渔业、海事和铁路等部门，并向社会公布。

市、县、自治县人民政府水行政主管部门颁发采砂许可证后十个工作日内,应当在采砂点岸上明显位置设立公告牌,载明采砂许可证号、采砂单位或者个人名称、开采范围、开采量、采砂船舶证号、联系方式等,接受社会监督。

第十四条　河道采砂许可证的有效期届满或者累计采砂量达到许可的总量时,市、县、自治县人民政府水行政主管部门应当依法办理河道采砂许可证注销手续,采砂单位或者个人应当终止采砂行为,及时清运砂石、清除弃料、平整堆体、坑槽,恢复植被。

第十五条　从事河道采砂的单位或者个人应当遵守下列规定:

(一)按照许可开采范围、开采量采砂;

(二)在通航河道采砂作业应当符合通航安全管理要求并设立明显标志;

(三)采砂船舶、机具在禁采期按指定地点停泊、停放;

(四)未取得河道采砂许可手续的船舶、机具不得在可采区内滞留;

(五)采砂船舶、机具不得在禁采区、保留区内滞留。

第十六条　从事河道采砂的单位或者个人不得从事下列行为:

(一)危及水工程、水文、管线等设施以及岸坡安全;

(二)破坏河道、航道及沿岸生态环境;

(三)伪造、涂改采砂许可证;

(四)买卖、出租、出借或者以其他方式转让河道采砂许可证。

任何单位和个人不得在违法采砂现场装载河砂。

禁止向省外出售在本省开采的河砂。

第十七条　在道路上行驶的运输河砂的车辆,应当密闭、全覆盖,不得泄漏、遗撒、飘散河砂。

运输河砂的车辆不得超过核定的载质量。

第十八条　县级人民政府交通运输主管部门或者乡镇人民政府可以依法在乡道、村道的出入口设置必要的限载、限高、限宽设施,防止运砂车辆损毁公路。

第十九条　县级以上人民政府水行政主管部门应当建立健全河道采砂巡查制度,及时发现、纠正和打击非法河道采砂行为。

第二十条　县级以上人民政府水行政主管部门及其工作人员履行河道采

砂管理监督检查职责时，有权采取下列措施：

（一）查阅采砂单位或者个人的有关文件、证照、台账、资料；

（二）进入采砂单位或者个人生产场所进行调查；

（三）其他必要的合法监督检查措施。

第二十一条 县级以上人民政府水行政主管部门应当设置群众举报电话，受理非法采砂、运砂行为的投诉，对查证属实的，应当对举报人和投诉人给予奖励。

县级以上人民政府水行政主管部门应当建立河道采砂、运砂违法行为信用记录，并予以公布。

第二十二条 违反本规定，在通航河道采砂不按规定设立明显标志或者采砂船舶、机具未按指定地点停泊、停放的，由县级以上人民政府水行政主管部门责令停止违法行为，可以处五千元以上三万元以下罚款；情节严重的，可以处三万元以上五万元以下罚款。

第二十三条 违反本规定，伪造、涂改采砂许可证，买卖、出租、出借或者以其他方式转让河道采砂许可证的，由县级以上人民政府水行政主管部门收缴或者吊销河道采砂许可证，没收违法所得，可以并处一万元以上五万元以下罚款；情节严重的，可以并处五万元以上十万元以下罚款；构成犯罪的，依法追究刑事责任。

第二十四条 违反本规定，不按照采砂许可证规定采砂的，由县级以上人民政府水行政主管部门责令停止违法行为，扣押作业船舶、机具，没收违法所得，可以并处一万元以上十万元以下罚款；情节严重的，没收违法采砂作业船舶、机具和违法所得，吊销河道采砂许可证，可以并处十万元以上二十万元以下罚款；给他人造成损失的，应当依法承担赔偿责任；构成犯罪的，依法追究刑事责任。

第二十五条 违反本规定，无河道采砂许可证采砂的，由县级以上人民政府水行政主管部门责令停止违法行为，没收作业船舶、机具和违法所得，可以并处二万元以上十万元以下罚款；情节严重的，可以并处十万元以上三十万元以下罚款；给他人造成损失的，应当依法承担赔偿责任；构成犯罪的，依法追究刑事责任。

在铁路线路、桥梁、涵洞处采砂的，还应当由公安机关依照《中华人民共和国治安管理处罚法》的有关规定予以拘留。

第二十六条 违反本规定,在违法采砂现场装载河砂的,由县级以上人民政府水行政主管部门扣押运输工具,没收违法运输的河砂,可以并处一万元以上三万元以下罚款;情节严重的,可以并处三万元以上五万元以下罚款;构成犯罪的,依法追究刑事责任。

第二十七条 违反本规定,向省外出售在本省开采的河砂的,由县级以上人民政府水行政、交通运输等主管部门没收河砂,并处三万元以上十万元以下罚款;情节严重的,并处十万元以上三十万元以下罚款。

第二十八条 阻碍行政执法人员依法执行公务的,由公安机关依照《中华人民共和国治安管理处罚法》的规定给予治安处罚;构成犯罪的,依法追究刑事责任。

第二十九条 县级以上人民政府水行政主管部门和其他有关部门及其工作人员有下列行为之一的,对负有责任的主管人员和其他直接责任人员依法给予处分;构成犯罪的,依法追究刑事责任:

(一)不按规定发放河道采砂许可证的;

(二)对违法采砂、运砂行为不按规定给予行政处罚的;

(三)不依法征收有关河砂资源税费的;

(四)不按规定建立健全河道采砂巡查制度的;

(五)其他滥用职权、徇私舞弊、玩忽职守、收受贿赂的行为。

因非法河道采砂发生严重环境污染和生态破坏事件的,依照国家和本省有关规定对市、县、自治县人民政府有关负责人追究责任。

第三十条 违反本规定,本规定未设定处罚但有关法律、法规已有处罚规定的,从其规定。

第三十一条 本规定的具体应用问题由省人民政府负责解释。

第三十二条 本规定自 2015 年 12 月 1 日起施行。

海南省河长制湖长制规定

(2018年9月30日海南省第六届人民代表大会常务委员会第六次会议通过)

第一条　为加强河湖管理保护，保障河长制、湖长制实施，根据有关法律法规，结合本省实际，制定本规定。

第二条　本省全面实行河长制、湖长制，明确河长、湖长河湖管理保护责任范围，实行一河一策、一湖一策，编制和实施河湖管理保护方案，构建责任明确、协调有序、监管严格、保护有力的河湖管理保护机制。

第三条　本规定所称河湖，包括江河、湖泊、水库、山塘、渠道等水体。

本规定所称河长制、湖长制，是指在相应河湖分级设立河长、湖长，负责组织、协调其责任范围内的河湖管理保护相关工作的体制和机制。

本规定所称河湖管理保护包括水资源保护、水域岸线管理、水域空间管控、水污染防治、水环境治理、水生态修复、执法监管等方面。

第四条　本省按照行政区域和流域建立河长、湖长体系。具体按照下列规定设立：

（一）省级设立总河长、总湖长，副总河长、副总湖长，河长、湖长；

（二）市县级设立总河长、总湖长，副总河长、副总湖长，河长、湖长，设区的市还应设立区级河长、湖长；

（三）乡、镇、街道级设立河长、湖长。

总河长兼任总湖长（以下简称总河湖长），副总河长兼任副总湖长（以下简称副总河湖长）。

根据实际需要，可以另行设立河长、湖长。

第五条　省级总河湖长是本省河湖管理的第一责任人，全面负责河湖管理保护的组织领导工作，协调解决河湖管理的重大问题。副总河湖长协助总河湖长工作。

省级总河湖长每年巡河湖不少于1次，省级副总河湖长每半年巡河湖不少于1次。

省级总河湖长组织检查、督促省级副总河湖长、河长、湖长及市县级总河湖长履职情况。

第六条 省级河长、湖长负责组织对其责任范围内河湖的管理保护工作，督促实施河湖管理保护方案，推动和督促建立跨市县协调联动机制，协调和督促解决河湖管理保护中涉及跨市县的上下游、左右岸等重大问题。

省级河长、湖长每半年巡河湖不少于1次。

省级河长、湖长检查、督促负责相应河段、湖区的市县级河长、湖长履职情况。

第七条 市县级总河湖长是本市县河湖管理的第一责任人，全面负责河湖管理保护的组织领导工作，协调解决河湖管理的重大问题。副总河湖长协助总河湖长工作。

市县级总河湖长每半年巡河湖不少于1次，市县级副总河湖长每季度巡河湖不少于1次。

市县级总河湖长组织检查、督促市县级副总河湖长、河长、湖长及乡、镇、街道级河长、湖长履职情况。

第八条 市县（区）级河长、湖长负责组织对其责任范围内河湖或者河段、湖区的管理保护工作，组织实施河湖管理保护方案，组织、协调本级相关部门解决方案落实中的重大问题，推动和督促建立部门间联动协作机制，协调和督促解决河湖管理保护中涉及跨乡镇的上下游、左右岸等重大问题。

市县（区）级河长、湖长每季度巡河湖不少于1次。

市县（区）级河长、湖长检查、督促负责相应河湖或者河段、湖区的乡、镇、街道级河长、湖长履职情况。

第九条 乡、镇、街道级河长、湖长对其责任范围内河湖或者河段、湖区开展日常巡查，处理巡查发现的问题，组织河湖专管员或巡查员等相关人员重点排查侵占河道（湖面）、违法建筑、非法采砂、破坏航道、违法养殖、超标排污等突出问题，制止相关违法行为，并履行相关的报告职责。

乡、镇、街道级河长、湖长每月巡河湖不少于1次。

第十条 各级河长、湖长应当根据河湖管理保护方案列明的事项和要求，重点对河湖水质、岸线、排污口、非法采砂、垃圾倾倒、面源污染、涉水活动、临水建筑物等事项进行巡查。

第十一条 对通过巡查或者其他途径发现的问题，各级河长、湖长应当按照下列规定处理：

（一）属于自身职责范围或者应由本级人民政府相关部门处理的，应当及时处理或者组织协调和督促相关部门按照职责分工予以处理；

（二）依照职责应由上级河长、湖长或者上级人民政府相关部门处理的，提请上一级河长、湖长处理；

（三）依照职责应由下级河长、湖长或者下级人民政府相关部门处理的，移交下一级河长、湖长处理。

第十二条　河长、湖长发现下一级河长、湖长存在河湖水环境监管不严、执法不力、整治过程拖延、推诿以及其他不作为、乱作为等情形的，可以约谈下一级河长、湖长，提出限期整改要求。

同级政府相关部门存在不作为、乱作为等情形的，本级河长、湖长可以约谈相关部门负责人，提出限期整改要求。

第十三条　省和市县（区）应当建立健全保障河长、湖长履职的相关工作机制。

第十四条　省和市县（区）设置相应的河长制、湖长制工作机构，承担河长制、湖长制日常实施工作。具体承担下列工作：

（一）督促、协调落实河长、湖长确定的事项；

（二）根据国家有关规定，组织编制河湖管理保护方案，报同级河长、湖长审定，并负责方案具体组织、协调、分办、督办等实施工作；

（三）协助河长、湖长做好巡河湖工作，准备相关巡查资料，协调安排相关检测事宜；

（四）开展河长制、湖长制宣传教育工作；

（五）其他应当承担的工作。

市县（区）及乡镇河湖管理保护方案，应当报省级河长制、湖长制工作机构备案。

第十五条　省和市县（区）应当通过报刊、政府网站等主要媒体和河长、湖长公示牌向社会公布各级河长、湖长名单和监督电话，接受社会监督。

河长、湖长公示牌应当在河湖岸边显著和特殊位置竖立，载明河长、湖长职责、河湖概况、管护目标、监督电话等内容。

各级河长、湖长相关信息发生变化的，应当在1个月内予以更新。

河湖管理保护有关信息应当依照规定向社会公布，接受社会监督。

第十六条 公民、法人和其他组织就河湖管理保护问题以及相关违法行为向河长、湖长投诉、举报的,应当如实记录,及时核实、处理,并向投诉、举报人反馈。

第十七条 省和市县人民政府应当建立健全河长制、湖长制管理信息系统,实现与水务、生态环境、自然资源等政务系统的数据共享,为河长制、湖长制工作及相关行政管理提供决策和信息化服务。

第十八条 市县(区)或者乡镇可以根据实际情况聘请村级河湖专管员或巡查员,对河湖进行日常巡查。

村级河湖专管员或巡查员协助乡、镇、街道级河长、湖长开展工作,接受乡、镇、街道级河长、湖长的领导和管理。

第十九条 鼓励和引导公民、法人或者其他组织积极参加河湖管理保护,自愿担任义务巡查员、社会监督员等,为河湖管理提供志愿服务。

第二十条 河长、湖长的考核按照国家和本省的有关规定执行。

第二十一条 河长、湖长违反本规定,有下列行为之一的,依照有关规定予以问责或给予相应处分:

(一)未按规定进行巡查的;

(二)未按规定及时处理河湖管理保护问题的;

(三)未按规定组织实施河湖管理保护方案的;

(四)其他怠于履行河长、湖长职责的行为。

第二十二条 本省实施湾长制可以参照本规定执行。

第二十三条 本规定自 2018 年 11 月 1 日起施行。

海南经济特区水条例

（1995年12月29日海南省第一届人民代表大会常务委员会第二十次会议通过 根据1997年7月31日海南省第一届人民代表大会常务委员会第三十次会议《关于修改〈海南经济特区水条例〉的决定》第一次修正 2004年8月6日海南省第三届人民代表大会常务委员会第十一次会议修正 根据2010年3月25日海南省第四届人民代表大会常务委员会第十四次会议通过的《海南经济特区水条例修正案》第二次修正 根据2017年9月27日海南省第五届人民代表大会常务委员会第三十二次会议通过的《关于修改〈海南经济特区水条例〉的决定》第三次修正）

第一章 总 则

第一条 为了合理开发、利用、节约和保护水资源，防治水害，实现水资源可持续利用，适应经济建设和社会发展的需要，根据《中华人民共和国水法》等有关法律、法规，结合本经济特区实际，制定本条例。

第二条 在本经济特区内开发、利用、节约、保护、管理水资源，防治水害，适用本条例。

第三条 水资源属于国家所有。

农村集体经济组织的水塘和由农村集体经济组织修建管理的水库中的水，归各该农村集体经济组织使用。

前款所称由农村集体经济组织修建管理的水库，由县级以上人民政府在确保农村集体经济组织及其成员用水权益的前提下，按照尊重历史状况、兼顾自然条件的原则，根据有关规定予以确认。

第四条 省人民政府应当根据国家有关规定设立水利建设专项基金，采取有效措施，保证水利建设投资适当增加。

第五条 充分发挥市场机制在水资源配置中的基础性作用，建立和培育水资源开发利用市场，实行供水企业化管理和产业化经营，鼓励境内外投资者以合资、合作、独资以及其他方式依法开发利用水资源和防治水害。

投资建设水工程实行谁投资、谁经营、谁受益的原则。开发、利用水资源的投资者有依法保护水资源的义务。

第六条 各级人民政府应当加强节约用水的宣传教育，提高全社会保护水资源意识和水患意识。

在开发、利用、节约、保护、管理水资源等方面成绩显著的单位和个人，由县级以上人民政府给予表彰和奖励。

第七条 本经济特区实行涉水事务统一管理体制。省人民政府水行政主管部门负责本经济特区防洪、排涝、水源、供水、用水、节水、排水、污水处理及中水回用等涉水事务统一管理和监督工作。市、县、自治县人民政府水行政主管部门负责本行政区域内涉水事务的统一管理和监督工作。

县级以上人民政府有关部门按照职责分工，协同水行政主管部门负责有关的涉水事务管理工作。

第二章　水资源规划、开发及利用

第八条 本经济特区水资源规划和跨市、县、自治县江河的流域综合规划，由省人民政府水行政主管部门会同同级有关部门和有关市、县、自治县人民政府编制，报省人民政府批准，并报国务院水行政主管部门备案；其他江河的流域和区域的综合规划由市、县、自治县人民政府水行政主管部门会同同级有关部门编制，报本级人民政府批准，并报省人民政府水行政主管部门备案。

开发利用水资源和防治水害的专业规划，由县级以上人民政府有关部门依据流域综合规划、区域综合规划编制，征求同级其他有关部门意见后，报本级人民政府批准。经批准的规划应当向社会公开。

第九条 水资源规划应当与国民经济和社会发展规划以及土地利用总体规划、城市总体规划和环境保护规划相协调。

国民经济和社会发展规划以及城市总体规划，重大建设项目布局和产业结构调整应当与水资源承载能力及水环境状况相适应。

第十条 开发、利用水资源或者在河道管理范围内进行建设，应当保护生态环境，符合流域综合规划，服从防洪的总体安排。城市供水、排水、污水处理管网的敷设、厂址的选定以及防洪设施的建设，应当符合城市总体规划的要求。

县级以上人民政府有关部门编制沿河城市规划以及审批河道岸线和水库周边地带的建设项目时，应当征求同级水行政主管部门的意见。

第十一条 投资者投资蓄水、引水工程的，实行特殊的水价和供水水源建设补偿标准，自工程竣工投入使用之日起5年内免交水资源费。

投资者可以利用享有使用权的水工程水面及土地，依法开展多种经营，但不得妨碍水工程安全和效能，不得破坏生态环境和污染水质，并接受县级以上人民政府水行政主管部门和其他有关部门的管理和监督。

投资建设防洪排涝等工程的，可以优先获得整治后新增加可利用的部分土地的使用权，或者由政府给予适当补偿。

本条第一款、第三款规定范围内的土地涉及土地使用权审批的，投资者应当依照法律、法规的规定办理相关手续。

第十二条 水工程的所有权、经营权、使用权等产权可以依法转让、租赁、对外承包或者进行联营。水工程管理单位利用水工程国有资产进行联营、租赁、对外承包或者转让水工程国有资产所有权、经营权、使用权等产权的，依照有关规定办理。转让水工程国有资产的收益纳入国有资产经营计划，作为水利建设专项基金使用。

改变水工程设施用途的，应当兴建等效替代工程，并报县级以上人民政府水行政主管部门审核批准。

水工程管理单位和个人对其管辖的水工程设施运行情况，应当建立检查制度。需要维修、降级或报废的，应当制订方案，报县级以上人民政府水行政主管部门审核批准。

第三章 水资源、水域及水工程的保护

第十三条 省人民政府水行政主管部门应当会同有关部门，按照水资源保护规划，拟定水功能区划，报省人民政府批准后实施。

县级以上人民政府水行政主管部门应当根据水功能区对水质的要求，组织做好江河、湖泊和水库的水量水质监测，发现重点污染物排放总量超过控制指标，或者水功能区的水质未达到水域使用功能对水质要求的，应当及时报告同级人民政府采取治理措施，并向同级环境保护行政主管部门通报。

第十四条 县级以上人民政府应当加强水文、水资源信息系统建设，县

级以上人民政府水行政主管部门应当加强对水资源的动态监测。水行政主管部门和环境保护行政主管部门的水质监测数据、资料应当实行共享。水量水质监测结果应当按照国家规定向社会公开。

水文工作应当为各级人民政府提供准确的水文情报。水文资料应当以省水文机构提供的数据为准，基本水文资料应当按照国家有关规定予以公开，其他水文资料按照国家有关规定实行有偿使用。

主要江河上的水文站的迁移、改级、裁撤，应当按照管理权限报县级以上人民政府水行政主管部门批准。

第十五条 省人民政府环境保护行政主管部门应当会同水行政主管部门依照有关规定划定饮用水源保护区、地下水水源保护区。

在饮用水水源保护区内，禁止设置排污口。禁止在饮用水水源一级保护区内新建、改建、扩建与供水设施和保护水源无关的建设项目；已建成的与供水设施和保护水源无关的建设项目，由县级以上人民政府责令拆除或者关闭。禁止在饮用水水源二级保护区内新建、改建、扩建排放污染物的建设项目；已建成的排放污染物的建设项目，由县级以上人民政府责令拆除或者关闭。

第十六条 省人民政府地质矿产行政主管部门应当会同水行政主管部门，根据地下水分布状况及开采情况，划定地下水的超采地区和严重超采地区，报省人民政府批准后予以公告。

在地下水超采地区，县级以上人民政府应当严格控制地下水取水指标和建设地下水取水工程，不得增加取水量。在地下水严重超采地区，禁止开采地下水，已开采的应当限期停止。具体期限由省人民政府地质矿产行政主管部门会同水行政主管部门拟定，报省人民政府批准。

禁止在海口地下水漏斗中心区域打新井。

县级以上人民政府水行政主管部门应当因地制宜，采取有效措施，做好地下水超采区的治理工作，增加地下水的有效补给。地下水补源工程的建设，应当与当地水利建设、生态保护结合起来。

第十七条 省人民政府地质矿产行政主管部门应当组织地质环境监测网络，加强对地下水的动态监测工作。地质环境监测机构应当将地下水的监测资料同时报送省人民政府地质矿产行政主管部门和水行政主管部门。

每日开采地下水 2000 立方米以上的单位，应当建立地下水动态监测网点，对水质、水温、水位和开采水量等进行监测，建立技术档案，并按照规定向省人民政府水行政主管部门和地质矿产行政主管部门报送监测资料。

第十八条 从事勘探、采矿、采油、工程建设等活动可能造成地下水资源污染的，建设单位应当采取有效的防护性措施。

禁止向停用、废弃的机井排放污染物和有害物质，防止地下水污染。废弃的机井应当由原使用者严格按照国家有关技术规范进行封闭，并接受县级以上人民政府水行政主管部门和环境保护行政主管部门的监督。原使用者拒不封闭废弃的机井的，由县级以上人民政府水行政主管部门组织封闭，所需费用由原使用者承担。

禁止任何单位和个人利用渗井、渗坑、裂隙和溶洞排放污水或者废弃物；禁止在无良好隔渗层的区域建设废弃物填埋场。

第十九条 开发利用水资源致使公共利益和他人合法权益受到损害的，建设单位应当依法给予补偿。

在水工程的管理与保护范围内进行各类工程建设或者生产作业，凡影响行洪、蓄滞洪、排涝、灌溉、城市供水和排水、环境保护，危害堤防和水工程设施安全或者造成水体污染的，建设单位应当负责采取消除、改建、加固、治理等补救措施或者依法给予补偿。

第二十条 河道及国有水工程的管理和保护范围，由县级以上人民政府水行政主管部门提出划定方案，报本级人民政府批准。具体的管理和保护范围标准由省人民政府制定。

集体、个人所有的水工程管理和保护范围，由县级人民政府根据实际需要划定。

水工程管理和保护范围应当予以公告。重要水工程应当在该工程明显位置设立标志，公告管理、保护范围及保护职责。

第二十一条 从事下列涉及河道行洪安全和水工程安全的活动时，应当报经县级以上人民政府水行政主管部门批准，并按照批准的作业范围和作业方式进行：

（一）在河道管理范围内建设桥梁、码头和其他拦河、跨河、临河建筑物，构筑物，铺设跨河管道、电缆；

（二）在河道管理范围内爆破、钻探、采砂、挖筑鱼塘、弃置砂石或者淤泥；

（三）在河道内拦堵、放置网箱等；

（四）在河道滩地进行考古发掘；

（五）在水工程管理保护范围内埋设管道、缆线，建造建筑物、构筑物或者在堤防上开缺、凿洞、打桩以及其他施工作业；

（六）其他涉及河道行洪安全和水工程安全的活动。

第二十二条 禁止从事下列妨碍河道行洪安全与危害水工程安全的行为：

（一）在水库大坝、防潮防洪堤或者排灌渠堤上垦殖、铲草、放牧、烧砖瓦、挖坑、扒口、取土、爆破；

（二）在水工程保护范围内打井、钻探、爆破、采石取土；

（三）在河道管理范围内设置拦河渔具；

（四）在行洪河道内种植阻碍行洪的林木和高秆作物；

（五）在河道、水库、渠道管理范围内设置拦河渔具、弃置矿渣、煤渣、工业废渣等废弃物和堆放、倾倒、掩埋、排放污染水体的物体，清洗装贮过有毒有污染物的车辆、容器及其他物品；

（六）其他危害河道和水工程安全的行为。

第二十三条 禁止任何单位和个人侵占、损毁水利工程设施以及堤防护岸、防汛、水文监测、水文地质监测、环保监测等工程设施；禁止破坏水文测验河段。

第四章 水资源配置和节约使用

第二十四条 本经济特区中长期供水计划由省人民政府水行政主管部门会同有关部门和地区编制，报省人民政府批准；市、县、自治县的中长期供水计划由同级人民政府水行政主管部门会同有关部门编制，报本级人民政府批准，同时报送省人民政府水行政主管部门备案。

第二十五条 跨行政区域的径流调蓄计划和水量分配方案，由省人民政府水行政主管部门征求市、县、自治县人民政府和有关部门的意见后编制，报省人民政府批准后执行。

县级以上人民政府水行政主管部门根据水量分配方案、本行政区域城乡用水状况、下一年度来水预测及上级主管部门下达的取水控制总量，制定年度水量分配方案和调度计划，实施水量统一调度，有关地方人民政府必须服从。

因干旱等特殊情况，各级人民政府防洪防汛防旱指挥机构按照规定的权限，可以对水量进行临时调度，取水单位、个人和水工程管理单位必须服从。

第二十六条 直接从江河、湖泊或者地下取用水资源的单位和个人，应当依法向县级以上人民政府水行政主管部门申请领取取水许可证，并缴纳水资源费。

对于直接从江河、湖泊或者地下取水并需申请取水许可证的新建、改建、扩建建设项目，建设单位应当按照国家有关规定进行建设项目水资源论证，编制建设项目水资源论证报告书。

取水被许可人应当安装符合国家计量标准的取水计量设施，并保证取水计量设施的正常运行，不得擅自拆除、更换。农业灌溉应当逐步安装取水计量设施。

水资源费纳入财政专户，用于水资源的涵养保护、规划管理和节约用水等工作。省人民政府应当从水资源费中划出一定比例的资金用于水源保护地的经济补偿。水资源费征收管理办法由省人民政府制定。

第二十七条 下列情形不需要申请领取取水许可证：

（一）农村集体经济组织及其成员使用本集体经济组织的水塘、水库中的水的；

（二）家庭生活和零星散养、圈养畜禽饮用等日平均取水量10立方米以下的；

（三）为保障矿井等地下工程施工安全和生产安全必须进行临时应急取（排）水的；

（四）为消除公共安全或者公共利益的危害临时应急取水的；

（五）为农业抗旱和维护生态与环境必须临时应急取水的；

（六）法律、法规规定的其他情形。

第（三）项、第（四）项规定的取水，应当及时报县级以上地方人民政府水行政主管部门备案。第（五）项规定的取水，应当经县级以上人民政府水行政主管部门同意。

第二十八条 开采地热水、矿泉水的单位和个人，应当依法申请和取得

县级以上人民政府水行政主管部门颁发的取水许可证和地质矿产主管部门颁发的采矿许可证,并依法缴纳水资源费和矿产资源补偿费。

第二十九条 勘查地下水应当依法向省人民政府地质矿产行政主管部门申请,办理勘查登记,接受地质矿产行政主管部门和水行政主管部门的监督管理。勘查储量报告应当按照规定经过评审,并报省人民政府地质矿产行政主管部门、水行政主管部门备案。

第三十条 开采地下水应当经地质勘查评价,遵循水文地质单元统一规划、合理布局、用途管制、优质优用、采补平衡的原则,并符合地下水开发利用规划和年度计划中确定的可采总量、井点总体布局、取水层位的要求,防止水体污染、水源枯竭和海水入侵、地面沉降、地面塌陷等地质环境灾害的发生。

城市和重点开发区的地下水年度计划可采总量、井点总体布局与取水层位,由省人民政府地质矿产行政主管部门会同水行政主管部门制定,报省人民政府批准。县级以上人民政府水行政主管部门应当严格按照批准的地下水年度计划可采总量、井点总体布局和取水层位方案,审批开采地下水申请,发放地下水取水许可证。

第三十一条 城市公共供水管网敷设到达的地方,不得凿新井取用地下水;原经过批准生活饮用自备机井供水的,应当改接自来水,并逐步封闭原地下水井。城市自来水厂应当主要使用地表水,逐步减少地下水开采量。

城市绿化、道路清洗、洗车、洗涤等行业不得使用地下水;有条件的,应当使用中水。

第三十二条 水资源费应当综合考虑水资源紧缺状况、产业结构调整进展和用户承受能力,适当提高征收标准。

水工程供水价格应当按照补偿成本、合理收益、优质优价、公平负担的原则确定,并根据供水成本、费用及市场供求变化情况适时调整。

水资源费的具体标准和供水价格的具体办法由省价格主管部门会同水行政主管部门制定,报省人民政府批准。制定和调整供水价格,应当按照有关规定实行听证和公告制度。

第三十三条 对用水单位实行定额用水管理和超定额用水累进加价制度。在核定企业用水额度时,应当根据企业生产用水的需要予以保证。

超定额用水累进加价具体办法由省价格主管部门会同水行政主管部门

制定。

第三十四条　县级以上人民政府水行政主管部门应当制定城市各类用户节约用水考核指标及具体措施。

新建、改建、扩建的公共、民用建筑，应当使用符合节水标准的用水器具。现有房屋建筑中安装使用的不符合节水标准的用水器具，应当逐步更换为符合节水标准的用水器具，提高水的利用率。

第三十五条　县级以上人民政府水行政主管部门应当制定农业灌溉节水规划和计划，完善农业灌溉工程的改造配套和渠道防渗设施，加强用水管理与制度建设，推广管灌、喷灌、微灌等节水灌溉方式。

第三十六条　新建城市供水设施的同时，应规划建设相应的排水，污水处理设施。已建成污水处理设施的，应当逐步建设中水利用系统。水资源短缺地区在规划建设城市污水处理设施时，应当同时规划建设中水利用设施。

新建、扩建、改建建设项目应当制定排水、节水措施方案，配套建设排水、节水设施。排水、节水设施应当与主体工程同时设计、同时施工、同时投入使用。排水，节水设施的竣工验收应当有县级以上人民政府水行政主管部门参加。

禁止在城市排水管网覆盖范围内的用水单位将污水直接排入水体。任何单位和个人排放污水，应当缴纳污水处理费。污水处理费必须用于城市污水集中处理设施的建设和运行，不得挪作他用。

第五章　监　督　检　查

第三十七条　县级以上人民政府水行政主管部门应当建立执法巡查制度和举报制度。水行政主管部门及其水政监察人员在监督检查中，发现违法行为的，应当责令其停止违法行为；对拒不停止违法行为的，可以封存其从事违法行为的工具和物品，封存的期限最长不得超过七日。

采取封存措施必须经县级以上人民政府水行政主管部门行政首长批准，制作封存决定书，并将封存决定书送达当事人，开具封存清单，经当事人核对后签名；当事人不在场或者拒绝签名的，应当有两个以上见证人签名。

对封存的物品应当妥善保管，及时报告主要负责人并依法作出处理；因封存行为违法而损害当事人权益的，依法予以赔偿。

第三十八条 有关单位或者个人对水政监察人员的监督检查工作应当给予配合，如实提供有关资料和情况，不得拒绝、拖延或者谎报，不得阻碍水政监察人员依法执行职务。

第三十九条 县级以上人民政府水行政主管部门可以在其法定权限范围内，依法委托符合法定条件的水政监察机构实施水行政处罚。

水政监察人员在履行监督检查职责时，应当出示执法证件，依照法定程序执法。

县级以上人民政府水行政主管部门应当加强对本部门、本系统行政执法活动的监督检查，及时查处违法或者失职行为。

第六章 法 律 责 任

第四十条 县级以上人民政府水行政主管部门或者其他有关部门以及水工程管理单位及其工作人员有下列行为之一的，对负有责任的主管人员和其他直接责任人员给予行政处分；构成犯罪的，依法追究刑事责任：

（一）不执行水资源规划的；

（二）不按已批准的规划兴建水工程的；

（三）不依法核发许可证，签署审查意见的；

（四）不按照国家有关规定收取水资源费的；

（五）贪污、截留、挪用水资源费的；

（六）拒不执行水量分配方案、水量调度预案和调度命令的；

（七）不履行监督职责，或者发现违法行为不予查处，造成严重后果的；

（八）索取收受贿赂或者玩忽职守的；

（九）其他不履行水行政管理职责的行为。

县级以上人民政府水行政主管部门或者其他部门及其工作人员行使职权时，侵犯公民、法人和其他经济组织的合法权益造成损害的，应当给予赔偿。

第四十一条 违反本条例规定，未经批准擅自取用地下水、地热水、矿泉水或者未依照批准的取水许可规定条件取用地下水、地热水、矿泉水的，责令停止违法行为，限期采取补救措施，处以二万元以上十万元以下的罚款；情节严重的，依法吊销其取水许可证。

第四十二条　取水被许可人有下列行为之一的，由县级以上水行政主管部门根据情节轻重，分别予以处罚：

（一）未安装取水计量设施，或者擅自拆除的，责令限期改正，并按工程设计取水能力或者设备铭牌功率满负荷连续运行的取水能力确定取水量征收水资源费，并处以五百元以上五千元以下的罚款；

（二）违反本条例第三十八条规定，拒绝提供有关资料或者提供虚假资料的，责令改正，予以警告；拒不改正的，处以五百元以上五千元以下的罚款；

（三）拒不缴纳，拖延缴纳或者拖欠水资源费的，由县级以上人民政府水行政主管部门责令限期缴纳；逾期不缴纳的，从滞纳之日起按日加收滞纳部分千分之二的滞纳金，并处应缴或者补缴水资源费一倍以上五倍以下的罚款。

第四十三条　违反本条例第二十一条规定的，由县级以上人民政府水行政主管部门责令停止违法行为，限期补办有关手续；逾期不补办或者补办未被批准的，责令限期拆除违法建筑物、构筑物及其他设施，恢复原状；逾期不拆除、恢复原状的，强行拆除、恢复原状，所需费用由违法单位或者个人负担，并按下列规定处以罚款：

（一）违反本条例第二十一条第（一）项，处以一万元以上十万元以下的罚款；

（二）违反本条例第二十一条第（二）项至第（六）项规定的，处以五万元以下的罚款。

第四十四条　违反本条例第十五条第二款、第十八条第二款和第三款、第二十二条、第二十三条规定的，由县级以上人民政府水行政主管部门或者环境保护行政主管部门依照《中华人民共和国水法》《中华人民共和国水污染防治法》以及《中华人民共和国水污染防治法实施细则》的有关规定给予行政处罚。

违反本条例第三十六条第三款规定，在城市排水管网覆盖范围内的用水单位将污水直接排入水体造成水污染的，依照《中华人民共和国水污染防治法》和《中华人民共和国水污染防治法实施细则》的规定给予行政处罚。

第七章　附　　则

第四十五条　本条例所称中水，是指污水经处理后达到一定的水质标准，可以在一定范围内重复使用的非饮用水。

第四十六条 在省内经济特区以外的区域从事开发、利用、节约、保护、管理水资源，防治水害，参照本条例执行。

本条例具体应用问题由省人民政府负责解释。

第四十七条 本条例自2004年10月1日起施行。

重庆市

重庆市河道管理条例

(1998年8月1日重庆市第一届人民代表大会常务委员会第十次会议通过 根据2002年1月21日重庆市第一届人民代表大会常务委员会第三十八次会议《关于取消或调整部分地方性法规设定的行政审批等项目的决定》第一次修正 根据2002年6月7日重庆市第一届人民代表大会常务委员会第四十次会议《关于修改〈重庆市河道管理条例〉的决定》第二次修正 根据2010年7月23日重庆市第三届人民代表大会常务委员会第十八次会议《关于修改部分地方性法规的决定》第三次修正 根据2011年11月25日重庆市第三届人民代表大会常务委员会第二十八次会议《关于修改部分地方性法规中有关行政强制条款的决定》第四次修正 2015年7月30日重庆市第四届人民代表大会常务委员会第十九次会议修订 根据2018年7月26日重庆市第五届人民代表大会常务委员会第四次会议《关于修改〈重庆市城市房地产开发经营管理条例〉等二十五件地方性法规的决定》第五次修正 根据2022年9月28日重庆市第五届人民代表大会常务委员会第三十七次会议《关于修改〈重庆市旅游条例〉等二十三件地方性法规的决定》第六次修正)

第一章 总 则

第一条 为了加强河道管理,保障行洪排涝安全,保护河道生态环境,发挥河道的综合效益,根据《中华人民共和国水法》、《中华人民共和国防洪法》、《中华人民共和国河道管理条例》等法律、行政法规,结合本市实际,制定本条例。

第二条 本市行政区域内的河道(包括湖泊、人工水道、行洪区)规划、保护、治理和利用等活动适用本条例,但是属于国家权限的事项除外。

第三条 河道管理应当坚持科学规划、严格保护、综合治理、合理利用的原则。

第四条 市、区县(自治县)人民政府应当将河道规划、保护、治理和利用纳入国民经济和社会发展计划,落实所需经费。

第五条 市水行政主管部门负责本市行政区域内河道管理的指导和监

督，其河道管理机构承担具体工作。

区县（自治县）水行政主管部门负责本行政区域内河道的统一管理工作。

市、区县（自治县）人民政府其他部门依据各自职责，做好河道管理的相关工作。

第六条 乡（镇）人民政府、街道办事处应当加强辖区内河道日常管护的相关工作。

村（居）民委员会可以制定村规民约或者居民公约，引导村（居）民保护河道，检举、控告违反河道管理法律、法规的行为。

第二章 河 道 规 划

第七条 市、区县（自治县）水行政主管部门应当组织开展河道保护、治理、利用的调查和评价，建立河道登记制度和管理信息系统，公布河道名录，完善河道规划相关的基础信息。

第八条 有堤防的河道管理范围为两岸堤防之间的水域、沙洲、滩地（包括可耕地）、行洪区以及两岸堤防和护堤地。

无堤防的河道管理范围，由市人民政府依据国家防洪标准规定。

第九条 河道的具体管理范围，由区县（自治县）水行政主管部门会同规划自然资源等部门划定，报本级人民政府批准公布，并报市水行政主管部门备案。

区县（自治县）水行政主管部门应当在河道管理范围设置界桩和公告牌。公告牌应当载明河道名称、管理范围、管理单位以及河道管理范围内禁止行为等事项。

第十条 市、区县（自治县）水行政主管部门应当组织编制河道保护利用规划，经征求有关部门意见后，报本级人民政府批准后实施。

河道保护利用规划应当服从流域综合规划、区域综合规划和防洪规划。航道、港口以及涉及河道的渔业、城乡建设等规划应当与河道保护利用规划相衔接。有关部门在编制上述规划时，应当征求水行政主管部门的意见。

河道保护利用规划包括河道保护、治理、利用等内容。其中河道采砂（含采石，以下统称采砂）规划的内容应当包括可采区、禁采区、可采期、禁采期以及采掘方式和采砂总量等。

第三章 河 道 保 护

第十一条 在河道管理范围内建设的工程以及埋设的管道、缆线等设施，其管理单位应当加强安全检查和维修养护，保障工程设施运行安全，防止因工程设施损坏阻碍河道行洪。

河道管理范围内拦水、蓄水工程，应当按照经批准的调度方案运行，保证河道合理生态流量，保护河道生态环境。

第十二条 区县（自治县）水行政主管部门应当组织营造护堤护岸林，减轻堤防护岸冲刷，保护堤防护岸安全，防止岸坡水土流失，美化河道水域环境。

第十三条 市、区县（自治县）城市管理部门应当按照规定做好城镇河道垃圾的清理，保持河道整洁。

第十四条 在河道管理范围内禁止下列行为：

（一）建设妨碍行洪的建筑物、构筑物；

（二）修建围堤、阻水渠道、阻水道路；

（三）填堵、封盖集水面积超过两平方公里的河道；

（四）弃置、倾倒矿渣、石渣、煤灰、泥土、垃圾等废弃物；

（五）堆放阻碍行洪或者影响堤防护岸安全的物料；

（六）种植阻碍行洪的林木或者高秆作物（堤防防护林除外）；

（七）设置阻碍行洪的养殖网箱、拦河渔具；

（八）侵占、损毁堤防、护岸、闸坝等水工程建筑物；

（九）侵占、损毁、移动历史洪痕标志、标示河道管理范围的界桩、公告牌以及防汛、水文监测、通信照明等设施；

（十）在堤防和护堤地从事建房、放牧、开渠、打井、挖窖、葬坟、晒粮、存放物料、开采地下资源、进行考古发掘以及开展集市贸易活动；

（十一）其他影响河势稳定、危害河道堤防护岸安全、妨碍河道行洪的行为。

第十五条 在河道管理范围内，禁止堆放、倾倒、掩埋、排放污染水体的物体。禁止在河道内清洗装贮过油类或者有毒污染物的车辆、容器。

河道主管机关应当开展河道水质监测工作,协同生态环境部门对水污染防治实施监督管理。

第十六条 区县(自治县)水行政主管部门应当建立河道巡查制度,定期开展巡查检查,依法查处违法行为,及时向本级人民政府和市水行政主管部门报告巡查中发现的重大问题。

第四章 河 道 治 理

第十七条 河道治理应当以河道保护利用规划为依据,遵守国家防洪标准和有关技术要求,兼顾上下游、左右岸的关系,提高河道的防洪、供水、灌溉、航运等综合能力。

河道治理应当注重生态修复,将工程措施与生态措施相结合,综合采取水系连通、堤防绿化、水土保持、湿地保护、排污通道和排污口整治等治理措施。

城市规划区的河道治理工程,应当与城市景观、休闲娱乐、历史人文等功能相结合。

封盖集水面积两平方公里以下的河道,其防洪标准应当在所在城镇防洪标准基础上提高一个以上防护等级。

第十八条 河道治理由市、区县(自治县)水行政主管部门组织实施。

河道治理工程的设计、施工、监理和审批按照水利工程建设程序的有关规定进行。

第十九条 岸坡不稳定的河段和城镇规划区的河段,市、区县(自治县)水行政主管部门应当有计划地实施堤防、护岸建设,稳定岸坡,确保安全。

河道堤防、护岸建设,不得降低河道行洪能力;确需占用河道的,应当采取措施恢复河道行洪能力。

第二十条 对淤积严重的河道,区县(自治县)水行政主管部门和交通等行政部门应当按照职责分工及时组织清淤疏浚,因地制宜采取有利于防洪安全、航运安全的措施。

第二十一条 河道管理范围内已修建的工程,经技术鉴定不符合防洪安全要求的,区县(自治县)水行政主管部门应当报请本级人民政府责令建设单位或者使用单位采取限期改建等补救措施。

第二十二条 河道管理范围内人为形成阻碍行洪的障碍物，按照谁设障、谁清除的原则，由区县（自治县）防汛指挥机构责令限期自行清除；逾期不清除的，由区县（自治县）防汛指挥机构组织强行清除，所需费用由设障者承担。

因地质灾害等不可抗力形成阻碍河道行洪的障碍物，区县（自治县）人民政府应当及时组织清除。

第五章 河 道 利 用

第二十三条 开发利用河道，应当服从防洪的总体安排，符合国家防洪标准、河道保护利用规划和航运要求，保护河道防洪工程设施，保护水资源。

开发利用河道，确需占用河道行洪断面的，开发利用单位应当采取措施恢复或者扩大河道原有行洪断面，不得抬高河道水位。

第二十四条 建设跨河、穿河、穿堤、临河的桥涵、码头、道路、渡口、管道、缆线、取水、排水等工程设施（以下统称涉河建设项目），建设单位应当在项目开工建设前将涉河建设方案及防洪评价报告报区县（自治县）水行政主管部门批准；涉河建设项目跨区县（自治县）行政区域或者对其他区县（自治县）的防洪、用水等有较大影响的，报市水行政主管部门批准。

第二十五条 涉河建设项目应当按照水行政主管部门审查批准的位置和界限进行施工。

涉河建设项目的施工、出渣、物资堆放应当符合防洪要求；对河道工程设施造成损害的，建设单位应当及时修复或者赔偿。

第二十六条 市、区县（自治县）水行政主管部门应当加强对涉河建设项目施工过程的监督。

区县（自治县）水行政主管部门应当参与涉河建设项目竣工验收，建设单位应当提供有关资料。未经验收或者验收不合格的涉河建设项目，不得投入使用。

第二十七条 河道采砂应当符合采砂规划。

在河道管理范围内采砂的单位和个人，应当取得河道采砂许可证，并按照批准的范围、数量和作业方式采砂；但是，为了家庭生活自用，并在指定范围内采挖少量砂石、黏土的除外。

禁止伪造、涂改、买卖、出租、出借或者以其他方式转让河道采砂许可证。

第二十八条 河道采砂许可证按照下列规定审批发放：

（一）在长江干流河道采砂的，由市水行政主管部门委托区县（自治县）水行政主管部门审查批准；

（二）在其他河道采砂的，由区县（自治县）水行政主管部门审查批准。

河道采砂许可涉及其他部门的，应当征求有关部门的意见。

河道采砂应当采取拍卖、招标、挂牌等公开方式确定采砂单位和个人，年可开采量低于五千吨或者因航道整治采砂可以直接许可的除外。

第二十九条 因防洪、河势改变、水工程设施出现险情、发生地质灾害、水生态环境遭到破坏等情形不宜采砂的，水行政主管部门应当确定临时禁采期，要求撤离采砂作业机具。

第三十条 在河道管理范围内采砂，应当按照规定缴纳河道砂石资源出让收益。河道砂石资源出让收益的征收、使用管理办法由市人民政府制定。

第三十一条 在河道管理范围内从事下列活动，应当报具有相应管理权限的水行政主管部门批准；涉及其他部门的，由水行政主管部门会同有关部门批准：

（一）采砂、取土、淘金、弃置砂石或者淤泥；

（二）爆破、钻探、挖筑鱼塘；

（三）在河道滩地存放物料、进行生产经营活动、修建厂房或者其他建筑设施；

（四）在河道滩地开采地下资源及进行考古发掘。

第三十二条 因紧急抗旱需要在河道管理范围内临时修筑拦水坝的，应当经区县（自治县）水行政主管部门批准；抗旱结束后，筑坝单位应当及时拆除。

第三十三条 在河道管理范围内建设湿地公园等生态环境工程，建设单位应当修建防洪撤离通道，有关设施应当符合河道行洪要求。

第三十四条 经批准利用河道管理范围内的土地、水域等资源从事生产经营活动,应当实行有偿使用。具体办法由市人民政府制定。

第六章 法 律 责 任

第三十五条 违反本条例第二十四条、第二十五条第一款规定,未经批准或者不按照批准的位置、界限从事涉河建设项目施工的,由区县(自治县)水行政主管部门责令停止违法行为,限期申请补办有关手续;逾期不补办或者补办未被批准的,以及工程设施建设严重影响防洪的,责令限期拆除,逾期不拆除的,强行拆除,所需费用由建设单位承担;影响行洪但尚可采取补救措施的,责令限期采取补救措施,处一万元以上十万元以下罚款。

第三十六条 违反本条例第三十二条规定,未经区县(自治县)水行政主管部门批准修筑临时性抗旱拦水坝的,由区县(自治县)水行政主管部门责令限期申请补办审批手续;抗旱结束后未及时拆除临时性抗旱拦水坝的,由区县(自治县)水行政主管部门责令限期拆除,逾期不拆除的,处五千元以上两万元以下罚款。

第三十七条 违反本条例第二十六条第二款规定,涉河建设项目未经水行政主管部门验收投入使用的,由区县(自治县)水行政主管部门责令停止使用,限期申请验收;验收不合格的,责令限期拆除,处一万元以上五万元以下罚款。

第三十八条 违反本条例第十一条、第十四条、第十九条第二款、第二十三条第二款、第二十五条第二款、第三十一条规定之一的,由区县(自治县)水行政主管部门责令停止违法行为,限期清除、恢复原状或者采取其他补救措施,并处一万元以上五万元以下罚款;造成损失的,应当赔偿损失。

第三十九条 违反本条例规定,有下列行为之一的,由区县(自治县)水行政主管部门责令停止违法行为,按照下列规定处罚:

(一)未依法取得河道采砂许可证,擅自在长江干流以外的河道采砂的,没收违法所得以及用于违法活动的船舶、设备、工具,并处货值金额二倍以上二十倍以下罚款;货值金额不足十万元的,并处二十万元以上二百万元以下罚款。

(二)虽依法取得河道采砂许可证,但在禁采区、禁采期采砂的,依照前项规定处罚,并吊销河道采砂许可证。

（三）不按照河道采砂许可证要求，在长江干流以外的河道采砂的，没收违法所得，处一万元以上五万元以下罚款，并吊销河道采砂许可证。

（四）伪造、涂改、买卖、出租、出借或者以其他方式转让开采范围在长江干流以外的河道采砂许可证的，没收违法所得，并处一万元以上五万元以下罚款，收缴伪造、涂改、买卖、出租、出借或者以其他方式转让的河道采砂许可证。

（五）不依法缴纳河道砂石资源出让收益的，责令限期缴纳；逾期未缴纳的，按日加收千分之三的滞纳金；拒不缴纳的，处应缴金额二倍以上五倍以下罚款，并吊销河道采砂许可证。

在长江干流河道违法采砂的，依照《中华人民共和国长江保护法》《长江河道采砂管理条例》予以处罚。

第四十条　国家工作人员在河道管理工作中滥用职权、玩忽职守或者徇私舞弊的，依法给予处分；构成犯罪的，依法追究刑事责任。

第七章　附　　则

第四十一条　本条例所称工程设施建设严重影响防洪，是指工程设施建设违反有关法律、法规，未经水行政主管部门批准占用河道行洪断面或者抬高河道水位，无法采取补救措施。

第四十二条　本条例自2015年10月1日起施行。

重庆市河长制条例

(2020年12月3日重庆市第五届人民代表大会常务委员会第二十二次会议通过)

第一章 总 则

第一条 为了保障河长制实施，加强河流管理保护工作，筑牢长江上游重要生态屏障，推进生态文明建设，根据《中华人民共和国水污染防治法》等法律、行政法规，结合本市实际，制定本条例。

第二条 本市行政区域内河长制的实施，适用本条例。

第三条 本条例所称河长制，是指按行政区域设立总河长，在所有河流设立河长，负责组织领导、统筹协调水资源保护、水域岸线管理、水污染防治、水环境治理、水生态修复等河流管理保护工作，监督政府相关部门依法履行职责的制度。

河长制实行一河一长、一河一策、一河一档。

本条例所称河流，包括江河、湖泊、水库等。

第四条 河长制坚持生态优先、绿色发展，河长领导、部门联动，综合治理、公众参与的原则，构建责任明确、协调有序、监管严格、保护有力的河流管理保护体制机制。

第五条 市、区县（自治县）人民政府应当统筹使用河流管理保护资金，保障一河一策实施，将河长制工作经费纳入本级政府预算。

鼓励社会资本参与河流管理保护。

第六条 各级人民政府应当开展河流管理保护宣传教育，提高全社会河流管理保护的责任意识和参与意识。

第七条 鼓励和支持河流管理保护科学研究、技术创新、人才培训，推动科技成果转化。

第八条 鼓励公民、法人和非法人组织以捐资、志愿行动等方式，参与河流管理保护与监督。

各级人民政府应当聘请人大代表、政协委员、新闻媒体、群众代表等担

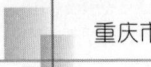

任社会监督员,对河流管理保护效果进行监督和评价。

第二章 组 织 体 系

第九条 按照行政区域管理与河流流域管理相结合的原则,建立市、区县(自治县)、乡镇(街道)、村(社区)四级河长体系。

设立市、区县(自治县)、乡镇(街道)总河长、副总河长。各河流流域分级分段设立市、区县(自治县)、乡镇(街道)、村(社区)级河长。

各级总河长、副总河长、河长的确定和调整,依照国家和本市有关规定执行。

第十条 市、区县(自治县)、乡镇(街道)设立河长办公室,作为本级总河长、河长的办事机构,承担河长制具体工作,并配备相应的工作人员。

各级河长办公室主任由本级副总河长担任。市、区县(自治县)河长办公室成员由河长制责任单位和牵头单位的负责人担任。

第十一条 市、区县(自治县)发展改革、教育、经济信息、公安、财政、规划自然资源、生态环境、住房城乡建设、城市管理、交通、水利、农业农村、卫生健康、林业、海事等部门作为本行政区域的河长制责任单位。

市、区县(自治县)根据工作需要,确定相应河流的河长制牵头单位。

第三章 工 作 职 责

第十二条 各级总河长是本行政区域内河长制工作第一责任人,负责河长制工作的组织领导、决策部署和监督检查,统筹解决河长制实施和河流管理保护重大问题。

下级总河长应当落实上级总河长决策事项。

副总河长协助总河长工作。

第十三条 市级河长履行下列主要职责:

(一)落实本级总河长决策事项,组织领导责任河流管理保护工作,督促协调解决重大问题;

(二)审查责任河流一河一策方案并督促实施;

（三）巡查责任河流，每年不少于两次；

（四）明确跨行政区域河流管理保护责任，协调责任河流上下游、左右岸落实联防联控；

（五）监督指导本级河长制责任单位、下级总河长、责任河流河长履行职责；

（六）国家和本市规定的其他职责。

第十四条　区县（自治县）级河长履行下列主要职责：

（一）落实本级总河长决策事项，组织领导责任河流管理保护工作，组织开展突出问题专项整治；

（二）审查责任河流一河一策方案并督促实施；

（三）巡查责任河流，每季度不少于一次，协调解决巡河发现、本级有关部门和下一级河长上报、社会公众反映的有关问题；

（四）统筹责任河流上下游、左右岸、干支流管理保护工作，落实区域联防联控、部门协同联动；

（五）督促本级河长制责任单位、下级总河长、责任河流河长履行职责；

（六）落实市级河长、河长办公室交办事项；

（七）国家和本市规定的其他职责。

第十五条　乡镇（街道）级河长履行下列主要职责：

（一）落实本级总河长决策事项，组织落实责任河流管理保护工作，组织落实河流突出问题清理整治；

（二）巡查责任河流，巡河次数由区县（自治县）总河长确定；

（三）及时协调解决巡河发现和社会公众反映的问题，劝阻涉河违法违规行为，属于上级有关部门职责范围的，按照规定及时向上一级河长、河长办公室或者有关部门报告；

（四）督促指导村（社区）级河长履行职责；

（五）落实上级河长、河长办公室交办事项；

（六）国家和本市规定的其他职责。

第十六条　村（社区）级河长履行下列主要职责：

（一）开展河流管理保护宣传教育；

（二）巡查责任河流，巡河次数由区县（自治县）总河长确定；

（三）及时处理巡河发现的问题，劝阻涉河违法违规行为，并按规定

重庆市

上报；

（四）协助执法部门开展执法工作；

（五）落实上级河长、河长办公室交办的事项。

第十七条 各级河长办公室履行以下主要职责：

（一）落实本级总河长决策事项，拟定河长制年度工作任务；

（二）拟定工作制度并推动实施；

（三）组织开展河长制宣传、教育、培训工作；

（四）统筹编制一河一策方案，建立一河一档，建设、维护河长制信息化系统；

（五）承办河长制工作监督、考核、表彰及河长制社会监督工作；

（六）协助本级河长做好巡河等日常工作；

（七）办理上级河长办公室、本级河长交办和下一级河长上报事项，督促有关部门、单位落实工作任务。

第十八条 河长制责任单位依照职责分工和有关法律法规规定，做好河流管理保护工作，落实上级和本级河长、河长办公室交办事项。

河长制牵头单位依照有关规定，协助相应河长做好河长制相关工作。

第四章 工 作 机 制

第十九条 市、区县（自治县）总河长可以签发总河长令，部署河长制重点工作，解决河流管理保护中的全域性、流域性的重大问题。

市、区县（自治县）级河长可以根据需要签发河长令。

第二十条 按照河长办公室统筹分工确定的河长制责任单位应当根据经济社会发展需要，坚持问题导向、因地制宜、科学合理的原则，开展河流调查，以流域为单元编制和修订一河一策方案。一河一策方案已由上级编制的，原则上不再分河段编制，确有必要的可以细化。

一河一策方案应当征求社会公众、专家、其他河长制责任单位、河长办公室、流经地人民政府的意见，经河长审查后，由本级人民政府批准并组织实施。

一河一策方案应当包括水资源保护、水域岸线管理保护、水污染防治、水环境治理、水生态修复等河流管理保护总体目标、阶段性任务、具体措施等内容。

第二十一条 各级河长可以采取明察暗访、联合巡河、智能巡河等方式开展巡河工作，并做好巡查日志记录。

河长巡河应当重点巡查一河一策方案实施情况、河流水质、侵占河道、超标排污、非法采砂、非法捕捞、破坏航道、日常保洁等，对问题频发河段应当增加巡河次数。

第二十二条 各级总河长每年至少召开一次总河长会议，部署年度河长制工作，研究解决河流管理保护重大问题。

乡镇（街道）级以上河长根据需要召开巡河现场会议、流域专题会议、跨界河流联席会议，落实一河一策方案年度任务，协调解决河流管理保护重点难点问题。

市、区县（自治县）河长办公室应当根据工作需要，组织召开河长制责任单位联席会议，共同推进河长制工作。

第二十三条 各级河长名单、河流水环境质量信息应当公开发布，接受社会监督。

河流岸边显著位置应当设立河长公示牌，载明河流概况、河长姓名及职务、监督举报电话等内容。公示牌所载信息发生变化的，应当及时更新。

第二十四条 市河长办公室应当按照一河一档要求建设全市统一的河流管理保护信息化系统平台。

市、区县（自治县）河长办公室应当建立经济信息、规划自然资源、生态环境、住房城乡建设、城市管理、交通、水利、农业农村、应急、大数据应用发展、气象等部门涉河涉污数据资源共建共享机制，运用大数据智能化等现代化手段服务河长制的决策、管理和监督。

第二十五条 市河长办公室应当建立河长制专家库，为河长制实施提供智力支持和技术支撑。

第二十六条 各级人民政府应当落实河流日常保洁措施，通过政府购买服务、设置公益性岗位等方式，做好河流日常保洁工作。

第二十七条 任何单位和个人有权对河流管理保护中存在的问题以及相关的违法行为进行投诉、举报。

河长、河长办公室或者有关部门接到投诉、举报的，应当如实记录和登记；经核实属实的，应当及时予以处理。处理情况应当反馈投诉、举报人。

第二十八条　跨区县（自治县）、乡镇（街道）的河流，流经的区县（自治县）、乡镇（街道）应当建立联防联控机制，开展联合巡河、信息通报等工作。

加强跨省河流的联防联控，共同推进河流管理保护工作。

第二十九条　市、区县（自治县）河长制责任单位应当建立健全联动协作、联合执法机制，落实河流管理保护执法监管责任主体，加大执法监管力度。

建立和完善行政执法与刑事司法衔接机制。检察机关应当加强对河流管理保护工作的法律监督，依法提出检察建议、开展公益诉讼。

第五章　监　督　考　核

第三十条　市、区县（自治县）应当将河长履职情况、河长制实施情况纳入督查内容。

各级河长、河长办公室可以根据需要开展专项督查。

第三十一条　市、区县（自治县）应当建立和完善河长制考核制度，对河长履职情况、河长制实施情况进行考核。河长履职情况的考核结果作为领导干部综合考核评价和自然资源资产离任审计的重要依据。河长制责任单位和牵头单位履职情况的考核纳入本级目标管理绩效考核。区县（自治县）、乡镇（街道）河长制实施情况的考核纳入本级经济社会发展业绩考核。

第三十二条　各级总河长、河长有下列行为之一的，由上级河长、河长办公室、监察机关或者本级总河长根据不同情形、后果，依照有关规定进行提醒、约谈、通报；需要追究责任的，依照有关规定处理：

（一）未按照规定巡查责任河流的；

（二）对发现的问题不及时处理或者督促整改不到位的；

（三）未按照规定落实上级、本级总河长的决策事项或者上级河长、河长办公室的交办事项的；

（四）对社会公众反映的问题处理不及时或者处理不当的；

（五）其他未按规定履行河长职责的行为。

第三十三条　各级河长办公室、河长制责任单位、牵头单位有下列行为之一的，由上级河长办公室、本级总河长或者河长根据不同情形、后果，依照有关规定对相关责任人进行提醒、约谈、通报；需要追究责任的，依照有关规定处理：

（一）未落实上级和本级总河长决策事项、河长交办事项的；

（二）对河流突出问题、社会公众反映的问题处置不及时或者处理不当的；

（三）其他未按规定履行河长制相关职责的行为。

第三十四条　河长制工作成绩显著的单位、个人，由市、区县（自治县）按照有关规定给予表彰、奖励。

第六章　附　　则

第三十五条　本条例自 2021 年 1 月 1 日起施行。

重庆市河道采砂管理办法

(2016年12月8日重庆市人民政府第150次常务会议通过 2016年12月23日重庆市人民政府令第310号公布 自2017年2月1日起施行)

第一条 为了加强河道采砂管理,确保河势稳定和防洪、通航安全,依据《中华人民共和国水法》《中华人民共和国防洪法》《长江河道采砂管理条例》《重庆市河道管理条例》和有关法律法规,结合本市实际,制定本办法。

第二条 在本市行政区域内的河道管理范围内(以下简称河道)从事开采砂石(以下简称采砂)及其管理活动,应当遵守本办法。

第三条 河道砂石资源属于国家所有,任何单位或者个人不得非法开采。

河道采砂应当科学规划、保护优先、总量控制、有序开采、严格监管、确保安全。

第四条 区县(自治县)人民政府应当加强对本行政区域内河道采砂管理工作的领导,建立河道采砂监管协调机制,及时处理河道采砂管理中的重大问题。

第五条 市水行政主管部门负责全市河道采砂管理的指导和监督,市河道管理站承担具体工作。

区县(自治县)水行政主管部门负责本行政区域内河道采砂的统一管理工作。区县(自治县)边界河段的河道采砂管理由相邻区县(自治县)水行政主管部门协商确定;协商不成的由市水行政主管部门指定的区县(自治县)水行政主管部门负责管理。

海事、公安、航道等有关部门应当依据各自职责做好河道采砂管理工作。

乡镇人民政府、街道办事处应当协助水行政主管部门做好河道采砂管理工作。

第六条 河道采砂实行统一规划制度。

长江干流河道的采砂规划,依照《长江河道采砂管理条例》有关规定进行编制和报批。

嘉陵江、乌江及其他跨区县（自治县）河流的河道采砂规划，由市水行政主管部门会同沿江区县（自治县）水行政主管部门统一编制，征求市交通行政主管部门意见后，报市人民政府批准并公告。

除前款规定外，其他河流的河道采砂规划，由其所在地区县（自治县）水行政主管部门编制，报本级人民政府批准并公告，并送市水行政主管部门备案。涉及通航河道的，在报批前应当征求同级交通行政主管部门或者航道管理机构和海事机构的意见。

河道采砂规划一经批准，必须严格执行；确需修改的，应当依照上述规定报批。

第七条 河道采砂规划应当充分考虑河道防洪安全、通航安全和涉河建（构）筑物安全的要求，符合流域综合规划和防洪、港口、河道整治以及航道整治等专业规划。

第八条 河道采砂规划应当包括下列内容：

（一）禁采区和可采区；

（二）禁采期和可采期；

（三）年度采砂控制总量；

（四）可采区内采砂船只控制数量和岸砂采掘点控制范围。

第九条 河道的下列区域应当列为禁采区：

（一）河道堤防、桥梁、闸坝、航道筑坝的保护范围；

（二）现行的航道范围内，航标周围20米内，埋有航标地下管道和线路的区域，主航道过渡段上下边滩接岸部分，非通航汊道的鞍凹部分，有利于维持山区河流通航条件的石梁、石嘴等；

（三）下河引道3米内，电缆线架3米内；

（四）船舶停泊和作业区域，车、客渡通道，系舶设施3米内，危险品锚地；

（五）外环绕城高速公路以内长江、嘉陵江水域；

（六）依法应当禁止采掘的其他区域。

第十条 区县（自治县）水行政主管部门可以根据本行政区域内河道的水情、汛情、工情、航道变迁和管理、鱼类资源保护等需要，确定临时禁采区和临时禁采期，报本级人民政府决定后公告。

各区县（自治县）人民政府应当组织水利、交通等部门确定禁采期内采砂船舶集中停靠点。

第十一条　区县（自治县）水行政主管部门应当根据河道采砂规划，组织编制本行政区域的河道采砂出让方案。

河道采砂出让方案应当征求有关乡镇人民政府、街道办事处的意见；涉及通航安全的，还应当征求有关交通行政主管部门或者航道管理机构和海事机构的意见，报本级人民政府批准实施。其中，长江干流河道采砂出让方案还应当报市水行政主管部门审核；嘉陵江、乌江河道采砂出让方案还应当征求市水行政主管部门的意见。

第十二条　河道采砂出让方案应当包括以下内容：

（一）开采种类、开采范围、作业时段、开采深度、开采总量等；

（二）采砂作业方式、采砂船只数量、采砂设备最高功率、采掘点控制数量、年度采砂总量等；

（三）堆砂场地设置、弃料处理方式、安全生产措施、第三方合法权益保护措施；

（四）出让方式、出让期限、出让底价；

（五）现场监管措施；

（六）其他事项。

第十三条　河道采砂实行采砂许可制度。河道采砂许可证由市水行政主管部门统一印制。

长江干流河道采砂许可证由市水行政主管部门委托沿江区县（自治县）水行政主管部门审查批准；其他河道的河道采砂许可证由所在区县（自治县）水行政主管部门审查批准。

河道采砂许可证的许可期限不得超过2年。河道采砂许可期限届满或者已达到河道采砂许可证规定的开采总量的，采砂单位或者个人应当停止采砂行为，发证机关应当依法注销河道采砂许可证并公告。

河道采砂许可证应当明确开采种类、开采范围、开采深度、开采总量、开采期限、作业方式、作业时段、弃料处理等具体事项。

禁止伪造、涂改、买卖、出租、出借或者以其他方式转让河道采砂许可证。

第十四条　河道采砂出让应当采取拍卖、招标、挂牌等公开方式，在统一的公共资源交易场所实施。

公开出让前，区县（自治县）水行政主管部门应当组织投标人或者竞买人到现场确认采砂范围、界限。

第十五条　因河道治理、航道整治以及港口、取水口清淤等需要采砂并用于销售的，可以采取直接许可方式确定采砂单位或个人；不用于销售的，应当事先征求水行政主管部门的意见，并提供相关审批文件和资料。

第十六条　申请参加河道采砂拍卖、招标、挂牌的，应当是经工商登记的企业法人或者个体工商户。

使用采砂船采砂的，还应当符合下列条件：

（一）长江河道长寿以上河段、嘉陵江河道、乌江河道、三峡库区155米至175米高程内的支岔河道的采砂船舶采砂设备功率不得超过350千瓦，长江河道长寿（含）以下河段的采砂船舶采砂设备功率不得超过1250千瓦，且具备平缓移动的开采作业方式，其他河道的采砂船舶采砂设备功率不得超过50千瓦；

（二）采砂船舶、船员证书齐全；

（三）有符合要求的采砂设备和采砂技术人员。

第十七条　通过拍卖、招标或者挂牌方式确定的采砂单位或者个人，应当与区县（自治县）水行政主管部门签订出让协议，由区县（自治县）水行政主管部门颁发采砂许可证。

采取直接许可方式的，区县（自治县）水行政主管部门应当在收到采砂申请书后15个工作日内作出是否予以批准的决定。符合条件的，发放河道采砂许可证；不符合条件的，应当作出不予批准的书面决定并说明理由。

水行政主管部门应当及时将河道采砂许可情况向社会公示，建立河道采砂违法行为举报制度，设置并公布群众举报投诉电话或者电子邮箱，及时处理举报线索。

第十八条　水行政主管部门审批的年采砂总量不得超过规划确定的年度控制开采总量。

区县（自治县）水行政主管部门应当在每月5日前将上月的河道采砂审批发证情况和实施情况报告市水行政主管部门，长江干流的河道采砂审批应当按照国家规定的时限报送。市水行政主管部门应当加强对河道采砂管理工作的指导和监督。

第十九条　从事河道采砂活动的单位和个人应当履行下列义务：

（一）严格按照河道采砂许可证批准的地点、范围、开采总量、作业方式和期限进行开采，确需改变的，应当重新办理河道采砂许可证；

（二）服从防汛指挥机构的统一调度指挥；

（三）服从通航安全要求，设立明显标志，保障航道畅通和航行安全；

（四）在采砂船舶或者采砂作业区悬挂由区县（自治县）水行政主管部门统一制作的采砂作业公示牌；

（五）配合水行政主管部门安装智能监控设备；

（六）法律法规规定的其他义务。

第二十条 从事河道采砂活动的单位和个人不得有下列行为：

（一）在河道内堆积砂石或者废弃物；

（二）危害堤防、桥梁、航道、港口、码头、挡水坝、输变电线路安全，损坏水文、水质测验、邮电、通信等设施，破坏文物古迹；

（三）采砂船舶对运砂船舶超额配载；

（四）运砂船舶装运非法采砂船舶开采的河砂；

（五）故意损坏智能监控设备；

（六）影响防洪安全、航运安全的其他行为。

第二十一条 在长江干流从事河道采砂的单位和个人应当按照规定缴纳河道砂石资源费、采矿权使用费和采矿权价款。在嘉陵江、乌江及其他河流从事河道采砂的单位和个人应当按照本市有关规定缴纳采矿权使用费和采矿权价款。

采矿权使用费和采矿权价款的具体征收、使用管理办法由市财政局、市物价局、市水利局按国家有关规定制定。

从事河道采砂的单位和个人，不再办理采矿许可证，不再缴纳河道采砂管理费和矿产资源补偿费。

第二十二条 市水行政主管部门应当建立统一的河道采砂管理信息系统和督查、考核制度。

市水行政主管部门应当对重要江河、重点河段、重要区域和重要时段的河道采砂管理工作开展专项督查，定期通报督查结果，将督查和整改情况作为对区县（自治县）河道管理工作考核的依据。

第二十三条 区县（自治县）人民政府应当建立河道采砂联合监管机制，根据当地河道采砂管理工作的需要，组织水利、公安、国土房管、交通、农业、环保等部门开展河道采砂联合执法。

区县（自治县）人民政府应当组织有关部门对本行政区域内违法违规采砂问题突出、采砂量较大以及防汛任务较重的河段进行全面排查，对非法采砂行为和涉砂船舶，以及可能危及水工程、桥梁、航道、码头、管线等重要基础设施安全和影响防洪安全、通航安全、供水安全的采砂行为进行查处，消除安全隐患。

第二十四条　区县（自治县）水行政主管部门应当对河道采砂许可规定的开采种类、开采范围、开采总量、采砂船舶数量、作业方式、作业时段、弃料处理、安全生产措施等开展巡查，依法查处河道采砂违法行为。

区县（自治县）水行政主管部门应当逐步推行以下措施加强可采区的现场监管：

（一）安装智能监控设备进行实时监控；

（二）在采砂现场派驻人员实行旁站式监管；

（三）委托具有相应技术条件的单位对采砂活动实施监理。

第二十五条　水行政主管部门应当采取随机抽取的方式确定检查对象和执法检查人员。执法检查人员履行河道采砂管理的监督检查职责时应当出示执法证件，并有权采取下列措施：

（一）要求采砂单位或者个人出示有关文件、证照、资料；

（二）要求采砂单位或者个人就执行本办法的有关问题作出说明；

（三）进入采砂单位或者个人的生产场所进行调查；

（四）责令采砂单位或者个人停止违反本办法的行为。

第二十六条　水行政主管部门应当建立河道采砂单位和个人信用记录，并纳入公共信用信息共享平台，同时将河道采砂单位行政许可和行政处罚等信用信息在"信用重庆"网站和企业信用信息公示系统上予以公示。

第二十七条　违反本办法规定，在河道内堆积砂石或者废弃物的，由水行政主管部门责令其停止违法行为，采取补救措施，并处10000元以上30000元以下罚款；造成损失的，应当赔偿损失。

违反本办法规定，采砂船舶对运砂船舶超额配载的，由水行政主管部门责令其整改，并处10000元以上30000元以下罚款。

第二十八条　运砂船舶在采砂地点装运非法采砂船舶开采的河砂的，属于与非法采砂船舶共同实施非法采砂行为，依照《重庆市河道管理条例》第三十八条第一款第一项、第二项的规定给予处罚。

第二十九条 从事河道采砂活动的单位和个人有下列行为之一的，由水行政主管部门责令其限期改正；逾期未改正的，处5000元以上10000元以下罚款：

（一）采砂船舶或者采砂作业区未悬挂公示牌的；

（二）不配合水行政主管部门安装智能监控设备的。

第三十条 采砂单位和个人故意损坏智能监控设备的，应当依法赔偿，并由水行政主管部门处10000元以上30000元以下罚款。

第三十一条 对河道采砂管理工作推进不力、落实不到位的，由市水行政主管部门对区县（自治县）人民政府及有关部门负责人进行约谈；造成重大影响的，依法启动问责程序。

有下列行为之一的，由有权机关对负有责任的主管人员和其他直接责任人员依法给予行政处分；涉嫌犯罪的，移送司法机关依法处理：

（一）水行政主管部门及其工作人员玩忽职守，擅自修改河道采砂规划、违反河道采砂规划批准采砂、不按照规定审批发放河道采砂许可证、不履行监督检查职责以及不按照国家和本市有关规定收取河道砂石资源费、采矿权使用费和采矿权价款的；

（二）其他有关部门及其工作人员玩忽职守、滥用职权、违反国家和本市有关规定，干扰或破坏采砂管理秩序、对采砂单位或者个人乱发证、乱收费的。

第三十二条 本办法所称外环绕城高速公路以内长江、嘉陵江水域，是指外环江津长江大桥、鱼嘴两江大桥、水土嘉陵江大桥以内的长江、嘉陵江河道水域。

第三十三条 本办法自2017年2月1日起施行。施行前已批准的河道采砂许可在许可期限届满前继续有效。《重庆市河道采砂管理办法》（重庆市人民政府令第157号）同时废止。

四川省

四川省河道采砂管理条例

(2015年7月22日四川省第十二届人大常务委员会第十七次会议通过)

第一条 为了规范河道采砂行为,维护河道河势稳定,保障河道防洪、通航和涉河工程安全,根据《中华人民共和国水法》《中华人民共和国防洪法》《中华人民共和国航道法》《中华人民共和国河道管理条例》等法律、法规,结合四川省实际,制定本条例。

第二条 在四川省行政区域内从事河道采砂及其管理活动适用本条例。长江宜宾以下干流河道采砂适用《长江河道采砂管理条例》。

第三条 河道砂石资源属于国家所有,任何单位或者个人不得非法开采。河道采砂应当总量控制、科学规划、有序开采、严格监管、确保安全。

第四条 河道采砂管理实行地方人民政府行政首长负责制。县级以上地方人民政府应当加强对本行政区域内河道采砂管理工作的领导,做好组织、协调工作,及时解决河道采砂管理工作中的重大问题。

第五条 县级以上地方人民政府水行政主管部门具体负责河道采砂的管理和监督工作。

县级以上地方人民政府公安、环境保护、交通运输、农业、税务、工商、安全监管等部门在各自职责范围内做好河道采砂管理相关工作。

乡(镇)人民政府、街道办事处应当协助和配合县级以上地方人民政府水行政主管部门做好河道采砂管理工作。

第六条 河道采砂规划及年度实施方案、规程规范编制,河道管理及执法能力建设等相关经费纳入同级财政预算予以保障。

第七条 对河道采砂的违法行为,任何单位和个人都有权向县级以上地方人民政府水行政主管部门及相关部门举报。接到举报的部门应当及时受理;经查证属实的,应当对举报人员给予奖励。

第八条 县级以上地方人民政府水行政主管部门应当委托具有相应资质的勘测设计单位编制河道采砂规划,征求同级环境保护、交通运输、农业等相关部门意见,经有管辖权的水行政主管部门同意后,报同级人民政府批准实施。

省直属水利工程管理单位应当委托具有相应资质的勘测设计单位编制所管理的水利工程河（渠）道内的采砂规划，征求相关部门意见并经省人民政府水行政主管部门同意后，报省人民政府批准实施。

第九条 河道采砂规划应当符合河道防洪、通航和涉河工程安全及水生态环境建设和河势稳定的要求，并与流域综合规划和防洪、河道整治、航道整治、饮用水水源保护、水生生物资源保护等专业规划相衔接。

第十条 河道采砂规划包括下列内容：

（一）砂石储量、分布与补给分析；

（二）禁采区和可采区；

（三）禁采期和可采期；

（四）年度采砂控制总量，开采控制高程，开采长度、宽度和深度；

（五）采砂方式和可采区内采砂机具的控制数量；

（六）沿河两岸堆砂场的控制数量及布局；

（七）弃料处理和现场清理、平整要求；

（八）采砂影响评价；

（九）规划实施与管理要求。

第十一条 下列区域为禁采区：

（一）河道防洪工程、河道整治工程、水库枢纽、水文观测设施、水环境监测设施、涵闸以及取水、排水、水电站等工程及其附属设施安全保护范围；

（二）河道顶冲段、险工、险段；

（三）桥梁、码头、浮桥、渡口、航道、过河电缆、管道、隧道等工程及其附属设施安全保护范围；

（四）饮用水源保护区；

（五）自然保护区、风景名胜区和湿地公园；

（六）依法禁止采砂的其他区域。

第十二条 下列时段为禁采期：

（一）主汛期；

（二）河道达到或者超过警戒水位时；

（三）依法禁止采砂的其他时段。

第十三条 经批准的河道采砂规划应当严格执行。确需修改时，编制机关应当按照原规划批准程序重新报批。

第十四条 县级以上地方人民政府水行政主管部门应当定期公告河道采砂规划确定的禁采区和禁采期。

县级以上地方人民政府水行政主管部门可以根据水情、工情、汛情、航道变迁和管理等需要，确定并公告河道采砂临时禁采区和临时禁采期。

第十五条 县级以上地方人民政府水行政主管部门应当委托具有相应资质的勘测设计单位，根据批准的河道采砂规划和当年水情、工情、汛情、航道变迁、砂石资源分布和补给的实际情况，编制河道采砂年度实施方案。

县级以上地方人民政府水行政主管部门应当公告经批准的河道采砂年度实施方案，并按照河道管理权限向上级人民政府水行政主管部门备案。

第十六条 县级以上地方人民政府出让河道采砂权应当采用招标、拍卖、挂牌等公开出让方式，并采取措施防止形成砂石市场价格垄断。法律、法规另有规定的除外。

县级以上地方人民政府水行政主管部门组织实施河道采砂权出让时，应当根据河道采砂规划及年度实施方案编制出让方案，并报同级人民政府同意。

河道采砂权出让期限不得超过三年。

第十七条 取得河道采砂权的单位或者个人，应当向有许可权的县级以上地方人民政府水行政主管部门提出河道采砂申请，办理河道采砂许可证。

村民因生活自用少量砂石需到河道采挖的，凭当地村民委员会证明材料，经乡（镇）人民政府核实后，免办河道采砂许可证，在河道采砂规划规定的可采区和可采期采挖。采挖的砂石不得销售。

乡（镇）人民政府应当及时将村民自用自采的情况向县级人民政府水行政主管部门备案。

第十八条 申请办理河道采砂许可证应当提交下列材料：

（一）河道采砂申请书；

（二）营业执照；

（三）开采的总量、地点、控制高程和范围（附范围图）；

（四）符合要求的采砂设备和采砂技术人员证明材料；

（五）砂石堆放地点，弃料处理及现场清理、平整方案；

（六）采砂与第三方有利害关系的，与第三方达成的协议或者相关材料；

（七）法律法规规定应当提供的其他材料。

利用采砂船舶作业的，还应当提供采砂船舶、船员的有效证书和证件。

第十九条 县级以上地方人民政府水行政主管部门对申请材料齐全、符合法定形式的河道采砂申请，应当予以受理。

对申请材料不齐全或者不符合法定形式的，应当在五个工作日内一次告知需要补正的全部内容，逾期不告知补正内容的，自收到申请材料之日起即视为受理。

第二十条 经审查符合下列条件的，有许可权的水行政主管部门应当作出准予许可的决定，向申请人发放统一印制的河道采砂许可证，并向社会公布；不符合下列条件的，应当作出不予同意的书面决定，说明理由，并告知申请人依法享有申请行政复议或者提起行政诉讼的权利：

（一）符合河道采砂规划；

（二）符合河道采砂年度实施方案；

（三）法律、法规规定的其他条件。

第二十一条 河道采砂许可证分为正本和副本，正本悬挂在采砂现场或者采砂机具上指定位置，副本留存备查。

第二十二条 河道采砂许可证的有效期限不得超过一年。河道采砂许可证有效期届满，可以按照本条例规定继续申请办理河道采砂许可证。

河道采砂许可证有效期届满或者累计采砂量达到河道采砂许可证规定的总量时，应当停止采砂作业，发证机关应当收回或者注销河道采砂许可证。

第二十三条 任何单位和个人不得伪造、倒卖、涂改、出租、出借或者以其他形式非法转让河道采砂许可证。

第二十四条 河道采砂涉及通航水域、通航安全等的，还应当到航务（海事）管理机构等部门依法办理相关手续后方可作业。

第二十五条 从事河道采砂的单位或者个人，应当依法缴纳河道砂石资源费。

村民因生活自用自采少量砂石的，免收河道砂石资源费。

第二十六条 河道砂石资源费实行收支两条线管理，应当及时足额缴入财政。河道砂石资源费的征收标准和解缴使用办法由省人民政府水行政主管部门会同财政、物价部门另行制定。

第二十七条 县级以上地方人民政府水行政主管部门及相关部门按照各

自职责范围，负责本行政区域内河道采砂的现场监督管理，并依法查处河道采砂违法行为。

第二十八条 从事河道采砂的单位或者个人应当做好采砂安全管理工作，接受县级以上地方人民政府水行政主管部门及相关部门的现场监管，如实提供有关资料，配合监督检查，并遵守下列规定：

（一）按照河道采砂许可证的规定和河道采砂权出让合同的约定采砂作业；

（二）不得在禁采区、禁采期采砂作业；

（三）不得在河道采砂许可证有效期届满或者累计采砂量达到河道采砂许可证规定的总量后继续采砂作业；

（四）不得破坏河势稳定、损坏水工程、恶化通航条件、破坏水生态环境等；

（五）在航道和通航水域内采砂的，应当服从通航安全要求，并在作业区设立明显标志；

（六）不得违反相关法律法规的禁止性规定。

第二十九条 采砂船舶应当依法取得船舶检验、登记证书，配备足额适任的船员。采砂船舶的船员应当持有合格的适任证书或者其他适任证件。

在航道和通航水域内航行、停泊、作业的采砂船舶，应当遵守有关通航安全规定，严禁向航道和通航水域抛弃废弃物，不得妨碍航道畅通和通航安全。

采砂船舶、机具在禁采期应当按照县级人民政府指定的地点停泊、停放，不得擅自离开。

第三十条 河道采砂作业结束后，从事河道采砂的单位或者个人应当按照规定对作业现场进行清理、平整。

第三十一条 违反本条例规定的行为，法律法规已有处罚规定的，从其规定。

第三十二条 行政主管部门及其工作人员有下列行为之一的，对负有责任的主管人员和其他直接责任人员依法给予行政处分；构成犯罪的，依法追究刑事责任：

（一）不执行已经批准的河道采砂规划、擅自修改河道采砂规划或者违反河道采砂规划组织采砂的；

（二）不按照规定审批发放河道采砂许可证或者其他批准文件的；

（三）不履行现场管理和监督检查职责，造成河道采砂秩序混乱、通航条件恶化或者发生重大责任事故的；

（四）不按照规定的项目、范围和标准征收河道砂石资源费的；

（五）截留、挪用河道砂石资源费的；

（六）其他在河道采砂管理中玩忽职守、滥用职权、徇私舞弊的行为。

第三十三条 未依法办理河道采砂许可证擅自在河道采砂的，由县级以上地方人民政府水行政主管部门责令停止违法行为，没收违法所得和非法采砂机具，并按下列情形处以罚款：

（一）非法开采砂石量一百立方米以下的，处以一万元以上五万元以下的罚款；

（二）非法开采砂石量一百立方米以上一百五十立方米以下的，处以五万元以上十万元以下的罚款；

（三）非法开采砂石量一百五十立方米以上二百立方米以下的，处以十万元以上十五万元以下的罚款；

（四）非法开采砂石量二百立方米以上三百立方米以下的，处以十五万元以上二十万元以下的罚款；

（五）非法开采砂石量三百立方米以上的，处以二十万元以上三十万元以下的罚款。

前款规定的违法行为，情节严重的，扣押或者没收非法采砂船舶；造成损失的，依法赔偿损失。

第三十四条 违反本条例第二十一条规定，不在采砂现场或者采砂机具上指定位置悬挂河道采砂许可证正本的，由县级以上地方人民政府水行政主管部门责令限期改正；拒不改正的，可处以一千元以下的罚款。

第三十五条 违反本条例第二十三条规定，伪造、倒卖、涂改、出租、出借或者以其他形式非法转让河道采砂许可证的，由县级以上地方人民政府水行政主管部门收缴或者吊销伪造、倒卖、涂改、出租、出借或者以其他形式非法转让的河道采砂许可证，没收违法所得，并处以一万元以上三万元以下的罚款，情节严重的，处以三万元以上五万元以下的罚款。

第三十六条 违反本条例第二十五条规定，不依法缴纳河道砂石资源费的，由县级以上地方人民政府水行政主管部门责令限期缴纳；逾期不缴纳的，处以河道砂石资源费金额二倍以上五倍以下的罚款。

第三十七条 违反本条例第二十八条第一款第一项、第二项、第三项规定，依照本条例第三十三条规定予以处罚，并吊销河道采砂许可证；造成损失的，依法赔偿。

第三十八条 违反本条例第二十九条第三款规定，采砂船舶、机具在禁采期未按照指定地点停泊、停放或者擅自离开指定地点的，由县级以上地方人民政府航务（海事）管理机构责令限期改正，并处以五千元以上三万元以下的罚款。

第三十九条 违反本条例第三十条规定，未按照规定对作业现场进行清理、平整的，由县级以上地方人民政府水行政主管部门责令限期整改；逾期不整改的，由县级以上地方人民政府水行政主管部门组织现场清理、平整，所需全部费用由从事河道采砂的单位或者个人负担，并处以所需费用二至五倍的罚款。

第四十条 县级以上地方人民政府水行政主管部门应当建立诚信信息平台，对有违法行为、受到行政处罚的单位和个人相关情况纳入信用记录。

第四十一条 县级以上地方人民政府水行政主管部门在查处违法河道采砂行为时，发现违法行为涉嫌犯罪的，应当移送司法机关。

第四十二条 本条例所称河道采砂，是指在河道、湖泊、水库、人工水道、行洪区、蓄滞洪区等管理范围内开采砂、石等行为。

本条例所称采砂机具，是指采砂船舶、抽砂浮动设施、挖掘机械、吊杆机械、分离机械以及其他现场采运砂石相关的机械和工具。

第四十三条 本条例自2015年10月1日起施行。

四川省河湖长制条例

(2021年11月25日四川省第十三届人民代表大会常务委员会第三十一次会议通过)

第一章 总 则

第一条 为了保障河湖长制实施,加强河湖管理保护,落实绿色发展理念,推进生态文明建设,筑牢长江、黄河上游生态屏障,根据《中华人民共和国水污染防治法》《中华人民共和国长江保护法》等法律法规,结合四川省实际,制定本条例。

第二条 在四川省行政区域内实施河湖长制,适用本条例。

第三条 本条例所称河湖长制,是指按照行政区域设立总河长,在相应河湖设立河长、湖长(以下统称河湖长),由其组织领导本行政区域或者责任河湖的水资源保护、水域岸线管理、水污染防治、水环境治理、水生态修复等工作,监督政府相关部门履行法定职责,协调解决突出问题的工作制度。

本条例所称河湖,包括河流、湖泊、天然湿地、水库、渠道等水体及岸线。

第四条 实施河湖长制坚持生态优先、绿色发展、河湖长领导、部门联动、分级负责、系统治理、强化监督、严格考核的原则。

河湖长制实行一河(湖)一策、一河(湖)一档。

第五条 地方各级人民政府是本行政区域河湖长制工作以及河湖管理保护的责任主体。

县级以上地方人民政府发展改革、经济和信息化、教育、公安、司法行政、财政、自然资源、生态环境、住房和城乡建设、交通运输、水利、农业农村、卫生健康、审计、林业和草原、测绘等部门作为本行政区域河湖长制责任单位,按照职责分工,依法履行河湖管理、保护、治理的相关职责。

县级以上地方人民政府应当建立健全河湖长制责任单位联合执法机制,加大执法监管力度。

第六条　地方各级人民政府应当保障河湖管理保护资金和河湖长制工作经费，建立和完善长效、稳定、多元的河湖管理保护投入机制。

支持引导社会资本参与河湖保护和治理，鼓励单位和个人以慈善捐赠、志愿服务等形式开展河湖保护和治理活动。

第七条　鼓励和支持河湖管理保护机制创新、人才培育、科学技术研究以及科技成果转化。

第八条　地方各级人民政府应当开展河湖管理保护宣传，增强公众河湖保护的责任意识、法治意识和参与意识。

第二章　组　织　体　系

第九条　建立省、市、县、乡四级河湖长制体系。

按照行政区域设立省、市（州）、县（市、区）、乡（镇、街道）总河长。根据需要设立副总河长，协助总河长开展工作。

按照行政区域与河湖流域管理相结合的原则，分级分段（片）设立省、市、县、乡级河湖长，在上级河湖长和本级总河长领导下开展河湖长制相关工作。

各级总河长、副总河长、河湖长的确定和调整，按照国家和省有关规定执行。

第十条　鼓励设立村级河湖长。乡（镇）人民政府（街道办事处）应当根据县级人民政府的规定，与村级河湖长约定职责、经费保障以及不履行职责承担的责任等事项。

第十一条　县级以上地方人民政府设立总河长办公室、河长制办公室。河长制办公室承担本级总河长办公室的日常工作。

总河长办公室主任、副主任的确定按照国家和省有关规定执行，成员由河湖长制责任单位和相关单位的负责人担任。河长制办公室主任、副主任以及工作人员的设置按照国家和省有关规定执行。

县级以上地方人民政府水行政主管部门承担本级河长制办公室具体工作。

第十二条　县级以上总河长办公室根据需要确定相关部门作为联络员单位，协助本级河湖长开展相关工作。

第三章 工 作 职 责

第十三条 各级总河长是本行政区域内河湖长制工作的第一责任人,对本行政区域内的河湖管理和保护负总责,负责贯彻落实上级总河长决策事项,组织领导本行政区域河湖长制工作,统筹解决河湖长制实施和河湖管理保护重大问题。

省、市(州)、县(市、区)总河长负责监督指导本级河湖长、河湖长制责任单位和下级总河长履行职责。乡(镇、街道)总河长负责协调解决河湖管理保护和治理具体问题,监督指导乡级和村级河湖长履行职责。

第十四条 最高层级河湖长对责任河湖的管理和保护负总责,分级分段(片)河湖长对责任河湖管理和保护负直接责任。

第十五条 在全省重要河湖设立省级河湖长,履行下列主要职责:

(一)组织领导责任河湖管理保护工作,安排部署责任河湖管理保护年度重点任务;

(二)审定并组织实施责任河湖一河(湖)一策管理保护方案,组织开展责任河湖突出问题专项整治,协调解决责任河湖管理和保护中的重大问题;

(三)明确责任河湖上下游、左右岸、干支流地区管理和保护目标任务,推动建立流域统筹、区域协同、部门联动的河湖联防联控机制;

(四)组织对省级河湖长制责任单位和下一级河湖长履职情况进行督导,对目标任务完成情况进行考核;

(五)完成省级总河长交办的任务;

(六)法律、法规,国家和省规定的其他职责。

第十六条 市、县级河湖长履行下列主要职责:

(一)组织领导责任河湖管理保护具体工作,研究确定责任河湖管理保护年度目标任务;

(二)开展河湖巡查,审定并组织实施责任河湖一河(湖)一策管理保护方案,组织开展责任河湖突出问题专项治理和专项整治行动;

(三)协调和督促相关部门制定、实施责任河湖管理保护和治理规划,协调解决规划落实中的重大问题;

（四）组织开展责任河湖问题整治，督促下一级河湖长及本级河湖长制责任单位处理和解决河湖出现的问题，督促本级河湖长制责任单位依法查处涉及河湖管理保护的违法行为；

（五）组织对本级河湖长制责任单位和下一级河湖长履职情况进行督导，对年度任务完成情况进行考核；

（六）组织研究解决河湖管理保护中的具体问题；

（七）完成上级河湖长及本级总河长交办的任务；

（八）法律、法规，国家和省规定的其他职责。

第十七条　乡级河湖长履行下列主要职责：

（一）负责责任河湖管理保护的具体工作，指导、协调和督促村级河湖长履行职责；

（二）开展河湖经常性巡查，组织整改巡查发现的问题，不能解决的问题及时向上级河湖长、河长制办公室或者相关部门报告；

（三）组织开展河湖清漂、保洁等，配合上级河湖长、相关部门开展河湖问题整治或者执法行动；

（四）完成上级河湖长和本级总河长交办的任务；

（五）法律、法规，国家和省规定的其他职责。

第十八条　村级河湖长应当开展河湖日常巡查，在村（居）民中开展河湖保护宣传，对发现的涉河湖违法违规行为进行劝阻、制止，不能解决的问题及时向上级河湖长、河长制办公室或者相关部门报告。

鼓励订立村规民约、居民公约等对河湖管理保护事项作出约定。

第十九条　总河长办公室在总河长领导下开展河湖长制相关工作，履行下列主要职责：

（一）统筹本行政区域河湖长制工作的组织、协调、督查、考核和表彰激励等，审议河湖长制工作相关制度及文件；

（二）领导本级河长制办公室工作，组织、协调、督促下级总河长、河湖长及本级河湖长制责任单位完成职责范围内的工作；

（三）按照有关规定承担本行政区域内相关流域协调机制职责，统一指导、统筹协调流域保护工作，督促检查流域保护重要工作的落实；

（四）法律、法规，国家和省规定的其他职责。

第二十条　河长制办公室履行下列主要职责：

（一）组织实施河湖长制具体工作，拟制河湖长制相关制度，开展河湖长制协调、监督、考核、激励等工作；

（二）统筹编制一河（湖）一策管理保护方案等，负责编制河湖名录、一河（湖）一档；组织河湖健康评价、河湖长制信息化建设，开展培训、宣传工作；

（三）指导督促本级河湖长制责任单位、下级河湖长及河长制办公室落实河湖长制工作任务；

（四）落实上级和本级总河长、河湖长交办事项；

（五）法律、法规，国家和省规定的其他职责。

第二十一条　河湖长联络员单位履行下列主要职责：

（一）落实河湖长交办的工作，指导本级河湖长制责任单位、下级河湖长责任河湖管理保护工作并向河湖长报告；

（二）会同河长制办公室组织编制责任河湖一河（湖）一策管理保护方案；

（三）协助河湖长督促本级河湖长制责任单位、下级河湖长及河长制办公室落实工作任务，对下一级河湖长考核；

（四）法律、法规，国家和省规定的其他职责。

第四章　工　作　机　制

第二十二条　县级以上总河长可以签发总河长令，部署河湖长制重点工作，开展河湖突出问题专项整治行动。

县级以上河湖长根据省有关规定可以签发河湖长令。

第二十三条　各级总河长每年应当及时召开总河长会议，部署年度河湖长制工作，研究解决河湖管理保护重大问题。

县级以上河湖长根据需要召开巡河现场会议、流域专题会议、跨界河流联席会议，落实一河（湖）一策管理保护方案年度任务，协调解决河湖管理保护重点难点问题。

县级以上总河长办公室根据工作需要，组织召开河湖长制责任单位联席会议，共同推进河湖长制工作。

第二十四条　各级河湖长应当按照国家和省有关规定开展河湖巡查工

作。可以采取明察暗访、联合巡河、智能巡河等方式,检查一河(湖)一策管理保护方案落实情况,重点巡查河湖水质、河湖保洁、入河排污等情况以及侵占河道、非法采砂、非法排污、非法捕捞、破坏航道等问题,并做好巡查记录。

第二十五条　县级以上总河长、河湖长通过督察检查、河湖巡查、群众举报等途径发现河湖管理保护的问题,按照下列规定处理:

(一)属于自身职责范围或者应当由本级河湖长制责任单位处理的,应当及时处理或者组织协调和督促相关单位按照职责分工予以处理;

(二)依照职责应当由上级河湖长或者属于上级河湖长制责任单位处理的,提请上一级河湖长处理;

(三)依照职责应当由下级河湖长或者属于下级河湖长制责任单位处理的,移交下一级河湖长处理。

县级以上总河长、河湖长交相关单位或者下一级河湖长办理事项,应当明确整改要求和完成时限等,相关单位或者下一级河湖长应当按时完成并报告办理情况。

第二十六条　上级河湖长接到下级河湖长报告的事项,属于本级职责范围的,应当依法依规及时处理;超出职责范围的,应当及时向本级总河长、上一级河湖长或者相关部门报告。

第二十七条　地方各级人民政府应当落实河湖日常保洁措施,通过政府购买服务、设置公益性岗位等方式,做好河湖日常保洁工作。

第二十八条　省河长制办公室应当建设全省统一的河湖管理保护信息化系统平台,并做好系统平台的管理、运用和维护。

县级以上河长制办公室应当建立河湖管理保护相关数据资源共建共享机制,运用现代化信息手段服务河湖长制的决策、管理和监督。

第二十九条　县级以上地方人民政府应当通过主流媒体、政府门户网站、政务微博微信等方式公开河湖名录、河湖长名单、河湖长制工作的重要制度、重要工作动态等信息。

第三十条　市、县、乡级人民政府应当按照规定在河湖岸边显著位置设立河湖长公示牌,载明责任河湖概况、河湖长姓名及职务、主要工作内容、监督举报电话等内容。公示牌所载信息发生变化的,应当及时更新。

第三十一条　河湖发生水资源、水域岸线、水污染、水环境、水生态等方面的突发事件时，相关部门应当及时向责任河湖长报告。责任河湖长按照规定参与突发事件处置，必要时向本级总河长和上级河湖长报告。

第三十二条　地方各级人民政府应当建立河湖管理保护协调联动机制，通过信息共享、联合巡查等方式实现跨区域、跨部门协调联动。

涉及跨区域河湖问题，按照下游协调上游、左岸协调右岸的原则，由相应河湖长牵头协调处理。经协调不能达成一致意见的，应当向本级总河长或者上级河湖长报告。

第三十三条　县级以上地方人民政府根据需要与相邻省、自治区、直辖市同级人民政府建立跨省河湖协作机制，按照国家和省有关规定在规划编制、管理保护、监督执法、信息共享、问题处置等方面进行协作。

跨省河湖的各级河湖长推动与邻省同级河湖长建立联合巡查机制，协调解决跨省河湖的相关问题。跨省河湖涉及的各级河长制办公室推动与邻省同级河长制办公室建立联防联控机制，推动协调机制、联合巡河、信息共享、联合治理、联合执法等工作。

第三十四条　建立和完善行政执法与刑事司法衔接机制。检察机关应当加强对河湖管理保护工作的法律监督，依法提出检察建议、开展公益诉讼。

第三十五条　任何单位和个人有权对发现的河湖管理保护问题进行投诉、举报。

各级河湖长、河长制办公室或者相关部门接到涉及河湖管理保护问题的投诉、举报，应当进行核实并及时处理；实名投诉、举报的应当将处理结果及时反馈投诉人、举报人。投诉人、举报人的信息应当严格保密。

第五章　监　督　考　核

第三十六条　河湖长制工作应当接受社会监督。地方各级人民政府应当建立健全社会评价机制，通过聘请社会监督员、第三方评估机构等，对本级河湖长、河湖长制责任单位以及下级人民政府履行河湖管理保护职责的情况、河湖管理保护的效果进行监督和评价。

第三十七条　省河长制办公室应当按照国家和省有关规定，对地方河湖长履职及河湖长制实施情况进行督查。

第三十八条　县级以上地方人民政府应当建立完善河湖长制工作考核机

制，结合社会评价结果，对下一级总河长、河湖长、河长制办公室和本级河湖长制责任单位履行河湖长制工作进行考核。

各级河湖长履职情况的考核结果纳入领导干部综合考核评价、自然资源资产离任审计和生态环境损害责任追究。河长制办公室及河湖长制责任单位履职情况纳入本级政府目标绩效考核。

第三十九条　对河湖长制工作中做出显著成绩的单位和个人，按照国家和省有关规定给予表彰、激励。

第四十条　乡级以上总河长、河湖长有下列情形之一的，由上级总河长、河湖长、总河长办公室、河长制办公室按照国家和省有关规定进行提示、约谈；造成不良后果或者影响的，由任免机关、单位或者监察机关依法给予处理：

（一）河湖长制工作任务推进滞后的；

（二）未按照有关规定巡河巡湖的；

（三）对发现的问题不及时处理或者督促整改不到位的；

（四）河湖发生重大水资源、水域岸线、水污染、水环境、水生态事件的；

（五）年度考核等次不合格的；

（六）其他未按照规定履行河湖长制相关职责的。

各级总河长办公室、河长制办公室和河湖长制责任单位有前款所列情形之一的，由上级总河长办公室、河长制办公室，按照国家和省有关规定进行提示、通报或者约谈主要负责人；造成不良后果或者影响的，对直接负责的主管人员和其他直接责任人员，由任免机关、单位或者监察机关依法给予处理。

第四十一条　违反本条例规定的行为，构成犯罪的，依法追究刑事责任。

第六章　附　　则

第四十二条　本条例中下列特定词语的含义：

（一）一河（湖）一策是指针对不同地区不同河湖实行差异化治理的方略；

（二）一河（湖）一档是指针对河湖建立档案，包含相应河湖的名称、所在水系、上下游关系、河流（段）长度、湖泊水域面积、所涉行政区、水文、河湖长信息等基础信息，以及取用水、水质、水生态、岸线开发利用、河道利用、涉水工程和设施等动态信息；

（三）一河（湖）一策管理保护方案是指包含相应河湖主要问题、解决方案、工作计划、责任主体和治理措施等内容的指导性文件，用以指导流域地方各级人民政府和河湖长制责任单位加强河湖的管理保护和治理工作。

第四十三条 本条例自2022年3月1日起施行。

四川省河道管理实施办法

(1994年1月12日四川省人民政府令第40号发布)

第一章 总 则

第一条 为贯彻实施《中华人民共和国河道管理条例》,结合四川实际,制定本办法。

第二条 在四川省行政区域内从事涉及河道(包括湖泊、水库、人工水道、行洪区、蓄洪区、滞洪区)的活动,必须遵守本办法。

第三条 省人民政府水行政主管部门是全省河道的主管机关。

各市、州、县人民政府和地区行政公署的水行政主管部门是本行政辖区的河道主管机关。

第四条 对河道实行按水系统一管理与分级管理相结合的原则。

国家河道主管机关确定由省管的河段和跨市(地、州)河道的主要河段,由省河道主管机关负责管理;跨县(市、区)河道的主要河段,由市(地、州)河道主管机关负责管理。省河道主管机关据此原则,确定全省各级河道主管机关的河道管辖。

河道主管机关可以将所管辖的部分河段委托下一级河道主管机关管理,也可将人工水道、国有水库委托水利工程管理单位管理。

第五条 河道防汛和清障工作实行地方人民政府行政首长负责制。

第六条 一切单位和个人都有保护河道提防安全和参加防汛抢险的义务。

第二章 河道整治与建设

第七条 河道的整治与建设,必须服从流域综合规划,符合国家规定的防洪标准、通航标准和其他有关技术要求。修建开发水利、防治水害、整治河道的各类工程和跨河、穿河、穿堤、临河的桥梁、码头、道路、渡口、管道、缆线等建筑物及设施,建设单位必须按照河道管理权限,将工程建设方案报送河道主管机关审查同意后;方可按基本建设程序履行审批手续。

第八条 计划主管部门在审批本办法第七条所列建设项目时,如对建设项目的性质、规模、地点作较大变动,应当事先征得河道主管机关的同意。

建设单位需要对已批准的建设项目的性质、规模、地点作较大变动时,应当按照本办法第七条规定重新办理审批手续。

第九条 交通部门进行航道整治,应当符合防洪安全要求,并事先征求河道主管机关对有关设计和计划的意见。

水利部门进行河道整治,涉及航道的,应当兼顾航运的需要,并事先征求交通部门对有关设计和计划的意见。

在国家规定可以流放竹木的河流和重要的渔业水域进行河道、航道整治,建设单位应当兼顾竹木水运和渔业发展的需要事先将有关设计和计划送同级林业、渔业主管部门征求意见。

第十条 因整治河道新增加的可利用土地属于国家所有,可由县级以上人民政府用于移民安置和河道整治工程。

第十一条 城市、集镇建设和发展不得占用河道滩地。城市、集镇规划的临河界限,根据河道整治规划和河道管护范围,由河道主管机关会同城镇规划等有关部门划定。城镇规划主管部门在编制和审查沿河城镇建设规划时,应按河道管理权限征求河道主管机关的意见。

第十二条 严禁单位和个人擅自在堤防上破堤开口、埋设管道、暗涵。因特殊原因确需破堤开口、埋设管道、暗涵的,须事先报经河道主管机关审查批准,并按要求及时修复堤防;新建设须经河道主管机关验收合格后方可启用,并服从河道主管机关的安全管理。

第十三条 市(地、州)、县(市、区)以河道为边界的,以及跨市(地、州)县、(市、区)的河道,未经有关各方达成协议或者上一级河道主管机关批准,禁止单方面修建排水、阻水、引水、蓄水及河道整治工程。

第三章 河道管理与保护

第十四条 河道管理范围:有堤防或护岸的河道。为两岸堤防或护岸之间的水域、整治工程、沙洲、滩地(含可耕地)、行洪区,两岸堤防、护岸及护堤地、护岸地;无堤防的河道按批准的河道规划范围确定;尚未批准规划的河道可按历史最高洪水位确定。河道的具体管理范围，由县级人民政府批准后划定。

第十五条 护堤地由河道主管机关提出方案，报县级以上人民政府按下列规定范围划定：

（一）保护城镇或一万亩以上（含一万亩，下同）农田的堤防，护堤地自背水坡脚延伸十至二十米；

（二）保护一万亩以下农田的堤防，护堤地自背水坡脚延伸五至十米。

现有堤防尚未划定护堤地的，由县级以上人民政府根据实际情况划定。

第十六条 保护重要工矿企业和城镇的护岸，经县级以上人民政府批准，可以划定护岸地。护岸地范围为：自护岸顶端延伸不超过十米。

第十七条 划定的护堤地、护岸地，土地所有权、使用权不变，但应服从河道主管机关的防洪安全管理；国家专门征用作为护堤地、护岸地的土地，由河道主管机关管理使用，并按规定办理土地确权手续。

第十八条 河道堤防、护岸工程管理实行专业管理与群众管护相结合的原则。

保护城镇或五万亩以上农田的堤防，由河道主管机关组织成立河道专管机构，或指定水利工程管理单位负责管理。

保护一万亩以下农田的堤防，由河道主管机关会同当地乡级人民政府负责，成立群众管护组织，进行河道堤防的日常维护、检查和管理。

第十九条 江河故道、旧堤、原有工程设施，非经河道主管机关批准，任何单位、个人不得填堵、占用、拆毁。

第二十条 在河道管理范围内进行下列活动，必须报经河道主管机关批准；涉及其他部门的，由河道主管机关会同有关部门批准：

（一）采砂、取土、淘金、弃置砂石或淤泥，但采砂、取土为家庭自用的除外；

（二）爆破、钻探、挖筑鱼塘；

（三）在河道滩地存放物料、修建厂房或其他建筑设施；

（四）在河道滩地开采地下资源，进行考古发掘。

第二十一条 在跨河桥梁、渡槽和公路、渡口下列范围内，禁止拦河筑坝，围垦造田、采石挖砂或修建其他危害安全的设施。

（一）铁路桥桥长一百米以上的，上下游各五百米内；桥长二十米至一百米的,上下游各三百米内;桥长二十米以下的,上下游各二百米内。

(二)大型公路桥梁、渡槽和公路渡口上下游各二百米内。

第二十二条 根据堤防的重要程度、堤基土质条件等,河道主管机关报经县级以上人民政府批准,可以在河道管理范围的相连地域划定堤防安全保护区。安全保护区域内土地权属不变。

在堤防安全保护区内,禁止打井、钻探、爆破、挖筑鱼塘、采石取土等危害堤防安全的活动。确需从事上述活动,应当征得河道主管机关同意。

第四章 河 道 清 障

第二十三条 凡违章在河道管理范围内修建拦河闸坝、码头、船台、道路、桥梁、泵站、管道、围堰、渠道、涵洞、窑窖、房屋等壅水、阻水、束水、导流、挑流、影响河道行洪和工程安全养护管理的建筑物和其他工程设施,以及在河道行洪通道内种植高秆农作物、芦苇、杞柳、荻柴和竹、木,乱堆乱倒矿渣、石渣、煤灰、泥土、垃圾等,均属清障范围。

第二十四条 河道管理范围内的阻水障碍物,由河道主管机关提出清障计划和实施方案,由防汛指挥部按照"谁设障谁清除"的原则,责令设障单位或个人在规定期限内清除。逾期不清除的,县级人民政府应追究设障单位负责人的责任,并由防汛指挥部组织强行清除,全部清障费用由设障者负担。

第二十五条 对壅水、阻水严重的桥梁、引道、码头和其他跨河工程设施,由河道主管机关根据国家规定的防洪标准提出清障方案,报经同级人民政府批准后,责成原建设单位在规定的期限内改建或者拆除。汛期影响防洪安全的,必须服从防汛指挥部的紧急处理决定。

第二十六条 在河道两岸山体滑坡、泥石流多发地段,禁止进行垦荒、采石、取土、爆破等活动。在山区河道两岸开矿、采石、修路等,不得阻塞河道和妨碍行洪。因上述行为造成河道淤积或缩窄河道的,由责任者负责清淤、疏浚。

第二十七条 在河道管理范围内进行工程建设,工程出渣、物资堆放必须符合防洪要求,工程施工完毕,应当及时清除施工围堰、残桩、沉箱、废墩、废渣等遗留物。

第二十八条 为紧急抗旱需要在河道内临时筑坝时，须经河道主管机关批准；抗旱过后，筑坝单位应及时拆除。

第二十九条 在防汛抢险期间，各级河道管理机构、组织和有关部门、单位应当接受有关防汛指挥部的统一指挥，服从调度命令，组织力量完成抢险任务，确保河道堤防安全。

第五章 经 费

第三十条 河道堤防的防汛岁修费，按照分级管理原则，分别列入省、市（地、州）、县（市、区）年度财政预算。

第三十一条 因堤防、水闸、排涝工程而受益的区域称为受益区，受益区内从事工业、商业、服务业等生产经营的单位，须向河道主管机关缴纳河道工程修建维护管理费。具体收费标准和计收办法，由省河道主管机关会同省财政、物价部门制定，报省人民政府批准后执行。

受益区的范围，由县级以上人民政府根据堤防、排涝工程的设防标准或水闸的设计标准确定。

第三十二条 在河道管理范围内开采砂石、淘金、取土的应经河道主管机关同意，并按国家有关规定缴纳河道采砂管理费。其中，在水利工程管理单位管护范围内开采砂石、淘金、取土的，并应事先征得水利工程管理单位同意。

为家庭自用少量采砂、取土的，不缴纳河道采砂管理费。

第三十三条 任何单位和个人，凡对堤防、护岸和其他水工程设施造成损坏或者造成河道淤积的，由责任者负责修复、清淤或者承担维修费用。

第三十四条 河道主管机关收取的各项费用，用于河道堤防的工程建设、管理维修和设施更新改造、结余资金可以连年结转使用，任何部门不得截取、挪用。

第三十五条 县级以上人民政府可在汛期组织河道两岸城镇、乡村区域内的单位和个人义务出工，对堤防工程进行维修和加固。

第六章 奖励与处罚

第三十六条 对执行《中华人民共和国河道管理条例》和本办法成绩显

著的单位和个人,由县级以上河道主管机关或人民政府予以表彰、奖励。

第三十七条 违反《中华人民共和国河道管理条例》和本办法规定的,由县级以上河道主管机关依照《中华人民共和国河道管理条例》第四十四条、第四十五条的规定处罚。

第三十八条 《中华人民共和国河道管理条例》第四十四条、第四十五条规定的罚款,对个人的罚款额不超过一千元,对单位罚款额不超过一万元。对违法行为的具体罚款标准,由省河道主管机关会同省人民政府法制局制定方案,经省人民政府批准后发布执行。

罚款按《四川省罚款和没收财物行政处罚管理办法》执行。

第三十九条 当事人对行政处罚决定不服的,可以按照《中华人民共和国河道管理条例》第四十六条规定申请复议或者提起诉讼。

第四十条 对违反《中华人民共和国河道管理条例》和本办法规定,造成国家、集体、个人经济损失的,受害方可以请求县级以上河道主管机关处理;也可以直接向人民法院起诉。

当事人对河道主管机关处理决定不服的,可以在接到通知之日起,十五日内向人民法院起诉。

第四十一条 河道主管机关的工作人员和河道监理人员玩忽职守、滥用职权、徇私舞弊的,由其所在单位或者上级主管机关给予行政处分;对公共财产、国家和人民利益造成重大损失的,依法追究刑事责任。

第七章 附 则

第四十二条 集体经济组织所有的水塘、水库,由该集体经济组织负责经营管理。

第四十三条 本办法具体应用中的问题由省水行政主管部门负责解释。

第四十四条 本办法自发布之日起施行。1984年发布的《四川省江河管理暂行规定》同时废止。

四川省《中华人民共和国水法》实施办法

（1992年3月13日四川省第七届人民代表大会常务委员会第二十八次会议通过 根据1997年10月17日四川省第八届人民代表大会常务委员会第二十九次会议《关于修改〈四川省《中华人民共和国水法》实施办法〉的决定》第一次修正 2005年4月6日四川省第十届人民代表大会常务委员会第十四次会议修订 根据2012年7月27日四川省第十一届人民代表大会常务委员会第三十一次会议《关于修改部分地方性法规的决定》第二次修正）

第一章 总 则

第一条 根据《中华人民共和国水法》，结合四川省实际，制定本实施办法。

第二条 在四川省行政区域内开发、利用、节约、保护、管理水资源，防治水害，适用本实施办法。

第三条 水资源属于国家所有。

国家对水资源实行取水许可制度和有偿使用制度。农村集体经济组织及其成员使用本集体经济组织的水塘、水库中的水除外。

县级以上地方人民政府水行政主管部门根据分级管理权限，负责职责范围内的取水许可制度和水资源有偿使用制度的组织实施。

第四条 县级以上地方人民政府应当编制城乡水利基础设施建设规划，并将其纳入本级国民经济和社会发展计划。

第五条 单位和个人有保护水资源、节约用水的义务。

地方各级人民政府应当加强对节约用水的管理，完善节水管理体制和技术开发推广体系，培育和发展节水产业，建立节水型社会。

第六条 国家对水资源实行流域管理与行政区域管理相结合的管理体制。

省水行政主管部门负责全省水资源的统一管理和监督，指导、统筹、协调全省城乡水务工作。

市、州、县（市、区）水行政主管部门按照规定的权限，负责本行政区域内水资源的统一管理和监督。市、州人民政府可以确定重要经济区域的水资源和市、州人民政府所在地城市规划区范围内的水资源由本级水行政主管部门直接管理。

在省管的重要江河、湖泊，经省人民政府批准，省水行政主管部门可以设立流域管理机构。流域管理机构在所管辖的范围内行使法律法规规定的和省水行政主管部门授予的管理、监督职责。

第七条　县级以上地方人民政府有关部门按照职责分工，负责水资源开发、利用、节约和保护的有关工作。

第二章　水资源规划和开发利用

第八条　水资源综合规划包括流域水资源综合规划、区域水资源综合规划。

全省水资源综合规划，由省水行政主管部门会同省级有关部门编制，报省人民政府批准。

市、州、县（市、区）的区域水资源综合规划，由本级水行政主管部门会同同级有关部门编制，报同级人民政府批准。

全省水资源综合规划，应当服从国家重要江河流域的水资源综合规划。市、州、县（市、区）的区域水资源综合规划，应当服从所在流域水资源综合规划和上一级区域水资源综合规划。

第九条　省管的重要江河、湖泊的流域水资源综合规划，由省水行政主管部门会同同级有关部门和有关市、州人民政府编制，报省人民政府批准。省管的其他江河、湖泊流域水资源综合规划，由省水行政主管部门组织有关市、州水行政主管部门和有关部门编制，报省人民政府批准。

市、州、县（市、区）管辖的江河、湖泊流域水资源综合规划，由本级水行政主管部门会同同级有关部门编制，报同级人民政府批准。

第十条　编制流域和区域水资源综合规划所需经费列入有关部门预算，由同级财政予以保障。

第十一条　建设水工程，必须符合流域水资源综合规划。在省管的江河、湖泊上建设水工程，其工程可行性研究报告报请批准或者核准前，省水行政主管部门应当对水工程的建设是否符合流域水资源综合规划进行审查并签署意见；在其他江河、湖泊上建设水工程，其工程可行性研究报告报请批准或者核准前，县级以上水行政主管部门应当按照管理权限对水工程的建设是否符合流域水资源综合规划进行审查并签署意见。未经有管辖权的水行政主管部门审查同意的水工程，不得批准其可行性研究报告，不得批准动工建设。

第十二条 开发利用水资源和水能资源应当符合流域水资源综合规划和有关专业规划。

建设水力发电站，应当保护生态环境、防治水土流失，兼顾防洪、供水、灌溉、航运、竹木流放和渔业等方面的需要。水力发电站的立项审批或者核准，应当事先征得有管辖权的水行政主管部门审查同意。电站运行应当符合年度水量分配方案和调度计划。

第三章 水资源、水域和水工程的保护

第十三条 省水行政主管部门应当会同省环境保护行政主管部门、有关部门和有关市、州人民政府，拟定省管的重要江河、湖泊的水功能区划，报省人民政府批准。省管的其他江河、湖泊的水功能区划，由江河、湖泊所在地的市、州水行政主管部门会同同级环境保护行政主管部门和其他有关部门拟定，经省水行政主管部门和省环境保护行政主管部门审核后，报省人民政府批准。经批准的水功能区划应当向社会公布。

市、州、县（市、区）管辖的河流、湖泊的水功能区划，参照上款规定拟定、报批和公布。

第十四条 省水行政主管部门应当加强水文和本系统的水质监测站网的规划和建设，加强全省水文和水资源动态监测的管理和监督。省水文机构应定期汇总各有关从事水文、水资源动态监测单位提交的相关观测资料。

第十五条 利用江河、湖泊从事集约化养殖的，必须符合经批准的水功能区划。

供生活饮用水的重要水域，不得从事集约化养殖等危害饮用水水源水质的活动。

第十六条 禁止在饮用水水源保护区内设置排污口。

在江河、湖泊和水库、渠道新建、改建或者扩大排污口，应当经有管辖

权的水行政主管部门同意,由环境保护行政主管部门负责对该项目的环境影响报告书进行审批。

第十七条 在地下水超采地区,县级以上地方人民政府应当采取措施,严格控制地下水开采并逐步削减地下水开采量达到采补平衡。在地下水严重超采地区,由市、州水行政主管部门提出方案,经省水行政主管部门审核,报省人民政府批准,可以划定地下水禁止开采或者限制开采区。

在城市公共供水管网覆盖范围内,严格控制新建自备水源,对原有的自备水源应当按照国家规定逐步提高水资源费征收标准,递减许可取水量直至取消。

第十八条 河道采砂实行采砂许可制度。

各级水行政主管部门应当按照管辖权限,根据河道行洪和堤防安全的需要,制定河道采砂(含取土、采石)规划,划定禁采区,规定禁采期和可采量,并向社会公告。

在河道管理范围内进行采砂活动,应当向有管辖权的水行政主管部门申请办理河道采砂许可证、缴纳砂石资源费。砂石资源费应当全部上缴财政,具体征收、使用管理办法由省财政主管部门、省价格主管部门会同省水利主管部门、省国土资源主管部门制定。

第十九条 禁止围湖造地、围库造地。已经围垦的,必须按照防洪标准、水库设计蓄水标准和县级以上人民政府确定的计划,退地还湖、还库。

禁止围垦河道。确需围垦的,其围垦方案应当经过科学论证,符合防洪规划、河道整治规划,经省水行政主管部门同意后,报省人民政府批准。

第二十条 国家所有的水工程由有管辖权的水行政主管部门会同同级国土资源行政主管部门按照国务院的规定划定工程管理和保护范围。其他各类水工程,按照省人民政府的规定划定管理和保护范围,落实管理措施和保护职责。

在水工程管理范围内(包括水利工程用地、护渠地、护堤地),禁止从事下列活动:

(一)损害水工程建筑物及其附属设施;

(二)擅自砍伐水工程防护林木;

（三）在堤坝上垦殖、铲草、放牧；

（四）未经批准修建建筑物；

（五）进行爆破、采矿、打井、筑坟、采石（砂）、取土；

（六）向水库、渠道水域、滩地倾倒固体废弃物和液体污染物；

（七）其他危害水工程安全的活动。

在水工程保护范围内，禁止从事影响水工程运行、危害水工程安全和防洪设施以及污染水源的爆破、打井、取土、采石（砂）、陡坡开垦、伐木、开矿、建筑等活动。

第二十一条 水工程管理范围内的土地使用权归水工程管理单位。因建设确需占用的，应当征求水工程管理单位的意见，经有管辖权的水行政主管部门同意，并依法给予补偿，造成损失的给予赔偿。

第四章 水资源配置和节约使用

第二十二条 全省和跨市、州的水中长期供求规划，由省水行政主管部门会同有关部门制订，经省人民政府发展和改革部门批准后执行。市、州、县（市、区）的水中长期供求规划，由县级以上水行政主管部门会同有关部门制订，报同级人民政府发展和改革部门批准后执行。

第二十三条 跨市、州的水量分配方案和旱情紧急情况下的水量调度预案，由省水行政主管部门商有关市、州人民政府制订，报省人民政府批准后执行。

第二十四条 省管的重要江河、湖泊的年度水量分配方案，应当纳入全省国民经济和社会发展年度计划。县级以上水行政主管部门应当根据批准的水量分配方案，制订年度水量分配方案和调度计划，经同级人民政府批准后，实施水量统一调度。

县级以上水行政主管部门负责水量分配方案和调度计划在本行政区域内的执行和监督。

第二十五条 省有关行政主管部门应当制订本行政区域内的行业用水定额，报同级水行政主管部门和质量监督检验行政主管部门审核同意后，由省人民政府公布施行。

主要用水企业的用水定额和节水标准，应当通过水平衡测试，并对单位用水、耗水、节水等情况进行统计分析评估后制定。

用水企业的用水重复利用率低于当地规定的行业标准的，不增加用水计划指标，不批准新建自备取水设施。

第二十六条　直接从江河、湖泊、水库或者地下取用水资源的单位和个人，应当按照国家取水许可制度的规定，向当地水行政主管部门申请取水许可证，并按国家和省的有关规定缴纳水资源费。家庭生活和零星散养、圈养畜禽饮用等少量取水的除外。

第二十七条　建设单位或个人申请取水许可，应当向有管辖权的水行政主管部门提交建设项目水资源论证报告书（表）；未提交的，水行政主管部门不得受理申请，有关部门不得立项。

实施取水许可制度的具体办法，按照国务院和省人民政府的有关规定执行。

第二十八条　持有取水许可证的单位和个人应当在取水点或输水总管装置量水设施，如实向水行政主管部门提供取水量测定数据，不得随意改变取水许可证规定的取水位置、取水方式、取水用途和取水条件，不得擅自扩大取水量。量水设施应当经有关检验机构鉴定合格。

第二十九条　有下列情况之一的，有管辖权的县级以上水行政主管部门有权调整取水单位的取水量：

（一）由于自然原因造成水资源状况发生变化的；

（二）社会总需水量增加或者用户要求发生变化的；

（三）国家特殊需要的。

第三十条　取水实行计量收费和超计划、超定额累进加价制度。

水资源费的征收、管理和使用，按照国务院和省人民政府的有关规定执行。

第三十一条　省水行政主管部门负责拟定全省节约用水政策，制定有关标准，组织、指导和监督全省节水工作。

县级以上地方人民政府水行政主管部门负责本行政区域内节水工作的组织、指导和监督，其他有关部门负责与本行业有关的节水工作。

第三十二条　新建、扩建、改建建设项目，应当制定节水措施方案，配套建设节水设施。节水设施应当与主体工程同时设计、同时施工、同时投入使用。

县级以上水行政主管部门和有关主管部门在各自的职责范围内对供用水单位的取水、供水和用水情况进行监督检查。供用水单位应当对供水管网定期进行普查和检测，建立技术档案，制定节水技术改造计划，降低管网漏失率。

第三十三条　县级以上地方各级人民政府可以从超计划、超定额加价水费中提取一定比例资金，专门用于推广节水技术等工作。

第三十四条　使用水工程供应的水，应当向供水单位缴纳水费。水费标准，按照供水工程分级管理权限由县级以上价格行政主管部门会同同级水行政主管部门确定；超计划用水的，应当按规定缴纳超计划用水水费。

第五章　水事纠纷处理与执法监督检查

第三十五条　发生水事纠纷，当事人应当协商解决，协商解决不成的，可以申请县级以上地方人民政府或者水行政主管部门调解，也可以直接向人民法院提起民事诉讼。调解不成的，当事人可以向人民法院提起民事诉讼。

乡镇人民政府应当配合水行政主管部门及时调解本乡、镇的水事纠纷。

在水事纠纷解决前，当事人不得单方面改变水的现状。

第三十六条　县级以上水行政主管部门应当建立水政监督检查制度，对违反有关水管理的法律、法规和规章的行为加强监督检查并依法进行查处。

水政监督检查人员应当忠于职守，秉公执法。

水政监督执法所需经费列入本级政府财政预算，由本级财政予以保障。

第三十七条　上级水行政主管部门必要时可以直接查处下级水行政主管部门管辖范围的水事案件；下级水行政主管部门也可以受上级水行政主管部门委托查处指定的水事案件。

第六章　法　律　责　任

第三十八条　水行政主管部门以及流域管理机构、水工程管理单位及其工作人员有不履行法定职责、玩忽职守、滥用职权、徇私舞弊行为的，依法追究行政责任；构成犯罪的，依法追究刑事责任。

第三十九条　违反本办法第十五条第二款规定的，责令限期拆除、恢复原状；逾期不拆除、不恢复原状的，代为拆除、恢复原状，费用由违法单位或者个人承担，并处 1 万元以上 5 万元以下的罚款。

第四十条 违反本办法第十六条第二款规定的，责令停止违法行为，限期恢复原状；逾期不恢复原状的，代为拆除，恢复原状，费用由违法单位和个人承担，并处 1 万元以上 10 万元以下的罚款。

第四十一条 未办理河道采砂许可证擅自在河道采砂的，责令停止违法行为，没收违法所得和非法采砂机具，并处 5 万元以上 30 万元以下的罚款；情节严重的，扣押或者没收非法采砂船舶。

不按照河道采砂许可的规定，在禁采区、禁采期采砂的，可依照前款规定处罚，并可吊销河道采砂许可证。

第四十二条 围湖造地、围库造地、不按批准的围垦方案围垦河道或者不按计划退地还湖、还库的，责令停止违法行为，限期清除障碍或者采取其他补救措施，可并处 1 万元以上 5 万元以下的罚款。

第四十三条 违反本办法第二十条第二款、第三款规定的，责令停止违法行为，采取补救措施，处 1 万元以上 5 万元以下的罚款。

第四十四条 违反本办法第二十八条规定，有下列行为之一的，责令停止违法行为，并可按设施、设备设计取水能力计收水资源费：

（一）未在取水点或者输水总管装置量水设施，或者使用不合格量水设施的；

（二）拒绝提供取水量测定数据等有关资料，或者提供虚假资料的。

第四十五条 本办法规定的行政处罚，由县级以上水行政主管部门或流域管理机构依照职权决定。

第四十六条 违反本办法其他规定的，依照《中华人民共和国水法》《中华人民共和国防洪法》等有关法律、法规的规定处理。

第七章 附 则

第四十七条 民族自治地方的人民代表大会可以依照《中华人民共和国水法》和本实施办法确定的原则，制定单行条例，经省人民代表大会常务委员会批准后施行。

第四十八条 本办法自 2005 年 7 月 1 日起施行。

四川省《中华人民共和国防洪法》实施办法

(2007年5月31日四川省第十届人民代表大会常务委员会第二十八次会议通过)

第一条 根据《中华人民共和国防洪法》，结合四川省实际，制定本实施办法。

第二条 在本省行政区域内从事防洪以及与防洪有关的活动，适用本实施办法。

第三条 防汛抗洪工作实行各级人民政府行政首长负责制，统一指挥，分级分部门负责。

县级以上地方人民政府水行政主管部门在本级人民政府的领导下负责本行政区域内防洪的组织、协调、监督、指导等日常工作。依法设立的流域管理机构，在省管的重要江河、湖泊范围内行使法律、法规规定的和省水行政主管部门委托的本流域防洪的指导、协调和监督管理职责。

县级以上地方人民政府建设行政主管部门和其他有关部门在本级人民政府的领导下，按照各自的职责负责有关的防洪工作。

第四条 省管的江河、湖泊的防洪规划，由省水行政主管部门依据该江河、湖泊的流域综合规划和区域综合规划，会同有关部门和有关市（州）人民政府编制，报省人民政府批准，并报国务院水行政主管部门备案。

市（州）、县（市、区）管的江河、湖泊的防洪规划，由本级水行政主管部门分别依据流域综合规划和区域综合规划会同同级有关部门编制，报同级人民政府批准，并报上一级人民政府水行政主管部门备案。

城市防洪规划，由城市人民政府组织水行政主管部门、建设行政主管部门和其他有关部门依据流域防洪规划、上一级人民政府区域防洪规划编制，按照有关规定批准后纳入城市总体规划。

第五条 在河道整治、堤防建设规划保留区内不得兴建与防洪无关的建筑物和其他设施。特殊情况下，国家工矿建设项目需占用保留区内的土地的，应先征求有管辖权的水行政主管部门的意见，并按照国家的基本建设程序报请批准。

临时占用保留区内土地的,应先征得水行政主管部门的同意。临时占用保留区土地的单位或者个人应在占用结束后负责恢复保留区土地原状。

第六条 整治河道和修建护堤护岸、丁坝、码头、桥梁、公路等对河道有影响的工程,应当兼顾上下游、左右岸的关系,按照规划治导线实施,不得任意改变河水流向。

规划治导线按照以下规定划定:

(一)国家确定的重要江河的规划治导线,按国务院水行政主管部门批准的规划治导线划定;

(二)省确定的跨市(州)的重要江河、河段以及都江堰灌区内灌排兼用河道的规划治导线,由省水行政主管部门拟定,报省人民政府批准;

(三)其他跨市(州)的江河、河段的规划治导线,由有关市(州)水行政主管部门拟定,经省水行政主管部门审查后,报省人民政府批准;

(四)跨县(市、区)的江河、河段的规划治导线,由市(州)水行政主管部门拟定,报市(州)人民政府批准;

(五)其他江河、河段的规划治导线,由县(市、区)水行政主管部门拟定,报县级人民政府批准。

第七条 城市建设、改造应当符合城市防洪规划,不得侵占行洪断面和改变规划的河道岸线;河道两岸防洪抢险通道内不得兴建与防洪无关的建筑和设施。

城市人民政府应当加强对城区排涝管网、泵站等设施的规划、建设和管理。

城市建设不得擅自填堵原有河道沟汊、贮水湖塘洼淀,不得废除原有防洪围堤或者将原河道沟渠覆盖。确需填堵、废除或者覆盖的,应当通过充分论证后由有管辖权的水行政主管部门审查同意并报城市人民政府批准。

第八条 在河道、湖泊管理范围内禁止下列活动:

(一)修建妨碍行洪的围堤、围墙、阻水道路、房屋等建筑物、构筑物;

(二)弃置矿渣、石渣、煤灰、垃圾、泥土等;

(三)其他影响河势稳定、危害河岸堤防安全、妨碍河道行洪的活动。

禁止在行洪河道内种植阻碍行洪的林木和高秆作物。

第九条 在防洪工程设施保护范围内,禁止爆破、打井、采石、取土、开渠、挖窖、挖塘、葬坟、开采地下资源等危害防洪工程设施安全的活动。

第十条 任何单位和个人不得破坏、侵占、毁损防洪排涝设施，不得向行洪道倾倒固体废弃物。

第十一条 江河、湖泊上的在建、已建工程，其防汛任务由工程业主单位或者其委托的管理单位负责。工程业主单位和被委托的管理单位应当接受水行政主管部门监督。

第十二条 防洪保护区、洪泛区、蓄滞洪区的范围由省水行政主管部门商有关市（州）人民政府划定，报省人民政府批准后予以公告。

第十三条 有防汛抗洪任务的县级以上地方人民政府应当设立防汛指挥机构，负责领导、组织本行政区域的防汛抗洪工作。防汛指挥机构的主要职责是：

（一）编制本地区防御洪水方案；

（二）负责本地区的防汛检查，督促有关部门及时处理影响安全度汛的有关问题；

（三）贯彻执行上级防汛调度指令和批准的洪水调度方案，实施洪水调度并落实各项措施；

（四）发布本地区的汛情、灾情，宣布紧急防汛期；

（五）负责防汛经费和物资的计划、管理和调度；

（六）检查督促防洪工程设施的建设和水毁工程的修复。

防汛指挥机构的办事机构设在同级人民政府水行政主管部门。

第十四条 各级防汛指挥机构的组成部门和单位应当按照各自的职责分工承担相应的防汛任务。其他有防汛抗洪任务的部门和单位，应当负责做好本行业和本单位的防汛工作，并接受当地防汛指挥机构的统一指挥、监督和检查。

第十五条 防御洪水方案实行分级编制。县级以上防汛指挥机构编制的防御洪水方案，由本级人民政府批准，并报上一级防汛指挥机构备案。

第十六条 本省汛期为每年5月1日至9月30日。

在特殊情况下，省防汛指挥机构可以决定提前或者延长汛期。

第十七条 汛情由县级以上防汛指挥机构通过电视、广播、报纸等新闻媒体以及其他有效途径，及时向社会发布。其他任何单位和个人不得发布。

第十八条 在汛期,执行抢险救灾任务的防汛指挥车辆和抢险救灾车辆免交过路(桥)费。在紧急防汛期,行政区域内各路(桥)收费站(口)应留防汛抢险通道,防汛指挥车辆和抢险救灾车辆优先通行。

第十九条 水库、水电站、拦河闸坝和其他水工程管理单位应当根据工程设计、防御洪水方案和洪水调度方案制订汛期调度运行计划;在建水工程的建设单位应当制订度汛方案。

汛期调度运行计划和度汛方案的审批按照国家有关规定执行。

第二十条 水库、水电站不得擅自在汛期限制水位以上蓄水和任意改变泄洪流量。汛期限制水位以上的防洪库容的运行,必须服从防汛指挥机构的调度和监督。

当流域发生重大汛情等紧急情况时,水库、水电站必须服从有调度指挥权的防汛指挥机构调度;水库、水电站在确保自身工程安全条件下有滞洪削峰、提前留足防洪库容等义务。

第二十一条 在汛期,堤防、闸坝、水库等工程管理单位应加强巡查,及时报告并处置险情。

第二十二条 与防洪有关的水工程设施的所有者或者经营者应当承担相应的防洪责任,保证工程的安全运行。

第二十三条 防汛物资实行分级负担、分级储备、分级管理。

省储备的防汛物资主要用于省内重点江河防洪工程的防汛抢险;市、县储备的防汛物资主要用于本行政区域内的防汛抢险。有防汛抗洪任务的乡镇和企业、事业单位应当储备必要的防汛物资,主要用于本乡(镇)和本单位的防汛抢险。

紧急情况下,下级防汛指挥机构储备的防汛物资应当服从上级防汛指挥机构的统一调度。

第二十四条 各级人民政府应当逐步提高防汛投入的总体水平,将防汛经费纳入地方财政预算,安排资金用于本行政区域内的抗洪抢险、水毁工程修复、防洪非工程措施建设等。

第二十五条 江河、湖泊治理和防洪工程设施建设和维护所需资金,除中央财政投入外,按照事权和财权相统一的原则,由省、市、县财政分级承担。

受洪水威胁地区的油气田、管道、铁路、公路、矿山、电力、电信等企业、事业单位应当自筹资金，兴建必要的防洪自保工程，保证工程设施正常运行。

第二十六条　防洪保护区范围内受益的工商企业等单位应当缴纳河道工程修建维护管理费。收费标准和征收使用办法，由省财政、物价部门会同省水行政主管部门制定。

第二十七条　违反本实施办法第七条第三款规定的，城市人民政府应当责令停止违法行为，限期恢复原状或采取其他补救措施。

第二十八条　违反本实施办法第八条、第九条规定行为之一的，由县级以上地方人民政府水行政主管部门责令停止违法行为，清除障碍或者采取其他补救措施，可并处5000元以上5万元以下罚款。

第二十九条　违反本实施办法第十条规定的，由县级以上地方人民政府水行政主管部门责令停止违法行为，恢复原状，赔偿损失，可并处1万元以上5万元以下罚款。

第三十条　违反本实施办法第十七条规定的，由县级以上地方人民政府水行政主管部门责令停止违法行为，可并处1000元以上1万元以下罚款；应当给予治安管理处罚的，依照治安管理处罚法的规定处罚；构成犯罪的，依法追究刑事责任。

第三十一条　违反本实施办法第二十条规定，在汛期不服从防汛指挥机构调度指挥、不履行滞洪削峰或者提前留足防洪库容等义务的，由县级以上地方人民政府水行政主管部门责令限期改正；拒不改正的，处1万元以上10万元以下罚款；构成犯罪的，依法追究刑事责任。

第三十二条　防汛指挥机构、水行政主管部门及其他有关部门有下列行为之一的，对其主管人员和直接责任人依法给予行政处分；构成犯罪的，依法追究刑事责任：

（一）不执行防洪规划的；

（二）截留、挤占、挪用防汛资金和物资的；

（三）违法批准建设严重影响防洪的建筑物的；

（四）不执行防汛抢险指令的；

（五）滥用职权、玩忽职守、徇私舞弊，致使防汛抗洪工作遭受重大损失的。

第三十三条　本实施办法自2007年8月1日起施行。

贵州省

贵州省河道条例

(2019年1月17日贵州省第十三届人民代表大会常务委员会第八次会议通过 根据2021年11月26日贵州省第十三届人民代表大会常务委员会第二十九次会议通过的《贵州省人民代表大会常务委员会关于修改〈贵州省水资源保护条例〉等地方性法规部分条款的决定》修正)

第一章 总 则

第一条 为了加强河道保护与管理,保障防洪安全,防止水质污染,促进生态文明建设,根据《中华人民共和国水法》《中华人民共和国河道管理条例》和有关法律、法规的规定,结合本省实际,制定本条例。

第二条 本条例适用于本省行政区域内河道(包括河流、湖泊、岩溶暗河、水库库区、人工水道)的保护、管理等相关活动。

第三条 河道管理坚持生态优先、绿色发展、强化规划、注重保护、合理利用的原则,有效保护河道资源与环境,维护生态功能。

第四条 县级以上人民政府应当加强对河道保护与管理工作的领导,将河道保护与管理纳入国民经济和社会发展规划,河道保护与管理有关公共事项所需经费列入同级财政预算。

省人民政府应当建立河道生态保护补偿机制。

第五条 县级以上人民政府应当建立河(湖)长制工作机制,落实河道保护与管理主体责任,建立健全综合治理长效机制,推进水资源和水域岸线保护、水污染防治、水环境治理、水生态修复,维护河道自然生态,提升河道综合功能。

第六条 县级以上人民政府水行政主管部门负责本行政区域内河道的保护与管理工作。河道管理单位承担所管理河道的保护与管理的日常工作。

县级以上人民政府发展改革、公安、财政、自然资源、生态环境、住房城乡建设、交通运输、农业农村、应急、林业、综合执法等有关部门按照各自职责做好河道保护与管理工作。

第七条 对在河道保护和管理方面成绩显著的单位和个人,按照国家和省有关规定给予表彰奖励。

第二章 规划和整治

第八条 县级以上人民政府水行政主管部门应当会同有关部门根据需要编制河道相关专业规划，报本级人民政府批准后实施。

河道相关专业规划包括岸线管理与利用、水域保护、河道整治、清淤疏浚等规划。

经批准的河道相关专业规划需要修改时，应当按照规划编制程序报原批准机关批准。

第九条 河道相关专业规划应当服从流域综合规划、区域综合规划，并与航道、渔业、湿地等规划相衔接，应当统筹上下游、左右岸、干支流，综合考虑地区水资源条件、环境承载能力、防洪要求和生态环境保护及修复。

第十条 河道的整治应当符合河道相关专业规划，维护堤防安全，保持河势稳定和行洪、航运的通畅。

县级以上人民政府应当对非法排污、设障、捕捞、养殖、采砂、采矿、围垦、侵占水域岸线等活动进行清理整治。

县级以上人民政府交通运输行政主管部门进行航道整治，应当符合防洪安全要求，并事先征求同级人民政府水行政主管部门对有关设计和计划的意见。

县级以上人民政府水行政主管部门进行河道整治，涉及航道的，应当兼顾航运的需要，并事先征求同级人民政府交通运输行政主管部门对有关设计和计划的意见。

在重要的渔业水域进行河道、航道整治，建设单位应当兼顾渔业发展的需要，并事先征求同级渔业主管部门对有关设计和计划的意见。

第十一条 城乡建设和发展不得占用河道滩地。城乡规划的临河界限，由县级人民政府水行政主管部门会同城乡规划等有关部门确定。城乡规划主管部门在编制和审查沿河城乡规划时应当按照河道管理权限事先征求县级人民政府水行政主管部门的意见。

第十二条 县级以上人民政府水行政主管部门应当对河道淤积情况进行监测，并根据监测情况制定整治疏浚计划，报经本级人民政府批准后实施。

整治疏浚计划应当明确整治的范围和方式、责任主体、资金来源、淤积物处理等事项。

第十三条 修建桥梁、码头、道路和取水、排水等设施,应当按照河道相关专业规划及国家规定的防洪标准和技术要求进行,不得缩窄行洪通道。

桥梁和栈桥等建筑物的梁底应当高于防洪规划确定的设计洪水位,并按照防洪和航运的要求留有一定的安全高度。

跨越河道的管道、线路的净空高度应当符合防洪和航运的要求。

第十四条 修建开发水利、防治水害、整治河道的各类工程和跨河、穿河、穿堤、临河的桥梁、码头、道路、渡口、管道、缆线等建筑物及设施,建设单位应当按照河道管理权限,将工程建设方案报送县级以上人民政府水行政主管部门审查同意。未经审查同意的,建设单位不得开工建设。

涉河建设项目施工时,应当按照批准的洪水影响评价报告确定的位置和界限实施。县级人民政府水行政主管部门应当对项目实施进行监督检查。

涉河建设项目竣工验收应当有项目所在地县级人民政府水行政主管部门参加。

第十五条 从事经批准的涉河项目建设,应当按照工程建设方案进行,不得妨碍河道防洪度汛安全,禁止擅自修筑临时围堰、开挖堤坝、管道穿越堤坝、修建阻水便道便桥等。

涉河项目建设单位应当编制施工度汛方案,承担施工范围内河道的防汛安全责任。因施工需要建设的相关临时设施,建设单位应当在施工结束或者使用期限届满前予以拆除,恢复河道原状。

因工程建设对河道工程及配套设施造成损害的,建设单位应当及时组织修复。造成河道淤积的,应当及时组织清淤。

第十六条 未经有关各方达成协议或者其共同的上级水行政主管部门批准,禁止单方面在界河及跨行政区域的河道修建排水、阻水、引水、蓄水等水工程以及河道整治工程。

第三章 保护与管理

第十七条 河道保护与管理实行统一管理与分级负责、流域管理与行政区域管理相结合的原则。

第十八条　县级以上人民政府应当建立河道保护管理执法联动机制，建立日常监管巡查制度，实行动态监管。

第十九条　河道的监督管理实行分级负责制：

（一）省人民政府水行政主管部门负责长江流域的乌江、三岔河、六冲河、清水河、芙蓉江、赤水河、清水江、㵲阳河的干流，珠江流域的黄泥河、南盘江、北盘江、红水河、蒙江、都柳江的干流；

（二）市、州人民政府水行政主管部门负责本行政区域内本条第一项规定以外跨县、市、区、特区河道的干流，贵安新区负责本行政区域内的河道；

（三）县级人民政府水行政主管部门负责本条第一项、第二项规定以外的本行政区域内河道。

跨行政区域的河道监督管理由其共同的上一级人民政府水行政主管部门负责，也可以委托下级人民政府水行政主管部门负责。

第二十条　河道日常保护与管理实行属地负责制，由河道所在地县级人民政府水行政主管部门或者河道管理单位负责。

乡镇人民政府、街道办事处应当加强日常巡查，制止违法行为，协助做好河道清淤疏浚及堤防、护岸维修养护等工作。

鼓励村民委员会、居民委员会制定村规民约或者居民公约，引导村民、居民维护河道整洁，协助做好河道清淤疏浚及堤防、护岸的保洁工作。

鼓励公民、法人和其他组织参与河道保护与管理工作。

第二十一条　县级以上人民政府应当组织开展河道的划界工作，依法对本行政区域内的河道划定管理范围，根据需要划定护堤地范围和护岸地范围，设置界桩、界牌，并向社会公布。

河道管理范围内属于国家所有的土地，应当依法办理不动产登记手续，由河道管理单位负责管理。

第二十二条　河道管理范围的划定：

（一）有堤防或者护岸的，以堤防外坡脚线、护岸控导工程外沿线确定，包括两岸堤防或者护岸之间的水域、整治工程、沙洲、滩地（含可耕地）、行洪区等；

（二）无堤防的，有防洪规划的按照设计洪水位确定；无防洪规划的按照国家防洪标准规定确定；

（三）水库库区河段，已征地的按照水库征地退赔线确定，未征地的按照水库校核洪水位确定。

第二十三条　护堤地范围按照下列规定划定：

（一）1万亩以上农田的新建堤防，应当划定1至5米的护堤地；

（二）1万亩以下农田的新建堤防或者现有堤防尚未划定护堤地的，由县级以上人民政府根据实际情况划定。

第二十四条　重要工矿企业及城镇的护岸，可以划定护岸地。护岸地范围自护岸控导工程外沿线延伸不超过10米。

第二十五条　县级人民政府水行政主管部门应当根据公布的河道管理范围在适当位置设置公告牌。公告牌应当载明河道名称、管理责任人、河道管理范围以及河道管理范围内禁止和限制的行为等事项。

任何单位和个人不得擅自移动、损毁、掩盖界桩、界牌和公告牌。

第二十六条　河道堤防工程实行专业化管理与社会化管理相结合的管理体制，并按照水系实行统一管理和按照行政区划实行分级管理，可以通过政府购买服务方式进行管理。

第二十七条　在河道管理范围内开展水上旅游、水上运动等活动，应当符合河道水域保护规划，不得影响河道防洪安全、行洪安全、工程安全和公共安全，不得污染河道水体。

第二十八条　在河道管理范围内，禁止下列行为：

（一）建设妨碍行洪的建筑物、构筑物；

（二）修建围堤、阻水渠道、阻水道路；

（三）种植高秆农作物、芦苇、杞柳、荻柴和树木（堤防防护林除外）；

（四）设置拦河渔具；

（五）弃置矿渣、石渣、煤灰、泥土等，倾倒垃圾、渣土；

（六）在山区河道有山体滑坡、崩岸、泥石流等自然灾害或者灾害隐患的河段进行开山采石、采矿、开荒等活动；

（七）堆放、倾倒、掩埋、排放污染水体的物体以及在河道内清洗装贮过油类或者有毒污染物的车辆、容器；

（八）利用船舶、船坞等水上设施占用河道水域从事餐饮、娱乐等经营活动；

（九）向岩溶暗河出入口、消水洞、洼地倾倒垃圾、渣土、矿渣、固体废物和排放污水等；

（十）法律、法规规定的其他行为。

第二十九条 在河道管理范围内进行下列活动，应当报经县级人民政府水行政主管部门批准；涉及其他部门的，由县级人民政府水行政主管部门会同有关部门批准：

（一）取土、淘金；

（二）爆破、钻探、挖筑鱼塘；

（三）在河道滩地存放物料、修建厂房或者其他建筑设施；

（四）在河道滩地开采地下资源及进行考古发掘。

第三十条 禁止损毁堤防、护岸、闸坝等水工程建筑物，禁止损毁防汛设施、水文和气象监测设施、河岸地质监测设施以及通信照明等设施。

禁止非管理人员操作河道上的涵闸闸门，禁止任何组织和个人干扰河道管理单位的正常工作。

因降雨雪等造成河道堤顶泥泞期间，禁止车辆通行，但防汛抢险、公共突发事件处置等特殊情况除外。

第三十一条 涵、闸、泵站、水库、水电站应当设立安全警戒区，安全警戒区由其主管部门在工程管理范围内划定，管理单位应当设立标志。

禁止在涵、闸、泵站、水库、水电站安全警戒区内捕（钓）鱼、停泊船舶、建设水上设施。

第三十二条 在河湖管理范围、划定的护堤地和护岸地内，建设工程项目占用水域、水利设施的，或者对原有河湖工程设施、水域有不利影响的，应当建设等效替代工程等补救措施。无法建设等效替代工程等补救措施的，应当进行补偿。

第三十三条 河道管理范围内下列阻水障碍物或者工程设施，由水行政主管部门提出清障计划和实施方案，报县级以上人民政府责令设障者限期清除；逾期不清除的，由县级以上人民政府组织强行清除，所需费用由设障者承担：

（一）严重壅水、阻水危及安全泄洪的桥梁、引道、码头、栈桥、泵房、渡口和其他跨河工程设施；

（二）围堤、围墙、房屋；

（三）弃置的矿渣、砂石、煤渣、泥土、垃圾等；

（四）堆放的影响行洪的物料及设置的拦河渔具；

（五）行洪通道内的高秆植物；

（六）其他损害河道功能和影响河道安全的障碍物。

第三十四条 县级以上人民政府依法划定禁止采砂区和禁止采砂期，严格控制采砂区域、采砂总量和采砂区域内的采砂船舶数量。任何单位和个人不得在禁止采砂区和禁止采砂期从事采砂活动。

县级人民政府水行政主管部门应当会同自然资源行政主管等部门做好河道砂石资源的调查，编制河道采砂规划，经有管理权限的人民政府水行政主管部门批准并公告后实施。规划采砂的河道属于航道的，还应当征求交通运输行政主管部门的意见。

采砂规划涉及上下游、左右岸边界河段的，由相关的人民政府水行政主管部门协商划定采砂河段，报共同的上一级人民政府水行政主管部门备案。协商不成的，由共同的上一级人民政府水行政主管部门划定。

第三十五条 在河道管理范围内采砂的单位或者个人，应当经县级以上人民政府水行政主管部门批准，并依法办理河道采砂许可证，禁止无证采砂。

河道砂石开采权，应当按照规定采取招标等公开、公平方式出让。河道砂石开采权出让方案由采砂河段所在地县级人民政府水行政主管部门会同自然资源行政主管部门制定。

获得砂石开采权的单位和个人，应当按照经批准的范围和作业方式进行开采。

第三十六条 从事河道采砂的单位或者个人应当在采砂作业场所设立公示牌，载明采砂范围、期限、作业方式、作业时间等，并设置警示标志。

从事河道采砂的单位或者个人应当按照规定的要求进行采砂作业，加强生产安全管理，服从防洪调度，保证行洪安全。河道采砂作业不得影响水工程安全和航运安全。

第三十七条 河道岸线的开发、利用和建设，应当按照批准的相关规划进行，禁止侵占河道。河道管理范围内土地的使用不得损害河道功能或者影响河道安全。保障河岸湿地不被破坏。

第四章 河（湖）长制

第三十八条 河道应当按照行政区域分级分段设立河（湖）长，名单应当向社会公布。

第三十九条 各级河（湖）长是落实河（湖）长制的第一责任人，负责组织实施一河（湖）一策方案，协调解决河湖管理保护工作中的重大问题，推动建立区域间、部门间协调机制，组织对下级河（湖）长和有关责任部门进行督促检查、绩效考核。

第四十条 河（湖）长制工作部门应当做好组织、协调、分办、督办工作，落实河（湖）长确定的事项。

省级河（湖）长制工作部门应当建立全省河（湖）大数据管理信息系统，提高管理保护信息化水平，发布管理保护信息，接受社会监督。

市州、县级河（湖）长制工作部门按照权限做好本行政区域内河道水系、水域状况、开发利用等情况调查工作，报送管理数据信息，开展监督考核等工作，做好大数据信息平台管理。

第四十一条 县级以上人民政府应当建立河（湖）长制考核评价制度，畅通公众参与渠道，并聘请有关专业组织、社会公众对河（湖）长的履职情况进行监督和评估。

河（湖）长制实行年度绩效目标考核，考核结果作为地方各级领导干部综合考核评价的依据，纳入自然资源资产离任审计的评估内容。

第五章 法 律 责 任

第四十二条 违反本条例第二十五条第二款规定，擅自移动、损毁、掩盖界桩、界牌和公告牌的，由县级以上人民政府水行政主管部门责令停止违法行为，恢复原状，可处以100元以上1000元以下罚款。

第四十三条 违反本条例第二十八条第一项至第五项规定的，由县级以上人民政府水行政主管部门责令停止违法行为，排除障碍或者采取其他补救措施，可处以5000元以上5万元以下罚款。

违反第二十八条第六项规定的，由县级以上人民政府水行政主管部门责令停止违法行为，限期采取治理措施，没收违法所得；危及河道安全的，对个人处以1000元以上1万元以下罚款，对单位处以2万元以上20万元以下罚款。

违反第二十八条第八项规定的，由县级以上人民政府水行政主管部门责令停止违法行为,可处以 5000 元以上 3 万元以下罚款。

违反第二十八条第九项规定的,由县级以上人民政府生态环境主管部门责令停止违法行为,限期采取治理措施,消除污染,处以 2 万元以上 20 万元以下罚款;逾期不采取治理措施的,县级以上人民政府生态环境主管部门可以指定有治理能力的单位代为治理,所需费用由违法者承担。

第四十四条　违反本条例第二十九条规定,在河道管理范围内进行未经批准的活动的,由县级以上人民政府水行政主管部门责令停止违法行为,采取补救措施,没收违法所得,并可处以警告或者 1 万元以上 5 万元以下罚款。

第四十五条　违反本条例第三十条第一款规定的,由县级以上人民政府水行政主管部门责令停止违法行为,限期恢复原状或者采取其他补救措施,处以警告,并可处以 1 万元以上 5 万元以下罚款;造成损失的,依法承担赔偿责任。

违反第三十条第二款规定的,由县级以上人民政府水行政主管部门责令停止违法行为、采取补救措施,处以警告,对个人并可处以 100 元以上 1000 元以下罚款,对单位并可处以 1000 元以上 1 万元以下罚款;造成损失的,依法承担赔偿责任。

第四十六条　违反本条例第三十一条第二款规定,在涵、闸、泵站、水库、水电站安全警戒区内捕(钓)鱼的,由县级以上人民政府水行政主管部门责令停止违法行为,可处以 200 元以上 1000 元以下罚款。

违反第三十一条第二款规定停泊船舶的,由县级以上人民政府水行政主管部门责令停止违法行为,可处以 1000 元以上 5000 元以下罚款。

违反第三十一条第二款规定建设水上设施的,由县级以上人民政府水行政主管部门责令停止违法行为,限期拆除,可处以 5000 元以上 1 万元以下罚款。

第四十七条　未依法取得采砂许可擅自在河道管理范围内采砂的,或者在禁止采砂区和禁止采砂期从事采砂活动的,由县级以上人民政府水行政主管部门责令停止违法行为,没收违法所得以及用于违法活动的船舶、设备、工具,并处以货值金额 2 倍以上 20 倍以下罚款;货值金额不足 10 万元的,并处以 20 万元以上 200 万元以下罚款;已经取得河道采砂许可证的,吊销河道采砂许可证。

第四十八条　违反本条例第三十六条第一款规定,从事河道采砂的单位或者个人未按照规定设立公示牌或者警示标志的,由县级以上人民政府水行政主管部门责令限期改正,处以500元以上5000元以下罚款。

第四十九条 国家机关及其工作人员玩忽职守、滥用职权、徇私舞弊,尚不构成犯罪的,对直接负责的主管人员和其他直接责任人员依法给予处分。

第五十条 违反本条例规定的其他行为,法律、法规有处罚规定的,从其规定。

第六章 附 则

第五十一条 本条例所称人工水道,指人工修建的每秒5立方米流量以上的水道。每秒5立方米流量以下的人工水道,可参照本条例执行。

本条例所称岩溶暗河,指长度超过10公里的岩溶暗河。

第五十二条 本条例自2019年5月1日起施行。1997年11月21日贵州省第八届人民代表大会常务委员会第三十一次会议通过的《贵州省河道管理条例》同时废止。

贵州省实施《中华人民共和国水法》办法

（2005年9月23日贵州省第十届人民代表大会常务委员会第十七次会议通过 根据2011年11月23日贵州省第十一届人民代表大会常务委员会第二十五次会议通过的《贵州省人民代表大会常务委员会关于修改部分地方性法规个别条款的决定》第一次修正 根据2017年11月30日贵州省第十二届人民代表大会常务委员会第三十二次会议通过的《贵州省人民代表大会常务委员会关于修改〈贵州省建筑市场管理条例〉等二十五件法规个别条款的决定》第二次修正）

第一章 总 则

第一条 为了实现水资源的可持续利用，适应经济、社会发展的需要，根据《中华人民共和国水法》及有关法律、法规的规定，结合本省实际，制定本办法。

第二条 在本省行政区域内开发、利用、节约、保护和管理水资源，适用本办法。

第三条 水资源属于国家所有。国家依法实行取水许可和有偿使用制度。但农村集体经济组织、村民委员会和村民使用其水塘、水池、水窖、水库中的水除外。

第四条 县级以上人民政府应当加强水资源开发、利用、节约、保护和管理工作，将其纳入国民经济和社会发展规划，增加投入，实现水资源的可持续利用。

第五条 省人民政府水行政主管部门按照规定的权限，负责全省水资源的统一管理和监督工作。

县级以上人民政府水行政主管部门按照规定的权限，负责本行政区域内水资源的统一管理和监督工作。

县级以上人民政府其他有关部门按照各自的职责，负责本行政区域内水资源开发、利用、节约和保护等有关工作。

第二章 水资源规划和开发利用

第六条 水资源规划分为流域规划和区域规划。流域规划包括流域综合规划和流域专业规划；区域规划包括区域综合规划和区域专业规划。开发、利用、节约、保护水资源和防治水害应当按照流域、区域统一制定规划，并以经批准的规划作为基本依据。流域综合规划和区域综合规划以及与土地利用关系密切的专业规划，应当与国民经济和社会发展规划以及土地利用总体规划、城市总体规划和环境保护规划相协调，兼顾各地区、各行业的需要。

编制水资源规划应当对水资源进行综合科学考察、调查评价和分析，并按照水资源和水环境承载能力，合理安排生活、生产经营和生态环境用水。

第七条 省水资源规划应当服从国家确定的重要江河、湖泊的流域规划；市、州、县（市、区）区域规划和市、州、县（市、区）管理的河流规划应当服从全省水资源规划。

省管河流规划应当服从省水资源规划。

第八条 编制水资源综合规划按照下列分工进行，并经本级人民政府批准后，报上一级人民政府水行政主管部门备案：

（一）省水资源综合规划和省管河流水资源综合规划，由省人民政府水行政主管部门会同同级有关部门和有关地方人民政府编制。其中，跨省河流水资源综合规划的编制和批准，按照国家有关规定执行；

（二）跨行政区域水资源综合规划，由其共同的上一级人民政府水行政主管部门会同同级有关部门和流域所在地有关地方人民政府编制；

（三）其他水资源综合规划，由所在地县级以上人民政府水行政主管部门会同同级有关部门和有关地方人民政府编制。

第九条 治涝、山洪灾害防治、灌溉、航运、供水、水力发电、竹木流放、渔业、水资源保护、节约用水等专业规划，由县级以上人民政府有关部门编制，征求同级其他有关部门意见后，报本级人民政府批准。

第十条 建设水工程，在建设项目报请批准或者核准前，县级以上人民政府水行政主管部门应当按照管理权限对水工程的建设是否符合水资源规划进行审查。

有管理权的县级以上人民政府水行政主管部门，应当自收到申请材料之日起15日内，按照国家有关规定进行审查，对符合水资源规划的，作出同意的书面意见；对不符合水资源规划的，作出不同意的书面意见并说明理由。

未经审查或者经审查不符合水资源规划的建设水工程，有关部门不得批准或者核准。

第十一条　鼓励单位和个人依法依规开发、利用水能资源。开发利用水能资源应当保护生态环境，兼顾防洪、供水、灌溉、航运、竹木流放和渔业等方面的需要。

第十二条　鼓励单位和个人依法开发、利用水资源，并保护其合法权益。开发、利用水资源的单位和个人有依法保护水资源的义务。

鼓励农村集体经济组织、村民委员会和村民在本集体土地及承包土地上投资兴建水塘、水池、水窖、水库等水利设施，有关部门应当从设计、施工、管理以及安全运行等方面加强技术指导。

第三章　水资源和水工程的保护

第十三条　省内江河、湖泊的水功能区划，由省人民政府水行政主管部门会同同级环境保护行政主管部门和其他有关部门，按照水资源规划和经济社会发展要求编制，报省人民政府批准，并按照规定上报备案。

在水功能区从事工程建设以及养殖、旅游、水上运动、餐饮等活动的，应当符合水功能区划。

第十四条　县级以上人民政府应当划定饮用水水源保护区，按照规定报请省人民政府批准后实施，并建立饮用水水源保护区制度。

禁止在饮用水水源保护区内从事工程建设、开荒、葬坟、网箱养殖、堆放或者倾倒废弃物、生活垃圾、弃石弃渣以及其他可能污染水质或者造成水源枯竭的活动。

第十五条　在地下水超采地区，县级以上人民政府应当制定取水计划，限制取水量，严格控制开采地下水。

在地下水严重超采地区，省人民政府水行政主管部门应当会同省国土资源行政主管部门编制地下水禁止开采区和限制开采区划定方案，并报省人民政府批准。

在地下水禁止开采地区，不得新建、改建、扩建取用地下水的建设项目。已建的地下水取水工程，应当统一规划建设替代水源，逐步压减地下水开采量，直至限期封闭。

第十六条 开采矿藏或者建设地下工程，对水资源造成破坏的，采矿单位或者建设单位应当采取补救措施，对他人生活和生产造成损失的，依法给予补偿。

第十七条 兴建水库大坝，应当符合国家规定的水库大坝安全技术标准。

水库大坝改建、扩建的，应当进行水库大坝安全复核评价，通过水库大坝安全鉴定。

第四章　水资源配置和节约使用

第十八条 省人民政府水行政主管部门会同同级有关部门编制省和跨市、州的水中长期供求规划，经省发展改革部门审查批准后执行。

县级以上人民政府水行政主管部门会同同级有关部门，依据上一级水中长期供求规划和本地区的实际情况，编制市、州和县（市、区）水中长期供求规划，经本级人民政府发展改革部门审查批准后执行。

第十九条 县（市、区）江河水量分配方案和旱情紧急情况下的水量调度预案，由县级人民政府水行政主管部门根据流域规划和水中长期供求规划编制，报本级人民政府批准后执行。

跨市、州、县（市、区）的江河水量分配方案和旱情紧急情况下的水量调度预案，由共同的上一级人民政府水行政主管部门商有关地方人民政府编制，报本级人民政府批准后执行。

第二十条 县级以上人民政府发展改革部门会同同级水行政主管部门，根据国家有关规定和水中长期供求规划、用水定额、本行政区域用水状况、水量预测、节水规划以及上一级人民政府水行政主管部门下达的取水控制总量，制定年度用水计划。

第二十一条 单位和个人直接从江河、湖泊、水库或者地下取用水资源的，应当按照国家有关规定向县级以上人民政府水行政主管部门申领取水许可证并缴纳水资源费。

新建、改建、扩建建设项目的，在申请取水许可前，应当按照国家有关规定进行水资源论证。

水资源费由县级以上人民政府水行政主管部门征收。水资源费的征收管理按照国家和省的有关规定执行。

第二十二条 取得取水许可证的单位和个人，不得擅自改变取水地点、取水方式、取水用途或者增加取水量；确需变更的，应当经原批准机关同意。

第二十三条 取得取水许可证的单位和个人，应当在取水口安装经法定检验机构检定合格的取水计量器具，并保证取水计量器具正常运行。未安装计量器具或者计量器具已安装但不能正常运行的，在安装或者修复前，取水量按照取水设施日满负荷取水量计算；无法按日计算的，按照取水许可证批准的最高取水量计算。

第二十四条 下列事项可以不办理取水许可和缴纳水资源费：

（一）农村家庭生活和零星散养、圈养畜禽饮用等少量取水的；

（二）农业抗旱临时应急取水的；

（三）防御和消除对公共安全或者公共利益的危害，临时应急取水的；

（四）维护生态环境临时应急取水的；

（五）法律、法规规定的其他事项。

第二十五条 各级人民政府应当加强对节约用水工作的领导，健全节约用水责任制，推行节约用水措施，推广节水新技术、新工艺，培育和发展节水产业，发展节水型工业、农业和服务业，建设节水型城市和节水型社会。

县级以上人民政府节约用水办公室负责组织、指导和监督节约用水工作。

第二十六条 省人民政府有关行业主管部门应当编制本行业用水定额，报省人民政府水行政主管部门和质量技术监督行政主管部门审核同意后，由省人民政府公布，并按照规定上报备案。

行业用水定额应当严格执行，并根据用水需求变化、技术进步和经济发展情况及时修订。

第二十七条 验收新建、改建、扩建的建设项目时，应当同时验收节约用水设施。验收不合格的，建设项目不得投入使用，县级以上人民政府水行政主管部门不得核定用水指标,供水部门不得供水。

已建的建设项目未配套节水设施的,应当按照县级以上人民政府水行政主管部门的要求,配套节水设施。

第二十八条 使用水工程供应水的,应当向水工程管理单位缴纳水费。水费按照国家和省规定的水工程供水价格执行。

第五章 法 律 责 任

第二十九条 县级以上人民政府水行政主管部门或者其他有关部门及其工作人员,违反本办法规定,有下列行为之一,尚不构成犯罪的,对直接负责的主管人员和其他直接责任人员依法给予行政处分:

(一)不按照规定对水工程建设项目进行审核或者审批的;

(二)不按照规定核发取水许可证的;

(三)不按照规定征收水资源费的;

(四)玩忽职守、滥用职权、徇私舞弊的;

(五)其他不履行职责的。

第三十条 违反本办法第十三条第二款规定,在水功能区从事不符合水功能区划的工程建设以及养殖、旅游、水上运动、餐饮等活动的,由县级以上人民政府水行政主管部门责令其限期改正;逾期不改的,处5000元以上5万元以下罚款。

第三十一条 违反本办法第十五条第三款规定,在地下水禁止开采地区新建、改建、扩建取用地下水建设项目的,由县级以上人民政府水行政主管部门责令其停止违法行为,限期拆除,有违法所得的,没收违法所得,并处2万元以上10万元以下罚款。

第三十二条 违反本办法第二十三条规定,未在取水口安装经法定检验机构检定合格的取水计量器具的,由县级以上人民政府水行政主管部门给予警告,责令其限期改正;逾期不改的,处1000元以上2万元以下罚款。

第三十三条 违反本办法第十四条第二款、第二十一条第一款和第二款、第二十二条、第二十七条规定的,按照《中华人民共和国水法》和《中华人民共和国水污染防治法》等有关法律、法规的规定予以处罚。

第六章 附　　则

第三十四条　本办法所称水资源，包括地表水和地下水。

本办法所称水能资源，是指利用江河、湖泊等水体的能量进行水力发电的水资源。

本办法所称省管河流包括长江流域的三岔河、六冲河、清水河、芙蓉江、赤水河、清水江、潕阳河；珠江流域的黄泥河、北盘江、濛江、都柳江、南盘江、红水河。

第三十五条　本办法自2005年11月1日起施行。1989年1月28日贵州省第七届人民代表大会常务委员会第六次会议通过的《贵州省实施〈中华人民共和国水法〉办法》同时废止。

贵州省防洪条例

（2003年7月26日贵州省第十届人民代表大会常务委员会第三次会议通过，自2003年9月1日起施行 根据2004年5月28日贵州省第十届人民代表大会常务委员会第八次会议通过的《贵州省部分地方性法规条款修改案》第一次修正 根据2015年7月31日贵州省第十二届人民代表大会常务委员会第十六次会议通过的《贵州省人民代表大会常务委员会关于修改〈贵州省防洪条例〉个别条款的决定》第二次修正 根据2017年11月30日贵州省第十二届人民代表大会常务委员会第三十二次会议通过的《贵州省人民代表大会常务委员会关于修改〈贵州省建筑市场管理条例〉等二十五件法规个别条款的决定》第三次修正）

第一章 总 则

第一条 为了防治洪水，防御、减轻洪涝灾害，维护人民的生命和财产安全，保障和促进经济、社会的可持续发展，根据《中华人民共和国防洪法》和有关法律、法规的规定，结合本省实际，制定本条例。

第二条 在本省行政区域内从事江河、湖泊、水库洪水防治和防御、减轻洪涝灾害的活动，必须遵守本条例。

第三条 各级人民政府应当加强对防洪工作的统一领导，组织有关部门、单位，动员社会力量，有计划地进行本行政区域内的江河、湖泊、水库治理，加强防洪工程设施建设，做好防汛抗洪工作和洪涝灾害的恢复与救助工作。

各级人民政府应当将防汛经费列入财政预算，用于防汛抗洪工作。

第四条 省人民政府水行政部门负责全省防洪的组织、协调、监督、指导等日常工作。

县级以上人民政府水行政部门负责本行政区域内防洪的组织、协调、监督、指导等日常工作。

县级以上人民政府其他有关部门按照各自的职责，负责有关防洪工作。

第五条 县级以上人民政府和有关部门应当加强宣传与教育，提高防汛抗洪意识，对在防汛抗洪中做出显著成绩的单位和个人，给予表彰或者奖励。

第二章 防洪规划

第六条 防洪规划是江河、湖泊治理和水库等防洪工程设施建设以及与防洪安全有关活动的基本依据，应当纳入国民经济和社会发展的总体规划。

编制土地利用总体规划、城市总体规划和其他涉及防洪的综合性、专业性规划以及进行重大建设项目布局时，必须进行防洪除涝方面的专项规划或者论证，确保防洪安全。

修改防洪规划，应当报经原批准机关批准。

第七条 江河的防洪规划，由县级以上人民政府水行政部门按照下列分工，依据流域综合规划、区域综合规划会同有关部门和有关地区编制，报本级人民政府批准，并报上一级人民政府水行政部门备案：

（一）长江流域的乌江、三岔河、六冲河、清水河、芙蓉江、赤水河、清水江、潕阳河；珠江流域的黄泥河、北盘江、濛江、都柳江、南盘江、红水河，由省人民政府水行政部门组织编制；

（二）跨行政区域的江河，由其共同的上一级人民政府水行政部门组织编制；

（三）其他江河，由所在地县级以上人民政府水行政部门组织编制。

第八条 城市的防洪规划，由城市人民政府组织水行政部门、建设行政部门和其他有关部门依据江河流域规划、土地利用总体规划编制，经上一级人民政府水行政部门和其他有关部门审查后，报本级人民政府批准，并纳入城市总体规划。经批准的城市防洪规划应当报上一级人民政府水行政部门备案。

第九条 县级以上人民政府应当组织有关部门对山洪灾害多发地区进行全面调查，划定山洪灾害易发区、危险区，予以公告，并编制防治规划、采取防治措施。

城市、村镇和其他居民点以及工厂、矿山、铁路、公路、电力和通信设施等布局应当避开山洪灾害易发区、危险区。已经建在受山洪灾害威胁的地方的，当地人民政府应当有计划地组织搬迁或者采取防御措施。

第三章 治理与防护

第十条 各级人民政府应当组织有关部门因地制宜地采取防治洪水措施，建立健全水文、气象、通信、预警以及洪涝灾害监测系统，提高防御洪水能力。

防治江河洪水，应当蓄泄兼施，充分发挥河道行洪能力和湖泊、水库调蓄洪水的功能。加强防洪工程设施建设和管护，提高防洪能力；加强水土流失综合治理，保护、扩大及科学利用林草植被，涵养水源，减轻洪涝灾害。

第十一条 防御山洪灾害，应当采取全面规划、统筹兼顾、标本兼治、综合治理的原则和以防为主、防治结合的方针，建立健全山洪灾害通信报警系统和群测群防体系，最大限度减少灾害造成的损失。

第十二条 整治河道和修建堤防、拦水坝、码头、桥梁、公路、铁路等对河道有影响的工程，应当兼顾上下游、左右岸的关系，按照防洪规划治导线实施，不得任意改变河水流向。

防洪规划治导线按照下列程序拟定和批准：

（一）本条例第七条第一项所列江河的防洪规划治导线，由省人民政府水行政部门拟定，报省人民政府批准；

（二）本条例第七条第二项所列江河的防洪规划治导线，由其共同的上一级人民政府水行政部门拟定，报本级人民政府批准；

（三）本条例第七条第三项所列江河的防洪规划治导线，由所在地的县级以上人民政府水行政部门拟定，报本级人民政府批准。

第十三条 河道、湖泊、水库的管理范围由县级以上人民政府水行政部门会同有关行政部门依照有关规定划定，报同级人民政府批准。

护堤地的管理范围宽度为堤防内堤脚线外水平距离5米至20米。

第十四条 在河道、湖泊、水库的管理范围内禁止从事下列活动：

（一）修建妨碍行洪、排涝、水文测报、水工程正常运用的建筑物、构筑物；

（二）倾倒垃圾、渣土、废料；

（三）其他危害河道、湖泊的行为。

第十五条 禁止任何单位和个人破坏、侵占、损毁堤防、护岸、闸坝、排涝泵站、排洪渠系等防洪排涝工程和防汛、气象、水文、通信等设施以及防汛备用器材、物料。

第十六条 在河道、湖泊、水库管理范围内修建建筑物、构筑物，应当符合国家规定的防洪标准和其他有关技术要求，工程建设方案应当依照有关规定履行相关审批手续。

第十七条 各级人民政府应当组织有关部门定期对水库大坝的安全运行进行检查和监督管理。对病险水库应当事先制定应急抢险和居民临时撤离方案，安排资金，采取措施除险加固。

有关部门应当加强对尾矿坝、灰坝、拦沙坝的监督管理，确保其安全。

第四章 防 汛 抗 洪

第十八条 防汛抗洪工作实行各级人民政府行政首长负责制，统一指挥、分级分部门负责。

行政首长负责制的主要内容：

（一）贯彻实施国家有关防洪的法律、法规和政策，组织制定有关防洪规划和措施；

（二）建立健全防汛指挥机构及其办事机构；

（三）按照防洪规划，加强防洪工程建设和山洪灾害防治；

（四）部署和组织汛前检查和清障，做好安全度汛的各项准备；

（五）贯彻执行上级防汛调度命令，开展防汛宣传和思想动员工作，组织抗洪抢险，及时安全转移受灾人员；

（六）负责落实防汛抗洪经费和物资；

（七）组织开展灾后救助，恢复生产，修复水毁工程；

（八）鼓励、支持开展洪水保险。

第十九条 省人民政府防汛指挥机构，在国家防汛指挥机构和省人民政府的领导下，指挥全省的防汛抗洪工作。

县级以上人民政府防汛指挥机构，在上级人民政府防汛指挥机构和本级人民政府的领导下，指挥本行政区域内的防汛抗洪工作。

县级以上人民政府防汛指挥机构的办事机构设在同级人民政府水行政部门。

第二十条 县级以上人民政府防汛指挥机构的主要职责：

（一）指挥防汛抗洪抢险工作，组织协调处理有关问题；

（二）负责实施汛前检查和清障，督促有关部门及时处理影响安全度汛的有关问题；

（三）制定防御洪水方案；

（四）执行上级防汛调度指令和洪水调度方案，实施洪水调度并落实各项措施；

（五）根据汛情及时发布通告；

（六）负责防汛经费和物资的计划、管理；

（七）督促防洪设施水毁工程的修复；

（八）组织协调山洪灾害防治。

第二十一条 县级以上人民政府应当组织有关部门编制山洪灾害易发区的防灾避灾预案，落实监视、监测人员，做好监视、监测和预警预报工作，及时转移危险地段的人员。

县级以上人民政府防汛指挥机构应当组织编制本行政区域内有防洪任务城镇的防御洪水方案，报上一级人民政府防汛指挥机构审查后，由本级人民政府批准实施。

防御洪水方案经批准后，有关地区、部门和单位必须执行。

第二十二条 每年5月1日至9月30日为防汛期。在特殊情况下，省人民政府防汛指挥机构可以宣布提前或者延长防汛期。个别地方根据具体情况可以由市、州人民政府防汛指挥机构宣布提前或者延长防汛期。

江河、湖泊的水情接近保证水位或者安全流量、水库水位接近设计洪水位或者防洪工程设施发生重大险情时，有关县级以上人民政府防汛指挥机构可以宣布进入紧急防汛期，并向上一级人民政府防汛指挥机构报告。

防汛期间，各级防汛指挥机构的办事机构和有防汛任务的单位必须坚持24小时值班。进入紧急防汛期的地方，各级人民政府防汛指挥机构主要负责人应当按照分级管理职责和防御洪水方案，组织有关单位和人员投入抗洪抢险。

第二十三条 水库（水电站）的管理单位应当编制汛期调度运用计划和防御洪水方案。

水库（水电站）汛期调度运用计划和防御洪水方案应当符合国家关于编

制水库调度运用计划、水库防洪应急预案编制导则以及综合利用水库调度通则的规定。

第二十四条 在建水库（水电站）工程符合下列情形的，工程建设单位应当编制汛期安全度汛方案：

（一）位于城市或者县城上游的中型水库或者跨市、州中型水库；

（二）导流工程、围堰已按照设计要求完成；

（三）已按照规范进行截流验收；

（四）大坝主体工程已开工建设。

第二十五条 在防汛期，水库（水电站）和其他水工程设施的运用，必须服从有管辖权的人民政府防汛指挥机构的统一调度、指挥。

在防汛期，水库（水电站）泄洪前，水库（水电站）的管理单位应当提前向有关部门通报汛情，不得擅自增大下泄流量；有关部门应当及时向下游相关部门和群众通报泄洪信息，下游受洪水影响的地区，应当及时做好防洪的准备工作，不得设障阻水或者缩小河道过水能力。

泄洪造成损失的，应当依照国家规定予以补偿。

第二十六条 采取承包、租赁、股份制等方式经营与防洪有关的水工程设施，经营者必须服从有管辖权的人民政府防汛指挥机构的统一管理和防汛调度，保证水工程的安全运行和原设计的防汛、排水功能。

第二十七条 在防汛期，江河、湖泊、水库（水电站）的管理单位必须加强对水工程的巡查，发现险情，立即排除，并迅速向当地人民政府防汛指挥机构和上级主管部门报告。

第二十八条 对在江河、湖泊、水库管理范围内阻碍行洪的障碍物，按照谁设障谁清除的原则，由有管辖权的人民政府防汛指挥机构责令限期清除；逾期不清除的，由人民政府防汛指挥机构依法组织强行清除，所需费用由设障者承担；无法清除的，应当采取相应的补救措施。

对原有的在江河、湖泊、水库管理范围内阻碍行洪的建筑物、构筑物等，由县级以上人民政府编制拆迁规划，并组织拆迁。

在紧急防汛期，县级以上人民政府防汛指挥机构可以对管辖范围内的阻水严重的桥梁、码头、拦河坝和其他跨河工程设施作出紧急处置。

第二十九条 在抗洪抢险期间，防汛指挥车辆和抗洪抢险救灾救济车辆免缴过路（桥）费；防汛指挥车辆和抗洪抢险救灾救济车辆免缴过路（桥）

费的通行证,由省人民政府防汛指挥机构会同省人民政府交通行政部门核发。

第三十条 中国人民解放军、中国人民武装警察部队和民兵预备役部队在执行抗洪抢险任务时,各级人民政府及其防汛指挥机构应当为其提供物资、器材等便利条件。

第五章 保障措施

第三十一条 江河、湖泊治理和水库等防洪工程设施建设、维护以及防洪监测、预警设施所需资金,按照事权和财权相统一的原则,由县级以上人民政府分级承担。城市防洪工程设施的建设和维护所需资金,由城市人民政府承担。

受洪水威胁地区的重点单位应当自筹资金兴建必要的防洪自保工程,防洪自保工程必须符合防洪规划。

第三十二条 各级人民政府安排的防汛经费,专项用于防汛抢险、防洪工程运行维护、抢险物资储备、防汛指挥设备购置和防汛指挥系统的建设等。在遭受特大洪涝灾害情况下,当地人民政府应当增加防汛专项资金用于抗洪抢险、防洪工程和水文、气象测报、预警设施水毁修复。

第三十三条 防汛物资实行分级负担、储备、使用、管理和统筹调度的原则。

省级储备的物资主要用于省内重点防洪工程的防汛抢险;市、州和县级储备的物资主要用于本行政区域内防洪工程的防汛抢险;有防汛抗洪任务的乡、镇和企业、事业单位应当储备必要的防汛物资,主要用于本乡、镇和本单位的防汛抢险。

在紧急防汛期间,各级人民政府防汛指挥机构根据需要,有权在其管辖范围内调用物资、设备、交通运输工具等,有关单位必须配合。紧急防汛期结束后,应当及时归还;造成损坏或者无法归还的,按照规定进行补偿。

第三十四条 县级以上人民政府水行政部门可以向堤防和排涝等防洪工程保护区范围内的单位和个人征收河道工程修建维护管理费,用于加强防洪工程设施的建设和维护。具体征收办法由省人民政府按照国务院的有关规定制定。

第三十五条 县级以上人民政府应当按照国务院的有关规定设立水利建设基金,用于防洪工程和水利工程的建设和维护。

第三十六条 防汛抗洪和救灾资金、物资,必须专款(物)专用,任何单位和个人不得截留、挤占、挪用。

第六章 法 律 责 任

第三十七条 县级以上人民政府水行政部门或者其他国家机关的工作人员,滥用职权、玩忽职守、徇私舞弊,有下列行为之一,尚不构成犯罪的,对直接负责的主管人员和其他直接责任人员依法给予行政处分:

(一) 不履行防汛抗洪职责或者发现违法行为不予查处的;

(二) 不按照规定编制防洪规划,不将防洪规划纳入土地利用总体规划、城市总体规划等相关规划,擅自修改防洪规划的;

(三) 不按照规定划定护堤地管理范围的;

(四) 违法审批、修建阻碍行洪的建筑物、构筑物的;

(五) 未按照职责对水库大坝、尾矿坝、灰坝、拦沙坝进行监督管理的;

(六) 对山洪多发区、易发区、危险区和受山洪威胁的地区不进行监视、监测和预警预报,不采取防御措施的;

(七) 不按照规定执行防汛期24小时值班的;

(八) 拒不执行防御洪水方案、防汛抢险指令、防汛期调度运用计划、不及时排除和报告险情的;

(九) 不按照规定及时通报汛情的;

(十) 违反规定征收河道工程修建维护管理费的;

(十一) 截留、挤占、挪用防汛、救灾资金和物资的。

第三十八条 有下列行为之一,尚不构成犯罪的,由公安机关依法给予处罚:

(一) 抗拒、阻碍人民政府防汛指挥机构、水行政部门的工作人员依法执行公务的;

(二) 紧急防汛期谎报险情,制造混乱的。

第三十九条 违反本条例第十四条规定的,由县级以上人民政府水行政部门责令其停止违法行为,并限期排除阻碍或者采取其他补救措施,可以处以5000元以上5万元以下罚款。

第四十条 违反本条例第十五条规定的,由县级以上人民政府水行政部门责令其停止违法行为,限期恢复原状或者采取其他补救措施;逾期不恢复原状或者未采取其他补救措施的,代为恢复原状或者采取其他补救措施,所需费用由违法者承担,可以处以5000元以上5万元以下罚款。

第四十一条 违反本条例第十六条规定,工程建设方案未依照有关规定履行相关审批手续的,由县级以上人民政府水行政部门责令其停止违法行为,限期补办有关手续;工程设施建设严重影响防洪的,责令限期拆除;逾期不拆除的,强行拆除,所需费用由建设单位或者个人承担;影响行洪但尚可以采取补救措施的,责令限期采取补救措施,可以处以1万元以上10万元以下罚款。

第四十二条 违反本条例第二十五条和第二十六条规定,有下列行为之一的,由有管辖权的人民政府水行政部门责令其限期改正,造成损失的依法赔偿;情节严重的,可以处以5000元以上5万元以下罚款:

(一)不服从有管辖权的人民政府防汛指挥机构的统一管理、调度和指挥的;

(二)水库(水电站)泄洪时擅自增大下泄流量的;

(三)泄洪前,有关部门未及时向下游相关部门和群众通报泄洪信息的;

(四)下游受洪水影响的地区设障阻水或者缩小河道过水能力的。

云南省

云南省实施《中华人民共和国水法》办法

(2005年5月27日云南省第十届人民代表大会常务委员会第十六次会议通过 根据2015年9月25日云南省第十二届人民代表大会常务委员会第二十次会议《云南省人民代表大会常务委员会关于废止和修改部分地方性法规的决定》第一次修正 根据2018年11月29日云南省第十三届人民代表大会常务委员会第七次会议《云南省人民代表大会常务委员会关于废止和修改部分地方性法规的决定》第二次修正)

第一章 总 则

第一条 为了实施《中华人民共和国水法》,结合本省实际,制定本办法。

第二条 在本省行政区域内开发、利用、节约、保护和管理水资源,防治水害,适用本办法。

第三条 县级以上人民政府应当将水资源的开发、利用、节约、保护、管理和防治水害纳入国民经济和社会发展计划,建立长期稳定的投入机制和水资源开发补偿机制,搞好水利基础设施建设,建立和完善水市场机制。

第四条 各级人民政府应当加强水资源保护和节约用水的宣传教育,提高全社会保护和珍惜水资源的意识,建立节水型社会,实现水资源的可持续利用。

第五条 省人民政府水行政主管部门负责全省水资源的统一管理和监督工作。州、设区的市(以下称市)、县(市、区)(以下称县)人民政府水行政主管部门按照规定的权限,负责本行政区域内水资源的统一管理和监督工作。

县级以上人民政府发展和改革、环境保护、建设、国土资源、林业、农业、交通等行政主管部门按照各自职责,负责本行政区域内水资源的开发、利用、节约和保护工作。

第六条 各级人民政府鼓励单位和个人依法开发、利用、节约、保护水资源,防治水害。

从事开发、利用、节约、保护水资源和防治水害活动的单位和个人，按照有关规定享受水利基础设施投资优惠。

第二章 水资源规划

第七条 跨州、市的江河湖泊流域综合规划和区域规划由省人民政府水行政主管部门会同省人民政府有关部门和有关州、市人民政府编制，报省人民政府或者其授权的部门批准后实施。

其他江河湖泊流域综合规划或者区域综合规划由县级以上人民政府水行政主管部门会同同级人民政府有关部门和有关地方人民政府编制，报本级人民政府批准后实施，并报上一级人民政府水行政主管部门备案。

第八条 防洪、治涝、灌溉、供水、水资源保护、水土保持、节约用水、水力发电、航运、渔业、水污染防治、水上旅游开发和水文测验等专业规划由县级以上人民政府有关主管部门按照职责分工组织编制，在征求同级其他相关部门的意见后，报本级人民政府批准后实施。

专业规划应当服从综合规划。综合规划尚未编制，专业规划已先编制或者专业规划之间不一致的，由县级以上人民政府水行政主管部门按照水资源综合利用的原则予以协调。

第九条 经批准的水资源规划是开发、利用、节约、保护和管理水资源，防治水害，实现水资源可持续利用的依据，必须严格执行。

经批准的水资源规划需要修改时，应当按照规划编制程序经原批准机关批准。

第十条 建设水工程，必须符合流域综合规划或者水资源综合利用的原则。在江河或者湖泊上新建、改建、扩建水工程，其可行性研究报告按照工程拟建规模报请批准前，小型水工程应当报州、市水行政主管部门审查并签署意见，中型水工程应当报省人民政府水行政主管部门审查并签署意见。

第三章 水资源开发利用

第十一条 各级人民政府应当结合本地区水资源的实际情况，按照地表水与地下水统一调度开发、地表水优先,开源与节流相结合、节流优先和污水处理再利用的原则,合理组织开发、综合利用水资源。

开发利用地下水,应当保持开采量与补给量平衡,防止地面沉降、水源枯竭和水质恶化。

第十二条 跨流域调水和开发、利用湖泊水资源,应当进行水资源综合科学考察和调查评价。

第十三条 在水能丰富的河流,应当按照批准的规划,有计划地进行多目标梯级开发。建设水力发电站,应当保护生态环境,兼顾防洪、供水、灌溉、航运、竹木流放和渔业等方面的需要。

第十四条 各级人民政府应当采取多种优惠措施,按照谁建谁有的原则,鼓励扶持单位和个人在符合水资源综合利用的前提下建设小水窖、小塘坝、蓄水池、小水沟、机电井、小抽水站等小型农村水利工程。

对国家所有和农村集体经济组织兴建管理的小型农村水利工程,鼓励采取租赁、承包、股份合作等方式经营;鼓励按照有关规定对产权进行拍卖,采取拍卖方式收回的国家投资和补助资金应当继续用于小型农村水利工程建设。

工程所有者、经营管理者应当维护小型农村水利工程的安全和正常运行。

第十五条 各级人民政府应当坚持科学发展观,遵循开发利用与保护管理相结合的原则,建立健全水资源开发利用的科学补偿机制,妥善安置水工程建设移民,保障移民的生产和生活,保护移民的合法权益。

第四章 水资源、水域和水工程的保护

第十六条 县级以上人民政府水行政主管部门以及其他有关部门在制定水资源开发、利用规划和调度水资源时,应当注意维持江河的合理流量和湖泊、水库以及地下水的合理水位,维护水体的自然净化能力。

第十七条 各级人民政府应当采取措施,加强水源、水质、水环境的保护,加快水源涵养林和水土保持林建设,保护自然植被,涵养水源。

第十八条 流域集水面积大于1000平方千米的主要河流,流经重要城镇或者工业集中区域、水污染较严重的主要河流,重要湖泊及汇入湖泊的主

要河流，库容大于 5000 万立方米和重点城市集中式供水水源地的水库的水功能区划由省人民政府水行政主管部门会同同级环境保护行政主管部门和有关部门拟定，报省人民政府批准后实施。

其他江河、湖泊的水功能区划，由县级以上人民政府水行政主管部门会同同级环境保护行政主管部门和有关部门拟定，报本级人民政府批准后实施，并报上一级人民政府水行政主管部门和环境保护行政主管部门备案。

经批准的水功能区划是水资源开发、利用和保护的依据。

第十九条　省人民政府水行政主管部门负责省人民政府确定的重要饮用水源区和跨州、市水功能区的统一监督管理。

县级以上人民政府水行政主管部门按照各自管理权限负责管辖范围内水功能区的监督管理。

第二十条　新建、改建、扩建的工程项目向水体排放污染物的，建设单位应当在水资源论证报告书中充分论证，并提出相应的环境保护措施，防止对水功能区的影响。

直接在江河、湖泊、水库新建、改建或者扩大排污口，应当经所在地的县级以上人民政府水行政主管部门同意，由环境保护行政主管部门负责对该建设项目的环境影响报告书进行审批。

第二十一条　各级人民政府应当采取措施，加强对饮用水源区、风景名胜区等有重大经济和文化价值的水体的保护。

禁止在饮用水源区弃置垃圾、废土、有毒有害物质，排放废污水。

第二十二条　省人民政府水行政主管部门应当会同省人民政府国土资源行政主管部门划定地下水超采地区和严重超采地区，报省人民政府批准并公告。在城市规划区内，划定的地下水超采地区和严重超采地区应当告知省人民政府建设行政主管部门。

县级以上人民政府水行政主管部门对地下水超采地区应当严格审批开采地下水。在地下水严重超采地区，禁止开采地下水。对已批准开采的，县级以上人民政府水行政主管部门应当限期核减开采量，直至停止开采。

第二十三条　在水工程保护范围内，禁止从事影响水工程运行和危害水工程安全的挖砂、采石、修坟、建筑、砍伐林木等活动。

划定水工程管理和保护范围的具体办法，由省人民政府制定。

第二十四条　县级以上人民政府水行政主管部门应当按照河道防洪规

划、整治规划和河势现状编制河道采砂规划。

在河道管理范围内进行采砂活动必须报经县级以上人民政府水行政主管部门批准，按照批准的地点、范围、期限、数量和作业方式开采。

第五章　水资源配置和节约用水

第二十五条　省人民政府发展和改革行政主管部门、水行政主管部门负责全省水资源的宏观调配。

全省和跨州、市的水中长期供求规划，由省人民政府水行政主管部门会同同级有关部门制订，报省发展和改革行政主管部门审查批准后执行。县级以上的水中长期供求规划，由县级以上人民政府水行政主管部门会同同级有关部门制订，报同级发展和改革行政主管部门审查批准后执行。

经批准的水中长期供求规划应当纳入本级人民政府国民经济和社会发展计划。

第二十六条　跨州、市的水量分配方案和紧急情况下的水量调度预案，由省人民政府水行政主管部门商有关州、市人民政府制订，报省人民政府批准后执行。

其他江河、湖泊、水库的流域水量分配方案和紧急情况下的水量调度预案，由县级以上人民政府水行政主管部门商有关地方人民政府制订，报本级人民政府批准后执行。

水量分配和紧急调水应当统筹考虑经济社会需求、水资源的可持续利用和水质保护。

第二十七条　省人民政府经济综合、建设、农业和水行政主管部门应当按照各自职责制订行业用水定额，按规定的程序审核后，报省人民政府公布。

第二十八条　直接从江河、湖泊或者地下取用水资源的单位和个人，应当依法向水行政主管部门申请领取取水许可证，按照取水许可证的规定取用水，并按规定缴纳水资源费。家庭生活和零星养殖畜禽等少量取水的除外。

水力发电取用水按照发电量计征水资源费，其他取用水按照实际取用水量计征水资源费。

水资源费纳入财政专户，实行收支两条线管理。水资源费应当用于水资源保护、管理和节约用水工作及重要水利基础设施建设。

水资源费征收管理具体办法，由省人民政府制定。

第二十九条 新建、改建、扩建取水建设项目的单位和个人应当按照批准权限向县级以上人民政府水行政主管部门申请办理取水许可手续。

第三十条 县级以上人民政府应当采取措施鼓励、扶持节约用水新技术、新工艺、新产品的研制、开发和推广、应用，提高节水效率。

第三十一条 省人民政府经济综合行政主管部门应当会同水行政主管部门和其他有关部门制定并定期公布本省限期淘汰落后的、耗水量高的工艺、设备和产品的名录。生产者、销售者或者生产经营中的使用者应当在规定的时间内停止生产、销售或者使用列入名录的工艺、设备和产品。

第三十二条 各级人民政府应当根据当地自然条件和经济发展水平，因地制宜地发展渠道防渗、管道输水、喷灌、微灌、水稻浅湿灌、引进沟畦灌、膜上灌等节水工程，建设集雨水窖、水池、水塘等小微型雨水蓄水工程，推行节水灌溉制度，提高农业用水效率。

城镇供水企业应当加强供水管网的维护、管理和技术改造，减少水的漏失。

用水单位应当建立节约用水制度，完善节约用水措施，提高用水效率。

第三十三条 各级人民政府应当实行有利于节约用水的水价政策，建立合理的水价形成机制。城市供水应当实行阶梯水价和分类水价，由水工程供给的农业供水应当逐步实行基本水价和计量水价。

各级人民政府应当采取措施，优水优用，中水回用，优化城市供水的统一调配，保障用水供给。

第六章 水事纠纷处理与执法监督检查

第三十四条 州、市、县之间或者乡（镇）之间发生水事纠纷的，应当协商处理；协商不成的，由共同的上一级人民政府裁决，有关各方必须遵照执行。

在水事纠纷解决前，未经各方达成协议或者共同的上一级人民政府批准，在州、市、县、乡（镇）行政区域交界线两侧一定范围内，任何一方不得修建排水、阻水、取水和截（蓄）水工程，不得单方面改变水的现状。

第三十五条 县级以上人民政府水行政主管部门应当建立水政监察巡查制度，加强监督检查，并依法查处水事违法案件。

县级以上人民政府水行政主管部门应当加强水政监督检查专职执法队伍的建设和管理，加强对水政监察人员的业务培训和考核。

第三十六条 任何单位和个人有权制止、检举和控告违反水法律法规的行为。县级以上人民政府水行政主管部门应当向社会公布举报电话。

重大水事纠纷、水事违法案件发生地的县人民政府水行政主管部门，应当在48小时内将案情向本级人民政府和上一级水行政主管部门报告。

第七章 法 律 责 任

第三十七条 违反本办法第十条规定，未经县级以上人民政府水行政主管部门审查同意，擅自在江河或者湖泊上新建、改建、扩建水工程的，由县级以上人民政府水行政主管部门责令停止违法行为，限期补办有关手续；逾期不补办或者补办未被批准的，责令限期拆除；逾期不拆除的，强行拆除，所需费用由违法单位或者个人负担，并处1万元以上10万元以下的罚款。

第三十八条 违反本办法第二十条第二款规定，擅自在江河、湖泊、水库新建、改建或者扩大排污口的，由县级以上人民政府水行政主管部门依据职权，责令停止违法行为，限期恢复原状，并处10万元以下的罚款。

第三十九条 违反本办法第二十一条第二款规定，在饮用水源区内弃置垃圾、废土、有毒有害物质或者排放废污水的，由县级以上人民政府环境保护行政主管部门依法处理。

第四十条 违反本办法第二十二条第二款规定，在地下水严重超采地区开采地下水的，由县级以上人民政府水行政主管部门责令停止违法行为，并处2万元以上10万元以下的罚款。

第四十一条 违反本办法第二十三条第一款规定，在水工程保护范围内，从事影响水工程运行和危害水工程安全的挖砂、采石、修坟、建筑、砍伐林木等活动的，由县级以上人民政府水行政主管部门责令停止违法行为，采取补救措施，可以处3万元以下的罚款。法律法规另有规定的，依照其规定。

第四十二条 违反本办法第二十四条第二款规定，未经批准，擅自在河道管理范围内采砂的,由县级以上人民政府水行政主管部门责令停止违法行为,并处1万元以上10万元以下的罚款;未按照批准的地点、范围、期限、数量和作业方式开采的,责令限期改正,可以处5000元以上5万元以下的罚款。

第四十三条 违反本办法第三十一条规定,生产、销售或者在生产经营中使用本省明令淘汰落后的、耗水量高的工艺、设备和产品的,由县级以上人民政府经济综合行政主管部门责令停止生产、销售或者使用,限期改正,可以处3000元以上3万元以下的罚款。

第四十四条 县级以上人民政府水行政主管部门或者其他行政主管部门的工作人员玩忽职守、滥用职权、徇私舞弊的,由其所在单位或者上级主管部门给予行政处分;构成犯罪的,依法追究刑事责任。

第八章 附 则

第四十五条 地下水具体管理办法由省人民政府制定。

第四十六条 本办法自2005年10月1日起施行。1992年11月25日云南省第七届人民代表大会常务委员会第二十七次会议通过的《云南省实施〈中华人民共和国水法〉办法》同时废止。

西藏自治区

西藏自治区实施
《中华人民共和国水法》办法

（1994年8月18日西藏自治区第六届人民代表大会常务委员会第十次会议通过 1997年7月17日西藏自治区第六届人民代表大会常务委员会第二十五次会议第一次修正 2004年6月9日西藏自治区第八届人民代表大会常务委员会第十二次会议第二次修正 2013年5月29日在西藏自治区第十届人民代表大会常务委员会第四次会议第三次修正）

第一章 总 则

第一条 根据《中华人民共和国水法》（以下简称《水法》），结合自治区实际，制定本办法。

第二条 在自治区行政区域内开发、利用、节约、保护、管理水资源和防治水害，适用本办法。

本办法所称水资源，包括地表水和地下水。

第三条 开发、利用、节约、保护水资源和防治水害，应当全面规划、统筹兼顾、标本兼治、综合利用、讲求效益，发挥水资源的多种功能，协调好生活、生产经营和生态环境用水。

第四条 县级以上人民政府应当将水资源的开发、利用、节约、保护和防治水害纳入国民经济和社会发展规划，加大对水利基础设施的投入，并采取有效措施节约、保护水资源，实现水资源可持续利用。

第五条 自治区对水资源依法实行取水许可制度、有偿使用制度。严格实施用水总量控制、用水效率控制、水功能区限制纳污控制。

第六条 自治区人民政府水行政主管部门负责全区水资源的统一管理和监督工作。

市（地）、县人民政府水行政主管部门按照规定的权限，负责本行政区域内水资源的统一管理和监督工作。

县级以上人民政府有关部门按照职责分工，负责本行政区域内水资源开发、利用、节约、保护的有关工作。

第七条 各级人民政府应当加强宣传教育,在全社会树立并增强保护水资源和节约用水意识。

电视、广播、报刊等媒体应当加大节约、保护水资源以及防治水土流失和水体污染的宣传力度。

第八条 自治区鼓励和支持开发、利用、节约、保护、管理水资源和防治水害等有关科学技术研究,鼓励节水灌溉和开发、利用水能资源,并对取得显著成绩的单位和个人给予奖励。

自治区鼓励并发展生态节水型工业、农业和服务业,建设资源节约型、环境友好型社会。

第二章 水资源规划

第九条 自治区人民政府应当根据经济社会发展需要和水资源开发利用现状编制全区水资源总体规划,对开发、利用、节约、保护水资源和防治水害作总体部署。

水资源规划分为流域规划和区域规划。流域规划包括流域综合规划和流域专业规划;区域规划包括区域综合规划和区域专业规划。

第十条 自治区确定的重要河流、湖泊和跨市(地)河流的流域综合规划和区域综合规划由自治区人民政府水行政主管部门会同同级有关部门和有关市(地)人民政府组织编制,报自治区人民政府批准,并报国务院水行政主管部门备案。

跨县河流的流域综合规划和区域综合规划由市(地)人民政府水行政主管部门会同同级有关部门和有关县人民政府组织编制,报本级人民政府批准,并报上一级人民政府水行政主管部门备案。

县区域内河流的流域综合规划和区域综合规划由县人民政府水行政主管部门会同同级有关部门组织编制,报本级人民政府批准,并报上一级人民政府水行政主管部门备案。

灌溉、防洪、抗旱、供水、水力发电、水资源保护、水文、节约用水等专业规划,由县级以上人民政府有关部门组织编制,征求同级其他有关部门意见后,报本级人民政府批准。

第十一条 编制水资源规划应当进行水资源综合考察、科学论证、全面评估。流域范围内的区域规划应当服从流域规划,专业规划应当服从综合规划。

编制流域规划和区域规划所需经费,列入本级财政预算。

第十二条 县级以上人民政府应当加强水文基础设施的建设和管理。自治区水文机构应当建立水文数据库,并依法公开和共享基本水文监测资料。

第十三条 水资源规划一经批准应当严格执行。经批准的流域规划、区域规划和专业规划需要修改的,应当按照规划编制程序经原批准机关审批。

第十四条 建设水工程,应当符合流域综合规划。水工程项目在审批或者核准前,由县级以上人民政府水行政主管部门按照管辖权限,自受理之日起三十日内根据流域综合规划对该水工程项目进行审查并签署意见。

未取得规划同意书的建设项目,有关部门不得审批或者核准。

第三章 水资源开发利用

第十五条 开发、利用水资源,应当坚持开发与保护并重,坚持兴利与除害相结合,兼顾上下游、左右岸和有关地区之间的利益,充分发挥水资源的综合效益。

开发、利用水资源,应当优先满足城乡居民生活用水,并兼顾农牧业、工业和生态环境用水等需要。

在干旱和半干旱地区开发、利用水资源,应当充分考虑生态环境用水需要。

第十六条 自治区鼓励再生水、雨水、洪水利用,鼓励园林绿化、环境卫生、工程施工、高耗水行业等利用再生水,提高污水再生利用率,促进水资源可持续利用。

第十七条 自治区人民政府发展改革部门和水行政主管部门负责全区水资源的宏观调配。县级以上人民政府水行政主管部门会同有关部门依据上一级水中长期供求规划和本地区的实际情况制订水中长期供求规划,经同级发展改革部门审查批准后执行。

第十八条 县级以上人民政府水行政主管部门应当依据流域规划和水中长期供求规划,以流域为单元制定水量分配方案。

水量分配方案应当合理安排生态环境用水。因生态治理需要，可以按照原批准程序对已经制定的水量分配方案进行调整。

第十九条　县级以上人民政府水行政主管部门应当根据批准的水量分配方案和年度预测来水量，制定年度水量分配方案和调度计划，实施水量统一调度。

第二十条　自治区对用水实行总量控制。自治区人民政府有关行业主管部门应当制定行业用水定额，报同级水行政主管部门和质量监督检验部门审核同意后，由自治区人民政府公布。

县级以上人民政府发展改革部门会同同级水行政主管部门，根据用水定额、经济技术条件以及水量分配方案确定的可供本行政区域使用的水量，制定年度用水计划。

第二十一条　自治区实行取水许可制度。单位和个人利用取水工程或者设施直接从江河、湖泊或者地下取用水资源的，应当按照国家有关规定向有管辖权的水行政主管部门申领取水许可证。

家庭生活和零星散养、圈养畜禽饮用等少量取水的；农业抗旱临时应急取水的；防御和消除对公共安全或者公共利益的危害，临时应急取水的；维护生态环境临时应急取水的和法律、法规规定的其他事项除外。

第二十二条　单位和个人向有管辖权的水行政主管部门依法办理取水许可证后，应当在取水口装置符合标准的取水计量设施，实行计量取水，并保证取水计量设施正常使用，按照规定填报取用水报表。不得擅自拆除、更换取水计量设施。

第二十三条　新建、改建、扩建的取用水建设项目，建设项目业主单位应当依法进行建设项目水资源论证，编制建设项目水资源论证报告书；取水量较少且对周边环境影响较小的，可以填报建设项目水资源论证表。水资源论证报告书和水资源论证表经批准后，方可申领取水许可证。

第二十四条　文物保护单位建设控制地带和国家规定的禁止开发区周边，因开采矿藏或者建设工程施工涉及疏干排水和降排水的，应当向县级以上人民政府水行政主管部门提交申请书和降排水方案，经审查批准后，办理取水许可并按照批准的方案进行疏干排水和施工降排水。

第二十五条　因特殊原因确需增加取水规模的，应当向有管辖权的水行政主管部门提出申请，经批准后方可超出年度用水计划取水。

第二十六条　自治区实行水资源有偿使用制度。获得取水许可的单位和个人应当按照国家和自治区人民政府的有关规定缴纳水资源费。

水力发电站应当根据发电量缴纳水资源费。农村公益性水力发电站缴纳水资源费的时间由自治区人民政府另行规定。

开采矿藏疏干排水或者建设工程施工降排水的，应当按取水计量设施或者设备铭牌功率满负荷连续运行的取水能力计算的日最大取水量征收水资源费。

农村集体经济组织及其成员使用本集体经济组织的水塘、水库中的水以及村民使用其承包或者修建的水池、水窖、水塘、水渠中的水不缴纳水资源费。

县级以上人民政府水行政主管部门按照分级管理权限，负责水资源费的征收。县级以上人民政府财政部门和价格主管部门依照有关规定和管理权限，负责水资源费的管理和监督。

第二十七条　新建、改建、扩建建设项目应当制定节水措施方案，配套建设节水设施。节水设施应当与主体工程同时设计、同时施工、同时验收使用。已建成的建设项目，未配套节水设施的，应当限期进行节水设施的配套建设。

第二十八条　开发、利用水能资源，应当符合流域综合规划和水电、防洪等专业规划，保护生态环境、兼顾供水、灌溉和渔业等方面的需要。

开发、利用水能资源，应当依法取得水能资源开发使用许可。经自治区人民政府同意，自治区人民政府水行政主管部门会同有关部门可以通过招标、拍卖或者挂牌的方式出让水能资源开发使用权，所得收入上缴财政。水能资源开发管理办法由自治区人民政府另行规定。

第二十九条　任何单位和个人引水、截（蓄）水、排水，不得损害公共利益和他人的合法权益。

第四章　水资源保护

第三十条　县级以上人民政府水行政主管部门应当会同同级环境保护主管部门和其他有关部门，拟定本行政区域的水功能区划，报本级人民政府批准，并向上一级水行政主管部门和环境保护主管部门备案。

第三十一条 县级以上人民政府水行政主管部门负责对水功能区的纳污能力进行核定，并向同级环境保护主管部门提出该水功能区限制排污总量的意见。

县级以上人民政府水行政主管部门应当对水功能区的水质适时进行监测，发现超过限制排污总量导致水质恶化的，应当及时报告本级人民政府采取治理措施，并向同级环境保护主管部门通报。

第三十二条 自治区建立饮用水水源保护区制度。县级以上人民政府应当划定饮用水水源保护区，设置明显标志，并予以公告。

县级以上人民政府应当建立饮用水安全突发事件的应急处置机制，及时处理突发事件。

第三十三条 县级以上人民政府应当加强农村及牧区人畜饮水及城镇供水工程的建设和管理，改善城乡居民的饮水条件，保证饮用水安全。

第三十四条 禁止在饮用水水源保护区内设置排污口。

排入河流、湖泊等水域的废水、污水，应当符合水功能区划的要求和规定的排放标准。有管辖权的环境保护主管部门应当进行监测和监督。

在江河、湖泊新建、改建或者扩大排污口，应当经过有管辖权的水行政主管部门同意，由环境保护主管部门负责对该建设项目的环境影响评价文件进行审批。

第三十五条 在河道、湖泊管理范围内进行采砂、取土以及开采其他矿产资源的，应当向所在地县级以上人民政府水行政主管部门依法申请许可证；涉及其他部门的，由水行政主管部门会同有关部门依法办理。

第三十六条 开发、利用地表水，应当维持河流的合理流量和湖泊、水库的合理水位，维持水体的自然净化能力，防止对生态环境造成破坏。

第三十七条 禁止围垦河道和开发冰川。确需围垦河道的，应当经过科学论证，经自治区人民政府水行政主管部门同意后，报自治区人民政府批准。

第三十八条 自治区人民政府水行政主管部门应当会同有关部门，划定地下水禁止开采区和地下水限制开采区，报自治区人民政府批准后予以公布。

县级以上人民政府水行政主管部门应当加强对地下水开发、利用的监督管理。开采地下水应当实行统一规划，适度利用，保持地下水的合理水位，并对地下水的水位、水量、水质进行动态监测。

第三十九条 开采地下水的单位，应当合理确定井深、井距和开采量，并于每年的12月31日前向有管辖权的水行政主管部门报告本年度的取水情况和下一年度取水计划建议。

第四十条 开采矿藏或者建设地下工程，可能导致地下水位下降、水体污染、水源枯竭或者地面塌陷的，采矿单位或者建设单位应当采取预防和补救措施。造成他人生产和生活损失的，依法给予补偿。

第四十一条 在水工程保护范围内，禁止从事影响水工程运行和危害水工程安全的爆破、打井、采石、取土等活动。

第五章 水事纠纷处理与监督检查

第四十二条 各级人民政府及有关部门应当采取措施，预防和制止水事纠纷。

不同行政区域之间发生水事纠纷的，应当协商处理；协商不成的，由上一级人民政府裁决，有关各方必须遵照执行。

单位之间、个人之间、单位和个人之间发生的水事纠纷，应当协商解决；当事人不愿意协商或者协商不成的，可以申请县级以上人民政府或者水行政主管部门调解，也可以直接向人民法院提起民事诉讼；有关人民政府或者水行政主管部门调解不成的，可以向人民法院提起民事诉讼。

乡（镇）人民政府应当及时调解本乡镇的水事纠纷，配合上级水行政主管部门调解水事纠纷。

在水事纠纷解决前，当事人不得单方面改变现状。

第四十三条 县级以上人民政府水行政主管部门应当建立水政监督检查队伍，配备水政监督检查人员，完善水政监督检查制度，负责水政监督检查队伍的管理。

第四十四条 县级以上人民政府水行政主管部门应当加强对水工程建设、取排水、节约用水、水量分配方案和调度计划执行等情况的监督检查，对违反水法和本办法的行为应当依法查处。

第四十五条 水政监督检查人员在履行监督检查职责时，应当出示行政执法证件，依法进行监督检查。

第四十六条 县级以上人民政府水行政主管部门及其水政监督检查人员在依法履行监督检查时,有权采取下列措施:

(一)要求被检查单位提供有关文件、证照、资料;

(二)要求被检查单位就有关问题依法作出说明;

(三)进入被检查单位的生产场所进行调查取证;

(四)责令被检查单位停止违法行为,并履行法定义务。

第四十七条 有关单位或者个人对水政监督检查人员的监督检查工作应当给予配合,如实反映情况,提供有关真实数据、资料,不得拒绝、拖延或者谎报,不得阻碍水政监督检查人员依法履行职责。

第四十八条 县级以上人民政府水行政主管部门及其水政监督检查人员在依法履行职责时,不得推诿或者拒绝,不得滥用职权或者以权谋私,不得越权执法。

第六章 法 律 责 任

第四十九条 违反本办法规定的行为,法律、法规已有处罚规定的,从其规定。

第五十条 违反本办法第二十二条规定,未安装取水计量设施的,由有管辖权的水行政主管部门责令限期安装,并按照工程设计取水能力或者设备铭牌功率满负荷连续运行的取水能力计算的日最大取水量和水资源费征收标准征收水资源费,并处5000元以上2万元以下罚款;情节严重的,吊销其取水许可证。

计量设施不合格或者运行不正常的,责令限期更换或者修复;逾期不更换或者不修复的,按照工程设计取水能力或者设备铭牌功率满负荷连续运行的取水能力计算的日最大取水量和水资源费征收标准征收水资源费,可以处1万元以下罚款;情节严重的,吊销其取水许可证。

第五十一条 违反本办法第二十五条规定,未经批准扩大取水规模的,由有管辖权的水行政主管部门责令停止违法行为,限期采取补救措施,并处2万元以上10万元以下罚款;情节严重的,吊销其取水许可证。

第五十二条 违反本办法第三十九条规定,不报送年度取水情况的,由有管辖权的水行政主管部门责令限期改正,并处5000元以上2万元以下罚款；情节严重的，吊销其取水许可证；不报送下一年度取水计划建议的，由有管辖权的水行政主管部门责令限期改正，可以处5000元以上2万元以下罚款。

第五十三条 违反本办法第四十八条规定，县级以上人民政府水行政主管部门及其水政监督检查人员玩忽职守、滥用职权、徇私舞弊的，由有关部门对主要责任人员和其他直接责任人员，依法给予行政处分。涉嫌犯罪的，由司法机关处理。

第七章 附 则

第五十四条 对于国际河流的开发、利用、保护按照国家有关规定执行。

国外组织或者个人在自治区行政区域内从事水事活动，应当经自治区水行政主管部门审核，并报国务院水行政主管部门审批。

第五十五条 本办法自2013年10月1日起施行。

西藏自治区实施
《中华人民共和国防洪法》办法

（2001年11月23日西藏自治区第七届人民代表大会常务委员会第二十三次会议通过 2010年7月30日西藏自治区第九届人民代表大会常务委员会第十七次会议修正）

第一条 根据《中华人民共和国防洪法》（以下简称《防洪法》），结合我区实际，制定本办法。

第二条 在自治区行政区域内从事防洪及与防洪有关的一切活动应当遵守《防洪法》和本办法。

本办法所称防洪是根据洪涝灾害特点采取的防止或减轻洪涝灾害的各项活动。

第三条 任何单位和个人都有保护防洪工程设施和参加防汛抗洪的义务，有权制止和检举破坏防洪工程设施的行为。在防汛抗洪工作中做出显著成绩的单位和个人，应当给予表彰和奖励。

第四条 各级人民政府有关部门应当加强对广大群众的防洪教育，普及防洪知识，提高水患意识；建立和完善水文、气象、通信、信息遥控、预警、洪涝灾害监测系统等防洪体系；有计划地治理江河、湖泊，建设防洪工程，提高防洪能力；加强对防洪工程的维护管理，确保安全。

第五条 自治区人民政府成立防汛指挥机构，其办事机构设在自治区人民政府水行政主管部门。有防汛抗洪任务的市（地）、县成立防汛指挥机构，其办事机构设在市（地）、县人民政府水行政主管部门。

防汛指挥机构由人民政府有关部门、人民解放军驻藏部队、人民武装警察部队等组成。

在汛期，乡（镇）人民政府和企事业单位可以根据防汛抗洪工作的需要，设立临时防汛指挥机构，负责有关防汛抗洪抢险救灾等工作，并接受上级防汛指挥机构的领导。

防汛抗洪工作实行各级人民政府行政首长负责制。

第六条　编制国民经济和社会发展总体规划、城市规划及重大建设项目的布局,应当有防洪排涝等专项规划或者进行专项论证。

第七条　跨市(地)江河的防洪规划,由自治区人民政府水行政主管部门会同市(地)有关部门根据流域综合规划、区域综合规划编制,报自治区人民政府批准。

其他江河、湖泊的防洪规划或者区域防洪规划,由所在地市(地)、县人民政府水行政主管部门会同有关部门根据流域或防洪规划与区域综合规划编制,报本级人民政府批准,并报上一级水行政主管部门备案。

拉萨市、日喀则市、八一镇等防洪规划,由拉萨市、日喀则市人民政府、林芝地区行署组织水行政主管部门和其他有关部门依据流域防洪规划与区域防洪规划编制,防洪规划审批后纳入城镇总体规划。

修改防洪规划,应当报经原审批机关批准。

第八条　易涝地区的人民政府应当制定本行政区域的除涝治涝规划,并组织有关部门采取相应的治理措施,完善排涝系统,减轻洪涝灾害的损失。

第九条　依法划定的防洪规划保留区由县级以上人民政府公告,并明确界限,设立固定标志。

第十条　整治河道和修建控制引导河水流向、保护堤岸等工程,应当兼顾上下游和左右岸的关系,按照规划治导线实施,不得任意改变河水流向。

跨市(地)江河的规划治导线由自治区人民政府水行政主管部门组织市(地)有关部门拟定,报自治区人民政府批准;其他江河的规划治导线由市(地)、县人民政府水行政主管部门拟定,报地区行署(市人民政府)、县人民政府批准。

第十一条　按照防洪规划进行河道整治需要占用土地的,由土地行政主管部门根据国家有关规定依法予以划拨。

河道治理新增土地,河道主管机关可以依法享有优先使用权。

河道整治计划用地和规划建设的堤防用地范围内的土地,不得建设与防洪无关的工程设施。

第十二条　县级以上人民政府在制定防洪规划和防御洪水方案时应当划定洪泛区、蓄滞洪区和防洪保护区。

第十三条　在河道管理范围内建设跨河、穿河、穿堤、临河的桥梁、道路、渡口或取水、排水等工程设施,应当经市(地)、县人民政府水行政主管部门审查，经审查批准后方可实施。

第十四条 禁止在水库库区内筑坝拦河或在水库淹没线以下垦种土地。已经在水库库区内筑坝拦河修建建筑物，经科学论证，确认不影响水库安全和管理的，经河道主管机关和水行政主管部门审查同意后予以保留；确认影响水库安全和管理的，应当拆除。

对水库下游泄洪道内的障碍物，应当拆除，确保行洪畅通。

第十五条 禁止在崩塌滑坡危险区和泥石流易发区从事取土、挖沙、采石等活动。依法划定的崩塌滑坡危险区和泥石流易发区，由县级以上人民政府公告，并设定固定标志。

在防洪规划区河道内挖沙取土，按照有关法律、法规的规定执行。

第十六条 护堤护岸林木由河道所在地人民政府组织营造和管理，任何单位和个人不得任意砍伐。采伐、更新护堤护岸林木，应当办理采伐许可证，并完成补种任务。

第十七条 水文管理机构应当根据水文测验技术标准，依法在测验河段的上下游划定水文测报设施保护区，由县级以上人民政府公告，并在河段保护区上下界处设立地面标志。任何单位和个人不得在水文测报设施保护范围内进行危害和影响水文测报的活动。

因工程建设确需迁移或者改建水文测报设施的，应当征得水文管理机构的同意，迁移或改建的费用由建设单位承担。

第十八条 禁止破坏、侵占、毁坏堤防、护岸、水闸、泵站等防洪工程设施和水文、气象、通讯、测量标志等设施。

第十九条 各级人民政府应当组织水行政主管部门和有关部门定期对防洪工程设施进行检查。对未达到设计洪水标准、抗震设防要求或者有严重质量缺陷的水库、河堤，所在地水行政主管部门和有关部门应当采取除险加固措施。

第二十条 跨市（地）江河的防洪方案，按照自治区人民政府批准的防御洪水方案执行。其他河流的防御洪水方案，由所在地防汛指挥机构制定，经本级人民政府和上一级防汛指挥机构批准后执行。

第二十一条 中型以上水库的洪水调度方案，由自治区防汛指挥机构制定，报自治区人民政府批准。

其他水库的洪水调度方案，由所在地防汛指挥机构制定，报本级人民政府批准，并报自治区防汛指挥机构备案。

第二十二条 自治区的防汛期为每年5月15日至9月30日。特殊情况下，市（地）、县防汛指挥机构可以宣布提前或者延长本行政区域的防汛期，并报自治区防汛抗洪指挥机构备案。

第二十三条 各级防汛指挥机构、水行政主管部门或者其授权的水文管理机构负责向社会发布水文情报预报和汛情公告。

鼓励和支持有关部门进行水文预报的科学研究和应用。

第二十四条 在汛期，有关人民政府应当组织当地群众参加巡堤查险、抗洪抢险等防汛工作。

企事业单位应当在防汛指挥机构的统一领导部署下，按照各自的职责做好有关防汛抗洪工作。

第二十五条 在主汛期，防汛抢险救灾车辆和防汛抗洪指挥车辆应当优先通行，并免缴过路（桥）费。防汛车辆的标志由自治区防汛指挥机构同自治区交通行政主管部门制发。

第二十六条 市（地）、县防汛指挥机构，应当建立险情报告制度，对重大险情应当组织有关部门进行排险，并迅速将险情报告上一级防汛指挥机构。

第二十七条 跨市（地）江河水位或者流量达到规定的分洪标准，需要启用蓄滞洪区，由自治区防汛指挥机构按照自治区人民政府批准的防御洪水方案执行；其他江河需要启用蓄滞洪区的，由市（地）、县人民政府按照批准的防御洪水方案执行。

第二十八条 因防汛抗洪需调用的物资、设备、交通工具等，在汛期结束后，由当地人民政府负责组织归还；造成损坏或者无法归还的，由当地人民政府给予适当补偿。

第二十九条 中国人民解放军、中国人民武装警察部队和民兵组织在执行抗洪抢险任务时，各级人民政府及防汛指挥机构应当为其提供便利条件。

第三十条 防洪费用按照以政府投入为主与受益者合理分担相结合的原则筹集。县级以上人民政府应当保证防洪规划和年度计划所需的资金。

河道工程修建维护费的具体缴纳办法由自治区人民政府制定。

第三十一条 县级以上人民政府应当根据防汛工作的需要，建立并实施防汛物资储备制度。所需防汛物资储备资金和更新补充资金，应当纳入本级财政预算。

第三十二条 各级人民政府应当对防洪、救灾资金的使用实行严格的审计和财政监督，保证专款专用。

任何单位和个人不得截留、挪用防洪、救灾资金和物资。

第三十三条 截留、挪用防洪、救灾资金和物资，尚不构成犯罪的，给予行政处分；构成犯罪的，依法追究刑事责任。

第三十四条 国家工作人员有下列行为之一，尚不构成犯罪的，给予行政处分；构成犯罪的，依法追究刑事责任：

（一）擅自修改防洪规划的；

（二）批准建设有阻碍行洪建筑物的；

（三）未按规划治导线整治河道和修建控制引导河水流向，任意改变河水流向的。

第三十五条 本办法应用中的具体问题，由自治区人民政府水行政主管部门解释。

第三十六条 本办法自2002年1月1日起施行。

陝西省

陕西省河道管理条例

（2000年12月2日陕西省第九届人民代表大会常务委员会第十九次会议通过 2004年8月3日陕西省第十届人民代表大会常务委员会第十二次会议修正 2010年3月26日陕西省第十一届人民代表大会常务委员会第十三次会议第二次修正 根据2018年5月31日陕西省第十三届人民代表大会常务委员会第三次会议关于修改《陕西省实施〈中华人民共和国环境影响评价法〉办法》等十一部地方性法规的决定第三次修正）

第一章 总 则

第一条 为加强河道管理，确保河道行洪畅通和工程安全完整，发挥河道的综合效益，根据《中华人民共和国水法》《中华人民共和国河道管理条例》及有关法律、法规，结合本省实际，制定本条例。

第二条 本条例适用于本省行政区域内河道（包括湖泊、人工水道、蓄滞洪区）的整治、利用、保护及其相关的管理活动。

河道内的航道，同时适用国家和本省有关航道管理的规定。

第三条 本条例所称河道管理范围是：有堤防的河道为两岸堤防之间的水域、沙洲、滩地（包括可耕地）、行洪区，两岸堤防及护堤地；无堤防的河道，根据历史最高洪水位或者设计洪水位确定。

河道的具体管理范围，由县级以上人民政府负责划定并公告，由同级水行政主管部门设立明示界桩。

第四条 省人民政府水行政主管部门是全省河道的主管机关。

设区的市、县（市、区）人民政府水行政主管部门是该行政区域的河道主管机关。

省三门峡库区管理机构在三门峡库区范围内，行使省水行政主管部门的库区管理职责及国家流域管理机构赋予的管理职责。

第五条 河道管理实行统一管理和分级管理相结合的原则，各级水行政主管部门的具体管理范围由省人民政府另行规定。

第六条 任何单位和个人都有保护河道工程安全、保护水环境和依法参加防汛抢险的义务，并有权制止和检举违反河道管理规定的行为。

第七条 对在河道整治、保护、管理方面成绩显著的单位和个人，由县级以上人民政府或者水行政主管部门给予表彰奖励。

第二章 河道整治与建设

第八条 河道整治与建设应当服从江河流域综合规划和防洪规划，符合国家规定的防洪标准、通航标准和其他有关技术要求，维护河道工程安全，保持河势稳定和行洪、航运畅通。

第九条 城镇建设和发展不得占用河道管理范围内的滩地。城镇规划的临河界限，由水行政主管部门会同城市建设主管部门确定。编制和审查沿河城镇规划时，应当事先征求水行政主管部门的意见。

第十条 在河道管理范围内修建水工程和跨河、穿河、临河、穿堤的建设项目及设施，建设单位必须将工程建设方案报送有管理权的水行政主管部门审查同意并征求建设项目所在地的县（市、区）水行政主管部门的意见。

第十一条 河道管理范围内建设项目审查权限，按照以下规定执行：

（一）在黄河和省际边界河道管理范围内修建各类建设项目或者因建设项目需要河流改道的，建设单位应当向设区的市水行政主管部门提出申请。设区的市水行政主管部门初审后，报省水行政主管部门审查；或者由省水行政主管部门签署意见后，按照有关规定报流域管理机构审查；

（二）在渭河、汉江、洛河、泾河、沣河、嘉陵江、丹江、石头河、千河、窟野河和红碱淖管理范围内修建各类大中型建设项目以及在设区的市边界河道修建各类建设项目，建设单位应当向设区的市水行政主管部门提出申请，报省水行政主管部门审查；除设区的市边界河道外，在上述河道修建各类小型建设项目，建设单位应当向县（市、区）水行政主管部门申请，报设区的市水行政主管部门审查；

（三）在本省三门峡库区范围内修建各类大中型建设项目，建设单位应当向省三门峡库区管理机构提出申请，由省三门峡库区管理机构征求建设项目所在设区的市水行政主管部门意见后，按照管理权限报省水行政主管部门或者流域管理机构审查；修建各类小型建设项目，由省三门峡库区管理机构审查；

（四）在其他河道管理范围内修建大型水利工程建设项目，由省水行政主管部门审查；修建其他各类大中型建设项目和中型水工程，由设区的市水行政主管部门审查，报省水行政主管部门备案；修建各类小型建设项目，由所在县（市、区）水行政主管部门审查；

（五）在水库管理范围内的河道修建各类建设项目，由水库管理单位提出初审意见，报水库主管部门审查。其中大型水库管理范围内大中型建设项目的审查意见，必须报省水行政主管部门备案。

各级水行政主管部门接到建设项目申请后，应当按照管理权限在六十日内审查完毕，并将审查结果通知建设单位，或者于十五日内签署初审意见，报上级水行政主管部门或者流域管理机构审查。

第十二条　经审查同意并批准立项的河道管理范围内的建设项目，建设单位必须在项目所在地的县（市、区）水行政主管部门或者省三门峡库区管理机构签订清障协议。

建设单位应当在建设项目竣工后六十日内，向审查同意该项目的水行政主管部门报送有关竣工资料。

建设单位在施工期间损坏防洪工程、观测、管理等设施的，应当负责修复；由此造成损失的，应当给予赔偿。

第十三条　整治河道、修建水库新增的滩地属国家所有。按照河道管理权限，由县级以上人民政府用于河道整治、河道管理和该项工程的移民安置。

第十四条　鼓励企业事业单位、农村集体经济组织或者个人自筹资金修建河道工程，但必须经水行政主管部门批准、放线后方可施工。河道工程竣工后，由水行政主管部门依照管理权限验收管理。

企业事业单位、农村集体经济组织或者个人自筹资金修建河道工程新增的护堤地以外的滩地，经有批准权的人民政府批准后，投资者可以依法取得该滩地的全部或者部分使用权。

第十五条　受益范围明确的堤防、护岸、水闸、排水等工程设施，水行政主管部门可以向受益的工商企业等单位和农户收取河道工程修建维护管理费，用于河道工程的修建、维护、管理和通讯、交通等管理设施的更新改造。其收费标准和办法由省人民政府另行制定。

第三章 河 道 保 护

第十六条 各级人民政府应当按照专业管理和群众管理相结合的原则，建立健全河道管理机构和群众管护组织。

专业管理机构的设置，由县级以上人民政府水行政主管部门提出方案，报同级人民政府批准。

群众管护组织，由县（市、区）水行政主管部门按沿河乡（镇）、村建立管理段、组，落实管护责任。

第十七条 河道堤防护堤地、护岸地由水行政主管部门统一管理，主要用于种植防护林、抢险取土、淤背加固堤防、堆放防洪抢险物料，任何单位和个人不得擅自侵占。

第十八条 河道堤防护堤地、护岸地的范围，按照以下规定确定：

（一）护堤地宽度：黄河禹门口至潼关段，临河、背河堤防两侧各宽一百米（从堤坡脚算起，下同）。渭河宝鸡峡大坝至咸阳铁路桥段，临河二十米，背河五十米；渭河三门峡库区咸阳、西安市段，临河二十米，背河五十米；渭河渭南市段，临河五十米，背河三十米。洛河状头水文站以下河段，临河、背河各宽二十米。三门峡库区南山支流段，临河、背河各宽十米。汉江平川段从勉县武侯镇至洋县小峡口，临河三十米，背河十米；

（二）护岸地宽度：黄河、渭河宝鸡峡大坝以下河段、汉江平川段勉县武侯镇至洋县小峡口、洛河状头水文站以下河段两边从河岸边沿向外各宽三十米；三门峡库区排水干沟两边从沟沿向外各宽十米，排水支沟两边从沟沿向外各宽五米；

（三）其他河道、河段堤防护堤地、护岸地宽度，由所在设区的市、县（市、区）人民政府确定。

护堤地、护岸地由县（市、区）人民政府组织水行政主管部门和国土资源部门划定并公告。集体所有土地划为护堤地的，由县（市、区）人民政府从国有滩地中予以调整。

第十九条 县级以上人民政府可以在河道管理范围的相连地域划定堤防安全保护区。

黄河、渭河、汉江的堤防安全保护区，分别从临河、背河护堤地边沿向两边各划五十米。其他河道堤防安全保护区，由县级以上人民政府确定。

堤防安全保护区的土地权属不变，但使用方式应当符合河道堤防安全管理的要求。

第二十条 城镇河段必须留有护堤地和管护抢险通道。已经占用的城镇河段护堤地，应当逐步按照城镇河段规划退出。利用城镇河段护堤地，必须经有管理权的水行政主管部门审查同意。

第二十一条 在河道管理范围内禁止下列行为：

（一）修建丁坝、顺坝、围堤、生产堤、高路、高渠；

（二）存放物料，倾倒垃圾、矿渣、石渣、煤灰、泥土、废弃土石料和其他废弃物；

（三）围河造田、围垦河流、种植阻水林木、高秆作物；

（四）设置拦河渔具。

禁止垦种堤防或者在堤防和护堤地内建房、开渠、挖窖、挖坑、开口、爆破、打井、挖砂、取土、淘金、挖池、挖塘、放牧、葬坟、晒粮、存放物料、开采地下资源、进行考古发掘以及开展集市贸易活动。

第二十二条 在河道管理范围内进行下列活动，必须按照河道管理权限报水行政主管部门审批：

（一）临时占用河道、湖泊管理范围内滩地、水面的；

（二）修建越堤路、过河便桥、码头的；

（三）打井、钻探、穿堤埋设管线的；

（四）在河道滩地开采矿产资源，进行考古发掘，开发旅游资源的；

（五）其他必须在河道管理范围内进行生产建设活动的。

第二十三条 在河道管理范围内采运砂、石、土料以及淘金等，必须报经水行政主管部门批准，按照指定范围和要求作业，并按规定向水行政主管部门缴纳管理费。

第二十四条 水行政主管部门应当在重要河道和重要河段设立固定观测断面，对河道断面、水位、冲淤、河势变化及堤防、护岸、护滩、险工等进行定期观测记载。

第二十五条 河道沿岸的县（市、区）、乡（镇）人民政府，可以依据国务院有关规定组织维修和加固河道工程。

第二十六条 禁止在易发生山体滑坡、崩岸、泥石流等地质灾害的河段和水库周边地带从事开山采石、采矿、开荒等危及山体稳定的活动。

第二十七条 禁止破坏河道测量标志、观测设备、通讯线路、照明报警器具、工程物料、界桩、里程桩、护堤护林标志、管护房等设施及抢险救生道路。不得擅自侵占或者拆毁旧堤、旧坝、老岸等工程。

第二十八条 禁止影响堤防安全的履带机动车在堤顶行驶；降雨泥泞期间，禁止车辆通行，但执行紧急任务的防汛抢险、军事、公安、救护车辆除外。

第二十九条 河道防护林由水行政主管部门按照临河造防浪林、背河造防汛抢险用材林、堤肩造行道林、堤坡植草皮的原则规划、营造和管理。鼓励单位和个人义务营造河道防护林。

水行政主管部门对河道防护林进行抚育和更新性质的采伐及用于防汛抢险的采伐，免征育林基金。

禁止侵占、损毁、盗伐河道防护林。

第四章 河 道 清 障

第三十条 对河道管理范围内影响河道行洪安全的违章工程、阻水林木、碍洪堆积物等，按照"谁设障，谁清除"的原则，由防汛指挥机构或者水行政主管部门责令限期改建或者清除。逾期不改建又不清除的，由防汛指挥机构或者水行政主管部门组织强行清除，所需费用由设障者承担。

第三十一条 对已建成的壅水、阻水严重的桥梁、引道、管道、码头和不符合防洪安全要求的涵洞、水闸等建筑物，按照河道管理权限，由水行政主管部门根据国家规定的防洪标准提出处理意见，报同级人民政府批准，责成原建设单位限期改建或者拆除。

第三十二条 各级水行政主管部门汛期应当组织巡堤查险，观测雨情、水情和工程情况；发现险情，即时报告并组织抢护；汛后应当对河道防洪工程进行全面检查，及时修复水毁工程。

第三十三条 河道堤防的防汛岁修费，按照分级管理的原则，分别由各级财政负担，列入年度财政预算。

第五章 法 律 责 任

第三十四条 违反本条例第九条、第十七条规定，擅自占用河道管理范围内滩地、护堤地、护岸地的,由水行政主管部门责令限期退还,没收违法所得,可以并处一万元以下罚款。

第三十五条 违反本条例第十条、第十二条第二款、第十四条第一款规定,建设项目未经水行政主管部门审查同意,由水行政主管部门责令停止违法行为,采取补救措施;对于不符合审查意见的建设项目,由水行政主管部门责令建设单位限期改建或者拆除,可以处一万元以上十万元以下罚款。

第三十六条 违反本条例第二十一条第一款规定,在河道管理范围内修建违章建筑、存放物料、堆积废弃物、围河造田等影响河道行洪安全的,由水行政主管部门责令停止违法行为、限期清除障碍或者采取其他补救措施,处一万元以上五万元以下罚款。

违反本条例第二十一条第二款规定,破坏堤防和在护堤地内从事危害堤防安全活动的,由水行政主管部门责令停止违法行为,限期修复堤防和护堤地,逾期不修复的,由水行政主管部门组织修复,所需费用由违法行为人承担,可以处二万元以下罚款;情节严重的,处二万元以上五万元以下罚款。

第三十七条 违反本条例第二十二条规定,未经批准在河道管理范围内擅自进行生产建设活动的,由水行政主管部门责令改正,补办有关手续;对于不符合防洪规划要求和其他技术要求的,责令限期拆除或者改建,可以处警告、五万元以下罚款或者没收违法所得。

第三十八条 违反本条例第二十三条规定,未经批准擅自在河道管理范围内采运砂、石、土料或者淘金的,由水行政主管部门责令停止违法行为,没收违法所得;对防洪工程造成损毁的责令限期采取补救措施,可以并处二万元以下罚款。

第三十九条 违反本条例第二十六条规定,在易发生地质灾害的河段和水库周边地带从事危及山体稳定活动的,由水行政主管部门责令停止违法行为,可以处五万元以下罚款。

第四十条 违反本条例第二十七条、第二十八条规定,破坏河道管理设施设备,擅自侵占或者拆毁旧堤、旧坝等工程,损毁河道堤防的,由水行政主管部门责令其停止违法行为,承担修复责任,可以处一万元以下罚款。

第四十一条 依据本条例对单位处以三万元以上、对个人处以三千元以上罚款的,当事人有权要求举行听证。

第四十二条 当事人对行政处罚决定不服的,可以依法申请行政复议或者提起行政诉讼。逾期不申请复议，也不起诉，又不履行处罚决定的，由作出处罚决定的行政机关申请人民法院强制执行。

第四十三条 违反本条例规定，应当给予治安管理处罚的，依照《中华人民共和国治安管理处罚法》的规定处罚；构成犯罪的，由司法机关依法追究刑事责任。

第四十四条 违反本条例规定的其他行为，法律、法规有处罚规定的，从其规定。

第四十五条 水行政主管部门及其工作人员玩忽职守、滥用职权、徇私舞弊的，由其所在单位或者上级主管机关给予行政处分；构成犯罪的，由司法机关依法追究刑事责任。

第六章 附 则

第四十六条 本条例自公布之日起施行。1989年9月23日陕西省第七届人民代表大会常务委员会第九次会议修正公布的《陕西省河道堤防工程管理规定》同时废止。

陕西省河道采砂管理办法

(2004年6月17日陕西省人民政府令第100号公布 根据2012年2月22日陕西省人民政府令第155号修订)

第一条 为加强河道采砂管理,保障河道防洪和河道管理范围内各类工程设施的安全,根据《中华人民共和国水法》《中华人民共和国河道管理条例》和《陕西省河道管理条例》的规定,结合本省实际,制定本办法。

第二条 在本省行政区域内进行河道采砂,必须遵守本办法。

本办法所称河道采砂是指在河道(包括湖泊、水库、人工水道)管理范围内采运砂石、取土、淘金等活动。

第三条 河道采砂应当服从防洪的总体安排和河道管理的要求。实行统一管理与分级管理相结合,全面规划,计划开采,总量控制,确保安全的原则。

第四条 河道采砂管理实行县级以上人民政府行政首长负责制。县级以上人民政府对本行政区域内河道采砂工作负总责,河道、河段防汛责任人,同时对河道采砂管理工作负责任。

县级以上人民政府水行政主管部门负责本行政区域内河道采砂的统一管理和监督工作。

河道管理单位受同级水行政主管部门委托,承担本行政区域内河道采砂的管理工作。

省三门峡库区管理机构负责库区管理范围内河道采砂的管理和监督工作。

公安部门负责河道采砂治安工作,对采砂活动中违反治安管理的行为,实施治安处罚,依法打击采砂活动中的犯罪行为。

第五条 任何单位和个人对河道采砂的违法行为,有权向县级以上人民政府水行政主管部门、省三门峡库区管理机构及其他有关部门举报。接到举报的部门和机构应当及时查处。

第六条 水行政主管部门应当按照河道防洪规划、整治规划和河势现状编制河道采砂规划。河道采砂规划的内容包括:划定可采区、禁采区、禁采期，可采深度、河段开采总量和采砂场数量及布局、采砂规划平面图等。

河道采砂规划内容涉及铁路、交通、电力、通信等设施保护范围的，应当征求有关管理部门的意见。

第七条 渭河干流自宝鸡峡大坝至咸阳铁路桥段、汉江干流自勉县武侯镇至洋县小峡口段、丹江干流自二龙山水库大坝至丹凤县月日滩段采砂规划，由所在设区市人民政府水行政主管部门组织有关县、市、区人民政府水行政主管部门编制，报省人民政府水行政主管部门批准。

渭河干流渭南市行政区域内的河道、洛河干流状头水文站以下河道采砂规划，由省三门峡库区管理机构编制，报省人民政府水行政主管部门批准；三门峡库区管理范围内其他河道采砂规划，由所在设区市人民政府水行政主管部门组织有关县、市、区人民政府水行政主管部门编制，省三门峡库区管理机构批准，报省人民政府水行政主管部门备案。

省内其他河道、河段采砂规划由所在县级人民政府水行政主管部门编制，报设区市人民政府水行政主管部门批准。

河道采砂规划一经批准，必须严格执行。河道采砂规划因河势、砂石资源分布发生变化，确需修改时，应报经原审批机关批准。

第八条 渭河干流自宝鸡峡大坝至入黄河口段，汉江干流自勉县武侯镇至洋县小峡口段，丹江干流自二龙山大坝至丹凤县月日滩段，每年6月1日至9月30日为河道采砂禁采期。

其他河道禁采期由有关市、县、区人民政府确定。

河道以下范围为禁采区：

（一）河道防洪工程、河道整治工程、水库枢纽、水文观测设施、涵闸及取水、排水等水工程管理范围及安全保护范围；

（二）河道顶冲段、险工、险段、护堤地、护岸地、规划保留区，河道中水治导线以外河床；

（三）铁路、公路、桥梁、码头、通信电缆、输气输油管道、输电线路等工程设施安全保护范围；

（四）其他需要划定为禁采区的范围。

经划定的禁采区由水行政主管部门予以公布，并由有关工程设施管理单位设立明显禁采标志。

禁止任何单位和个人在禁采期、禁采区进行河道采砂活动。

第九条 市、县、区人民政府水行政主管部门,根据河道砂源补给情况、河床下切程度、两岸地下水位变化幅度及采砂对防洪工程的影响等,提出全面禁止河道或河段采砂的方案,报本级人民政府批准后予以公告,并报上一级人民政府水行政主管部门备案。

第十条 河道采砂依法实行许可制度。

在渭河干流渭南市行政区域内河道、洛河干流状头水文站以下河道采砂的单位和个人,应当向省三门峡库区管理机构提出申请。

在设区市人民政府水行政主管部门直接管理的河道内采砂,采砂的单位和个人应当向设区市人民政府水行政主管部门提出申请。

在前两款规定以外河道采砂的单位和个人,应当向采砂所在地的县级人民政府水行政主管部门提出申请。

第十一条 申请领取河道采砂许可证的,应当提交下列材料:

(一)采砂申请书;

(二)采砂申请人与第三者有利害关系的,与第三者达成的协议或者有关文件;

(三)从事经营性河道采砂活动的单位和个人,应当提供营业执照的复印件及其他相关文件。

第十二条 采砂申请书的内容应当包括:申请单位的名称、企业代码、地址、法定代表人或者负责人的姓名、职务,申请人的姓名、住址、身份证号码、联系电话、开采地点、开采时间、作业方式、开采深度、年开采量、采砂机械种类和数量、砂石料堆放地点、弃料处理方案、运输路线、度汛措施等。

第十三条 市、县、区人民政府水行政主管部门和省三门峡库区管理机构,自收到河道采砂申请之日起20个工作日内作出是否准予许可的决定。不予许可的,应当在7个工作日内书面告知申请人。

第十四条 符合下列条件的单位和个人,由受理申请的机关审查后发给河道采砂许可证:

(一)从事经营性采砂的,有营业执照,且经营范围符合规定;

(二)有符合要求的采砂设备;

(三)在河道管理范围外,有砂石料堆放场地;

(四)具有符合要求的运输路线;

（五）无非法河道采砂记录；

（六）开采地点、作业方式、开采深度和开采量等符合河道采砂规划的有关规定。

第十五条 河道采砂许可可以采用公开招标形式确定采砂人。采用招标形式的，由有河道采砂许可审批权的机关组织实施。

第十六条 河道沿岸村民个人自采自用河道砂、石、土料在 50 立方米以下的，应持村委会证明直接向采砂所在地的县级人民政府水行政主管部门提出申请，经批准后，按照指定地点采运，不再申领河道采砂许可证。

第十七条 河道采砂许可证由省人民政府水行政主管部门统一印制。

河道采砂许可证分为正本和副本，正本由持证人保存，副本在采砂现场悬挂。自采自运的，副本随运输的车、船携带。

河道采砂许可证不得伪造、涂改、买卖、抵押、出租、出借或者以其他方式转让。

河道采砂许可证的有效期限不得超过 1 年。

第十八条 经许可在河道采砂的单位和个人，必须遵守以下规定：

（一）按照河道采砂许可证规定的开采地点、开采期限、开采范围、开采深度、开采量、作业方式采砂；

（二）随时转运、清除或复平砂石料和弃料堆体及采砂坑道，清除河道行洪障碍物；

（三）不得损坏河道工程、水工程、堤顶路面、测量标志、水文观测设施、照明报警设施（器具）、通信电缆、宣传牌、界桩、里程桩、护堤护林设施和河道防护林及河道管理范围内其他工程设施；

（四）不得在河道管理范围内堆放砂石料，安装分筛、冲洗设备，修建料台、房屋及其他建筑物；

（五）不得在河道工程和其他工程设施及其安全保护范围和护堤地内堆放砂石料；

（六）在禁采期，采砂机械和淘金船必须撤出河道管理范围；

（七）在每月底前向批准机关报送本月采砂数量和下月计划开采量。

第十九条 需在禁采期、禁采区进行河道清淤、疏浚性质的采砂，应由水行政主管部门提出具体方案，报本级人民政府批准后组织实施，开工前应向有关工程设施管理单位通报。

第二十条 在河道采砂的单位和个人,必须向发放河道采砂许可证的机关缴纳河道砂石资源费,不再缴纳河道采砂管理费和矿产资源补偿费。

任何单位和个人不得减免河道砂石资源费。

河道砂石资源费的征收标准由省人民政府财政、价格行政主管部门会同水行政主管部门制定。

第二十一条 河道砂石资源费属于行政性收费,实行预算管理,收入全额上缴财政,支出通过财政预算安排。

河道砂石资源费用于河道堤防工程的管理、维修和设施的更新改造以及河道采砂执法监督检查,任何部门不得截留或者挪用。

水行政主管部门和省三门峡库区管理机构收缴的河道砂石资源费应逐级上解。上解比例和使用管理办法由省人民政府财政行政主管部门会同水行政主管部门另行制定。

第二十二条 水行政主管部门和省三门峡库区管理机构应当依照《陕西省行政事业性收费管理条例》申领收费许可证,使用省财政厅印(监)制的河道砂石资源费专用收费票据。

收费人员在征收河道砂石资源费时,应当出示合法证件和收费依据。

第二十三条 发放河道采砂许可证的机关,不得委托自收自支事业单位和企业征收河道砂石资源费。

第二十四条 县级以上人民政府水行政主管部门应当加强对本行政区域内河道采砂管理工作的监督检查,维护河道采砂秩序,及时查处违法采砂行为。

河道采砂规划的审批机关对河道采砂规划的实施履行监督检查职责。

河道采砂许可证的发放机关负责河道采砂的现场管理,查处违法行为,实施行政处罚。

河道采砂许可证发放机关的上级机关对许可证的发放和管理履行监督检查职责,纠正不当的行政许可行为,指导协调本行政区域内河道采砂重大案件的处理。

第二十五条 在汛情紧急情况下,水行政主管部门或省三门峡库区管理机构有权决定停止河道采砂作业,并强行清除有碍行洪的砂石料堆体和采砂设备、设施。

第二十六条 禁止拉运砂石的车辆沿堤顶行驶。

在河道采砂的单位和个人需要为运输砂石的车辆修筑越堤路的,按照《陕西省河道管理条例》第二十二条规定办理。

第二十七条 在河道采砂的单位和个人,应与发放河道采砂许可证的机关签订河道清障协议,负责清除行洪障碍物。逾期不清除的,由水行政主管部门或省三门峡库区管理机构组织强行清除,所需费用由采砂单位和个人承担。

第二十八条 违反本办法规定,未办理河道采砂许可证,擅自在河道管理范围内采砂的,由县级以上人民政府水行政主管部门或省三门峡库区管理机构依照《中华人民共和国河道管理条例》第四十四条规定,责令停止违法行为,没收非法所得,并处2万元以下罚款。

第二十九条 违反本办法第八条第四款规定,在禁采期、禁采区采砂的,由县级以上人民政府水行政主管部门或省三门峡库区管理机构责令停止违法行为,并处2万元以上3万元以下罚款。

第三十条 违反本办法第十七条第三款规定的,由县级以上人民政府水行政主管部门或省三门峡库区管理机构责令停止违法行为,并处1万元以上3万元以下罚款,收缴伪造、涂改、买卖、抵押、出租、出借或者以其他方式转让的河道采砂许可证。涉嫌犯罪的,移送司法机关依法查处。

第三十一条 违反本办法第十八条第(一)、(二)、(四)、(五)、(六)项规定的,由县级以上人民政府水行政主管部门或省三门峡库区管理机构责令停止违法行为,限期改正,并处1万元以上2万元以下罚款。

第三十二条 违反本办法第十八条第(三)项规定的,由县级以上人民政府水行政主管部门或省三门峡库区管理机构依照《陕西省河道管理条例》第四十条规定给予处罚。

第三十三条 违反本办法第二十六条第一款规定的,由县级以上人民政府水行政主管部门或省三门峡库区管理机构责令停止违法行为,并处5千元以上1万元以下罚款。

第三十四条 违反本办法规定,不依法缴纳河道砂石资源费的,由发放河道采砂许可证的机关责令限期缴纳。逾期缴纳的,按日加收3‰的滞纳金;拒不缴纳的,处应缴河道砂石资源费2倍以上5倍以下的罚款,并停止其采砂活动。

第三十五条 使用暴力、威胁等手段拒绝、阻碍水行政主管部门或省三门峡库区管理机构工作人员依法执行公务，构成违反治安管理行为的，由公安机关依法给予治安管理处罚；涉嫌犯罪的，移送司法机关依法查处。

第三十六条 依照本办法罚款在2万元以上的，当事人有要求举行听证的权利。

第三十七条 当事人对水行政主管部门或省三门峡库区管理机构作出的具体行政行为不服的，可以依法申请行政复议或者提起行政诉讼。

第三十八条 水行政主管部门及省三门峡库区管理机构违反本办法第二十二条规定的，或不按照规定的范围和标准收取河道砂石资源费的，由财政、价格行政主管部门依照《陕西省行政事业性收费管理条例》第二十四条、第二十五条、第二十六条规定予以处理。

第三十九条 水行政主管部门、省三门峡库区管理机构和河道管理单位及其工作人员违反本办法规定，有下列行为之一的，由其主管部门或监察机关对负有责任的主管人员和直接责任人依法给予行政处分；涉嫌犯罪的，移送司法机关依法查处：

（一）不执行已批准的河道采砂规划、擅自修改河道采砂规划或者违反河道采砂规划组织采砂的；

（二）违反本办法规定审批、发放河道采砂许可证的；

（三）不履行本办法规定的现场管理和监督检查职责，造成河道采砂秩序混乱或者造成重大责任事故的；

（四）截留、挪用或拒不上解河道砂石资源费的。

第四十条 本办法自2004年8月1日起施行。

陕西省实施《中华人民共和国水法》办法

（2006年8月4日陕西省第十届人民代表大会常务委员会第二十六次会议通过　2012年7月12日陕西省第十一届人民代表大会常务委员会第三十次会议修正　根据2014年11月27日陕西省第十二届人民代表大会常务委员会第十四次会议《陕西省人民代表大会常务委员会关于修改〈陕西省县乡两级人民代表大会代表选举实施细则〉等十七部地方性法规的决定》第二次修正　根据2018年5月31日陕西省第十三届人民代表大会常务委员会第三次会议关于修改《陕西省实施〈中华人民共和国环境影响评价法〉办法》等十一部地方性法规的决定第三次修正）

第一章　总　　则

第一条　为了实施《中华人民共和国水法》，结合本省实际，制定本办法。

第二条　本省行政区域内从事水资源开发、利用、节约、保护、管理和防治水害的活动，适用本办法。

本办法所称水资源，包括地表水和地下水。

第三条　经济社会发展应当与水资源条件相适应，坚持水资源开发利用与节约保护并重，确保城乡居民生活用水，兼顾农业、工业和生态环境用水，发挥水资源的多种功能。

第四条　省人民政府水行政主管部门依法负责全省水资源的统一管理和监督，指导、统筹、协调全省城乡水务工作。

设区的市、县（市、区）人民政府水行政主管部门按照规定的权限，负责本行政区域内水资源的统一管理和监督工作。

省流域管理机构在所管辖范围内按照本办法的规定行使水资源管理和监督职责。

省、设区的市人民政府水行政主管部门可以委托所属地下水管理机构，负责本行政区域内地下取水工程的管理和监督工作。

第五条　县级以上人民政府有关部门按照职责分工，负责本行政区域内水资源开发、利用、节约和保护的有关工作。

大中城市的水净化设施、供水管网、雨水和下水排放管网、污水处理、中水回用、节约用水等设施，应当与其他市政设施统一规划、建设和管理。

第六条 各级人民政府应当加强水资源开发、利用、节约、保护和管理工作，将水利基础设施建设纳入本级国民经济和社会发展规划，完善资金投入机制。

第七条 各级人民政府应当加强全社会保护水资源和节约用水的宣传教育，推进节约型社会建设。

第八条 任何单位和个人都有节约用水的义务，并有权对浪费水资源的行为进行检举。

第二章 水资源规划

第九条 省人民政府应当根据经济社会发展需要和水资源开发利用现状编制全省水资源总体规划，对开发、利用、节约、保护水资源和防治水害作出总体部署。

第十条 本省境内无定河、渭河、洛河、泾河、汉江、嘉陵江、丹江及其他跨设区的市江河的流域综合规划和区域综合规划由省水行政主管部门会同省有关部门和江河所在地设区的市人民政府编制，报省人民政府批准，并报国务院水行政主管部门备案。

设区的市行政区域内跨县（市、区）江河的流域综合规划和区域综合规划，由设区的市水行政主管部门会同同级有关部门和江河所在地的县（市、区）人民政府编制，报设区的市人民政府批准，并报省水行政主管部门备案。

县（市、区）行政区域内江河的流域综合规划和区域综合规划，由县（市、区）水行政主管部门会同同级有关部门编制，报县（市、区）人民政府批准，并报设区的市水行政主管部门备案。

第十一条 经批准的规划需要修改时，应当按照规划编制程序经原批准机关批准。

水资源规划应当向社会公开。规划的执行情况应当接受社会的监督。

第十二条 建设水工程应当符合流域综合规划。在省内江河、湖泊上建设水工程，县级以上水行政主管部门应当按照以下管理权限对水工程的建设是否符合流域综合规划进行审查并签署意见：

（一）在黄河和省际边界河段上建设水工程，建设单位应当向工程所在地的设区的市水行政主管部门提出申请，报省水行政主管部门审查后，按照有关规定报国家流域管理机构审查并签署意见；

（二）在渭河、汉江、洛河、泾河、沣河、嘉陵江、丹江、石头河、千河、窟野河上建设大、中型水工程以及在设区的市边界江河上建设水工程，建设单位应当向工程所在地的设区的市水行政主管部门提出申请，报省水行政主管部门审查并签署意见；建设小型水工程，除设区的市边界河流外，建设单位应当向工程所在地的县（市、区）水行政主管部门提出申请，报设区的市水行政主管部门审查并签署意见；

（三）在其他江河建设大型水工程，建设单位应当向工程所在地的设区的市水行政主管部门提出申请，报省水行政主管部门审查并签署意见；建设中型水工程，由设区的市水行政主管部门审查并签署意见，报省水行政主管部门备案；建设小型水工程，由县（市、区）水行政主管部门审查并签署意见。

第十三条 县级以上水行政主管部门应当在接到水工程建设申请的六十日内审查完毕，并将审查结果书面通知建设单位。

第三章 水资源开发利用

第十四条 开发利用水资源，应当统筹安排地表水和地下水，遵循总量控制、合理开发、可持续利用的原则。

鼓励和支持利用雨水、洪水和中水资源。

第十五条 开发利用地表水应当兼顾地区之间的利益关系，有计划地建设蓄水工程，充分发挥供水、灌溉、防洪、发电、渔业、航运、旅游和生态等水资源综合效益。

开采地下水应当因地制宜，合理布局，保持采补平衡，深层地下水应当限量开采。在容易发生盐碱化的地区，应当采取灌排结合、渠井结合等措施，控制地下水的水位。

第十六条　耗水较大的工业项目在建设前，应当充分考虑当地水资源状况；对不符合当地水资源开发利用规划的项目，不得批准立项。

第十七条　农村集体经济组织在其农民集体所有土地上修建小型水库，应当符合所在流域、区域的水资源综合规划，按照以下规定向水行政主管部门提出申请，经审查批准后方可开工建设：

（一）水库库容在十万立方米以上一百万立方米以下的，由县（市、区）水行政主管部门审查批准，并报设区的市水行政主管部门备案；

（二）水库库容在一百万立方米以上一千万立方米以下的，由设区的市水行政主管部门审查批准，并报省水行政主管部门备案。

第十八条　水能资源的开发利用可以由本办法第十二条规定的有审查权限的水行政主管部门会同有关部门提出具体方案，由本级人民政府通过招标、拍卖等方式有偿出让。出让金应当作为专项资金用于水资源的保护、管理。

通过有偿方式取得的水能资源使用权，可以依法转让。

水能资源使用权出让和转让的具体办法，由省人民政府制定。

第十九条　水力发电站的建设单位和个人或者经营单位和个人应当执行经批准的防御洪水方案，落实水力发电站的防汛安全措施，服从防汛指挥机构的防汛统一调度。

第四章　水资源和水域的保护

第二十条　省水行政主管部门应当会同有关部门确定本省境内江河的合理流量和湖泊、水库、地下水的合理水位，防止对生态环境造成破坏。

县级以上水行政主管部门及其他有关部门在制订水资源开发、利用规划和调度水资源时，应当符合江河合理流量或者湖泊、水库、地下水合理水位的要求。

第二十一条　省管水库和跨设区的市的江河、湖泊以及地下水的水功能区划，由省水行政主管部门会同省环境保护行政主管部门和有关部门编制，报省人民政府批准，并报国务院水行政主管部门和国务院环境保护行政主管部门备案。

设区的市管水库和跨县（市、区）的江河、湖泊以及地下水的水功能区划，由设区的市水行政主管部门会同同级环境保护行政主管部门和有关部门编制，报设区的市人民政府批准，并报省水行政主管部门和省环境保护行政主管部门备案。

其他江河、湖泊、水库以及地下水的水功能区划，由县（市、区）水行政主管部门会同同级环境保护行政主管部门和有关部门编制，报县（市、区）人民政府批准，并报设区的市水行政主管部门和环境保护行政主管部门备案。

县级以上水行政主管部门应当根据水功能区对水质的要求和水体的自然净化能力，核定水域的纳污能力，向同级环境保护行政主管部门提出该水域的限制排污总量意见。

第二十二条　县级以上水行政主管部门发现水功能区水质未达到水域使用功能对水质的要求、重点污染物排放总量超过控制指标或者出现区域地下水位下降等水环境问题的，应当及时报告有关人民政府。有关人民政府应当及时采取治理措施，并向社会公告。

第二十三条　全省实行饮用水水源保护区制度。省人民政府应当划定饮用水水源保护区。

禁止在饮用水水源保护区内设置排污口。

禁止在饮用水水源保护区内从事影响饮用水水量、水质的活动。

城市饮用水的水源保护，按照《陕西省城市饮用水水源保护区环境保护条例》执行。

第二十四条　在江河、湖泊、水库、渠道上新建、改建或者扩大排污口，应当符合水功能区划，水资源保护规划和防洪规划，并按照以下规定经有管辖权的水行政主管部门或者流域管理机构同意：

（一）在国家流域管理机构管理的河道上设置入河排污口的，由国家流域管理机构审查同意；

（二）在渭河及其支流设置入河排污口的，按照《陕西省渭河流域管理条例》规定的权限审查同意；

（三）在其他河流、湖泊上设置入河排污口的，由入河排污口所在地的设区的市、县（市、区）水行政主管部门审查同意。

第二十五条　县级以上水行政主管部门应当会同国土资源等有关部门定期开展区域地下水评价。根据地下水评价结果、供水水源情况划定地下水禁止开采区或者限制开采区，报省人民政府批准后公布。

第二十六条 下列区域应当划定为地下水禁止开采区：

（一）地下水严重超采地区；

（二）通过替代水源已解决供水问题的地区；

（三）发生严重地面沉降、地裂缝等地质灾害的地区；

（四）开采地下水有可能严重破坏生态环境或者对社会公共利益产生重大损害的地区。

下列区域应当划定为地下水限制开采区：

（一）地下水超采地区；

（二）风景名胜区、文物保护区；

（三）城市集中供水管网覆盖地区。

第二十七条 县级以上水行政主管部门应当按照取水许可管理权限和程序，对取用地下水的机井施工进行管理和监督。

开凿机井取用地下水的单位或者个人，应当委托具有相应资质的施工单位，按照水行政主管部门批准的井点布局、取水层位施工，并向批准其取水的水行政主管部门提交钻井方案，接受监督检查。机井工程竣工后，机井使用单位应当将钻井工程的有关技术资料报批准其取水的水行政主管部门备案。

第二十八条 开采矿藏或者建设地下工程的环境影响评价文件中应当包括对地下水影响评价的内容。

开采矿藏或者地下工程建设，因疏干排水导致地下水水位下降、水源枯竭或者地面塌陷，当地人民政府应当责令采矿单位或者建设单位采取补救措施；给他人生活和生产造成损失的，采矿单位或者建设单位应当依法给予补偿。

第五章 水资源配置

第二十九条 省发展和改革行政主管部门和省水行政主管部门负责全省水资源的宏观调配。省、跨设区的市的水中长期供求规划由省水行政主管部门会同有关部门制定，经省发展和改革行政主管部门审查批准后执行。设区的市、县（市、区）的水中长期供求规划由本级水行政主管部门会同有关部门,依据上一级水中长期供求规划和本地区的实际情况制定,经本级人民政府发展和改革行政主管部门审查批准后执行。

水中长期供求规划应当依据水的供求现状、国民经济和社会发展规划、流域规划、区域规划,按照水资源供需协调、综合平衡、保护生态、厉行节约、合理开源的原则制定。

第三十条 跨设区的市水量分配方案和旱情紧急情况下的水量调度预案,由省水行政主管部门会同有关设区的市人民政府制定,报省人民政府批准后执行;跨县(市、区)水量分配方案和旱情紧急情况下的水量调度预案,由设区的市水行政主管部门会同有关县(市、区)人民政府制定,报设区的市人民政府批准后执行。

第三十一条 用水实行总量控制和定额管理相结合的制度。

省人民政府有关行业主管部门应当制定本行政区域内行业用水定额,报省水行政主管部门和省质量技术监督行政主管部门审核同意后,由省人民政府公布。

行业用水定额应当根据用水需求变化、技术进步和经济发展情况定期修订。行业用水定额作为确定用水户用水总量和审批建设项目用水的主要依据。

县级以上发展和改革行政主管部门会同同级水行政主管部门根据节约用水规划、用水定额和年度水量分配方案确定的年度可用水量,制订年度用水计划,对本行政区域的年度用水实行总量控制。

第三十二条 在本省行政区域内,利用取水工程或者设施直接从江河、湖泊、水库、地下取用水资源的单位和个人,应当按照取水许可管理权限向水行政主管部门申请领取取水许可证。

取水申请经审批机关批准,申请人方可兴建取水工程或者设施。未取得取水申请批准文件的,项目审批部门不得审批、核准建设项目。

第三十三条 水资源费的征收标准应当按照地下水高于地表水,地下水超采区高于一般地区,水资源紧缺地区高于丰沛地区,生产经营取水高于生活、环境取水的原则确定。

水资源费征收管理的具体办法,由省人民政府制定。

第三十四条 取水单位和个人应当依照国家技术标准安装计量设施,保证计量设施正常运行,按照要求提供有关取水统计资料,接受水行政主管部门的监督检查，按时、足额缴纳水资源费。

第三十五条 水工程供水价格采取统一政策、分级管理方式，实行政府指导价或者政府定价。民办民营水利工程供水价格，实行政府指导价；其他水利工程供水价格实行政府定价。

第三十六条 县级以上人民政府应当逐步建立水权分配和转让制度，利用宏观调控手段和市场机制优化水资源的合理配置，提高水资源的利用效率。

第六章 水资源节约使用

第三十七条 省人民政府应当根据国民经济和社会发展规划及水资源状况，制定全省节约用水规划。

设区的市、县（市、区）水行政主管部门应当会同同级有关部门，定期对各行业用水和居民生活用水状况进行调查，编制区域、行业节约用水规划和年度节水计划，报本级人民政府批准后执行。

第三十八条 县级以上人民政府应当支持现有水利工程的节水改造，健全节水配套设施，推广节水栽培技术和节水灌溉，发展节水型农业和生态农业。

第三十九条 工业企业应当采用节水新工艺、新技术和新设备，进行节约用水技术改造；推行清洁生产，采用循环用水、综合利用及中水回用等设施，降低用水单耗，提高水的重复利用率。

第四十条 市、县、区人民政府有关部门应当采取有效措施，降低城市供水管网漏失率，推广节水型生活用水器具，逐步增加对污水处理的资金投入，建设污水集中处理设施，提高中水利用率。

鼓励园林绿化、环境卫生、工程施工等利用中水和雨水作业。

洗车业应当安装净化循环水装置，重复用水。

第四十一条 新建、改建、扩建建设项目，应当制定节约用水措施方案，配套建设节水设施。节水设施应当与主体工程同时设计、同时施工、同时投产使用。节水设施竣工后，验收合格的方可投入使用。

已建成的项目未安装、使用节水型用水器具的，应当逐步更换。

第四十二条 省人民政府应当建立有利于节约用水的水价调控机制，实行用水计量收费和超定额用水累进加价制度。

第七章 水事纠纷的处理与执法监督检查

第四十三条 水事纠纷处理应当按照有利于社会稳定和经济发展、有利于水资源的可持续利用、有利于防洪安全的原则，公平合理地协商和处理。

第四十四条 发生可能引起群体性事件、涉及公众利益等重大水事纠纷时，纠纷各方所在地的水行政主管部门应当及时报告同级人民政府及有关部门，接到报告的人民政府应当组织有关部门采取措施予以处理。

第四十五条 不同行政区域之间发生水事纠纷的，由同级人民政府或者其授权的水行政主管部门进行协商，达成一致意见的，签订协议，并报共同的上一级人民政府及其水行政主管部门备案；协商不成的，由共同的上一级人民政府裁决。

第四十六条 单位之间、个人之间、单位与个人之间发生水事纠纷申请县级以上人民政府或者其授权的部门调解的，应当在查明事实的基础上，公平、公正地进行调解。

第四十七条 各级水行政主管部门应当建立健全水政监督检查制度，规范水政执法行为。

水政监督检查坚持预防为主，教育与查处相结合的方针，遵循公开、公正的原则，实行巡回检查制度和案件查处责任制度。

第四十八条 水政监察人员应当具备相应的水利业务知识和法律知识，经培训考试合格取得执法证件，方可从事水政监察工作。

第四十九条 水政监察人员在履行监督检查职责时，应当不少于两人，并佩戴执法标志，向被检查人出示执法证件。水政监察人员应当对监督检查的情况和处理结果予以记录。

水政监察人员不按前款规定履行监督检查职责的，被检查单位和个人可以拒绝检查和处理。

第八章 法 律 责 任

第五十条 县级以上水行政主管部门、省流域管理机构或者其他有关部门及其工作人员有下列行为之一的,由监察机关或者上级行政机关责令改正;情节严重的,对直接负责的主管人员和其他直接责任人员依法给予行政处分;构成犯罪的,依法追究刑事责任:

(一)不按规定执行水资源规划的;

(二)对不符合条件的单位或者个人核发取水许可证、签署水工程建设审查同意意见的;

(三)拒不执行水量分配方案、水量调度预案和调度命令的;

(四)截留、挪用、贪污水资源费的;

(五)其他不依法履行水行政管理职责,造成严重后果的。

第五十一条 违反本办法第二十四条规定,未经审查同意擅自在江河、湖泊、水库、渠道上新建、改建或者扩大排污口的,由县级以上水行政主管部门或者省流域管理机构依据职权,责令停止违法行为,限期恢复原状;逾期不恢复原状的,依法实施代履行,处五万元以上十万元以下罚款。

第五十二条 违反本办法第二十七条第二款规定,不向水行政主管部门提交钻井方案或钻井工程竣工后拒不报送有关技术资料的,由县级以上水行政主管部门责令限期改正;逾期不改正的,处一千元以上五千元以下罚款。

第五十三条 违反本办法第三十四条规定,取水单位和个人拒不接受监督检查或者不按规定提供有关取用水统计资料的,责令停止违法行为,限期改正;逾期不改正的,处五千元以上二万元以下罚款,并按照日最大取水能力计算的取水量计征水资源费;情节严重的,吊销取水许可证。

第五十四条 违反本办法第四十条第三款规定,从事车辆清洗经营的单位和个人未安装、使用净化循环水装置的,由县级以上人民政府有关部门责令供水单位停止供水,限期改正;逾期不改正的,处以二千元以上三万元以下罚款。

第五十五条 水行政主管部门对个人处以五千元以上罚款,对单位处以五万元以上罚款,以及吊销取水许可证的,实施处罚的机关应当告知当事人有要求举行听证的权利。

第五十六条 违反本办法的规定,《中华人民共和国水法》及其他法律法规已有处罚规定的,从其规定。

第九章 附 则

第五十七条 本办法自 2006 年 10 月 1 日起施行。1991 年 1 月 29 日陕西省第七届人民代表大会常务委员会第十九次会议通过的《陕西省水资源管理条例》同时废止。

陕西省实施《中华人民共和国防洪法》办法

（1999年9月8日陕西省第九届人民代表大会常务委员会第十一次会议通过 2010年3月26日陕西省第十一届人民代表大会常务委员会第十三次会议修正 根据2014年11月27日陕西省第十二届人民代表大会常务委员会第十四次会议《陕西省人民代表大会常务委员会关于修改〈陕西省县乡两级人民代表大会代表选举实施细则〉等十七部地方性法规的决定》第二次修正 根据2018年5月31日陕西省第十三届人民代表大会常务委员会第三次会议关于修改《陕西省实施〈中华人民共和国环境影响评价法〉办法》等十一部地方性法规的决定第三次修正）

第一章 总 则

第一条 根据《中华人民共和国防洪法》（以下简称《防洪法》）和有关法律、法规，结合本省实际，制定本办法。

第二条 在本省行政区域内从事防洪以及与防洪有关的活动，必须遵守《防洪法》和本办法。

第三条 防洪工作实行安全第一、常备不懈、以防为主、全力抢险的方针；坚持全面规划、统筹兼顾、综合治理、局部利益服从全局利益的原则。

第四条 各级人民政府应当将江河治理和防洪工程设施建设纳入国民经济和社会发展计划。省人民政府应当资助贫困地区大型防洪工程建设。

防洪费用按照政府投入同受益者合理承担相结合的原则筹集。

第五条 各级人民政府应当加强对防洪工作的统一领导，组织有关部门、单位，动员社会力量，采取措施加强防洪工程设施建设，巩固、提高防洪能力；加强对单位和个人进行防洪教育，普及防洪知识，提高水患意识，增强依法防洪的自觉性。

县级以上人民政府水行政主管部门在本级人民政府领导下，负责本行政区域内防洪的组织、协调、监督、指导等日常工作。

县级以上人民政府有关部门在本级人民政府的领导下,按照分工履行防洪工作职责。

第六条 省三门峡库区管理机构在所管辖的范围内,行使法律、法规规定和省人民政府及其水行政主管部门授予的防洪协调和监督管理职责。

第七条 任何单位和个人都有保护防洪工程设施和依法参加防汛抗洪的义务,并有权依法制止和检举破坏防洪设施的行为。

第八条 对在防汛抗洪工作中作出显著成绩的单位和个人,应当给予表彰和奖励。

第二章 防 洪 规 划

第九条 防洪规划按照下列规定制定:

(一)黄河、渭河、汉江、三门峡库区等国家确定的重要江河和跨省河流的防洪规划,按照《防洪法》第十条的规定制定;

(二)洛河、泾河、沣河、嘉陵江、丹江、无定河的防洪规划,由河流所在地的设区的市人民政府水行政主管部门分段编制,报省人民政府水行政主管部门批准;

(三)其他跨设区的市、县(市、区)河流的防洪规划,由设区的市人民政府水行政主管部门组织河流所在地的县级人民政府水行政主管部门编制,分别经有关县级人民政府审查提出意见后,报设区的市人民政府批准;

(四)县域内河流的防洪规划由县级人民政府水行政主管部门会同有关部门编制,报本级人民政府批准。

第十条 城市防洪规划由城市人民政府组织水行政主管部门、建设行政主管部门及其他有关部门依据流域防洪规划和上一级人民政府区域防洪规划编制,按照国务院规定的审批程序批准后纳入城市总体规划。

县城防洪规划由县级人民政府水行政主管部门会同有关部门依据流域防洪规划编制,由设区的市人民政府水行政主管部门审查,报设区的市人民政府批准。

第十一条 经批准的防洪规划须报上一级人民政府水行政主管部门备案。

修改防洪规划,应当报经原批准机关批准,不得擅自修改。

第十二条 县级以上人民政府应当把山洪可能诱发的山体滑坡、崩塌、泥石流的防治纳入区域性防洪规划，划定重点防治区，建设观测、预警、预报设施，落实监测人员，制定和落实避险和逃险方案。

城市、村镇和居民点及工厂、矿山、铁路、公路、电站、通信等布局应当避开山洪威胁；已经建在受山洪威胁地方的，应当由当地人民政府有计划地组织搬迁或采取防御措施。

第十三条 依法划定的防洪规划保留区，由县级人民政府公告，并明确界限，设立标志。

防洪规划保留区内不得建设与防洪无关的工程设施。对防洪规划保留区内现有的工程设施及村庄，当地人民政府应当制定外迁计划，并组织实施。在特殊情况下，国家工矿建设项目确需占用防洪规划保留区内土地的，按照《防洪法》第十六条第三款的规定执行。

第十四条 在江河上建设防洪工程和其他水工程、水电站等的可行性研究报告，应当附具符合防洪规划要求的规划同意书。规划同意书由本办法第十六条规定的有管辖权的水行政主管部门签署。

第三章 河流治理与工程设施管理

第十五条 省三门峡库区管理机构管辖范围内的河流规划治导线，由省水行政主管部门组织有关设区的市水行政主管部门和省三门峡库区管理机构制定，经省人民政府审查后，报国务院水行政主管部门批准。

跨设区的市江河的规划治导线由省人民政府水行政主管部门组织所在地的设区的市人民政府水行政主管部门拟定，经有关设区的市人民政府审查提出意见后，报省人民政府批准。

跨县（市、区）河流的规划治导线，由设区的市人民政府水行政主管部门组织有关县级人民政府审查提出意见后，报设区的市人民政府批准。

其他江河的规划治导线由县级人民政府水行政主管部门拟定，报县级人民政府批准。

任何单位和个人不得擅自改变河流规划治导线和河水流向。

第十六条 跨设区的市河道的管理，由所在设区的市人民政府水行政主管部门、省三门峡库区管理机构按照省人民政府划定的管理权限依法实施管理。其他河道由县级人民政府水行政主管部门按照设区的市人民政府划定的管理权限依法实施管理。

第十七条 经批准采伐更新的护堤护岸林木免缴育林基金,并于次年完成更新补种任务。

第十八条 水文测站的主管机关应当根据水文测验技术标准,分别在测验河段的上下游划定保护区,报经县级以上人民政府批准,并在河段保护区上下界处设立地面标志。

任何单位和个人不得破坏、侵占、毁损和擅自动用、移动水文测报设施,不得在水文测报设施保护范围内进行危害和影响水文测报的活动。

因工程建设需要迁移或者改建水文测报设施的,应当征得水文主管部门的同意,迁移或者改建的费用由工程建设单位承担。

第十九条 建设跨河、穿河、穿堤、临河的桥梁、码头、道路、渡口、管道、缆线、取水、排水等工程设施,工程建设方案必须向工程所在地的县级水行政主管部门或省三门峡库区管理机构提出申请,经有管辖权的水行政主管部门或者国家有关流域管理机构审查同意。

前款工程设施需要占用河道安全保护范围内土地,跨越河道空间或者穿越河床的,须经有管辖权的水行政主管部门对该工程设施建设的位置和界限审查批准后,方可依法办理开工手续;安排施工时,应当按照审查批准的位置和界限进行。

第二十条 在河道管理范围内开采砂、石或者淘金,须经有管辖权的水行政主管部门或者省三门峡库区管理机构批准,按照批准的范围和作业方式进行。

禁止在河道管理范围内倾倒垃圾、渣土,堆放非防汛物资。

第二十一条 各级人民政府应当加强对水库大坝的定期检查和监督管理。对可能出现垮坝的病险水库,应制定应急抢险和临时撤离方案并安排或者筹集资金,组织力量,排除险情。

煤炭、地质矿产、电力、建材、有色金属等行政主管部门应当加强对尾矿坝、灰坝的监督管理,督促有关企业采取措施,确保尾矿坝、灰坝安全。

第二十二条 在洪泛区内建设非防洪建设项目,应当就洪水对建设项目可能产生的影响和建设项目对防洪可能产生的影响作出评价,并编制洪水影响评价报告。建设项目可行性研究报告上报批准时,应当附具有管辖权的水行政主管部门审查批准的洪水影响评价报告。

第四章 防 汛 抗 洪

第二十三条 防汛抗洪工作实行各级人民政府行政首长负责制，实行统一指挥，分级分部门负责。各有关部门实行防汛岗位责任制。

第二十四条 省人民政府设立防汛指挥机构，负责指挥领导全省的防汛抗洪工作。设区的市、县（市、区）人民政府和有防汛抗洪任务的乡（镇）人民政府都应当设立防汛指挥机构，负责指挥领导辖区的防汛抗洪工作。

各级人民政府防汛指挥机构的办事机构设在同级水行政主管部门；有防汛抗洪任务的部门和单位应当设立防汛办事机构，在同级或有管辖权的人民政府防汛指挥机构统一领导下，负责搞好所辖范围和本部门、本单位的防汛抗洪日常工作。

第二十五条 黄河的防御洪水方案按《防洪法》第四十条规定执行。

汉江、渭河、三门峡库区的防御洪水方案，由省防汛指挥机构组织制定，报省人民政府批准。

其他跨设区的市、县（市、区）河流（段）的防御洪水方案，由设区的市防汛指挥机构负责制定，报设区的市人民政府批准；其他河流的防御洪水方案，由县（市、区）防汛指挥机构制定，报县（市、区）人民政府批准。

防御洪水方案一经批准，有关地方人民政府必须执行。

第二十六条 水库管理单位应当认真编报汛期水库安全调度运用计划和防御、抢险、撤离方案。

大型水库汛期安全调度运用计划由省防汛指挥机构批准；中型水库和重点小型水库汛期安全调度运用计划由设区的市防汛指挥机构批准；其余小型水库汛期安全调度运用计划由所在县（市、区）防汛指挥机构批准。经批准的水库调度运用计划须报上一级防汛指挥机构备案。

在建的水库、水电站、闸坝工程的汛期安全度汛计划，由工程建设单位负责制定，经上级主管部门审批后，报省防汛指挥机构备案。

第二十七条 与防洪有关的水利工程采取承包、租赁、股份制或者股份合作制等方式经营的，经营者必须服从水行政主管部门的统一管理和防汛调度，保证工程的安全运行和原设计的防汛、排水功能。

第二十八条　各级人民政府应当组织有关部门做好防汛物资储备工作。防汛指挥机构必须储备一定数量的防汛物资；受洪水威胁的单位和个人必须储备必要的防汛抢险物料。

第二十九条　各级防汛指挥机构、水行政主管部门或其授权的水文机构负责向社会发布水文情报预报和汛情公告，其他部门和单位不得发布。

第三十条　黄河、汉江、渭河、三门峡库区等沿岸设区的市、县（市、区）防汛指挥机构应当设立洪水监测断面，在汛期配备必要的监测报汛设备和观测人员，对洪水进行跟踪监测，及时向各级防汛指挥机构报告水情，实施上下游联防。

第三十一条　在汛期，有关人民政府应当动员组织机关、单位和个人参加巡堤查险工作，建立险情报告制度。发现险情，必须立即进行排除并及时上报。

第三十二条　在主汛期，防汛抢险救灾车辆和防汛指挥车辆免缴过路（桥）费。防汛车辆标志由省防汛指挥机构商同省交通行政主管部门制发。

第三十三条　在紧急防汛期，防汛指挥机构具有《防洪法》第四十五条规定的物资调用权和紧急处置权；对不服从调用和紧急处置的，防汛指挥机构可以强制实施。

第三十四条　在汛期，气象、水文等有关部门应当按照各自的职责，及时向有关防汛指挥机构提供天气、水文等实时信息预报；电信部门应当优先提供防汛抗洪通信服务；运输、电力、物资材料供应等有关部门应当优先为防汛抗洪服务。

第三十五条　中国人民解放军、中国人民武装警察部队和民兵在本省执行抗洪抢险任务时，各级人民政府和防汛指挥机构应当为其提供便利条件。

第五章　保　障　措　施

第三十六条　江河治理和防洪工程设施的建设、维护所需投资，按照事权和财权相统一的原则，由各级人民政府财政分级承担。水库除险加固所需投资，按照谁主管谁负责的原则筹集。

受洪水威胁的工厂、矿山、铁路、公路、电力、电信等企业事业单位兴建防洪自保工程，应当自筹资金。

第三十七条　各级人民政府应当在财政预算中安排资金，用于遭受洪涝灾害地区的抗洪抢险和水毁防洪工程修复及防汛非工程设施的建设。

第三十八条　县级以上人民政府应当根据国务院的规定筹集水利建设基金。各级财政部门应当保证防洪工程设施建设资金的足额到位，确保配套资金的足额落实。

第三十九条　防洪工程建设必须严格按照基本建设程序进行，确保工程质量。工程建设、监理、设计和施工单位必须接受质量监督机构的监督。

第四十条　鼓励单位和个人按照防洪总体规划，采取自办或联办等多种形式，兴修防洪工程、水土保持工程和营造涵养林、护堤护岸林。

第四十一条　在河道管理范围内培修加固堤防，进行河道整治等防洪工程占用的土地、工程管理用地，依照国家规定免缴土地使用税。

第六章　法　律　责　任

第四十二条　违反本办法第十三条第二款规定，未经批准，擅自在规划保留区内建设与防洪无关的工程设施的，由当地县级以上水行政主管部门或者省三门峡库区管理机构责令停止违法行为，补办批准手续；影响行洪但尚可采取补救措施的，责令限期采取补救措施；严重影响防洪的，责令限期拆除。

第四十三条　违反本办法第十八条第二款规定，破坏、侵占、损毁和擅自动用、移动水文测报设施，在水文测报设施保护范围内进行危害和影响水文测报活动的，由县级以上水行政主管部门或者省三门峡库区管理机构责令停止违法行为，采取补救措施，可以处五万元以下罚款。

第四十四条　国家工作人员有下列行为之一的，由有管理权的机关、单位给予行政处分：

（一）擅自修改防洪规划的；

（二）擅自发布水文情报预报和汛情公告的；

（三）拒不执行防御洪水方案、防汛抢险指令、汛期水库调度运用计划的；

（四）对重大险情不及时组织排除或者迅速上报的。

第四十五条　违反本办法规定，阻碍防汛指挥机构、水行政主管部门、省三门峡库区管理机构工作人员依法执行公务的,由公安机关依照《中华人民共和国治安管理处罚法》的规定处罚。

第四十六条 依据《防洪法》和本办法对单位处以六万元以上、对个人处以五千元以上罚款的,被处罚的单位或者个人有权要求听证。

第四十七条 违反本办法规定的行为构成犯罪的,依法追究刑事责任。

第四十八条 违反本办法规定的行为,法律、法规有处罚规定的,从其规定;法律、法规未作出处罚规定的,依照本办法执行。

第七章 附 则

第四十九条 本办法自公布之日起施行。

甘肃省

甘肃省河道管理条例

(2014年9月26日甘肃省第十二届人民代表大会常务委员会第十一次会议通过 2021年7月28日甘肃省第十三届人民代表大会常务委员会第二十五次会议修订)

第一章 总 则

第一条 为了加强河道管理，保障防洪安全，保护河道生态环境，发挥河道综合功能，根据《中华人民共和国水法》《中华人民共和国防洪法》《中华人民共和国河道管理条例》等法律、行政法规，结合本省实际，制定本条例。

第二条 本省行政区域内河道的保护、治理、利用和管理等相关活动，适用本条例。

法律、行政法规对河道保护、治理、利用和管理等已有规定的，依照其规定执行。

本条例所称河道包括江河、湖泊、水库库区、人工水道，行洪区、蓄洪区、滞洪区。

第三条 河道的保护、治理和利用，应当遵循自然规律，服从防洪总体安排，坚持全面规划、统筹兼顾、综合利用、讲求效益、绿色发展的原则。

第四条 全面推行河湖长制，建立省、市（州）、县（市、区）、乡（镇）、村（社区）级河湖长体系。

省、市（州）、县（市、区）三级设立总河长；河道分级分段设立省、市（州）、县（市、区）、乡（镇）、村（社区）级河湖长。

各级总河长、河湖长的设立和调整，依照国家和本省有关规定执行。

第五条 各级总河长负责领导本行政区域内河湖长制工作。各级河湖长负责组织领导相应河湖的管理保护工作。

河湖长制责任单位按照职责分工，协同推进河道管理保护工作。

河道管理保护工作情况应当纳入河湖长制考核内容。

第六条 县级以上人民政府应当将河道保护和治理纳入本级国民经济和

社会发展规划,将河道管理保护经费列入同级财政预算。

第七条　河道管理实行按水系统一管理和行政区域分级管理相结合的体制。

县级以上人民政府水行政主管部门按照规定的权限,负责本行政区域内河道的管理和监督工作,其所属的河道管理机构负责日常工作。

县级以上人民政府有关部门按照各自职责,做好河道管理的相关工作。

第八条　县级以上人民政府水行政主管部门应当会同相关部门建立健全联合执法机制,加强沟通协调,做好河道管理保护工作。

第九条　乡(镇)人民政府、街道办事处应当做好本辖区内的河道管理保护工作,加强河道管理的宣传教育,普及河道保护的相关知识。

村(居)民委员会可以制定村规民约或者居民公约,引导村(居)民自觉维护河道整洁、保护河道环境。

第十条　县级以上人民政府水行政主管部门应当组织编制河道整治、河道采砂、水域岸线保护与利用等规划,由同级人民政府批准。

相关部门在编制航运、水力发电、渔业养殖等规划时,应当按照河道管理权限征求水行政主管部门的意见。

第十一条　县级以上人民政府水行政主管部门应当建立和完善河道管理档案,加强河道管理信息化建设。

第二章　河道保护与治理

第十二条　有堤防的河道,其管理范围为两岸堤防之间的水域、沙洲、滩地(包括可耕地)、行洪区和两岸堤防及护堤地。无堤防的河道,其管理范围根据历史最高洪水位或者设计洪水位确定。

河道的具体管理范围,由县级以上人民政府按照本省河湖及水利工程土地划界的有关标准划定。

根据堤防的重要程度、堤基土质条件等,水行政主管部门报经县级以上人民政府批准,可以在河道管理范围的相连地域划定堤防安全保护区。

河道的管理范围和堤防安全保护区,由县级以上人民政府向社会公告并设立标志。

第十三条　在河道管理范围内,禁止下列活动:

（一）建设妨碍行洪的建筑物、构筑物；

（二）修建围堤、阻水渠道、阻水道路；

（三）在行洪河道内种植阻碍行洪的林木及高秆作物；

（四）设置拦河渔具；

（五）弃置矿渣、石渣、煤灰、泥土、垃圾等；

（六）从事影响河势稳定、危害河岸堤防安全和其他妨碍河道行洪的活动；

（七）堆放、倾倒、掩埋、排放污染水体的物体；

（八）在河道内清洗装贮过油类或者有毒污染物的车辆、容器；

（九）法律、法规规定的其他禁止行为。

在堤防和护堤地，禁止建房、放牧、开渠、打井、挖窖、葬坟、晒粮、存放物料、开采地下资源、进行考古发掘以及开展集市贸易活动。

第十四条　在河道管理范围内进行下列活动，必须报经水行政主管部门批准；涉及其他部门的，由水行政主管部门会同有关部门批准：

（一）采砂、取土、淘金、弃置砂石或者淤泥；

（二）爆破、钻探、挖筑鱼塘；

（三）在河道滩地存放物料、修建厂房或者其他建筑设施；

（四）在河道滩地开采地下资源及进行考古发掘。

第十五条　在堤防安全保护区内，禁止进行打井、钻探、爆破、挖筑鱼塘、采石、取土等危害堤防安全的活动。

第十六条　禁止损毁堤防、护岸、闸坝等水工程建筑物和防汛设施、水文监测和测量设施、河岸地质监测设施以及通信照明等设施。

第十七条　县级以上人民政府水行政主管部门应当根据河道保护、治理、管理和防洪的需要，编制河道清淤疏浚方案，并组织实施，保持河道畅通。

县级以上行政区域界河河道清淤疏浚，应当经毗邻各方协商一致后，共同编制清淤疏浚方案，并组织实施；未协商一致的，报上级人民政府水行政主管部门协调处理。

第十八条　江河的故道、旧堤、原有工程设施等，不得擅自填堵、占用或者拆毁。

城乡建设不得降低河道水系功能，不得将天然河道改为暗河（渠），不得擅自填堵、缩减原有河道沟汊、贮水湖塘洼淀和废除原有防洪堤岸；确需填堵、缩减或者废除的，应当科学论证，经有管辖权的水行政主管部门同意，报同级人民政府批准。

第十九条　禁止围湖造地。已经围垦的，应当按照国家规定的防洪标准有计划地退地还湖。

禁止围垦河道。确需围垦的，应当经过科学论证，经省人民政府水行政主管部门同意后，报省人民政府批准；需要国家批准的，依照规定的程序报批。

城乡建设不得占用河道滩地，不得将河道滩地作为永久基本农田或者占补平衡用地。对河道管理范围内的耕地以及居住在河道滩地的居民，当地人民政府应当有计划地组织退出和外迁。

第二十条　河道管理范围内的拦水、蓄水工程作业，应当按照调度方案运行，保证河道合理生态流量，保护河道生态环境，保障河道生态安全。

第二十一条　航道整治应当符合防洪安全、供水安全、生态安全要求，并将航道整治方案或者疏浚计划送有管辖权的水行政主管部门征求意见。

第二十二条　在界河河道内修建取水、引水、排水、阻水、蓄水、排渣工程及河道整治工程，应当经毗邻各方协商一致，报上级水行政主管部门批准。

第二十三条　在山区河道有山体滑坡、崩岸、泥石流等自然灾害的河段，水行政主管部门应当会同自然资源、交通运输等部门加强监测。在上述河段，禁止从事开山采石、采矿、开荒等危及山体稳定的活动。

护堤护岸林木，由河道管理单位组织营造和管理，其他任何单位和个人不得侵占、砍伐或者破坏。

第二十四条　向河道、湖泊排污的排污口的设置和扩大，排污单位在向生态环境部门申报之前，应当征得水行政主管部门的同意。

第三章　河　道　利　用

第二十五条　河道管理范围内的河道资源利用应当经有管辖权的水行政主管部门同意。

第二十六条　县级以上人民政府渔业管理部门应当加强对河道水域水产

养殖的管理，合理确定水产养殖规模和布局。河道水产养殖应当保护水域生态环境，不得妨碍行洪安全和水利工程运行安全，不得造成水域环境污染。

第二十七条　在河道管理范围内新建、扩建、改建开发水利、防治水害、整治河道的各类工程和跨河、穿河、跨堤、穿堤、临河、拦河的建筑物、构筑物及设施，建设单位应当将工程建设方案报经有管辖权的水行政主管部门审查，未经审查同意的，项目不得开工建设。建设项目经批准后，建设单位应当将施工安排告知有管辖权的水行政主管部门。

对需要占用河道管理范围内土地，跨越河道空间或者穿越堤防、滩地、河床的建设项目，有管辖权的水行政主管部门应当对项目位置和界限进行审查，项目施工应当按照审查批准的位置和界限进行。

各级水行政主管部门和河道管理机构应当加强河道管理范围内建设项目位置、界限及相关措施落实的现场监督管理，并组织专项验收，专项验收合格后，建设项目方可投入运行。

第二十八条　从事工程建设或者其他活动，占用河道管理范围内水利工程设施的，应当采取功能补救措施，造成损失的，依法予以补偿。

第二十九条　下列河道管理范围内的建设项目，由省人民政府水行政主管部门审查：

（一）黄河干流及湟水（含大通河）、渭河（含泾河）干流河道管理范围内的小型建设项目；

（二）除湟水（含大通河）、渭河（含泾河）外的黄河一级支流河道管理范围内的大中型建设项目；

（三）嘉陵江、白龙江、西汉水、黑河、石羊河、疏勒河、讨赖河干流河道管理范围内的大中型建设项目；

（四）市（州）边界河道管理范围内的建设项目；

（五）跨市（州）的同一线性工程河道管理范围内的建设项目；

（六）大型水库及下游有城市的中型水库管理范围内的大中型建设项目。

前款规定外的其他河道管理范围内的建设项目，由市（州）人民政府水行政主管部门审查。

第四章　河道采砂管理

第三十条　河道采砂规划应当与流域综合规划和防洪、河道整治及航道整治等相关规划衔接。河道采砂应当按照批准的规划进行，并保证防洪、通航、渔业生产安全。

第三十一条 从事河道采砂活动的单位和个人应当向县级以上人民政府水行政主管部门申请领取河道采砂许可证。

河道采砂涉及其他部门的，由其他部门办理相关手续后，报水行政主管部门申请领取河道采砂许可证。

在县级以上行政区域界河河道内采砂的，由毗邻的县级以上人民政府水行政主管部门在达成协议的基础上，分别发放河道采砂许可证；未达成协议，不得单方面发放河道采砂许可证。

第三十二条 在河道管理范围内采砂，影响河势稳定或者危及堤防安全的，县级以上人民政府水行政主管部门应当划定采砂禁采区和规定禁采期，并向社会公告。禁止任何单位和个人在禁采区、禁采期进行河道采砂活动。

在可采区、可采期内因度汛、供水、航运安全调度及应对河道管理紧急情况不宜采砂的，县级以上人民政府水行政主管部门可以临时采取禁采措施。

第三十三条 河道采砂应当按照河道采砂许可证规定的开采地点、期限、范围、深度、总量、作业方式等内容进行。

河道采砂应当即时转运或者清除砂石料、弃料堆体，即时复平采砂坑道，运输砂石的车辆按指定进出场路线行驶。不得擅自在河道管理范围内堆放砂石料。河道采砂结束后应当即时清理、平整河道。

在通航航道进行河道采砂活动应当服从航道行政主管部门制定的通航安全要求。

第五章　法　律　责　任

第三十四条 违反本条例第十八条第二款规定，将天然河道改为暗河（渠）的，由县级以上人民政府水行政主管部门责令停止违法行为，限期拆除违法建筑物、构筑物，恢复原状；逾期不拆除、不恢复原状的，强行拆除，所需费用由违法单位或者个人负担，并处一万元以上十万元以下的罚款。

第三十五条 违反本条例第二十条规定的，由县级以上人民政府水行政主管部门责令改正，可处五万元以上十万元以下的罚款。

第三十六条 违反本条例第二十二条规定，且《中华人民共和国防洪法》未作规定的，由县级以上人民政府水行政主管部门责令停止违法行为，限期补办有关手续；逾期不补办或者补办未被批准的，责令限期拆除违法建筑物、构筑物；逾期不拆除的，强行拆除，所需费用由违法单位或者个人负担，并处一万元以上十万元以下的罚款。

第三十七条 违反本条例第二十七条第一款规定的，由县级以上人民政府水行政主管部门责令停止违法行为，限期补办有关手续；逾期不补办或者补办未被批准的，责令限期拆除违法建筑物、构筑物；逾期不拆除的，强行拆除，所需费用由违法单位或者个人负担，并处一万元以上十万元以下的罚款。

违反本条例第二十七条第二款规定，未按照审查批准的位置、界限从事工程设施建设活动的，由县级以上人民政府水行政主管部门责令停止违法行为；工程设施建设严重影响防洪的，责令限期拆除，逾期不拆除的，强行拆除，所需费用由建设单位承担；影响行洪但尚可采取补救措施的，责令限期采取补救措施，可以处一万元以上十万元以下的罚款。

第三十八条 违反本条例第三十一条规定的，由县级以上人民政府水行政主管部门责令停止违法行为、采取补救措施，没收违法所得，并处五万元以上十万元以下的罚款；对有关责任人员，由其所在单位或者上级主管机关依法给予处分；构成犯罪的，依法追究刑事责任。

违反本条例第三十三条第一款规定的，由县级以上人民政府水行政主管部门责令停止违法行为、采取补救措施，没收违法所得，并处三万元以上十万元以下的罚款；对有关责任人员，由其所在单位或者上级主管机关依法给予处分；构成犯罪的，依法追究刑事责任。

法律、行政法规对河道采砂违法行为另有处罚规定的，依照其规定执行。

第三十九条 违反本条例第三十三条第二款规定，擅自在河道管理范围内堆砂或者未即时清理、平整河道的，由县级以上人民政府水行政主管部门责令停止违法行为、采取补救措施，并处一万元以上五万元以下的罚款；对有关责任人员，由其所在单位或者上级主管机关依法给予处分；构成犯罪的，依法追究刑事责任。

第四十条 违反本条例第十三条、第十六条规定的,依照《中华人民共和国水法》《中华人民共和国防洪法》《中华人民共和国水污染防治法》和《中华人民共和国河道管理条例》的处罚规定执行。

违反本条例规定的其他行为,法律、行政法规已有处罚规定的,依照其规定执行。

第四十一条 水行政主管部门、河道管理机构等有关部门和单位的工作人员,应当强化自我约束和监管自律,对滥用职权、玩忽职守、徇私舞弊的,由所在单位或者上级主管机关依法给予处分;构成犯罪的,依法追究刑事责任。

第六章 附 则

第四十二条 本条例自 2021 年 10 月 1 日起施行。

甘肃省实施《中华人民共和国水法》办法

（1990年7月2日甘肃省第七届人民代表大会常务委员会第十五次会议通过　根据1997年5月28日甘肃省第八届人民代表大会常务委员会第二十七次会议《关于修改〈甘肃省水法办法〉的决定》第一次修正　2004年11月26日甘肃省第十届人民代表大会常务委员会第十三次会议修订　根据2010年9月29日甘肃省第十一届人民代表大会常务委员会第十七次会议《关于修改部分地方性法规的决定》第二次修正　根据2012年3月28日甘肃省第十一届人民代表大会常务委员会第二十六次会议《关于修改部分地方性法规的决定》第三次修正　根据2013年11月29日甘肃省第十二届人民代表大会常务委员会第六次会议《关于修改〈甘肃省测绘管理条例〉等七件地方性法规的决定》第四次修正　2020年6月11日甘肃省第十三届人民代表大会常务委员会第十七次会议修订）

第一章　总　　则

第一条　根据《中华人民共和国水法》及有关法律、行政法规，结合本省实际，制定本办法。

第二条　本省行政区域内水资源开发、利用、节约、保护、管理，防治水害，适用本办法。

本办法所称水资源，包括地表水和地下水。

法律、行政法规对水资源开发、利用、节约、保护、管理和防治水害另有规定的，依照其规定执行。

第三条　县级以上人民政府应当将水资源开发、利用、节约、保护及防治水害工作纳入本级国民经济和社会发展计划以及国土空间规划，推行河长制湖长制，保障资金投入，推进科技创新，改善水环境，实现水资源可持续利用与流域生态保护和高质量发展。

第四条　省人民政府水行政主管部门负责全省水资源的统一管理和监督工作。其主要职责是：

（一）贯彻实施有关水法律、法规和规章；

（二）组织编制并监督实施全省水资源开发、利用、节约和保护的有关规划；

（三）组织实施取水许可制度和水资源费征收工作；

（四）负责全省国民经济和社会发展规划、国土空间规划和重大建设项目中涉及水资源及防洪内容的论证工作；

（五）组织指导大中型水库、水电站大坝的安全监管和水旱灾害防御、水土保持等工作；

（六）负责全省水资源的监测、保护和节约用水；

（七）组织实施水政监察和水行政执法，协调处理水事纠纷；

（八）法律、法规规定的其他职责。

市（州）、县（市、区）人民政府水行政主管部门负责本行政区域内水资源的统一管理和监督工作。

县级以上人民政府其他有关部门按照各自职责，负责本行政区域内水资源开发、利用、节约和保护的有关工作。

第五条 县级以上人民政府应当加强水务统一管理，逐步推行对水量、水质、水能、水域以及水的供、用、排、回收再利用统一管理的体制。

第六条 县级以上人民政府应当根据上一级人民政府确定的水资源开发利用总量控制指标、用水效率控制指标和水功能区限制纳污控制指标，制定本级的水资源开发利用总量控制指标、用水效率控制指标和水功能区限制纳污控制指标。

第七条 县级以上人民政府水行政主管部门会同相关部门制定水资源规划、水量分配方案、用水定额，应当广泛听取社会各方面的意见。

制定或者调整水价，应当举行听证，广泛听取各方面意见。

第八条 任何单位和个人都有依法保护水资源、水工程和节约用水的义务，有权制止破坏水资源、水生态环境和浪费水的行为，向负有水资源监督管理职能的部门举报违法行为。

第二章 水资源规划

第九条 全省水资源综合规划由省人民政府水行政主管部门会同同级有关部门编制，报省人民政府批准，并报国务院水行政主管部门备案。

市（州）、县（市、区）水资源综合规划由本级人民政府水行政主管部门会同同级有关部门编制，报本级人民政府批准，并报上一级人民政府水行政主管部门备案。

第十条 开发、利用、节约、保护水资源和防治水害，应当按照流域、区域统一制定规划。规划分为流域规划和区域规划。流域规划包括流域综合规划和流域专业规划；区域规划包括区域综合规划和区域专业规划。

流域范围内的区域规划应当服从流域规划，专业规划应当服从综合规划。

第十一条 国家确定的重要江河、湖泊的流域综合规划，以及跨省的其他江河、湖泊的流域综合规划和区域综合规划的编制、批准，按照国家有关规定执行。

前款规定以外，本省境内跨市（州）的其他重要江河、湖泊的流域综合规划和区域综合规划，由省人民政府水行政主管部门会同有关部门及市（州）人民政府编制，报省人民政府批准，并报上一级水行政主管部门备案。

市（州）境内跨县（市、区）的其他江河、湖泊的流域综合规划和区域综合规划，由市（州）人民政府水行政主管部门会同有关部门及县（市、区）人民政府编制，报市（州）人民政府批准，并报省人民政府水行政主管部门备案。

其他河流、湖泊的流域综合规划和区域综合规划，由县（市、区）人民政府水行政主管部门会同同级有关部门编制，报县（市、区）人民政府批准，并报市（州）人民政府水行政主管部门备案。

专业规划由县级以上人民政府有关部门编制，征求同级其他有关部门意见后，报本级人民政府批准。其中，防洪规划、水土保持规划的编制、批准，依照防洪法、水土保持法的有关规定执行。

第十二条 制定水资源规划，应当进行综合科学考察和调查评价。

县级以上人民政府水行政主管部门应当会同同级有关部门组织开展水资源综合科学考察和调查评价。

市（州）、县（市、区）人民政府水行政主管部门对辖区的水资源调查评价应当以全省水资源调查评价报告为依据，并报上一级人民政府水行政主管部门审核认定。

第十三条 规划一经批准,必须严格执行。

经批准的规划需要修改时,必须按照规划编制程序经原批准机关批准。

第三章 水资源开发利用

第十四条 县级以上人民政府制定国民经济和社会发展规划应当考虑水资源的承载能力。水资源不足的地区,应当根据水资源的供给能力确定城镇规模和建设项目;水资源严重不足、生态恶化的地区,应当严格控制兴建耗水量大的建设项目。

在水资源不足的地方,应当积极规划、科学论证,实施跨流域调水。

第十五条 各级人民政府应当加强云水资源的开发利用,运用科技手段对局部天气进行人工影响,合理开发雨(雪)资源,增加水资源量。

第十六条 各级人民政府应当多渠道筹措资金,支持对雨水的收集和利用。干旱、半干旱地区应当实施雨水集蓄利用工程,解决农村人畜饮水困难,补充农业生产和城市绿化用水。

省人民政府水行政主管部门负责制定雨水集蓄利用工程技术标准,由省市场监督管理部门批准。

第十七条 县级以上人民政府水行政主管部门及相关部门应当加强对地下水资源的管理。严格按照全省地下水资源开发利用规划和年度开采计划,确定本地区可开采量、井点布局和取水层位,控制超量开采,防止地面沉降等地质环境灾害的发生和环境恶化。

第十八条 县级以上人民政府水行政主管部门及相关部门应当完善地下水动态监测、预警系统,实现地下水开采数据共享。

第十九条 各级人民政府在规划新区、开发区时,应当将再生水利用工程设施的建设纳入规划。

对单位和个人投资建设再生水利用工程的,应当给予支持。

第二十条 建设水工程,必须符合流域综合规划。

在国家确定的重要江河、湖泊和跨省的江河、湖泊上建设水工程的,应当取得有关流域管理机构签署的符合流域综合规划要求的规划同意书。

在省确定的重要江河、湖泊和跨市(州)河流、湖泊上建设水工程的,应当由省人民政府水行政主管部门审查签署水工程建设规划同意书。

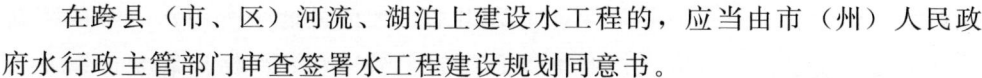

在跨县（市、区）河流、湖泊上建设水工程的，应当由市（州）人民政府水行政主管部门审查签署水工程建设规划同意书。

在其他河流上建设水工程的，应当由县级人民政府水行政主管部门审查签署水工程建设规划同意书。

违反本条第二至第五款规定，未取得水工程建设规划同意书的，建设单位不得开工建设。

水工程建设涉及防洪的，依照防洪法的有关规定执行；涉及其他地区和行业的，建设单位应当事先征求有关地区和部门的意见。

第二十一条 任何单位和个人引水、截（蓄）水、排水，不得损害公共利益和他人的合法权益。

第四章 水资源保护

第二十二条 各级人民政府应当加强水土保持工作，因地制宜，采取小流域综合治理、防风固沙等措施，防止水土流失。

从事开矿、修路、建厂和其他基本建设及生产活动的单位和个人，应当采取措施减少对自然植被的破坏和水土保持设施的损坏，造成破坏和损坏的，应当予以恢复。

第二十三条 依法划定的水功能区应当按照保护优先的原则加强统一监督管理，并向社会进行公告。

第二十四条 省人民政府应当划定饮用水水源保护区，并采取措施，防止水源枯竭和水体污染，保证城乡居民饮用水安全。

禁止在饮用水水源保护区内设置排污口。

在江河、湖泊新建、改建或者扩大排污口，应当征求有关行政主管部门的意见，经有管辖权的生态环境部门批准。

在饮用水水源保护区范围内，应当遵守《中华人民共和国水污染防治法》等法律、法规的禁止性规定。

第二十五条 县级以上人民政府应当采取措施，在地下水超采地区严格控制开采地下水。在地下水严重超采地区，省人民政府水行政主管部门应当会同有关部门划定限制开采区或者禁止开采区，报省人民政府批准公布。

限制开采区应当严格控制取水。县级以上人民政府应当采取措施，压缩开采量，有计划地关闭旧井，保证生活用水，维持最低生产用水。对确需新增取水的，其取水许可应当按照确保必要的生活用水，严格控制生产以及其他用水的原则，由原审批机关的上一级人民政府水行政主管部门批准。

禁止开采区内应当有计划地核减取水量，在替代水源解决后原有地下取水设施应当停止使用。有条件的地方，还应当通过调水等措施补充地下水，逐步实现采补平衡。

第二十六条　河道采砂实行许可制度。在河道管理范围内采砂，影响河势稳定或者危及堤防安全的，县级以上人民政府水行政主管部门应当划定河道采砂禁采区和规定禁采期，并向社会予以公告。

单位和个人在河道管理范围内采砂、取土、淘金，应当按照当地人民政府水行政主管部门批准的范围和作业方式进行。

在河道管理范围内进行下列活动，必须报经河道主管机关批准；涉及其他部门的，由河道主管机关会同有关部门批准：

（一）采砂、取土、淘金、弃置砂石或者淤泥；

（二）爆破、钻探、挖筑鱼塘；

（三）在河道滩地存放物料、修建厂房或者其他建筑设施；

（四）在河道滩地开采地下资源及进行考古发掘。

第二十七条　县级以上人民政府应当加强水文水资源信息系统建设，省人民政府水行政主管部门应当加强水文水资源监测站网建设，运用现代信息技术，对水文水资源实施动态监测，监测结果按照有关规定向社会公开。

第二十八条　水工程管理单位和个人应当依法履行工程管理和保护职责，保证水工程的安全运行。县（市、区）、乡镇人民政府应当加强对小型农田水利工程设施的管理，定期组织检查，保证灌溉和防洪排涝的需要。

第二十九条　在依法划定的水工程保护范围内，禁止从事影响水工程运行和危害水工程安全的爆破、打井、采石、取土、采砂、淘金、建房、建窑、建坟等活动。

第三十条　禁止在江河、湖泊、水库、渠道内弃置、堆放阻碍行洪的物体和种植阻碍行洪的林木及高秆作物。

禁止在河道管理范围内建设妨碍行洪的建筑物、构筑物以及从事影响河势稳定、危害河岸堤防安全和其他妨碍河道行洪的活动。

任何单位和个人不得侵占、毁坏堤防、护岸、防汛、水文监测、水文地质监测等工程设施。

第三十一条 禁止围湖造地。已经围垦的，应当按照国家规定的防洪标准有计划地退地还湖。

禁止围垦河道。确需围垦的，应当经过科学论证，经省人民政府水行政主管部门同意后，报本级人民政府批准；需要国家批准的，经国务院水行政主管部门同意后，报国务院批准。

第五章 水 资 源 配 置

第三十二条 开发、利用水资源，应当首先满足城乡居民生活用水，并兼顾农业、工业、生态环境用水以及航运等需要。

在干旱和半干旱地区开发、利用水资源，应当充分考虑生态环境用水需要。

第三十三条 县级以上人民政府发展改革行政主管部门会同同级水行政主管部门，根据用水定额、经济技术条件以及水量分配方案确定的可供本行政区域使用的水量，制定年度用水计划，对本行政区域内的年度用水实行总量控制。

县级以上人民政府水行政主管部门应当根据批准的水量分配方案和年度预测来水量，制定年度水量分配方案。

第三十四条 县级以上人民政府水行政主管部门应当根据年度水量分配方案和用水计划，实施水量统一调度。有调蓄任务的水工程，应当按照径流调蓄计划和水量分配方案蓄水、调水。

第三十五条 用水实行总量控制和定额管理相结合的制度。省人民政府有关行业主管部门应当制订本行政区域内行业用水定额，报省人民政府水行政主管部门和市场监督管理部门审核同意后，由省人民政府公布，并报国务院水行政主管部门和市场监督管理部门备案。

行业用水定额应当按照各地水资源状况和供需情况分地区制定。

用水单位应当依照定额用水，超定额的应当对用水工艺或者设备进行改造或者更新，在规定的期限内达到定额标准。

用水应当计量，并按照批准的用水计划用水。用水实行计量收费和超定额累进加价制度，具体办法由县级以上人民政府规定。

第三十六条 凡申请取水的单位和个人,应当将取水的用途、数量、方式、计量设备、节约用水措施等有关技术资料和实施方案,按照管理权限,报水行政主管部门审批,取得取水许可证。取水的单位和个人应当按照批准的取水许可条件取水。

县级以上人民政府水行政主管部门应当依照用水定额,审批许可水量。

第三十七条 单位和个人直接从江河、湖泊、水工程拦蓄的水域内或者地下取用水资源,应当依法向县级以上人民政府水行政主管部门申请领取取水许可证,并缴纳水资源费。家庭生活和零星散养、圈养畜禽饮用等少量取水的除外。

第六章 节 约 用 水

第三十八条 节约用水工作应当遵循节水优先、统筹规划、合理配置、总量控制、定额管理、因地制宜、分类指导的原则,实现水资源节约集约利用。

各级人民政府应当建立健全政府引导、市场调节、公众参与的节约用水机制。

第三十九条 各级人民政府应当加强节水型社会建设,推动发展节水型农业、工业和服务业,开展节约用水宣传教育,提高全民节约用水意识;结合本地实际,实行节约用水责任制;建立科学的水价调控机制;加大节约用水资金投入;鼓励对节约用水技术和设施的开发研究,推广节约用水技术。

第四十条 各级人民政府应当严格落实本行政区域内的用水总量与强度控制指标,采取节水措施,提高用水效率。

第四十一条 县级以上人民政府水行政主管部门应当加强节约用水工作的管理、监督和考核,编制节约用水规划,制定节约用水有关标准。

第四十二条 各级人民政府应当在高标准农田、现代农业产业园等建设中推行高效节水灌溉方式和节水技术,对农业蓄水、输水工程采取必要的防渗漏措施,提高农业用水效率。

第四十三条 工业用水应当严格执行用水定额,改进用水工艺,采取循环用水、一水多用、废水处理综合利用等措施,降低用水单耗,提高水的重复利用率。

逐步淘汰落后的、耗水量高的工艺、设备和产品。生产者、销售者或者生产经营中的使用者应当在规定的时间内停止生产、销售或者使用国家明令淘汰的工艺、设备和产品。

第四十四条 工业企业应当建立健全节约用水制度，提高内部用水计量率，实行用水计量管理，定期进行用水统计分析，按时上报用水、节水报表。

第四十五条 新建、扩建、改建的建设项目涉及取水许可的，应当进行水资源论证，论证报告应当包括节水评价的内容。

建设项目配套的节约用水设施应当与主体工程同时设计，同时施工，同时投产。水行政主管部门应当参与节约用水设施的验收。

已建成的建设项目应当逐步安装节约用水设施，有条件的配套建设中水回用设施。

第四十六条 宾馆、餐饮、洗浴、文化体育设施、办公楼及居民住宅等应当安装符合标准的节约用水器具。

洗车业应当循环用水，减少使用清洁水，推广无水环保洗车技术。

第四十七条 用水单位应当按规定安装计量水表；居民生活用水应当一户一表，计量收费，禁止实行包费制。

第四十八条 节约用水器具、用水计量仪表、水重复利用设施、雨水收集利用设施等节水设备、设施受法律保护，禁止损坏、盗窃、侵占、非法拆除等妨害节水设备、设施正常使用的行为。

第四十九条 城市园林绿化、环境卫生、建筑施工等用水，应当优先利用再生水，收集利用雨水。

第五十条 在城市供水管网覆盖的区域内，严格控制单位和个人开辟自备水源。确需使用自备水源的，应当根据审批管理权限，由相应的县级以上人民政府水行政主管部门审批。

第五十一条 依法获得取水权的单位和个人，通过采取调整产业结构、改进用水工艺等节约用水措施节约水资源的，在当地人民政府和水行政主管部门的统一管理下，可以对水资源的使用权进行有偿转让。

第五十二条 取用水单位和个人不得有下列行为：

（一）超越水表设旁通管或者以其他方式窃水；

（二）未及时修复用水设施，造成水漏失；

（三）其他造成水资源浪费的行为。

第七章　法　律　责　任

第五十三条　违反本办法规定，未经批准在江河、湖泊新建、改建或者扩大排污口的，由县级以上人民政府有管辖权的行政主管部门责令限期拆除，处二万元以上十万元以下的罚款；逾期不拆除的，强制拆除，所需费用由违法者承担，处十万元以上五十万元以下的罚款；情节严重的，可以责令停产整治。

在饮用水水源保护区内设置排污口的，由县级以上人民政府责令限期拆除，处十万元以上五十万元以下的罚款；逾期不拆除的，强制拆除，所需费用由违法者承担，处五十万元以上一百万元以下的罚款，并可以责令停产整治。

第五十四条　违反本办法规定，有下列行为之一的，县级以上人民政府河道主管机关除责令其纠正违法行为、采取补救措施外，可以并处警告、罚款、没收非法所得；对有关责任人员，由其所在单位或者上级主管机关给予处分；构成犯罪的，依法追究刑事责任：

（一）未经批准不按照河道主管机关的规定在河道管理范围内采砂、取土、淘金、弃置砂石或者淤泥、爆破、钻探、挖筑鱼塘的；

（二）未经批准在河道滩地存放物料、修建厂房或者其他建筑设施，以及开采地下资源或者进行考古发掘的。

第五十五条　违反本办法规定，有下列行为之一，构成犯罪的，依法追究刑事责任；尚不够刑事处罚，且《中华人民共和国防洪法》未作规定的，由县级以上人民政府水行政主管部门责令停止违法行为，采取补救措施，处一万元以上五万元以下罚款；违反治安管理处罚法的，由公安机关依法给予治安管理处罚；给他人造成损失的，依法承担赔偿责任：

（一）在依法划定的水工程保护范围内，从事影响水工程运行和危害水工程安全的爆破、打井、采石、取土活动的；

（二）侵占、毁坏水工程及堤防、护岸等有关设施，毁坏防汛、水文监测、水文地质监测设施的。

违反本办法规定，在依法划定的水工程保护范围内，从事影响水工程运行和危害水工程安全的采砂、淘金、建房、建窑、建坟等活动的,依照有关法律、法规的规定予以处罚。

第五十六条 违反本办法规定,在河道管理范围内建设妨碍行洪的建筑物、构筑物或者从事影响河势稳定、危害河岸堤防安全和其他妨碍河道行洪活动的,由县级以上人民政府水行政主管部门依据职权,责令停止违法行为,限期拆除违法建筑物、构筑物,恢复原状;逾期不拆除、不恢复原状的,强行拆除,所需费用由违法单位或者个人负担,并处一万元以上十万元以下的罚款。

第五十七条 违反本办法规定,在江河、湖泊、水库、渠道内弃置、堆放阻碍行洪的物体和种植阻碍行洪的林木及高秆作物;围湖造地或者未经批准围垦河道的,由县级以上人民政府水行政主管部门依据职权,责令停止违法行为,限期清除障碍或者采取其他补救措施,处一万元以上五万元以下的罚款。

第五十八条 违反本办法规定,未经批准擅自取水的、未依照批准的取水许可规定条件取水的,由县级以上人民政府水行政主管部门依据职权,责令停止违法行为,限期采取补救措施,处二万元以上十万元以下的罚款;情节严重的,吊销其取水许可证。

第五十九条 违反本办法规定,拒不安装生活用水分户计量水表的,由供水行政主管部门责令其限期安装;逾期仍不安装的,按每户一百元计算处以罚款。

第六十条 违反本办法规定,建设项目的节水设施没有建成或者没有达到国家规定的要求,擅自投入使用的,由县级以上人民政府有关部门依据职权,责令停止使用,限期改正,处五万元以上十万元以下的罚款。

第六十一条 违反本办法规定,生产、销售或者在生产经营中使用国家明令淘汰的落后的、耗水量高的工艺、设备和产品的,由县级以上人民政府发展改革行政主管部门责令停止生产、销售或者使用,处二万元以上十万元以下的罚款。

第六十二条 水行政主管部门或者其他有关部门以及水工程管理单位及其工作人员,有下列情形之一的,由有关部门按照管理权限对直接负责的主管人员和其他责任人员依法给予处分;构成犯罪的,依法追究刑事责任:

(一)对不符合法定条件的单位或者个人核发许可证、签署审查同意意见的；

（二）违反规定收取水资源费的；

（三）不履行监督检查职责或者发现违法行为不予查处，造成严重后果的；

（四）不执行禁止开采期限规定，放任取水用水单位和个人在禁止开采区开采地下水的；

（五）拒不执行水量分配方案和水量调度预案的；

（六）拒不服从水量统一调度的；

（七）未按径流调蓄计划和水量分配方案蓄水、放水，造成损害的；

（八）有其他玩忽职守、滥用职权、徇私舞弊行为的。

第六十三条　违反本办法规定的行为，法律、法规已有处罚规定的，依照其规定执行。

第八章　附　　则

第六十四条　本办法自 2020 年 8 月 1 日起施行。

甘肃省实施《中华人民共和国防洪法》办法

(2002年12月7日甘肃省第九届人民代表大会常务委员会第三十一次会议通过 2004年6月4日甘肃省第十届人民代表大会常务委员会第十次会议修正 2021年9月29日甘肃省第十三届人民代表大会常务委员会第二十六次会议修订)

第一条 为了防治洪水，防御、减轻洪涝灾害，维护人民的生命和财产安全，根据《中华人民共和国防洪法》《中华人民共和国水法》《中华人民共和国河道管理条例》等有关法律、行政法规，结合本省实际，制定本办法。

第二条 本省行政区域内从事防洪以及与防洪有关的活动适用本办法。

法律、行政法规对从事防洪以及与防洪有关的活动已有规定的，依照其规定执行。

第三条 防洪工作实行全面规划、统筹兼顾、预防为主、综合治理、局部利益服从全局利益的原则。

第四条 各级人民政府应当加强对防洪工作的统一领导，广泛宣传防洪法律、法规，提高公民水患意识，增强依法防洪的自觉性；组织有关部门、单位，动员社会力量，运用科技手段，有计划地进行江河、湖泊治理，采取措施加强防洪工程设施和水文、气象、通信等设施建设，巩固、提高防洪能力，并做好防汛抗洪和洪涝灾害后的恢复与救济工作。

第五条 县级以上人民政府水行政主管部门和应急管理部门在本级人民政府领导下，负责本行政区域内防洪的组织、协调、监督、指导等日常工作，住房和城乡建设主管部门以及其他有关部门按照各自职责，负责有关的防洪工作。

第六条 河道管理实行按水系统一管理和分级管理相结合的原则，加强防护，确保畅通：

（一）黄河、渭河、泾河、洮河、大夏河、湟水、大通河、白龙江、黑河、疏勒河、石羊河、讨赖河等重要河流的主要河段由省人民政府水行政主管部门划定并负责管理；

（二）除第一项规定以外的跨市（州）以及跨县（市、区）的河流、河段，分别由所在地的市（州）人民政府水行政主管部门负责管理；

（三）县（市、区）行政区域内的河流，由县（市、区）人民政府水行政主管部门负责管理。

第七条 防洪规划按照下列规定制定：

（一）黄河防洪规划的编制、审批依照《中华人民共和国防洪法》第十条的规定执行；

（二）省上确定的重要河流的主要河段（除黄河外）的防洪规划，由省人民政府水行政主管部门依据流域综合规划、区域综合规划，会同有关部门和市（州）人民政府编制，报省人民政府批准；

（三）除第一、二项规定以外的其他跨市（州）河流、河段的防洪规划，在省人民政府水行政主管部门的统一组织下，由所在地的市（州）人民政府水行政主管部门依据流域综合规划、区域综合规划，会同有关部门和县（市、区）人民政府编制，经有关市（州）人民政府审查后，报省人民政府水行政主管部门批准；跨县（市、区）河流、河段的防洪规划，由所在地的市（州）人民政府水行政主管部门依据流域综合规划、区域综合规划，会同有关部门和县（市、区）人民政府编制，报本级人民政府批准；

（四）县（市、区）行政区域内的河流防洪规划，由县（市、区）人民政府水行政主管部门依据流域综合规划、区域综合规划，会同有关部门编制，报本级人民政府批准；

（五）区域防洪规划，由县级以上人民政府水行政主管部门依据流域防洪规划、区域综合规划，会同有关部门和有关地区编制，报本级人民政府批准；

（六）城市防洪规划，由城市人民政府组织水行政主管部门、自然资源主管部门和其他有关部门依据流域防洪规划、上一级人民政府区域防洪规划编制，按照国务院规定的审批程序批准后纳入城市国土空间规划；

（七）有防洪任务的乡（镇）的防洪规划，由县（市、区）人民政府水行政主管部门会同有关部门依据流域防洪规划、县（市、区）人民政府区域防洪规划编制，报县（市、区）人民政府批准，纳入乡（镇）国土空间规划。

经批准的防洪规划，报上一级人民政府水行政主管部门备案；修改防洪规划，应当报经原批准机关批准。

第八条 防治洪水应当蓄泄兼施，充分发挥水库、湖泊、洼淀和沟道截流工程的调蓄洪水功能；实行封山育林，退耕还林，扩大林草植被，涵养水源，加强水土流失的综合治理。

第九条 各级人民政府和县级以上人民政府有关部门应当制定防汛应急预案，明确防汛抗洪组织体系、职责分工、预防预警、应急响应、险情处置、灾后救济、保障措施等内容。

第十条 山洪多发地区的县级以上人民政府应当组织应急管理、水利、自然资源、气象、住房和城乡建设、林业和草原、民政等部门对山洪及山洪可能诱发的山体滑坡、崩塌和泥石流隐患进行全面调查，确定易发区和危险区，划定重点防治区，并进行公告，设立永久性标志，制定防治规划，采取防治措施。

乡（镇）人民政府应当组织制定避险和脱险预案，对险情征兆明显地区，应当及时组织人员转移。

城市、村镇和其他居民点以及工矿企业、铁路和公路的建设布局和设防，应当符合国家规定的防洪标准，避开山洪威胁和地质灾害易发区、危险区；已经建成的，应当由当地人民政府或者有关部门有计划地组织搬迁或者采取防御措施；建在行洪滩地的，应当限期搬迁。

第十一条 各级人民政府应当按照防洪规划和防御洪水方案建立并完善防洪体系和水文、气象、通信、预警以及洪涝灾害监测系统，提高防御洪水能力；加强山洪、泥石流易发地区和涵洞、隧道等的观测、预警、预报设施建设，建立健全监测预报和预警制度，及时发布监测预警预报信息。

洪涝灾害即将发生或者发生的可能性增大时，县级以上人民政府应当根据有关法律、行政法规和国家规定的权限和程序，发布相应级别的警报，决定并宣布有关地区进入预警期，同时向上一级人民政府报告，必要时可以越级上报，并向当地驻军和可能受到危害的毗邻或者相关地区的人民政府通报。

宣布进入预警期后，县级以上人民政府应当根据可能造成的危害，及时启动防汛应急预案，依法采取相应的防范和处置措施。

第十二条 防洪工程设施应当按照经批准的设计组织施工；竣工验收前，县级以上人民政府应当按照有关规定划定管理和保护范围，并立桩标界,予以公告。

在防洪工程设施保护范围内,禁止爆破、打井、钻探、采石、采矿、淘金、挖砂、取土、建房、建窑、建坟等危害防洪工程设施安全和影响防洪抢险工作的活动。

第十三条 在河道管理范围内,建设跨河、穿河、穿堤、临河的桥梁、码头、道路、渡口、管道、缆线、取水、排水等工程设施,应当符合国家规定的防洪标准、岸线规划、航运要求和其他技术要求,不得危害堤防安全、影响河势稳定、妨碍行洪畅通。建设单位应当将工程建设方案报经有管辖权的水行政主管部门审查,未经审查同意的,建设单位不得开工建设。

前款工程设施需要占用河道、湖泊管理范围内土地,跨越河道、湖泊空间或者穿越河床的,建设单位应当经有关水行政主管部门对该工程设施建设的位置和界限审查批准后,方可依法办理开工手续;安排施工时,应当按照水行政主管部门审查批准的位置和界限进行。

第十四条 在内河通航水域或者岸线上设置浮动设施,应当符合法律、法规相关规定和防洪总体要求,依法办理审批手续。

浮动设施从事有关活动应当经交通运输主管部门依法登记,具有合法有效的船舶检验证书、登记证书,并配备符合国家规定的掌握水上安全技能的人员。浮动设施的配载和系固应当符合国家安全技术规范。

浮动设施的所有者或者经营者,应当加强对浮动设施的安全管理,定期检查维护锚泊或者系泊设施,建立健全防汛应急处置机制,确保行洪畅通。

已经设置的浮动设施影响行洪的,县级以上人民政府有关部门应当采取必要的措施予以处置。

第十五条 禁止在河道、湖泊管理范围内建设妨碍行洪的建筑物、构筑物,倾倒垃圾、渣土,从事影响河势稳定、危害河岸堤防安全和其他妨碍河道行洪的活动。

禁止在行洪河道内种植阻碍行洪的林木和高秆作物。

第十六条 禁止围湖造地。已经围垦的,应当按照国家规定的防洪标准进行治理,有计划地退地还湖。

禁止围垦河道。确需围垦的,应当进行科学论证,经省人民政府水行政主管部门确认不妨碍行洪、输水后,报省人民政府批准;需要国家批准的,依照法律、法规规定的程序报批。

第十七条 护堤护岸的林木，由河道、湖泊管理机构组织营造和管理。护堤护岸林木，不得任意砍伐。采伐护堤护岸林木的，应当依法办理采伐许可手续，并完成规定的更新补种任务。

第十八条 城市建设应当符合城市防洪规划的要求，防洪工程设施建设应当纳入城市国土空间规划。

城市人民政府应当组织有关部门依据防洪规划，加强对城区防洪排涝工程设施的建设与管理。

城市人民政府水行政主管部门应当加强对穿越城区的河道防洪工程的建设与管理。

城市建设不得擅自填堵原有河道沟叉、贮水湖塘洼淀和废除原有防洪围堤。确需填堵或者废除的，应当经城市人民政府批准。

禁止任何单位和个人向排洪沟道堆放、倾倒垃圾等废弃物。

第十九条 各级人民政府应当按照分级管理、分级负责的原则，完善水库雨情水情、大坝安全监测设施，加强对水库大坝的定期检查和监督管理，并建立常态化的安全鉴定工作机制，对病险水库采取除险加固措施，确保水库安全。

大坝出现险情征兆时，大坝管理单位应当立即报告大坝主管部门和上级防汛指挥机构，并采取抢救措施；有垮坝危险时，应当采取一切措施向预计的垮坝淹没地区发出警报，做好转移工作。

水利、电力、农垦、煤炭、地质矿产、有色金属等行业主管部门应当加强对本行业水库、水电站、尾矿坝、淤地坝、灰坝的监督管理，督促有关企业采取防洪措施，确保库坝及下游安全。

第二十条 禁止在坝体修建码头、渠道、堆放杂物、晾晒粮草。在大坝管理和保护范围内修建码头、鱼塘的，须经大坝主管部门批准，并与坝脚和泄水、输水建筑物保持一定距离，不得影响大坝安全、工程管理和抢险工作。

第二十一条 任何单位和个人不得破坏、侵占、毁损水库大坝、堤防、水闸、护岸、抽水站、排水渠系等防洪工程和水文、通信设施以及防汛备用的器材、物料等。

水文设施不得擅自移动、占用，确需移动或者占用水文设施的，建设单位应当征得省人民政府水行政主管部门同意,并负责恢复水文设施的原有功能,承担相应的费用。

任何单位和个人不得干扰防汛通信和雨情、水情采集专用频率,不得在水文测验河段内从事采石、挖砂、淘金等影响水文测验作业的活动。

第二十二条 铁路、公路等工程建设项目应当修建符合防洪安全要求的排洪设施。交通运输部门或者建设管理单位指定的临时道路应当符合行洪安全的要求。

第二十三条 防汛抗洪工作实行各级人民政府行政首长负责制,统一指挥,分级分部门负责。各有关部门实行防汛岗位责任制。

第二十四条 省人民政府设立省防汛指挥机构,在国家防汛指挥机构和省人民政府领导下,负责领导、组织全省的防汛抗洪工作;市(州)、县(市、区)人民政府设立防汛指挥机构,在上级防汛指挥机构和本级人民政府领导下,负责组织、指挥本行政区域内的防汛抗洪工作。

县级以上人民政府防汛指挥机构的办事机构是具有行政职能的常设机构,具体负责防汛指挥机构日常工作。

在汛期,乡(镇)人民政府可以根据防汛抗洪工作需要,设立临时防汛指挥机构,组织实施本行政区域内的防汛抗洪工作。

各级防汛指挥机构的成员单位及其职责由同级人民政府依照法律、法规和相关规定确定。

第二十五条 县级以上人民政府防汛指挥机构的主要职责:

(一)贯彻执行有关防汛工作的法律、法规、规章和政策,并对执行情况进行监督、检查;

(二)在上级防汛指挥机构和本级人民政府的领导下,组织、指挥本地区的防汛抗洪工作,协调处理有关问题;

(三)负责监督本地区的汛前检查和清障,督促有关部门及时处理影响安全度汛的有关问题;

(四)制定本行政区域内的防御洪水方案和防汛工作计划,贯彻执行上级防汛调度指令,并组织实施洪水调度;

(五)发布本地区的汛情通告;

(六)负责防汛经费和物资的计划、管理和调度;

(七)检查督促防洪工程的建设和水毁防洪工程的修复;

（八）法律、法规规定的其他职责。

第二十六条 本省汛期为每年 4 月 15 日至 9 月 30 日。特殊情况下，经省防汛指挥机构同意，县级以上人民政府防汛指挥机构根据汛情及气候异常变化情况，可以宣布提前或者延长本行政区域内的汛期时间。

第二十七条 防御洪水方案按下列规定制定：

（一）黄河干流防御洪水方案依照《中华人民共和国防洪法》第四十条的规定执行；

（二）省上确定的重要河流的主要河段（除黄河外）的防御洪水方案，由省防汛指挥机构组织制定，报省人民政府批准；

（三）其他河流、河段的防御洪水方案，按照河道管理权限，分别由市（州）和县（市、区）防汛指挥机构制定，报本级人民政府批准；

（四）兰州、天水、平凉、临夏、陇南等重点防洪城市防御洪水方案，由当地人民政府制定，经省防汛指挥机构审查后，报省人民政府批准；其他城市的防御洪水方案，由所在城市防汛指挥机构制定，报本级人民政府批准。

经批准的河流、河段和重点城市的防御洪水方案，报上一级防汛指挥机构备案。

各级防汛指挥机构和承担防汛抗洪任务的部门和单位，必须根据防御洪水方案做好防汛抗洪准备工作。未经批准，不得变更防御洪水方案。

第二十八条 水库管理单位应当依法编报汛期调度运用计划。

大型水库汛期调度运用计划，经市（州）防汛指挥机构审查后，报省防汛指挥机构批准；中型水库和重点小型水库汛期调度运用计划，由所在地的市（州）防汛指挥机构批准；其余小型水库汛期调度运用计划由所在地的县（市、区）防汛指挥机构批准。经批准的水库汛期调度运用计划须报上一级防汛指挥机构备案。

水库汛期防洪调度指挥权，按照批准的汛期调度运用计划规定，由相应的防汛指挥机构行使。

在建的水库、水电站、闸坝工程的施工度汛方案，由施工单位编制，经其主管部门同意后，报同级防汛指挥机构备案。

第二十九条 在汛期，水库、水电站、闸坝和其他水工程设施的运用，应当服从防汛指挥机构的调度指挥和监督，严格执行已批准的汛期调度运计划。

在汛期，水库不得擅自在汛期限制水位以上蓄水，其汛期限制水位以上的防洪库容的运用，必须服从防汛指挥机构的调度指挥和监督。

水库在泄洪前，水库管理机构应当及时向防汛指挥机构和下游人民政府通报水情。有关人民政府应当及时做好人员转移和防洪工作。

第三十条 对河道管理范围内阻碍行洪的障碍物，按照谁设障、谁清除的原则，由县级以上人民政府水行政主管部门责令限期清除；逾期不清除的，由县级以上人民政府水行政主管部门组织强行清除，所需费用由设障者承担。

县级以上人民政府水行政主管部门应当按照管理权限编制河道清淤疏浚方案，并组织实施，保持行洪畅通。

第三十一条 县级以上人民政府公安、交通运输等有关部门应当保障防汛指挥车辆和抢险救灾车辆的通行，经国务院交通运输主管部门或者省人民政府批准执行抢险救灾任务的车辆，免缴车辆通行费。

第三十二条 在汛期，气象、水文部门必须及时向各级防汛指挥机构提供实时气象、水文信息；电信部门应当优先提供防汛抗洪通信的服务；运输、电力、物资材料供应等有关部门应当优先为防汛抗洪服务。

县级以上人民政府防汛指挥机构根据气象、水文部门提供的信息，通过新闻媒体等途径向社会发布汛情公告。

第三十三条 各级人民政府应当根据防汛抢险任务的需要，储备必要的防汛抢险物资和资金。储备的防汛物资应当服从上级防汛指挥机构的统一调度。

在紧急防汛期，防汛指挥机构根据防汛抗洪的需要，有权在其管辖范围内调用物资、设备、交通运输工具和人力，决定采取取土占地、砍伐林木、清除阻水障碍物和其他必要的紧急措施；必要时，公安、交通运输等有关部门按照防汛指挥机构的决定，依法实施陆地和水面交通管制。

依照前款规定调用的物资、设备、交通运输工具等，在汛期结束后应当及时归还；造成损坏或者无法归还的，按照有关规定给予适当补偿或者作其他处理。取土占地、砍伐林木的，在汛期结束后依法向有关部门补办手续；当地人民政府对取土后的土地组织复垦，对砍伐的林木组织补种。

第三十四条 与防洪有关的水利工程设施采取承包、租赁、股份制或者股份合作制等方式经营的，经营者应当承担相应的防洪责任，服从防汛指挥机构的防汛调度和监督管理，负责工程的安全运行，不得降低防汛排水等原设计的基本功能。

第三十五条 各级人民政府应当按照防洪规划安排防洪工程年度计划并筹措所需资金，提高防洪投入的总体水平。

第三十六条 防洪资金主要用于下列事项：

（一）防洪工程设施建设、维护和修复；

（二）江河、湖泊的治理；

（三）水文设施、防汛信息系统、生物工程等防洪非工程设施的建设、维护和修复；

（四）遭受洪涝灾害地区的抗洪抢险和水毁防洪工程修复；

（五）防汛物资储备；

（六）防汛调用物资的补偿；

（七）防汛工作经费；

（八）其他防汛费用开支。

第三十七条 江河、湖泊的治理和防洪工程设施的建设和维护所需资金，按照事权和财权相统一的原则，由国家和省、市（州）、县（市、区）财政分级承担。城市防洪工程设施的建设和维护所需资金，由城市人民政府承担。

受洪水威胁地区的铁路、公路、民用机场、矿山、电力、电信、油田、管道等企业、事业单位应当自筹资金，根据防洪规划和国家防洪标准的要求，兴建防洪自保工程。

第三十八条 防洪资金必须专款专用，任何单位和个人不得截留、挪用防洪、救灾资金和物资。县级以上人民政府审计机关和财政部门应当加强对防洪资金使用情况的监督。

第三十九条 任何单位和个人都有参加防汛抗洪的义务。在遇到防洪抢险等紧急任务时，经当地人民政府批准，可以临时调用农村和城镇劳动力。

第四十条 鼓励单位、个人按照防洪规划投资整治河道和修建防洪工程设施。

第四十一条 各级人民政府应当对在防汛抗洪抢险工作中做出显著成绩的单位和个人给予表彰奖励。

第四十二条 各级防汛指挥机构及其工作人员应当执行国家有关防洪的法律、法规和防汛抢险指令,依法履行防洪职责,坚守岗位,及时、准确传递汛情灾情信息,遇到险情及时报告并组织排除,保护国家和人民生命财产安全。

县级以上人民政府水行政主管部门应当加强水政监督监察,依法查处危害防洪工程设施的行为,确保防洪工程设施的安全与完好。

第四十三条 违反本办法第十二条第二款规定的,由水行政主管部门责令停止违法行为,采取补救措施,处一万元以上五万元以下罚款;违反治安管理处罚法的,由公安机关依法给予治安管理处罚;给他人造成损失的,依法承担赔偿责任;构成犯罪的,依法追究刑事责任。

第四十四条 防汛指挥机构及其办事机构、水行政主管部门或者其他主管部门以及防洪工程设施建设、管理等单位的国家工作人员,有下列行为之一的,依法给予处分;构成犯罪的,依法追究刑事责任:

(一)违反本办法第十三条、第十五条或者第十八条规定,严重影响防洪的;

(二)滥用职权、玩忽职守、徇私舞弊,致使防汛抗洪工作遭受重大损失的;

(三)拒不执行防御洪水方案、防汛抢险指令或者汛期调度运用计划等防汛调度方案的;

(四)违反本办法规定,导致或者加重毗邻地区或者其他单位洪灾损失的。

第四十五条 违反本办法第十五条、第十六条、第十七条、第二十条规定的行为,依照《中华人民共和国防洪法》《中华人民共和国水法》《中华人民共和国河道管理条例》《水库大坝安全管理条例》的处罚规定执行;违反本办法规定的其他行为,法律、行政法规已有处罚规定的,依照其规定执行。

第四十六条 本办法自 2021 年 11 月 1 日起施行。

青海省

青海省实施河长制湖长制条例

(2021年9月29日青海省第十三届人民代表大会常务委员会第二十七次会议通过)

第一条 为了保障河长制湖长制实施，加强河湖管理和保护，推进生态文明高地建设，根据《中华人民共和国水法》《中华人民共和国水污染防治法》等法律、行政法规，结合本省实际，制定本条例。

第二条 本省行政区域内河长制湖长制的实施，适用本条例。

第三条 本条例所称河长制湖长制，是指在各级行政区域设立总河长湖长，在各河湖设立责任河长湖长，负责组织领导和统筹协调水资源保护、水域岸线管理保护、水污染防治、水环境治理、水生态修复、执法监管等工作的机制。

本条例所称河湖，包括江河、湖泊、水库等。

第四条 实施河长制湖长制应当坚持生态优先、绿色发展，党政领导、部门联动，问题导向、因地制宜，强化监督、严格考核的原则。

第五条 县级以上人民政府应当将实施河长制湖长制工作经费纳入本级财政预算。

第六条 各级人民政府及相关部门应当加强河湖管理保护宣传教育，提升全社会河湖管理和保护的责任意识、参与意识。

广播、电视、报刊、互联网等媒体应当开展对河湖管理和保护的宣传报道，并加强舆论监督。

鼓励和引导公民、法人或者其他组织参与河湖保护工作，开展河湖保护志愿活动。

第七条 按照行政区域管理和河湖流域管理相结合的原则，建立省、市、县、乡、村五级河长湖长体系。

省、市（州）、县（市、区、行委）、乡（镇、街道）设立总河长湖长。

各河湖分级分段分片设立责任河长湖长。自然保护地等特定区域根据实际情况设立责任河长湖长。

河长湖长的设立和调整，按照国家和本省有关规定执行。

第八条 省、市（州）、县（市、区、行委）应当设置河长制湖长制办公室，承担河长制湖长制日常工作。乡（镇、街道）应当明确河长制湖长制工作人员。

县级以上人民政府水利、生态环境、自然资源、住房城乡建设、交通运输、农业农村、林业草原、公安、文化和旅游等河长制湖长制责任单位应当按照各自职责，依法做好河湖管理和保护工作。

第九条 县级以上人民政府应当设置河湖管护员岗位。聘用河湖管护员应当由乡镇人民政府、街道办事处与聘用人员签订聘用协议。

第十条 省、市（州）、县（市、区、行委）应当建立健全总河长湖长会议、责任河长湖长专题会议、河长制湖长制联席会议、河长制湖长制办公室会议制度，推进河长制湖长制各项工作。

第十一条 县级以上总河长湖长履行以下职责：

（一）组织领导、协调、督促、考核本行政区域内河湖管理和保护工作，落实河湖管理和保护主体责任；

（二）审定河湖管理和保护中的重大事项、河长制湖长制重要制度文件；

（三）主持研究部署河湖管理和保护重点任务、重大专项行动，推动建立部门联动机制，协调解决河长制湖长制推进过程中涉及全局性的重大问题；

（四）监督指导相关部门、下级总河长湖长、责任河长湖长依法履行职责；

（五）国家和本省规定的其他职责。

乡（镇、街道）总河长湖长负责组织安排本辖区河长制湖长制工作，开展河湖巡查，协调解决河湖管理和保护的具体问题，督导本级和村（社区）责任河长湖长履行职责。

第十二条 省级责任河长湖长履行以下职责：

（一）审定并组织实施责任河湖一河一策、一湖一策方案；

（二）组织开展责任河湖突出问题专项整治，协调解决相应河湖管理和保护中的重大问题；

（三）明晰责任河湖上下游、左右岸、干支流地区管理和保护目标任务；

（四）推动建立流域统筹、区域协同、部门联动的河湖联防联控机制；

（五）组织对省级相关部门和下一级河长湖长履职情况进行督导；

（六）国家和本省规定的其他职责。

第十三条 市、县级责任河长湖长履行以下职责：

（一）审定并组织实施责任河湖一河一策、一湖一策方案或者细化实施方案；

（二）组织开展责任河湖专项治理工作；

（三）协调和督促相关部门制定、实施责任河湖管理保护和治理规划，协调解决规划落实中的重大问题；

（四）协调和督促相关部门开展河湖管理和保护的联防联控工作；

（五）督促下一级河长湖长及本级相关部门处理和解决责任河湖出现的问题、依法查处相关违法行为，对其履职情况和年度任务完成情况进行督导考核；

（六）国家和本省规定的其他职责。

自然保护地等特定区域的责任河长湖长的职责参照前款规定执行。

第十四条 乡级责任河长湖长履行以下职责：

（一）落实责任河湖管理和保护的具体任务；

（二）对责任河湖进行日常巡查，对巡查发现的问题组织整改，不能解决的问题及时向上级河长湖长或者河长制湖长制办公室、相关部门报告；

（三）组织开展河湖日常清漂、保洁等活动；

（四）协调指导村（社区）责任河长湖长履行职责；

（五）国家和本省规定的其他职责。

第十五条 村（社区）责任河长湖长应当开展河湖保护宣传；组织订立河湖保护的村规民约或者居民公约；开展责任河湖日常巡查，对发现的涉河涉湖违法违规行为进行劝阻、制止，不能解决的问题及时向上级河长湖长或者河长制湖长制办公室、相关部门报告；配合相关部门现场执法和涉河涉湖纠纷调查处理协查。

第十六条 总河长湖长、责任河长湖长定期或者不定期开展河湖巡查调研活动，动态掌握河湖健康状况，及时发现解决河湖管理和保护中的问题。

第十七条 河湖管护员承担河湖日常巡查、保洁、管护、宣传等工作，发现问题及时向河长湖长或者河长制湖长制办公室、相关部门报告。

第十八条 河长制湖长制办公室承担河长制湖长制组织实施的具体工作，协助本级总河长湖长、责任河长湖长开展工作，履行组织、协调、分办、督办责任，具体履行以下职责：

（一）落实河长湖长确定的事项；

（二）组织编制并督促实施一河一策、一湖一策方案；

（三）组织制定相关管理制度，开展宣传、教育、培训活动，指导河湖保护公益志愿活动；

（四）承担对河长制湖长制任务落实情况的检查、督促、考核和信息通报工作；

（五）处理公众投诉举报；

（六）国家和本省规定的其他职责。

第十九条　河长制湖长制办公室应当按照河湖管理权限，以流域为单元，组织编制和修订一河一策、一湖一策方案。一河一策、一湖一策方案应当包括河湖管理和保护总体目标、阶段性任务、具体措施等内容。

第二十条　河长制湖长制办公室应当建立健全河长制湖长制督察工作制度，通过开展日常督察、专项督察、重点督察，对河长制湖长制实施情况和下一级河长湖长履职情况进行督查。

第二十一条　河长制湖长制办公室应当根据工作需要，对河长制湖长制工作落实、河湖管理和保护等情况进行通报。

第二十二条　跨行政区域河湖所在地的河长制湖长制办公室应当共同推动建立联合共治机制，统一管理目标任务和治理标准，共享河湖管理和保护信息，开展联合巡查、联合执法、联合治理，实现流域区域联防联治。

第二十三条　县级以上河长制湖长制办公室应当加强河长制湖长制管理信息系统的建设和应用，实现涉河涉湖数据资源共建共享，提高河长制湖长制工作信息化水平。

第二十四条　河长制湖长制办公室应当通过主要媒体向社会公告河长湖长名单，在河湖岸边显著位置设置河长湖长公示牌，标明河长湖长姓名、职务、职责、河湖概况、管护目标、监督电话、微信公众号等内容，接受社会监督。公示牌信息发生变化的，应当及时更新。

第二十五条　推行河长制湖长制工作述职制度，总河长湖长审阅或者适时听取本级责任河长湖长、河长制湖长制责任单位主要负责同志和下一级总河长湖长的履职情况报告。报告内容应当包括河长湖长所负责河湖的年度目标任务完成情况、个人履职情况等。

第二十六条 县级以上人民政府可以聘请社会监督员,对河湖管理和保护效果进行监督与评价。

第二十七条 任何单位和个人有权对河湖管理和保护中存在的问题以及相关的违法行为向河长湖长、河长制湖长制办公室或者相关部门进行投诉举报,接到投诉举报后,应当依法依规办理,并将办理结果及时答复投诉举报人。

第二十八条 总河长湖长、责任河长湖长有下列行为之一,情节较轻的,依照有关规定,进行谈话提醒、批评教育、责令检查或者予以诫勉;情节严重的,依法依规追究责任:

(一)未按照规定履行职责,导致水质恶化、水环境和水生态遭受破坏的;

(二)对河湖存在的问题缓报、瞒报、谎报的;

(三)对发现的问题不及时处理或者督促整改不到位的;

(四)其他未按照本条例规定履行河长湖长职责的。

第二十九条 河长制湖长制办公室以及相关部门有下列行为之一,情节较轻的,依照有关规定,对其负责人进行谈话提醒、批评教育、责令检查或者予以诫勉;情节严重的,依法依规追究责任:

(一)对上级或者本级总河长湖长、责任河长湖长交办的事项,未按照要求办理的;

(二)对河湖管理和保护工作中存在的问题,未按照职责采取措施及时处置的;

(三)其他未按照本条例规定履行河湖管理和保护职责的。

第三十条 本条例自 2021 年 11 月 1 日起施行。

青海省实施《中华人民共和国水法》办法

（1993年5月25日青海省第八届人民代表大会常务委员会第三次会议通过 2005年5月28日青海省第十届人民代表大会常务委员会第十六次会议修订 根据2011年11月24日青海省第十一届人民代表大会常务委员会第二十六次会议《关于修改部分地方性法规的决定》第一次修正 根据2018年3月30日青海省第十三届人民代表大会常务委员会第二次会议《关于修改〈青海省实施《中华人民共和国节约能源法》办法〉等十部地方性法规的决定》第二次修正 根据2020年7月22日青海省第十三届人民代表大会常务委员会第十八次会议《关于修改〈青海省预算管理条例〉等五十四部地方性法规的决定》第三次修正）

第一章 总 则

第一条 为了实施《中华人民共和国水法》（以下简称水法），结合本省实际，制定本办法。

第二条 在本省行政区域内开发、利用、节约、保护、管理水资源，防治水害，应当遵守水法和本办法。

本办法所称水资源，包括地表水和地下水。

第三条 水资源属于国家所有。水资源依法实行取水许可制度、有偿使用制度和节约用水制度。

农村牧区集体经济组织修建的涝池和管理的水库等水工程中的水，归集体经济组织使用。农牧民在自家庭院和承包地上自挖水井的水，归个人使用。

第四条 各级人民政府应当将水资源的开发、利用、节约、保护和防治水害纳入国民经济和社会发展计划。国民经济和社会发展中长期规划、城市总体规划及专业规划，应当与水资源综合规划相适应。

第五条 各级人民政府应当加强宣传教育，在全社会树立并增强保护水资源和节约用水的意识。

电视、广播、报刊等媒体应当加强对保护水资源、节约用水的宣传。

第六条 省人民政府水行政管理部门负责全省水资源的统一管理和监督工作。

州（市）、县人民政府水行政管理部门负责本行政区域内水资源的统一管理和监督工作。

县级以上人民政府有关部门按照职责分工，负责本行政区域内水资源开发、利用、节约、保护和防治水害的有关工作。

第七条 任何单位和个人都有保护水资源、水工程和节约用水的义务，并有权制止、控告和检举违反水法和本办法的行为。

对在开发、利用、节约、保护、管理水资源和防治水害活动中做出突出成绩的单位和个人，由县级以上人民政府给予表彰或者奖励。

第二章 水资源规划和开发利用

第八条 水资源开发、利用、节约、保护必须符合水资源综合规划，并进行科学论证。

第九条 长江、黄河、澜沧江干流青海段的流域综合规划由省人民政府水行政管理部门协同有管辖权的国家流域管理机构编制。

本省境内的湟水、大通河、黑河、布哈河、巴音河、格尔木河、香日德河、那棱格勒河、隆务河、青海湖、扎陵湖、鄂陵湖等重要江河、湖泊和跨州（市）河流的流域综合规划和区域综合规划，由省人民政府水行政管理部门会同省有关部门和有关州（市）人民政府编制，经省人民政府批准，报国务院水行政管理部门备案。

州（市）、县境内河流的流域综合规划和区域综合规划，由州（市）、县人民政府水行政管理部门会同同级有关部门编制，经同级人民政府批准，报上一级人民政府水行政管理部门备案。

第十条 开发利用水资源应当优先满足城乡居民生活用水，兼顾农业、工业、生态环境用水，维持河流的合理流量和湖泊、地下水的合理水位，维护水体的自然净化能力。

第十一条 县级以上人民政府应当采取有效措施，鼓励收集利用雨水、雪水，补充生产和生活用水。在水资源严重不足、生态恶化的地区，禁止兴建耗水量大的建设项目；原有耗水量大的用水单位，应当进行节水改造。

第十二条 鼓励单位和个人投资开发、利用、保护水资源,坚持谁投资建设、谁管理和谁受益的原则,依法保护投资者的合法权益。

任何单位和个人引水、截(蓄)水、排水,不得损害公共利益和他人的合法权益。

第十三条 水工程建设必须符合流域综合规划。在江河、湖泊上建设水工程,按照管理权限,应当取得有关流域管理机构或者当地县级以上人民政府水行政主管部门签署的符合流域综合规划要求的规划同意书,未取得的不得开工建设。水工程建设涉及防洪的,依照《中华人民共和国防洪法》的有关规定执行;涉及其他地区和行业的,建设单位应当事先征求有关地区和部门的意见。

第三章 水资源、水域和水工程的保护

第十四条 县级以上人民政府和有关部门应当加强江河源头和湿地的保护,采取轮耕轮牧、退耕退牧等措施,防治水土流失,保护植被,涵养水源。

第十五条 开发利用水资源,应当统筹安排地表水和地下水,优先开发利用地表水,合理开采地下水。

开采地下水应当坚持统一规划、总量控制、优化配置、采补平衡的原则。开采单位应当实行水量、水质、水位变化动态监测,建立数据档案,不得超量开采。

第十六条 省人民政府水行政管理部门会同有关部门,根据地下水资源状况和开采情况,划定地下水超采地区;对严重超采地区划定地下水限制开采区和禁止开采区,报省人民政府批准后公布执行。

在地下水禁止开采区内,禁止新建、改建、扩建取用地下水的建设项目。已建的地下水取用工程应当建设替代水源。

第十七条 县级以上人民政府应当依法划定河道和水工程的管理和保护范围。

禁止在江河、湖泊、水库、渠道内弃置、堆放阻碍行洪的物体和种植阻碍行洪的林木及高杆作物。

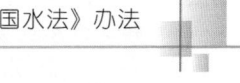

禁止在河道管理范围内建设妨碍行洪的建筑物、构筑物以及从事影响河势稳定、危害河岸堤防安全和其他妨碍河道行洪的活动。

在河道两侧修筑防洪堤坝，应当报经县级人民政府水行政管理部门审查同意；在跨行政区域河道两侧修筑防洪堤坝，应当报经共同的上一级人民政府水行政管理部门审查同意。

第十八条 在河道管理范围内采砂，应当向县级以上人民政府水行政管理部门申办采砂许可证；涉及其他部门的，由水行政管理部门会同有关部门办理。

取得采砂许可证，在河道从事采砂的单位和个人，应当按照防洪安全的需要，及时清理尾堆，平整河道，不得在河道内堆积砂石或者废弃物。

第十九条 县级以上人民政府水行政管理部门应当按照水功能区对水质的要求和水体的自然净化能力，核定水域的纳污能力，向同级生态环境部门提出该水域的限制排污总量意见。

第二十条 在河道、湖泊新建、改建或者扩大排污口的，应当经有管辖权的水行政管理部门或者其授权的水工程管理机构审查同意，由生态环境部门负责对建设项目的环境影响报告书进行审批。

已禁止使用的入河、入湖排污口，排污单位应当在规定期限内封堵。

第二十一条 县级以上人民政府水行政管理部门应当做好河流、湖泊、水库、渠道的水量水质监测，发现重点污染物排放总量超过控制指标或者未达到水功能区对水质要求的，应当及时报请有关人民政府采取治理措施，并向同级生态环境部门通报。

水量水质监测结果应当按照有关规定向社会公布。

第二十二条 县级以上人民政府水行政管理部门应当加强对本行政区域内水工程安全的监督管理，建立经常性的安全检查制度，消除安全隐患。

乡级人民政府或者农村牧区集体经济组织，应当对其管理使用的涝池和水库等水利设施进行维护、合理使用，建立安全管理制度。

第二十三条 任何单位和个人不得侵占或者毁坏防汛、水文监测、水文地质和环境监测等工程设施，不得侵占或者毁坏水工程和水工程管理范围内的堤防、护岸、护堤护岸林木及其他附着物。

875

第四章 饮用水安全保障

第二十四条 县级以上人民政府应当加强农村牧区人畜饮水及城镇供水工程的建设和管理，改善城乡居民的饮水条件，逐步解决局部地区群众饮用高氟水、高砷水、苦咸水、污染水以及饮用水困难等问题。

第二十五条 县级以上人民政府应当按照《青海省水功能区划》的要求，建立饮用水水源保护区。

县级以上人民政府生态环境部门应当会同住房城乡建设、卫生健康和水行政管理等部门，共同划定饮用水水源保护区，经省人民政府批准后公布。

第二十六条 县级以上人民政府生态环境部门和住房城乡建设、卫生健康、水行政管理等部门，应当在各自职责范围内，加强饮用水水质管理，保护饮用水水源，防治水源枯竭和饮用水污染。

第二十七条 在饮用水水源保护区范围内，禁止下列行为：

（一）倾倒、堆放或者排放固体废弃物和其他有毒有害污染物；

（二）兴建与水源保护无关的建设项目；

（三）设置排污口；

（四）建坟、取土、采砂、采矿和砍伐林木活动；

（五）其他可能影响水量、水质的活动。

第二十八条 县级以上人民政府应当建立饮用水安全突发事件的应急处理机制，及时处理突发事件。

第五章 水资源配置和节约用水

第二十九条 省人民政府发展改革和水行政管理部门负责全省水资源的宏观调配。全省和跨州（市）的水中长期供求规划，由省人民政府水行政管理部门会同有关部门制订，经省人民政府发展改革管理部门审查批准后执行。

州（市）、县水中长期供求规划，由县级以上人民政府水行政管理部门会同同级有关部门，依据上一级水中长期供求规划和本地区的实际情况制订，经本级人民政府发展改革管理部门审查批准后执行。

第三十条　省内跨行政区域河流的水量分配方案和旱情紧急情况下的水量调度预案，由其共同的上一级人民政府水行政管理部门会同有关人民政府制定，报本级人民政府批准后执行。

第三十一条　县级以上人民政府水行政管理部门应当根据批准的流域水量分配方案和年度预测来水量，制定年度水量分配方案和调度计划，报同级人民政府批准后执行，实施水量的统一调度。

区域的年度水量分配方案和调度计划应当依据流域的年度水量分配方案和调度计划制订。

第三十二条　直接从江河、湖泊或者地下取用水资源的单位和个人，应当向水行政管理部门申请领取取水许可证，取得取水权，并缴纳水资源费（税）。但是，家庭生活、零星散养、圈养畜禽饮用等少量取水的除外。

取水单位应当执行年度水量分配方案和调度计划。在取水口应当安装符合国家标准的取水计量设施，并保证其正常运行。无计量设施或者计量设施不能正常运行的，按照取水工程设计日最大取水量或者设备铭牌额定取水量征收水资源费。

第三十三条　新建、改建、扩建取水工程申请取水许可的，应当同时提交建设项目取用水资源论证报告书，并由取水许可审批部门组织专家审查，专家的审查意见为申请取水许可的技术依据。

第三十四条　用水实行总量控制和定额管理相结合的制度。

县级以上人民政府水行政管理部门，根据青海省用水定额、年度水量分配方案确定的水量和经济技术条件，制定年度用水计划，对本行政区域内的年度用水实行总量控制。

第三十五条　县级人民政府水行政管理部门根据年度用水计划和有关行业用水定额，核定本行政区域内用水单位的年度用水指标。

特大用水单位和有特殊需要的用水单位的年度用水指标，由省或者州（市）人民政府水行政管理部门核定。

第三十六条　用水实行计量收费和超定额累进加价制度。对用水户在定额以内的用水，按照批准的标准价格收费，超定额用水实行累进加价。

使用水工程供应的水应当缴纳水费。

第三十七条　有下列情形之一的，水行政管理部门可以会同有关部门对取用水户的取水量、供水量进行调整或者限制：

（一）由于自然原因导致水源供水能力降低的；

（二）由于社会总取水量增加，但是无法在近期内另辟水源的；

（三）由于地下水严重超采或者因开采地下水引起地面沉降、水质恶化的；

（四）用户的产品、产量或者工艺发生变化的；

（五）其他特殊情形。

第三十八条 县级以上人民政府应当加强对节水工作的领导，根据水资源供需变化、技术进步和经济社会发展水平，确定不同时期的节水目标，完善节水制度，推广节水技术，发展节水型农牧业、工业和服务业，建设节水型社会。

第三十九条 新建、改建、扩建建设项目，应当建设配套的节水设施。

已建成的建设项目的用水设施、设备及器具不符合节约用水要求的，应当逐步进行技术改造，提高水的重复利用率。

城市公共设施与民用建筑应当推广使用节水型器具和设备。县级以上人民政府应当创造条件，提高污水再生利用率。

第四十条 供水单位和自建供水设施的单位应当加强对供水设施的检修与维护，降低管网漏失率。供水设施出现故障后，相关单位应当及时抢修。

第六章 水事纠纷处理与执法监督检查

第四十一条 各级人民政府及有关部门应当采取措施，预防和制止水事纠纷。

单位之间、个人之间、单位和个人之间发生的水事纠纷，应当协商解决；当事人不愿意协商或者协商解决不成的，可以申请县级以上人民政府或者水行政管理部门调解，也可以直接向人民法院提起民事诉讼。有关人民政府或者水行政管理部门调解不成的，也可以向人民法院提起民事诉讼。

乡级人民政府应当及时调解本乡镇的水事纠纷，配合上级水行政管理部门调解水事纠纷。

在水事纠纷解决前，当事人不得单方面改变现状。

第四十二条 县级以上人民政府水行政管理部门应当建立健全水政监督检查制度，改善执法条件，加强执法队伍建设，依法履行监督检查职责。

第四十三条 县级以上人民政府或者上级水行政管理部门发现下级人民政府或者下级水行政管理部门在工作中有违法或者失职行为的,应当责令其限期改正,并依法追究有关人员的责任。

第四十四条 县级以上人民政府水行政管理部门应当加强对水工程建设、取排水、节约用水、水量分配方案和调度计划执行等情况的监督检查,发现违反水法和本办法行为的应当依法查处。

第四十五条 县级以上人民政府水行政管理部门应当建立水事案件举报查处制度,公布举报电话和通信地址,受理公众举报,及时查处举报案件。

第七章 法 律 责 任

第四十六条 违反本办法规定的行为,法律、法规有处罚规定的,从其规定。

第四十七条 违反本办法规定,采砂的单位和个人未按照防洪安全的需要及时清理尾堆、平整河道的,由县级以上人民政府水行政管理部门责令限期清理、平整;逾期不清理、平整的,经催告仍不履行,其后果已经或者将影响河势稳定、危害河岸堤防安全或者妨碍河道行洪的,由县级以上人民政府水行政管理部门强制清理、平整,所需费用由采砂的单位和个人承担,并处一万元以上十万元以下的罚款。

第四十八条 水行政管理部门或者其他有关部门以及水工程管理单位及其工作人员,违反本办法规定,对符合法定条件的取水单位和个人,未在规定期限内办理许可审批手续的;擅自减免或者违反规定收缴水资源费的,由有关部门对直接负责的主管人员和其他直接责任人员予以处分。

第八章 附 则

第四十九条 本办法自 2005 年 8 月 1 日起施行。

青海省河道管理实施办法

（1991年10月15日青海省人民政府第40次常务会议通过　1991年10月28日青海省人民政府令第6号公布　根据2012年1月5日青海省人民政府令第87号公布并施行的《青海省人民政府关于修改部分规章的决定》修改）

第一条　为加强河道管理，保障防洪安全，发挥江河湖泊的综合效益，根据《中华人民共和国河道管理条例》，结合我省实际，制定本办法。

第二条　本办法适用于我省境内的河道、湖泊（不含盐湖）、人工行洪排涝水道。

河道内的航道，同时适用《中华人民共和国航道管理条例》。

第三条　省水利厅是全省河道的主管机关；各州（地、市）、县的水行政主管部门是该行政区域的河道主管机关。

各级水行政主管部门可根据需要设置或指定河道管理机构。

第四条　全省河道实行按水系统一管理和分级管理相结合的原则。

省境内的长江、黄河、澜沧江、湟水河、大通河、黑河、那棱格勒河、格尔木河、香日德河、布哈河的重要河段，以及青海湖、扎陵湖、鄂陵湖、托索湖等主要湖泊，由省水行政主管部门或其授权的管理机构根据流域综合规划实施统一管理，其中按照国家有关规定应由国务院水行政主管部门或其流域机构管理的除外。

省内其他河道，凡流经或者以河为界的跨州（地、市）县的河道由上一级水行政主管部门管理；州（地、市）、县境内的河道由州（地、市）、县水行政主管部门管理。

流经城市（指建制市）市区及国营农、林、牧场范围内的河段，可由有管辖权的水行政主管部门委托有关单位实施管理。

第五条　省内河道的分级管辖范围和权限由省水行政主管部门根据国家有关规定，另行制定发布。

第六条　各级水行政主管部门负责本办法的实施，依法行使河道监理权和行政裁决权，执行上级水行政主管部门的供水计划和防洪调度命令。

第七条 河道防汛和清障工作,实行地方人民政府行政首长负责制。一切单位和个人都有保护河道防汛设施、堤防安全和参加防汛抢险的义务。

第八条 对在河道管理和防汛抢险中作出显著成绩的单位和个人,各级水行政主管部门可报请同级人民政府给予表彰或奖励。

第九条 河道管理的范围为:按流域规划和城镇规划确定的两岸堤防之间的水域、沙洲、滩地,以及两岸的堤防和护堤地;无堤防的河道,根据历史最高洪水位或设计洪水位确定。

河道两岸堤防护堤地的范围,除设计文件已有明确规定的外,其中迎水面护堤地的范围,由该河段主管机关根据堤防和河道行洪安全的要求并结合河道的实际情况划定,但以垂直堤脚线计算的最小范围不应少于5米;背水面护堤地的范围,在确保堤防安全为原则。

河道的具体管理范围,由河段主管机关和有关部门实地界定后,报当地县级以上人民政府批准。

第十条 河道管理范围内的土地和水域属国家所有,任何单位和个人不得侵占。河道管理范围内的土地和水域的使用、建设征地与临时占地,必须首先征得水行政主管部门的同意,方可向有关管理部门办理审批手续。

第十一条 河道的整治与建设,以及在河道管理范围内兴建工程和从事生产活动,都应当服从流域的综合规划,严格遵守防洪排涝标准和其他有关技术要求,并应事先征得水行政主管部门的同意。

沿河城镇编制和审查城镇规划,交通部门进行航道整治,应先征求水行政主管部门对规划及有关设计的意见。

第十二条 在河道管理范围内,修建桥梁、管道、缆线、码头、渡口、道路、护堤、护岸等跨河、穿河、穿堤、临河的各类工程建筑及设施,建设单位必须按照河道管理权限,将工程建设方案报水行政主管部门审查同意后,方可按基本建设程序履行审批手续;施工前应将施工安全告知水行政主管部门;工程竣工后应将与河道管理有关的工程设施的竣工图报送水行政主管部门备案。

堤防上已建的涵闸、隧洞、泵站,以及穿堤、穿河、跨河的管道、缆线、桥梁等设施和建筑物,应接受水行政主管部门的定期安全检查;新建的应经河道主管机关验收后方可启用,对不符合河道行洪及堤防安全的,应限期改建。

第十三条 在河道管理范围内兴建各类工程和设施,必须在批准和划定的区域内按照防洪标准和确定的范围进行,不得缩窄行洪通道、任意改变建设范围和侵占河道。

跨河的桥梁、渡槽、管道和缆线等工程的净空高度必须符合防洪的要求,并留有一定的超高;涉及航道的,应符合航运的有关规定。

我省各级河道的防洪标准确定为:西宁市、格尔木市和德令哈市市区的河段,重现期50~100年;州(地)、县政府(行署)所在城镇的河段,重现期30~50年;其他河段重现期20~30年。

第十四条 跨州(地、市)、县的河道,未经有关各方达成协议或者有管辖权的水行政主管部门批准,禁止单方面修建排水、阻水、截水、引水、蓄水工程和河道整治工程。

第十五条 河道堤防和防汛岁修费,按照分级管理的原则,分别由省、州(地、市)、县列入年度财政预算。

第十六条 护堤护岸林木,由河道管理单位组织营造和管理,其他任何单位和个人不得侵占、砍伐或破坏。

河道管理单位对护堤护岸林木进行抚育和更新性质的采伐以及用于防汛抢险的采伐,根据国家有关规定,免交育林基金。

第十七条 在河道管理范围内采挖砂石、取土、淘金(包括淘取其他金属和非金属),必须向河道管理单位申请许可证,按批准的范围和作业方式进行,并交纳管理费。收费标准及管理办法,按国家和本省有关规定执行。

第十八条 受益范围明确的堤防、护岸和排涝等工程设施,河道管理单位可向受益的工、商、农、林、牧企业单位和农户收取工程修建维护管理费。收费标准和计收办法,由省水行政主管部门商同级财政、物价部门另行制定,报省人民政府批准执行。

第十九条 河道管理单位收取的各项费用,应当用于河道整治和堤防工程的建设、管理、维修和设施的更新改造;结余资金可连年结转使用,任何单位和个人不准截留或挪用。资金使用受同级财政部门监督。

第二十条 对河道防洪工程进行维修和加固所需的劳务工,可按《青海省农田(草原)水利基本建设劳动积累工制度实施办法》的规定使用部分劳动积累工;在汛期非常情况下,县级以上人民政府可以组织堤防保护区域内的单位和个人义务出工,投入防洪抢险。

第二十一条　山区河道有山林滑坡、崩岸、泥石流等自然灾害的河段，禁止进行开荒、破坏植被等造成水土流失和开山采石、采矿等危及山体稳定的活动。

第二十二条　向河道、湖泊排污的排污口的设置和扩大，排污单位在向环境保护部门申报之前，应当先征得水行政主管部门同意。

在河道管理范围内，禁止堆放、倾倒、掩埋、排放污染水体的物体。禁止在河道内清洗装贮过油类或者有毒污染物的车辆、容器。

各级水行政主管部门应当开展河道水质监测工作，协同环境保护部门对水污染防治实施监督管理。

第二十三条　禁止围湖造田，湖泊的开发利用规划必须经有管辖权的水行政主管部门审查同意。禁止围垦河流，确须围垦的，必须经过科学论证和省水行政主管部门审查同意，并报省人民政府批准。

第二十四条　河道管理范围内的阻水障碍物，按照谁设障、谁清除的原则，由水行政主管部门责令设障者限期清障；逾期不清障，经催告仍不履行，其后果已经或者将影响河势稳定、危害河岸堤防安全或者妨碍河道行洪的，由水行政主管部门强制清障，所需费用由设障的单位或者个人承担，并处一万元以上五万元以下罚款；情节严重的，并处五万元以上十万元以下罚款。

第二十五条　在河道管理范围内，禁止下列危害水工程和防洪安全，妨碍河道管理秩序的行为：

（一）损毁堤防、护岸、闸坝等水工程建筑物和损毁防汛设施、水文监测和测量设施、河岸地质监测及通讯照明设施；

（二）非管理人员操作河道的涵闸、闸门，干扰河道管理单位的正常工作，拒绝或妨碍河道监理人员执行公务，违反上级水行政主管部门的调水命令和防汛指挥部门的防汛指令；

（三）在堤防和护堤地内建房或修建其他建筑物、开渠、打井、挖窖、葬坟、钻探、爆破、挖筑鱼塘、采石、取土、开采地下资源、进行考古发掘等；

（四）非法侵占、砍伐护堤、护岸林木，种植阻碍行洪的林木或者高秆植物；

（五）修建围堤、阻水渠道、阻水道路、弃置矿渣、石渣、煤灰、泥土、垃圾等；

（六）未经水行政主管部门批准，在河道滩地存放物料、围占场地、修建厂房或者其他建筑物和临时设施；

（七）未经水行政主管部门批准，或者不按规定的防洪标准、工程安全标准和建设范围，整治河道或者修建水工程建筑物及其他建筑物和设施；

（八）未经水行政主管部门批准，擅自在河道内挖筑鱼塘、设置拦河渔具、爆破、钻探、开采地下资源及进行考古发掘；

（九）其他阻碍行洪、危害水工程和防洪安全、妨碍河道管理秩序的行为。

第二十六条 对违反本办法第十六条第一款、第二十一条和第二十二条第二款规定的，除由水行政主管部门责令其停止违法行为、赔偿损失外，有关主管部门可按照《中华人民共和国森林法》《中华人民共和国水土保持法》《中华人民共和国水污染防治法》的规定给予处罚。

第二十七条 未经河道管理单位批准或不按批准的范围和作业方式在河道内采挖砂石、取土、淘金的，县级以上水行政主管部门除责令停止违法行为、采取补救设施、吊销许可证外，可以并处警告、没收非法所得和一千元以下罚款。

第二十八条 对违反本办法第十四条、第二十三条和二十五条规定的，县级以上水行政主管部门除责令其停止违法行为、赔偿损失、没收非法所得、限期清除障碍、采取补救措施外，可以并处警告和一万元以下罚款；应当给予治安管理处罚的，按照《中华人民共和国治安管理处罚条例》的规定处罚；构成犯罪的，依法追究刑事责任。

违反本办法规定被责令限期清障逾期不清除的，按第二十四条的规定处理。

第二十九条 对违反本办法的有关责任人员的行政处分，由其所在单位或上级主管机关作出；对违反本办法行为的行政处罚决定，由县级以上水行政主管部门作出。

二百元以下的罚款，可由乡、镇水利管理部门裁决，被处罚人没有异议的，由水政监察人员当场执行。

第三十条 当事人对处罚决定不服的，可在接到处罚决定通知之日起十五日内，向作出处罚决定的机关的上一级水行政主管部门申请复议，或直接向人民法院起诉；对复议决定不服的，可在接到复议决定之日起十五日内向人民法院起诉。当事人逾期不申请复议或者不向人民法院起诉又不履行处罚决定的，由作出处罚决定的机关申请人民法院强制执行。

第三十一条　省内过去颁发的有关规定与本办法相抵触的，按本办法执行。

第三十二条　本办法由青海省水利厅负责解释。

第三十三条　本办法自颁布之日起施行。

宁夏回族自治区

宁夏回族自治区河湖管理保护条例

(2019年7月17日宁夏回族自治区第十二届人民代表大会常务委员会第十三次会议通过)

第一条 为了加强河湖管理和保护，维护河湖生态，提升河湖综合功能，推进生态文明建设，根据有关法律、行政法规，结合自治区实际，制定本条例。

第二条 本条例适用于自治区行政区域内河流、湖泊、水库、塘坝、人工水道及其水域岸线（以下统称河湖）的管理和保护活动。

第三条 河湖管理保护应当坚持科学规划、保护优先、综合施策、系统治理、合理利用的原则。

第四条 县级以上人民政府应当建立河湖管理保护资金保障机制，将河湖管理保护经费纳入财政预算。鼓励和引导社会资本参与河湖管理保护。

第五条 各级人民政府负责本行政区域河湖管理保护工作。

县级以上人民政府水行政主管部门负责河湖管理保护具体工作；生态环境、自然资源、住房和城乡建设、发展改革、农业农村、财政等主管部门依据职责做好河湖管理保护工作。

第六条 各级人民政府应当加强河湖管理保护的宣传教育，引导全社会树立爱水、惜水、护水意识和保护生态环境理念，自觉遵守河湖管理保护的法律法规。

鼓励公民、法人和其他组织参与河湖保护工作，鼓励开展河湖保护志愿服务。

第七条 自治区实施河长湖长制。建立自治区、设区的市、县、乡四级河长湖长组织体系。

各级河长湖长组织领导本行政区域内河湖的水资源保护、水域岸线管理、水污染防治、水环境治理、水生态修复等工作。

各级河长湖长制工作机构，协调落实同级河长湖长确定的工作事项和任务；生态环境、住房和城乡建设、自然资源、发展改革、水利、农业农村、财政等河长湖长制成员单位，按照职责分工，协同推进河长湖长制各项工作。

第八条 河长湖长名单应当向社会公布，并设置河长湖长公示牌，标明河长湖长姓名、职务、职责、河湖概况、管理目标、监督电话等内容，接受社会监督。

河长湖长相关信息发生变更的，应当及时予以更新。

第九条 自治区建立河长湖长制会议、信息共享、工作督查等制度，统筹协调解决河湖管理保护重大问题，定期通报河湖管理保护情况。

第十条 自治区建立河湖管理保护名录制度。河湖管理保护名录是实施河湖管理保护工作的基本依据。

河湖管理保护名录由自治区人民政府水行政主管部门编制，报自治区人民政府批准后公布实施。

第十一条 自治区实行水资源开发利用控制、用水效率控制、水功能区限制纳污控制制度，加强水资源的管理保护。

第十二条 河湖所在地人民政府水行政主管部门应当按照管理权限对河湖取水、用水和排水实行全过程管理，控制取水总量，维持河湖生态用水和合理水位。

第十三条 自治区实施统一的河湖水域岸线管理制度。

自治区人民政府应当根据相关法律法规和国家有关规定和标准，划定河湖管理范围并公布，明确河湖水域岸线等水生态空间管控规定，严格控制开发利用行为。

第十四条 自治区实行湖泊岸线分区管理。

设区的市、县（市、区）人民政府应当依据土地利用总体规划和自治区有关规定，合理划分湖泊保护区、保留区、控制利用区、可开发利用区，并明确分区管理保护要求，严格控制开发利用强度。

第十五条 县级以上人民政府应当统筹水上、岸上污染治理，严格管控入河湖排污口设置。严格治理工矿企业污染、城镇生活污染、畜禽养殖污染、水产养殖污染、农业面源污染，改善水环境质量。

第十六条 县级以上人民政府应当根据河湖生态环境功能需要，开展河湖生态修复和保护，退耕还林还草、退田还湖还湿、退渔还湖，恢复河湖水系自然连通。

第十七条 自治区建立河湖生态评估制度。

自治区人民政府水行政主管部门会同相关主管部门依据国家有关规定，制定河湖生态评估办法，经自治区人民政府批准后实施。

河湖生态评估结果应当作为河湖生态修复和保护的依据。

第十八条　自治区实行河流跨行政区域断面交接制度。

自治区人民政府应当合理设定河流交接断面水质水量等指标，完善河流跨行政区域断面监测设施，建立交接断面水质水量超标预警、超标排放补偿机制。

第十九条　县级以上人民政府应当建立健全部门联合执法机制，组织公安、水利、生态环境、住房和城乡建设、自然资源、农业农村等主管部门开展河湖管理保护综合执法。

第二十条　各级人民政府应当建立河湖日常监督管理巡查制度，对河湖实行动态监管。

河湖跨行政区域的，应当明确日常监督管理巡查的界线，确保河湖相邻水域的管理保护相互衔接。

第二十一条　设区的市、县（市、区）人民政府确定的河湖管理保护监管机构应当履行河湖日常监管巡查职责，定期向本级人民政府报告动态监管情况。

河湖管理保护监管机构应当及时将污染河湖的违法行为通报同级生态环境行政主管部门。

第二十二条　自治区实行河湖目标任务考核制度和激励问责制。

上级人民政府应当对下级人民政府履行河湖管理保护职责的情况进行督导检查，对目标任务完成情况进行考核奖惩。

第二十三条　县级以上人民政府应当加强河湖保护信息化建设，鼓励开展河湖保护研究，推广应用河湖保护先进技术和设施设备，提高河湖保护精细化、智能化水平。

第二十四条　县级以上人民政府应当加强河湖在线监测能力建设，建立工业和信息化、水利、自然资源、生态环境、住房城乡建设、交通运输、农业农村、卫生健康等主管部门涉及河湖监测信息共享机制，健全河湖监测和分析评估制度。

第二十五条　水行政主管部门、生态环境和其他有关部门不履行河湖管理保护职责，造成河湖生态环境损害的，依法追究主要负责人和直接责任人的责任。

水行政主管部门、生态环境和其他有关部门的工作人员，在河湖管理保护工作中滥用职权、玩忽职守、徇私舞弊的，由其所在单位或者上级主管部门依法给予处分；构成犯罪的，依法追究刑事责任。

第二十六条　河长湖长不履行职责，给予通报批评；造成河湖生态环境损害的，依法追究责任。

河长湖长制工作机构和成员单位不落实河湖管理保护职责的，对相关责任人给予通报批评并依法给予处分。

第二十七条　违反本条例规定，法律、法规已有处罚规定的，从其规定。

第二十八条　本条例自2019年9月1日起施行。

宁夏回族自治区实施
《中华人民共和国水法》办法

(1993年8月21日宁夏回族自治区第七届人民代表大会常务委员会第二次会议通过 根据2008年9月19日宁夏回族自治区第十届人民代表大会常务委员会第五次会议修订)

第一章 总 则

第一条 为了实施《中华人民共和国水法》,结合自治区实际,制定本办法。

第二条 凡在自治区行政区域内开发、利用、节约、保护、管理水资源,防治水害,适用本办法。

本办法所称水资源,包括地表水和地下水。

第三条 水资源属于国家所有。水资源的所有权与使用权可以依法分离。农村集体经济组织的水塘和由农村集体经济组织修建管理的水库中的水,归该农村集体经济组织使用。

自治区对水资源实行取水许可制度和有偿使用制度。但农村集体经济组织及其成员使用本集体经济组织的水塘、水库中的水的除外。

第四条 开发、利用、保护水资源和防治水害应当坚持水资源开发利用与节约保护并重,确保城乡居民生活用水,兼顾农业、工业和生态环境用水,发挥水资源的多种功能。

第五条 县级以上人民政府应当加强水资源开发、利用、节约、保护和水污染防治工作,将其纳入本级国民经济和社会发展计划,增加水利基础设施建设资金投入,加强防治水土流失和水资源保护工作,发展节水型工业、农业和服务业,建立节水型社会。

第六条 各级人民政府应当加强宣传教育,在全社会树立并增强保护水资源和节约用水的意识。

新闻出版、广播电视、报刊、网络等单位应当加强对保护水资源、节约用水的宣传。

第七条 单位和个人有保护水资源和节约用水的义务，并有权对浪费水资源、污染水资源的行为进行检举。

第八条 在开发、利用、节约、保护、管理水资源和防治水害等工作方面成绩显著的单位和个人，由县级以上人民政府给予表彰奖励。

第九条 自治区人民政府水行政主管部门负责全区水资源的统一管理和监督工作。

设区的市、县（市、区）人民政府水行政主管部门按照规定的权限，负责本行政区域内水资源的管理和监督工作。

第十条 县级以上人民政府有关部门按照职责分工，负责本行政区域内水资源开发、利用、节约和保护的有关工作。

第二章 水资源规划

第十一条 自治区人民政府水行政主管部门应当根据经济社会发展需要和水资源开发利用现状组织编制全区水资源综合规划，对开发、利用、节约、保护水资源和防治水害作出总体部署，报自治区人民政府批准后实施。

第十二条 黄河干流宁夏段流域综合规划，由自治区人民政府编制，依法报国务院批准；黄河干流宁夏段流域专业规划和黄河一级支流宁夏段流域水资源的区域综合规划，由自治区人民政府水行政主管部门会同有关部门和设区的市人民政府编制，报自治区人民政府批准。

跨县（市、区）河流流域综合规划和区域规划，由设区的市人民政府水行政主管部门会同同级有关部门和县级人民政府编制，报设区的市人民政府批准，并报自治区人民政府水行政主管部门备案。

前两款规定以外的其他河流、湖泊的流域综合规划和区域规划由县级人民政府水行政主管部门会同同级有关部门编制，报本级人民政府批准，并报上一级人民政府水行政主管部门备案。

第十三条 批准的水资源规划需要修改时，应当经原批准机关批准；未经批准，任何单位和个人不得擅自修改。

水资源规划应当向社会公开，规划的执行情况应当接受社会监督。

第十四条 编制水资源流域综合规划和区域综合规划所需经费，列入本级财政预算。

第十五条 建设水工程应当符合流域综合规划和有关法律、法规规定。在自治区行政区域内河道、湖泊上建设水工程，工程可行性研究报告或者项目建议书报请批准前，由县级以上人民政府水行政主管部门按照以下管理权限办理：

（一）在黄河和省际边界河段上建设水工程，建设单位应当向工程所在地的设区的市人民政府水行政主管部门提出申请，报自治区人民政府水行政主管部门初步审查后，按照有关规定报国家流域管理机构审查并签署意见；

（二）在黄河宁夏段一级支流上建设大、中型水工程以及在设区的市边界河流上建设水工程，建设单位应当向工程所在地的设区的市人民政府水行政主管部门提出申请，报自治区人民政府水行政主管部门审查并签署意见；

（三）建设小型水工程，建设单位应当向工程所在地的县级人民政府水行政主管部门提出申请，报设区的市人民政府水行政主管部门审查并签署意见。

第十六条 县级以上人民政府水行政主管部门对水工程建设项目进行审查，应当自受理水工程建设单位申请之日起二十个工作日内提出意见，并将意见书面通知建设单位。

第十七条 县级以上人民政府应当加强水文、水资源监测信息系统建设和管理，统一规划布局水文、水资源监测站网。

县级以上人民政府水行政主管部门应当加强对水资源的动态监测，定期发布水资源公报。

有关部门的水质监测数据、资料实行共享。属于基本水文资料的，应当按照国家有关规定予以公开；其他水文资料按照国家有关规定实行有偿使用。

第三章 水资源开发利用

第十八条 开发、利用水资源，应当统筹安排地表水和地下水，遵循总量控制、节约用水、合理开发、可持续利用的原则，充分考虑生态环境用水需要。

鼓励和支持收集、开发、利用雨水、微咸水和再生水。

宁夏回族自治区

第十九条 开发利用地表水应当兼顾地区之间的利益，有计划的建设蓄水工程，充分发挥供水、灌溉、防洪、发电、渔业、航运、旅游和生态等水资源综合效益。

开采地下水应当因地制宜，合理布局，保持采补平衡，对深层地下水限量开采；在容易发生盐碱化的地区，应当采取灌排结合、渠井结合等措施，控制地下水的水位。

第二十条 新建、扩建、改建建设项目取用地表水，建设单位无水使用权指标的，应当通过水使用权转让方式解决用水。

第二十一条 农村集体经济组织或者其成员依法在其本集体所有土地上修建小型水库，应当符合所在流域、区域的水资源综合规划，按照以下规定，经审查同意后方可开工建设：

（一）水库库容在一百万立方米以下的，由设区的市人民政府水行政主管部门批准，报自治区人民政府水行政主管部门备案；

（二）水库库容在一百万立方米以上（含一百万立方米），由设区的市人民政府水行政主管部门提出申请，报自治区人民政府水行政主管部门批准。

第二十二条 河道管理范围内的建设项目应当执行经批准的防御洪水方案，落实防汛安全措施，服从防汛指挥机构的防汛统一调度。

第四章　水资源、水域的保护

第二十三条 县级以上人民政府水行政主管部门及其他有关部门在制定水资源开发、利用规划和调度水资源时，应当维持河流合理流量或者湖泊、水库、地下水合理水位，维护水体的自然净化能力，防止对生态环境造成破坏。

第二十四条 开采地下水应当在水资源勘查评价的基础上，实行统一规划，加强监督管理和动态监测，防止盲目开采和过量开采。

开采地下水的单位，应当加强对地下水的监测，建立水位、水量、水质等技术资料档案，并报县级以上人民政府水行政主管部门和有关部门备案。

第二十五条 自治区人民政府水行政主管部门应当会同有关部门，根据地下水资源条件和动态情况，划定地下水禁止开采区和地下水限制开采区，报自治区人民政府批准后公布执行。

下列区域划定为地下水禁止开采区：

（一）地下水严重超采地区；

（二）地下水缺乏补给来源，并通过替代水源已解决供水的地区；

（三）发生严重地面沉降、地裂缝等地质灾害的地区；

（四）开采地下水可能严重破坏生态环境或者经国家、自治区批准建立的自然保护区、对社会公共利益产生重大损害的地区。

下列区域划定为地下水限制开采区：

（一）地下水超采地区；

（二）经国家、自治区批准建立的风景名胜区、文物保护区；

（三）城市集中供水管网覆盖地区。

第二十六条 取用地下水、建设地源热泵工程需要凿井的，应当符合下列条件：

（一）符合水资源开发利用规划；

（二）具有符合凿井技术规范的施工方案；

（三）具有土地使用权证明文件；

（四）凿井施工单位应当具有相应的资质等级；

（五）法律、法规规定应当具备的其他条件。

第二十七条 县级以上人民政府水行政主管部门应当按照取水许可管理权限，对凿井和取水进行管理和监督。

取用地下水凿井的单位或者个人，应当按照县级以上人民政府水行政主管部门批准的井点布局、取水层位施工，并向批准取水的水行政主管部门提交凿井方案，接受监督检查。凿井工程竣工后，应当将凿井工程的有关技术资料报批准取水的水行政主管部门备案。

第二十八条 利用地源热泵技术应当取用浅层地下水，抽灌水保持采灌平衡，防止水体污染，并按照规定进行监测。

地下水抽出量大于灌入量的，井权人应当采取措施，达到采灌平衡。

第二十九条 达到设计使用年限或者出水量异常、水质恶化的取水井，井权人应当委托具有资质的专业技术机构鉴定；未作鉴定的，由县级以上人民政府水行政主管部门委托具有资质的专业技术机构鉴定，鉴定费用由井权人承担。

经鉴定失去使用价值的水井，井权人应当按照水利工程技术规范的要求，在县级以上人民政府水行政主管部门派人现场监督指导下封填。

第三十条 因开采矿藏疏干排水或者建设工程施工降水的，应当向县级以上人民政府水行政主管部门提出申请，经审查批准后，按照批准的疏干排水和施工降水方案进行，不得擅自扩大疏干排水区域和施工降水深度。

采矿单位或者建设单位应当进行地下水监测，并采取措施，保护水资源不受污染和破坏。

因疏干排水、施工降水或者过度开采等活动导致地下水水位下降、水体污染、水源枯竭或者地面塌陷，采矿单位或者建设单位应当采取补救措施；造成他人损失的，应当依法给予补偿。

第三十一条 自治区人民政府水行政主管部门应当会同环境保护行政主管部门等有关部门制定跨设区的市河流、湖泊的水功能区划，经自治区人民政府批准后，依法报国务院水行政主管部门和环境保护行政主管部门备案。

设区的市管水库、人工水道和跨县（市、区）区域的河道、湖泊以及地下水的水功能区划，由设区的市人民政府水行政主管部门会同环境保护行政主管部门和有关部门制定，经设区的市人民政府批准后，报自治区人民政府水行政主管部门和环境保护行政主管部门备案。

其他河流、湖泊、水库以及地下水的水功能区划，由县级人民政府水行政主管部门会同环境保护行政主管部门和有关部门制定，经县级人民政府批准后，报设区的市人民政府水行政主管部门和环境保护行政主管部门备案。

第三十二条 县级以上人民政府水行政主管部门应当根据水功能区对水质的要求和水体的自然净化能力，核定水域的纳污能力，向同级环境保护行政主管部门提出该水域的限制排污总量意见。

县级以上人民政府水行政主管部门应当对水功能区的水质进行监测；水功能区水质未达到水域使用功能对水质的要求、重点污染物排放总量超过控制指标或者出现区域地下水位下降的，应当报告本级人民政府，及时采取治理措施；并向环境保护行政主管部门通报，依法向社会公告。

第三十三条 自治区行政区域内饮用水水源保护区的划定，由市、县人民政府提出划定方案，报自治区人民政府批准。

禁止在饮用水水源保护区内设置排污口。

禁止在饮用水水源保护区内排放、倾倒污染物、建设对水源污染严重的项目或者从事其他影响饮用水水量、水质的活动。

第三十四条 县级以上人民政府应当根据水资源条件，制定城乡饮用水安全保障的应急预案，及时处理突发事件，保证城乡居民饮用水安全。

县级以上人民政府环境保护、水利、国土资源、建设、卫生等行政主管部门，应当在各自职责范围内，加强饮用水水资源管理，进行动态监测，保护饮用水水源，防止水源枯竭和饮用水污染。

第三十五条 在河道、湖泊、水库、渠道、沟道上新建、改建或者扩大排污口，应当由环境保护行政主管部门对该建设项目的环境影响评价报告书进行审批，按照下列规定办理：

（一）依法应当办理河道管理范围内建设项目审查手续的，其入河排污口的设置，依照规定的建设项目审查权限进行审查；

（二）不需要办理河道管理范围内建设项目审查手续但需要办理取水许可手续的，排污口设置由县级以上人民政府水行政主管部门按照取水许可管理权限进行审查；

（三）其他排污口设置由排污口所在地的县级人民政府水行政主管部门进行审查。

第五章　水资源配置和节约用水

第三十六条 自治区人民政府发展和改革行政主管部门和水行政主管部门负责全区水资源的宏观调配。

自治区、跨设区的市的水中长期供求规划由自治区人民政府水行政主管部门会同有关部门制订，报自治区人民政府发展和改革行政主管部门审查批准。设区的市、县（市、区）的水中长期供求规划由本级人民政府水行政主管部门会同有关部门，依据上一级水中长期供求规划和本地区的实际情况制订，报本级人民政府发展和改革行政主管部门审查批准。

第三十七条 水量分配与调度应当遵循水权管理、统一分配、统一调度的原则。

自治区人民政府水行政主管部门应当商县级以上人民政府及有关部门制定年度水量统一分配与调度方案，报自治区人民政府批准。

跨设区的市的水量分配方案和旱情紧急情况下的水量调度预案，由自治区人民政府水行政主管部门商设区的市的人民政府制订，报自治区人民政府批准。

跨县（市、区）水量分配方案和旱情紧急情况下的水量调度预案，由共同的上一级人民政府水行政主管部门商县级人民政府制订，报共同的上一级人民政府批准。

第三十八条 直接从河道、湖泊或者地下取用水资源的单位和个人，应当按照取水许可管理权限向县级以上人民政府水行政主管部门申请取水许可，取得取水权，并缴纳水资源费。但农业灌溉以及农民生活、零星散养、圈养畜禽饮用等少量取水和自治区人民政府规定的其他少量取水的除外。

开采已探明的地热水、矿泉水的，应当向所在地的县级人民政府水行政主管部门提出取水许可申请，经初审后，报自治区人民政府水行政主管部门审批，并向自治区人民政府国土资源行政主管部门办理采矿许可证，按照水行政主管部门确定的开采量开采。

第三十九条 水资源费的征收标准应当按照地下水高于地表水，地下水超采区高于一般地区，生产经营取水高于生活、环境取水的原则确定。

取水许可实行分级管理，水资源费按照分级管理权限由水行政主管部门组织征收，纳入财政专户管理。

取水许可和水资源费征收管理的具体办法，由自治区人民政府制定。

第四十条 取水单位和个人应当依照国家技术标准安装计量设施，保证计量设施正常运行，按照要求提供有关取水统计资料，接受县级以上人民政府水行政主管部门的监督检查，按时足额缴纳水资源费。

第四十一条 直接从河道、湖泊、水库、沟道或者地下取用水资源的新建、改建、扩建的建设项目，按照规定应当申请取水许可的，建设单位应当进行建设项目水资源论证，编制建设项目水资源论证报告，报有管辖权的县级以上人民政府水行政主管部门审查。

建设单位未提交建设项目水资源论证报告书的，水行政主管部门不得批准其取水许可申请和水土保持方案。

建设单位未提交取水许可申请书面审查意见及经审查的建设项目水资源论证报告书的，审批部门不得批准该建设项目。

第四十二条 水工程供水价格应当采取统一定价原则，分级管理方式，实行政府定价或者政府指导价。民办民营水利工程供水价格，实行政府指导价；其他水利工程供水价格实行政府定价。

第四十三条 县级以上人民政府应当建立水使用权分配和转让制度,优化水资源的合理配置,提高水资源的利用效率。

第四十四条 县级以上人民政府应当鼓励和支持水利工程的节水改造,健全节水配套设施,推广节水栽培技术和节水灌溉,发展节水型农业和生态农业。

第四十五条 工业企业应当采用节水新工艺、新技术和新设备,改进节约用水技术,推行清洁生产,采用循环用水、综合利用及再生水回用等设施,降低用水单耗,提高水的重复利用率。

第四十六条 县级以上人民政府有关部门应当采取有效措施,降低城市供水管网漏失率,推广节水型生活用水器具,逐步增加对污水处理的资金投入,建设污水集中处理设施,提高再生水利用率。

鼓励园林绿化、环境卫生、工程施工等利用再生水。

第四十七条 新建、改建、扩建建设工程项目,应当具有节约用水方案,配套建设节水设施。节水设施应当与主体工程同时设计、同时施工、同时投产使用。节水设施竣工后,未经验收或者验收不合格的,不得投入使用。

已建成的项目未安装、使用节水型用水器具的,应当逐步更换。

第四十八条 自治区人民政府应当建立节约用水的水价调控机制,实行用水计量收费和超定额用水累进加价制度。

第六章 水事纠纷的处理与执法监督检查

第四十九条 各级人民政府及有关部门应当采取措施,预防和制止水事纠纷。

水事纠纷可以协商解决;当事人不愿意协商或者协商解决不成的,可以申请县级以上人民政府或者水行政主管部门调解,也可以直接向人民法院提起民事诉讼;调解不成的,可以向人民法院提起民事诉讼。

乡镇人民政府应当及时调解本乡镇的水事纠纷,配合水行政主管部门调解水事纠纷。

在水事纠纷解决前,当事人不得单方面改变现状。

第五十条 县级以上人民政府水行政主管部门应当建立健全水政监督检

宁夏回族自治区

查制度,实行行政执法责任制,依法实施水政监督检查。

水政执法所需经费列入本级财政预算。

第七章　法　律　责　任

第五十一条　县级以上人民政府水行政主管部门及其水工程管理机构或者其他有关部门及其工作人员有下列行为之一的,由监察机关或者上级行政机关责令改正;情节严重的,对负有责任的主管人员和其他直接责任人员依法给予行政处分;构成犯罪的,依法追究刑事责任:

(一)不执行批准的水资源规划的;

(二)对不符合法定条件的单位或者个人核发取水许可证、签署审查同意意见的;

(三)拒不执行水量分配方案、水量调度预案和调度命令的;

(四)不按规定收缴或者截留、挪用、贪污水资源费的;

(五)不按规定权限发放取水许可证、收取水资源费的;

(六)其他不履行水行政管理职责,造成严重后果的。

第五十二条　违反本办法规定,有下列情形之一的,由县级以上人民政府水行政主管部门责令限期改正,处五万元以上十万元以下的罚款:

(一)擅自在河道、湖泊、水库、渠道、沟道上新建、改建或者扩大排污口的;

(二)建设项目的节水设施没有建成或者没有达到国家规定的要求,擅自投入使用的。

第五十三条　违反本办法规定,未经批准擅自凿井的,由县级以上人民政府水行政主管部门责令停止违法行为,限期补办手续;逾期不补办或者补办未被批准的,责令限期封填,并处二万元以上十万元以下罚款。

违反本办法规定,建设凿井工程不符合规定条件的,由县级以上人民政府水行政主管部门责令限期改正,按照情节轻重,处二万元以上十万元以下罚款。

第五十四条　违反本办法规定,利用地源热泵技术取用地下水,回水水质、水量达不到规定要求的,由县级以上人民政府水行政主管部门责令停止违法行为,限期改正,处五千元以上二万元以下罚款。

第五十五条 申请人隐瞒有关情况或者提供虚假材料骗取凿井或者取水批准文件、取水许可证的，批准文件或者取水许可证无效，由县级以上人民政府水行政主管部门对申请人给予警告，责令限期补缴水资源费，并处二万元以上十万元以下罚款。

第五十六条 违反本办法规定，取水单位和个人拒不接受监督检查或者不按规定提供有关取用水统计资料的，由县级以上人民政府水行政主管部门责令停止违法行为，限期改正；逾期不改正的，处五千元以上二万元以下罚款，并按照日最大取水能力计算的取水量计征水资源费；情节严重的，吊销取水许可证。

第五十七条 当事人对行政处罚机关作出的行政处罚决定不服的，可以依法申请行政复议或提起行政诉讼；逾期不申请复议，也不提起诉讼，又不履行处罚决定的，由作出行政处罚决定的机关申请人民法院强制执行。

第八章 附　　则

第五十八条 本办法自 2008 年 11 月 1 日起施行。

新疆维吾尔自治区

新疆维吾尔自治区河道管理条例

(1996年7月26日新疆维吾尔自治区第八届人民代表大会常务委员会第二十二次会议通过)

第一条 为加强河道管理,保障防洪安全,发挥河流湖泊的综合效益,根据《中华人民共和国水法》和《中华人民共和国河道管理条例》及国家有关法律、法规,结合自治区实际,制定本条例。

第二条 本条例适用于自治区境内的天然河道、人工水道(包括湖泊、行洪区、滞洪区)。

第三条 开发利用河流湖泊水资源和防治水害,应当全面规划、统筹兼顾、综合利用、讲求效益,服从防洪的总体安排,促进各项事业的发展。

第四条 自治区人民政府水行政主管部门是自治区境内河道的主管机关,负责全区河道的统一管理工作;州、市(地)、县(市、区)人民政府水行政主管部门是本行政区域内的河道主管机关,依照本条例的规定实施河道管理工作。

县级以上人民政府有关主管部门依照各自的职责分工,协助河道主管机关实施河道管理工作。

新疆生产建设兵团在自治区人民政府的领导下,按照统一的流域综合规划,负责兵团范围内河道的管理工作;其水管理机构在业务上接受自治区人民政府河道主管机关的领导。兵团各师、农牧团场的河道的管理工作接受当地人民政府河道主管机关的监督管理。

第五条 河道管理实行按水系统一管理和分级管理相结合的原则。跨州、市(地)的河流(或重要河段),州、市(地)之间的界河河道,由自治区人民政府河道主管机关或其授权的河流流域管理机构实施管理;跨县(市、区)的河流(或重要河段),县(市、区)之间的界河河道,由州、市(地)人民政府河道主管机关或授权的河流流域管理机构实施管理;其他河道由各州、市(地)或县(市、区)人民政府河道主管机关实施管理。

国境边界河道,按国家有关规定进行管理。

第六条 各级人民政府应当对加强河道管理工作的领导,支持、督促有关部门认真履行河道管理职责，实现河道管理良性发展，为自治区的经济建设服务。

第七条 各级河道主管机关及其授权的河流流域管理机构，依照国家法律、法规，负责河道的保护和管理工作，执行供水计划和防洪调度命令，维护水工程和人民生命财产安全。

第八条 河道防汛和清障工作实行地方人民政府行政首长负责制。

一切单位和个人都有保护河道堤防安全和参加防汛抢险的义务。

第九条 对在河道管理和防汛抢险中作出显著成绩的单位和个人，各级人民政府给予表彰、奖励。

第十条 河道的整治与建设，应当服从流域综合规划，符合国家防洪标准和其他有关技术要求，维护堤防安全，保持河势稳定和行洪畅通。河道整治规划按河道主管权限由各级河道主管机关会同有关部门编制，报同级人民政府批准后实施。

第十一条 修建开发水利、防治水害、整治河道的各类工程和跨河、穿河、穿堤、临河的桥梁、码头、道路、渡口、管道、缆线等建筑物及设施，建设单位必须按照河道管理权限，将工程建设方案报送河道主管机关审查同意后，方可按照基本建设程序履行审批手续。

建设项目经批准后，建设单位应当将施工安排书面告知河道主管机关。

工程竣工后，经河道主管机关依据国家防洪标准验收合格后方可使用，并服从河道主管机关的安全管理。

第十二条 河道堤防上已建的涵、闸、泵站和埋设的穿堤管道缆线等建筑物及其设施，河道主管机关应当定期检查，对不符合国家防洪标准要求的，原建设单位应负责改建，废弃的应当负责清除并回填加固，保持河道的原有效能。

第十三条 河道岸线的建设和利用，应当服从河道防洪、输水的要求和河道整治规划，保持河势稳定。计划部门在审批利用河道岸线的建设项目时，应当事先征求河道主管机关的意见。

第十四条 州、市（地）之间的界河，以及跨行政区域的河道，未经有关各方达成协议或上级河道主管机关批准，禁止单方面修建排、拦、引、蓄等水工程及河道整治工程。

协议一经达成，各方应严格执行。在执行协议过程中发生争议的，应当报请上一级河道主管机关处理,在未处理前,任何一方不得擅自变更协议,强行施工。

第十五条 按照河道整治规划修筑的两岸堤防之间的区域为河道行洪区。

无堤防河段的行洪区按其上、下游堤防设计和校核洪水位确定行洪区。

无堤防河流的行洪区按河道整治规划设计和校核的洪水位确定。

第十六条 有堤防的河道,其管理范围为两岸堤防之间的水域、沙洲、滩地(包括可耕地、草场、林地)、行洪区、两岸堤防及护堤地。

无堤防的河道,其管理范围为:有治理规划的,按两岸规划的堤防外边界线之间的区域确定;无规划的按两侧岸坎为界,无岸坎的河道可按历史最高洪水位或设计洪水位线间的区域确定。

河道的具体管理范围和护堤地的宽度及其立标定界等工作,由各级河道主管机关根据有关规定结合当地实际情况拟定,报有管辖权的人民政府批准。

第十七条 在河道管理范围内,水域和土地的利用,应当服从河道行洪、输水、安全等要求。滩地的利用,由河道主管机关会同有关部门制定规划,报县级以上人民政府批准后实施。

第十八条 山区河道有山体滑坡、崩岸、泥石流等自然灾害的河段,禁止从事开山、采石、采矿、开荒等危及山体稳定的活动。

第十九条 河道堤防的防汛岁修费,按照分级管理的原则,分别由自治区财政和各州、市(地)、县(市、区)财政负担,列入自治区和各地年度财政预算。

第二十条 受益范围明确的堤防、护岸、水闸和排涝工程设施,河道主管机关可以向受益者收取河道工程修建维护管理费。河道工程修建维护管理费具体征收使用管理办法由自治区人民政府制定。

第二十一条 为保护河道安全,禁止从事下列活动:

(一)非法占用护堤地;

(二)修建围堤、阻水渠道、阻水道路,设置拦河渔具、弃置阻碍行洪的固体废弃物、种植阻碍行洪的林木或作物(护堤护岸林木除外);

(三)在堤防和护堤地建房、挖坑、扒口、掘草皮、打井、开渠、爆破、钻探、坟葬、存放物料、开采地下资源以及开展集市贸易;

（四）损毁堤防、护岸、闸坝等水工程建筑和防汛设施、水文、监测和测量设施、河岸地质监测设施以及通信照明等设施；

（五）在堤顶行驶车辆（防汛抢险车及堤顶兼做路面除外）；

（六）非管理人员操作河道涵闸闸门。

第二十二条 在河道管理范围内（堤防和护堤地除外）进行下列活动，必须报经河道主管机关批准；涉及其他部门的，由河道主管机关会同有关部门批准：

（一）采砂、取土、采石、淘金；

（二）爆破、钻探、挖筑鱼塘；

（三）在河道滩地存放物料、修建厂房或其他建筑设施；

（四）在河道滩地开采地下资源及进行考古发掘。

从事前款第一项所列采砂、取土、采石、淘金等生产活动的，应当按国家和自治区的有关规定取得采砂（取土、采石、淘金）许可证，缴纳管理费，方可按批准的作业范围和方式进行。

第二十三条 护堤护岸林木，河道主管机关应当组织营造和负责管护，也可以与其他单位和个人合作营造和管护，任何单位和个人不得侵占、破坏或任意砍伐。

河道主管机关对护堤护岸林木进行抚育和更新性质的采伐及用于防汛抢险的采伐，根据国家有关规定免交育林基金。

第二十四条 凡向河道排放污水废液，必须遵守国家法律、法规和自治区的有关规定。排污口的设置和扩大，排污单位在向环境保护行政主管机关申报之前，必须征得河道主管机关同意。河道主管机关应当协同环境保护行政主管机关对河道水质进行监督、管理。达不到标准的，应当限期治理。

第二十五条 河道管理范围内的阻水障碍物，按照"谁设障、谁清除"的原则，由河道主管机关提出清障计划和实施方案，防汛抗洪指挥机构责令设障者限期清除，逾期不清除的，由防汛抗洪指挥机构组织强行清除，并由设障者承担清障费用。

对壅水、阻水严重的桥涵、引水口和其他跨河工程设施，根据国家规定的防洪标准，由河道主管机关提出意见，报同级人民政府批准后，责成原建设单位在规定期限内改建或拆除。汛期影响防洪安全的，必须服从防汛抗洪指挥机构的紧急处理决定。

第二十六条 清障后的河道,应当立标定界,加强管理,保持行洪、输水畅通。

第二十七条 各级河道主管机关,是本级防汛抗洪指挥机构的组成部分。汛前应会同有关部门制定度汛计划,报上级河道主管机关批准,并对河道堤防工程、抢险物料、通讯线路、照明报警设施、观测设备、抢险通道及抢险队伍等进行全面检查。汛期应掌握好水情、汛情,加强巡堤查险,发现险情,及时采取措施,组织抢护。

第二十八条 按照天然流势或者防洪工程的设计标准或者经批准的运行方案下泄的洪水,下游地区不得设障阻水或缩小河道的过水能力;上游不得随意增大下泄流量。

第二十九条 县级以上人民政府防汛抗洪指挥机构应当加强对所辖水工程的管理维护;在汛期应加强巡查,有针对性地加固、完善防汛抗洪设施,保证其安全、正常运行。

第三十条 在发生洪水险情,需要采取紧急措施时,防汛抗洪指挥机构应当组织动员附近干部、群众、驻军及现场人员参加抗洪抢险;可以依法使用附近土地、砂石、林木及其他物资器材,调用车辆及其他运输工具,清除阻碍行洪的建筑物及其他阻碍物。

第三十一条 任何单位和个人,凡对河道水工程设施造成损坏的,由责任者负责修复或承担维修费用;造成河道淤积的,由责任者负责清淤或承担清淤费用。

第三十二条 有下列行为之一的,县级以上河道主管机关可以按照《中华人民共和国河道管理条例》第四十四条、第四十五条的规定,除责令其纠正违法行为、赔偿损失、采取补救措施外,可以视违法损害情节分别给予警告、1万元以下罚款、没收违法所得的处罚。

对有关责任人员,由其所在单位或者上级主管机关给予行政处分:

(一)修建围堤、阻水渠道、阻水道路、设置拦河渔具,弃置阻碍行洪的固体废物,种植阻碍行洪的林木或作物的(堤防防护林除外);

(二)在堤防和护堤地建房、挖坑、开渠、打井、爆破、钻探、坟葬、存放物料、开采地下资源以及开展集市贸易活动的;

(三)损毁堤防、护岸闸坝、水工程建筑物,损毁防汛设施、水文监测和测量设施、河岸地质监测设施以及通讯照明等设施的;

（四）在河道管理范围内未经批准或者不按河道主管机关批准的作业范围和方式爆破、钻探、挖筑鱼塘的；

（五）未经批准在河道滩地开采地下资源、考古发掘、存放物料、修建厂房和其他设施的；

（六）未经批准或者未按国家防洪标准、工程安全标准整治河道或者修建水工程建筑物和其他设施的。

第三十三条 在河道管理范围内，未经批准或者不按批准的作业范围和方式采砂、取土、采石、淘金的，县级以上河道主管机关除责令其恢复河道原状外，可以视情节轻重分别给予 3000 元以下罚款、没收违法所得的处罚。

第三十四条 违反本条例应当受到处罚的其他行为，依照有关法律、法规的规定进行处罚；构成犯罪的，依法追究刑事责任。

第三十五条 当事人对行政处罚决定不服的，可以在接到处罚决定之日起 15 日内，向作出处罚决定机关的上一级机关或者同级人民政府申请复议；对复议决定不服的，可以在接到复议决定之日起 15 日内，向人民法院起诉。当事人也可以直接向人民法院起诉。当事人逾期不申请复议、不起诉又不履行处罚决定的，作出处罚决定的机关可以申请人民法院强制执行。

第三十六条 河道主管机关工作人员玩忽职守、滥用职权、徇私舞弊的，由其所在单位或者上级主管部门给予行政处分；构成犯罪的，依法追究刑事责任。

第三十七条 本条例具体应用中的问题由自治区人民政府水行政主管部门负责解释。

第三十八条 本条例自公布之日起施行。

新疆维吾尔自治区实施
《中华人民共和国水法》办法

(1992年5月8日新疆维吾尔自治区第七届人民代表大会常务委员会第二十六次会议通过 2003年12月26日新疆维吾尔自治区第十届人民代表大会常务委员会第七次会议修订)

第一章 总 则

第一条 根据《中华人民共和国水法》(以下简称《水法》),结合自治区实际,制定本办法。

第二条 在自治区行政区域内开发、利用、节约、保护、管理水资源,防治水害,必须遵守《水法》和本办法。

本办法所称水资源,包括地表水和地下水。

第三条 水资源属于国家所有。

取用水资源实行取水许可制度和有偿使用制度。法律、行政法规另有规定的,按其规定执行。

第四条 县级以上人民政府应当加强水利基础设施建设,将其纳入本级国民经济和社会发展计划,并采取有效措施节约和保护水资源,实现水资源的可持续利用。

第五条 自治区对水资源实行流域管理与行政区域管理相结合的管理体制,加强流域水资源的统一管理和科学调度。

自治区水行政主管部门负责全区水资源的统一管理和监督工作;州、市(地)、县(市)水行政主管部门按照规定的权限,负责本行政区域内水资源的统一管理和监督工作。

自治区水行政主管部门可以在自治区确定的重要河流、湖泊和跨州、市(地)的河流、湖泊设立流域管理机构,州、市(地)水行政主管部门可以在跨县(市)的河流、湖泊设立流域管理机构。流域管理机构在所管辖的范围内依其职责对水资源实施统一管理和监督。

第六条　县级以上人民政府其他有关部门按照职责分工，负责本行政区域内水资源开发、利用、节约和保护的有关工作。

第七条　县级以上人民政府水行政主管部门和流域管理机构应当建立水政监察制度，加强水政队伍建设，加强水事活动监督，履行法定职责，维护水事秩序。

第二章　水资源规划和开发利用

第八条　自治区制定全区的水资源综合规划。

自治区确定的重要河流、湖泊和跨州、市（地）的河流、湖泊的流域综合规划由自治区水行政主管部门会同同级有关部门和有关州、市（地）人民政府编制，报自治区人民政府批准。

其他河流、湖泊的流域综合规划和区域综合规划由州、市（地）、县（市）水行政主管部门会同同级有关部门和有关地方人民政府编制，经上一级水行政主管部门组织论证后，报本级人民政府批准。

防洪、灌溉、供水、水力发电、渔业、水资源保护、节约用水、水土保持、防沙治沙等专业规划由县级以上人民政府有关部门编制，征求同级其他有关部门意见后，报本级人民政府批准。其中，水行政主管部门编制的专业规划报批前应当经上一级水行政主管部门组织论证。

流域范围内的区域规划应当服从流域规划，专业规划应当服从综合规划。

经批准的水资源规划应当报上一级水行政主管部门备案。

第九条　水资源规划应当适时修改，并按规定程序报批。规划一经批准，必须严格执行，任何单位和个人不得违背。

第十条　编制水资源规划，开发利用水资源，应当根据流域或区域生态环境状况和生态用水需求，确定生态用水比例，维持河流的合理流量和湖泊、地下水的合理水位，保护生态环境。

在生态环境脆弱的区域和已经出现河道断流、湖泊萎缩等生态问题的流域或区域，应当调整产业结构，从严控制非生态用水，增加生态用水，禁止开荒。

第十一条　在河流、湖泊上建设水工程，其工程可行性研究报告报请批准前，由县级以上人民政府水行政主管部门或者有关流域管理机构按照自治区规定的管理权限，对水工程的建设是否符合水资源规划进行审查并签署意见。

未经审查或者经审查不符合水资源规划的建设项目，有关部门不得批准。

第十二条　县级以上人民政府应当增加投入，加强防洪、灌溉、发电、人畜饮水和生态用水等水利工程的建设。

在已发生和易发生盐碱化和渍害的灌区，应当改进灌排方式，控制地下水位，防治土壤盐碱化和渍害。

第十三条　自治区鼓励单位和个人投资兴建水工程。水工程建设和管理实行谁投资、谁受益的原则，并依法保护投资人的合法权益。

水能、水域等水资源的开发利用，在服从水资源规划和防洪规划的前提下，可以由有管辖权的县级以上人民政府水行政主管部门通过招标拍卖、挂牌交易等方式确定开发权人，所得收入上缴财政。

第十四条　引水、开采地下水、截（蓄）水、排水以及建设其他水资源开发利用项目，应当兼顾上下游、左右岸和有关各方的利益。

在不同行政区域之间的边界河流、跨界河流上建设水资源开发利用项目，未经有关各方协商一致，并报经其共同的上一级人民政府水行政主管部门或者有关流域管理机构批准，任何一方不得单方面建设水资源开发利用项目。

第三章　水资源、水域和水工程的保护

第十五条　县级以上人民政府水行政主管部门应当会同同级环境保护行政主管部门和有关部门，对其管辖的河流、湖泊拟定水功能区划，报本级人民政府批准，并报上一级水行政主管部门和环境保护行政主管部门备案。

水功能区划应当划定水源保护区、工业用水区、农业用水区、渔业用水区、景观旅游用水区、生态用水区等。

水功能区划经批准后，应当划定水功能区界线、设置标志。

开发利用水资源、水域的活动以及向水体排污应当符合经批准的水功能区划的要求。

第十六条 县级以上人民政府水行政主管部门应当加强对地下水开发利用的统一规划，合理开发利用地下水，并会同有关部门划定地下水超采区和禁采区，报本级人民政府批准后予以公布。

有关地方人民政府在地下水超采区应当压缩地下水开采量，逐步达到采补平衡；对地下水禁采区，在规定的期限内禁止兴建地下水取水工程，对原有的取水工程应当制定关停方案和水源替代方案。

第十七条 在河流、湖泊新建、改建、扩大排污口，应当经有管辖权的水行政主管部门或者流域管理机构审查同意，由环境保护行政主管部门对该建设项目的环境影响报告书进行审批。

排入河流、湖泊等水域的废水、污水，应当符合水功能区划的要求和规定的排放标准。有管辖权的水行政主管部门或者流域管理机构应当进行监测和监督。

第十八条 在饮用水水源保护区内禁止设置排污口、兴建与水资源保护无关的建设项目，禁止从事旅游、体育、娱乐等其他可能影响饮用水水源水量、水质的活动。已设置的排污口和不符合要求的设施，有关县级以上人民政府应当责令其限期拆除。

饮用水水源保护区的划定，由州、市（地）、县（市）人民政府组织有关部门提出划定方案，报自治区人民政府批准后，向社会公布。

第十九条 禁止向河流、湖泊、水库、渠道倾倒垃圾等固体废弃物。

第二十条 河道、湖泊和水工程的管理和保护范围按照下列规定确定：

（一）无堤防河道的管理范围为：有岸坎的为两岸岸坎以内的区域；无岸坎的为河道设计洪水位或者历史最高洪水位线以内的区域；

（二）有堤防河道的管理范围为：两岸堤防之间的水域、沙洲、滩地（包括可耕地）、行洪区、堤防及护堤地。护堤地宽度为自外脚线向外计起，年径流量在1亿立方米以上的，20～50米；年径流量在1亿立方米以下的，15～30米以内的区域；

（三）水库、大坝、溢洪道、水电站、渠道、水利枢纽等水工程设施的管理和保护范围，依照自治区水行政主管部门和国土资源行政主管部门制定的具体标准确定。

河道、湖泊和水工程的管理和保护范围，由有关水行政主管部门或者流域管理机构、水工程管理单位勘查并提出方案，报县级以上人民政府批准。

第二十一条 在河道管理范围内建设桥梁、码头、闸坝和其他拦河、跨河、穿河、穿堤、临河建筑物、构筑物，铺设管道、电缆等建设工程，应当符合国家规定的防洪标准和其他有关的要求，按照防洪法的有关规定报经有管辖权的水行政主管部门或流域管理机构审查同意，方可办理其他建设审批手续。

第二十二条 利用河流、湖泊等水域从事旅游开发和养殖等经营活动，应当在有管辖权的水行政主管部门或者流域管理机构规定的区域内进行，并采取措施对废水、固体废弃物等污染物进行处理，达到水功能区划和水资源保护的要求，防止对水体的污染。

第二十三条 河道采砂实行采砂许可制度。

水行政主管部门或者流域管理机构应当根据河道行洪和堤防安全的需要，制定河道采砂规划，划定可采区、禁采区，规定可采期、禁采期，并予以公告。

在河道管理范围内进行采砂、取土、采石、淘金等活动，应当符合规划，并向有管辖权的水行政主管部门或流域管理机构依法申请许可；涉及其他部门的，会同有关部门依法办理。

第四章 水资源配置和节约使用

第二十四条 自治区发展计划主管部门和自治区水行政主管部门负责全区水资源的宏观调配。自治区和跨州、市（地）的水中长期供求规划，由自治区水行政主管部门会同有关部门制订，经自治区发展计划主管部门审查批准后执行。

州、市（地）和县（市）水中长期供求规划，由当地水行政主管部门会同同级有关部门依据上一级水中长期供求规划和本地区的实际情况制订，经本级人民政府发展计划主管部门审查批准后执行。

第二十五条 调蓄径流和分配水量，应当依据流域规划和水中长期供求规划，以流域为单元制定水量分配方案。

水量分配方案应当合理安排生态用水。因生态治理需要，可以按照原批准程序对已经制定的水量分配方案进行调整。

跨行政区域河流的水量分配方案和旱情紧急情况下的水量调度预案，由其共同的上一级水行政主管部门或者有关流域管理机构会同有关地方人民政府编制，报本级人民政府批准。

第二十六条　县级以上人民政府水行政主管部门或者流域管理机构应当根据批准的水量分配方案和年度预测来水量，制定年度水量分配方案和调度计划，实施水量统一调度并进行考核；对超计划用水的加倍扣回超用水量。

流域年度水量分配方案和调度计划，有关用水单位必须执行。

区域的年度水量分配方案和调度计划应当依据流域的年度水量分配方案和调度计划制订。

第二十七条　直接从河流、湖泊或者地下取用水资源的（含水力、火力发电取用水），应当依法向县级以上人民政府水行政主管部门或者流域管理机构申请取水许可，并缴纳水资源费。

第二十八条　建设单位新建、改建、扩建建设项目申请取水许可的，应当同时提交水资源论证报告。

第二十九条　县级以上人民政府水行政主管部门应当根据水资源供需变化、技术进步和经济社会发展水平，确定不同时期全社会节水目标，建立和完善节水制度，加强对节水工作的领导，发展节水型农业、工业和服务业，建设节水型社会。

第三十条　县级以上人民政府水行政主管部门应当因地制宜推广节水灌溉技术，加快现有工程的节水改造，用水单位和个人应当积极应用节水灌溉技术，采用节水栽培技术，积极发展节水型高效农业和生态农业。

工业企业应当加强节水技术改造，淘汰落后工艺和设备，降低水的消耗，提高水的重复利用率。水行政主管部门应当组织用水单位开展水平衡测试，考核企业用水水平，挖掘企业节水潜力。

城市公共设施与民用建筑应当使用节水型器具和设备。城市人民政府应当采取措施，推行中水利用、提高污水再生利用率。

第三十一条　新建、改建、扩建需要取用水的建设项目，应当配套建设节水设施，推广使用节水新技术、新设备、新工艺、新产品。节水设施应当与建设项目同时设计、同时施工、同时投入使用。

第三十二条　自治区水行政主管部门应当会同有关主管部门制订行业用水定额，经质量技术监督行政主管部门审核同意后，由自治区人民政府公布。

单位和个人的用水计划应当根据用水定额核定,超定额或者超计划用水实行累进加价收费。

第三十三条 用水单位和个人应当安装符合规定的计量设施,并保证计量设施正常运行。无计量设施或者设施运行不正常的,可按用水设施的最大设计能力计算用水量。

第三十四条 县级以上人民政府应当制定有利于节约水资源和保护环境的水价政策。

农业水源转向城市、工业供水的,水价中应当附加农业节水补偿资金,专项用于农业节水。具体规定由自治区财政、价格和水行政主管部门制定。

农业供水推行配水到户,计量到户,按方收费。

第三十五条 使用水工程供应的水,应当向供水单位缴纳水费。对无故拒缴、拖欠水费的,供水单位可以停止供水。

供水单位征收的水费应当定期公布。任何组织、单位和个人不得在水价之外加收其他任何费用。

水费应当按国家和自治区有关规定主要用于水工程的维护和运行管理,不得挪作他用。

第五章 法 律 责 任

第三十六条 水行政主管部门或者其他有关部门以及水工程管理单位及其工作人员,有下列情形之一的,对直接负责的主管人员和其他责任人员给予行政处分;情节严重,构成犯罪的,依法追究刑事责任:

(一)对不符合法定条件的单位或个人核发许可证、签署审查同意意见,或者予以批准的;

(二)不按规定征收水资源费等费用的;

(三)违反规定在禁止开荒区域批准开荒的;

(四)不按照水量分配方案分配水量或者对违规开荒供水的;

(五)不履行监督职责,或者发现违法行为不予查处的;

(六)其他滥用职权、徇私舞弊的行为。

第三十七条 违反本办法第十七条规定排放污水、废水的,由县级以上人民政府水行政主管部门或者流域管理机构责令停止违法行为;逾期不改正的，报本级人民政府批准后，责令其限期拆除排污口；逾期不拆除的，应当强行拆除，拆除费用由违法责任者承担。

排放污水、废水造成环境污染的，水行政主管部门或者流域管理机构应当提请当地县级以上人民政府环境保护行政主管部门依法给予处罚。

第三十八条 违反本办法第十九条规定，向河流、湖泊、水库、渠道倾倒垃圾的，由水行政主管部门或者流域管理机构予以制止，责令其清除，情节严重阻碍行洪的，可处以一万元以上五万元以下罚款；造成水体污染的，提请环境保护行政主管部门依法处理。

第三十九条 违反本办法第二十二条规定，超出规定水域从事旅游开发和养殖等经营活动的，由县级以上人民政府水行政主管部门或者流域管理机构依据职权，责令其限期改正，逾期不改正的，可处以二万元以下的罚款；污染水体的，由当地县级以上人民政府环境保护行政主管部门依法予以处理。

第四十条 违反本办法第二十七条规定，未经许可在河流、湖泊上扒口设泵或者修筑临时设施擅自取水的，由县级以上人民政府水行政主管部门或者流域管理机构依据职权，责令停止违法行为，采取补救措施，可处以二万元以下的罚款。

第四十一条 违反本办法规定，应当给予行政处罚的其他行为，依照《水法》和有关法律、法规的规定予以处罚。

第六章 附　　则

第四十二条 本办法自 2004 年 3 月 1 日起施行。

新疆维吾尔自治区实施
《中华人民共和国防洪法》办法

(2007年11月23日新疆维吾尔自治区第十届人民代表大会常务委员会第三十四次会议通过 根据2010年7月28日新疆维吾尔自治区第十一届人民代表大会常务委员会第十九次会议《关于修改部分地方性法规的决定》修正)

第一章 总 则

第一条 为了防治洪水，防御、减轻洪涝灾害，维护人民的生命和财产安全，根据《中华人民共和国防洪法》和有关法律、法规，结合自治区实际，制定本办法。

第二条 各级人民政府应当将防洪工作纳入国民经济和社会发展规划，加强对防洪工作的统一领导，增加资金投入，有计划地进行河流、湖泊治理，加强防洪工程设施和防洪指挥调度能力建设，做好防汛抗洪、水毁工程修复和救灾工作。

第三条 各级人民政府应当普及防洪知识，提高公民水患意识。任何单位和个人都有保护防洪工程设施和依法参加防汛抗洪的义务。

县级以上人民政府对在防汛抗洪工作中成绩显著的单位和个人给予表彰和奖励。

第二章 防 洪

第四条 县级以上人民政府水行政主管部门，负责本行政区域内防洪的组织、协调、监督、指导等日常工作。

县级以上人民政府其他有关部门按照各自职责，负责防洪的相关工作。

第五条 防洪规划按照下列规定编制和报批：

（一）额尔齐斯河、伊犁河、塔里木河干流、和田河、叶尔羌河、喀什噶尔河、阿克苏河、开都河、玛纳斯河、金沟河、头屯河、乌鲁木齐河、乌仑古河、额敏河以及其他跨州、市（地）河流的防洪规划，由自治区水行政主管部门或者其流域管理机构会同有关部门和有关州、市人民政府、地区行政公署编制，报自治区人民政府批准；

（二）跨县（市）的河流、湖泊的防洪规划或者区域防洪规划，由州、市（地）水行政主管部门或者流域管理机构会同有关部门、有关县（市）人民政府编制，经自治区水行政主管部门审查，报州、市人民政府、地区行政公署批准，并向自治区水行政主管部门备案；

（三）县（市）行政区域内的河流、湖泊的防洪规划或者区域防洪规划，由县（市）水行政主管部门或者流域管理机构会同有关部门编制，经州、市（地）水行政主管部门审查，报本级人民政府批准，并向州、市（地）水行政主管部门备案；

（四）城市防洪规划，由城市人民政府组织水行政主管部门、建设行政主管部门和其他有关部门，依据流域防洪规划以及上一级人民政府区域防洪规划编制，经自治区水行政主管部门会同有关部门审查，报该城市上一级人民政府批准，纳入城市总体规划。

第六条 县级以上人民政府按照国家规定的权限和程序，依法划定防洪规划保留区，设立标志，并予以公告。

对规划保留区内影响防洪规划的原有建筑物、构筑物，县（市）人民政府应当根据防洪工程建设需要有计划地组织拆迁，并依法予以补偿。

第七条 整治河道和修建控制引导河水流向、保护堤岸等工程，应当兼顾上下游、左右岸的关系，按照规划治导线实施，不得任意改变河水流向。

规划治导线的拟定和报批，按照防洪规划编制、报批的程序和权限执行。

第八条 在河流、湖泊上建设防洪工程和水库、水电站等水工程的，应当依法附具规划同意书；在行洪区、洪泛区建设非防洪建设项目，应当依法实行洪水影响评价报告制度。

第九条 县级以上人民政府应当组织国土资源、水利等部门，对山洪多发区和山洪可能诱发地质灾害的区域进行全面调查，制定防治规划，划定灾害重点防治区和危险区，建立观测、预警预报设施，设置警示标志，编制防御和避险预案。

城市、村镇、山区牧民定居点、旅游点、工厂、矿山、铁路和公路干线、油气管线、输电线路、通信光缆干线的布局和建设，应当避开山洪和地质灾害多发地带。无法避开的，应当建设永久性避洪设施，留足排洪通道，落实避险方案和措施。避洪设施应当与主体工程同时设计、同时施工、同时投入使用。

第十条 城市、铁路和公路干线、油气管线、输电线路、通信光缆干线、大型企业、重点水利工程和重点文物保护单位应当列为防洪重点，确保安全。

城市、经济开发区、工矿区、石油基地和重要的农牧业生产基地，应当建设必要的防洪工程设施，予以重点保护。

第十一条 县级以上人民政府应当制定防洪工程设施建设计划，有步骤的组织实施。水库、水电站建设应当留足防洪库容，设立泄洪设施，配备必要的通信设备和备用电力电源。

第十二条 城市建设和改造应当符合城市防洪规划，不得侵占行洪通道和改变规划的河道岸线。

城市人民政府应当加强对城区排洪设施的规划、建设和管理。

第十三条 县级以上人民政府应当组织有关部门对水库、水电站、大坝进行定期检查和监督管理。对未达到设计洪水标准和抗震设防要求、缺少泄洪设施和有质量缺陷的，水库、水电站、大坝的主管部门应当组织安全鉴定，并采取除险加固措施，限期消除危险，必要时，可以限制使用。

第十四条 防洪工程建设应当履行基本建设程序，按照有关法律、法规规定的技术规范、规程和标准进行勘查、设计、施工、监理和验收。防洪工程建设实行项目法人、招标投标、工程监理和合同管理等制度。

第十五条 任何单位和个人不得擅自在河道内修建导流坝等可能造成洪水流向变化、侵害他人利益的水工程。确需修建的，应当征求利害关系人的意见，并经有管辖权的水行政主管部门或者流域管理机构同意，报共同的上一级防汛指挥机构批准。

第十六条 跨河、穿河、临河、跨越和穿越防洪堤以及山前汇流区的道路、管道、缆线等工程设施建设，应当符合防洪标准、规划治导线要求和其他技术要求；其可行性研究报告按照国家规定的基本建设程序报请批准前，其工程建设方案应当经有关水行政主管部门根据防洪要求审查同意。

前款所列工程设施建设不得影响防洪抢险通道的畅通；公路、铁路建设应当留足桥涵的数量、长度和跨度，不得危害河道、堤防安全，影响河势稳定，改变洪水流向，不得加大局部洪水流量和流速，阻碍行洪畅通或者扩大洪水淹没区域。

第十七条 在河道、湖泊管理范围内依法进行挖砂、取土、采石、淘金或者其他建设活动的，应当在作业前与有管辖权的水行政主管部门或者流域管理机构签订清除尾堆和废渣、恢复河道和堤防功能的责任书，并按照批准的范围、时间、地点和方式作业。

未经有管辖权的水行政主管部门同意，不得擅自占用原有河道、填堵原有河道沟叉、废弃原有防洪围堤。

第三章 防　　汛

第十八条 自治区汛期为每年六月一日至八月三十一日。特殊情况下，自治区防汛指挥机构可以宣布提前或者延长防汛期。

第十九条 防汛抗洪工作实行各级人民政府行政首长负责制。行政首长负责制的主要内容：

（一）贯彻实施有关防洪法律、法规；

（二）健全防汛指挥机构及其办事机构；

（三）组织编制、实施防洪规划，加强防洪工程建设；

（四）组织制定防御洪水方案，做好防汛宣传、防汛检查等防汛抗洪的各项准备工作；

（五）组织重大防汛调度和防洪抢险；

（六）落实防汛抗洪经费和物资；

（七）组织开展灾后救助，恢复生产，修复水毁工程。

第二十条 自治区防汛指挥机构由自治区人民政府及其发展改革、财政、水利、建设、民政、卫生等部门和生产建设兵团、驻疆部队、武装警察部队的有关负责人组成，办事机构设在自治区水行政主管部门。

州、市（地）、县（市）防汛指挥机构，在本级人民政府和上一级防汛指挥机构的领导下履行职责，办事机构设在本级水行政主管部门。

自治区流域管理机构设立的防汛机构受自治区防汛指挥机构的委托，在流域内开展防洪协调、调度和监督管理工作。

第二十一条 县级以上人民政府防汛指挥机构负责防汛抗洪的决策指挥、组织协调和监督检查，并在汛期实施下列措施：

（一）启动应急预案，宣布应急响应；

（二）在特殊情况下，宣布进入紧急防汛期；

（三）组建和调动防汛抢险队伍；

（四）发布汛情公告和灾情信息，及时上报汛情灾情；

（五）调度管辖范围内的水库、闸坝、渠首、水电站和其他水工程；

（六）分配防汛经费，调用物资、设备；

（七）在紧急防汛期采取取土占地、砍伐林木、清除阻水障碍物等紧急措施；

（八）必要时组织公安、交通等有关部门依法实行交通管制；

（九）必要时协调驻疆部队和武装警察部队参加防汛抗洪；

（十）其他应急措施。

第二十二条 河流、湖泊及其堤防的防洪抢险，实行沿河（湖）人民政府负责制。

有防汛任务的部门和单位应当组建防汛抢险队伍，服从防汛指挥机构的调度指挥，建立防汛岗位责任制，明确防汛责任人。

气象部门应当及时向防汛指挥机构提供天气预报和实时气象信息，灾害性天气预报应当提前报告所在地防汛指挥机构；水文部门应当及时向防汛指挥机构提供水情预报；在汛期，交通运输、通信、电力、公安等有关部门应当优先为防汛抗洪提供服务。

第二十三条 防御洪水方案按照下列规定编制、报批：

（一）额尔齐斯河、伊犁河、塔里木河干流的防御洪水方案，由自治区水行政主管部门或者流域管理机构会同有关州、市人民政府、地区行政公署和有关部门编制，报自治区人民政府批准；

（二）喀什噶尔河、玛纳斯河、金沟河、头屯河的防御洪水方案，由流域管理机构会同有关州、市、县（市）人民政府、地区行政公署和有关部门编制，报自治区防汛指挥机构批准；

（三）其他河流、区域的防御洪水方案，由所在地的防汛指挥机构组织编制，报本级人民政府批准；跨行政区域的，由其共同的上一级防汛指挥机构组织编制，报共同的上一级人民政府批准。经批准的防御洪水方案，应当向上一级防汛指挥机构备案；

（四）城市防御洪水方案，由城市防汛指挥机构组织有关部门编制，报城市人民政府批准，向上一级防汛指挥机构备案。

第二十四条 水库、水电站及其他有防洪任务的工程管理单位应当制定度汛方案、应急抢险和下游疏散方案，报有管辖权的防汛指挥机构批准，向上一级防汛指挥机构备案。

水库、水电站的灌溉、发电应当服从防洪的总体安排和要求。水工程度汛方案应当符合流域或者区域的防御洪水方案。

第二十五条 对河道、湖泊管理范围内的阻碍行洪的障碍物，按照谁设障、谁清除的原则，由防汛指挥机构责令限期清除；逾期不清除的，防汛指挥机构应当组织有关部门强行清除，所需费用由设障者承担；设障者拒不清除，又不承担清除费用的，可以申请人民法院强制执行。

第二十六条 在汛期，水库、水电站等水工程不得擅自在汛期限制水位以上蓄水。水库汛期限制水位以上防洪库容的运用，必须服从防汛指挥机构的调度指挥。病险水库汛期应当限制蓄水或者空库运行。

第二十七条 县级以上人民政府防汛指挥机构应当在汛前对本行政区域的重点防洪工程、重要防洪设施、重点河段及其防汛准备工作组织检查，督促有关部门和单位落实防汛措施。

河流、湖泊、水库、水电站及其他水工程管理单位在汛期应当加强汛情监测和防洪工程巡查。发生特大暴雨、洪水、地震、水库水位骤升骤降或者超过历史最高水位等可能严重影响工程安全运行情况的，应当增加巡查次数；对病险工程应当加强监测。

前款规定的管理单位发现险情的，应当立即向本级人民政府防汛指挥机构和其主管部门报告，并及时排除险情。

第二十八条 发生超标准洪水时，防汛指挥机构可以按照防御洪水方案，采取紧急措施。

河流、湖泊、水库、水电站及其他水工程管理单位采取紧急泄洪措施的，应当提前向下游和有关部门通报泄洪信息，不得擅自加大下泄流量。

第二十九条 县（市）人民政府应当对居住在山洪灾害易发河道、山洪沟附近的居民和散居牧民有计划地组织外迁。

因山洪诱发地质灾害或者需要采取分洪、泄洪紧急措施的区域，可能发生危及人身安全的,有关人民政府应当组织受灾害威胁的人员转移至安全地点。

第三十条 在发生洪水灾害的地区,经贸、农业、交通、铁路、民航等部门应当做好抢险救灾物资的供应和运输;民政、教育等部门应当做好受灾人员的生活救济、学校复课等救灾工作;水利、电力、通信、交通等部门应当做好水毁工程的恢复和通水、通电、通讯、通路等工作;卫生部门应当做好医疗防疫工作,密切监视疫情动态,防止传染病流行蔓延。

第四章 保 障

第三十一条 县级以上人民政府应当将防洪专项经费列入本级财政预算,并逐步加大财政投入力度。

建设和维护城市防洪工程设施的经费,由城市人民政府承担。

第三十二条 各级人民政府应当组织有关部门、单位,动员社会力量,采取措施,加强防洪工程设施建设,做好防洪抢险和洪涝灾害的恢复与救济工作。

第三十三条 自治区在防洪保护区范围内可以征收河道工程修建维护管理费。具体办法由自治区水行政主管部门会同财政、价格主管部门拟定,报自治区人民政府批准。

第三十四条 防洪专项经费主要用于下列事项:

(一)防洪工程设施建设、维护和修复;

(二)水文测报、防汛指挥系统、生物措施等防汛非工程设施的建设、运行维护和修复;

(三)遭受洪涝灾害地区的抗洪抢险和水毁工程的修复;

(四)储备防汛物资;

(五)防汛指挥机构工作经费;

(六)其他防汛费用开支。

防洪专项经费实行专款专用,严格审计监督。

第三十五条 县级以上人民政府防汛指挥机构用于防汛指挥的车辆,由公安交通管理部门核发特种车辆标志牌;在执行防汛抢险救灾紧急任务期间,该车辆优先通行,并在通过收费的道路、桥梁和隧道时,免缴通行费。

第三十六条 受洪水威胁地区的油田、管道、铁路、公路、矿山、电力、通信等企业、事业单位应当按照防洪规划的要求,兴建必要的防洪自保工程。

第五章 法　律　责　任

第三十七条 违反本办法规定,应当给予行政处罚的行为,依照《防洪法》和有关法律、法规的规定予以处罚;构成犯罪的,依法追究刑事责任。

第三十八条 国家机关及其工作人员有下列行为之一的,对直接负责的主管人员和其他责任人员,由其所在单位或者有关主管部门依法给予行政处分;构成犯罪的,依法追究刑事责任:

(一)对山洪和地质灾害易发区不进行监测、预警预报,不采取防御措施的;

(二)未按照规定制定和执行防御洪水方案的;

(三)未按照规定进行汛期安全检查、采取防御措施的;

(四)隐瞒、缓报、谎报险情的;

(五)截留、挤占、挪用防汛、救灾资金和物资的;

(六)违法批准建设影响防洪的建筑物、构筑物的;

(七)其他玩忽职守、滥用职权、徇私舞弊的。

第六章 附　　则

第三十九条 生产建设兵团防汛指挥机构负责兵团防汛抗洪工作,并服从自治区防汛指挥机构的统一指挥。

依照本办法编制防洪规划、防御洪水方案涉及生产建设兵团的,应当征求生产建设兵团有关管理机构的意见。

第四十条 本办法自2008年1月1日起执行。